宿州年鉴 2019

宿　州　市　人　民　政　府　/主办
中共宿州市委党史和地方志研究室
宿　州　市　档　案　馆　/主编

合肥工業大學出版社

图书在版编目(CIP)数据

宿州年鉴.2019/中共宿州市委党史和地方志研究室,宿州市档案馆主编.—合肥:合肥工业大学出版社,2019.12

ISBN 978-7-5650-4852-4

Ⅰ.①宿… Ⅱ.①中…②宿… Ⅲ.①宿州—2019—年鉴 Ⅳ.①Z525.43

中国版本图书馆CIP数据核字(2019)第301336号

宿州年鉴·2019

中共宿州市委党史和地方志研究室
宿　州　市　档　案　馆　主编　　　　责任编辑　朱移山

出　版	合肥工业大学出版社	版　次	2019年12月第1版
地　址	合肥市屯溪路193号	印　次	2019年12月第1次印刷
邮　编	230009	开　本	889毫米×1194毫米　1/16
电　话	总　编　室:0551-62903038	印　张	24.5　　彩　插　1.25印张
	市场营销部:0551-62903198	字　数	750千字
网　址	www.hfutpress.com.cn	印　刷	安徽联众印刷有限公司
E-mail	hfutpress@163.com	发　行	全国新华书店

ISBN 978-7-5650-4852-4　　　　定价:260.00元

《宿州年鉴》编辑部

编辑说明

一、《宿州年鉴》是宿州市人民政府主办，中共宿州市委党史和地方志研究室（宿州市档案馆）承办的大型综合性地方年鉴，逐年出版。

二、《宿州年鉴 2019》为第 21 卷本。本年鉴以马克思列宁主义、毛泽东思想、邓小平理论、"三个代表"重要思想、科学发展观和习近平新时代中国特色社会主义思想为指导，坚持辩证唯物主义和历史唯物主义的立场、观点和方法，全面客观地记述宿州市 2018 年度自然、政治、经济、文化、社会等各领域的发展概况。

三、《宿州年鉴 2019》依据编纂大纲分工而分类编排，保持一贯风格，力求创新。全书体例采用分类编辑法，依次按类目、分目、条目编排，条目为主要信息载体。卷首设特载、大事记、总述，卷尾设荣誉榜、附录。

四、本卷所载资料由市直各单位、驻宿单位及各县区委党史和地方志研究室提供，并经单位主要负责人审阅。单位供稿人署名加括号列于条目正文之后，未署名稿件由单位提供。

五、本卷采用的统计资料由市统计局提供，正文中的资料由供稿单位提供。由于资料来源、统计口径和方法不同，部分数据不一致的，以统计部门公布的资料为准。

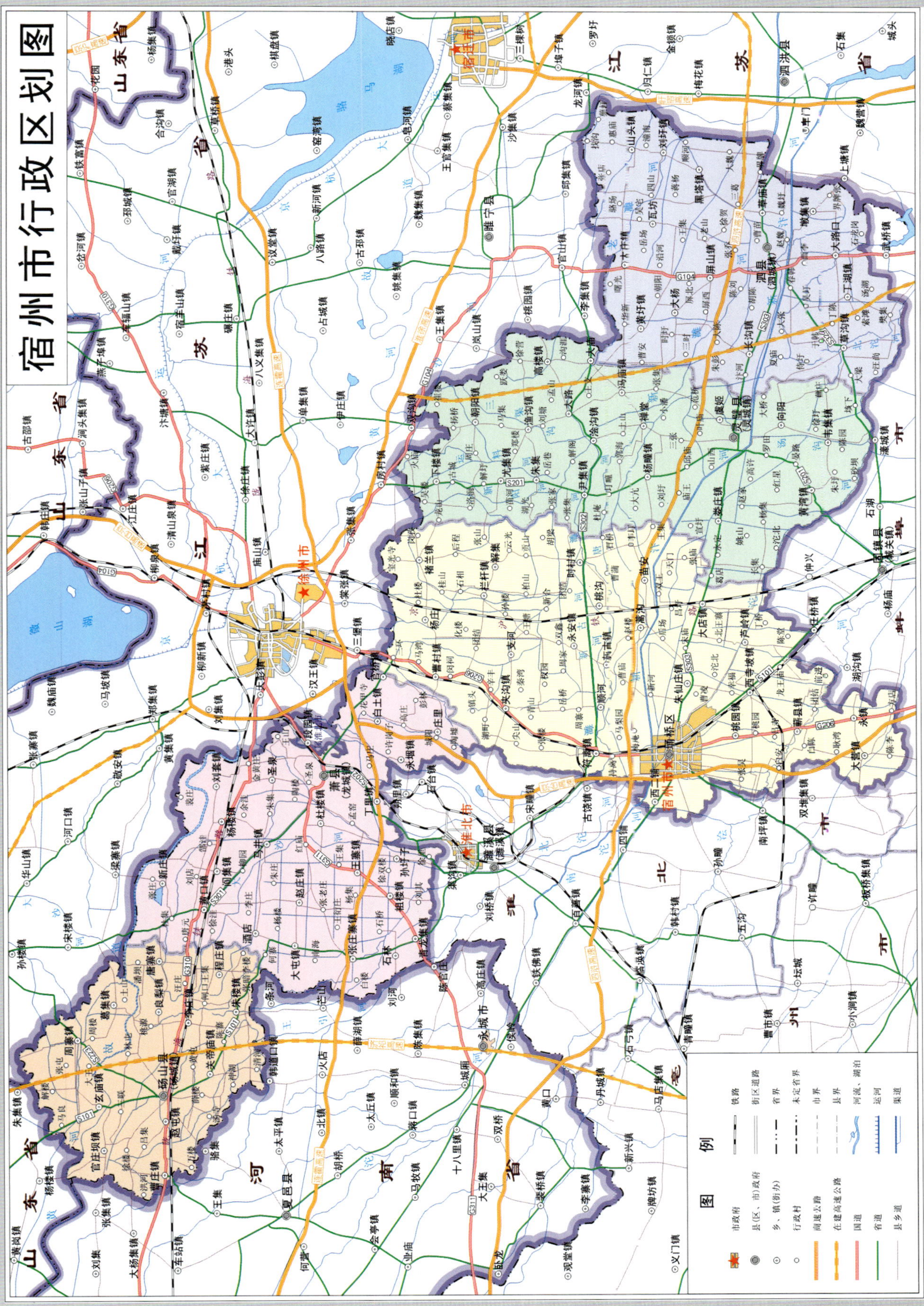

宿州市政区图

宿州市第五届人民代表大会第二次会议

中国人民政治协商会议第五届宿州市委员会第二次会议

宿州市创建全国文明城市动员大会

全国扶贫日公益募捐活动

缅怀革命先烈

少先队员向革命先烈献花

市领导调研丰大国际会展中心

市领导到萧县调研扶贫双基三大革命

宿州市促进民营经济发展大会

秋冬季大气污染防治新闻发布会

市领导赴蚌埠考察文明创建

市领导调研重点工程

雪枫公园"新时代传习所"启动仪式

2018年灵璧国际马拉松赛

全市扶贫环保大会

宿州市召开首届中国医师节暨“宿州名医”“宿州天使”表彰大会

健身

宿州举行“建设学习型党组织 打造书香机关”暨“世界读书日”活动

第六届全国道德模范故事汇基层巡演宿州专场

果树管理

新年音乐会

元宵晚会

目　录

宿州市人民代表大会

宿州市人民政府

政协宿州市委员会

纪检监察

民主党派

群众团体

法　　治

军　　事

经济监督管理

财政　税务

金融　保险　证券

农业农村经济

工业经济

商贸物流

交通运输

城 乡 建 设

文化　旅游　传媒

卫生与计划生育

社会民生

园区建设

县　　区

荣誉榜

文件选辑

特　　载

2018 年宿州市政府工作报告

2018 年 1 月 5 日在宿州市第五届人民代表大会第一次会议上

市长　杨　军

一、2017 年和过去五年工作回顾

2017 年，在省委、省政府和市委坚强领导下，全市上下认真学习贯彻党的十八大、十九大精神，深入践行新发展理念，坚持稳中求进工作总基调，奋力推进改革发展，较好地完成了市四届人大六次会议确定的目标任务。

初步核算，全市生产总值增长 9%；财政收入 156.3 亿元，增长 11.8%；固定资产投资 1397 亿元，增长 10%；社会消费品零售总额 533 亿元，增长 12%；城镇、农村常住居民人均可支配收入 27652 元和 10859 元，分别增长 8.3%、9.5%。主要经济指标增速好于预期、全省靠前，全市经济稳中有进、稳中向好，社会大局和谐稳定。

产业转型迈出新步伐。新型工业化加速推进。制定实施促进经济平稳健康发展“30 条”、推进制造强市建设等系列政策，工业总量和运行质量加速提升。推进“3111”工程突破攻坚，规上工业增加值增长 9.5%，县区、园区首位产业产值 950 亿元、增长 15%。深入推进“三重一创”，战略性新兴产业产值、高新技术产业增加值增长 20% 以上。实施“1245”重点技改行动，完成投资 425 亿元，占工业投资 58%。项目建设提速提效，开展项目谋划“百日攻坚”，入库重点项目 387 个，总投资 2233 亿元；钱营孜低热值煤发电、汉能光伏等项目加快建设，埇桥皖能、灵璧光大垃圾电厂建成运营，绿色家居产业园、海升果酒等项目开工建设。现代服务业持续提升。获批省级服务业集聚区 6 家、入园企业 2000 家。实现服务业增加值 511.6 亿元，增长 11.6%，占 GDP 比重提高 4.6 个百分点；全市余额存贷比 61.2%，新增存贷比 90%。埇桥区被确定为“十三五”全省首批服务业综合改革试点单位。四个县全部入选国家电子商务进农村综合示范县，市高新区获评安徽省电子商务示范园区。国购广场建成开业，苏宁广场、绿地高铁小镇开工建设。文化旅游产业热度攀升，运河人家等一批项目建成运营，国内旅游接待人次达 2100 万，综合收入突破 140 亿元。全省电商进农村全覆盖工作现场会在砀山县召开。现代农业加快发展。全市规模以上农产品加工产值、农业产业化水平稳居全省第一方阵，农业产业化联合体经营模式被国家六部委联合推广。农村“三变改革”扎实推进。全市 20 条沿路产业示范带加快建设。奖补“三品一标”企业 58 家，砀山县获批创建国家有机产品认证示范区，泗县被命名为省质量强县示范县。埇桥区获批创建

国家现代农业产业园。萧县循环工业园被认定为国家农业产业化示范基地。泗县、灵璧县获批全省秸秆综合利用试点县。

城乡面貌发生新变化。围绕"一中心、两新区"思路,统筹推进城市规划、建设、管理。规划引领显著增强。编制完成《宿州市主体功能区规划》《大宿城空间战略发展规划》,新一轮《宿州市城市总体规划》修编加快推进。重点工程建设成果丰硕。全市实施重点工程204个,完成投资282.4亿元。"五馆一院一中心"、国道104泗县段、国道310萧县段、符离大道、高铁宿州东站改扩建等项目建设加快,宿州机场、淮宿蚌城际铁路、宿州火车站改造等项目前期工作有序推进。徐明高速灵泗段、泗许高速泗县段全线贯通,郑徐客专、新汴河北堤景观大道引河桥建成通车,国省干线一级公路在建规模达277公里,新汴河复航整治工程取得突破性进展。"两治三改"全面铺开。"棚户区""城中村"改造新开工41585套、437万平方米,开工率101.5%;基本建成38645套,基本建成率297%,开工率、基本建成率稳居全省前列。控违工作成效显著。县镇建设扎实推进。四个县建设重点工程100个,完成投资153亿元,"555"工程基本完成。萧县凤城新区、泗县北部新城等重点工程进度加快,县城大建设的框架逐步拉开。美丽乡村建设皖北领先。农村环境整治"三大革命"全面启动,完成改厕9.1万户。砀山"酥梨小镇"获批首批省级特色小镇。

脱贫攻坚展现新作为。围绕"1234+产业扶贫",全市财政统筹整合涉农资金近30亿元支持脱贫攻坚,其中财政专项扶贫资金8.7亿元。全市11.68万贫困人口、104个贫困村有望脱贫出列,贫困发生率降至3.2%。脱贫攻坚合力增强。健全扶贫层级管理体系,市级领导分片联系县区,扶贫队长、扶贫专干、扶贫小组长实现村级全覆盖。基层基础更加扎实。开展精准扶贫"质量再提升""重精准、补短板、促攻坚"专项整改、建档立卡贫困人口动态调整等活动,做到应进则进、应出则出。保障政策提标扩面。教育扶贫实现资助全覆盖。在全省率先出台综合医疗保障政策、率先全面实施"一站式"即时结算、率先兑现慢性病"180"补充医疗保障政策,在全国健康扶贫现场会上交流经验,全省县域结对帮扶推进脱贫攻坚现场会、健康脱贫现场会在我市召开,泗县获评全国健康扶贫工程示范县。农村低保标准提高到每人每年3800元,实现低保线与扶贫线"两线合一"。十大工程稳步实施。产业扶贫实现到村项目全覆盖;光伏扶贫超额完成省下达任务;扶贫小额信贷总量全省靠前;危房改造三年任务一年完成;农村道路畅通工程完工2206公里,全省第一;电商扶贫成效显著,全国电商扶贫会议推介砀山经验;大型扶贫现代戏《春风化雨》赴省演出。

生态文明呈现新气象。大气质量持续改善。狠抓扬尘、货运车辆、燃煤锅炉、油烟废气等问题治理,完成255家采石矿山扬尘控制、43个非煤矿山地质环境治理,主城区燃煤小锅炉实现"清零",完成节能减排目标任务。蕲县码头、矿区周边、非煤矿山等一批大气污染源得到治理。水环境治理扎实推进。划定饮用水水源地范围及各级保护区。提前完成省政府下达的2017年黑臭水体治理任务,立牌监测全市102个入河排污口,建立推行三级河长制。建成工业集中区污水处理厂8个。生态建设得到加强。开展林业增绿增效行动,推行林长制,成片造林11.8万亩,新增提升绿地812万平方米,市场化养护管理公共绿地450万平方米。大力推进土地开发复垦整理,完成补充耕地2.2万亩,位居全省第一。统筹推进农村生态环境保护,44个村庄环境综合整治全面完成。

改革开放释放新活力。供给侧结构性改革进展顺利,"去降补"任务落地见效。"放管服"改革持续深化。建立完善市级权力清单、责任清单、公共服务清单、中介服务清单和涉企收费清单,"互联网+政务服务"平台实现与省平台互联互通,市政务服务中心被评为全国行政服务大厅典型案例"百优十佳"单位。公共资源交易基本实现全流程电子化。商事制度改革深入推进。实行"多证合一、一照一码",新增企业11212户,新登记个体工商户29225户,商标注册申请量首次突破万件。金融创新有声有色。续贷过桥、"税融通"、新型政银担等投放资金189亿元;新宇药业实现主板报审,新增新三板挂牌企业3家,新设10支产业发展基金。科技创新实现突破。研发投入增幅全省第一,高新技术企业增至85家,建成国家级工程技术研发中心1家、省级创新创业平台24家;全省首家石墨烯领域工程实验室和安徽省裸眼3D显示工程实验室获批,省级高层次科技人才团队实现"零突破"。全省开发区首家博士交流创业中心在市高新区揭牌成立。重点领域改革不断破题。新实施一批基础设施和公共服务PPP项目,国有土地二级市场改革试点、供销社综合改革试点稳步推进,财税金融、国资国企、医药卫生等重点改革扎实有序。全面深化改革第三方评估工作在全国推广。对外开放走向纵深。埇桥区、泗县获评全国中小城市投资潜力百强;砀山果蔬出口质量安全示范区、泗县服装外贸转型基地加快建设;皖北保税仓基本建成;市经开区、宿马园区荣获“中国产业园区成长力百强”,市高新区荣获“中国产业园区创新力百强”,鞋城获评中国轻工业特色区域和产业集群管理服务先进单位;第一届国际云安全大会成功举办;全省招商引资工作现场会在萧县召开。

公共服务得到新提升。民生保障力度持续加大,财政民生支出295亿元,占财政总支出86%。就业社保体系不断完善。新增就业4.7万人,城镇登记失业率3%;实施全民参保计划,推进机关事业单位养老保险制度改革,企业退休人员基本养老金人均月增132元;新增养老床位2000余张。教育体育事业蓬勃发展。基础教育协调发展,新建、改扩建公办幼儿园43所,维修改造校舍57.9万平方米,义务教育发展基本均衡县实现全覆盖;职业教育改革深化,职教园区初具规模,获得全国职业技能大赛金奖2项。成功举办宿州国际半程马拉松赛和砀山国际马术耐力赛。卫生计生工作持续加强。启动实施“411”计划,市立医院儿科病区投入使用,新建乡镇卫生院8所、村卫生室146个;积极推行“四型”医院创建,人才队伍“三大计划”全面实施,重点人群家庭医生签约率达70.9%,学科建设实现省级优先发展重点专科“零突破”,医疗服务体系建设取得重大进展,一批县级综合医院及中医院投入使用;埇桥区被认定为第四批国家慢性病综合防控示范区;全面两孩政策有效落实,计生队伍转型成效显著,公共卫生事业继续加强。社会治理不断创新。“落实企业安全生产主体责任推进年”活动深入开展,十九大维稳安保任务圆满完成,应急管理体系不断完善,食品药品监管规范有序,埇桥区成功创建全省食品安全示范区,“平安宿州”建设卓有成效。获批创建国家公交都市,新增纯电动公交车120辆。社会信用建设全面推动。“七五”普法活动深入开展。圆满完成第三次全国农业普查。人民防空工作成绩显著。民族宗教、防震减灾、外事侨务、物价、对台、气象、档案、地方志、妇女儿童、残疾人等事业不断进步。

各位代表!过去一年目标任务的顺利完成,标志着本届政府五年任期的圆满收官。五年来,我们积极应对宏观经济形势变化,砥砺奋进,攻坚克难,取得了令人鼓舞的发展成就,较好完成了“十二五”规划任务,稳步迈入“十三五”承上启下的发展阶段。

这五年,我们坚持产业引领加快发展,综合实力显著增强。全市生产总值连跨5个百亿元台阶,年均增长9.4%。财政收入连跨7个十亿元台阶,年均增长13.5%,是五年前的近2倍。首位产业不断壮大,规上工业增加值年均增长10.7%。战略性新兴产业产值突破百亿元,年均增长31%;宿州成为全国第五个量子通信节点城市。固定资产投资年均增长18%,是五年前的2.3倍。一产比重降至20%以下,实现历史性突破。服务业增加值增幅连续五年全省靠前。社会消费品零售总额累计2082亿元,连续五年保持两位数增长。现代农业“两区”建设走在全国前列,粮食生产实现“十四连丰”,农民专业合作社发展到11465家,市级以上龙头企业635家,农业产业化联合体模式连续三年写入省委1号文件并上升到国家层面推广。园区转型升级步伐加快,全市开发区核准面积从69.4平方公里增加到150.5平方公里,开发区承载能力显著增强。县域经济发展提速,占全市经济比重57%以上,四县一区固定资产投资、财政收入占全市比重分别达84.5%、66.8%。埇桥区、泗县入选全国农民工返乡创业试点地区。

这五年,我们坚持加快基础设施建设,城乡面貌焕然一新。累计实施重点工程1025个,累计投入1150亿元,相继建成新汴河景观带、宿灵泗快速通道等一批标志性工程。不断扩展城市外延,大外环全线贯通,规划区面积超过200平方公里,主城区实现双“85”目标。持续提升城市内涵,成功获批国家首批电信普遍服务试点城市、“宽带中国”示范城市,“城管服务超市”荣获全国创新社会治理最佳案例奖。砀山县、萧县通高铁,全市县县通高速,一级公路里程突破350公里,交通建设连续三年全省前列。县城建设提质扩容,特色城镇亮点纷呈,美丽乡村建设连续四年全省前列,建成省级示范中心村112个。扎实开展“16城”同创,荣获“国家园林城市”称号,全市森林覆盖率达30.9%。蝉联“安徽省文明城市”,四县一区全部入围省级文明县城、文明城区,城市知名度和美誉度不断提升。

这五年,我们坚持深化改革全面开放,创新活力空前迸发。打好深化改革“组合拳”,重要领域和关键环节改革取得重大突破。持续推进“放管服”改革,“三集中、三到位”全面落实,市县乡村四位一体的“互联网+政务服务”平台投入运营,行政审批类、公共服务类项目“网上可办”,持续打造“四最”营商环境。累计新增登记注册企业43178户,民营经济增加值占GDP比重65.9%。深入推进户籍制度改革,农村转移人口28.1万人。文化、医药卫生等体制改革有序推进,人地挂钩改革试点、“劝耕贷”等走在全国前列,不动产登记工作扎实开展。流转土地413.2万亩,流转率46.6%。持续落实一系列招商制度,累计到位内资5470亿元,实际利用外资32亿美元,进出口总额累计29.6亿美元。宿州海关正式开关,出入境检验检疫局挂牌开检。获评全国社区侨务工作、为侨服务工作示范单位,新增国际友城和友好交流城市6对,对外开放的“朋友圈”越来越广。

这五年,我们坚持社会事业共建共享,民生福祉大幅提升。深入贯彻以人民为中心的发展思想,着力补齐教育、卫生、文化等事业短板,提升基本公共服务均等化水平,人民群众获得感进一步增强。连续五年实施33项民生工程和10件惠民实事,惠及城乡500多万居民。坚持以脱贫攻坚统揽发展全局,预计全市贫困人口从61.3万人减至16.1万人,贫困村从359个减至115个,贫困发生率从11.8%降至3.2%。萧县被评为全国社会扶贫先进县。文化事业、文化产业连结硕果,《石乡党魂——柯增华》等荣获省“五个一工程”奖,建成博物馆、公共图书馆等17座,建成乡镇综合文化站102个。宿州国际网球公开赛被评为全省十佳体育品牌赛事,我市成为全省笼式足球普及提高唯一试点市,竞技体育获国际性、全国性比赛冠军14项、亚军2项。获评全国道德模范及提名奖6人、中国好人27人,涌现出全国道德模范许启金、彭伟平、全国扶贫先进工作者李红玲、全国脱贫攻坚奋进奖获得者李娟等一批先进代表。社会保障体系更加健全,城乡基本养老、最低生活保障、医疗救助、特困人员供养水平大幅提高,城乡居民社会养老保险实现全覆盖。人口计生工作连续四年皖北第一、全省先进。“铸安”行动深入开展,安全事故起数逐年下降。综治工作连续四年受到省委、省政府表彰,信访工作目标考核连续两年全省第一,灵璧县连续三届被评为全国平安县。深化巩固军政军民团结,全国双拥模范城、全国无偿献血先进城市分别实现七连冠、八连冠,国防动员和后备力量建设绩效考评全省第三。新乡贤治理模式获得中央改革办充分肯定。宿州市连续三年获评全国防震减灾工作综合考核先进单位。市统计局荣获全国统计系统先进集体。食品药品安全工作跨入全省第一方阵。

这五年,我们坚持全面推进自身建设,政府工作持续加强。先后开展党的群众路线教育、“三严三实”专题教育、“两学一做”学习教育、“讲重作”专题教育,始终同以习近平同志为核心的党中央保持高度一致,“四个意识”不断增强。深入贯彻习近平新时代中国特色社会主义思想,积极更新理念、转变作风。持续建设法治政府,合法性审查机制市县乡三级全覆盖,行政执法规范化水平显著提升,行政争议得到依法有效化解。自觉接受人大及其常委会监督、政协民主监督,累计办理人大代表议案和建议532件、政协委员提案1285件,满意度分别达到99.4%、99.8%。畅通群众联系渠道,12345政府热线服务平台上线试运行,受理群众诉求10256件,办结率95.6%以上。强化行政监察,推进审计监督、制度规范全覆盖,自觉遵守中央八项规定精神和省、市“30条”要求,不敢腐的目标初步实现,不能腐的笼子越扎越紧,不想腐的堤坝正在构筑。

我们也清醒地看到,宿州依然存在一些发展中的问题:技术创新能力不足,产业转型层次不高,新型工业化动能不强,战略性新兴产业总量偏小;城镇化水平较低,中心城区辐射力弱,城乡发展不均衡;产业结构不优,一产比重依然较大,农业现代化水平不高,三次产业融合不够;发展不平衡、不充分,社会保障、公共服务与人民对美好生活需要还有差距;长期以来自然资源资产管理粗放,环境突出问题较多;脱贫攻坚任务依然艰巨;部分干部执政水平、担当能力有待提高,等等。对此,我们必须强化责任担当,着力加以解决。

各位代表,综观过去五年,我们始终坚定发展信心,不断厚植发展优势,走出了一条增长与转型良性互动、发展与生态相得益彰、经济与社会协调并进的宿州之路,宿州的经济总量、城市能级、区域地位和城市影响力大幅提升,在全省加快发展的大格局中扮演着愈来愈重要的角色。今天的宿州,已经站在蓄势待发、后来居上的新起点,正在开启加速前进、跨越发展的新局面,即将迎来奋力崛起、全面跃升的新时代！

这些发展成就，是市委坚强领导、统揽全局的结果，是历届班子矢志不移、持续接力的结果，是全市人民凝心聚力、顽强拼搏的结果。在此，我代表市人民政府，向奋战在各行各业的全体劳动者，向离退休老同志，向各民主党派、工商联和人民团体，向中央和省驻宿单位、人民解放军驻宿部队、武警官兵、公安干警，向参与宿州建设的海内外企业家和客商、广大援宿干部，以及支持宿州发展的各界人士，表示衷心的感谢！

二、未来五年发展谋划

未来五年，处于"两个一百年"奋斗目标的历史交汇期，也是全面建成小康社会的关键决胜期。党的十九大为我们指明了奋进方向，注入了新的动力。经过多年努力，我市经济转型升级成效初显，综合实力大幅提升，发展基础更加稳固，深化改革红利持续释放，争先进位、跨越发展的势头更趋强劲。尽管前进道路上还有许多风险挑战，但宏观经济长期向好的基本面没有改变，依然蕴藏着前所未有的发展机遇。

随着"一带一路"、中原城市群、乡村振兴等战略规划的实施，振兴皖北政策的有力推进，我们将充分发挥政策叠加的支撑优势，持续不断发力。宿州四级物流网络基本形成、社会消费品零售总额连创新高、一批"宿州云"知名品牌相继入驻，我们将充分发挥多元要素集聚的现实优势，催生一个活力迸发的宿州商圈。传统产业脱胎换骨，战略性新兴产业雨后春笋，高新产业异军突起，"中国云都"崭露头角，我们将充分发挥新型工业化的后发优势，加速实现弯道超车。宿州正处于深度城镇化的窗口期，城镇化率还有很大提升空间，我们将瞄准国家投资方向，充分发挥深度城镇化的潜在优势，加快在基础设施和公共服务短板领域形成一批有效投资，培育新的经济增长点。宿州作为全国重要农产品供应基地和集散中心，农业产业化多年领跑全省，农业"两区"建设方兴未艾，我们将充分发挥农业现代化的比较优势，加速提升现代农业核心竞争力。

基于上述优势，只要全市上下坚定信心，保持定力，主动作为，就一定能够群策群力，众志成城，持续推动经济社会发展不断迈上新台阶。

未来五年，我们将坚定不移地以习近平新时代中国特色社会主义思想为指导，全面贯彻落实党的十九大精神，加强党对经济工作的领导，坚持稳中求进工作总基调，统筹推进"五位一体"总体布局和协调推进"四个全面"战略布局，坚持以新发展理念为统领，以人民为中心，以高质量发展为根本要求，以供给侧结构性改革为主线，以"五大发展"行动计划为总抓手，深入实施新型工业化、深度城镇化、农业现代化"三大战略"，全力打好防范化解重大风险、脱贫攻坚、环境保护"三大战役"，全面推动经济发展质量、效率、动力"三大变革"，实现更高质量、更有效率、更加公平、更可持续的发展，不断满足人民群众对美好生活的向往，奋力开创现代化五大发展美好宿州建设的新局面！

未来五年，我们将坚持以建设现代化经济体系为战略目标，加快建设实体经济、科技创新、现代金融、人力资源协同发展的产业体系，转方式、调结构、强动能取得突破性进展，实现主要指标增幅、发展质量效益全省前列、皖北领先，全市生产总值突破2200亿元，人均生产总值与全省差距明显缩小，生产总值、财政收入增速超过全省平均水平，经济总量跻身全省第一方阵，综合财力进入全省前八，县区全部实现稳定脱贫，确保与全国全省同步全面建成小康社会。经过努力，基本建成全省新型城镇化和工业化集聚发展创新区、淮海经济区生态文明建设样板区、全国重要云计算大数据产业基地、皖北开放新高地、省际交会区域中心城市。

深入实施创新发展行动，加快推进产业转型升级。全面实施创新驱动发展战略，拓展发展新空间，打造现代产业体系，提升综合经济实力。持续推进工业强市兴县，做大做强首位产业，促进三次产业融合发展。全面推进制造强市战略，推动互联网、大数据、人工智能与实体经济、传统产业深度融合，加快军民融合产业发展，促进制造业从制造、创造向智造转变。构建发展新体制，搭建创业创新平台，推动大众创业、万众创新。拓展数字经济成长空间，加快国家智慧城市、智慧农业试点建设，培育一批"宿州云"知名品牌。推进"互联网+"行动，构筑发展新动能。创新金融服务和监管体系，守住不发生系统性金融风险底线，增强服务实体经济能力。实行更加积极、有效、开放的人才政策，让各类人才迸发创造活力，为宿州发展贡献聪明才智。

深入实施协调发展行动，构建城乡统筹共进格局。以建设省际交会区域中心城市为目标，以"大宿城"为中心、4个县城为副中心、萧砀小城镇集群和灵泗小城镇集群为基础,加快构建功能定位清晰、片区布局合理、协同互动发展的现代城镇体系。强化城市片区分工协作,优化产业和功能布局,推进产城融合发展,支持市高新区发展云计算、文化创意、智能制造,市经开区和鞋城发展生物医药、绿色化工、装备制造、鞋服制造,宿马园区发展绿色食品、装备制造、新能源新材料等重点产业。振兴县域经济,大力发展砀山县绿色果蔬食品、农副产品深加工,萧县新型建材、精细化工,埇桥区家居板材、纺织服装,灵璧县机械电子、新材料,泗县机械电子、品牌服装等主导产业。实施乡村振兴战略,制定乡村振兴规划,健全城乡融合发展体制和政策体系,加快构建现代农业产业体系;加快美丽乡村建设,开展好农村环境整治“三大革命”。

深入实施绿色发展行动,不断加快生态文明进程。牢固树立绿水青山就是金山银山的理念,坚持节约资源和保护环境的基本国策。加快补齐生态建设短板,建设“天蓝、地绿、水净”的美丽宿州。全面落实河长制、林长制,深入实施大气、水、土壤、畜禽养殖污染防治行动计划,继续实施林业增绿增效行动,着力改善生态环境。加强生态文明制度建设,严守生态红线,到2020年全面落实主体功能区战略和制度。实行最严格的水资源管理制度、节约用地制度、耕地保护制度,推进节能降耗,大力发展循环经济,到2022年所有乡镇建成污水处理设施,工业固体废弃物综合利用率达95%左右,城市生活垃圾基本实现无害化处理。实行最严格的生态环境保护制度,加大环境治理力度,挥发性有机物排放总量下降10%以上。

深入实施开放发展行动,打造多元要素融通高地。深度融入“一带一路”“京津冀协同发展”“长江经济带”发展战略,主动衔接中原城市群建设,全面参与淮河生态经济带和淮海经济区核心区合作发展,加强与徐州对接连通、融合发展。深化南北合作,推进结对共建园区建设。优化招商引资环境,大力发展外向型经济,打造皖北开放新高地。强化大通道、大平台、大通关建设,加快基础设施互联互通,实现与周边市县全面快捷的道路连通,加强口岸和特殊监管场所建设,加快建设内陆无水港,积极推进宿州民航机场、城市轨道交通、连霍高速宿州段扩容改造工程和宿固蚌、徐淮阜高速公路宿州段建设,协调推进合青高铁宿州段、萧徐轨道交通建设。优化创业环境,激发和保护企业家精神,鼓励创业富民,营造海纳百川、多元融合的创业氛围,凝聚各方力量助推宿州发展。

深入实施共享发展行动,持续增进人民群众福祉。坚持以人民为中心,始终把人民对美好生活的向往作为奋斗目标。坚决打赢脱贫攻坚战,全面实现“户脱贫、村出列、县摘帽”。确保城乡居民收入增速快于经济增长,达到全省平均水平,居民生活质量普遍提高。千方百计稳岗增岗,促进就业创业。加快培养高素质和技能型人才,推动“民工大市”向“技工大市”转变。加强精神文明建设,提高公民素质,争创全国文明城市。深化文化体制改革,培育文化创意、游戏动漫等新型文化业态。完善公共文化服务,加快建设公共文化设施。深化教育改革,推动城乡教育一体化,促进义务教育优质均衡发展,创造普及高中教育条件;支持宿州学院、宿州职业技术学院和皖北卫生职业学院等院校提升综合办学实力和创新能力,加快市县区中职学校建设,提升职业教育整体水平;支持和规范民办教育发展,办好特殊教育;提升教育信息化水平。推进健康宿州建设,加大对市级和县级新建城区、各级开发区医疗资源配置,全面提升二级医院医疗能力,争创3个三级医院,全市乡镇卫生院、社区卫生服务机构、村卫生室等标准化建设实现全覆盖,健全重大疾病防控、预防接种、传染病防治、慢性病管理、妇幼保健等公共卫生服务体系。优先发展公共交通,着力实施城乡客运一体化。健全体育、养老、残疾人等公共服务体系,织牢公共安全保障网,完善社会保障,兜住民生底线,实现全体居民共同迈入全面小康社会。

三、开局之年工作安排

今年是全面贯彻落实党的十九大精神的起步之年,是改革开放40周年,也是新一届政府的开局之年。我们必须坚持以习近平新时代中国特色社会主义经济思想为指导,深入贯彻落实中央和省委、市委经济工作会议精神,按照市委五届四次全会决策部署,统筹推进稳增长、促改革、调结构、惠民生、防风险各项工作,促进经济社会持续健康发展,为全面建成小康社会夯实基础。

综合考虑,今年经济社会发展主要预期目标是:全市生产总值增长8.2%左右,财政收入增速高于经济增长,规上工业增加值增长8.5%左右,固定资产投资增长9.5%左右,社会消费品零售总额增长10.5%左右,城镇常住居民人均可支配收入增长

8%左右，农村常住居民人均可支配收入增长8.5%以上，城镇调查失业率控制在5%以内，节能减排完成年度任务，主要动态指标位居全省前列，努力实现本届政府良好开局。

（一）着力转换增长动能，加快构建现代化产业体系。深入落实供给侧结构性改革举措，优化经济结构、转换增长动力，加快构建创新型现代产业体系，增强经济创新力和竞争力。

加快推进新型工业化。强化项目带动，重点项目储备规模超过2500亿元，建设亿元以上重点项目超过600个。细化工业强市措施，深入推进“3111”工程突破攻坚，完成“3个10”目标任务。系统推进“全创改”，加快建设技术和产业、平台和企业、金融和资本、制度和政策四个创新体系，打造贯通产业链、创新链、资金链的创新生态系统。全面实施“三重一创”，做大做强省级云计算战略性新兴产业基地，高标准建设市级战略性新兴产业基地，积极培育精准医疗、生物制药等一批重大新兴产业，培育石墨烯、大健康等一批重大新兴产业专项，推进石墨烯复合功能薄膜新材料、裸眼3D显示、医疗大数据等省级重大创新平台建设，战略性新兴产业产值增长20%。大力发展高新产业，高新企业达到90家，高新产业增加值增长15%。以智慧经济和创业型经济为引领，开展新一轮技术改造，实施制造强市“1525”行动，全面提升轻纺鞋服、化工建材等传统产业，推进重点技改项目200个，技改投资增长8%以上。开展质量品牌提升行动，创建国家质量强市示范城市，加大名牌产品培育力度，高标准评选推荐政府质量奖，培育省名牌产品5个以上。

提升现代服务业。大力发展现代物流、总部经济、健康养老等现代服务业，扩大移动互联网、物联网等信息消费，加快汴河文化旅游开发等重点项目建设，创建省级服务业集聚区1家、示范园区1家。建设“电商宿州”，加强与国内外知名电商战略合作，加快电商产业园、跨境电商综合服务平台建设，发展“互联网+快递”新兴消费，推进电商进农村全覆盖。积极构建全域旅游格局，将旅游业培育成为重要支柱产业。实施旅游强市“五个一批”工程，推进皇藏峪AAAAA级景区和新汴河景区、钟馗文化园、运河人家AAAA级景区创建，加快符离生态旅游大道沿线景点规划建设。

振兴县域经济。推动县域经济转型发展，支持融入周边中心城市产业链布局和创新体系。实施“3111”工程，做强各县区首位产业，大力发展特色经济、开放型经济，不断优化县域经济结构。加大“一县一策”专项扶持力度，强化人才、金融、用地等对县域经济的支撑作用，培育壮大企业家队伍。积极争取新设市辖行政区，支持萧县等有条件的县撤县设市。

促进园区创新发展。深化园区体制机制改革，推动开发区优化整合，引导开发区特色化、差异化发展。支持市经开区争创国家级经开区，支持宿马园区深化南北合作共建，支持市高新区打造辐射全国的云计算产业集群，支持鞋城打造区域最具特色的现代制鞋产业聚集区。推动宿马高铁小镇、市经开区生物医药科技园等重点项目建设。提升县域开发园区发展水平，推动张江萧县高科技园上升为沪皖合作战略平台，加快埇桥绿色家居产业园、泗涂现代产业园等园区建设。支持埇桥经开区与徐州对接合作。加快产城融合发展，完善园区基础设施，加强双创空间、科技孵化器、标准化厂房等平台建设，提升园区承载功能。

（二）深入实施深度城镇化，加速提升城乡承载能力。全面推进以人为核心的新型城镇化，加强城乡一体化建设，全市常住人口城镇化率增长1.5%以上。

提升主城区城市能级。完善城市规划体系，改革规划管控体系，全面推进“多规合一”，加快土地利用总体规划、新一轮城市总体规划修编。推动汴北新区、城东新区建设，实施四大类120项重点工程，总投资179亿元，主城区实现“双90”目标。实施“两治三改”专项行动，构建征迁、安置、开发三位一体的闭合系统，主城区及各县城老旧小区改造工作三年完成。加大棚户区改造力度，加快保障房、公租房建设，全面完成棚改三年计划任务。完成符离大道道路主体工程，启动新汴河直通洪泽湖水上航道工程项目，开工建设宿城银河一路、胜利路、纺织路东西大动脉路网工程，完成宿城西大外环路网工程，全面启动老火车站综合改造工程，确保老城区地下管线智能化改造、汴北新城区地下管廊、城市小区供热试点工作取得实效。新建和改造提升一批标准化菜市场、街头游园、绿带水系、公共厕所。探索名校办分校方式，推动市区优质教育资源扩容，新建、改扩建中小学10所，三年内主城区建成公立幼儿园30个。深化城管体制改革，提高城管精细化水平。动员全市上下以“16城”同创为抓手，在争创“全国文明城市”工作中取得突破性进展。

促进县乡提质扩容。编制县域乡村建设规划，优化镇村布局，引导调控县城、镇村合理发展。创新城乡建设用地增减挂钩机制，探索就近就地的城镇化新模式，提高城镇吸引力和容纳力。加强公共基础设施建设，大力实施100项重点工程，总投资179亿元。持续实施县域建设“555”工程，强化乡镇环境综合整治，着力建设宜居县城、美丽乡村，创建省级特色小镇1个、市级特色小镇2个。深化户籍制度改革，积极落实常住人口和农业转移人口市民化激励机制。

完善基础设施。加快城市轨道交通、宿州机场、四个县通用机场前期工作，完善国省干线公路快速通道网络，推动淮宿蚌城际铁路、合青高铁宿州段等加快建设，建成使用“五馆一院一中心”，不断完善城市配套功能。加强水利基础设施建设，新开工建设怀洪新河水系洼地治理工程。合理规划布局电动汽车充电基础设施，加快新能源汽车推广应用。

(三)大力推进乡村振兴战略，融合促进农业现代化。着力转变农业发展方式，以打造“两区一园”为抓手，加快推进农业农村农民现代化，推动农业大市向农业强市跨越。

加快发展现代农业。创新实施“1234”战略，推进农业绿色发展，加快推进“百千万”现代农业示范工程，高水平建设创新型农业现代化产业园。按照提单产、稳总产、调结构、强品质的要求，保障粮食生产安全。完善龙头企业、合作社与农户的利益联结机制。推进多种形式适度规模经营，加快新型农业经营主体培育，推动埇桥区国家现代农业示范区建设取得新突破，鼓励每个县区选择5个村整体流转土地，农业产业化联合体发展到280家，新增市级以上示范家庭农场、农民专业合作社示范社各50家。招大、引强、奖优农业龙头企业，鼓励宿州帝元等企业创新发展循环农业。大力发展“三品一标”农产品，集中打造区域特色明显、布局集中连片果蔬基地50个，市级以上龙头企业超660家，农产品加工产值保持全省前三。深化农村土地制度改革，开展“三变”改革试点，完善农村土地“三权”分置办法，积极探索确权登记颁证成果运用。

推进美丽乡村建设。加强中心村和新型农村社区建设，支持泗县试点全省美丽乡村建设整县推进工作，启动建设2018年45个省级示范中心村。大力发展乡村旅游和休闲农业，加快推进乡村旅游富民工程、乡村旅游示范村、高星级农家乐建设。结合空心村整治，开展农村人居环境整治行动，深入推进农村垃圾、污水、厕所专项整治“三大革命”，持续改善农村人居环境。深入推进“四好农村路”建设，为加快推进农业农村现代化提供更好保障。大力实施高标准农田建设项目，加快推进农村土地综合整治。建成淮水北调及市级配水工程，夯实农业生产基础。

拓宽农民增收渠道。深化农村集体产权制度改革，建成并规范运转县区级农村产权流转交易中心。推进“劝耕贷”工作。实施新型农业经营主体带头人培育行动，积极培育新型职业农民和农业职业经理人，支持和鼓励农民就业创业。完善龙头企业带动农户的利益联结关系，保障农民财产权益。

(四)聚焦精准精细扶贫，坚决打赢脱贫攻坚战。坚持精准扶贫、精准脱贫，按照“1234+产业扶贫”要求，提升脱贫质量，健全长效机制，全面实现三县一区脱贫摘帽、115个贫困村出列、11.93万贫困人口脱贫。

持续打牢基层基础。完善贫困户信息数据核准核实机制，提升贫困人口识别精准度。落实精准帮扶措施，做到帮扶成效到村到户到人。加大非贫困村和自然村扶贫力量，切实解决非贫困户特别是“边缘户”的帮扶问题。深入落实“单位包村、干部包户”工作制度。加强扶贫对象动态管理，建立健全返贫预警机制，及时掌握返贫情况，落实返贫户和新增贫困户帮扶措施，确保政策落实、支持力度、包保责任不变。

深入推进政策落实。精准谋划实施产业扶贫工程，巩固提升光伏发电、乡村旅游、农村电商等扶贫成果，大力培育特色产业。推广“四带一自”产业扶贫模式，完善产业扶贫利益联结机制，大力发展资产收益扶贫，加快实现产业扶贫全覆盖。深入落实教育扶贫、健康脱贫、兜底脱贫等政策，适度增加重点人群特惠政策，打好政策补丁，打通政策落地“最后一公里”。全面梳理扶贫项目，动态管理县级扶贫项目库、乡村扶贫项目清单。建立小额信贷使用监管机制，规范发展扶贫小额信贷。加快扶贫项目建设，强化资金监管，提升使用效益。

注重激发内生动力。拓宽就业扶贫渠道，大力推广扶贫工厂、就业扶贫驿站，探索创新多种模式，让更多贫困户就近就业增收。激励和约束贫困老人子女履行赡养义务。持续聚力扶志和扶智,强化贫困群众素质教育和技能培训,逐步增强“造血”功能,引导贫困户树立信心、勤劳脱贫。

强力聚焦深度贫困。加大要素投入力度,推动新增脱贫攻坚资金、项目、举措向深度贫困县、村、户倾斜。重点实施贫困村提升工程,支持深度贫困村发展特色产业、壮大集体经济、强化公共基础设施建设。

(五)加强生态文明建设,积极拓展绿色发展空间。坚持节约优先、保护优先、自然恢复的方针,落实主体功能区战略和制度,突出抓好环境治理,切实改善生态环境。

解决突出环境问题。落实大气、水、土壤三个“10条”,开展城乡黑臭水体治理、集中养殖粪污资源化利用、秸秆综合利用提升三个专项行动,强化畜禽养殖污染防治,建立完善大气、水环境监测网络体系,持续抓好环保突出问题整改。加强扬尘污染防治、机动车尾气治理、餐饮油烟整治、企业高架污染源管控,加快推进砖瓦窑厂治理、非煤矿山整治,打赢蓝天保卫战。完成工业集聚区污水集中处理设施、城市黑臭水体治理、饮用水水源地保护等项目建设,打好碧水攻坚战。加强农业面源污染防治,按照规范化、规模化、生态化发展养殖业,创建畜禽养殖标准化示范场省部级3个、市级5个,畜禽养殖废弃物综合利用示范场16个。加大秸秆禁烧监管力度,持续提升秸秆综合利用水平。

推进绿色发展。开展工业、重点产业、建筑等领域能效提升行动,壮大节能环保、清洁生产、清洁能源等产业。建立市场导向的绿色技术创新体系,加快建设绿色建筑,优先发展公共交通,大力推进秸秆综合利用。开展创建节约型机关、绿色家庭、绿色学校、绿色社区等行动,推进资源全面节约、循环利用。

加强生态系统保护。以“两河一廊”三大生态板块建设为引领,统筹推进山水林田湖草生态保护与修复工程,加快采煤沉陷区综合治理,新增和提升绿化面积550万平方米,新建绿道46公里,划定生态保护红线、永久基本农田、城镇开发边界三条控制线。健全市县乡三级河长制、市县乡村四级林长制责任体系。认真落实生态环境损害赔偿制度改革方案,完善生态环境管理和损害评估制度,建立生态环境损害责任终身追究制度,实行领导干部自然资源资产离任审计,健全生态环保督察制度,严厉制止和惩处破坏生态环境行为,保护生态环境和人居环境权益。

(六)强化改革创新引领,厚植开放经济竞争优势。聚焦构建发展新体制,深化经济体制和行政体制改革,全面形成上下互动、内外联动的开放格局。

扎实推进“破、立、降”。推进重点行业、重点企业脱困发展和转型升级,全面完成省下达的淘汰落后产能任务,配合做好“三供一业”分离移交。加大非住宅商品房去库存力度,扩大公租房货币化保障,加快建立租购并举的住房制度。继续落实全面营改增和各项减税降费政策,降低交易成本和要素成本。加强金融风险和政府性债务风险防控。

推进重点领域改革。开展外商投资企业属地登记管理制度改革。深入推进“放管服”改革,推动政府权力清单、责任清单、涉企收费清单、公共服务清单、中介服务清单落地见效,完善“多证合一、一照一码”登记制度。深化科技体制改革,加快建立技术创新体系,促进科技成果转化。健全投融资体制,规范实施PPP模式,发挥投资引领发展的杠杆作用。深入实施金融服务创新推进工程,健全地方金融监管体系,新增贷款200亿元,主板上市在审1家,新增新三板挂牌企业3家,直接融资50亿元。深化国资国企改革,发展混合所有制经济,推动国有资本做优做强,有效防止国有资本流失。深入推进价格机制、统计管理制度改革。

着力扩大对外开放。主动参与中原城市群、淮河生态经济带、淮海经济区核心区一体化建设,积极对接徐州都市圈。申报建设保税物流中心,进出口增幅高于全省平均水平。推进战略招商、产业招商、专业招商、以商招商、委托招商,落实招商引资“1+5”政策文件,实际到位内资增长9%,实际利用外资增长7%以上,民营经济增加值占GDP比重67%左右。强化引智引技,推进人才创业扶持计划和产业领军人才等重大人才项目,引进一批海内外高层次人才就业创业。

(七)完善社会治理格局,着力营造和谐发展环境。坚守底线、完善制度、引导预期,打造共建共治共享的社会治理格局。

筑牢安全生产防线。扎实推进安全生产领域改革发展,持续深化依法治安实践,推进“铸安”行动全覆盖,坚决遏制重特大安全事故。健全安全生产责任制,持续推进企业落实安全生产主体责任,加强安全生产执法监管队伍建设,保持安全生产形势持续稳定。

健全公共安全体系。实施食品安全战略,加强食品药品安全监管,完成104个基层监管所标准化建设,争创省级食品药品安全城市。深化民兵力量改革,提升国防动员和后备力量建设水平,加强人民防空建设,推进军民深度融合发展,做好优抚、安置工作,巩固双拥模范城创建成果,促进社会总体安全。加强社区建设和社会组织管理。提升应急联动和防灾减灾救灾能力。扎实开展"七五"普法。

维护社会和谐稳定。加快实施"雪亮工程",深入推进"守护平安"系列活动,依法打击和惩治黄赌毒黑拐骗等违法犯罪活动,提升平安建设水平。加强信访法治化建设,巩固提高积案化解成果。总结运用十九大维稳安保工作经验,全面开展社会稳定风险评估,做好预测预警预防。完善矛盾纠纷排查化解机制,推进四级综治中心标准化、信息化建设,建立社会心理服务体系。健全信用制度,提升全社会诚信意识。

(八)切实保障和改善民生,不断增强人民群众获得感。坚持以实施民生工程为重要抓手,加强社会保障体系建设,补齐社会事业短板,推进基本公共服务均等化。

加强就业和社会保障。扎实推进就业优先战略,完善积极就业政策,深入实施高校毕业生帮扶计划和就业扶持民生工程,统筹抓好农村转移劳动力、城镇困难人员、退役军人等各类群体就业,城镇新增就业2.9万人。全面落实全民参保计划,推进城乡居民基本医疗保险、基本养老保险等民生工程,"五险"参保190万人次以上。统筹城乡社会救助体系,健全农村留守儿童和妇女、老年人关爱服务体系,发展残疾人事业,加强残疾康复服务。

推进健康宿州建设。大力发展卫生计生事业,实施全民健康保障工程、全民健康促进计划、慢性病综合防控策略,加快推进"智慧医疗"建设,深入开展"健康进万家"活动。深化医药卫生体制综合改革,强化医联体、医共体和家庭医生签约服务等分级诊疗制度建设。巩固提升卫生计生队伍转型成果。深入实施医疗卫生服务体系"411"计划。加强"四型"医院创建,实施卫生人才队伍建设"三大计划"。传承发展中医药事业,深入贯彻中医药法。大力发展健康产业。

统筹社会事业发展。大力发展文化事业、文化产业,加强文化遗产保护和利用,深入实施文化惠民工程,扶持书画、戏曲等文艺事业发展。深化教育体制机制改革,加强学前教育规范管理,强化公办幼儿园示范作用;扩大优质义务教育资源覆盖面;多样化发展高中教育;积极发展现代职业教育,加快市职教园区和县区中职学校建设。加强校舍维修改造,补齐教育短板,提升教育教学质量。加强师德师风建设,培养高素质教师队伍。加强国防教育,增强全民国防观念。实施全民科学素质行动计划。开展好第四次全国经济普查。发展体育事业,加快体育场馆建设,打造城市社区15分钟健身圈,积极备战省第十四届运动会。支持人民团体发挥桥梁纽带作用,加强民族宗教、外事侨务、广播电视、地方志、档案、防震减灾、红十字、妇女儿童、对台、气象等工作。

四、切实加强新时代政府自身建设

新时代对新一届政府工作提出了新的更高要求,我们将深入贯彻习近平新时代中国特色社会主义思想,以新发展理念为引领,以"红船精神"为动力,加强和改进政府自身建设,不断提升政府治理能力现代化水平。

坚持转变理念,建设笃行有为的担当政府。准确把握新时代新特征,强化新理念新思维,坚决维护党中央权威,把对党忠诚、为党分忧、为党尽职、为民造福作为根本政治担当。按照市委"2+4+2"工作思路,注重统筹兼顾、弹好钢琴,善谋善断、善作善成,做到守土有责、守土尽责。把提高执行力作为重中之重,以实干、实在、实绩为工作导向,以肯干事、能干事、不出事为担当标准,确保各项工作踏石留印、抓铁有痕。健全正向激励和容错纠错机制,严格落实"三个区分开来",旗帜鲜明地为敢闯敢试者撑腰鼓劲,对慵懒无为者严肃追责,努力营造干事创业、奋发有为的政治生态。

坚持转变职能,建设便捷高效的服务政府。深化简政放权,进一步理顺政府与企业、市场、社会的关系。更多运用市场化、社会化、信息化方式加强服务管理,全面实施"最多跑一次"改革,继续深化"互联网+政务服务",实现网上办事"键对键、不见面",服务事项"一号申请、一窗受理、一网通办",让信息多跑路、群众少跑腿。持续开展"四送一服"双千工程,认真落实各项政策措施,构建"亲""清"新型政商关系,创优"四最"营商环境,努力打造政策洼地、服务高地。

坚持权责法定,建设依法行政的法治政府。严格遵守宪法法律，全面提高法治思维和依法行政能力，确保政府工作在法治轨道上运行。坚持规章、规范性文件立改废释并举，完善并严格执行重大决策法定程序，落实法律顾问、公职律师制度，全面推行重大执法决定法制审核制度。试行行政复议网上受理，提高仲裁公信力，依法有效化解社会矛盾。自觉接受人大及其常委会监督和政协民主监督，完善12345政府热线平台，健全接受社会监督和舆论监督机制。深入推进政务公开，打造透明政府，让权力阳光运行。

坚持从严治政，建设风清气正的廉洁政府。全面贯彻中央八项规定精神，落实深入推进作风建设的实施细则，突出治理“四风”问题隐形变异新表现，坚决反对形式主义和官僚主义。强化监督检查，紧盯关键节点，严格执纪问责，驰而不息正风肃纪，坚决打赢作风建设攻坚战、持久战。以零容忍态度惩治腐败，坚决按照加强党风廉政建设和反腐败工作总体部署，紧密结合政府工作实际，认真履行“一岗双责”，保持正风反腐高压态势。全面加强反腐倡廉制度建设，健全廉政风险防控机制，推进审计监督全覆盖，严防权力失控、决策失误、行为失范，树立起新一届政府为政清廉、干净干事的良好形象。

各位代表！新蓝图描绘新愿景，新起点开启新征程。让我们更加紧密地团结在以习近平同志为核心的党中央周围，在习近平新时代中国特色社会主义思想指引下，在省委、省政府和市委坚强领导下，不忘初心，牢记使命，锐意开拓，扎实苦干，为建设富强民主文明和谐美丽新宿州而努力奋斗！

［责任编辑　赵红萍］

大事记

一月

4日至7日　召开市政协五届一次会议。许广斌当选政协第五届宿州市委员会主席,孟伟、武敏、马红钟、魏建华、张生、赵素华当选副主席,李励当选秘书长。通过市政协五届一次会议决议。

5日至8日　召开宿州市五届人大一次会议。选举刘莉等为出席省第十三届人大代表。选举赵琳为市第五届人大常委会主任,杨军为市人民政府市长,叶莉为市监察委员会主任。选举张旭、张忆秋、石文庆、侯家春、孟广实为市第五届人大常委会副主任,张建华为市第五届人大常委会秘书长。选举余向东、邵郁、马杰、韩维礼、祖钧公、张海虹为市人民政府副市长。选举张瑞华为市中级人民法院院长,张黎为市人民检察院检察长。通过《关于〈政府工作报告〉的决议》等六项决议。

9日　宿州市监察委员会挂牌成立。市委书记史翔,市委常委、市纪委书记、市监察委员会主任叶莉共同为市监察委员会揭牌。

17日　全市城乡建设工作调度会召开。市委书记史翔出席会议并讲话。市委副书记、市长杨军主持会议。市委常委、市人大常委会主任赵琳,市委常委、埇桥区委书记王启荣,市政府副市长张海虹,市政协副主席、市委秘书长孟伟出席会议。

市长杨军在宿州亲切会见俄罗斯伏尔加顿斯克市市长梅尔尼科夫·维克多·帕夫洛维奇一行。

19日　市委召开常委会扩大会议,传达学习习近平总书记在新进中央委员会的委员、候补委员和省部级主要领导干部学习贯彻习近平新时代中国特色社会主义思想和党的十九大精神研讨班上的重要讲话精神,贯彻落实省委常委会扩大会议精神,研究宿州贯彻落实工作。市委书记史翔出席会议并讲话,市委副书记、市长杨军,市委常委、市人大常委会主任赵琳,市四大班子负责同志,其他在职副市级领导干部出席会议。

25日　市委书记史翔,市委副书记、市长杨军,市政协主席、市委常委、市委政法委书记许广斌,宿州军分区政委张立新,副市长邵郁,市政协副主席、市委秘书长孟伟等,亲切看望慰问省军区部队广大官兵。省委常委、省军区司令员杨征,省军区政治委员戴勇,省军区副政治委员、纪委书记南晓敏,省军区副政治委员杨学伦,省军区办公室主任王传增,省军区政治工作局主任雷起平等出席慰问座谈会。

31日　市扶贫开发领导小组第一次(扩大)会议在市政务中心召开。市委书记史翔强调,开局就是决战,扛责必须冲锋。面对必须要打、坚决要赢的脱贫攻坚"淮海战役",全市上下要以倒计时的紧迫感,精准施策,背水一战,坚决交出一份满意的脱贫答卷。市长杨军主持会议。市领导赵琳、许广斌、余向东、何志中、王启荣、操隆山、吴宝军等出席会议。

二月

1日　省脱贫攻坚市际交叉考核组到宿州市开展市际交叉考核并举行座谈会。市委书记史翔汇报宿州市脱贫攻坚工作情况。

4日　市委召开干部任前集体谈话会议,市委书记史翔出席会议并讲话。市委常委、纪委书记、市监察委员会主任叶莉进行廉政谈话,市委常委、组织部长、统战部长操隆山主持会议并宣读人事任免决定。

9日　中国共产党宿州市第五届纪律检查委员会第三次全体会议在市政务中心召开。市委书记史翔出席会议并讲话。

10日　市委召开2017年度县区委书记抓基层党建述职评议会议。市委书记史翔主持会议并讲话。市委副书记、市长杨军和市委常委等出席会议。省委组织部有关同志到会指导。

12日　市委书记史翔先后到宿州军分区、武警支队,看望慰问广大官兵,向他们致以新春祝福。市委常委、宿州军分区司令员丁俊巨,副市长邵郁,市政协副主席、市委秘书长孟伟和市直相关部门主要负责同志参加走访慰问。

市委、市政府举行2018年工业企业家新春座谈会,与各县区、园区、市直相关部门及多家重点企业负责人欢聚一堂、畅叙友情、共贺新春。市领导史翔、杨军、赵琳、许广斌、余向东、张忆秋、祖钧公、孟伟、马红钟及市政府秘书长李晓宁等出席会议。

市委市政府举行2018年春节团拜会。市委书记史翔,市长杨军,市人大常委会主任赵琳,市政协主席、市委政法委书记许广斌等与社会各界代表欢聚一堂,共迎新春。

22日　市委农村工作暨全市脱贫攻坚大会在市政务中心礼堂召开。市委书记史翔出席大会并讲话,市长杨军主持大会。市领导赵琳、许广斌、余向东、叶莉、何志中、王启荣、操隆山以及市人大常委会、市政府、市政协有关负责同志出席会议。

三月

1日　市委书记史翔到市人民来访接待中心,预约接待群众来访,认真倾听群众诉求,协调解决实际问题。市政协副主席、市委秘书长孟伟参加接访。

3日　市委书记史翔赴宿州绿色家居产业园,实地调研项目和园区建设工作。市领导余向东、王启荣、祖钧公、孟伟和市直相关部门、埇桥区政府主要负责人陪同。

5日　市委书记史翔到新汴河风景区实地调研。市领导张旭、张海虹、孟伟、魏建华等参加调研。

6日　市领导史翔、赵琳、许广斌、余向东、叶莉、何志中等与市直、埇桥区直单位干部职工及消防部队官兵等1000余人一道,到位于埇桥区灰古镇境内的埇桥区现代农业产业同,参加义务植树活动,为宿城再添新绿。

7日　全市领导干部大会在市政务中心召开,会议对宿州市2017年度省管领导班子和领导干部综合考核工作进行动员部署。市委书记史翔主持会议并代表市委领导班子作年度总结报告。

8日　中德金属集团常务副总裁、中国(德国)中小企业中心总经理杨志新率考察团一行到宿实地考察。市委书记史翔亲切会见考察团一行,并就有关合作事宜进行洽谈对接。市领导余向东、操隆山、孟伟及埇桥区政府、市直相关部门主要负责人参加会见。

12日　市委书记史翔轻车简从,不打招呼,直插现场,实地暗访督导泗县大杨乡、黄圩镇脱贫攻坚开展情况。市委常委、宣传部长、市总工会主席何志中,市政协副主席、市委秘书长孟伟参加暗访。

13日至15日　省人大常委会委员、农业与农村委员会主任委员李宏鸣率省人大调研组一行就农村垃圾污水治理情况到宿开展调研。市委书记史翔、市人大常委会副主任侯家春、副市长张海虹出席座谈会或陪同调研。

23日　宿州市召开全市3月份脱贫攻坚调度会。市委书记史翔出席会议并作重要讲话,市长杨军主持会议。市领导赵琳、余向东、叶莉、何志中、操隆山、丁俊巨以及市四大班子相关负责同志参加会议。

26日　全市工业经济"3111"工程推进暨制造强市建设工作会议召开。市委书记史翔主持会议并讲话。市委副书记、市长杨军出席会议并讲话。

28日至29日　市委召开理论学习中心组学习会议,深入学习贯彻习近平总书记重要讲话精神和十九届三中全会、全国两会精神。市委书记史翔主持会议并讲话,市委副书记、市长杨军,市政协主席、市委政法委书记许广斌,市委副书记、常务副市长余向东,市委中心组成员出席会议。

29日　全市环境保护暨城乡建设用地增减挂工作会议召开。市委书记史翔出席会议并讲话。市长杨军主持会议。市政协主席、市委政法委书记许广斌,市委副书记、常务副市长余向东,市领导叶莉、何志中、操隆山等出席会议。

市委全面深化改革领导小组召开第十七次会议,市委书记、市委全面深化改革领导小组组长史翔主持会议并讲话。市委副书记、市长杨军,市政协主席、市委政法委书记许广斌,市委副书记、常务副市长余向东,市委全面深化改革领导小组成员出席会议。

四月

2日　市委中心组理论学习会、专题党课报告会暨市委党校2018年春季学期主体班开学典礼在市委党校报告厅举行。市委书记史翔出席会议并作题为《既有担当的宽肩膀又有成事的真本领全面扛起新时代宿州改革发展的新使命》专题党课报告。市委副书记、市长杨军主持会议。

3日　市委统战工作领导小组召开2018年第一次全体会议。市委书记、市委统一战线工作领导小组组长史翔主持会议并讲话。

8日　市长杨军,市委副书记、常务副市长余向东,市政府秘书长李晓宁一行到宿州市政务服务中心调研。

9日　全市第六批选派帮扶工作总结表彰暨第七批选派帮扶工作动员会在市政务中心召开。市委副书记、常务副市长余向东出席会议并讲话,市委常委、组织部长、统战部长操隆山主持会议。

10日　市长杨军深入泗县黑塔镇、墩集镇和灵璧县向阳乡,进村入户实地暗访并督导脱贫攻坚和农村土地增减挂工作。

12日　全市农村基层基本公共服务和基础设施建设、美丽乡村建设、农村环境“三大革命”、现代农业工作推进观摩调度会在泗县召开。市委书记史翔主持会议,市长杨军出席会议并讲话。

19日至20日　省军区新时代加强和改进后备力量建设观摩研讨活动在宿州市举行。省委常委、省军区司令员杨征出席会议并讲话。省军区副司令员卢信允主持会议,省军区副政委杨学伦讲话,市委书记、军分区党委第一书记史翔参加有关活动,市长、市国动委主任杨军致辞,市委副书记、常务副市长余向东陪同现场观摩,市委常委、军分区司令员丁俊巨汇报经验做法,军分区政委张立新作交流发言。

20日　市委书记史翔、市长杨军率团赴蚌埠市学习考察文明创建工作。

25日至26日　省政协主席张昌尔一行到宿调研经济社会发展和政协工作情况。市委书记史翔,市长杨军,市政协主席许广斌等先后陪同或出席座谈会。

28日　宿州大讲堂《学习贯彻习近平强军思想》报告会在政务中心礼堂举行。市领导杨军、赵琳、许广斌等出席报告会,市委常委、宣传部长、市总工会主席何志中主持报告会。宿州军分区政委张立新作《准确把握精神实质和实践要求推动习近平强军思想落地生根》专题辅导报告。

五月

2日　宿州市创建全国文明城市动员大会在市政务中心大礼堂举行。市委书记史翔,省委宣传部副部长操龙山出席会议并讲话,市委副书记、市长杨军主持会议。

4日　市委书记史翔轻车简从,不打招呼,直插现场,实地暗访督导埇桥区曹村镇、时村镇脱贫攻坚开展情况。市委常委、宣传部长、市总工会主席何志中,市政协副主席、市委秘书长孟伟参加暗访。

7日　省委巡视整改“回头看”第六督查组到宿督查指导宿州市巡视整改工作。市委书记史翔主持汇报会,市委副书记余向东作工作汇报。

市政府第一次廉政工作会议召开。市委副书记、市长杨军出席会议并讲话。

8日　省委书记李锦斌到宿州市萧县新庄镇陈庄易地扶贫搬迁安置点,走进搬迁户家中,详细了解他们的生产生活情况。

9日　全市经济运行分析调度会在市政务中心第一会议厅召开。市长杨军主持会议并讲话。

11日　全市扶贫开发工作“重精准、补短板、促攻坚”专项整改行动推进会暨5月份脱贫攻坚调度会在市政务中心礼堂召开。市委书记史翔出席会议并讲话。

17日　澳大利亚国际商会首席执行官、爱尔塔国际教育集团总裁麦克·果,新西兰南岛阿什伯顿市副市长尼尔·安东尼·布朗率访华团到宿,开展城市友好交流和教育旅游等领域交流。

17日至18日　省政协副主席李修松率省政协视察团,实地视察宿州市旅游及红色资源保护与利用工作。市政协主席许广斌,副市长马杰,市政协副主席魏建华陪同或出席座谈会。

23日至24日　全省供销合作社深化综合改革暨基层工作会议在宿州市召开。省供销社理事会副主任唐庆明主持会议。副市长韩维礼致欢迎辞。

27日　全市领导干部大会在市政务中心召开,省委第六综合考核组对宿州市2017年度省管领导班子和省管领导干部综合考核情况进行反馈。省委第六综合考核组组长、省人大教育科学文化卫生委员会主任委员黄红通报综合考核情况,市委副书记、市长杨军主持会议，并受市委书记史翔委托作表态讲话。

28日　省长李国英到宿州市督导突出环境问题整改工作。

29日　省长李国英在宿州市调研夏收夏种和夏粮收购工作时强调，“三夏”工作事关全年农业丰收和农民增收的大局，各地各部门要强化科学调度，优化服务保障，扎实做好“三夏”各项工作，确保粮食颗粒归仓、农民持续增收。副省长张曙光，省政府秘书长白金明参加调研。

蚌埠市委副书记、市长王诚率队到宿州市考察文明创建工作。市委副书记余向东，市委常委、宣传部部长、市总工会主席何志中等陪同考察。

六月

4日　宿州市召开加快创优“四最”营商环境工作调度会议。市长杨军出席会议并讲话。市委常委、常务副市长操隆山主持会议，副市长祖钧公，市政府秘书长李晓宁出席会议。会议在各县区、园区设分会场。

市委召开理论学习中心组学习会议，深入学习领会习近平总书记在中央政治局第五次集体学习时的重要讲话精神和在纪念马克思诞辰200周年大会上的重要讲话精神。市委书记史翔主持会议并讲话。市人大常委会主任赵琳，市政协主席许广斌，市委副书记余向东及其他市委中心组成员出席会议。

7日　市委书记史翔到埇桥区调研“三夏”工作。市委常委、埇桥区委书记王启荣，副市长韩维礼，市政协副主席、市委秘书长孟伟陪同调研。

12日　全市推进依法行政工作领导小组第十次会议暨法治政府建设工作汇报会召开。市长杨军出席会议并讲话。副市长邵郁主持会议，市政府秘书长李晓宁出席会议。

13日　市长杨军主持召开市政府第7次常务会议，审议并原则通过《宿州市人民政府办公室关于促进生物医药产业发展的若干意见》《宿州市人民政府关于禁止销售和燃放烟花爆竹的通告》《宿州市饮用水水源地保护条例》《关于在湖泊实施湖长制的意见》等。

市委市政府议武警支队建设工作会议召开。市委书记史翔、市长杨军出席会议并分别讲话。市委副书记余向东主持会议。市政协副主席、市委秘书长孟伟，市政府秘书长李晓宁出席会议。市委、市政府副秘书长、市直有关部门主要负责同志，以及武警宿州支队党委班子成员等参加会议。

市委全面深化改革领导小组召开第十八次会议。市委书记、市委全面深化改革领导小组组长史翔主持会议并讲话。市委副书记、市长杨军传达有关会议精神，市人大常委会主任赵琳，市委副书记余向东，市委全面深化改革领导小组成员出席会议。

14日　市扫黑除恶专项斗争领导小组扩大会议暨全市扫黑除恶专项斗争培训会召开。市委书记史翔、市长杨军会前分别就深入推进扫黑除恶专项斗争作出批示。市政协主席、市委政法委书记、市扫黑除恶专项斗争领导小组组长许广斌出席会议并讲话。

加快推进宿州市传习中心建设电视电话会议在市政务中心举行。市委书记史翔出席会议并讲话。市委副书记余向东主持会议，市委常委、宣传部长、市总工会主席何志中，市政协副主席、市委秘书长孟伟出席会议。

20日　市长杨军根据《安徽省全国人大代表固定联系省人大代表办法》要求，召集6位固定联系省人大代表举行座谈，认真履行全国人大代表职责。市政府秘书长李晓宁主持座谈会。

21日　全市市级林长第一次会议暨市级总河长第二次会议召开。市委书记史翔出席会议并讲话。市长杨军主持会议。市委副书记余向东，市政协副主席、市委秘书长孟伟及市政府秘书长李晓宁出席会议。市级林长、河长会议成员单位负责同志参加会议。

七月

2日　市委书记史翔先后到埇桥街道城隍庙社区和雪枫社区，督导调研文明创建工作。市委常委、埇桥区委书记王启荣，市政协副主席、市委秘书长孟伟及市直相关部门负责同志等参加督导调研。

2日至3日　市委召开理论学习中心组学习会议，深入学习习近平新时代中国特色社会主义思想，特别是习近平总书记关于“立政德”的重要论述和在中央政治局第六次集体学习会上的讲话精神，全面贯彻省委“讲严立”专题警示教育推进会、十届省委第四轮巡视整改任务交办会、庆祝建党97周年暨新时代新担当新作为主题党课报告会精神，进一步统一思想，凝聚共识，推动宿州市“讲严立”专题警示教育扎实开展。市委书记史翔主持会议并讲话。市人大常委会主任赵琳,市委副书记余向东,以及其他市委中心组成员出席会议。

6日　全市“讲忠诚、严纪律、立政德”专题警示教育动员会在市政务中心召开,市委书记史翔出席会议并讲话。市委副书记余向东主持会议。市领导赵琳、何志中、王启荣、操隆山、吴继承出席会议。市委常委、纪委书记、监察委员会主任叶莉宣读实施方案。

宿州市召开创建全国文明城市指挥部扩大会议暨第八次调度会。市委书记史翔出席会议并讲话。市领导赵琳、许广斌、余向东、叶莉、何志中、王启荣、操隆山、吴继承等出席会议。市委副书记余向东主持会议。

16日　市委书记史翔实地调研生态环境保护工作。市委副书记余向东,市委常委、常务副市长操隆山,市直相关单位及埇桥区有关负责同志参加调研。

17日　市委理论学习中心组学习会暨“讲忠诚、严纪律、立政德”专题警示教育党课报告会在市政务中心召开。市委书记史翔出席会议并作专题党课报告。市人大常委会党组书记、主任赵琳,市委理论学习中心组成员出席会议,市委常委、常务副市长操隆山主持会议。

18日　市安委会2018年度第三次全体(扩大)会议召开。市委书记史翔出席会议并讲话。市委常委、常务副市长操隆山主持会议并通报上半年全市安全生产形势。

25日　宿州市与浪潮集团有限公司投资合作协议签署仪式在市政府第一会议室举行。市长杨军与浪潮集团副总裁王方等见证签约。副市长祖钧公,浪潮集团安徽区总经理程良明代表双方签约。市政府秘书长李晓宁参加签约仪式。

26日　市长杨军主持召开市政府第9次常务会议,审议并原则通过《宿州市农村人居环境整治三年行动实施方案》《关于建立宿州市村(社区)法律顾问工作制度的意见》《数字宿州地理空间框架建设与使用管理办法(试行)》等。会议邀请部分市人大代表、政协委员和市民代表列席会议。

27日　市委书记史翔、市长杨军分别率队走访慰问宿州军分区、武警支队、市消防支队、紫芦湖驻宿某旅等部队广大官兵,向他们致以节日问候,并看望慰问部分重点优抚对象和退伍志愿兵。

八月

7日　市政府党组中心组理论学习(扩大)会议召开,深入学习领会习近平总书记在十九届中央政治局第六次集体学习时的重要讲话精神和省委十届七次全体会议精神,学习宪法修正案,开展研讨交流,推深做实“讲忠诚、严纪律、立政德”专题警示教育。市政府党组书记、市长杨军主持会议并讲话,党组副书记、常务副市长操隆山,党组成员、副市长张海虹、韩维礼,党组成员、市公安局长张晓东,党组成员、市政府秘书长李晓宁等出席会议。

13日　全市大气污染防治工作调研调度会召开,实地调研城区大气污染防治工作开展情况,分析形势,查找问题,并就下一步重点工作进行安排部署。市委书记史翔主持会议并讲话,市长杨军出席会议并讲话。市领导王启荣、操隆山、孟伟、张海虹,市政府秘书长李晓宁出席会议。

14日　市委书记史翔全程参加指导泗县县委常委会“讲忠诚、严纪律、立政德”警示教育专题民主生活会。

20日　受台风“温比亚”影响,宿州市遭受持续强降雨侵袭,多地发生内涝,受灾严重。

市紧急召开防汛抗洪救灾工作电视电话会议。会议传达省委书记李锦斌、省长李国英重要批示和副省长张曙光重要讲话精神,安排部署全市防汛抗洪救灾工作。市委书记史翔主持会议,市长杨军讲话。市委副书记余向东、副市长韩维礼,市政府秘书长李晓宁出席会议。

21日　根据省委部署安排,市委常委会召开“讲忠诚、严纪律、立政德”警示教育专题民主生活会。省政府党组成员、副省长杨光荣到会指导并讲话。市委书记史翔主持会议,市委副书记、市长杨军,市委副书记余向东,市委常委叶莉、王启荣、操隆山、丁俊巨、吴继承、孟伟、张志强参加会议,市人大常委会主任赵琳,市政协主席许广斌列席会议。省监委委员、省纪委监委第七纪检监察室主任桂青,省委组织部副部长、省人才办主任朱春旭等到会指导。

24日　市委副书记、市长杨军全程参加指导埇桥区委常委会“讲严立”警示教育专题民主生活会。市委常委、区委书记王启荣主持会议。

25日　中共宿州市委追授曾翙翔同志“宿州市优秀共产党员”称号暨曾翙翔同志先进事迹报告会,在市政务中心大礼堂举行。宿州市委书记史翔出席会议并讲话，市委副书记、市长杨军主持会议，市领导赵琳、许广斌、余向东、王启荣、丁俊巨等出席会议。

27日　市委书记史翔赴埇桥区实地察看救灾和环保工作。市委常委、埇桥区委书记王启荣，市委常委、市委政法委书记、市委秘书长孟伟，副市长韩维礼和埇桥区、市直有关部门负责同志陪同。

28日　为进一步推动党中央、国务院重大决策部署和政策措施贯彻落实，按照国务院第一次廉政工作会议和全国深化"放管服"改革转变政府职能电视电话会议要求，国务院大督查第十二督查组组长、教育部副部长朱之文率第十二督查组到宿州市督查。副省长杨光荣，省政府副秘书长、督查室主任汪春明，市长杨军，市政府秘书长李晓宁等陪同督查。

30日　宿州市环境保护委员会全体会议暨全市大气污染防治工作调度会召开。市委书记史翔主持会议并讲话。市长杨军出席会议并讲话。市领导余向东、操隆山、邵郁、马杰、祖钧公、张海虹以及市政府秘书长李晓宁出席会议。市委常委、常务副市长操隆山安排部署具体工作。

九月

6日　宿州市委书记史翔会见第18届雅加达亚运会女子800米比赛冠军获得者、宿州籍运动员王春雨。副市长马杰主持会见活动。

7日　市委市政府召开环保工作推进会议。市委书记史翔主持会议，市长杨军部署工作，市委副书记余向东出席。

12日　市委召开书记专题会议，听取五届市委第五轮巡察和上一轮巡视巡察整改综合情况。市委书记史翔主持会议并讲话，市委副书记、市长杨军，市委副书记余向东，市委常委、纪委书记、市监委主任叶莉出席会议。

13日至14日　市委召开理论学习中心组学习会议。市委书记史翔主持会议并讲话。

14日　市委全面深化改革领导小组召开第十九次会议。市委书记、市委全面深化改革领导小组组长史翔主持会议并讲话。市委副书记、市长杨军，市人大常委会主任赵琳，市政协主席许广斌，市委副书记余向东，市委全面深化改革领导小组成员出席会议。

市委议军会议在市政务中心召开。市委书记、市国动委第一主任、军分区党委第一书记史翔出席会议并讲话，市委副书记余向东主持会议。市党政军领导丁俊巨、孟伟、张志强、张立新、邵郁出席会议。

18日至19日　全省"一抓双促"贫困县高质量退出现场推进会在泗县召开。省委副书记信长星出席会议并讲话，副省长张曙光主持会议并讲话。省政府副秘书长、省扶贫办主任江洪传达通报国家考核评估工作会议精神和全省贫困县退出工作开展情况。省委保密委员会专职副主任、省政协提案委员会副主任徐飞，省扶贫开发领导小组脱贫攻坚督查员刘永春，市领导史翔、杨军、王启荣、张志强、韩维礼等出席会议。

21日　宿州市召开全市污水治理三年攻坚行动动员电视电话会议。市长杨军出席会议并讲话。

26日　宿州市召开创建全国文明城市指挥部会议暨第二十次调度会。市委书记史翔出席会议并讲话，市长杨军主持会议，市政协主席许广斌，市委副书记余向东出席会议。

27日　市委召开理论学习中心组学习会议。市委书记史翔主持会议并讲话。

29日　市委全面推进依法治市领导小组全体会议召开。市委书记、市委全面推进依法治市领导小组组长史翔主持会议并讲话。市委副书记、市长杨军，市委副书记余向东，市领导邵郁、魏建华，领导小组成员、专项小组组长、副组长，市委法律顾问出席会议。

市委书记史翔主持召开市委市政府环保工作推进会。市委副书记、市长杨军出席会议并讲话。

十月

7日　全市重点领域重点部门落实全面从严治党主体责任集体约谈会在市政务中心召开。市委书记史翔出席会议并讲话。市委副书记、市长杨军，市人大常委会主任赵琳，市政协主席许广斌，市委副书记余向东出席会议，市委常委、市纪委书记、监委主任叶莉主持会议。

10日　市长杨军主持召开市政府第13次常务会议，审议并原则通过《宿州市人民政府工作规则》《关于大力推进"四好农村路"建设的实施意见》《关于加强中小学幼儿园安全风险防控体系建设的实施意见》等，听取并原则同意关于宿州市第四次全国经济普查工作情况的汇报等。

11日　全市宣传思想工作会议在市政务中心

召开。市委书记史翔出席会议并讲话。市领导杨军、王启荣、操隆山、吴继承、孟伟、侯家春、马杰、马红钟出席会议，市委副书记、市委宣传部部长余向东主持会议并传达全国、全省宣传思想会议义精神。

12日　市政府召开政府系统落实全面从严治党主体责任集体约谈会。市委副书记、市长杨军在会上讲话，市委常委、常务副市长操隆山主持会议，市委常委、副市长吴继承，副市长马杰、韩维礼、祖钧公、张海虹及市政府秘书长李晓宁等出席会议。

17日　宿州市暨埇桥区2018年全国扶贫日公益募捐活动启动仪式在银河广场隆重举行。市委书记史翔、市长杨军、市人大常委会主任赵琳、市政协主席许广斌，市领导王启荣、孟伟，市直相关部门、埇桥区四大班子负责同志及部分企业家代表和社会各界爱心人士等出席启动仪式。市政府副市长韩维礼主持。

市委召开全市“讲忠诚、严纪律、立政德”专题警示教育总结会议。市委书记史翔出席会议并讲话。

19日　市委书记史翔，市长杨军率市党政考察团赴马鞍山市学习考察。马鞍山市委书记张岳峰，市长左俊，市委常委、市委秘书长何志中，郑蒲港新区现代产业园区管委会主任吴晓东，市政府秘书长陈永红陪同考察。宿州市委常委、市委秘书长、市委政法委书记孟伟，市委常委、泗县县委书记张志强，宿马同区党工委书记、管委会主任倪志品，市政府秘书长李晓宁参加考察。

20日　宿州市召开中央脱贫攻坚专项巡视和中央环保督察“回头看”工作动员会议。市委书记史翔出席会议并讲话，市长杨军主持会议。市领导赵琳、许广斌、余向东、叶莉、操隆山、吴继承、孟伟、张志强等出席会议。

25日　市长杨军主持召开市政府第14次常务会议，审议并原则通过《关于创新体制机制推进农业绿色发展的实施方案》等。

29日　全市组织工作会议在市政务中心举行。市委书记史翔出席会议并讲话。市委副书记、市长杨军主持会议，市委副书记余向东传达全省组织工作会议精神。市领导叶莉、王启荣、操隆山、丁俊巨、吴继承、孟伟、张志强等出席会议。

30日　宿州市召开省摸底测评反馈暨市创建全国文明城市指挥部第二十四次调度会。市委书记史翔出席会议并讲话，省文明办副主任杨明世通报摸底测评情况，市委副书记余向东主持会议，市委常委、埇桥区委书记王启荣，副市长张海虹出席会议。

十一月

1日　市委全面深化改革领导小组召开第二十次会议，传达学习中央全面深化改革委员会第四次会议精神和省委全面深化改革领导小组第十八次会议精神，审议有关改革方案，研究部署下一阶段改革工作。市委书记、市委全面深化改革领导小组组长史翔主持会议并讲话。市人大常委会主任赵琳，市委副书记余向东。市委全面深化改革领导小组成员出席会议。

5日　省委第七巡视组巡视宿州市工作动员会召开。会前，省纪委常委、省委巡视工作领导小组成员、省委巡视办主任唐汝平主持召开巡视组与宿州市党政主要负责人见面会，并传达了李锦斌书记在省委“五人小组”会议和省委常委会会议听取巡视有关工作汇报时的讲话精神。会上，唐汝平就做好巡视工作提出明确要求，省委第七巡视组组长章义作动员讲话，宿州市委书记史翔主持会议并作表态发言。

8日　全市经济运行分析会在市政务中心第一会议厅召开。市长杨军主持会议并讲话。市委常委、常务副市长操隆山，副市长马杰、祖钧公及市政府秘书长李晓宁出席会议。

市政府党组中心组理论学习（扩大）会议在市政府第一会议室召开。市政府党组书记、市长杨军出席会议并讲话。市政府党组成员、副市长吴继承主持会议，市政府党组成员、副市长祖钧公，市政府党组成员、市政府秘书长李晓宁等参加会议。副市长马杰列席会议。

9日　安徽省第一环境保护督察组督察宿州市情况反馈会在市政务中心报告厅举行。省第一环境保护督察组组长王福宏出席会议并讲话，省环保厅副厅长罗宏出席会议宣读对宿州市的环保督察反馈意见并就整改工作提出要求。市委书记史翔出席会议并作表态发言，市长杨军主持会议。

12日　省委扫黑除恶专项斗争第二督导组督导动员会暨全市扫黑除恶专项斗争情况汇报会召开。省委扫黑除恶专项斗争第二督导组组长、省委组织部副部长、省委非公有制经济和社会组织工作委员会书记王炜出席会议并讲话，市委书记史翔汇报全市扫黑除恶专项斗争工作开展情况，市委副书记、市长杨军主持会议。市领导余向东、王启荣、孟伟、邵郁及市政府秘书长李晓宁出席会议。

13日　中央生态环境保护督察“回头看”立行立改工作推进会召开。市长杨军讲话。市委常委、常务副市长操隆山等出席会议。

15日　宿州市召开扶贫开发领导小组第七次(扩大)会议,传达学习省委脱贫攻坚突出问题调研整改情况通报会精神,研究部署宿州市脱贫攻坚中形式主义官僚主义突出问题立行立改工作。市委书记史翔出席会议并讲话。

21日　徐州市委书记、市人大常委会主任周铁根率徐州市代表团到宿州市考察,就推进淮海经济区城市协同发展事宜进行交流对接,市委书记史翔,市领导王启荣、孟伟、邵郁、祖钧公陪同考察或出席座谈会。

21日至22日　市委召开理论学习中心组学习会议二市委书记史翔主持会议并讲话。市委副书记、市长杨军,市政协主席许广斌,市委副书记余向东,市委理论学习中心组其他成员出席会议。

26日至28日　按照五级书记遍访贫困对象和领导干部住村走访要求,市委书记史翔到泗县屏山镇徐贺村蹲点走访,与基层群众同吃同住,并随机走访,倾听民生民计民盼,同商脱贫摘帽重任,共议乡村振兴大计。

十二月

2日　市长杨军出席市安委会2018年度第四次全体(扩大)会议并讲话。

5日至6日　市委召开理论学习中心组学习会议。观看警示教育片,学习《中华人民共和国宪法》《中国共产党支部工作条例(试行)》等。市委书记史翔主持会议并讲话。市人大常委会主任赵琳,市政协主席许广斌,市委副书记余向东,市委理论学习中心组其他成员出席会议。

11日　市委书记史翔到市人民来访接待中心,预约接待群众来访,认真倾听群众诉求,协调解决实际问题。

11日至12日　省委常委、政法委书记姚玉舟一行到宿州市调研“四送一服”工作开展情况。市委书记史翔,市委常委、市委秘书长、市委政法委书记孟伟,副市长祖钧公等先后陪同调研。

13日　全省政法工作座谈会(北片)会议在宿州市召开。省委常委、政法委书记姚玉舟主持会议并讲话。市委书记史翔致辞。省高级人民法院党组副书记、副院长周榕、省人民检察院党组成员、副检察长陶芳德,省公安厅党委委员、副厅长孟向阳,省司法厅党委委员、副厅长张国安,市委常委、市委秘书长、市委政法委书记孟伟,淮北、亳州、蚌埠、阜阳四市政法委书记。市中级人民法院、市检察院、市公安局、市司法局负责同志,以及宿州、淮北、亳州、蚌埠、阜阳五市基层政法单位代表等出席会议,并分别进行座谈发言。

全市经济运行分析会在市政务中心召开。市长杨军主持会议并讲话。市领导操隆山、吴继承、邵郁、马杰、祖钧公、张海虹及市政府秘书长李晓宁出席会议。

14日　马鞍山市委书记张岳峰,市长左俊率马鞍山市党政考察团到宿州,实地考察宿马现代产业园区建设情况。市委书记史翔,市长杨军陪同。

18日　庆祝改革开放40周年大会在北京人民大会堂隆重举行。中共中央总书记、国家主席、中央军委主席习近平出席大会并发表重要讲话。市委书记史翔,市委副书记、市长杨军,市人大常委会主任赵琳,市政协主席许广斌,市委副书记余向东,市委常委,市人大常委会、市政府、市政协负责同志,其他市级领导同志,各县区、园区和市直各单位干部职工,通过电视、广播、网络等媒体,收听收看庆祝改革开放40周年大会实况,认真聆听习近平总书记在大会上发表的重要讲话。

市政府与市总工会第十六次联席会议召开。市长杨军主持会议并讲话。副市长邵郁、祖钧公,市政府秘书长李晓宁等出席会议。

20日　市长杨军先后到市高新区、埇桥区部分民营企业开展实地调研,并召开宿州市民营企业家座谈会。副市长祖钧公,市政府秘书长李晓宁,以及市直相关部门负责人陪同调研。

23日　市政府召开专题会议研究法治文化建设问题,市长杨军,副市长邵郁,市政府秘书长李晓宁,市政府副秘书长吕金波,市司法局、市财政局、市城管局主要负责人,市委宣传部分管负责人参加会议。邵郁主持会议。

27日　市委书记史翔主持召开全市促进民营经济发展大会。市长杨军出席大会并讲话。市人大常委会主任赵琳,市委副书记余向东,市领导王启荣、操隆山、孟伟等出席大会。

[责任编辑　赵红萍]

总　　述

·市情概述·

【行政区划】 宿州市位于安徽省最北部，与苏、鲁、豫3省11个市县接壤，是淮海经济协作区的核心城市之一，也是安徽省距离出海口最近的城市。1999年5月设立省辖宿州市，辖埇桥区、砀山县、萧县、灵璧县、泗县和宿州经济开发区、宿州马鞍山现代产业园区、宿州市高新技术开发区。全市总面积9939平方公里，建成区面积75平方公里。年末全市户籍人口656.56万人，全市常住人口568.14万人，城镇化率42.74%，比上年提高1.18个百分点。

【区位优势】 宿州市地近沿海、背靠中原，是沿海发达地区与中西部地区的过渡带。宿州铁路、公路、水路、航空交通十分便捷。京沪、陇海两条铁路干线呈"十"字状贯穿全境。乘坐京沪高铁，1小时可达南京、2小时可达上海、3小时可达北京。公路网四通八达，京福、连霍和泗许高速公路穿越南北东西;4条国道、9条省道、60多条县道和密如蛛网的乡村公路交织其间，公路网密度和人均通公路里程全国领先。水路可连接洪泽湖、淮河。区域内有浍河、新汴河、沱河、萧濉新河等河流。全市有7级以上航道里程176.23公里。新汴河和浍河沿线设有5个港口，建有100吨级泊位48个，年吞吐能力300多万吨。至出海口连云港码头200多公里，可通过汴河、浍河直达长江入海。距徐州观音机场70余公里，距合肥、南京机场均200余公里，乘民航进出十分便利。

【自然环境和资源】 宿州市位于皖苏鲁豫四省交汇的黄淮平原中南部，东西横跨184.6公里，南北纵深151.2公里，总面积9939平方公里。地貌以平原为主，平原面积8897平方公里，占国土总面积91%；小部分低山、丘陵、台地，总面积890平方公里，占国土总面积9%左右;地势西北高东南低。

宿州地处北暖温带季风气候区，四季分明。年平均气温14.3℃，年平均日照2403.6小时，无霜期201~210天之间，年平均降雨量774~895毫米之间，夏季雨水较集中，属雨热同季。境内大小河流70多条，大多属淮河北坡支流，最大河流是新汴河。

宿州市是传统的农业大市，粮食作物盛产小麦、玉米、水稻、山芋和各种杂粮，年产量412.26万吨，是国家重要的商品粮生产基地。油料作物主要以花生、油菜、大豆、芝麻等类为主，年产量约25.21万吨。经济作物主要有棉花、烤烟和少量麻类，棉花年均种植面积1.95万公顷，年产量约2.58万吨。养殖业主要有猪、牛、羊和鸡、鸭、鹅等。年出栏猪396头，羊360万头，牛28.5万头，家禽0.57亿只，肉类年产量约为52.9万吨，禽蛋产量年均27.5万吨，是全省乃至全国重要的肉类、禽蛋生产基地。蔬菜瓜果年均种植面积8.24万公顷，年产量约350万吨，宿州是全省乃至全国重要的水果生产基地，果园面积近百万亩，品种有梨、苹果、葡萄、桃、杏等为主，年均总产量120万吨以上，占全省总产量的70%以上。林木总面积31万公顷，森林覆盖率28.9%，是全国平原绿化先进地区，2016年被授予"国家园林城市"。

宿州市矿产资源丰富，已发现矿产资源有28种，其中探明且具有一定储量和工业开采价值的有17种，多以能源和非金属矿为主。主要有煤、煤层气、石油、铁、铅、石灰石、白云石、大理石、石英石、高岭石、耐火黏土、瓷石等。优势矿产储量大,区域分布集中,便于开采利用。全市储煤面积约2000平方千米,矿产地41处,品种全、煤质优,已探明储量32亿吨,预测远景储量135亿吨,约占淮北煤田总储量的75%,全省总储量的1/3以上;其中大型煤田21处,投产或在建矿井23对,年开采能力1200万吨。朱仙庄、芦岭、蕲南、蕲东、桃园、钱营孜等6对现代化大型煤矿年产原煤1000万吨以上,是华东地区最重要的煤电能源基地之一。宿州地域含煤层气面积广、层次多、厚度大,预测储量十分可观。仅几年前试钻探明的宿南煤层气矿一处,预测总储量就高达600亿立方米,且甲烷量超过95%,发热量达8500大卡,极具开采利用价值。白云石、大理石、耐火黏土全省第1位,瓷石全省第4位。

宿州文化底蕴深厚,人文资源丰富,在这块土地上,相继走出闵子骞、嵇康、刘伶、刘裕、朱温、马皇后等历史名人。宿州还留下了刘邦、项羽、李白、白居易、苏轼、赛珍珠等人的历史遗迹。现当代的宿州依然人才辈出,一代巨匠刘开渠为中华雕塑之泰斗;画家萧龙士为白石大师之高足,吴燃、卓然、梅纯一、欧阳龙、薛志耘、郑正等丹青高手为世人注目。著名书法家刘惠民、尉天池、李百忍、孟凡青也是艺声远播。著名哲学家孙叔平;社会学家邓伟志;作家刘亚洲;著名新闻工作者郑重;京剧表演艺术家李炳淑;著名电影表演艺术家杨在葆、刘士龙、欧阳儒秋也都在各自的艺术领域中卓有建树,使桑梓生辉父老自豪。萧县为全国著名的"国画之乡",砀山为"武术之乡",宿州市被誉为"书法之乡"和"杂技之乡"。宿州"石刻艺术""戏曲之乡""砀山梨都""萧县剪纸""灵璧钟馗画"依然成为城市名片。

【全年气候概况】 2018年,全市年平均气温为15.4℃,较历年偏高0.6℃,春季、夏季气温显著偏高,其他季节接近常年。年极端最高气温为38.8℃,年极端最低气温为-13.9℃。年内≥35.0℃的高温日数最多达27天。全年平均降水量1078.8毫米,比历年平均值偏多27.3%,属偏多年份。全年日照总时数为2069.2小时,比常年略偏少63小时。

年内全市出现了低温冻害、雪灾、台风、暴雨洪涝、大风等多种灾害性天气,均给人们生活带来不便,给工农业生产等造成了不同程度的经济损失。

【气温】 全市各地年平均气温在15.0℃~16.2℃之间,全市年平均气温为15.4℃,较常年同期偏高0.6℃,属正常年份。

冬季气温接近正常——冬季(2017年12月~2018年2月)全市各地平均气温在2.0℃~2.8℃之间,冬季平均值2.1℃,较常年略偏低0.2℃,属正常年份。砀山和泗县较常年同期略偏高0.1℃和0.3℃;萧县、宿州和灵璧分别较常年同期偏低0.5℃、0.6℃和0.2℃;全市各地均属正常年份。

2017年12月,全市各地平均气温在2.3℃~4.3℃之间,月平均值为3.4℃,较常年同期略偏高0.6℃,属正常年份。萧县偏低0.2℃属正常年份;砀山、宿州、灵璧和泗县分别偏高0.7℃、0.6℃、0.4℃和1.2℃,同属正常年份。

1月,全市平均气温在-0.5℃~0.3℃之间,较常年同期偏低0.6℃~1.7℃。月平均值为-0.3℃,较常年同期偏低1.0℃,属正常年份。砀山、萧县、灵璧和泗县分别较常年偏低0.6℃、0.7℃、1.1℃和0.6℃属正常年份,宿州偏低1.7℃属偏低年份。

2月,全市平均气温在2.8℃~3.8℃之间,月平均值为3.3℃,较常年同期略偏低0.2℃,属正常年份。砀山和泗县略偏高0.1℃和0.3℃,萧县和宿州略偏低0.5℃和0.8℃,灵璧持平,各地区均属正常年份。

全年日最低气温≤0℃的日数,砀山、萧县、宿州、灵璧和泗县分别为66天、65天、58天、55天和48天,较常年同期偏少9天、14天、5天、19天和21天。

日最低气温≤0℃的最长连续日数,砀山和宿州为23天,出现日期分别在1月22和1月23日;萧县、灵璧和泗县均为22天,出现日期均在1月23日。

日最低气温≤-5℃的日数,砀山、萧县和宿州分别为28天、32天和11天,较常年均偏多11天;灵璧为26天,较常年偏多5天;泗县为18天同常年持平。

日最低气温≤-5℃的最长连续日数,砀山和泗县均为5天,出现日期分别在1月26日和1月8日;萧县为8天,出现日期在2月8日;宿州和灵璧均为7天,出现日期均在1月24日。

日最低气温低于-10℃的日数,砀山、萧县和宿州分别为3天、5天和4天,较常年同期偏多1天、3

天和3天;灵璧为2天同常年持平;泗县全年未出现。

春季气温显著偏高——春季(3—5月)全市平均气温在15.8℃~16.7℃之间,较常年同期偏高0.8℃~2.1℃,春季平均值16.2℃,较常年偏高1.5℃,属显著偏高年份。砀山和泗县较常年偏高1.7℃和2.1℃,属异常偏高年份;萧县和灵璧较常年偏高1.4℃和1.6℃,属显著偏高年份;宿州较常年同期偏高0.8℃,属正常年份。

3月,全市平均气温在10.4℃~11.3℃之间,较常年同期偏高1.7℃~3.0℃,月平均值为10.9℃,较常年同期偏高2.5℃,属显著偏高年份。砀山、萧县和灵璧较常年分别偏高2.8℃、2.6℃和2.6℃,属显著偏高年份;宿州偏高1.7℃属正常年份,泗县偏高3.0℃属异常偏高年份。

4月,全市平均气温在16.0℃~17.3℃之间,较常年同期偏高0.6℃~2.4℃,月平均值为16.6℃,较常年同期偏高1.5℃,属偏高年份。砀山和萧县偏高1.4℃和1.2℃属偏高年份,宿州属正常年份,灵璧偏高1.6℃属显著偏高年份,泗县偏高2.1℃属异常偏高年份。

5月,全市平均气温在20.9℃~21.6℃之间,月平均值为21.1℃,较常年同期偏高0.5℃,属正常年份。宿州较常年同期略偏低0.1℃,其他地区较常年偏高0.3℃~1.1℃,全市各地区均属正常年份。

全市日平均气温稳定通过10℃的开始日期,全市均为4月8日,砀山和泗县较常年推迟8天,萧县和灵璧较常年推迟7天,宿州较常年推迟10天,标志着各地较常年推迟进入春季。

夏季气温显著偏高,≥35℃的高温日数较多——夏季(6—8月)全市平均气温在27.3℃~27.9℃之间,各地较常年同期偏高0.8℃~1.7℃,夏季平均值27.5℃,较常年偏高1.2℃,属显著偏高年份。砀山和泗县偏高1.5℃和1.7℃属异常偏高年份,萧县和灵璧偏高1.1℃和1.2℃属显著偏高年份,宿州偏高0.3℃属正常年份。

6月,全市平均气温在25.9℃~26.7℃之间,较常年同期偏高0.7℃~1.6℃,月平均值为26.2℃,较常年同期偏高1.1℃,属偏高年份。萧县、宿州和灵璧偏高0.7℃℃~0.9℃属正常年份;砀山和泗县偏高1.6℃和1.5℃属显著偏高年份。

7月,全市各地平均气温在28.1℃~28.6℃之间,较常年同期偏高0.7℃~1.5℃,月平均值为28.3℃,较常年同期偏高1.0℃,属正常年份。砀山偏高1.5℃属偏高年份;其他各地区偏高0.7℃~1.2℃属正常年份。

8月,全市各地平均气温在27.7℃~28.8℃之间,各地较常年同期偏高0.8℃~2.3℃,月平均值为28.0℃,较常年同期偏高1.6℃,属显著偏高年份。萧县、宿州和灵璧偏高1.0℃~1.7℃属显著偏高年份;砀山和泗县偏高1.6℃和2.3℃属异常偏高年份。

全市各地日平均气温稳定通过22℃的日期,全市各地均出现在5月27日,砀山和萧县较常年均提前7天;宿州、灵璧和泗县分别较常年提前5天、8天和10天,标志着全市各地进入夏季的时间提前。

全年≥35℃的高温日数,各地区较常年都异常偏多。砀山和萧县均为21天,较常年均偏多10天;宿州为27天,较常年偏多13天;灵璧17天,较常年偏多5天;泗县19天,较常年偏多8天。

全市各地≥35℃高温最长连续日数较常年相比偏少。砀山为5天,较常年偏少5天,出现时段在8月6~10日;萧县为9天,较常年偏少2天,出现在7月12~21日;宿州和泗县均为8天,较常年均偏少5天,均出现在7月13~20日;灵璧为4天,较常年偏少9天,出现在7月13~16日。

秋季气温正常,进入秋、冬季的时间略推迟——秋季(9—11月)全市各地平均气温在15.3℃~17.3℃之间,秋季平均值16.1℃,较常年偏高0.4℃,属正常年份。砀山、灵璧和泗县较常年同期偏高0.2℃、0.6℃和1.3℃;萧县和宿州较常年同期略偏低0.1℃和0.2℃。泗县属显著偏高年份,其他地区属正常年份。

9月,全市各地平均气温在21.6℃~23.7℃之间,月平均值为22.4℃,较常年同期偏高0.5℃,属正常年份。宿州较常年同期偏低0.2℃,其他地区较常年同期偏高0.2℃~1.5℃。泗县偏高1.5℃属显著偏高年份,其他地区属正常年份。

10月,全市各地平均气温在14.7℃~17.3℃之间,月平均值为15.9℃,较常年同期偏低0.3℃,属正常年份。砀山、萧县和宿州较常年同期偏低0.4℃、1.2℃和0.9℃;灵璧同常年持平,泗县较常年偏高0.9℃。全市各地区均属正常年份。

11月,全市各地平均气温在9.1℃~10.9℃之间,各地较常年同期偏高0.4℃~1.5℃,月平均值为9.9℃,较常年同期偏低0.9℃,属正常年份。全市各地区较常年均略偏高属正常年份。

全市各地进入秋季的时间除宿州推迟。以日平均气温稳定降至22℃以下日期为标准:砀山进入秋季的日期为9月6日,较常年推迟2天;萧县和宿州进入秋季的日期均为9月7日,萧县较常年推迟1天,宿州较常年提前4天;灵璧进入秋季的日期为9月22日,较常年推迟14天;泗县进入秋季的日期为9月24日,较常年同期推迟16天。

全市各地进入冬季的时间接近常年。以日平均气温稳定低于10℃的日期为统计标准,砀山、萧县、宿州和灵璧进入冬季的日期均为11月5日,砀山较常年持平,萧县提前1天,宿州推迟4天,灵璧提前4天;泗县进入冬季的时间均为11月9日,较常年同期推迟1天。

年末气温接近正常——本年度12月,全市各地平均气温在2.1℃~3.9℃之间,月平均值为2.9℃,较常年基本持平属正常年份。砀山、萧县和宿州分别偏低0.1℃、0.4℃和0.1℃;灵璧和泗县较常年同期偏高0.2和0.8℃。全市各地区均属正常年份。

年极端气温——2018年,全市极端最低气温为-13.9℃,出现在灵璧的1月29日;其他各地的极端最低气温:砀山为-11.8℃,出现日期2017年12月29日;萧县、宿州和灵璧分别为-11.6℃、-11.4℃和-9.6℃,出现日期均为1月12日。全市极端最高气温为38.8℃,出现在宿州的6月12日;其他各地的极端最高气温:砀山、灵璧和泗县均为38.0℃,砀山和泗县出现日期均在7月25日,灵璧出现日期在6月12日;萧县为38.6℃,出现日期在7月25日。

初终霜日、无霜期——砀山、萧县、灵璧和泗县上年度的终霜日均出现在4月7日,分别较常年同期推迟4天、5天、7天和4天;宿州的终霜日出现在3月22日,较常年同期提前10天。

全市各地本年度初霜日:砀山和宿州出现在11月19日,较常年分别推迟20天和15天;萧县出现在10月27日,较常年提前5天;灵璧出现在11月22日,较常年推迟23天;泗县出现在11月9日,较常年推迟10天。

全市各地上年度终霜日:宿州出现在3月22日,较常年提前10天;其他各地均出现在4月7日。砀山和泗县较常年均推迟3天,萧县推迟4天,灵璧推迟6天。

全年无霜期日数:砀山为225天,较常年偏多19天;萧县为202天,较常年偏少8天;宿州为241天,较常年偏多26天;灵璧为228天,较常年偏多18天;泗县为215天,较常年偏多8天。

【降水】 全市各地年降水量在987.9毫米~1250.0毫米之间,年平均降水量为1078.8毫米,较历年同期偏多27%,属偏多年景。宿州和泗县较常年同期偏多185.8毫米和144.8毫米,同比偏多21.7%和16.1%,属正常年份;砀山、萧县和灵璧分别较常年同期偏多241.2毫米、252.7毫米和333.1毫米,同比偏多32.3%、30.8%和36.3%,属偏多年份。

冬季降水略偏少——冬季(2017年12月—2018年2月)全市各地降水量在21.9毫米~65.9毫米之间,降水量较常年同期偏少8.5%~54.5%,冬季平均值为47.6毫米,较常年同期偏少22%属正常年份。砀山偏少54.5%属显著偏少年份,萧县偏少30.6%属偏少年份;其他各地略偏少属正常年份。

2017年12月全市各地降水量在0毫米~1.7毫米之间,较常年同期偏少90%~100%,月平均值为0.7毫米,较常年偏少95%属异常年份。全市各地区属异常偏少年份,砀山全月无雨,宿州仅有0.2毫米降水。

1月,全市各地降水量在15.6毫米~41.3毫米之间,较常年同期偏多4.7%~91.3%,月平均值为30.5毫米,较常年偏多50.3%属显著偏多年份。砀山属正常年份;宿州偏多91.3%属异常偏多年份;萧县和灵璧分别偏多27.8%和45.7%属偏多年份;泗县偏多63.9%属显著偏多年份。

2月,全市各地降水量在6.3毫米~22.9毫米之间,较常年同期偏少25.2%~69%,月平均值为16.4毫米,较常年偏少35.4%属偏少年份。砀山较常年同期偏少69%,属显著偏少年份;其他各地较常年偏少25.2%~34%,属偏少年份。

本年度全市初雪日:砀山、萧县和泗县均出现在12月10日,砀山和萧县较常年推迟3天和9天,泗县提前1天;宿州出现在为12月5日,较常年提前6天;灵璧出现在12月6日,较常年提前7天。

最长连续降雪日数:砀山为2天,最大降雪量为13.6毫米,出现日期为1月27—28日;萧县为5天,最大降雪量为17.4毫米,出现日期为1月3—7日;宿州、灵璧和泗县均为6天,最大降雪量分别为18.4毫米、19.9毫米和27.3毫米,出现日期均为1月3—8日。

年度积雪日数:砀山和萧县分别为12天和13天;宿州、灵璧和泗县分别为21天、20天和16天。

最大积雪深度:砀山为10厘米,萧县为12厘米,宿州和灵璧均为13厘米,泗县为16厘米,出现日期均为1月5日。

最长连续积雪日数:砀山为6天,出现日期在1月4—9日;萧县为7天,出现日期均在1月4—10日;宿州和灵璧均为12天,出现日期均在1月3—14日;泗县为9天,出现日期在1月3—11日。

春季降水正常略偏多——春季(3—5月)全市各地降水量为159.2毫米~203.6毫米,较常年同期偏多19.3%~32.2%,春季平均值为185.6毫米,较常年同期偏多22.7%属正常年份。砀山、萧县和泗县较常年同期偏多12.7%~19.4%之间,属正常年份;宿州和灵璧较常年同期偏多32.2%和28.7%属偏多年份。

3月,全市各地降水量在55.7毫米~68.7毫米之间,较常年同期偏多10.5%~114%,月平均值为58.1毫米,较常年偏多49.7%属偏多年份。砀山和萧县偏多96%以上,属异常偏多年份;宿州和灵璧偏多35.3%和26.58%属偏多年份;泗县略偏多属正常年份。

4月,全市各地降水量在10.8毫米~42.1毫米之间,月平均值为28.4毫米,较常年偏少31.2%属偏少年份。砀山较常年同期偏多24.6%属正常年份;灵璧较常年偏少77%,属显著偏少年份;萧县和泗县偏少38.2%和45.7%属偏少年份;宿州略偏少属正常年份。

5月,各地降水量在60.1毫米~136.9毫米之间,月平均值为99.1毫米,较常年偏多39.4%属偏多年份。砀山和萧县较常年同期偏少15%和6%,属正常年份;宿州和泗县偏多54.5%和63.7%,属显著偏多年份;灵璧偏多103.4%属异常偏多年份。

夏季降水偏多——夏季(6—8月)全市各地降水量在617.9毫米~856.9毫米,夏季平均值为695.6毫米,较常年同期偏多45.9%属偏多年份。砀山和萧县较常年同期偏多188.1毫米和220.9毫米,同比偏多43.7%和45.8%;宿州和泗县较常年同期偏多176.2毫米和167.9毫米,同比偏多37%和34%;灵璧较常年同期偏多65.9%。灵璧属显著偏多年份,其他各地区属偏多年份。

6月,全市各地降水量在26.7毫米~137.6毫米之间,较常年同期偏少1%~75.5%,月平均值为78.4毫米,较常年偏少32.5%属偏少年份。砀山和萧县较常年同期偏少52.4%和75.5%,属显著偏少年份;宿州较常年同期偏少39.3%,属偏少年份;灵璧和泗县较常年同期偏少1%和8.8%,属正常年份。

7月,各地降水量在120.7毫米~242.6毫米之间,月平均值为164.3毫米,较常年偏少27.8%属偏少年份。砀山、宿州和灵璧分别偏少35.1%、45.6%和43.7%,属偏少年份;萧县较常年同期偏少21.5%,泗县较常年同期偏多7.3%,都属正常年份。

8月,各地降水量在450.5毫米~583.2毫米之间,全市各地区较常年同期偏多122%~324%,月平均值为452.9毫米,较常年偏多239.8%属异常偏多年份。全市各地均偏多100%以上属异常偏多年份。

全市各地暴雨日共出现22站次,砀山和萧县均为4次,最大日降水量为176.9毫米和158.2毫米,出现日期均为8月18日;宿州、灵璧和泗县均为5次,最大日降水量分别为232.6毫米、220.9毫米和93.9毫米,宿州和灵璧出现日期为8月15日,泗县出现日期为8月13日;砀山、萧县和灵璧大暴雨日数均为2次,宿州大暴雨日数为1次。

秋季降水月分布异常不均——秋季(9—11月)全市降水量在64.9毫米~158.2毫米之间,秋季平均值为103.2毫米,较常年同期偏少34.7%属偏少年份。砀山较常年同期偏多16.7%,属正常年份;其他各地区较常年同期偏少10.3%~63%,萧县偏少10.3%属正常年份;宿州偏少47.7%属偏少年份;灵璧和泗县偏少54.3%和63%属显著偏少年份。

9月,全市各地降水量在10.0毫米~109.4毫米之间,分布异常不均。砀山较常年同期偏多53.4%,属显著偏多年份;萧县偏少8%属正常年份,宿州和灵璧偏少79.1%和78.4%属显著偏少年份,泗县偏少88.2%属异常偏少年份。

10月,全市各地降水量在0毫米~1.7毫米之间,较常年同期偏少96.0%~100%,月平均值为0.6毫米,较常年偏少98.6%属异常偏少年份。全市各地均属异常偏少年份。萧县全月无降水,砀山全月仅有0.1毫米降水。

11月,全市各地降水量在48.7毫米~68.4毫米之间,较常年同期偏多42.9%~112.5%,月平均值为58.6毫米,较常年偏多79.8%属异常偏多年份。泗县较常年同期偏多42.9%,属偏多年份;灵璧较常年同期偏多62.2%,属显著偏多年份;其他地区较常年同期偏多在90%以上,均属异常偏多年份。

年末降水异常偏多——2019年12月全市各地降水量在30.7毫米~62.9毫米之间,较常年同期偏多138%~268%,月平均值为47.6毫米,较常年偏多212.6%属异常偏多年份。,全市各地均属异常偏多年份。

【日照】 全年日照时数,全市各地均接近常年,年平均值为2069.2小时,较常年同期偏少3%,属正常年景。砀山和萧县为2137.2小时和2184.5小时,较常年同期偏多16.9小时和37.2小时;宿州、灵璧和泗县分别为2042.7小时、1917.6小时和2063.9小时,分别较常年偏少164.2小时、169.1小时和36.8小时。

冬季日照时数除萧县偏多外其他地区偏少,冬季平均值为407.0小时,较常年同期偏少6.6%。砀山、宿州、灵璧和泗县分别为382.4小时、418.8小时、333.5小时和434.1小时,分别较常年偏少39.8小时、37.4小时、96.8小时和3.6小时,同比偏少9.4%、8.2%、22.5%和6.4%。灵璧属偏少年份,其他地区属正常年份;萧县为466小时,较常年偏多7.6%,属正常年份。

春季日照时数正常略偏少,春季平均值为563.3小时,较常年同期偏少5.7%。砀山、萧县、宿州、灵璧和泗县分别为577.9小时、604.5小时、562.8小时、534.6小时和536.5小时,分别较常年偏少29.9小时、8.5小时、44.7小时、49.1小时和39.2小时,同比偏少4.9%、1.4%、7.4%、8.4%和6.8%。全市各地区均属正常年份。

夏季日照时数偏多,夏季平均值为658.8小时,较常年同期偏多13.5%。砀山、萧县、宿州、灵璧和泗县分别为699.3小时、678.3小时、639.8小时、630.7小时和645.9小时,分别较常年偏多122.3小时、93.6小时、37小时、63.9小时和73.9小时,同比偏多21.2%、16.0%、6.1%、11.3%和12.9%。砀山属异常偏多年份,宿州属正常年份,其他各区属偏多年份。

秋季日照时数接近常年,秋季平均值为505.8小时,较常年同期偏少2.4%。砀山和萧县别为521.4小时和523.8小时,较常年偏多8.1小时和7.2小时,同比偏多1.6%和1.4%;宿州、灵璧和泗县分别为518.3小时、453.2小时和512.1小时,较常年分别偏少22.1小时、52.7小时和3.2小时,同比偏少4.1%、10.4%和0.6%。全市各地区均属正常年份。

年末日照——2018年12月,全市各地日照时数较常年同期偏少,月平均值为96.4小时,较常年同期偏少35%。砀山、萧县、宿州、灵璧和泗县分别为101.1小时、105.4小时、89.2小时、83小时和103.1小时,较常年同期偏少27.8%、27.6%、42.8%、43.9%和32.4%,属偏少年份。

【主要灾害性天气及影响】 台风 2018年8月13日06时至14日08时受14号台风"摩羯"影响,宿州市埇桥区、灵璧、泗县、砀山、萧县均出现暴雨天气,全市降水量50到100毫米有35个站点,100到250毫米有60个站点,最大出现在灵璧高楼(203.1毫米)。泗县降水量为64.3毫米到132.6毫米,最大出现在黄圩;灵璧降水量为41.8毫米~203.1毫米,最大出现在高楼;埇桥降水量为48.2毫米~136.4毫米,最大出现在朱仙庄和灰古镇;萧县降水量为77.5毫米~173.8毫米,最大出现在青龙集;砀山降水量为40.6毫米~191毫米,最大出现在朱楼。同时全市多个乡镇出现大风,有30个站点出现了8级以上大风,3个站点风力达到9级以上,最大瞬间风速出现在大营为23.5米/秒。宿州市泗县泗城镇、大庄镇、草沟镇、山头镇、刘圩镇、黑塔镇、瓦坊乡、屏山镇、大路口乡,灵璧县大庙乡,萧县新庄镇、闫集镇、杜楼镇、赵庄镇、祖楼镇、张庄寨镇共3县16个乡镇遭遇台风灾害,致使人员伤亡、部分房屋损坏、树木折断、农田内涝、玉米倒伏、果树落果。此次灾害造成1人死亡、2人重伤、14人轻伤,受灾人口98128人,倒塌房屋93间,严重损坏房屋1011间,一般损坏房屋246间,农作物受灾面积20611.7公顷,直接经济损失8351.5万元,其中农业损失6682.5万元。

2018年8月17日8时至19日8时,受18号台风"温比亚"影响,宿州市普降暴雨到大暴雨,部分地区特大暴雨,降水极端性强,最大日雨量和小时雨强均突破历史极值。17日8时至19日8时累计雨量100毫米到250毫米共计43个站点,250毫米以上共计41个站点,具体雨量:埇桥128.2毫米到444.7毫米,最大出现在五柳;砀山104.0毫米到333.3毫米,最大出现在朱楼;萧县61.8毫米到468.1毫米,最大出现在永堌;灵璧35.4毫米到400.7毫米,最大出现在灵璧站;泗县42.0毫米到154.1毫米,最大出现在草沟;全市最大出现在萧县永堌达468.1毫米。全市共38个站点出现8级大风,有7个站点出现9级阵风,2个站点10级大风,最大瞬间风速出现在埇桥苗安和灵璧娄庄均为27.3米/秒。全市受灾人口1515002人,集中安置4600人,紧急转移安置人口49497人,分散安置人口44897人,需紧急生活救助人口6505人;死亡12人(萧县10人、灵璧县2人),22人受伤。倒塌房屋327户918间(农房),严重损坏房屋884户2490间(农房),一般损坏房屋3743户10253间(农房)。农作物受灾面积165667.9公顷,其中:农作物成灾面积100728.7公顷,农作物绝收面积36109.3公顷。灾害造成直接经济损失174649.88万元,其中农业损失82399.81万元,工矿企业损失36116.41万元,基础设施损失27403.14万元,公益设施损失190万元,家庭财产损失28535.47万元。受淹镇区17个。

暴雨洪涝　2018年7月4日08时至7月8日14时30分,泗县部分乡镇遭受强降雨袭击,刘圩镇累计降水量达279.1毫米、山头镇277.6毫米、瓦坊乡252.1毫米。因连续强降雨,造成泗县黑塔、刘圩、山头、瓦坊、黄圩、草沟等6个乡镇严重内涝。此次灾害造成泗县13.66万人受灾;农作物受灾面积33.71万亩,成灾面积23.28万亩,绝收6.52万亩。其中:大豆18.51万亩,绝收4.1万亩;玉米11.46万亩,绝收1.79万亩;其他经济作物2.41万亩,绝收0.63万亩。灾害造成直接经济损失5057万元,全部为农业损失。

雪灾　2018年1月3日08时至5日08时宿州市出现了暴雪天气,砀山、萧县、埇桥区、灵璧和泗县累计降雪量分别为13.6毫米、15.4毫米、19.9毫米、17.0毫米和23.4毫米;砀山、萧县、埇桥区、灵璧和泗县累计积雪深度分别为11毫米、14毫米、13毫米、14毫米和16厘米。泗县、灵璧县、埇桥区先后遭受不同程度暴雪侵袭,造成泗县15个乡镇和开发区,灵璧县杨疃镇、朱集乡、下楼镇、渔沟镇、灵城镇、娄庄镇、虞姬乡,埇桥区芦岭镇、曹村镇、桃沟乡、蒿沟乡、永安镇、北杨寨乡、祁县镇等30个乡镇(开发区)的种植大棚、养殖大棚、库房坍塌损坏,损失严重,造成宿州市762户2865人受灾,损毁房屋1户2间,各类种植大棚坍塌损毁约87.5135公顷,养殖大棚坍塌损毁2.27公顷,厂房损毁10320平方米,经济损失3103万元,其中农业损失2199万元。

2018年1月24日开始宿州市出现降雪,27日又出现新一轮降雪。泗县遭受雨雪冰冻天气灾害,2018年1月24日20时至28日14时泗县站累计降雪量为11.2毫米,降雪过程最大积雪深度为12厘米,造成泗城、刘圩、黑塔、长沟、瓦坊、丁湖、大杨、大路口等8个乡镇的牛棚、鸡棚、鸭棚、鹅棚、猪舍、经济作物大棚、库房坍塌损坏。各类大棚坍塌损毁约约9702平方米,受灾12户45人,直接经济损失27万元。

大风　2018年4月30日17时至19时埇桥区部分乡镇出现8到9级雷雨大风,埇桥灰古、符离和朱仙庄的瞬间风速分别为23.4米/秒、20.3米/秒和17.2米/秒,符离镇、灰古镇、西二铺乡3个乡镇有不同程度受灾。本次灾害受灾人口3163人;农作物受灾面积4180亩,养殖、种植大棚损毁20.25亩,倒塌损坏房屋11间(主要损坏为房顶瓦片被风刮掉、窗户损毁、墙头被倒塌的树砸坏),养殖场院墙倒塌165米,刮断大小树木130余棵,刮倒电线杆一根,损毁电线600多米;灾害造成直接经济损失363万元,其中农业损失327万元。

2018年7月25日宿州市灵璧、泗县部分乡镇出现雷雨大风天气。25日下午3时至6时,灵璧县冯庙镇遭遇强对流天气,经气象监测资料、现场灾情调查和当地群众反映,瞬间风力达到8级以上,此次灾害造成1人死亡,倒塌厂房7间,直接经济损失27万元。

霜冻　2018年4月7日宿州市砀山、萧县、泗县出现了霜冻天气,最低气温、最低地温和最低草面温度分别为-0.3℃、-1.4℃和-5.4℃。萧县新庄镇、黄口镇、酒店乡3个乡镇的大棚西瓜、小甜瓜、蔬菜及果树遭受冻害,损失较为严重,萧县大棚作物受灾面积3233亩,果树受灾面积8600亩,受灾人口8246人,直接经济损失474万元,全部为农业损失。砀山县4月7日早晨2~6时全县最低气温为-1.8℃(唐寨)、-1.4℃(梨树王)、-0.9℃(程庄镇)、-0.8℃(果园场)、-0.6℃(官庄镇)。据4月7日上午梨中心技术人员全县多点调查,东路唐寨镇、良梨镇、程庄镇、园艺场等区域,西路玄庙镇、官庄镇、果园场大部分区域梨园有不同程度的霜冻灾害。

·国民经济和社会发展·

【综合】　2018年末全市户籍人口656.56万人,其中:出生人口9.53万人,出生率为14.52‰;死亡人口5.76万人,死亡率为8.73‰;人口自然增长率为

5.79‰。年末全市常住人口568.14万人,城镇化率42.74%,比上年提高1.18个百分点。

初步核算,全年地区生产总值(GDP)1630.22亿元,按可比价格计算,增长8.5%。其中:第一产业增加值253.62亿元,增长3.2%;第二产业增加值600.57亿元,增长9.1%;第三产业增加值776.03亿元,增长10.3%。三次产业结构比为15.6:36.8:47.6。人均生产总值28757元(折合4346美元),比上年增加2035元。全员劳动生产率42465元/人,比上年增加2784元/人。

年末全市从业人员387.4万人。分产业看,第一产业138.7万人,第二产业113.5万人,第三产业135.2万人。全年城镇新增就业5.3万人,安置下岗失业人员再就业1.1万人,转移农业劳动力5.86万人。年末城镇登记失业率2.6%。

全年居民消费价格比上年上涨1.9%。其中,衣着价格上涨1.3%,居住价格上涨2.5%,交通和通信价格上涨1.3%,教育文化和娱乐价格上涨1.5%,医疗保健价格上涨2.5%。

【农业】 全年粮食作物种植面积94.23万公顷,比上年下降0.8%;油料种植面积2.80万公顷,增长5.4%;棉花种植面积0.21万公顷,下降14.4%;蔬菜及食用菌种植面积4.79万公顷,增长4.9%。

全年粮食产量430.02万吨,比上年下降3.7%;油料产量12.77万吨,增长5.2%;棉花产量0.22万吨,下降10.5%;蔬菜及食用菌产量199万吨,增长5.3%。

全年肉类总产量46.11万吨,增长4.6%;牛奶产量0.25万吨,增长1.1%;水产品产量4.39万吨,增长3.7%;禽蛋产量27.48万吨,增长3.0%。

年末全市农业机械总动力758.45万千瓦,增长2.5%,大中型拖拉机保有量3.37万台,联合收割机保有量2.8万台,增长3.6%,大中型拖拉机配套比1:2.8,耕种收综合机械化水平达到89%。全年农用化肥施用量(折纯)31.54万吨,下降0.4%。其中复合肥17.46万吨,下降0.2%。灌溉面积47.82万公顷,增长1.5%,新增耕地灌溉面积0.70万公顷;节水灌溉面积11.22万公顷,增长3.5%,新增节水灌溉面积0.38万公顷。

【工业和建筑业】 年末全市规模以上工业企业1323家,规模以上工业(年主营业务收入2000万元以上的工业法人企业)增加值增长10.1%。其中,农副食品加工业增长7.4%,食品制造业增长3.4%,纺织业增长4.2%,木材加工和木竹藤棕草制品业增长11.0%,电力、热力生产和供应业增长13.2%,煤炭开采和洗选业增长16.9%,皮革羽毛制品和制鞋业增长4.6%。全年战略性新兴产业产值增长20.1%,高新技术产业增加值增长27.6%,农产品加工业产值增长5.2%。35个工业大类行业中有29个增加值保持增长。

规模以上工业统计的主要产品产量中,小麦粉增长2.1%,饲料下降8.4%,罐头增长10.0%,饮料酒下降33.6%,机制纸及纸板增长9.2%,塑料制品增长32.2%,水泥增长23.1%。

全年规模以上工业企业实现利润总额增长21.6%,利税增长18.9%。

全年建筑业总产值370.07亿元,增长19.9%。建筑企业房屋建筑施工面积1312.02万平方米,增长15.7%。房屋建筑竣工面积624.01万平方米,下降11.2%。

【固定资产投资】 全年固定资产投资(计划总投资500万元及以上项目和房地产开发投资),比上年增长15.5%。其中,一产投资下降30.3%,二产投资增长17.0%,三产投资增长16.4%。全年工业投资增长16.8%。民间投资增长15.5%,占全市固定资产投资的比重为70.0%,比上年下降6.9个百分点。全年房地产开发投资297.25亿元,增长15.5%。

全年开工建设城镇保障性安居工程住房4.36万套,基本建成1.17万套。

列入省亿元以上重点项目607个,完成投资680亿元,完成年度投资计划的130%;新开工项目153个,竣工项目64个。符夹铁路扩能改造工程完工,钱营孜2×350MW低热值煤发电项目竣工投产,符离大道、G206北段、G310皖苏界至黄口段、宿淮快速通道等12个国省干线一级公路项目加快建设。新汴河航道整治工程、宿马泰盛热电联产等项目开工建设。绿地科技产业园项目落户宿马园区。合新高铁泗县段、宿州火车站综合改造、宿州机场、怀洪新河水系洼地治理工程、宿州至固镇高速公路、淮宿蚌城际铁路等项目前期工作加快推进。

【国内贸易和对外经济】 全年社会消费品零售总

额554.34亿元，比上年增长13.0%，其中，限额以上消费品零售额248.98亿元，增长14.9%。分城乡看，城镇零售额455.38亿元，增长13.2%；乡村零售额98.96亿元，增长11.8%。

限额以上企业商品零售额中，书报杂志、日用品、文化办公用品、家具、煤炭及制品、汽车等零售额分别增长1.3%、18.0%、11.7%、14.3%、19.0%和8.6%。

全年进出口总额7.42亿美元，比上年增长28.3%。其中，进口总额0.93亿美元，增长31.1%；出口总额6.49亿美元，增长27.9%。

全年引进外资项目10个；合同利用外资1.74亿美元，增长240.1%；外商直接投资9.18亿美元，增长16.9%。实际利用内资1295亿元，增长10.7%。

【交通、邮电和旅游】 全年公路客运量0.33亿人，下降11.0%，旅客周转量20.28亿人公里，下降7.0%。公路货物运输量2.55亿吨，增长1.1%，货物周转量518.83亿吨公里，增长5.2%。

年末汽车保有量52.4万辆，比上年增长19.1%，其中个人汽车保有量46.9万辆，增长20.3%。

全年邮电业务总量44.96亿元，其中，电信业务总量29.07亿元，邮政业务总量15.89亿元。年末固定电话用户25.02万户，移动电话用户475.50万户，移动电话普及率83.9部/百人；互联网宽带用户达到115.40万户。

全年入境旅游人数5.13万人次，比上年增长14.0%；国内旅游人数2613.58万人次，增长16.0%。国际旅游外汇收入2331.78万美元，增长13.7%；国内旅游收入178.17亿元，增长18.7%；旅游总收入179.71亿元，增长19.0%。

【财政、金融和保险】 全年财政收入175.76亿元，增长12.3%，其中，地方财政收入111.56亿元，增长11.4%。全部财政收入中，税收收入134.07亿元，增长13.2%；非税收入41.69亿元，增长9.5%。财政支出396.59亿元，增长14.6%，其中，民生支出347.07亿元，增长16.5%，占财政支出的87.5%。从重点支出项目看，教育支出增长10.5%，城乡社区事务支出下降0.6%，社会保障和就业支出增长62.0%。

年末全市金融机构人民币各项存款余额2291.94亿元，增长14.0%。其中，住户存款余额1418.30亿元，增长12.5%。金融机构各项贷款余额1552.26亿元，增长24.4%。全市金融机构存贷比67.7%，比上年提高5.6个百分点。

全年保险业保费收入89.21亿元，增长27.6%。其中，财产险保费收入28.05亿元，增长20.4%；人寿险保费收入61.16亿元，增长31.2%。赔款和给付支出27.58亿元，增长9.3%。其中，财产险赔款17.11亿元，增长42.1%，人寿险赔款和给付10.47亿元，下降20.7%。

【人民生活和社会保障】 全年城镇常住居民人均可支配收入30100元，增长8.7%。城镇常住居民恩格尔系数32.2%，城镇居民人均住房建筑面积46.46平方米，比上年增加9.62平方米。

农村常住居民人均可支配收入11941元，增长10.0%。农村常住居民恩格尔系数为33.6%。农村居民人均拥有住房面积42.45平方米，比上年增加3.29平方米。

年末人均住户存款21602元，比上年减少807元，下降3.6%。

全年参加城乡居民养老保险人数356.94万人。其中，城镇居民参保7.40万人，农村居民参保349.54万人。城乡居民社会养老保险金领取人数92.31万人，下降0.2%。年末城镇基本医疗保险参保人数82.79万人，增长0.7%。其中，城镇职工参保32.81万人，增长0.9%；城镇居民参保49.98万人，增长0.9%。年末参加农村新型合作医疗人数达514.10万人，参合率达103.7%。

【教育、科学技术和文化】 教育科技文化事业持续发展。全年普通高等学校招生1.28万人，在校学生3.20万人，毕业生0.91万人。高中阶段招生2.75万人，在校生8.37万人，毕业生3.41万人。高中阶段毛入学率94.82%。中等职业学校招生2.55万人，在校生5.82万人，毕业生2.77万人。初中阶段招生6.50万人，在校生18.28万人，毕业生5.44万人。初中学龄人口入学率100%。小学招生9.19万人，在校生49.93万人，毕业生6.38万人。小学学龄儿童入学率100%。幼儿园在园幼儿23.90万人。特殊教育在校学生0.25万人。各类民办学校在校学生23.87万人。

全年高新技术企业95家，其中当年新增企业10家。全年专利申请量3996件，其中发明专利申请量1881件。市级以上科技计划项目53个。省科技成果登记95项。全市省级以上研发平台61个，其中省级工程技术研究中心13个，省级院士工作站8个，国家级创新平台1个。

全市共有公共图书馆6个，图书馆藏书量127.34万册。群众艺术馆、文化馆109个。年末有线电视入户率26.0%，广播节目综合人口覆盖率99.7%；电视节目综合人口覆盖率99.7%。全年组织文艺活动5809次。

年末全市体育社团组织机构数172个，青少年体育俱乐部30个。全市社会体育指导员4549人。全年共开展各项全民健身活动120次。省及省以上比赛共获得金牌72枚，银牌32枚，铜牌50枚。

【卫生和社会服务】 全市拥有卫生机构1826个。其中，基层医疗卫生机构1720个，专业公共卫生机构22个，其他卫生机构3个。医院、卫生院189个，社区卫生服务中心(站)104个。全市实有床位2.40万张，其中医院1.63万张，乡镇卫生院0.69万张。全市卫生技术人员2.35万人，其中，执业(助理)医师0.94万人，注册护士0.97万人。

全市各类社会福利收养性单位175个，床位2.1万张。社区服务中心24个，城市社区综合服务设施覆盖率达100%。全市共救助困难群众病患者86.84万人次，支出医疗救助金2.55亿元。农村五保供养对象3.17万人。

全年销售社会福利彩票4.14亿元，筹集福利彩票公益金1.15亿元。

【资源、环境和安全生产】 全年降水量1040.8毫米。全年平均气温15.3℃。极端气温最高38.8℃，极端气温最低-11.4℃。全年日照时数2042.7小时。

全市有林地面积30.74万公顷，四旁(零星)植树34030公顷。森林覆盖率达31.67%，林业绿化率达35.8%，活立木总蓄积量达1897.8万立方米。

城市集中式饮用水源地水质、水量达标率均为100%。环境空气质量二级。城区空气质量优良率为57%。城市区域声环境等效声级均值和城市道路交通噪声等效声级均值分别为50.2dB(A)和64.9dB(A)。全市污水处理厂集中处理率达到96.31%，建成区绿地率达到34.56%。

初步核算，全年全社会综合能源消费量(等价值)702.41万吨标准煤，增长0.49%，单位GDP能耗0.4523吨标准煤/万元，下降7.39%。

全年工矿商贸企业生产安全事故18起，死亡18人；各类生产安全事故98起，死亡61人；道路运输事故77起，死亡41人。

·精神文明建设·

2018年，宿州市文明委以习近平新时代中国特色社会主义思想和党的十九大精神为指导，以创建全国文明城市为总抓手，履职尽责，奋力进取，在攻坚克难、提升水平上下功夫，在守正创新、确保实效上下功夫，各项精神文明建设工作统筹推进，亮点纷呈。

注重顶层设计强力推进文明城市创建纵深发展。一是规划创建目标。市委、市政府作出农村抓脱贫攻坚、城区抓文明创建"两线作战"决策部署，印发《宿州市创建全国文明城市实施意见(2018—2020年)》，明确时间表、排出路线图、立下责任状，确保实现"首创成功"创建目标。二是坚持高位推动。成立创建全国文明城市指挥部，市委书记担任政委、市长担任总指挥，16名市级领导担任副指挥。坚持周调度机制，听取汇报、通报问题、落实整改、部署工作。全年共召开周调度会30次、专项协调会16次。按时、高质完成全国文明城市网上资料申报工作。三是补齐弱项短板。市财政列支3亿元创建文明城市专项资金，强力实施45个老旧小区改造、7条主干道"白改黑"工程、11个公共停车场建设、10个菜市场标准化扩建、98条街巷硬化修复、改建改造103座公厕等一大批惠民工程，全面提升城市能级和管理水平，群众满意率达到99.2%。年底，中央文明办对全国113个地级提名城市进行了年度测评，宿州位居第13名。

注重典型示范持续深化"好人宿州"建设。一是弘扬时代新风。提炼《宿州文明20条》《宿州市市民文明公约》，规范设置主干道路、建筑围挡、公共场馆、景区景点等公益广告宣传载体1.8万多处，打造7个主题广场和特色公园，印发《市民文明手册》《宿州文明20条》《宿州市市民文明公约》《移风易俗倡议书》等90万份，征集、发布具有地方特色的公益广告150

幅。推动社会主义核心价值观转化为人们的思想自觉和道德行为。二是讲好“好人故事”。全年共举办道德模范、身边好人进校园、下基层活动21期,举办各类道德讲堂、好人事迹宣讲716期,受众达9.1万人次;11人荣登“中国好人”榜、16人荣登“安徽好人”榜、10人当选“第三届宿州市道德模范”,涌现出许启金、曾翙翔、李娟等一批先进典型。组织承办了“第六届全国道德模范故事汇”巡演(宿州专场)活动。三是选树文明家庭。印发了《关于印发〈宿州市文明家庭创建管理办法〉的通知》《关于评选表彰宿州市首届“文明家庭”的通知》《关于命名表彰宿州市首届文明家庭的通报》,于10月16日隆重举行首届文明家庭表彰仪式,市文明委领导宣读表彰决定并为100户文明家庭授牌。

注重移风易俗精心打造文明村镇“升级版”。一是完善制度约束。贯彻落实《关于全省党员干部带头开展移风易俗弘扬时代新风的指导意见》精神,制定了《关于开展“推动移风易俗树立文明新风”活动的实施意见》,以点扩面,指导建立“一约四会”。截至12月底,全市976个行政村相继建立移风易俗“一约四会”等村民自治组织,举办集体婚礼127场,90对新人选择旅游结婚。治理大操大办、铺张浪费、高价彩礼、二次入棺土葬等不文明现象164起。二是美化村容村貌。围绕“四治理一提升”,深入推进农村环境面貌整治工作。完成6476个自然村环境改造升级,拆除旱厕约30万个、清理陈年垃圾209.7万立方、摸排黑臭水体4076个并制定了综合整治实施方案,建成乡镇政府驻地污水处理项目45个。实实在在为农民办好事、办实事。三是抓好辐射带动。出台《宿州市文明村镇创建管理办法》,把脱贫攻坚、移风易俗、乡风文明纳入管理细则,评选出市级文明村镇84个、县区级文明村镇356个,县级以上文明村镇数量占比57%。先后对当选全国文明镇的灵璧县渔沟镇、埇桥区桃园镇和7个安徽省文明镇进行了年度检查、复核。

注重常态长效扎实推进学雷锋志愿服务制度化。一是加强注册、培训管理。全市注册志愿者111.2万人,占总人口的19.86%。市区、县城相继建成学雷锋志愿服务站点1347个。根据《志愿服务条例》相关要求,结合工作实际,规范注册管理,明确职责义务,兑现激励嘉许,拓展服务领域,先后举办两期志愿者培训,580多名志愿者骨干和志愿服务组织代表参加培训。二是丰富志愿服务载体。举办了宿州市“12·5国际志愿者日系列活动”启动仪式,市委书记史翔亲自为新成立的志愿服队授旗,来自社会各界的1200多名志愿者参加。开展“千名干警上路面”“万名司机礼让斑马线”等文明交通志愿者劝导活动,每天约200名来自文明单位的志愿者分布在主要路口参与高峰时段文明交通劝导。三是培育志愿项目和品牌。灵璧县“精神脱贫”、泗县“小树苗”、砀山县“李娟志愿服务队”等一批志愿服务项目获评省级“十佳志愿服务项目”典型。宿州市推荐的“最美志愿者”埇桥区褚家国、“最佳志愿服务组织”全程大爱义工服务队、“最美志愿服务社区”埇桥区东关街道大泽社区等3个志愿服务典型,成功入围2018年度全国志愿服务“四个100”候选名单。2018年共评选出志愿服务优秀典型55个,其中全国1个、省级8个、市级46个。

注重立德树人合力共筑未成年人思想道德建设。一是提升学生文明素养。充分利用重要节点开展“我们的节日”“小手拉大手”等公益行动700多场次,举办“扣好人生第一粒扣子”“向国旗敬礼”“成人礼仪式”等各类主题实践活动180余场次。举办社区家庭教育讲座、报告会、现场咨询等230余场,受众3万余人。推荐“四点半”课外学校试点建设,为社区未成年人提供教育指导和托管服务。评选出20名宿州市“新时代好少年”。二是形成良好育人环境。依托博物馆、文化馆、图书馆和乡村学校少年宫,开展“博物馆小小讲解员”“纪念抗战胜利70周年宿州抗战历史特展”“全市青少年书画展”“书香进校园”“优秀童谣征集”等大型主题活动60余场。在雪枫烈士陵园爱国主义教育基地和新时代文明实践中心,联合举办清明祭英烈活动91场、开展主题宣讲活动12场,19.7万人次参与。占地1500平方米的市级未成年人心理健康辅导中心建成使用。集中开展校园周边环境治理6次,取缔、整顿违规网吧13个,优化、净化育人环境。三是深化文明校园创建。市委宣传部、市文明办、市教体局联合制定下发《关于评选“宿州市第二届文明校园”的通知》,抽调专人组成12个督查组,开展为期10天的文明校园互查活动。市文明委印发《关于命名“宿州市第二届文明校园”的决定》,对获评“文明校园”的65所学校进行了表彰,彰显育人品牌示范效应。

[责任编辑　赵红萍]

中共宿州市委

·综述·

2018年,全市实现生产总值1630.22亿元,增长8.5%,增速居全省第4位;财政收入175.8亿元,增长12.3%,增速居全省第4位;固定资产投资增长15.5%,增速居全省第3位;社会消费品零售总额增长13%,增速居全省第6位。21项主要动态经济指标17项位居全省前8位,其中7项位居全省前3位。

【三大攻坚战】 脱贫摘帽突出提高质量。以脱贫攻坚统揽经济社会发展全局,先后召开3次万人推进会、15次市委常委会会议、8次市扶贫开发领导小组(扩大)会议、11次联席会议,强力推进"春夏秋冬"四季攻势,顺利完成115个贫困村出列、9.33万贫困人口脱贫的年度目标,全市贫困发生率降至1.22%。扎实开展"重精准、补短板、促攻坚"专项整改、五级书记遍访贫困群众、"七要七有"创建和"五净一规范"等活动,大力实施"四带一自"产业扶贫模式,推广"三有一网"稳定脱贫模式、"三业一岗"就业扶贫模式,制定"2014、2015年脱贫户"和"边缘户"两类人群的补充保障政策,实施易肇事肇祸精神病患者、无自理能力的五保老人、重度残疾人"三类人员"集中供养,电商扶贫、健康扶贫一站式即时结算、自然村配备扶贫小组长、扶贫小额信贷"一自三合"等做法在全国扶贫工作现场会上作经验介绍,全省高质量退出现场会在泗县召开。建立暗访调度扶贫工作机制,市四大班子包保负责同志,每月随机暗访、随机走访,并现场反馈问题。建立扶贫干部工作档案,先后有5个县区的挂职扶贫专职副书记、3个县的扶贫局局长得到提拔重用;204名驻村选派帮扶干部在扶贫一线被提拔重用,其中科级干部150名、处级干部14名;86名选派帮扶干部挂任乡镇领导班子职务、707名自然村扶贫小组长进入村"两委"班子。市委组织部获2018年全国脱贫攻坚奖组织创新奖,涌现出曾翙翔等一批全国扶贫干部先进典型。

污染防治突出标本兼治。全面贯彻省实施意见,大力开展"五控""五治"等专项行动,着力打好城市黑臭水体、农业农村污染等7大标志性战役,环保工作步入良性治理轨道。持续抓好中央、省环保督察反馈问题整改,中央环保督察反馈33个问题,销号17个,提请验收9个,其他问题正在稳步有序推进,关停矿山生态修复工作受到中央环保督察"回头看"第四督察组充分肯定。开展大气污染防治百日攻坚行动,加强与中科院大气所对接合作,积极运用科技手段防治大气污染,完成主城区重点区域煤改气,PM2.5平均浓度下降17.1%,下降率全省第四,空气优良天数比例提高9.5个百分点。市县乡村四级林长制工作体系逐步健全。全面推行河长制、湖长制,4个国控考核断面水质达到或优于水质控制目标。启动主城区污水治理三年攻坚战,获全国首批黑臭水体治理示范城市。扎实推进土壤污染治理与修复。深入开展"清废行动",297个固体废物污染问题得到解决,遗患多年的灵璧闵庄垃圾场变身为惠民利民的休闲公园。

防范风险突出底线思维。坚持既不搞"紧急刹车",也不搞"带电作业",履行属地风险处置责任,对过去不合理、不合规的债务,能消化的及时消化,能纠正的坚决纠正,做到合法合规合理。深入开展

"三大行动",政府性债务管理工作省政府考核连续三年满分、位居全省第一,政府债务余额低于省政府核定限额。宿州农商行不良贷款率较峰值下降16.61个百分点,风险总体可控。稳步推进金融改革,全省唯一被国务院评为"推广PPP模式工作有力、社会资本参与度较高的市"。

【做大做强工业经济】 坚决贯彻落实省促进经济高质量发展"30条"、促进民营经济发展"30条"等,落实"四督四保",实行工业项目月调度,切实做好"从无到有""从有到优""从优到强"的文章。牢记"创新理念上的差距是最大差距,创新发展上的短板是最大短板",实施"全创改""三重一创",全力建设战略性新兴产业基地,2018年规模以上工业增加值增长9.5%,战略性新兴产业产值、高新技术产业增加值分别增长20%、18%。实施"3111"工程和重点技改"1525"行动计划,各县区、园区首位产业产值增长19.4%,技改投资增长25%。经开区原料药制造项目入选省重大新兴产业工程,绿地科技产业园项目落户宿马园区,市高新区数字小镇、泗县运河小镇获批省级特色小镇,鞋城在中国轻工业产业集聚区综合评比中名列前茅,张江萧县高科技园创建沪皖合作示范园区被列入长三角地区合作要点,埇桥区绿色家居产业园发展迅速,泗涂现代产业园在全省县域南北合作共建园区年度考核中排名首位。创建省级服务业集聚区、集聚示范园区各1家,新增国家级服务标准化试点单位1家、省级3家服务业,增加值增长10.8%。农业产业化水平稳居全省第一方阵,发端于宿州的农业产业化联合体模式写入中央一号文件,农业产业化联合体发展到283家、位居全省第一。

【统筹推进城乡建设】 按照省委提出的打造"省际交汇区域中心城市"的战略定位,推动中心城区实施4大类120项重点工程,完成投资150亿元。推进"两治三改",中心城区完成征迁228万平方米,安置房建设新开工43577套、基本建成9658套,开工率、基本建成率居全省前列。深入推进城乡建设"555"工程,4个县建设重点工程100项,完成投资180.14亿元。在全省率先实施城乡建设用地增减挂3年提升行动,完成拆迁3.68万亩、复垦3.3万亩、节余指标交易3956亩。美丽乡村建设走在皖北前列,农村环境整治"三大革命"扎实推进,"四好农村路"建设深入实施,农村垃圾治理基本实现市场化。扎实推动全国文明城市创建工作,开展"十项提升"行动,城市功能、市民素养、市容市貌等明显改善。

【激发改革动力】 坚持刀刃向内、自我革命,努力营造一流的营商环境。高质量落实127项改革任务,推进政务服务"一网、一门、一次"改革,企业开办时间压缩至3个工作日以内,入选中国企业营商环境(案例)十佳城市。深入开展"四送一服"双千工程,城市信用排名迈入全国第一方阵,全年新登记各类市场主体5.7万户、增长24.4%,新申请商标注册8162件,同比增长24.5%。清理"僵尸企业"53家,非住宅商品房库存去化周期低于全省平均水平。实施户籍制度改革,新增农业转移人口落户主城区10万余人。积极参与淮海经济区协同发展,与徐州互联互通的47公里符离大道正在加快建设,与宿迁连接的新汴河通江达海航道整治工程开工建设。积极参加中国国际进口博览会等经贸活动,外贸进出口总额增长24.7%。落实招商引资"1+5"配套文件,实际到位内资、利用外资分别增长10.7%、16.9%。

【持续增进民生福祉】 大力实施33项民生工程,财政民生支出347.1亿元、占财政总支出的87.5%。深化教育改革,落实教师待遇。推进义务教育均衡发展,新建、改扩建公办幼儿园64所。深入推进全民参保计划,五险参保人数190万人,新增养老床位2000张。困难群众社会救助工作受到民政部、财政部通报表扬。实施"四型医院"建设,新建、扩建乡镇卫生院20个,新建村卫生室264个,提前两年完成新建400个村卫生室的目标任务。获评"全国最美家庭"1户、"全国五好家庭"2户,"中国好人"11人、"安徽好人"15人,砀山县李娟获"中国青年五四奖章"。开展扫黑除恶专项斗争,"平安宿州"建设扎实推进。安全生产形势持续向好,社会大局和谐稳定。开展"四重"信访问题专项治理,实施"深重促"专项行动。宿州获"文学之乡"称号。新汴河景区成功创建AAAA级景区。宿州籍运动员王春雨获2018雅加达亚运会田径女子800米金牌。

【全面从严治党】 时刻牢记纵深推进全面从严治

党的各项要求，逐级压实“两个责任”，层层落实“一岗双责”。坚持把政治建设摆在首位，强化政治纪律、政治规矩教育，各级干部“四个意识”树得更牢、“四个自信”更加坚定、“两个维护”更加坚决。精心推动“五大一新”活动，召开市委常委会、中心组理论学习会、报告会等近40次，举办轮训班38期，县处级干部和科级干部轮训实现全覆盖。深入推进“讲严立”专题警示教育，结合“三查三问”，开展学习研讨、集中观看警示教育片、瞻仰革命烈士纪念碑、重温入党誓词等活动，各级干部普遍受到了警醒警示警戒。从严抓好意识形态，建立9项党委（党组）意识形态工作制度，在全省较早建立市县乡村四级新时代文明实践中心2522个，开展活动1万余场次。严格落实省委“六选六不选”要求，完成市县乡村四级换届。充分运用监督执纪“四种形态”。抓好中央、省委巡视“回头看”反馈整改，全力配合做好中央脱贫攻坚专项巡视和省委巡视，做到立巡立改、即巡即改、边巡边改。开展市委第四、五、六轮常规巡察和医疗卫生、脱贫攻坚领域专项巡察，县级以上公立医院和贫困村巡察实现全覆盖，保持正风反腐的高压态势。

·办公室工作·

2018年，市委办公室团结带领全体党员干部，坚定以习近平新时代中国特色社会主义思想为指导，学习贯彻党的十九大精神，积极践行“五个坚持”，以提高“三服务”水平为目标，围绕市委市政府“2+4+2”工作总思路，深入推进“三维对标、精准争创、走在前列”系列活动，加强政治建设，从严管党治党，强化责任担当，有序规范高效，完成全年各项工作任务。获得“安徽省卫生先进单位”“全市目标管理绩效考核优秀单位”“全市脱贫攻坚优秀包保单位”“市直机关党建工作优秀单位”“宿州市双拥工作优秀单位”“全面深化改革先进单位”等荣誉称号。

【全面加强党的建设】 一是强化政治建设，打造对党忠诚的模范机关。坚持把党的政治建设摆在首位，认真学习贯彻中央《关于加强和维护党中央集中统一领导的若干规定》精神以及省委、市委贯彻意见，教育引导全体党员树牢“四个意识”，坚定“四个自信”，做到“两个维护”，始终在政治立场、政治方向、政治原则、政治道路上同以习近平同志为核心的党中央保持高度一致。严格落实党内政治生活若干准则，认真组织召开年度民主生活会、“讲严立”专题民主生活会、组织生活会，领导班子成员之间、班子成员与普通工作人员之间常态化开展谈心谈话，批评和自我批评更加红脸出汗，上下级关系更加规规矩矩、同志间关系更加清清爽爽，党内政治生活的政治性、原则性、战斗性不断增强。二是强化思想建设，补齐全体人员的精神之钙。坚持把理想信念教育作为思想建设的重中之重，切实抓好习近平新时代中国特色社会主义思想和党的十九大精神的贯彻落实，认真开展大学习、大宣讲、大培训、大调研、大落实“五个一”活动，组织科级以下干部积极参加党的十九大精神培训班学习，及时向基层党组织和全体党员发放《习近平谈治国理政》第二卷、《新时代面对面》等学习材料500余册，并组织专题学习，确保新思想和十九大精神在市委办学深悟透做实。全力抓好意识形态工作，制定2018年度中心组理论学习计划，坚持每周一全体党员理论学习、每周五中心组学习，重点学习习近平新时代中国特色社会主义思想、党的十九大精神、宪法、中国共产党纪律处分条例等，全年组织中心组学习、党员集体学习100余次，组织中心组理论学习研讨5次。三是强化组织建设，激活基层组织的干事活力。组织机关党委和各党支部深入学习贯彻《中国共产党支部工作条例（试行）》，扎实推进基层党组织标准化建设和党支部建设提升行动。严肃组织生活，按照“贵在经常、重在认真、要在细节”要求，从严落实“三会一课”、民主评议党员、领导干部双重组织生活等党内各项制度，常态化制度化推进“两学一做”学习教育，领导班子成员分别到所在支部上党课，全年召开民主生活会2次、组织生活会10次，加强党支部战斗堡垒作用。严格落实党务公开制度，依托党务公开栏等形式，及时公开本单位重大决策、重要人事任免、党费收缴等相关信息。积极开展对外宣传工作，在拂晓报、先锋网、机关党建网等媒体刊发信息30余篇，展示市委办公室的工作亮点和良好成效。扎实开展学习型党组织建设，领导班子成员带头参加“4·23世界读书日”活动，积极创建书香机关，引导干部职工开展全民阅读。认真做好干部教育培训工作，充分利用远程教育、党建网站、共产党员微信等现代网络技术，加强党员干部网络在线学习教育，全面完成年度学习任务。同时，创新组织活动形式，更加注重人文关怀，先后组织开展迎春文体活动、秋季健步走等活动，做好交心谈心、看望慰问、健康体检等工作，确保党员干部干得开心、干得安心。四是强化纪律建设，提升从严从实的守纪意识。按照“党要管党、从严治党”要求，组织党员干部认真学习中国共产党纪律处分条例，全面落实“两个责任”，大力推进廉政警示教育和廉政风险点排查，邀请纪检组长举办党风廉政建设专题党课。扎实开展“讲严立”专题警示教育，组织全体党员干部赴烈士陵园瞻仰烈士纪念碑、重温入党誓词、集中观看《失控的自由人》《疯狂的“财神”》等廉政警示教育片，召开专题民主生活会、组织生活会、专题研讨会，引导全体党员干部深刻反思、汲取教训、举一反三、引以为戒。全面贯彻落实“三查三问”和形式主义官僚主义大排查大整治工作，采取专门排查、科室自查、召开座谈会征求意见等多种方式查找问题，深入排查存在的问题，明确整改措施、完成时间。抓好省委巡视整改协调服务保障工作和上一届省委巡视反馈问题的后续整改落实工作，深入推进办公室自身巡视巡察反馈问题整改工作，对反馈问题建立“三项清单”，认真加以整改，并举一反三、建章立制，坚决防止类似性、重复性问题发生。紧盯“元旦”“春节”“清明”“端午”“中秋”等重要节点，做到早部署、早提醒，严防“四风”问题反弹回潮。

【主动谋事当好参谋助手】 精心做好综合文稿工作。紧扣市委中心工作和阶段性重点任务，尽可能为市委的科学决策提供带有方向性、前瞻性、借鉴性的综合文稿。全年起草市委及市委主要负责同志、市委负责同志综合文稿近300篇，约100万字；陪同领导赴外地、基层、园区开展调研50余次，并及时提出有分析、有建议、有价值的参考意见，文稿服务更加符合上级精神、贴合工作实际、契合领导风格。精准做好党内法规制度建设。科学编制2018年度市委规范性文件制定计划，持续将党内法规制度建设工作列入2018年度市管领导班子和领导干部综合考核。认真做好规范性文件审核制定，全年起草和审核各类文件达430余份。认真做好文件备案审查工作，全年向省委报备文件87份，一次性通过备案审查。做好对下文件备案审查工作，全年审查报备文件270份。重新聘任5名市委法律顾问，做好市委法律顾问工作。精确报送各类信息。完善《全市党委信息系统信息质量评价办法》，开展党委信息系统“信息供给优化年”活动，创新设置“脱贫攻坚、环境保护、文明创建、信访维稳”各子刊，设立23个市委信息直报点。全年编报《宿州信息》6个子刊1580期2445条（篇），《坚持“全覆盖”精准“选用管”宿州市推动驻村帮扶干部在脱贫攻坚一线建功立业》等130多条（篇）信息被中办、省委采用。

【注重实效抓好督办落实】 把强化督查督办作为维护市委权威、推动决策落实的重要手段。围绕重大决策部署开展督查。对市委全委会、市委常委会、市委专题会议作出的重要决策部署，分解立项、明确责任、深化督查，定期汇总和汇报有关工作落实情况。围绕全市中心工作开展督查。强化督查实效，坚持“四不两直”方式，对脱贫攻坚、环境保护、文明创建等重点、难点工作开展督查。开展养殖污染、工厂废气废水污染、建筑工地环境整治等实地督查近百次，形成专报40余期；对市委主要负责同志扶贫暗访发现的问题进行跟踪督查，督查情况及时向市委汇报，解决涉及扶贫领域问题20余件；开展创建对标达标实地督查、暗访近30次，形成督查专报并责成有关部门整改落实，推动创建工作有力开展。围绕批示件、交办件、网友留言开展督查。办理各类批示件、交办件510余件，有效解决了一批群众反映的热点难点问题。办理人民网网友给省、市委书记留言663条。

【着眼全局做好综合协调】 按照“贯通上下、联系左右、协调内外”的要求，改进协调方法，加大协调力度，不断增强综合协调的实效性。对上全面对照学习省委办公厅各项制度措施，主动争取指导支持，及时了解省委重要会议、活动和工作动态，提前编排市委年度、月度重要会议、活动时间安排。全年组织召开各类会议70余次。高质量做好接待工作，完成省委、省政府领导到宿州调研、外市到宿州学习考察及省委巡视组、省委综合考核组等在宿州活动联络服务工作。对下加强对各县区党委办公室的工作统筹，指导推动有关工作，召开全市党委办公室主任会议，制定全市党办系统工作沟通联系制度，分解工作任务，明确阶段性工作任务，及时通报和提醒有关重大事项。横向加强与市直各单位的沟通会商，每周收集市四大班子有关活动信息，及时发布市委主要负责同志工作安排，每周做好党委部门例会、每月做好市四大班子主要领导例会工作，主动向有关单位征集市委常委会议题，全年保障市委常委会会议31次。

【保证运转搞好服务保障】 做好文件办理工作。全年收发处理中央和省市文件992件，办理领导批办件1425件，办理省内网公文2350件，办理市内网公文3079件。高效规范完成“四大平台”管理和使用工作，平台使用和管理工作全年无扣分情况发生。做好日常24小时值班应急工作，确保各项工作处理不误时、不误事、不出事。严格办公用房管理、公务用车管理，未有一起超标准用房、超面积配房、违规使用公车现象；落实老干部政治、生活等待遇。密码机要工作实现“零延误、零错办、零漏办、零差错”目标。强化保密警示教育，持续推进定密、网络、涉密人员管理，开展保密检查，有效消除了泄密隐患。

【聚焦市委中心工作落实重点任务】 2018年，市委办在做好办公室业务工作的同时，紧紧围绕市委市政府“2+4+2”工作总思路，不等不靠，抢前争先，全力做好脱贫攻坚、环境保护、文明创建等重点工作。一是持之以恒抓扶贫。每月组织一次集体进村入户走访、召开一次帮扶村扶贫项目建设推进会，拿出50万元办公经费用于村扶贫项目，帮助枯河村协调各类资金800余万元，解决基础设施资金问题；协调市直机关工委，为枯河村争取8万元的基层党建阵地建设经费。注重发挥脱贫攻坚第一书记作用，突出抓好基层组织建设、规范整理扶贫资料、集体经济、双基建设等重点工作，较好地完成年度各项目标任务。2018年枯河村6户14人脱贫，集体经济收入达到21.3万元，帮扶村如期高质量出列，安庆、阜阳、淮北、铜陵等市和全市各县区和各乡镇先后有80余批2000余人次赴枯河村参观学习，实现“全县树标杆、全市树典范”目标。二是全力以赴抓环保。坚持把环保工作纳入重要议事日程，协助市委做好环保工作，出台《关于全面加强生态环境保护坚决打好污染防治攻坚战的实施意见》《宿州市污染防治攻坚包保方案》等文件；成立督查暗访工作组，组织赴埇桥区开展非煤矿山整治、关停砖瓦窑厂督查，有力推动了一批环保问题解决。及时成立办公室环保工作领导小组，办公室主要负责同志和分管负责同志定期到所包的雪枫社区、屏山镇枯河村富民牧业有限公司、泗县屏山镇老山村赵贤章蛋鸡养殖场开展督查调研，及时解决包保区域的环保问题。三是常态长效抓创建。结合包保的雪枫社区实际，创新推出“12345”工作思路，按照“高快实特亮”目标，制定出台办公室《创建工作方案》《包保工作方案》，扎实开展“十项提升行动”，从办公经费中列支50万元用于支持社区文明创建工作，制作各类展牌55块，宣传手册200份，先后33次组织干部职工开展包保工作，10余次组织召开创建工作推进会，现场解决问题，包保社区实现环境整治、文明程度“双提升”，市委主要负责同志、负责同志多次给予表扬，全市先后有10余批200余人次赴雪枫社区学习办公室做法，办公室文明创建经验在全市推广。四是发挥优势促改革。及时传达学习中央、省、市委有关改革的会议、文件精神。充分发挥“智囊”优势，紧紧抓住事关宿州改革发展全局的重大问题深入思考，将思考成果融入领导讲话稿和有关文件中，全年起草市委主要负责同志关于全面深化改革文稿10余份，出台全市改革开放40周年宣传方案，对市委确定的重点改革任务，加强督办落实，确保深化改革工作扎实推进。五是发动全员抓招商。认真贯彻落实市委市政府有关招商引资工作部署，精准把握全市经济发展形势和招商引资工作政策导向，以招大引强为目标，大力开展精准招商、产业招商、以商招商。2018年全年组织外出招商11次，引进项目总到位资金5.2亿元，超额完成年度5000万元的目标任务。六是履行职责育人才。及时向市委汇报中央、省关于人才工作会议、文件精神，及时下发文件通知传达中央、省、市委关于人才工作的指示精神，会同市委组织部等部门开展人才工作调查研究，在人才规划、发展、制度机制建设等方面为市委建言献策。协助市委领导与优秀人才的沟通联系。抓好人才工作的督办落实，对市委制定的人才工作方面的文件，及时进行任务分解，督促相关单位抓好传达贯彻落实。

【发挥“头雁效应”提升履职能力】 办公室在做好“三服务”工作的同时，领导班子注重自身建设，坚持团结协作，提升履职水平，增强整体合力，发挥“头雁效应”，推动“三服务”工作再上新水平。一是强化作风建设。深入学习贯彻中央印发的《关于进一步激励广大党员干部新时代新担当新作为的意见》,持之以恒落实中央八项规定精神和省、市委贯彻意见,制定出台办公室执行中央八项规定实施细则,主动深入基层调研、开展明察暗访,自觉遵守廉洁从政纪律规定,切实当好办公室的主心骨和领路人。

二是不断提升工作能力。持续开展"三维对标、精准争创,走在前列"活动和"正义正气正能量、学思悟行在路上"大家谈,每周各支部安排一名党员干部交流发言,谈认识、谈体会、谈打算,并汇编成册印发给全体党员供进一步学习借鉴,达到相互启迪、相互学习、相互帮助的目的。组织带领全体党员干部先后赴省委办公厅、徐州市委办等地考察学习,认真对标对照,全面争先争优,进一步优化办事流程、完善规章制度,制定和完善定期学习制度、内部管理制度、谈心谈话制度等规范文件,有力推进各项工作规范化、高效化、流程化、制度化开展。

三是严格贯彻民主集中制。坚持把贯彻民主集中制作为推动工作的重要基础,牢固树立"一盘棋"意识,班子成员各负其责、积极配合,工作到位不越位,互相补台不拆台,确保了各项工作不缺位、不出错、不漏事、不误事。坚持民主决策、科学决策、依法决策,按规则、按程序集体研究确定重要事项。严格落实党的组织制度,定期召开民主生活会,带头落实双重组织生活制度,积极开展批评与自我批评,营造讲团结、顾大局、促和谐的良好工作氛围。

【保密工作】 全市国家保密部门深入贯彻习近平新时代中国特色社会主义思想和党的保密工作规定,不断提升保密依法行政水平,强化保密科技支撑,推动保密工作争先进位,打造新时代维护党和国家秘密安全的牢固防线。一是坚持总体国家安全观,贯彻落实上级关于保密工作的决策部署。认真学习贯彻中央保密委员会全体会议、全国保密工作会议和省委保密委全体会议精神,贯彻党中央和省委关于保密工作的决策部署,紧紧围绕贯彻落实习近平总书记关于保密工作重要指示精神,以新思想新理念新举措引领保密工作新发展。5月21日,召开市委保密委2018年第一次(扩大)暨全市保密工作会议,总结回顾2017年全市保密工作,审议通过《中共宿州市委保密委员会2018年工作要点》,对全市保密工作进行部署。根据人事变动,及时调整市委保密委员会成员。二是推进依法治密,大力推动保密工作的转型升级。进一步提升保密依法行政水平,实行保密行政执法人员持证上岗和资格管理制度,认真开展涉密人员登记备案管理工作,组织保密干部参加全省保密行政执法人员资格认证培训,2018年全市有5位同志通过考试取得保密行政执法人员资格证;建立健全重点领域保密工作指导协调机制,加大对高考、中考、公务员考试、法律职业资格考试、医师资格考试等国家统一考试和省市各类重要考试的保密监管力度;按时报送年度保密工作数据,不断完善保密工作统计数据年度更新机制。三是加强保密普法宣传,不断筑牢保密意识防线。把保密教育纳入党委(党组)理论学习中心组学习内容和党校、行政学院、社会主义学院干部教育课程,建立领导干部保密教育培训长效机制,把保密教育培训作为各级党政领导班子成员和中青年干部培训内容。先后赴市人民银行、市总工会、市发改委等单位开展保密教育培训数十次,培训人员上千人;强化保密警示教育,加大涉密人员教育培训力度,7月4日至6日,组织市直机关单位县处级干部、专兼职保密干部及涉密资质单位负责人等分4期8批次300余人赴省保密教育实训中心开展教育轮训,观看保密警示教育展览、计算机及办公自动化窃密泄密演示以及窃密泄密安全警示教育片,并参加保密知识测试。制定《2018年度全市保密法治宣传培训工作计划》,全面部署全市保密法治宣传任务。继续开展"七五"保密法治宣传教育,举办保密教育培训交流活动,不断创新保密宣传教育方式方法。2018年11月至12月,组织开展军事设施安全保密法治宣传教育活动,围绕"筑牢国家安全保密防线,确保重要军事设施安全"主题,迅速在全市范围内开展国防法、国家安全法、军事设施保护法、保守国家秘密法、反间谍法5部法律宣传教育活动。认真开展新时代保密工作论文征集活动,向省委保密办报送征文42篇,宿州市委保密办获得此次征文活动优秀组织单位称号,宿州学院李海燕、国网宿州市供电公司李亮获征文活动三等奖。认真开展保密重点宣教资料征订工作,全市各单位征订各类保密重点宣教资料费用达16余万元。充分发挥保密专业图书、音像制品以及《保密工作》《保密科学技术》等刊物的宣传教育作用,"两刊"征订数量较上年均实现正增长。

·组织工作·

【推进"两学一做"学习教育常态化制度化】 扎实推进"两学一做"学习教育常态化制度化,经验做法得到中组部《党建研究》刊发推介。抓实党员经常性教育,持续推动习近平新时代中国特色社会主义思想武装党员。严格落实"党员活动日""党性教育十分钟""三会一课"、双重组织生活等制度要求,严肃党内政治生活,高质量开好民主生活会、组织生活会,各级领导班子和成员查找问题22.1万条,制定整改措施23.4万条,25.4万余名党员接受民主评议。认真组织召开"讲忠诚、严纪律、立政德"警示教育专题民主生活会、专题组织生活会,推动专题警示教育深入开展。

【干部队伍建设】 出台《关于在干部选拔任用中突出政治标准的实施意见》,首次开展政治标准"反向测评",将领导干部政治素养细化为5个方面15项具体表现,使政治标准量化可操作,相关做法被中组部《组工信息》刊发。优化调整年度考核指标体系,分别制定贫困县区、市直党政机关、企事业单位以及法检机关4类综合考评办法,采取量化评分、分类排序方式,对96个市管领导班子和648名市管干部进行分类考核,并将考核结果作为干部能上能下重要依据。选派110名优秀年轻干部到脱贫攻坚、文明创建、环保督查等工作一线挂职锻炼,推荐2名年轻处级干部到省直对口单位、2名县区党政班子成员赴江浙挂职。援疆干部刘师衡获评敬业奉献类"中国好人",荣获安徽省五一劳动奖章。出台《关于加强选派脱贫攻坚一线干部队伍建设的意见》,11名县处级干部、83名科级干部在脱贫攻坚一线提拔重用。修订完善《市管干部选拔任用操作规程》,制发《关于规范干部酝酿通气工作的通知》,进一步细化干部动议流程,规范推荐通气程序,完善党组织和领导干部署名推荐制度。以市委名义出台《关于进一步激励广大干部新时代新担当新作为的实施意见》,建立完善鼓励激励、容错纠错、能上能下三项机制,充分激发广大干部新时代新担当新作为。

【基层党组织与党员队伍建设】 完成村级换届二作,建立村干部选用储备体系,摸排返乡大学生等"六类人群"2.4万名,3627名进入"两委"班子、3712名纳入后备干部队伍培养、6767名进入乡土人才库。实行市县乡村四级联动联审,119名村党组织书记因履职成效不好等原因被取消连任资格。持续加强自然村扶贫小组长队伍建设,着力解决村干部服务半径过大、服务能力不足问题。深入开展"强培训、遍走访、亮承诺、抓落实、树典型"活动,举办全市村(社区)党组织书记示范培训班,选派50名优秀村党组织书记赴芜湖市名村挂职,持续加强换届后"两委"班子建设。深入推进基层党组织标准化规范化建设,全市80.6%的基层党组织实现达标。推行党支部"三单"制(任务安排提示单、进度质量评估单、突出问题督办单)管理,建立"1+2"结对帮扶机制,702个先进支部结对帮扶中间和后进支部。出台《关于加强城市基层党建工作的实施意见》,推进街道社区党建、单位党建、行业党建融合发展。深化拓展非公党建"两个覆盖"成果,全面完成不规范党组织整顿工作,党组织单独组建率稳居全省前列,经验做法在全省基层党建工作座谈会上作交流发言。建成"宿州云党建平台",将党组织和党员全部纳入系统管理,全市1821个基层党组织3.5万名党员试用。理顺行业系统管理体制,中小学校及律师、会计师、税务师事务所全部实现归口管理。新设立市税务局党组、市重点工程管理局党组、市鞋城党工委,切实强化党的领导和对基层党组织的管理指导。加大新兴领域党建覆盖,创建南翔云集商业街等5个省级"小个专"党建工作示范街区。常态开展暗访调研,倒逼选派帮扶干部在岗在位、履职尽责,相关做法在全国驻村帮扶工作座谈会上作经验交流,选派帮扶干部曾翙翔被追授为"安徽省优秀共产党员"。实施"万名党建指导员下万村"行动,推动乡镇班子成员沉到基层一线,以"抓乡促村"推动乡村振兴。聚焦文明创建等中心工作,深化拓展"在职党员到社区报到"活动,3万余名在职党员组建800多个志愿服务队,开展活动近4.3万余次,帮助解决实际问题5万多个。

【干部教育培训】 深入抓好习近平新时代中国特色社会主义思想和党的十九大精神学习培训,全市1096名县处级干部和6000余名科级干部全覆盖集中轮训。建成市县乡村四级新时代文明实践中心2522个,开展各类宣讲活动1万余场次,推动党的最新理论和政策深入基层群众。聚焦中央和省市重大决策部署,举办打好"三大攻坚战"等系列专题培训班23期,培训各级干部1628人次。

【人才队伍建设】 制定《高层次人才及引才平台奖补实施办法》(试行)《宿州市鼓励社会力量参与高层次人才引进工作实施办法》,编制《宿州市高层次人才创新创业政策指南》,加大高层次人才引进力度,全年新增院士工作站2家,企业技术中心5个,3人入选第四批省特支计划,13支团队入选2018年度皖北产业创新团队。柔性引进"万人计划"专家侯金波等高层次人才到宿合作,自主培养的安徽一灵药业有限公司顾世海,作为皖北地区唯一人选入选国家重点人才项目。开展乡村企业家人才队伍专项调研,出台《关于支持乡村企业家人才创新创业的实施意见》,不断加大本土实用人才支持培育力度,形成高层次人才"顶天立地",实用技能人才"铺天盖地"的生动局面。

【自身建设】 组织部门自觉增强自身建设,积极开展"组织工作创新年"和"基层党组织质量建设年"活动,市委组织部荣获"全国脱贫攻坚奖组织创新奖",在脱贫攻坚一线精准选用干部、创办"新时代传习所"等做法得到省委书记李锦斌充分肯定;《贫困地区乡镇年轻公务员队伍状况研究》获中组部2018年党内统计、干部统计选题分析报告一等奖;《坚持和加强党的全面领导研究》获全省组织工作2018年度重点课题一等奖;全市组工信息工作位居全省第二,市县两级组工宣传首次实现中组部《组工信息》采用全覆盖。

(尹元元)

·宣传工作·

【理论武装】 深入学习宣传贯彻习近平新时代中国特色社会主义思想和党的十九大精神,深入推进"七进"学习宣讲活动4000多场次,受众近40万人。出台《贯彻〈中国共产党党委(党组)理论学习中心组学习规则〉实施细则》,市委中心组举办学习研讨、专家辅导报告等16次,持续保持全省第一方阵。市审计局、市税务局被评为全省学习型党组织建设示范点。举办习近平新时代中国特色社会主义思想和党的十九大精神理论研讨会,举办"宿州大讲堂"2场,做好《习近平谈治国理政》第二卷、《新时代面对面》和《习近平新时代中国特色社会主义思想三十讲》深入学习工作。推进新时代文明实践中心建设,建成市、县(区)、乡镇(街道)、村(社区)四级新时代文明实践中心2500余个,开展文明实践活动等1万余场次,受到省委主要负责同志批示肯定。

【意识形态工作】 严格落实意识形态工作责任制,出台《县(区)委和市直单位党委(党组)意识形态工作责任清单》,建立9项工作制度,完善领导小组成员单位工作职责,在中国人民大学举办全市意识形态工作培训班。扎实开展全市意识形态领域突出问题"大摸底、大整改、大督查"活动,组织开展意识形态工作专项督查和回头看工作。坚持党管媒体原则,深入开展净化舆论环境专项整治。加强文化市场监管,围绕元旦、春节、"两会"等时间节点,聚焦重点区域组织开展各类专项整治行动。深化"扫黄打非",开展"清源、净网、秋风、护苗、固边"5大专项行动,培育3个市级"扫黄打非"进基层示范点。

【新闻宣传】 精心组织重大主题专题宣传,精心组织习近平新时代中国特色社会主义思想、党的十九大精神、习近平总书记视察安徽两周年、全国"两会"、庆祝改革开放40周年等重大主题宣传。围绕市委市政府中心工作,做好创建全国文明城市、环境保护、脱贫攻坚、"讲严立"专题警示教育等专题宣传,为经济社会发展营造良好氛围。推动媒体深度融合发展,稳步推进市级融媒体指挥调度中心建设,4个县级融媒体中心全部完成组建运行。

【对外宣传】 加强与省级以上主流媒体交流合作,围绕市委市政府中心工作、宿州改革发展成就等主题,先后在新华社、《人民日报》、新华网等中央主流媒体,推出《宿州:"云路径"探索新兴产业后发崛起新路径》《宿州打造"中国云都"探索新兴产业后发崛起新路径》等30多篇重点报道。做好2018世界制造业大会暨徽商大会、"东盟十国主流媒体暨中央重点外宣媒体安徽行"宿州采访活动等重点外宣活动。进一步完善宿州城市宣传片,在香港卫视策划推出"港视安徽名城行"专题节目,在《安徽新闻联播》发稿量位居全省第1,中安在线开设宿州频道。在浙江大学举办宿州市第五期新闻发言人及网络舆情应对培训班。

【社会主义核心价值观】 深化中国梦和中国特色社会主义宣传教育,深化“我们的节日”系列主题实践活动,开展学雷锋志愿服务主题月、“时刻听党话,永远跟党走”爱国主义读书教育活动、“12·5国际志愿者日”系列活动及文明交通志愿服务劝导活动等。推进志愿服务常态化制度化,完善志愿服务机制,高标准建设志愿服务站点486个,广泛开展“爱心送考”“党员带头志愿先锋”等活动。制定《宿州市推动移风易俗 树立文明乡风实施方案》,实行党员干部操办婚丧喜庆事宜报告制度,通过开展“精神脱贫”工程、“破陈规陋习 树文明新风”巡讲巡演、创建“十星级文明户”、评选“好媳妇 好婆婆”、发放移风易俗倡议书和张贴画等,大力倡导文明新风。

【“好人宿州”道德品牌建设】 出台《关于进一步加强和改进典型宣传报道工作的意见》,持续开展“系列好人”“最美宿州人”“月评十佳”等评选,产生“中国好人”11人,“安徽好人”16人,“宿州好人”130人,培育省级月评十佳志愿服务典型9例、省年度学雷锋志愿服务“四个十佳”先进典型3例。李娟入选全国“四个100”先进典型、获“最美志愿者”称号。曾翙翔同志被确定为全省重大先进典型,其先进事迹获省委主要负责同志批示肯定,在全市组织开展曾翙翔同志先进事迹学习宣讲活动1000余场。

【互联网宣传管理】 认真贯彻全国、全省网信工作会议精神,完善市、县(区)网信工作管理体系,出台《关于进一步加强政务新媒体管理工作的通知》,组织全市党员干部签订《网络行为规范承诺书》,建强网络意识形态主阵地。加强政务新媒体建设,建设“宿州发布”网站、客户端,组织“2018宿州新媒体之夜暨网络春晚”等网络文化活动,开展网络直播、网络游戏、互联网应用商店等专项整治活动,“宿州发布”等政务新媒体矩阵影响力在人民日报、新浪微博城市政务微博竞争力排行榜中跃居全国第4、全省第1,财政、城管、工会等多个部门官方微博影响力进入全国前十,县级政务新媒体影响力显著提高。宿州新闻网、拂晓新闻网、掌握宿州客户端、智慧宿州免费WIFI平台等运转良好。

【文明创建】 贯彻落实《宿州市创建全国文明城市实施意见》,以“十项提升行动”和“城市能级提升行动”为抓手,统筹推进硬件和软件建设提速提质提效。坚持固本育人,以培育和践行社会主义核心价值观为根本,把提高市民素质贯穿创建全过程,先后印发《文明市民倡议书》《市民文明手册》90万份,修订《宿州市市民文明公约》,制发《宿州文明20条》等。坚持一周一调度制度,全年召开创建调度会30次,推动各类创建重点难点问题统筹解决。严格督查督办,有针对性地开展实地督查、跟踪督办1万余件。推进公益广告全覆盖,广泛征集公益广告素材600余组,提升宣传质量8万余处,打造主题广场和公园7个。高标准组织网上材料申报。宿州市在全国文明城市测评位列地级市第13名。

【文化体制改革】 精心制定2018年度全市文化体制改革工作要点,做好任务分解、责任分工、督查检查等工作,高质量推进市文联(作协)、市记协改革等重点改革任务。组织《宿州市“十三五”时期文化改革发展规划纲要》中期评估工作,开展文化类山寨社团专项清理整顿活动。

【文化事业建设】 实施文化惠民工程,争取国家级贫困县村级综合文化服务中心34个,建成乡镇综合性文化服务中心76个、街道综合性文化服务中心10个、村综合文化服务中心724个、社区综合文化服务中心79个。开展文艺演出活动2600余场,公益电影放映14000余场。推进泗县大庄镇综合文化服务中心、埇桥区符离镇综合文化站开展社会化运营试点。精心组织“纪念改革开放40周年”全市文艺调演、新年音乐会、春节联欢晚会、《纳西族东巴画艺术百年展》、纪念改革开放40周年书画名家邀请展、“宿州市首届剪纸暨民间书画(民间工艺)精品展”等群众文化活动,积极推进戏曲进校园、进社区、进农村。

【文艺精品创作】 大型梆子戏《医者仁心》、小戏《套路》《文明乡村》入选2018国家艺术基金项目,《套路》还参加全国基层院团晋京汇演,坠子戏《追花儿》入选安徽省戏曲创作孵化计划新创大戏,梆子戏《春风化雨》先后晋京、赴省、下基层巡演140余场。非遗剧目坠子戏《五姑娘》、泗州戏《拾棉花》、梆子戏《抬花轿》等参加"童心向党·皖疆一家亲"、安徽文艺轻骑兵"和田行"演出活动。宿州市被授予全国首个地级市"文学之乡"称号,萧县刘套镇入选2018—2020年度"中国民间文化艺术之乡",泗县、砀山县、灵璧县入选2018—2020年度"安徽民间文化艺术之乡"。持续实施第三届"龙凤计划——宿州市中青年书画人才培养工程",精心推选10名中青年书画优秀人才到国内知名艺术院校学习深造。

【文化产业发展】 推动文化产业与科技、金融、旅游等产业融合发展,依托赛诚科技、宿想信息、炫云科技等文化高新技术企业,打造全国最大的影视渲染平台;依托新亚电子、环视数字等重点新型文化制造企业,建成省内重要的VR虚拟现实、裸眼3D等文化智能终端设备制造基地;支持文化旅游产业发展,新汴河景区创成AAAA级景区,萧县官桥镇等5个乡镇获批省级优秀旅游乡镇,埇桥区关湖村等10个村获批省级乡村旅游示范村,萧县皇藏峪国家森林公园、宿州市新汴河景区等被列入安徽省百景提升计划,南翔云集文化旅游特色街区获批安徽省旅游商品特色街区,大运河世界文化遗产保护利用工程入选国家发改委"十三五"重点项目库,启动符离生态旅游大道建设。组织参加第十四届深圳文博会、首届长三角文博会,获首届长三角文博会优秀组织奖。在武汉大学举办第三届文化产业研修班。开展第五届文化惠民消费季活动。加强县区文化产业考核,出台《各县(区)政府目标管理绩效文化产业发展考核办法》。

(马　旭)

·统战工作·

【党外干部培养选拔】 市委高度重视党外代表人士队伍建设,不断加大党外代表人士发现储备、教育培训、实践锻炼力度。借助统一战线领域信息化建设的契机,广泛开展统一战线各领域党外代表人士调研摸底,初步建成一支近600人的党外代表人士数据库。坚持把党外代表人士教育培训工作纳入年度培训总体规划,制定《贯彻省委统战部"3321"培训计划实施方案》,选调27名党外代表人士参加各级各类培训班。组织35名党外代表人士赴四川省社会主义学院开展党的十九大精神学习培训,组织近40名党外领导干部赴武汉大学开展能力提升学习培训。组织开展对市各民主党派领导班子及其成员、机关和党派市委会公务员年度考核。

全面掌握党外人士在各级人大、政协及工商联组织的政治安排情况,进一步加强联系和引导。市委统战部、组织部按照多于可配备职数的要求,动态建立调整党外后备干部队伍名单。市委多次召集会议专题研究党外干部工作,推动党外干部实职安排。2018年新提拔调整3名县处级党外干部。市委认真落实党外干部与党内同级别干部享受同等政治生活待遇。2018年,宿州市5个民主党派市委主委均享受正处级或正处级以上待遇,其他负责人也享受同级别政治生活待遇。

【政协人事安排】 五届市政协426名委员中,非中共委员256名,占委员总数的60.10%;常委会组成人员83名,非中共副主席3名,占副主席总数的50%,党外专职副秘书长1名;常委75名,非中共常委51名,占常委总数的68.00%。

【多党合作与政治协商】 市委坚持把政党协商摆在协商民主的突出位置,提出加强政党协商的总体要求,进一步规范政党协商的形式,制定《中共宿州市委2018年政党协商计划》(宿办秘〔2018〕5号)。在会议协商方面,9月5日、10月30日、12月19日召开情况通报会、协商会、座谈会,分别就上半年经济发展、乡村振兴暨脱贫攻坚、《政府工作报告》等进行协商。在书面协商方面,制定《2018年度各民主党派专题调研课题计划》,指导民主党派围绕各自确定的调研课题,深入开展调研活动,形成《合理配置中招生源　助推高中教育普及》等9篇调研成果,市委统战部以《建言献策》形式分期上报,市委书记史翔作出重要批示。市委办、政府办联合下文印发《2018年度市委、市政府采纳民主党派参政调研建议办理分解表》。在约谈协商方面,市委负责同志或委托市委统战部,不定期邀请民主党派负责同志就民主党派自身建设开展谈心谈话。高度重视交友联谊工作,落实《中共宿州市委关于进一步完善市委领导与党外代表人士联谊交友制度的意见》,市委书记史翔、市长杨军、市委副书记余向东、市委常委吴继承等市四大班子领导多次参加统一战线活动，带头广交深交党外朋友。

【支持民主党派建设】 支持各民主党派开展“不忘合作初心、继续携手前进”主题教育活动，举行纪念“五一口号”发布70周年暨全市统一战线集中宣传活动，不断巩固新时代统一战线团结奋斗的思想政治基础。各民主党派开展主题教育活动30余次，参与人数1120人次。支持各民主党派加强换届后的领导班子建设，建立健全民主集中制等规章制度，不断加强后备干部队伍建设。全年累计吸收58名新成员。支持各民主党派探索社会服务新途径，开拓社会服务新领域，各民主党派开展现代农业知识讲座、“黄丝带”等社会服务活动计60余场次，参与人数达700余人次，受益群众近4万人，累计捐款捐物价值10万多元。

【党外知识分子工作】 开展企事业单位党外知识分子调研，进一步摸清底数，入库建档。进一步加强党外知识分子工作载体建设，引导党外知识分子充分发挥作用。坚持《宿州市新的社会阶层人士统战工作联席会议制度》，2018年12月18日，召开2018年全市新的社会阶层人士统战工作联席会议，传达学习中央新的社会阶层人士统战工作经验交流座谈会暨实践创新基地建设中期推动会，以及省委《关于加强新的社会阶层人士统战工作的实施意见》精神，安排部署相关工作，市委宣传部、市司法局、市民政局、市科技局、市文广新局、市经信委等6家单位作交流发言，聚力探索新的社会阶层人士统战工作的新思路。积极选调新的社会阶层党外代表人士参加省、市各级各类培训班，加强思想教育引导。梳理汇总近年来市新的社会阶层代表人士培训工作情况及培训人员信息，掌握基本情况，总结工作经验，为下一步分级分类建立新的社会阶层代表人士数据库奠定基础。积极探索运用网络开展统战工作，引导党外人士在意识形态领域主动发声，传播正能量。

【非公经济统战工作】 深入学习贯彻习近平总书记在民营企业家座谈会上的讲话精神，以“一颗红心跟党走 · 建功立业新时代”为主题，组织各地开展“百名民营企业家热议讲话”活动召开全市促进民营经济发展大会，出台《关于营造企业家健康成长环境弘扬优秀企业家精神更好发挥企业家作用的实施方案》，贯彻落实《关于推动构建新型政商关系的若干意见》有关要求，促进非公经济健康发展和非公经济人士健康成长。加强非公人士理想信念教育，组织开展“不忘创业初心、接力改革伟业”民营企业家纪念改革开放40周年座谈会，选调非公企业家参加省工商联常执委培训、民营企业大讲堂等，提振非公有制经济人士发展信心。加强商会组建，选举产生市青年企业家商会首届会长及理事会班子，搭建青年企业家创业交流新平台。通过开展非公企业高质量发展调研、非公企业履行社会责任案例征集活动等形式，进一步提升服务非公经济发展的质量和水平。深入推进精准扶贫行动，坚持把“百企帮百村”与“四送一服”活动相结合，推荐社会扶贫先进集体4家、先进个人1名，编印“民企帮扶在行动”简报21期。

【自身建设】 市委高度重视基层统战部门建设和干部队伍建设。召开全市统战部长会议，举办全市统战、民宗工作培训班，提升统战干部能力水平。聚力改革创新，认真落实省委统战部关于理论研究和实践创新的工作要求，围绕破解重点难题开展调查研究，整合统战系统与党校、社院、高校等社会各界的研究力量，建立开放式、社会化、多层次的研究格局，认真提炼收集全市统一战线事业发展的先进经验、特色做法、亮点典型，形成统一战线实践创新成果6篇，完成统一战线理论创新成果4篇，其中《坚持大统战引领　构筑大统战格局》被评为2018年度全省统战实践创新优秀成果奖，《当前我国宗教中国化面临的主要问题与推进举措》被评为全省统战理论创新优秀成果一等奖。信息工作获得全省信息宣传工作先进单位、中国统一战线宣传工作先进单位。

（刘艳灵）

· 机构编制管理 ·

【“放管服”改革】 2018年，宿州市机构编制部门深化“放管服”改革，健全完善政府清单制度体系。根据法律法规规章颁布和修订情况、国务院和省政府取消行政许可等事项的要求，动态调整市政府“2+2”清单（权责清单、行政许可事项目录清单、公共服务清单、中介服务清单),更新政务服务事项目录清单,公布各项清单2018年版本,加快推进"互联网+政务服务"。开展"减证便民"整治申请材料多专项行动,创优"四最"营商环境。2月起,牵头开展"减证便民"专项清理试点,梳理汇总市直有关单位的政务服务事项申请材料,提出精简取消意见,于7月底发布《市公安局等11家部门取消政务服务事项申请材料清单》,并召开新闻发布会。开展"减证便民"和整治申请材料多专项行动集中攻坚,向社会公开发布市直43家单位取消的政务服务申请材料清单(精简率超过50%)。切实履行市政府推进职能转变协调小组办公室职责,发挥牵头协调作用,做好迎接国务院大督查第十二督查组和深化"放管服"改革专题组来宿实地督查等工作。将市直相关部门纳入市政府目标管理绩效考核中深化"放管服"改革指标考核范围,加强督促考核,力促工作落实。全市第二期深化"放管服"改革专题培训班在浙江大学举办,学习浙江省在"最多跑一次"改革、"互联网+政务服务"方面的先进经验,提升履职能力。

【机构改革及重点领域改革】 深入学习贯彻中央《关于深化党和国家机构改革的决定》《深化党和国家机构改革方案》,落实省委关于推进地方机构改革的工作部署,稳妥推进市县机构改革。对照改革精神和基本原则,梳理全市党政机构编制情况,调查了解县区机构设置存在的问题和初步设想,做好省调研组一到宿州访谈机构改革相关工作。研究起草全市机构改革总体方案,指导县区制定改革方案,严明机构改革纪律,2019年3月前基本完成任务。

【社会事业体制改革】 建立健全专项小组推进改革联席会议制度、督察调度制度,抓好统筹协调,增强改革合力。全面推开公立医院编制周转池制度改革,做好周转编制的使用工作。做好6家试点公立医院的日常督导工作。承办民生领域12件议案、提案,为中小学教师编制、乡村医生编制、基层中医药事业发展等问题出谋划策。

【生产经营类事业单位转企改制】 成立宿州市生产经营类事业单位转企改制工作领导小组,召开全市经营类事业单位改革动员大会,建立健全生产经营类事业单位转企改制进展情况周报制度,督促推动改革如期完成。

【机构编制管理】 一是完善机构编制管理规定执行情况年度考核制度。制定《宿州市2018年度机构编制管理规定执行情况及重点工作任务进展情况考核办法》,以季度为节点,对县区机构编制管理规定执行情况及重点工作任务进展情况进行综合评定,计入市政府对县区目标管理绩效考核总分。二是严格机构编制日常管理。从严控制用编,严控人员调任和逆向流动,在保证重点领域用编基础上,逐年减少核准用编计划。三是加大事业单位清理规范力度,明确部分缺少文件依据的事业单位的经费供给形式、机构规格、编制、领导职数。加强机构编制数据分析。通过实名制系统分析各单位人员队伍的年龄结构、专业学历、空编情况等,为有效盘活编制资源、统筹调剂编制提供数据支撑。四是加强事业单位法人登记管理。落实统一社会信用代码赋码工作,开展"双随机、一公开"抽查,加强事业单位法人事中事后的监管。将事业单位和机关群团登记信息推送到"信用宿州"网站,公开接受社会监督,提高公益服务水平。

·政策政研·

【深化改革工作】 全年改革任务按照时序进度推进。召开6次市委深改组会议,12次改革办主任会议,深入学习贯彻中央和省委改革会议精神,审议重要改革文件49份,听取改革汇报26次。全年127项年度重点改革任务落地见效。

34项国家级改革试点高效推进。农业产业化联合体写入2018年中央一号文件,入选"三农十大创新榜"。全省唯一国家级建设用地二级市场试点市,通过自然资源部验收。供销社改革进入全国供销系统先进行列,全省系统综合改革现场会在宿州市召开。全国基层政务公开标准化规范化试点,得到中国标准化研究院充分认可,灵璧县获2018年省政府中期评估第1名。基层农技推广体系改革创新试点取得突破,国家大豆良种攻关黄淮海现场会在埇桥区召开。国家电子商务进农村综合示范县建设,实现5个县区全覆盖,砀山县、埇桥区获评全省先进县区。国家妇幼健康优质服务示范县扎实推进，在全省妇幼健康服务工作会议上作典型发言。生态文化旅游融合发展不断深化，埇桥区被评为2018年度“中国生态魅力区”。第二批国家农产品质量安全县试点全面完成任务，砀山县获评省级出口食品农产品质量安全示范区。灵璧县成功申报2019年畜禽粪污资源化利用整县推进项目，“宿州12345模式”在全省推广。埇桥区新纳入国家独立工矿区改造搬迁试点。砀山县入选全省唯一全国经济林产业区域特色品牌建设试点。

34项省级改革试点有序推进。科协系统改革得到省委副书记信长星同志肯定批示，灵璧县被中国科协评为“全国科普日活动优秀组织单位”。推进“智慧医疗2124工程”项目，在全省率先建成健康脱贫信息系统。家事审判方式和工作机制改革走在全省前列，萧县法院民一庭被最高人民法院授予“全国法院家事审判工作先进集体”称号。农村环境整治“三大革命”扎实推进，泗县入列“全省农村人居环境整治三年行动示范县”。推进“酥梨小镇”特色小镇试点，砀山县良梨村入选首届“中国农民丰收节”100个特色村庄。

宿州改革特色品牌。改革机制方面：全省第一个出台《宿州市全面深化改革落实问责实施细则》，建立提示函、交办函、督办函、约谈函四级提醒机制，全年下发提示函37份、督办函13份。全省第一个出台《宿州市全面深化改革督导专员实施办法》，建立改革督导专员信息库。在全省率先落实“三察三单”制度，经验做法在全省推广。全省第一个出台《宿州市全面深化改革试验基地管理办法（暂行）》，确定22个市级改革试验基地，建立市四大班子领导联系指导改革试验基地工作机制。全省率先开通“宿州改革”微信公众号。自主创新方面：进入国家淮河生态经济带和淮海经济区发展战略，开放协同发展取得重大突破。宿州市是安徽省唯一被国务院评为“推广PPP模式工作有力、社会资本参与度较高的市”。创新实施“一自三合”扶贫小额贷款模式，全国金融扶贫现场会在宿州召开。启动主城区污水治理三年攻坚战，成功争创全国首批黑臭水体治理示范城市。张江萧县高科技园创建沪皖合作示范园区被列入长三角地区合作要点。砀山县专业合作社带动脱贫案例，入选农业农村部产业扶贫十大机制创新典型。“城管服务超市”获全国创新社会治理十佳典型案例。市政务服务中心获选全国“百优十佳”行政服务大厅。全省率先开展新时代传习中心建设，得到省委书记李锦斌同志充分肯定和批示。9337个自然村全部配备扶贫小组长做法得到省委书记李锦斌同志肯定性批示，被中组部向全国推介。打造乡村企业家人才队伍，助推乡村振兴的“马主模式”被省委组织部高度认可。在全省率先实施城乡建设用地增减挂三年提升行动，复垦3.3万亩、节余指标交易3956亩，探索出生态型增减挂的“宿州模式”。

【以文辅政】 一是参与起草市委重要文稿。按照市委工作要求，市委政研室起草市委主要负责同志和负责同志市委全会、市委农村工作会议、全面深化改革领导小组会议、徐州市代表团到宿州座谈会等讲话材料20多篇。参与起草修改2018年市委一号文件、《市委全面深化改革领导小组2018年工作要点》等重要文件15篇。起草全市贯彻落实十九大精神及省委重大决策情况、贯彻落实中办发20号文件精神等重要汇报材料6篇，形成市委主要负责同志省“两会”议案4篇。二是深入开展调查研究。围绕学习宣传习近平新时代中国特色社会主义思想和党的十九大精神，结合市委、市政府重大决策部署开展专题调研，形成新时代新担当新作为、乡村振兴、贵州大数据、“小乡村融入‘大世界’”等11篇高质量调研报告，形成习近平总书记党风廉政建设思想的基本特征、当下基层干部的十二种“异相”等理论文章，其中，7篇得到省市领导具体批示，《宿州市创新型现代化农业产业区的调研与思考》得到省人大常委会副主任李明批示，《小乡村融入“大世界”》得到副省长张曙光批示，《关于贵州省深入实施大数据战略行动的调研报告》得到省市领导批示，提出在省级层面成立大数据管理局的建议被省委、省政府采纳。三是构建联合调研体系。积极与新华社等国家高端智库试点建设单位开展合作对接，开展与浙江大学卡特研究中心、安徽大学等高校智库交流合作，联合市委党校等优质智库资源，重点围绕乡村振兴战略、土地增减挂、县域经济、脱贫攻坚、基层党建等，形成一批接地气的调研成果。与市委组织部联合形成调研报告《安徽省宿州市贫困地区乡镇年轻公务员队伍状况建设》被中组部评为一等奖。四是扎实做好信息宣传工作。编发《决策参考》16期，为市委、市政府科学决策提供了依据和参考，其中，第13期“基层侵占扶贫资金问题应引起重视”得到杨军市长批示。全年编发12期《宿州工作》,刊载各类文稿210篇,充分发挥党刊贯彻市委意图、研究政策法规、交流工作经验、提供决策服务的职能和作用。启用"宿州改革"微信公众号,做好中央、省市领导讲话、改革信息、典型经验和案例等发布工作,形成良好的社会影响。

【脱贫攻坚工作】 按照市委组织部、市扶贫局工作要求,派驻1名科级干部任泗县屏山镇彭鲍村驻村扶贫工作队长,驻村工作取得显著成效。2018年,彭鲍村实现村集体收入16.8万元,新修建村级道路3000米,户上基础信息工作和危房清零工作始终位居屏山镇前列,在省第三方评估中,彭鲍村以零问题反馈,乡村人居环境大幅改善,群众满意度明显提高。包保联系泗县屏山镇陈刘村24户贫困户,投入12.3万元用于项目资金、扶贫慰问、联欢活动等具体帮扶工作。组织开展"脱贫攻坚大决战,喜迎春节大联欢"活动,500多名村民和贫困群众共度祥和幸福年。开展贫困户春节、中秋慰问活动,赠送1万余元的米面油,向贫困群众赠送毛巾、肥皂等夏季"清凉包"。在夏季突降暴雨和冬季降雪期间,及时实地走访摸排、现场解决贫困群众生产生活实际困难。

【文明创建环保责任包保】 选派1名科级干部到市创建办挂职。包保联系埇桥区北关街道办事处汇源社区,先后拨付4.5万元专项资金支持社区基础设施建设。先后赴汇源社区开展实地调研6次,梳理各类问题26项,落实整改20项。制定工作台账和值班表,做好每周轮值、周末"同劳动",落实文明交通志愿者服务等各项制度。环保包保责任落实到位。7次赴埇桥区褚兰镇、夹沟镇采石场及泗县刘圩镇蛋鸡养殖场开展督察,相关问题全部整改到位。

【招商引资】 招商引资项目落地。砀山旭和家具有限公司总投资2.3亿元,到位资金8700万元;砀山华瑞面粉有限公司总投资2900万元,到位资金800万元,超额完成年度招商引资任务。积极协调市经开区隆辉装饰有限公司项目立项建设,解决企业用电及土地征收等相关问题,企业一期建设全部完工并投产,二期建设完成60%。

【党风廉政建设】 市委政研室将加强理论学习纳入单位重要议事日程,按照"一周一学习,一月一研讨,一季一点评,年中一小结,年终一总结"要求,将理论学习制度化,开展"日学一小时,月读一本书"活动,政研室全体工作人员参加理论学习,主要负责同志亲自领学理论知识、重要讲话和文件精神。注重突出学习重点,坚持读原文、学原著、悟原理,重点学习习近平新时代中国特色社会主义思想和党的十九大精神、省市重要文件和会议精神,强调"学用结合""学以致用",把理论学习的成果体现到指导实践、推动工作上,体现到自身世界观和人生观的改造上,体现到解决实际问题上,确保学得生动、深入、有效。深化党风廉政教育。深入学习《中国共产党廉洁自律准则》《中国共产党纪律处分条例》等,引导党员干部坚定理想信念,严于律己,依法依规行事;注重宣传教育,开展廉政警示系列活动,强化示范教育和警示教育作用,积极营造廉政氛围,增强廉政文化的渗透力和实效性。强化廉政风险防控。强化用制度管权管事管人各项措施,围绕重点环节和岗位,认真开展廉洁风险防控,提高制度执行力,扎细、扎密、扎牢反腐倡廉法规制度的笼子;始终坚持惩治和预防腐败两手抓、两手硬,巩固反腐败斗争压倒性态势,注重从源头上防治腐败,着力构建不敢腐、不能腐、不想腐的有效机制。规范行政权力运行。大力推进行政权力规范化建设,完善权力清单责任制,加强对党员干部行使权力的制约和监督,提高执行力和风险防控力。深入开展"讲严立"专题警示教育活动。召开"讲忠诚、严纪律、立政德"警示教育专题民主生活会和组织生活会,围绕"六聚焦六整肃",联系思想、工作、生活和作风实际,客观查找存在问题,深刻剖析问题产生根源,对照检查,认真开展批评与自我批评,着力强化忠诚意识、严守纪律规矩、树立良好政德。

·市直机关党建·

【十九大精神专题集中培训】 坚持把学习宣传贯彻党的十九大精神作为首要政治任务,举办7期市直单位科级干部十九大精神集中轮训班,轮训2000余人,科级党员干部系统地学习习近平新时代中国特色社会主义思想及党的十九大提出的各种新思想、新战略、新举措,理论素养与综合素质大大提升。举办基层党支部书记培训班,680余名基层党组织书记和党建工作指导员参训。

【“两学一做”学习教育常态化制度化】 全面推行“党性教育十分钟”，领导班子、领导干部以上率下，带头示范，各基层党组织严格落实“六个一”学习制度；统一为基层党组织发放十九大精神学习教材2万余册；及时更新维护宿州机关党建网，全年编发各类信息368条；会同市广播电视台拍摄“走进直播间 书记谈党建”节目4期；积极推行“领导带学，上门送学，专家讲学，手抄自学，制度促学，网络晒学”六学工作法，不断将学习教育常态化制度化引向深入。

【意识形态工作】 主要负责同志始终站在意识形态工作第一线，领导班子成员按照“一岗双责”要求，抓好分管范围内的意识形态工作。及时调整本委意识形态工作领导小组成员，制定《市直机关工委意识形态工作责任清单》，召开4次意识形态工作专题会议，及时分析研判重大情况。认真落实意识形态工作报告制度，充分利用党课教育、谈心谈话等形式，强化意识形态教育；组织开展意识形态领域突出问题“大摸底、大整改、大督查”，对排查出在6个方面在问题，整改落实到位。

【严肃党内政治生活制度】 认真执行《中国共产党党委（党组）理论学习中心组学习规则》、“三会一课”制度和党员党性定期分析制度，增强民主生活会、组织生活会以及谈心谈话、民主评议党员等党的组织生活的严肃性。坚持过好双重组织生活，把“讲重作”和“讲严立”专题警示教育的规定活动纳入“三会一课”，作为基本内容，固定下来、坚持下去。每月25日为党员活动日，把“领导干部上讲台”、“微党课”、党员干部进社区、专题研讨、现场警示教育、革命传统教育和党员结对脱贫帮扶等活动作为党员活动日的活动载体和平台，做到有机融合，相互促进。

【规范党组织换届和党员发展程序】 完成换届党组织127家，工委直属党组织13家，撤销支部17个，成立党支部5个，合并党支部2个，党组织更名6个，党支部整建制划转2个；配备党务干部181名。规范党员发展工作程序，坚持总量调控和突出重点相结合，严把党员发展“政治关”和“入口关”。党员发展注意向产业工人、青年农民、高知识群体、少数民族和非公有制经济组织、社会组织倾斜。全年发展计划173个，其中，产业工人发展党员计划13个，高知识群体发展党员计划6个，社会组织发展党员计划2个。举办市直单位党员发展对象暨入党积极分子培训班，培训375人，发展党员120人。

【“宿州云党建平台”建设】 2018年，建好用好“宿州云党建平台”，实时掌握党支部活动，实现各项党建工作的刚性执行，提升全市基层党建工作标准化、信息化、规范化、科学化水平。全年平台录入党组织534个，实现机关党组织全覆盖；党员数9896名，激活率100%；党员行动数2630名，行动率26.6%；党员完成数1774名，完成率17.9%；党员总分39445分。

【提升党支部建设质量】 按照“月提醒、季评估、即时督办”原则，认真落实任务安排提示单、进度质量评估单、突出问题督办单“三单”制管理。深化“千名领导联系千个支部”活动。县处级以上党员领导干部分别联系一个基层党支部，指导帮助开展党支部建设提升行动。建立“1+2”结对帮扶机制。各单位结合城乡基层联合党组织、脱贫攻坚包保帮扶等工作，联系实际建立“1+2”结对帮扶机制，1个先进党支部结对帮扶1个中间党支部和1个后进党支部。做好党支部建设“微经验”推广宣传工作。

【机关基层党组织标准化建设】 利用党的工作会议等机会对标准化建设较薄弱的党组织进行重点督导和帮扶，扎实开展“基层党组织质量建设年”活动。2018年有市直机关基层党组织540个，基层党组织达标478个，达标率88.52%。

【创建“窗口党旗红”品牌】 与市政务服务中心联合开展了“窗口党旗红”示范岗创建活动。通过开展“三亮、三比”活动，自觉提升服务质量，提供更优质、快速、高效的政务服务，得到办事群众点赞。2018年政务中心受理各类事项127.4万件，办结127.2万，办结率99.84%，件项目完整率、制度执行率100%。全市无投诉件、超时件发生，群众满意度连续提升。在企业中深入推进政务服务“一网、一门、一窗、一次”改革，持续加快政务服务“一网通办”和企业群众办事“只进一扇门”“最多跑一次”步仗。采取“容缺预审”“多证合一”“并联审批”等措施,加快投资项目审批,实现办事流程简化,投资商普赞宿州经商环境好。

【督查督办】 对全市120个重点工程(项目)督查实现全覆盖,提出意见建议约100条,协调解决突出问题30个。加强全市秸秆禁烧、文明城市创建、环境保护、十九大精神集中轮训等专项督查,推动中心工作顺利开展。改善效能督查方法,变效能明查暗访为常规动作,及时下发交办单督办。2018年对全市明查暗访6次,查处各类问题284件。作出党内严重警告处分和政务记大过处分1人、警告处分3人、党内警告1人、辞退4人、在县区范围通报批评25人、通报批评126人、责令作出书面检查138人、取消评先评优资格19人、扣除绩效奖金或当月工资等经济处罚83人。对全市创建全国文明城市动员大会等40余个重要会议、节假日值班情况等开展专项督查,及时通报违规违纪问题。开展“提质提速、文明服务”创城工作窗口单位专项督查,窗口单位服务水平和质量显著提升。充分发挥效能短信平台信息的作用。将效能短信发送范围扩大为市委市政府主要领导、市直各单位主要领导和效能工作分管领导,提高了效能工作的影响力和辐射力。围绕如何助力扶贫攻坚、文明创建、服务企业等重点工作开展效能专题调研,服调研通过走访、座谈等多种形式,全方位了解全市机关和事业单位在效能建设方面存在的问题,对存在的问题实施“清单化”管理,做到处理不到位不销号、整改不到位不销号,切实解决损害群众利益的突出问题。及时将调研成果转化为工作制度、工作措施,长效推动全市效能建设深入开展,取得扎实成效。全年受理群众各类投诉54件,移送交办单17个,办结率100%,群众满意度大大提高。

【机关文化活动】 以“书香宿州·引领阅读”为主题,开展“4·23”世界读书日活动;举办“助力文明创建 共建和谐宿州”春季健身跑活动;组织市直机关600余名党员干部参加义务植树;举办市直机关庆“七一”党建知识竞赛。

【全国文明城市创建】 成立市直工委创建工作领导小组,制定出台《2018年创建工作方案》,明确创建思路和方向。制定《包保工作方案》和包保工作通讯录,方便指导开展工作。组织党建志愿者服务队,每周至少1次赴包保区域开展工作,对标摸排问题,汇总分类,建立问题清单、整改清单、责任清单,全年42次赴华地社区摸排具体问题228个,交办社区解决210个,协调市直、区直相关职能部门解决12个,报市创建办解决6个。按照市创建指挥部的要求,对市直78家单位公益广告宣传及环境卫生整治等情况进行督查。抓好市直单位党员志愿者服务工作,及时成立市直机关党员志愿者服务大队,督促各单位成立志愿者服务中队和服务分队,并做好志愿者注册登记工作。市直机关成立65个党员志愿服务中队、321个党员志愿服务分队,登记注册党员志愿者7237名。指导社区加强宣传,做好文明创建宣传工作,印制分发宣传彩页1000余张,营造创建氛围,提升群众对创建工作的知晓度和支持度。

【党风廉政建设】 全年召开党风廉政建设专题会议4次,研究制定《党风廉政建设责任制分解实施方案》、《2018年党风廉政建设工作要点和计划安排》;建立党风廉政建设主体责任全程纪实台账,把党风廉政建设纳入机关支部学习内容;组织科级干部廉政谈话和述职述廉,全面压实主体责任,工委党风廉政建设和反腐败斗争走向深入。

【党建助推扶贫】 认真落实“单位包村、干部包户”责任,帮扶35户。拨付工委20%办公经费19440元用于脱贫攻坚“十大工程”;拨付党费20万元用于屏北村和朱圩村完善党建扶贫园地基础设施建设。开展扶贫慰问工作,2018年春节前夕,为两村144户贫困户送去烧鸡、米、油等慰问品;“七一”拨付党费6500元走访慰问村困难党员、老党员13人。开展走访调研,广泛听取贫困户意见,帮助解决实际问题4个。

(王增雷)

·党校教育·

【概况】 市委党校新校区建成投入使用后,市委党校以争创“全省一流、全国先进”市级党校为目标,坚持质量立校、科研强校、人才兴校、制度治校办学理念,全力抓好以教学、科研为重点的各项工作,取得显著工作成效。1项教学专题获评全省党校系统第四届理论教育精品课，1项科研课题获省领导圈定课题立项并顺利结项。先后获宿州市卫生先进单位、双拥优秀单位、2017年度宿州市健康机关称号。

【干部教育】 党委政府重视支持干部教育，坚持把党校工作纳入党委整体工作部署，把办好管好建好党校作为履行党建工作责任制的重要内容。5月15日，市委副书记余向东主持召开专题会议，研究党校二期工程建设有关工作。8月22日，市委书记史翔主持召开研究党校相关工作会议，会议决定，启动市委党校新校区二期工程建设。党校二期的土地组卷报批、项目规划立项等前期工作完成。4月2日，市委书记史翔出席春季学期主体班开学典礼并作《既有担当的宽肩膀，又有成事的真本领，全面扛起新时代宿州改革发展的新使命》专题党课报告。9月26日，市长杨军出席秋季学期主体班开学典礼并作《坚决打赢污染防治攻坚战，努力实现经济发展高质量》专题辅导报告，为全市领导干部上讲台作出表率。

干部培训提质拓面，全年举办主体班次22期，培训学员3580人。其中县处级、科级党政干部进修班、中青年干部培训班6期，培训学员220人。与市直工委联合举办市直单位科级干部学习贯彻党的十九大精神集中轮训班7期，培训学员1883人。与市扶贫局、市环保局、市金融办组织开展全市“三大攻坚战”系列专题培训班7期，培训学员970人。举办2017年度新录用公务员初任培训班2期，培训新录用公务员507人。举办全省公务员脱贫攻坚能力提升专题培训班，培训学员120人。拓展各类专题班。先后与省、市有关单位联合举办全省公安机关警务督察业务培训、脱贫攻坚、财务政策、卫计监督系统综合能力提升等培训班20期，培训学员4367人。拓展高层次培训渠道。3月27日至28日，省委党校第69期市厅级干部进修班到宿州开展革命传统教育，市委副书记、市委党校校长余向东出席开班式并致欢迎辞。6月25至26日，省政府参事室机关党委全体党员在市党校开展革命传统和党性教育活动。11月30日至12月1日，省委党校第12期市厅级干部任职培训班到宿州开展革命传统教育，专题讲授和食宿安排均在市委党校。

教学设计更合理。年初，及时调整完善主体班教学布局和课程体系，做到“三个突出”。一是突出学习贯彻习近平新时代中国特色社会主义思想。把习近平新时代中国特色社会主义思想作为党校教育培训的主要内容和必修课，作为主体班单列教学单元，占总课时的54.5%。二是突出主业主课，党的理论教育和党性教育占总课时量的80.5%，其中党性教育占45.4%。组织一个月以上的主体班学员到市廉政教育中心、双堆集淮海战役总前委旧址、嘉兴南湖一大纪念馆、上海一大会址、革命圣地井冈山开展党性教育，接受党性锻炼。学员培训结束均提交党性分析报告。三是突出宿州市情。教学内容安排上紧扣市委市政府重大战略部署，针对宿州农业示范先行区、云计算、美好乡村建设、脱贫攻坚、县域经济发展开展现场教学和实践教学。

教学管理制度健全。制定完善《中共宿州市委党校教师集体备课制度》《市委党校主体班新专题申报、试讲和评审规定》《市委党校主体班校领导跟班管理、教学督导制度》等教学管理制度，调动广大教师的工作能动性。通过党校微信公众号和云桌面综合管理平台进行教学测评，优秀率达97.8%。2月和9月份分别组织进行春秋季新专题试讲。对通过新专题试讲进入主体班教学计划的新开发教学专题，予以奖励，同时淘汰一批老专题，2018年主体班教学专题更新率达18.1%。建立完备的学员党支部、学籍、档案管理等制度，明确专人负责。

教学方式灵活多样。教学形式上，突出“三个结合”。理论学习与现场教学相结合。把主体班培训课堂延伸到经济社会发展实践现场。推出宿马园区、高新技术开发区、埇桥区光明村、灵璧三元文化园等6个体现时代特征、弘扬宿州精神的现场教学基地，增强教学实效性。研究式教学与体验式培训相结合。情景模拟、结构化研讨、现场访谈、案例式、双讲式、辩论式等互动式教学占总课时的32.4%。如“加快宿州县域经济发展”采取结构化研讨教学，“突发事件的媒体沟通”采取情景模拟教学，“社会治理的创新与实践”采用案例式教学等，让学员在互动中提高解决实际问题的能力。本地教学和异地办学相结合。组织学员到井冈山接受革命传统教育，重走红军路，共筑忠诚魂，坚定学员理想信念；到南湖重走一大路，再现1921年嘉兴故事。

精品课程三年连冠。落实全省干部教育培训“三个一批”要求，着力在全市党校系统培养一批优秀教学骨干。在第五届全省党校（行政学院）系统精品课市级党校评选中,窦祥铭老师讲授的《宿州市培育发展农业产业化联合体的实践与思考》专题,获评全省党校(行政学院)系统第五届精品课,宿州市校成为全省党校系统唯一一所连续三年获此殊荣的市级党校。在2018年度全省党校系统优秀教学比赛中,张见伟老师和灵璧县委党校郭甜甜老师,分别获得讲师组和县级党校组二等奖。

研究生办学稳中有进。完成2018级省委党校在职研究生报名录取工作,经济管理、公共管理两个专业报名310人,录取108人。完成2015级毕业班108人的论文辅导及答辩,做好在校研究生343人的日常教学管理。

【科研咨政】 完善科研管理制度。制定《市委党校2018年科研工作计划》,修订完善《课题经费管理办法》《科研奖励暂行办法》等科研工作制度,进一步调动广大教研人员开展科研的工作积极性和主观能动性。大力推进教学科研工作一体化建设,强化科研成果与教学专题转化工作力度,提升教学专题的科研含量,全年科研成果转化教学专题7个。

科研课题研究有成效。积极申报高层次科研课题,全年申报省社科规划项目、省领导圈定课题及省创新发展研究项目等各类课题40余项,立项市级以上课题18项。其中立项省领导圈定课题1项,全省党校系统重点课题3项,省行政学院课题3项,省社会主义学院课题2项,市社科规划课题9项。全年发表论文50余篇,其中公开发表31篇。1篇论文在2018年度"中国扶贫改革40周年"主题征文中获奖。2篇论文入选省社科联第十二届学术年会,其中1篇论文获二等奖。获2018年度省社科联"三项课题"研究成果一等奖1项,三等奖2项。

决策咨询服务。充分发挥党委政府决策服务"思想库"作用,依托习近平总书记系列讲话研究中心和宿州市市情研究中心,及时跟进市委、市政府中心工作,在广泛实地调研的基础上,重点围绕宿州市贯彻落实习近平总书记治国理政新思想新战略,基于五大发展理念的宿州认识、宿州实践、取得成效等方面开展课题研究,2018年8月,党校主编的《五大发展理念的宿州实践》一书,由合肥工业大学出版社公开出版发行。全年6篇咨政报告获市领导肯定性批示,其中2篇获市委、市政府主要领导肯定性批示。校刊《新视点》全年出版4期,刊登论文50篇。

【师资队伍】 加强师资队伍建设。结合工作实际,制定完善《中共宿州市委党校教师培养计划》。通过多种渠道,加大教研人员学习培训力度,依托上级党校和教学理念先进的外地省、市级党校等系统资源,选派教师到中央党校、省委党校、省行政学院、省社科院、厦门大学等参加学习培训29人次,通过高层次培训提升教研人员知识水平和理论素养。选送3名教研人员到市直部门、基层一线、企业挂职锻炼,蹲点调研,通过一线工作实践,提升教师理论联系实际的能力。出台实施《中共宿州市委党校教师管理量化办法》,充分调动教研人员的工作积极性和主动性。

优化师资队伍结构。积极争取市委、市政府的支持,加大从高等院校和其他部门招录、引进高层次年轻教研人员和符合党校工作需求的优秀人才工作力度。2018年,全校有教研人员27名,占教职工总人数的44.26%,具有博士学位的2人。具有高、中级专业技术职称27人,占教研人员总数的100%,其中教授2名,副教授15名。

全面落实领导干部上讲台制度。进一步健全完善《领导干部上讲台工作制度》,将政策理论功底扎实、实践经验丰富、授课效果好的领导干部纳入全市党校系统师资库,领导干部上讲台工作形成规范化、常态化、制度化长效机制。全年领导干部为党校学员授课19次,授课比例22%;市委领导班子成员到党校授课6次,其中,市委书记史翔授课1次,市长杨军授课1次。

【机关党建】 一是建立党员学习制度。根据市直工委安排,制定《市委党校中心组学习计划》和《市委党校党员学习计划》,严格执行"三会一课"制度,扎实开展党员理论学习活动。积极组织开展党的十九大精神学习,制定学习贯彻党的十九大精神实施方案,配发十九大精神学习材料。组织全校21名科级干部参加市直工委组织的十九大精神轮训班。二是开展"讲严立"专题警示教育活动。成立领导小组,制定实施方案和学习计划,召开动员大会,布置全校专题警示教育工作。每个专题结束后均组织校委班子按照要求撰写对照检查材料。8月31日,组织校委班子成员召开专题民主生活会,开展批评和自我批评,对照存在的问题,制定整改措施。三是召开2018年度党风廉政教育大会。常务副校长李励与校各处室负责人签订 2018 年党风廉政暨惩防体系建设责任书，下发《中共宿州市委党校 2018 年党风廉政暨惩防体系建设主要工作任务分解意见》。四是做好党员发展和入党积极分子考察培养工作。1 名预备党员按期转正；组织发展对象参加入党积极分子培训班，新培养入党积极分子 1 名。五是依托工会职能，积极开展各项活动。元旦前夕组织职工开展学习贯彻十九大精神知识竞赛暨迎新春联欢活动；五一期间开展"庆五一迎五四"系列比赛活动；组织党员干部 5 月 29 日分别赴萧县港河村、泗县朱彭村、泗县三葛村开展"我为帮扶村送好书"主题党日活动。组织老干部党支部党员 6 月 29 日赴宿州市彭雪枫烈士陵园进行党性教育；积极组织参加由宿州市直机关工委举办的"庆七一"党建知识竞赛活动，荣获二等奖。7 月 23—25 日组织全体党员到开封市委党校和焦裕禄干部学院开展革命传统教育活动。12 月 29 日举办庆元旦职工运动会，进一步活跃校园文化生活，增强教职工凝聚力和战斗力。

【脱贫攻坚】 一是选派第七批帮扶干部。在 2017 年选派办公室主任龙峰、组织人事处主任何波、行政处主任王化军 3 名处级干部担任脱贫攻坚第一书记（驻村工作队长）基础上，2018 年按照要求，选派副调研员连合同志为第七批选派帮扶干部，任包保的泗县黑塔镇三葛村驻村工作队副队长。二是加强包保村基础设施建设。为改善贫困村基础设施建设，2018 年出资 17 万元，认筹萧县孙圩子乡港河村水冲厕所项目、泗县长沟镇朱彭村扶贫工厂内绿化量化工程和泗县黑塔镇三葛村道路硬化项目。三是慰问困难群众，凸显人文关怀。全年组织包保干部入户扶贫 12 次，捐助 6000 元用于贫困学生入学。春节及中秋节前夕，组织开展为单位包保的三葛村、三陈村贫困户送温暖活动，慰问泗县黑塔镇三葛村、三陈村、泗县长沟镇朱彭村和萧县孙圩子乡港河村"两委"干部。

【文明创建】 与鞋城管委会百丽社区结对共建以来，及时调整领导小组，制定《2018 年创建文明城市工作方案》，组建文明城市创建志愿者队伍。捐助鞋城百丽社区 15 万元，用于社区文明创建工作。校委班子先后赴鞋城管委会百丽社区开展集中调研，深入困难党员家中和老年公寓进行慰问。志愿者队伍每月组织进社区义务劳动，为社区打扫卫生、清理垃圾，共同推动社区文明建设，推动社区环境面貌持续改善。开展"宪法宣传周"进社区活动，以"树立宪法意识，维护宪法权威"为主题为社区群众传授法律知识。9 月至 12 月，组织全体教职工开展文明交通劝导志愿服务 120 余次。

【系统建设】 制定 2018 年度县（区）党校开展业务指导工作计划，在十九大精神学习培训、主体班教学等方面积极开展送教助学；在师资培训、科研课题申报等方面，市、县党校统筹安排。4 月 24—26 日，与市委组织部共同对县（区）委党校开展 2017 年度办学质量评估工作，并邀请省委党校工作处全程参与指导。通过开展评估工作，帮助县（区）党校解决突出问题，改善办学条件、增强办学实力、提升办学质量，切实达到以评促建、以评促改、

（许　成）

·信访工作·

【概况】 全面落实中央和省、市关于信访工作的安排部署，认真打好"四重"信访矛盾化解攻坚战，深入开展"深重促"专项行动，推进进京去省重复访专项治理，进一步完善信访工作机制，全市信访形势平稳可控，信访总量不断下降，进京访实现"双下降"，在 2018 年全省信访工作责任目标考核中被省委、省政府评为优秀单位。砀山县、灵璧县、埇桥区 3 个县区进入全省前 15 名，被评为优秀单位。

【领导干部接访】 严格落实领导干部接访下访制度，把重点约访、带案下访、领导包案结合起来，加大对领导接访事项化解进程的督查督办力度，不断提高领导接访针对性和实效性，努力在"事要解决"上下功夫。2018 年，市级党政领导接待来访群众 67 批 175 人次，其中市委、市政府主要领导接访 17 批 47 人次，化解信访问题 16 件。

【"四重"信访矛盾化解攻坚战】 深入贯彻省、市关于"四重"信访矛盾化解攻坚战的安排部署，细化工作举措。

重点领域。确定房地产、征地拆迁、扶贫、基层干部作风建设和环境保护为五大"重点领域"，按照

“谁主管、谁负责”的原则,由市分管领导联系,主管部门作为牵头单位,分别成立工作领导小组,负责相关领域的定期研判和协调工作。全市梳理排查出384件重点领域信访问题,交办至相关责任单位,全部化解。

重点群体。针对“重点群体”成立以分管副市长为组长的工作领导小组,督查调度,调研指导。市直主管部门作为牵头单位开展政策宣传、落实教育疏导、矛盾化解和风险研判工作。

重点问题。市信访局排查梳理259件“重点问题”,由市委主要负责同志签署亲笔信,交各县区四大班子领导成员,每人领办2件(园区负责同志每人1件),切实做到“四见面、两查看”及“四个再次”,确保全部化解到位。一批骨头案、钉子案得到有效化解,有力维护了群众合法权益及社会和谐稳定。

重点地区。将进京访问题突出的乡镇(街道)作为“重点地区”实行阶段性(三个月)重点管理,分别由各县(区)委书记、副书记和党政分管领导联系包保,定期开展调研,帮助制定整改计划,市信访局组织评估验收,进行动态管理。截至2018年底,年初确定的16个重点管理单位全部退出管理,阶段性管理成效显著。

【进京去省重复访治理】 市信访局根据2017年以来的“信、访、网、电”中的进京去省信访事项,排查出重复信访事项296件,集中交办到责任单位,全部实行县级领导包案,成立工作专班,一案一策,“一揽子”解决。市信联办采取月督查、月通报、定期调度的方式,对重点信访事项逐案调度、挂牌督办,有力推进问题解决。

【创新信访工作机制】 为落实信访工作责任制,进一步推进重大疑难复杂信访问题解决,维护群众合法权益,市信联办印发《关于建立县(区)5人小组会商会办信访突出问题机制的通知》,各县区成立由县区委副书记、分管信访工作副县区长、政法委书记、分管维稳工作政法委副书记、信访局局长为成员的“5人小组”,定期分析研判信访形势,会商会办疑难复杂问题,推进问题化解。2018年各县区“5人小组”分析研判信访工作68次,会商会办疑难复杂问题125件。

【创建人民满意窗口单位】 贯彻落实《省信访局人民满意窗口单位创建活动实施方案》,积极开展人民满意窗口创建活动。科学布局候访大厅、领导接访室、心理疏导室、调解室等办公用房,完善自助网上信访、急救设备等服务设施,配备身份信息读取、来访人员人脸识别、视频接访等信息化设备,进一步健全完善各项工作制度,规范工作人员行为,提高服务能力,全心全意为人民群众化解信访矛盾、解决实际问题,树立信访部门良好形象,赢得群众广泛信任。2018年,市级及所辖4个县(区)来访接待中心被评为省级“人民满意窗口单位”。

·档案工作·

【档案工作纳入政府目标管理绩效考核】 2018年市政府下发《宿州市人民政府关于2018年政府目标管理绩效考核工作的通知》(宿政秘〔2018〕109号),将档案工作纳入对各县区政府目标管理绩效考核,分值为0.5分。《中共宿州市委办公室、宿州市人民政府办公室关于印发〈宿州市2018年度综合考核内容〉的通知》(宿办秘〔2018〕59号),明确在对市直单位岗责考核中,档案工作占0.5分的分值。市档案局下发《关于印发〈各县(区)档案工作目标管理绩效考核2018年度日常监测指标〉的通知》(宿档办发〔2018〕15号)和《关于2018年度各县区档案工作目标管理绩效考核的通知》(宿档发〔2018〕41号),对各县区和市直单位档案工作进行严格考核,考核结果通报各县区。完成省政府对市政府档案工作目标考核“保八争六”任务。

埇桥区《2018年度埇桥区目标管理绩效考核工作实施方案》,明确档案工作作为倒扣分项,列入目标管理绩效考核;萧县、砀山县、泗县的档案工作也列入政府目标考核体系。

【档案工作经费有保障】 宿州市市级财政贯彻落实《中共宿州市委办公室宿州市人民政府办公室印发〈关于加强和改进档案工作的意见〉的通知》(宿办发〔2015〕32号),足额核定档案工作经费,建立档案专项经费制度,落实每年每卷2元的档案保护经费,档案保护专项经费随着馆藏量的增加而相应增加。2018年综合预算支出434.54万元,专项支出230万元,其中用于档案专项经费215万元,包括档案保护专项经费40万元、征集专项费用10万元、编研费用15万元、档案数字化费用150万元、安全保密、提供利用、陈列展览及设备购置和维护等其他业务费用34.4万元。

【档案馆新馆建设】 2018年全市档案部门加大新馆建设的督办力度,新馆建设取得阶段性成效。宿州市综合档案馆建筑面积1600平方米,其中库房924平方米。新馆建设2016年开工,主体工程和外装修、内部装修和设备安装调试基本结束,年底交付使用。

埇桥区档案馆占地900平方米,建筑面积1600平方米,其中库房面积1200平方米。2017年10月,"三馆一院一校一中心"(文化馆、档案馆、图书馆、影剧院、宿州应用技术学校、全民健身中心)PPP项目战略合作框架协议正式签约。

萧县综合档案馆新馆设计建筑面积5860平方米,是萧县"六馆一中心"重点项目建设项目,2017年9月开工建设,2018年4月25日封顶。

砀山县综合档案馆为四层结构,建筑面积5478平方米,主体工程和外装修基本完成。

灵璧县新馆计划建筑面积6000平方米,中央预算资金到位。

泗县综合档案新馆建筑面积7200平方米,于2018年投入使用。

【档案接收】 各级档案馆加强档案接收和征集,市档案局制定了《宿州市档案馆档案接收和征集方案》,并经省档案局审核同意。按照国家档案局9号令,对各县区上报的档案馆收集范围进行审批。全年接收各门类档案59000卷,馆藏增长量达28%。馆藏档案总量达到265969卷(243356卷、226130件(折合成22613卷)),其中民生档案192895卷,占全部馆藏的72%。

埇桥区档案馆2018年接收档案34446卷,馆藏总量255641卷,其中民生档案206978卷,占馆藏总量的81%。萧县档案馆2018年接收56107卷814件,馆藏档案总量190920卷(188624卷、22969件),其中民生档案138375卷,占馆藏档案的72%。砀山县档案馆2018年接收档案38926卷,馆藏总量达到130101卷。其中民生档案58920卷,占比45.32%。灵璧县档案馆2018年接收档案383卷,现有馆藏69877卷(65987卷、8905件),其中民生档案24103卷件,占馆藏档案的33%。泗县档案馆全年接收档案11万卷,馆藏总量13.5万卷,其中民生档案11.2万卷,占馆藏档案的83%。

【档案开放】 市档案馆建立档案开放鉴定机制,成立馆藏档案开放鉴定领导小组,监督指导档案鉴定工作,审查档案开放和延期开放鉴定意见。领导小组下设工作小组,具体实施档案开放鉴定工作。编制《宿州市档案馆档案开放鉴定实施细则》《宿州市档案馆档案鉴定开放和销毁制度》《宿州市档案馆档案开放鉴定流程》,规定"以件为单位、以审查档案目录和档案原件相结合"的工作方法。2018年,对1988年的文书档案,以件为单位进行档案开放鉴定,鉴定54个全宗17064件档案,开放档案1885件,控制使用档案15179件。10月30日在网站向社会公布开放公告。截至2018年底,1988年以前形成的档案(含1988年)应开放档案362697件,鉴定后开放档案291345件,开放比例达到80%,实现应开放档案依法全部向社会开放。

【档案数字化】 2018年,市档案馆完成47个全宗48849卷(41035卷、77649件)档案的数字化加工,扫描图片2439578页,著录文件级条目868030条。9月14日,进行第四阶段的验收。累计完成档案数字化加工229475卷(208554卷、209311件),扫描图片13558487页、著录文件级目录2533655条,馆藏档案数字化率达到90%。

埇桥区档案馆2018年扫描文件283083页,完成了馆藏档案第5期数字化验收,累计完成181505卷档案的数字化加工,数字化比例达到71%。

萧县档案馆完成著录5891590条,占馆藏量的66%;全文数字化4141796页,约占馆藏量的60%。

砀山县馆藏档案数字化和办理移交手续数字化档案73255卷,数字化率56.31%。

泗县完成74719卷档案的数字化加工,约占馆藏量的55%。

灵璧县档案局与安徽宝葫芦信息科技集团股份有限公司签订40万元的数字化加工服务合同,11月正式启动。

【档案执法检查】 一是明确执法主体。《宿州市人民政府关于公布宿州市市级行政执法主体的通告》(宿政秘〔2017〕85号),明确宿州市档案局为法律法规授权组织,具有行政执法主体资格。二是坚持行政执法人员持证上岗和资格管理制度。市档案局有1人参加并通过省档案局和全省法制系统开展的专业法律考试和通用法律考试,按要求进行行政执法人员定期换证。2018年底,市档案局有4人取得行政执法监督资质。三是开展专门法律知识教育培训和测试。5月4日,宿州市档案局专题进行档案法律法规知识培训和测试,全市档案部门14名档案行政执法人员参加培训,全部通过测试。四是与市人大教科文卫工委进行档案联合执法检查。2018年7月16—27日,市人大教科文卫工委、市档案局联合组成3个检查组,对5个县区档案馆,30个市直机关、团体、企事业单位进行以档案安全为重点的档案执法检查,制发检查通报,并向有关部门和领导作专项报告。五是对砀山县进行档案执法检查整改落实"回头看"。5月10—11日,市档案局到砀山县开展档案执法检查"回头看",现场查看2017年执法检查挂牌督办单位——葛集镇、砀山县教体局的整改落实情况并进行验收摘牌。

【排查整改档案安全隐患】 一是4月制发《关于开展档案安全隐患排查整改工作的通知》,要求市直各单位、各县区档案局坚持安全第一、预防为主的原则,牢固树立风险隐患就是安全事故的观念,从管护条件、实体安全、资源安全、信息安全、保密开放与利用5个方面进行全面排查整改。二是市档案局向各县区档案局转发埇桥区档案局《关于开展埇桥区"档案安全保管提升年"活动的通知》,各县区档案局参照埇桥区的工作思路,采取工作举措,切实将档案安全隐患排查整改工作落到实处。

【馆库与网络信息安全】 市档案馆每月由分管领导带领监督指导科科室人员、每季度由主要领导带领领导班子其他成员和办公室人员,对库房进行档案安全专项检查,及时排查问题,解决安全隐患,实现市档案馆全年零事故。市档案局制发《关于印发〈宿州市档案行业网络与信息安全信息通报工作规范〉的通知》,确定各县区档案局网络与信息安全工作主管领导、责任部门、责任人和联络员。按照省档案局工作部署,市本级及各县区严格开展档案网站与新媒体平台意识形态工作自查自纠。灵璧县档案局将网站上的开放档案目录撤下,待谨慎鉴定后再公布。

【法制宣传】 一是成立普法志愿者小组。按照安徽省档案局相关工作要求,市档案局成立由局(馆)长亲自挂帅的普法志愿者小组,全局工作人员全员参加,为全年的普法工作提供充分保障。二是制定普法宣传计划和普法目录。4月,市档案局制定《2018年度全市档案法治宣传教育工作计划》和《2018年度重点普法目录》,印发各县(区)档案局和市直各单位。《计划》明确指导思想、具体工作任务,并有针对性提出相关要求。《目录》罗列了从《宪法》等法律法规到《党章》等规章制度19项法制宣传内容,确定档案部门2018年度的普法宣传重点范围。

三是开展"6·9"国际档案日宣传。市档案局制发系列文件和宣传方案,开展"6·9"国际档案日档案宣传进社区活动,积极参加征文、网上档案知识有奖竞答,悬挂宣传横幅,点亮电子屏幕,微信群、QQ群、微信公众号同时推送消息,营造全时段、全方位的宣传氛围。四是开展"12·4"普法日宣传。市档案局组织全体普法志愿者,紧紧围绕法制宣传日活动主题,深入社区一线,现场发放宣传单和宣传品,进行现场宣传答疑,开展"12·4"法制宣传活动。

【档案业务】 围绕各单位主要工作,推进档案室业务。一是规范文书档案整理。把贯彻落实2016《归档文件整理规则》作为业务建设的中心任务。二是进行2017年度归档文件整理年度检查。为响应市政府减少检查的要求,将2017年度文件材料归档情况年度检查和市档案局、市人大教科文卫工委联合执法检查合并,并将检查情况在《关于对市直单位档案执法检查情况的通报》中作为一项内容专门予以通报。三是举办全市规范化档案室建设业务培训班,市直各机关、团体、企事业单位及其所属二级机构的专兼职档案人员200多人参训。四是贯彻落实《机关档案管理规定》。10月对市直各机关、团体、事业单位制发《关于贯彻落实〈机关档案管理规定〉的通知》,要求他们做好贯彻落实13号令工作。五是继续开展机关档案工作目标管理认定。埇桥区解集乡、苗安乡、褚兰镇、支河乡、永安镇、永镇乡、大泽乡镇7家财政所机关档案工作通过省一级考核认定。六是围绕"三重一创"建设,做好相关企业业务指导。上门指导安徽闼闼同创工贸有限公司,建立档案集中统一管理体制,构建档案管理网络,制定档案工作制度和档案分类编号方案。多次到市国合公司,指导建设标准化档案室,规范管理各门类档案。帮助市交投公司修改完善规章制度、分类编号方案,提高档案规范化管理水平。

【谋划机构改革期间档案工作】 3月,国家档案局有关机构改革期间加强档案工作相关文件出台后,市档案局及时制发《关于做好机构改革单位档案工作的通知》(宿档发〔2018〕11号),要求市直各单位早做准备,树立责任意识和安全意识,按照市档案局要求,妥善管理和处置涉改单位的档案,确保涉改单位的档案安全。12月,为贯彻落实《中共安徽省委办公厅、安徽省人民政府办公厅转发〈省档案局关于在机构改革中加强档案工作的实施意见〉的通知》(皖办明电〔2018〕67号)精神,市委办、市政府办联合转发《市档案局关于在机构改革中加强档案工作的实施意见》。

【党建档案】 8月与市直工委联合印发《关于建立市直机关基层党建档案工作制度的通知》(市直工发〔2018〕19号),建立基层党建档案工作制度。帮助中共宿州市委学习教育协调小组办公室,规范整理2016年、2017年"两学一做"学教活动档案715件,并提前接收进馆。

【重点建设项目档案】 一是开展2018年度建设项目档案登记工作,共登记35家建设项目。二是举办建设项目档案工作培训班,邀请省档案局专业人员担任主讲,建设项目主管单位、建设单位、各县区档案局240多人参训。三是为供电系统10(20)千伏及以下电网工程档案管理培训班授课,授课内容是《档案工作基本知识》,市以及各县区供电公司专兼职档案员参加培训。四是市档案局和国网安徽省电力有限公司宿州供电公司组成联合督查组,开展建设项目档案工作专项督查,向各主管单位通报督查结果。五是加强建设项目档案业务指导,参加2018年电网工程档案案卷评比标准培训班的建设项目档案立卷比赛。六是进行建设项目档案预验收。12月13日市档案局从市首批建设项目档案验收专家库中抽取2名专家,组成预验收组,对宿州市生活垃圾焚烧发电项目的项目档案进行专项预验收。预验收工作坚持高标准,针对项目档案整理不规范的情况,形成不予通过的预验收意见,责成建设单位整改,待项目档案规范整理、符合验收质量要求时,再申请验收。

【扶贫档案】 市档案局作为市扶贫工作领导小组成员单位,围绕扶贫工作,思考谋求精准扶贫档案新思路。2017年与市扶贫局联合制发了《宿州市精准扶贫档案细则》,召开了精准扶贫档案工作推进会暨专题培训班,确立了"先开展试点、通过以点带面、最后全面铺开"的工作思路,各县区也都确立了试点乡镇、试点村。2018年宿州市精准扶贫档案工作的重点是推动试点工作顺利开展。8月23—24日、9月11—13日对全市6个示范乡镇、10个示范村进行扶贫档案试点工作专项集中调研调研,并形成专项调研报告,及时向省局有关处室反映扶贫档案工作面临的困难和局面,并积极思考,从实际出发,对省档案局《关于进一步加强精准扶贫档案工作的通知(征求意见稿)》提出了宿州市自己的想法和建议。市档案局局长王伟在《宿州发布》上解读相关扶贫档案知识,宣传收集、管理精准扶贫档案的重要性。

【农业农村档案】 贯彻执行《村级档案管理办法》(国家档案局、民政部、农业部令第12号),强化乡镇档案服务意识,指导乡镇建立标准化规范化档案室,提升乡镇档案治理能力。转发萧县档案局、萧县民政局、萧县农委《关于贯彻落实〈村级档案管理办法〉的通知》。局长王伟在《宿州发布》解读农业农村档案工作,宣传农业农村档案工作知识。

做好土地确权档案工作。市委、市政府将市档案局列为土地确权专项领导小组成员单位。市、县区两级档案部门加强土地确权档案指导,尤其是各县区按照省农委、省档案局文件精神,深入各个乡镇(村)和有关街道实地监督指导和检查。埇桥区完成38万户(卷)的农村土地承包确权档案整理,被省局评为全省土地确权档案整理工作先进县区,接收永镇乡农村土地承包确权档案。砀山县接收砀山县农委移交的全县13个镇、3个园区210948件(一户一栏为一件)农村土地确权纸质档案和数字化备份U盘。灵璧县完成19个乡镇、1个经济开发区298个村、226633户(平均每户一份档案23～24张)土地确权档案整理。泗县档案馆接收进馆11万卷。

【民生档案】 一是指导市民政局做好第二次地名普查档案的整理、数字化工作。二是建成数字档案资源共享平台,实现“异地查档、跨馆出证”。三是与上海市浦东新区档案馆签订民生档案异地查档利用服务工作协议,方便利用者就近查询利用馆藏民生档案。

【开发利用馆档案资源】 市档案局是宿州市《安徽改革开放40年巡礼》编纂组稿工作领导小组成员单位,围绕改革开放40周年宣传,市做好档案资源开发利用。严格按照组稿工作方案要求,积极开发利用馆藏档案和资料,认真组稿,多次修改,于10月份完成3000余字的供稿任务,为宣传宿州市40年来的改革开放取得的成果提供有力的档案支持和服务。

·党史工作·

【加强理论武装夯实理论基础】 2018年,深入学习贯彻“十九大精神”和“习近平总书记关于新时期做好党史工作的重要讲话精神”,重点学习和领会《习近平论中国共产党历史》,结合实际,学习贯彻党的十九大精神和市委第五届四次全会精神,坚持在“精深实”上下功夫,结合党史业务工作实际,在2017年学习的基础上,重点在“大培训、大调研、大落实”三项活动上下功夫,严格按照市委的要求开展三项工作,认真总结活动成果并及时上报相关信息,学出特色,学出水平,夯实理论基础,确保党史干部牢固树立“四个意识”,确保党史工作沿着正确的政治方向。

【党史业务指导】 2018年,根据省委党史研究室的安排部署,按照区域性党史研究工作必须有全局一盘棋的总体思路,进一步强化对县区党史研究工作的统筹指导。先后召开2次全市党史办主任工作会议,认真贯彻落实好中央办公厅《关于加强地方党史工作的意见》(中办发〔2017〕28号)文件精神和全国、全省党史研究室主任会议精神,举办全市党史研究基本著作培训会议,总体部署安排党史三卷的资料收集整理、党史二卷的编写、党的十九大学习等各个方面工作,形成全市党史工作一盘棋的推进格局,提高工作效率。

【基本著作编辑新成果】 进一步推进了宿州地方党史基本著作《中国共产党宿州历史》(第三卷)编辑工作,拟定编写大纲,参加省委党史研究室的相关专题培训,确定编写小组成员,编纂确保党史三卷编写工作有条不紊推进。完成地方特色党史专集《红十五军在宿州》《宿城解放70周年》的编辑工作,《红十五军在宿州》出版发行。组织力量精心编纂出版大型画册《心灵归宿　幸福之州——中国宿州》,纪念改革开放40周年。该画册得到市委书记史翔、市长杨军的高度评价。史翔书记安排将该书加印送达宿州全市的所有星级酒店,成为酒店房间的标配,充分展示宿州改革开放40年的伟大成就。画册被省委党史研究室评定为全省资政类图书一等奖。

【党史宣传教育】 “资政育人”是地方党史研究工作的重要目的,结合党史业务,创新党史宣传教育工作的方式方法,提高宣传教育成效。1. 举办联合党课,在取长补短中提升学习效果。先后与市地震局、市红十字会、市财政局、市中级人民法院、宿州监狱开展5次联合党课,通过双方负责人结合双方工作的实际情况,开展联合党课教育,相互交流工作经验与学习心得体会,提高学习效果。2. 党史六进在“进”的过程中促学。根据年初的工作安排,开展党史进社区、进农村、进学校、进机关等活动,以开展“党史六进”活动作为党史宣传教育工作的重要形式,在送党史资料的过程中,坚持与党史知识宣传讲座相结合,不仅做到了党史资料的进,同时力求党史知识的入脑入心。3. 图片展览强化党史知识的宣传普及。配合“七一”党的97周年华诞,在市政务中心综合展区举办大型《不忘初心　牢记使命》图片展,引来市直机关领导干部驻足观看。4. 配合市委宣传部做好《大美宿州》庆七一合唱音乐会,市直机关10余个专业、业余合唱团队参加演出,副市长马杰全程观看演出。5. 举办改革开放40周年系列纪念活动。2018年是改革开放40周年,市党史办除了编辑出版大型纪念画册《中国宿州》外,还与拂晓报社、市电视台联合开展改革开放40周年成就展,在拂晓报先后编发稿件60余篇,在市电视台播放专题节目30余个,全方位多角度地展市宿州市改革开放以来取得的伟大成就,社会反响强烈。

【"彭雪枫创办拂晓报80周年"系列活动】 根据市委主要负责同志的安排,经过两个多月的紧张筹备,于2018年9月27—29日举办"彭雪枫创办《拂晓报》80周年系列活动",得到市委市政府领导的充分肯定。纪念活动包括改造重建彭雪枫纪念馆、彭雪枫创办《拂晓报》80周年图片书画展、彭雪枫创办《拂晓报》80周年座谈会及征文活动等。彭雪枫将军之子、火箭军原政委、上将彭小枫将军,火箭军原副政委、中将邓天生将军,中国人民解放军外国语学院原院长、少将张小阳将军,火箭军后勤部原副政委、少将郝道海将军等新四军历史研究会北京分会的19位老领导老同志参加活动,市委、市政府主要负责同志到会祝贺。会后根据市委领导同志的安排部署,开展会议总结、校对补充完善纪念馆相关图片文字材料、编印《拂晓报》创刊80周年纪念册。

【宿城解放70周年座谈会】 2018年11月16日是宿城解放70周年纪念日。市党史办与市政协文史委在市政协第一会议室,共同举办的纪念宿城解放70周年座谈会。市政协主席许广斌出席会议并讲话,市政协副主席马红钟主持座谈会。市直有关部门、市政协相关委室,各民主党派、市工商联负责人以及亲历宿城解放的老同志老战士代表等参会。座谈会上,与会人员从不同角度和层面,回顾宿城解放的历史。座谈会上许广斌主席讲话指出,要不忘初心、牢记使命,深入推进政协系统党的建设,始终把党的政治建设摆在首位,认真落实"两个全覆盖"要求,驰而不息推进党的作风建设。会议期间与会人员共同观看宿城解放70周年图片展。

【《吴可传略》编写基本完成】 吴可(1900—1927),宿州市埇桥区大泽乡镇高口村前吴庄人,中共早期党员,1926年曾任北平市党部工人部部长。1927年4月,中国共产党创始人之一的李大钊等被北洋军阀逮捕,吴可以"同案罪"被通缉。同年农历十月,吴可等与中共中央北方局书记王荷波等召开秘密会议,被敌人发现而逮捕,11月被张作霖杀害于北京安定门外剑垛西边,牺牲时年仅27岁。1949年12月10日,由周恩来总理、薛子正同志主持,将吴可等18位烈士的遗骨迁往北京八宝山烈士公墓安葬。由于吴可烈士牺牲较早,所留史料较少。为进一步挖掘红色资源,传承红色基因,根据中共中央党史研究室的安排,由市党史研究室组织专门力量编写。从开展宿州籍中国共产党早期革命活动家吴可事迹调查研究工作为切入点。先后深入到吴可烈士的出生地宿州市埇桥区、北京市党史研究室等地,深入了解吴可烈士的生平事迹,形成调查报告。特别聘请中国新闻社资深编辑赵汗青、刘欣华及吴可烈士之嫡孙乐松先后前往中国档案馆、中共中央党史研究室、北京市档案馆、中共北京市委党史研究室、北京大学档案馆、安徽省档案馆、中共安徽省委党史研究室、中共安庆市委党史研究室查阅翻印相关资料360余册部,调取相关档案资料1120余份,编写近8万字的传略初稿,送省委党史研究室组织相关专家初评。

【基层党组织标准化建设】 2018年,按照市委组织部、市直机关工委关于基层党组织标准化建设的相关要求,以"三会一课"为抓手,全面加强党的基层组织标准化建设。全后召开党员大会4次,支委会12次,党小组会16次,专题党课9次,其中廉政党课3次,党员活动日12次,中心组理论学习会12次,全体人员集中学习会16次,谈心谈话会7次,集体约谈会4次,看警示教育宣传片4次,警示教育基地接受廉政教育2次,在上级媒体上稿12篇,开展节假日检查4次,同时以开展"全面从严治党"的各项活动为抓手,结合"讲忠诚、严纪律、立政德"专题警示教育活动和新颁布的《中国共产党纪律处分条例》学习为重点,深入开展党风廉政建设和反腐败工作,坚持做到标本兼治,综合治理,突出重点,狠抓落实。

·老干部工作·

【概况】 2018年底,全市有离退休干部49045人,其中离休干部1038人,退休干部48007人;离退休干部党员34787人,其中离休干部党员801人,退休干部党员33986人。

【老干部政治思想组织建设】 全市老干部工作系统通过举办宣讲报告、座谈交流、主题党日等活动,向老同志发放学习资料,利用微信公众号、网站等信息化平台,帮助离退休干部深入学习、准确领会、努力践行习近平新时代中国特色社会主义思想和党的十九大精神,树牢“四个意识”、坚定“四个自信”、坚决做到“两个维护”。举办全市老干部系统党课报告300余场次,组织老干部集中学习3000余次,近5万人次参加。组织老干部到红色教育基地现场接受教育1000余人次,增强老同志政治认同、思想认同和组织认同。

创新离退休干部党组织设置。砀山县老干部活动中心、萧县老年大学等离退休干部集中活动学习场所、砀山县老年书画摄影研究会等社团组织建立临时党支部。全市建立离退休干部临时党支部7个,临时党总支1个。推动落实离退休干部党组织书记工作补贴。全市将工作补贴标准统一提高为每月书记300元、委员200元。

【老干部政治生活待遇】 春节前夕,市领导走访慰问市级老干部54人次,市委老干部局走访慰问老干部、困难老干部和遗属、生病住院的离休干部58人次,向市直老干部发放慰问金34.5万余元。组成4个慰问组,走访慰问4名易地安置离休干部和13名在省外长期固定居住离休干部,将党的关怀温暖送到老干部心中。全市各级老干部工作部门全年走访慰问离退休干部3304人次。市直和各县区分别组织离休干部进行健康体检。协调相关部门,做好全市年满85周岁和生活完全不能自理的离休干部护理费提标审批工作,每人每月由1000元提高到2500元。争取财政支持兑现36名市直特困企业离休干部的住房提租补贴,砀山县等部分县区把企业离休干部住房提租补贴列入财政预算。

开展老干部工作政策宣传调研,市委老干部局班子成员带队下基层调研,全年调研45人次,走访老干部300多人次。市委老干部局被评为全省老干部调研工作先进单位和全省老干部信访工作先进单位

【老干部增添正能量】 围绕纪念改革开放四十周年,在全市离退休干部中广泛开展专题调研、主题征文、诗书画影、文艺演出等丰富多彩的活动。市委老干部局先后组织开展“我看改革开放新成就”座谈访谈和征文活动,全市621名老同志参与活动。市委老干部局在《拂晓报》、电视台、市政府网等全市主流媒体发布《充分发挥正能量·移风易俗我先行——致全市离退休老同志的倡议书》,倡议广大离退休老同志在推动移风易俗、树立文明乡风活动中发挥表率作用。成立老干部志愿者服务队,鼓励全市离退休干部积极支持参与创建全国文明城市活动。市城管局创新城市管理模式,成立以老同志为主体的群众议事工作委员会,取得很好的社会效果。全市各级关工委老同志继续发挥“五老”优势,在青少年中开展“放飞中国梦·高歌新时代”主题教育;持续推进“脱贫攻坚、关工助力”工作,通过资助贫困学生、开展科技教育等方式,为精准脱贫、乡村振兴献计出力。

【老干部学习阵地建设】 市委调整市老年教育委员会成员。市老年大学开设77个班级,在校学员5228人次。承办全省老年大学系统教师队伍体系建设会议。举办全市老年大学教学培训班。重阳节期间,举办第三届全市老年文体活动,市直和四县一区1500余名老同志参加活动。市老年大学、市老干部活动中心全年举办各类老年文体活动30余次,参加人数1万余人次,极大地丰富了老同志精神文化生活。萧县老年大学国家级非物质文化遗产-渔鼓道情,获2019安徽省老年春晚节目最佳人气奖。2018年底,市老年大学和砀山县、萧县、埇桥区老年大学等4所老年大学通过省级示范校验收。

(刘 琦)

[责任编辑 柴培华]

宿州市人民代表大会

【概况】 全年举行9次常委会会议、12次主任会议。制定地方法规1件,修改地方法规1件。听取审议"一府两院"报告16个,开展执法检查3次,发出审议意见2份。作出决议决定6项,任免国家机关工作人员117人次,完成市委全面深化改革任务3项。向省人大常委会报送备案规范性文件6件,审查并备案市政府规章和规范性文件67件。按照省、市委的统一部署,准确把握市级国家监察体制改革任务、时间节点和工作程序,坚持"依法、精准、高效"的原则,在五届人大一次会议后,及时任命市监察委员会人员,保障监察体制改革任务落实。换届之初,及时任命新一届市政府组成部门主要负责人,保障换届后政府工作高效运转。充分发挥市人大常委会党组在常委会工作中的领导作用,全年省委、市委提名任免的干部,市人大常委会均以满票或高票通过。

【依法决定重大事项】 坚持科学决策、民主决策、依法决策,通过法定程序使党的主张和党委决策成为国家意志。根据全市经济社会发展和城乡建设需要,审议并通过《关于提请审议宿州市城市总体规划(2012—2030年)城市规划区范围局部调整方案的议案》和《关于提请审议宿州市城市总体规划(2012—2030年)(2018年修改)的议案》的决议。审议批准市本级2018年2次预算调整方案,支持重大项目建设。

【执法检查】 全年先后开展老年人权益保障法、宿州市采石场修复条例贯彻实施情况执法检查。开展精神卫生法、水法、水污染防治法等法律法规实施情况执法调研。开展"七五"普法中期督查,推动政府部门更好落实"谁执法、谁普法"责任制。开展"12·4"国家宪法日活动,维护宪法权威。继续开展"江淮环保世纪行""江淮普法行"等活动。配合省人大完成《安徽省实施〈中华人民共和国农业技术推广法〉办法》修订立法调研。完成省人大部署的统计法、传染病防治法、农产品质量安全"一法一条例"执法检查。

【不断增强监督实效】 坚持寓支持于监督之中,依法开展监督工作,监督的刚性和实效不断增强。深化拓展经济工作监督和预算审查监督。围绕推进高质量发展开展监督,定期进行经济运行情况分析,分别听取审议计划执行、"放管服"改革、"十三五"规划实施中期评估、战略性新兴产业发展等报告。持续推进民生事业和生态环保监督。围绕与群众利益密切相关的重点热点难点问题开展监督,听取审议市政府2017年度法治政府建设、全市脱贫攻坚、公共文化服务体系建设、"农村四好公路"建设管理、全市旅游业发展暨重点项目建设情况等报告。强化法律法规实施情况监督。开展法律法规贯彻实施情况执法检查、执法调研。开展"七五"普法中期督查,推动政府部门更好落实"谁执法、谁普法"责任制。开展"12·4"国家宪法日活动,维护宪法权威。持续开展"江淮环保世纪行""江淮普法行"等活动。推以促进司法公正为目标,围绕司法工作中的热点问题开展监督。深化信访工作制度改革,健全涉法涉诉信访处理机制,提高信访工作法治化水平,宿州市在全省人大信访工作会议上作经验介绍。

【自身建设】 坚持把常委会及机关能力建设放在重要位置,紧抓不松,常抓不懈,着力打造忠诚干净担当的人大队伍。深入推进常委会建设。坚持把思想政治建设放在首位,不断增强"四个意识"、始终坚定"四个自信",坚决做到"两个维护"。加强国家权力机关建设,提请市五届人大二次会议表决设立内务司法委员会等六个专门委员会。扎实开展"讲忠诚、严纪律、立政德"专题警示教育。完善常委会党组理论学习中心组学习制度,全年开展12个专题集中学习和研讨活动。坚持常委会会议"一会一法"制度,专题学习与审议议题相关的法律法规,提高常委会委员履职能力和审议水平。组织新一届市人大常委会委员参加全国人大培训和省人大业务培训。持续改进工作作风,深入基层调查研究,提高议事决策能力。从严从实抓好党风廉政建设和作风建设,认真落实中央八项规定及实施细则精神和省、市委改进作风建设细则要求,坚持不懈反对"四风"。全面加强机关各项工作制度建设,修订、制定效能建设、意识形态工作等10多项制度。做好省委、市委巡视巡察"回头看"反馈问题整改工作。组织市人大常委会机关干部分批轮训,坚持机关干部每周集体学习制度,坚持主任会议成员每周工作例会制度,更新机关干部工作理念、强化工作纪律、提高工作效能。密切人大系统工作协同。强化与省人大常委会联系沟通,完成省人大委托组织的执法检查、专题调研、代表视察以及立法征求意见等工作。始终把加强对县区和乡镇人大的工作指导作为坚持和完善人大制度的重要内容,着力打好组合拳、奏响大合唱,不断丰富上下级人大之间关系的内涵。加强与省内外兄弟市交流,互相学习借鉴先进经验。

【人事任免工作】 2018年,省委、市委决定提名的117名干部任免,在市人大常委会会议上均满票或高票通过,实现省委、市委意图。其中任命67人,决定任命27人,决定免去2人,接受辞职4人,免职16人,批准免职1人。

【代表议案建议督办】 市五届人大一次会议上,市人大代表共提出议案2件、建议184件。为提高办理质量,继续坚持主任会议成员督办制度,积极扩大议案、建议督办主体,凝聚主任会议成员、相关委室、人大代表等多方面合力,加大督促办理力度。改进督办方式,继续配合市人大常委会研究室与市广播电视台制作"我建议我督办"节目,社会反响良好。代表们对议案、建议办理答复结果和督办形式表示满意。

【立法工作】 修改《宿州市城镇绿化条例》。按照安徽省人大常委会法制工作委员会统一部署,根据国务院《城市绿化条例》修改内容,宿州市人大常委会法制工作委员会研究提出《关于修改〈宿州市城镇绿化条例〉的决定(草案)》。2018年4月27日,宿州市第五届人民代表大会常务委员会第三次会议审议通过《关于修改〈宿州市城镇绿化条例〉的决定》。2018年6月1日,安徽省第十三届人民代表大会常务委员会第三次会议审查批准《关于修改〈宿州市城镇绿化条例〉的决定》。制定《宿州市饮用水水源地保护条例》。2018年3月9日,宿州市人大常委会召开《宿州市饮用水水源地保护条例》立法启动会议,安排宿州市水利局成立法规起草小组。2018年6月21日,宿州市第五届人民代表大会常务委员会第五次会议审议《宿州市饮用水水源地保护条例(草案)》。2018年8月29日,宿州市第五届人民代表大会常务委员会第六次会议审议通过《宿州市饮用水水源地保护条例》。2018年9月29日,安徽省第十三届人民代表大会常务委员会第五次会议审查批准《宿州市饮用水水源地保护条例》。

宿州市人大常委会全年向省人大常委会报送备案规范性文件6件,接收并审查宿州市人民政府报送备案的政府规章1件、其他规范性文件66件。

【法制委员会工作】 4月11日,宿州市人民代表大会法制委员会召开会议,市人大常委会副主任、法制委员会主任委员石文庆主持会议。法制委员会听取市人大常委会法工委关于《宿州市城镇绿化条例修正案(草案)》的汇报,经统一审议后形成《关于修改〈宿州市城镇绿化条例〉的决定(草案)》。

4月27日,宿州市人民代表大会法制委员会召开会议,市人大常委会副主任、法制委员会主任委员石文庆主持会议。法制委员会听取市人大常委会法工委关于《关于修改〈宿州市城镇绿化条例〉的决定(草案)》修改情况的汇报,经统一审议后形成《关于修改〈宿州市城镇绿化条例〉的决定(草案表决稿)》。

8月22日,宿州市人民代表大会法制委员会召开会议,市人大常委会副主任、法制委员会主任委员石文庆主持会议。法制委员会听取市人大常委会法工委关于《宿州市饮用水水源地保护条例(草案)》修改情况的汇报,经统一审议后形成《宿州市饮用水水源地保护条例(草案修改稿)》。

8月29日,宿州市人民代表大会法制委员会召开会议,市人大常委会副主任、法制委员会主任委员石文庆主持会议。法制委员会听取市人大常委会法工委关于《宿州市饮用水水源地保护条例(草案修改稿)》修改情况的汇报,经统一审议后形成《宿州市饮用水水源地保护条例(草案表决稿)》。

【财经委员会工作】 8月21日,宿州市人民代表大会财经委员会召开会议,市人大常委会副主任、财经委员会主任委员张忆秋主持会议。财经委员会听取全市2017年民生工程绩效评价汇报。

9月28日,宿州市人民代表大会财经委员会召开会议,市人大常委会副主任、财经委员会主任委员张忆秋主持会议。财经委员会听取宿州市人民政府关于提请审议宿州市2018年本级预算调整方案(草案)的议案、关于宿州市2018年预算执行情况及年内工作意见的报告、关于全市国有企业资产管理情况的报告、关于宿州市国有资产管理情况的报告。

11月29日,宿州市人民代表大会财经委员会召开会议,市人大常委会副主任、财经委员会主任委员张忆秋主持会议。财经委员会听取关于2017年度市本级预算执行和其他财政收支审计发现问题整改情况的报告、宿州市2018年本级第二次预算调整方案。

12月13日,宿州市人民代表大会财经委员会召开会议,市人大常委会副主任、财经委员会主任委员张忆秋主持会议。财经委员会听取市财政局、市经开区、埇城、高新区、宿马园区2019年预算草案汇报,并就2019年度预算审查工作与人大代表交流座谈,听取意见建议。

【市五届人大一次会议】 1月4日下午,市第五届人民代表大会第一次会议举行预备会议。市委书记史翔主持预备会议,会议选举史翔等47人组成大会主席团,张旭任秘书长。会议通过大会议程;通过计划和预算审查委员会主任委员、副主任委员、委员名单,张旭为主任委员,郭华东为副主任委员,冯志斌、冯国强、孙厚芝(女)、李犇、郑良付、蒋侠(女)为委员。同日,主席团第一次会议推选史翔、杨军、余向东、赵琳(女)、许广斌、叶莉(女)、何志中、王启荣、操隆山、吴宝军、丁俊巨、张旭、张忆秋(女)、石文庆、侯家春、孟广实、张建华为主席团常务主席,通过大会执行分组主席名单,决定王明奎、王保华、李荣权、杨维志、张建华、张晓东、郑超、黄甦婷、解福来为副秘书长,通过会议日程。1月5日至8日,市五届人民代表大会第一次会议在宿州举行,实有代表451名,到会代表447名。1月5日上午,市五届人民代表大会第一次会议举行第一次全体会议(开幕式)。主席团常务主席史翔主持会议。市人民政府市长杨军作政府工作报告;审查关于宿州市2017年国民经济和社会发展计划执行情况与2018年计划草案的报告;审查关于宿州市2017年预算执行情况和2018年预算草案的报告;审查市政府关于市四届人大六次会议代表议案和建议办理情况的报告书面印发会议。1月6日上午,市五届人民代表大会第一次会议举行第二次全体会议。主席团常务主席赵琳主持会议。市人大常委会副主任张旭作宿州市人民代表大会常务委员会工作报告;表决关于设立市人民代表大会财政经济委员会的决定;表决关于设立市人民代表大会法制委员会、财政经济委员会组成人员人选的表决办法;表决选举办法草案;表决总监票人及监票人名单草案;市中级人民法院代理院长张瑞华作宿州市中级人民法院工作报告;市人民检察院代理检察长张黎作宿州市人民检察院工作报告。1月8日下午,市五届人民代表大会第一次会议举行第三次全体会议(闭幕式)。主席团常务主席张旭主持会议。大会选举于枝(女)、王平信、王兰(女)、王法立、王倩倩(女)、王琼(女)、王董、叶莉(女)、田娟(女)、史翔、包东风、宁涛、朱叶、朱若玉(女)、庄小林、刘玉兰(女)、刘莉(女)、孙会敏、孙秀艳(女,满族)、芦辉(女)、杜辉、李伟、李宏鸣、李英(女)、杨维付、吴亚莉(女)、吴信立、何光明、张长俭、张世帮、张仲君、张建军、张春艳(女)、陈宏斌、陈明华、陈晓红(女)、纵兰凌(女)、武志强(回族)、孟方、赵琳(女)、胡长岭、侯翠珍(女)、耿新红(女)、徐义流、徐莉(女)、徐海、陶广宏、黄凊曰、曹荣(女)、曹峰、梁卫国、葛萌萌(女)、蒋金叶(女)、韩娟(女)、曾超、谢双磊、翟明文、魏益刚58人为宿州市出席安徽省第十三届人民代表大会代表;选举赵琳(女)为宿州市五届人民代表大会常务委员会主任,选举张旭、张忆秋(女)、石文庆、侯家春、孟广实为宿州市五届人民代表大会常务委员会副主任,选举张建华为宿州市五届人民代表大会常务委员会秘书长,选举王学进、王峰、王甄(女)、刘建生、许晗(女)、沈会、宋晓光、张立新、张召龙、张涛、张雷、张磊、陆晓松、陈礼平、陈莉(女,回族)武钦殿、范晓惠、周宝芳、赵辉、段梅英(女)、侯姝琛(女)、郭华东、郭德宏、唐永刚、陶建理、黄健、黄甦婷(女)、程立田、谢林、解福来、樊振宿、魏明龙为委员;选举杨军为宿州市人民政府市长,选举余向东、邵郁、马杰(女)、韩维礼、祖钧公、张海虹为宿州市人民政府副市长;选举叶莉为宿州市监察委员会主任;选举张瑞华为宿州市中级人民法院院长;选举张黎为宿州市人民检察院检察长;选举石文庆为宿州市第五届人民代表大会法制委员会主任委员、选举武钦殿为宿州市第五届人民代表大会法制委员会副主任委员、选举王瑞影(女)、杨礼文、解福来、魏明龙为宿州市第五届人民代表大会法制委员会委员;选举张旭为宿州市第五届人民代表大会财政经济委员会主任委员,选举郭华东为宿州市第五届人民代表大会财政经济委员会副主任委员、选举冯国强、陈礼平、张磊、谢林为宿州市第五届人民代表大会财政经济委员会委员。会议表决通过宿州市第五届人民代表大会第一次会议关于宿州市人民政府工作报告的决议、关于宿州市2017年国民经济和社会发展计划执行情况与2018年国民经济和社会发展计划的决议、关于宿州市2017年预算执行情况和2018年预算的决议、关于宿州市人大常委会工作报告的决议;关于宿州市中级人民法院工作报告的决议、关于宿州市人民检察院工作报告的决议;新当选人员进行宪法宣誓;市委书记史翔同志讲话。

【市五届人大常委会第一次主任会议】 1月9日,市五届人大常委会召开第一次主任会议。市人大常委会主任赵琳,副主任张旭、张忆秋、石文庆、侯家春、孟广实及秘书长张建华出席会议。会议听取并审议有关人事任命事项;审议确定市五届人大常委会第一次会议有关事项。

【市五届人大常委会第二次主任会议】 2月8日,市五届人大常委会召开第二次主任会议。市人大常委会主任赵琳,副主任张旭、张忆秋、石文庆、侯家春、孟广实及秘书长张建华出席会议。会议审议市人大常委会2018年工作要点(草案);审议有关人事任免事项;审议确定市五届人大常委会第二次会议有关事项。

【市五届人大常委会第三次主任会议】 4月23日,市五届人大常委会召开第三次主任会议。市人大常委会主任赵琳,副主任张旭、张忆秋、石文庆、孟广实及秘书长张建华出席会议。会议听取并审议市政府关于2017年度法治政府建设工作情况的报告;听取并审议市政府关于2017年度环境状况和环境保护目标完成情况的报告;听取并审议市人大法制委关于提请审议修改《宿州市城镇绿化条例》的议案(草案);听取并审议市人大法制委关于《关于修改〈宿州市城镇绿化条例〉的决定(草案)》的说明;审议有关人事任免事项;听取市人大人选工委关于市五届人大代表小组组建情况的汇报、关于市人大常委会组成人员联系市人大代表小组、基层人大代表和乡镇人大工作情况的汇报;传达全省人大信访工作座谈会议精神;审议确定市五届人大常委会第三次会议有关事项。

【市五届人大常委会第四次主任会议】 4月27日,市五届人大常委会举行第四次主任会议。市人大常委会主任赵琳,副主任张旭、张忆秋、石文庆、侯家春、孟广实及秘书长张建华出席会议。会议听取了关于市五届人大常委会第三次会议分组审议情况的汇报。

【市五届人大常委会第五次主任会议】 5月28日,市五届人大常委会召开第五次主任会议。市人大常委会主任赵琳,副主任张旭、张忆秋、石文庆、侯家春、孟广实及秘书长张建华出席会议。会议审议有关人事任免事项;审议确定市五届人大常委会第四次会议有关事项。

【市五届人大常委会第六次主任会议】 6月15日,市五届人大常委会举行第六次主任会议。市人大常委会主任赵琳,副主任张旭、张忆秋、石文庆、侯家春、孟广实及秘书长张建华出席会议。会议听取并审议市政府关于"放管服"改革情况的报告;听取并审议市政府关于《中华人民共和国精神卫生法》贯彻实施情况的报告;审议市人大常委会调研组关于《中华人民共和国精神卫生法》贯彻实施情况的调研报告;听取并审议市政府关于《宿州市饮用水水源地保护条例(草案)》的起草说明;听取并审议市人大常委会农工委关于《宿州市饮用水水源地保护条例(草案)》的审查意见;听取并审议市人大常委会执法检查组关于开展《宿州市采石场修复条例》贯彻实施情况的执法检查报告；听取并审议市人大常委会执法调研组关于全市贯彻实施《中华人民共和国水法》情况的执法调研报告；听取并审议市人大常委会内司工委关于全市未成年人检察工作开展情况的调研报告；审议有关人事任免事项；审议确定市五届人大常委会第五次会议有关事项。

【市五届人大常委会第七次主任会议】 6月22日，市五届人大常委会举行第七次主任会议。市人大常委会主任赵琳，副主任张旭、张忆秋、石文庆、侯家春、孟广实及秘书长张建华出席会议。会议听取了关于市五届人大常委会第五次会议分组审议情况的汇报。

【市五届人大常委会第八次主任会议】 8月22日，市五届人大常委会举行第八次主任会议。市人大常委会主任赵琳，副主任张旭、张忆秋、石文庆、侯家春、孟广实及秘书长张建华出席会议。会议听取并审议市政府关于宿州市2018年上半年国民经济和社会发展计划执行情况及下半年工作意见的报告；听取并审议市政府关于宿州市2017年决算的报告；听取并审议市政府关于2017年度宿州市本级预算执行和其他财政收支情况的审计工作报告；听取并审议关于宿州市2017年本级决算（草案）审查意见的汇报；听取并审议市政府关于提请审议《宿州市城市总体规划（2012—2030年）（2018年修改）》的议案；听取并审议市中级人民法院关于全市法院加快推进解决"执行难"工作情况的报告；听取并审议市人大常委会执法调研组关于开展《中华人民共和国水污染防治法》贯彻实施情况的执法调研报告；听取并审议《宿州市饮用水水源地保护条例（草案修改稿）》及修改情况的说明；审议有关人事任免事项；听取市人大人选工委关于市五届人大一次会议代表议案、重点建议督办工作方案的汇报；审议确定市五届人大常委会第六次会议有关事项。

【市五届人大常委会第九次主任会议】 8月29日，市五届人大常委会举行第九次主任会议。市人大常委会主任赵琳，副主任张旭、张忆秋、石文庆、侯家春、孟广实及秘书长张建华出席会议。会议听取了关于市五届人大常委会第六次会议分组审议情况汇报。

【市五届人大常委会第十次主任会议】 10月24日，市五届人大常委会举行第十次主任会议。市人大常委会主任赵琳，市人大常委会副主任张旭、张忆秋、石文庆、侯家春、孟广实及秘书长张建华出席会议。会议听取并审议市政府关于宿州市今年以来预算执行情况及年内工作意见的报告；听取并审议市政府关于提请审议宿州市2018年本级预算调整方案（草案）的议案；听取并审议关于《宿州市2018年本级预算调整方案（草案）》审查意见的汇报；听取并审议市政府关于开展"四好农村路"建设使用情况的报告；听取并审议市政府关于国有企业资产管理情况的报告；听取并审议市政府关于全市公共文化服务体系建设情况的报告；听取并审议市政府关于我市战略性新兴产业发展情况的报告；听取并审议市政府关于全市脱贫攻坚工作推进情况的报告；审议市人大农工委关于全市产业扶贫推进情况的调研报告（书面）；听取并审议市人大常委会执法检查组关于《中华人民共和国老年人权益保障法》贯彻实施情况的执法检查报告；审议有关人事任免事项；审议确定市五届人大常委会第七次会议有关事项。

【市五届人大常委会第十一次主任会议】 12月11日，市四届人大常委会举行第十一次主任会议。市人大常委会主任赵琳，副主任张旭、张忆秋、石文庆、侯家春、孟广实及秘书长张建华出席会议。会议听取并审议市政府关于市五届人大一次会议代表议案和建议办理情况的报告；听取并审议市人大常委会人选工委关于市五届人大一次会议代表议案和建议交办、督办情况的报告；听取并审议市政府关于"十三五"规划实施中期评估情况的报告；听取并审议市政府关于提请审议宿州市2018年本级预算第二次调整方案（草案）的议案；听取并审议市人大预算工委关于《宿州市2018年本级预算第二次调整方案（草案）》审查意见的汇报；听取并审议市政府关于2017年度市本级预算执行和其他财政收支审计整改情况的报告；听取并审议市政府关于全市旅游工作暨重点项目建设情况的报告；听取并审议《宿州市人民代表大会常务委员会关于召开宿州市第五届人民代表大会第二次会议的决定（草案）》；审议有关人事任免事项；审议确定市五届人大常委会第八次会议有关事项。

【市五届人大常委会第一次会议】 1月9日，宿州市五届人大常委会第一次会议在市政务中心召开。市人大常委会党组书记、主任赵琳，党组副书记、副主任张旭，副主任张忆秋、石文庆、侯家春、孟广实，秘书长张建华及委员39人出席会议。市人民政府副市长吴宝军，市监察委员会主任叶莉，市中级人民法院院长张瑞华，市人民检察院检察长张黎列席会议。市人大常委会主任赵琳、副主任张旭分别主持全体会议。会议表决通过有关人事任命事项；新任命人员进行宪法宣誓。市人大常委会党组书记、主任赵琳同志作重要讲话。市人大常委会各委、室负责同志列席会议。

【市五届人大常委会第二次会议】 2月9日，宿州市五届人大常委会第二次会议在市政务中心召开。市人大常委会党组书记、主任赵琳，党组副书记、副主任张旭，副主任张忆秋、石文庆、侯家春、孟广实，秘书长张建华及委员38人出席会议。市人民政府常务副市长余向东，市中级人民法院院长张瑞华，市人民检察院副检察长王海燕列席会议。市人大常委会主任赵琳、副主任张旭分别主持全体会议。会议表决通过有关人事任免事项；新任命人员进行宪法宣誓。市人大常委会党组书记、主任赵琳同志作重要讲话。市人大常委会各委、室负责同志，以及市政府相关部门负责同志列席会议。

【市五届人大常委会第三次会议】 4月27日，宿州市五届人大常委会第三次会议在市政务中心召开。市人大常委会党组书记、主任赵琳，党组副书记、副主任张旭，副主任张忆秋、石文庆、侯家春、孟广实，秘书长张建华及委员35人出席会议。市人民政府副市长祖钧公，市中级人民法院院长张瑞华，市人民检察院检察长张黎列席会议。会议传达学习全国“两会”精神，听取并审议市政府关于2017年度法治政府建设工作情况的报告、关于2017年度环境状况和环境保护目标完成情况的报告、关于提请审议宿州市城市总体规划（2012—2030年）城市规划区范围局部调整方案的议案；听取并审议市人大法制委关于提请审议修改《宿州市城镇绿化条例》的议案；听取并审议市人大法制委关于《关于修改〈宿州市城镇绿化条例〉的决定（草案）》的说明。会议表决通过《关于修改〈宿州市城镇绿化条例〉的决定》《关于批准宿州市人民政府关于提请审议宿州市城市总体规划（2012—2030年）城市规划区范围局部调整方案的议案》的决议。听取宪法法治讲座。会议还表决通过有关人事任免事项；新任命人员进行宪法宣誓。部分全国、省、市人大代表，各县区人大常委会负责同志，市人大常委会各委、室负责同志，以及市政府相关部门负责同志列席会议。

【市五届人大常委会第四次会议】 6月4日，宿州市五届人大常委会第四次会议在市政务中心召开。市人大常委会党组书记、主任赵琳，党组副书记、副主任张旭，副主任张忆秋、石文庆、侯家春、孟广实，秘书长张建华及委员35人出席会议。市人民政府副市长邵郁，市监察委员会副主任王琦，市中级人民法院院长张瑞华，市人民检察院检察长张黎列席会议。市人大常委会主任赵琳、副主任石文庆分别主持全体会议。会议表决通过有关人事任命事项；新任命人员进行宪法宣誓。部分省、市人大代表，各县区人大常委会负责同志，以及市人大常委会各委、室负责同志列席会议。

【市五届人大常委会第五次会议】 6月21日，宿州市五届人大常委会第五次会议在市政务中心召开。市人大常委会党组书记、主任赵琳，党组副书记、副主任张旭，副主任张忆秋、石文庆、侯家春、孟广实，秘书长张建华及委员34人出席会议。市人民政府常务副市长操隆山、副市长韩维礼，市监察委员会副主任郑超，市中级人民法院院长张瑞华，市人民检察院检察长张黎、副检察长胡崇实列席会议。市人大常委会主任赵琳、副主任侯家春分别主持全体会议。会议听取并审议市政府关于“放管服”改革推进情况的报告、关于《中华人民共和国精神卫生法》贯彻实施情况的报告；听取并审议市人大常委会执法检查组关于开展《宿州市采石场修复条例》贯彻实施情况的执法检查报告；听取并审议市人大常委会执法调研组关于全市贯彻实施《中华人民共和国水法》情况的执法调研报告；审议《宿州市饮用水水源地保护条例（草案）》。会议学习习近平总书记加强新时代人大工作的重要思想，听取《常委会组成人员应知应会知识讲座》。会议表决通过有关人事任免事项；新任命人员进行宪法宣誓。部分省、市人大代表，各县区人大常委会负责同志，以及市人大常委会各委、室负责同志列席会议。

【市五届人大常委会第六次会议】 8月28日，宿州市五届人大常委会第六次会议在市政务中心召开。市人大常委会党组书记、主任赵琳，党组副书记、副主任张旭，副主任张忆秋、石文庆、侯家春、孟广实及委员35人出席会议。市人民政府副市长韩维礼、张海虹，市监察委员会副主任王琦，市中级人民法院院长张瑞华，市人民检察院检察长张黎列席会议。市人大常委会主任赵琳、副主任孟广实分别主持全体会议。会议听取并审议市政府关于2018年宿州市上半年国民经济和社会发展计划执行情况及下半年工作意见的报告、关于宿州市2017年决算的报告、关于2017年度宿州市本级预算执行和其他财政收支情况的审计工作报告、关于提请审议《宿州市城市总体规划（2012—2030年）（2018年修订）》的议案；听取并审议宿州市2017年本级财政决算（草案）审查结果的报告；听取并审议市中级人民法院关于全市法院加快推进解决“执行难”工作情况的报告；听取并审议市人大常委会执法调研组关于开展《中华人民共和国水污染防治法》贯彻实施情况的执法调研报告；听取并审议《宿州市饮用水水源地保护条例（草案修改稿）》及修改情况的说明。会议表决通过《宿州市饮用水水源地保护条例（草案表决稿）》。批准《宿州市2017年本级决算的决议》；批准《宿州市人民政府关于提请审议宿州市城市总体规划（2012—2030年）（2018年修订）的议案》的决议。听取监督法法治讲座。会议表决通过有关人事任免事项；新任命人员进行宪法宣誓。部分市人大代表，各县区人大常委会负责同志，以及市人大常委会各委、室负责同志列席会议。

【市五届人大常委会第七次会议】 10月30日，宿州市五届人大常委会第七次会议在市政务中心召开。市人大常委会党组书记、主任赵琳，副主任张忆秋、石文庆、侯家春、孟广实，秘书长张建华及委员35人出席会议。市人民政府副市长邵郁、祖钧公，市监察委员会副主任郑超，市中级人民法院院长张瑞华，市人民检察院检察长张黎列席会议。市人大常委会主任赵琳、副主任张忆秋分别主持全体会议。会议听取并审议关于宿州市2018年以来预算执行情况及年内工作意见的报告、关于提请审议宿州市2018年本级预算调整方案（草案）的议案，听取并审议市人大财经委关于《宿州市2018年本级预算调整方案（草案）》的审查报告，听取并审议市政府关于“四好农村路”建设使用情况的报告、关于全市国有企业资产管理情况的报告、关于全市公共文化服务体系建设情况的报告、关于全市战略性新兴产业发展情况的报告、关于全市脱贫攻坚工作推进情况的报告，听取并审议市人大常委会执法检查组关于《中华人民共和国老年人权益保障法》贯彻实施情况的执法检查报告。会议表决通过市人大常委会关于批准宿州市2018年本级预算调整方案的决议。会议表决通过有关人事任免事项；新任命人员进行宪法宣誓。部分省、市人大代表，各县区人大常委会负责同志，以及市人大常委会各委、室负责同志列席会议。

【市五届人大常委会第八次会议】 12月17日，宿州市五届人大常委会第八次会议在市政务中心召开。市人大常委会党组书记、主任赵琳，党组副书记、副主任张旭，副主任张忆秋、石文庆、侯家春、孟广实，秘书长张建华及委员共35人出席会议。市人民政府常务副市长操隆山，副市长马杰，市监察委员会副主任郑超，市中级人民法院院长张瑞华，市人民检察院检察长张黎列席会议。市人大常委会主任赵琳、副主任石文庆分别主持全体会议。会议听取并审议市政府关于市五届人大一次会议代表议案和建议办理情况的报告，听取并审议市人大常委会人选工委关于市五届人大一次会议代表议案和建议交办、督办情况的报告，听取并审议市政府关于全市“一三五”规划实施中期评估情况的报告、关于提请审议宿州市2018年本级预算第二次调整方案（草案）的议案，听取并审议市人大预算工委关于《宿州市2018年本级预算第二次调整方案（草案）》的审查报告，听取并审议市政府关于2017年度市本级预算执行和其他财政收支审计发现问题整改情况的报告、关于全市旅游工作暨重点项目建设情况的报告。会议表决通过了宿州市人民代表大会常务委员会关于召开宿州市第五届人民代表大会第二次会议的决定。会议表决通过市人大常委会关于批准宿州市2018年本级预算第二次调整方案的决议。会议表决通过有关人事任免事项。部分全国、省、市人大代表，各县区人大常委会负责同志，以及市人大常委会各委、室负责同志列席会议。

［责任编辑　柴培华］

宿州市人民政府

·综述·

2018年,全市生产总值增长8.5%;财政收入175.8亿元,增长12.3%;固定资产投资增长15.5%;社会消费品零售总额增长13%;城镇、农村常住居民人均可支配收入分别增长8.7%、10%;主要经济指标增速全省靠前,三次产业结构持续优化,全市经济运行保持总体平稳、进中向好的态势。

新型工业化持续推进。坚持工业强市战略不动摇,贯彻落实省促进经济高质量发展"30条"、促进民营经济发展"30条"等系列政策,工业总量加速扩张、质量明显提升。深入实施"全创改""三重一创",全力建设战略性新兴产业基地,规模以上工业增加值增长10.1%;战略性新兴产业产值、高新技术产业增加值分别增长20.1%、27.6%,占规上工业比重显著提升。实施"3111"工程和重点技改"1525"行动计划,县区、园区首位产业产值增长19.4%,技改投资增长44.8%,产业发展的体量更大、成色更足。区域发展齐头并进。宿州经开区生物医药科技园原料药制造项目入选省重大新兴产业工程。绿地科技产业园项目落户宿马园区。市高新区、砀山经开区去筹转正,市高新区数字小镇获批省级特色小镇。鞋城在中国轻工业产业集聚区综合评比中名列前茅。萧县获评全国县域经济投资潜力百强县,埇桥区获评全国投资潜力百强区、连续5年被授予全省"发展民营经济先进县区"称号。张江萧县高科技园创建沪皖合作示范园区被列入长三角地区合作要点。泗涂现代产业园在全省县域南北合作共建园区年度考核中排名首位。符离镇获评全国综合实力千强镇。宿州百丽鞋业荣登2018安徽省民营企业纳税百强、营收百强。项目建设提速提效。高质量落实"四督四保"制度,开展重点项目推进"百日会战",607个省亿元以上重点项目完成投资680亿元,泰盛纸业、宿州会展中心等项目开工建设,新亚电子、绿色家居产业园家居生产等项目加快推进,钱营孜低热值煤电厂、紫金石墨烯复合薄膜产业化基地等项目竣工投产。质量品牌提升工程成效明显,新增安徽名牌产品16个。现代服务业有效提升。服务业增加值增长10.3%。新增贷款300亿元、增长25%,任务完成率全省第一;余额存贷比68%;新增存贷比110%,高于全省28个百分点。成功创建省级服务业集聚区、集聚示范园区各1家,宿州吾悦广场等项目开工建设。新汴河景区创建国家AAAA级景区进入公示阶段。砀山县、埇桥区获评全省电子商务进农村全覆盖工作先进县区。新增国家级服务标准化试点单位1家、省级3家。农业现代化加快发展。农业产业化水平稳居全省第一方阵,全市规模以上农产品加工产值占全省总产值的9.7%,农业产业化联合体发展到283家、位居全省第一。发端于宿州的农业产业化联合体模式写入2018年中央一号文件。农村"三变"改革开展375个村、完成改革300个村。"三品一标"认证企业200家、产品289个。埇桥区荣获"中国烧鸡之乡"称号,萧县葡萄、泗县大路口山芋获批国家地理标志保护产品。

脱贫攻坚考核跃居全省第一方阵前列。围绕"1234+N"工作思路,全市统筹用于扶贫的财政资金达30.56亿元,"春夏秋冬"四季攻势全面收官,完成115个贫困村出列、9.33万贫困人口脱贫的年度目标,全市贫困发生率降至1.22%。开展"重精准、补短板、促攻坚”专项整改行动、“七个不落、一个不少”大排查。实施“四带一自”产业扶贫、“三有一网”点位扶贫等模式,到村产业项目覆盖率100%,实施特色种养业扶贫到户项目22.37万个,经营主体带动贫困户17.59万户。拓展实现所有学段、公办民办学校、家庭经济困难学生资助全覆盖。落实“351”“180”健康脱贫政策,拓展实施“两类人群”保障政策,创新实施“三类人员”集中供养,全市贫困人口家庭医生签约实现全覆盖。易地扶贫搬迁工程圆满收官,6576人全部搬迁入住,完成四类重点对象和边缘户危房改造31873户。新改建农村公路10451.6公里,全市基本实现自然村通硬化路。安全饮水工程自来水到户率实现贫困村全覆盖,非贫困村覆盖90%以上。农网供电全面升级,行政村实现光纤接入全覆盖。基层基本公共服务八大领域19项指标均达到或高于全省平均水平。宿州市在全国驻村帮扶工作座谈会上作经验介绍,荣获2018年度全国脱贫攻坚组织创新奖,涌现出曾翙翔等一批先进典型。创新实施“一自三合”扶贫小额信贷模式,全国金融扶贫现场培训在灵璧县举办。泗县健康脱贫工作受到国家卫健委和国务院扶贫办通报表彰。全省贫困县高质量退出现场推进会在泗县召开。

面对污染防治的严峻形势,全市上下痛下决心、勠力同心,全面打响蓝天、碧水、净土“三大保卫战”,中央、省环保督察反馈问题整改有效推进,污染防治攻坚战取得阶段性成效。围绕“五控”工作,扎实开展大气污染防治百日攻坚行动,PM 2.5平均浓度57.8微克/立方米、下降17.1%,下降率全省第四;空气优良天数比例60.3%、提高9.5个百分点。开展“洁净宿州”行动,划定高污染燃料禁燃区,城区全面禁售禁放烟花爆竹,加大重点区域机动车、非道路移动机械污染治理力度,全面落实建筑工地扬尘防治“六个百分百”。主城区重点区域煤改气全面完成,“散乱污”企业排查整治有效推进,282台燃煤小锅炉有279台完成清洁能源替代,192家砖瓦窑厂关闭淘汰并拆除到位,完成156个关停矿山生态修复。精准实施水污染治理,河长制、湖长制全面推行,4个国控考核断面水质达到或优于水质控制目标。启动主城区污水治理三年攻坚战,改造完成主城区6条道路污水管网、291处雨污合流管网截污点,11条黑臭水体治理初见成效,建成生活污水集中处理厂6座、工业园区集中污水处理厂11座,汴北污水处理厂投入运营,成功争获全国首批黑臭水体治理示范城市。全面落实“土十条”,扎实推进土壤污染治理与修复。深入开展“清废行动”,290余个固体废物污染问题得到解决,遗患多年的灵璧闵庄垃圾场变身为惠民利民的休闲公园。市县乡村四级林长制工作体系逐步健全。持续推进农村环境综合整治,禁养区内养殖场实施关闭或搬迁,规模养殖场粪污处理设施装备配套率达90.2%,秸秆综合利用率、畜禽养殖废弃物资源化利用率分别达91.4%、81%。单位GDP能耗下降超额完成省下达目标任务。

新一轮城市总体规划修编完成,土地利用总体规划加快修编、专项规划进一步完善。中心城区实施四大类120项重点工程,完成投资150亿元。银河一路东西延伸工程、宿州火车站综合改造、宿州民航机场等项目前期工作加快推进,新汴河航道整治工程开工建设,符离大道、宿淮快速通道、G206北段等正在建设,西外环部分路段、拂晓大道北延建成通车,6条市政道路白改黑工程全面完成,市汽车客运中心站投入运营,智慧交通建设取得显著成效。“五馆一中心”部分竣工验收。埇桥独立工矿区入列国家独立工矿区改造搬迁试点。推动全国文明城市创建,开展“十项提升行动”,长期困扰市民日常生活的区域供水紧张、管线私拉乱接、车辆乱停乱放、交通混乱拥堵等一批身边难题正逐步得到解决。大力推进“两治三改”,中心城区完成征迁228万平方米、总量创出新高,安置房建设新开工43577套、基本建成11730套,开工率、基本建成率居全省前列。“555”工程加快实施,4个县建设重点工程100项,完成投资180.5亿元。乡村振兴战略开局良好,美丽乡村建设走在皖北前列,泗县彭铺村获得中国十大最美乡村、全国百佳乡村旅游目的地荣誉称号。在全省率先实施的城乡建设用地增减挂三年提升行动开局顺利,完成拆迁3.68万亩、复垦3.3万亩、节余指标交易3956亩,探索出了生态型增减挂的“宿州路径”。“四好农村路”建设深入实施。农村环境整治“三大革命”扎实推进,农村垃圾治理基本实现市场化,完成改厕13.4万户,建成乡镇政府驻地污水处理设施45个,泗县入列全省农村人居环境整治三年行动示范县。砀山县入选全省唯一的全国经济林产业区域特色品牌建设试点。萧县龙城镇、埇桥区闵祠村等1镇5村入选省第六批千年古镇、古村落。宿州市作为全省唯一国家级建设用地二级市场试点市,高质量通过自然资源部验收。顺利通过国家节水型城市创建验收、国家园林城市复核。

"破、立、降"全面发力,清理"僵尸企业"53家,非住宅商品房库存去化周期低于全省平均水平。"放管服"改革纵深推进,"两难两多一长"有效整治,政务服务"一网、一门、一次"改革扎实推进,在政务服务分办秒办、帮办代办等多项便民利企举措上采取"一招鲜",推动开办企业"一窗办",企业开办时间压缩至3个工作日以内,民营企业获得感明显增强。"四送一服"双千工程深入开展,"四最"营商环境持续优化,城市信用排名迈入全国第一方阵,全年新登记各类市场主体5.7万户、增长24.4%。国企改革扎实有序,市属国有企业完成产权划转重组34家、公司制改制17家。户籍制度改革深入实施,农业转移人口落户城镇10万余人。全面完成存量政府债务置换、减少政府债务利息支出13亿元,政府债务余额低于省政府核定限额,宿州农商行不良贷款率下降10个百分点,风险总体可控。金融改革稳步推进,"新三板"和省股权交易中心挂牌企业新增72家,全市投资基金规模达205亿元,发放续贷过桥资金等创新业务贷款110亿元。深化商事制度、财税体制、投融资体制、公共资源交易管理体制等重点领域和关键环节改革,127项改革任务高效落实。宿州是全省唯一被国务院评为"推广PPP模式工作有力、社会资本参与度较高的市"。创新能力进一步提升,发明专利授权量增长140.9%,研发经费投入增长27.9%,高新技术企业增至90家,建成省级孵化器1家、省级众创空间5家,埇桥区被评为全国科技创新百强区。首次成功举办全省青少年科技创新大赛。落实招商引资"1+5"配套文件,实际到位内资、利用外资分别增长10.7%、16.9%。加快推进与徐州等地互联互通,参加中国国际进口博览会、2018中国国际徽商大会、世界制造业大会等经贸活动,外贸进出口总额增长28.3%。

坚持共享发展理念,民生保障力度持续加大,财政民生支出347.1亿元、占财政总支出的87.5%,33项民生工程全面完成。深化教育改革,落实教师待遇。推进义务教育均衡发展,新建、改扩建公办幼儿园64所,实施"全面改薄"项目建设校舍、维修改造农村中小学校舍共75.5万平方米,农村义务教育学生营养改善计划惠及学生30万人,新汴河景区被教育部命名为"全国中小学生研学实践教育基地"。组织参加安徽省第十四届运动会,金牌总数全省第8、获竞技体育贡献奖,在省第七届残疾人运动会上奖牌总数全省第四,在省第八届少数民族传统体育运动会上金牌数并列全省第2,王春雨勇夺2018雅加达亚运会田径女子800米金牌。开展全民健身活动,城市社区15分钟健身圈逐步形成。加快完善医疗卫生服务体系,持续深化综合医改,实施"四型医院"建设,4家二级医院开展三级医院创建;持续实施医疗卫生服务体系"411"计划,3家县级医院投入使用,新建、扩建乡镇卫生院20个,提前两年完成新建400个村卫生室的目标任务;启动卫生健康人才和专科建设"511"计划,创建省级重点专科10个;重大疾病防控成效显著,成功承办皖苏鲁豫4省联防联控合作机制会议暨突发公共卫生事件联合应急演练。实施更加积极的就业创业政策,全市城镇新增就业5.3万人,城镇登记失业率2.63%。完善社会保障体系,深入推进全民参保计划,五险参保人数190万人,新增养老床位2000张。主城区菜市场改造初见成效。困难群众社会救助工作受到民政部、财政部通报表扬,培育发展养老健康产业特色优势明显并获得省政府通报表彰。开展"宿州好人""道德模范"系列评选活动,获评"中国好人"10人、"安徽好人"15人,砀山李娟荣获"全国五四青年奖章"。宿州荣获"文学之乡"称号。完善社会治安防控体系,强力开展"扫黑除恶"专项斗争,摧毁涉黑、涉恶犯罪团伙75个,"平安宿州"建设扎实推进。实施"深重促"专项行动,省交办宿州市的"2+3+X"信访件基本化解到位。食品药品安全工作持续加强,荣获"安徽省食品药品安全城市"称号。应急管理体系不断完善,安全生产形势持续向好,社会大局和谐稳定。"七五"普法活动扎实开展。第四次全国经济普查深入推进。双拥共建、人民防空成绩显著。民族宗教、防震减灾、外事侨务、物价、对台、气象、档案、地方志、妇女儿童、残疾人等事业不断进步。

在聚力经济社会发展的同时,始终高度重视政府自身建设。深入推进"两学一做"学习教育常态化、制度化,系统开展学习贯彻习近平新时代中国特色社会主义思想"五大一新"活动,扎实开展"讲忠诚、严纪律、立政德"专题警示教育。大力推进法治政府建设,依法全面履行政府职能,修订完善市政府工作规则,严格实施政府权力运行监管、重大事项合法性审查、政府法律顾问等制度。自觉接受人大及其常委会监督、政协民主监督和社会各界监督,全年办理人大代表议案和建议173件、政协委员提案298件。畅通群众联系渠道,12345政府热线服务平台受理群众诉求近13万件,办结率99%以上。灵璧县在全国基层政务公开标准化规范化试点推进会上作经验介绍。着力推进政府系统党风廉政建设,严管公共资金、强化审计监督、规范资源交易,锲而不舍加强作风建设,全面落实中央八项规定精神和省市实施细则,开展形式主义官僚主义问题大排查大调研,加强对侵害群众利益的不正之风和腐败问题专项整治,营造风清气正的良好环境,凝聚干事创业的磅礴力量。

·市政府办公室工作·

【党建工作】 办公室领导班子始终把学习贯穿于工作之中。严格执行学习制度,积极创建学习型机关,努力打造一支思想过硬、作风扎实、能力突出的办公室工作团队。

加强学习教育,提高政治素养。办公室领导班子始终坚持从自我做起,倡导终生学习理念,大兴学习之风。办公室党组、机关党委及所辖党支部,年初制定理论学习计划,每月至少开展一次理论学习,常态化学习党章党规、习近平新时代中国特色社会主义思想和党的十九大精神。办公室党组中心组理论学习已达到22次,各支部均在12次以上。持续开展“月读一本书”和打造“书香机关”活动,为支部和办公室党组班子成员配备《习近平谈治国理政》(第二卷)、《习近平用典》(第二辑)、《新时代面对面》以及相关业务书籍10余本,组织开展学习研讨,不断提高全体党员的理论和业务水平。开展“领导干部上党课”、办公室办文办公会专题讲座等,进一步增强学习效果。

抓实支部建设,发挥堡垒作用。认真贯彻落实《党章》和《中国共产党和国家机关基层组织工作条例》,抓好党组织建设工作。严格“三会一课”、党费收缴、民主评议党员和“党性教育10分钟”学习等制度,推进完善党建工作例会制度,先后组织召开办公室党组会27次。每半年对党员信息进行统计核实一次,确保党员信息准确无误。抓好云党建平台建设使用工作,全体党员均安装并使用云党建手机APP。开展建党97周年表彰活动和“两优一先”评选活动,对2个先进党支部、14名优秀共产党员和7名优秀党务工作者进行表彰。2018年10月,进一步修订印发《市政府办公室党组工作规则》等19项制度。结合基层党组织标准化建设,编印《新时代党支部规范化工作和标准化建设参考资料》,购置《中国共产党支部工作条例(试行)》,为支部标准化建设“软件”达标提供遵循。2018年底,所辖8个党支部全部完成基层党组织标准化建设。

管好意识形态,把握舆论导向。认真贯彻落实中央和省市委关于意识形态工作的决策部署和要求,及时调整意识形态领导小组,定期研究意识形态工作。采取党组会、全体人员会、党课教育和谈心谈话等不同方式,加强对机关人员思想教育,筑牢“四个意识”,切实维护意识形态安全。选派班子成员赴北京参加专题培训,定期开展干部思想状况调查分析和党员党性分析,组织发动机关党员订阅使用《共产党员》《安徽先锋网》《安徽纪检监察》等“三微一端”新媒体传播平台,强化舆论引导,党员干部阵地意识、导向意识明显增强。

开展文明创建,营造和谐氛围。办公室成立由市政府秘书长、办公室党组书记李晓宁任组长,市政府副秘书长、办公室主任李荣权任第一副组长的创建工作领导小组。按照深化文明社区创建的要求,办公室制定实施方案,印发文明创建资料汇编,制作志愿者服务队旗和志愿者马甲,设立劝导台。以支部为单位到观园社区开展文明创建活动,采取拉网式、“过筛子”等方式,对照创建标准帮助社区排查问题2000多个,成功破解了征迁户征迁、临时菜市场取缔和物业管理混乱三大难题。组织开展书画名家进社区、文明教育讲座进社区和离退休干部讲党课进社区等活动。先后拨付社区20万元文明创建专项资金。2018年,观园社区先后荣获埇桥区文明创建示范社区和埇桥区优秀志愿社区等多个奖项,社区服务功能不断强化,基础设施建设持续推进,文明创建工作不断取得新进展。

【服务发展】 办公室领导班子着眼综合协调、优化服务这个主题,坚持围绕中心、服务大局,不断创新工作思路,强化工作措施,办公室的综合服务水平得以进一步提升。

高标准完成文稿起草工作。政务科室全年共起草、修改大型工作会议文稿200余份80多万字,其中包括市领导在全国两会、市委市政府工作会议、全市工作任务调度会议等重要会议上的讲话70余份;起草市领导在扶贫、环保、文明创建等专题会议讲话40余份;起草市领导在宿州市公立医院综合改革推进情况汇报会、东盟主流媒体安徽行活动、欧洲代表团来宿考察活动等各类致辞10余份;起草市领导在省十三届人大一次会议分组讨论、全省经济运行情况分析会等全省各类专题会议上交流发言10余份;起草市领导向市人大常委会的报告、向市政协的通报、上报省级以上机关文稿以及接待省领导来宿视察汇报材料20余份;起草市政府常务会议纪要、市长办公会、市政府专题会议以及以市政府或办公室名义下发的各类规范性文件、文电数40余份。有针对地开展调研和资料收集工作,撰写《内部参阅》3期。

认真做好公文处理工作。2018年全年共制发文件705件,比2017年减少125件,共收到办理各类来文6500件(不含市政府各部门报送的报告、简报、信息类文件)。大力推动公文处理信息化,调整优化公文处理流程,推动市政府领导批示件网上办理,提高公文的流转效率。出台《关于印发市政府机构简称的通知》《市政府办公室印章使用管理制度》等文件,建立内部信息交流、信息比对、交叉验证、AB角、24小时手机待命、节假日值班留守、"日查看""公文模板"等制度,促进公文处理规范化、科学化、精细化水平。牵头起草新一届《市政府工作规则》,细化公文处理的任务划分、责任认定和时限要求等。优质做好会务工作,全年共承办19次市政府常务会议,研究各类议题140项;承办10次市长办公会议;承办2次市长专题会。做好市人大常委会主任会议和全体会议、分组审议的对接工作,共协调对接6次主任会议和常委会议。精确无误无遗漏通知各种会议164次共计4000余人次。

扎实做好政务督查工作。围绕政府中心工作,出台全市《2018年度政府督查工作要点》,并将半年、全年督查要点实施情况上报省政府。对照"保八争六"目标,印发《宿州市人民政府关于2018年政府目标管理绩效考核工作的通知》,对其中20项高质量发展指标推进情况分季度开展跟踪督办4次,年底形成2018年市政府工作目标任务完成情况自查报告上报省政府。对2018年市《政府工作报告》分解细化的138项重点工作任务完成情况形成报告并提交市"两会"审阅。相继做好国务院大督查、省政府大督查、省政府督查调度自查和实地督查工作,后期在抓好问题整改的同时,定期形成问题整改进展情况报告上报省政府,共计7次。全年开展四级林长制、三供一业、灵璧闵庄垃圾站污染环境问题等专项督查23次;办理市长批示件36件;形成督查专报41期;形成省环保督察组反馈问题整改报告7份;承办省、市人大议案建议184件、政协提案301件,全部按时办复,并形成报告和通报提交市"两会"审议。合计形成各类文字材料40余万字。

高度重视信息和政务公开工作。2018年,宿州市向省政府办公厅上报《信息摘报》信息1498篇次,宿州市信息共被上级政府采用236条次,其中,被国务院办公厅采用45条,省政府采用191条次,被省政府领导批示6条次。截至11月底,政务信息工作在全省排名第7位,进入先进行列。共编发《政务信息》25期、《政务要情》60期,刊载信息1000余篇;摘编省政府办公厅《政务要情》126期、346篇。各县区和市直部门共上报信息1.02万余条,被省、市两级采用2535条。组织召开全市政务信息工作会议,表彰28个先进单位、31名先进个人,评选出优秀信息31篇。组织全市50余名信息工作者赴上海复旦大学管理学院干部培训中心培训一周。加强保密知识学习,严格落实各项保密工作制度,组织保密工作自查,共开展2次保密工作自查活动,检查涉密计算机12台、非涉密计算机50余台。完成编写《安徽年鉴》宿州卷、《中国城市年鉴》宿州卷等,共5万余字。信息报送系统运转良好,信息报送数量全省领先,与省政府办公厅信息处沟通顺畅。

8月份,常务副市长操隆山主持召开全市政务公开工作推进会进行工作部署。12月份,市长杨军批示,要推动全市政务公开工作再上新台阶。全年市本级通过政府信息公开网主动发布信息19258条,通过"宿州发布"微博微信主动公开信息17080条,解读政策文件221次,召开民生保障等重点领域新闻发布会81场,受理依申请公开27件,均全部回复。2018年市本级信息公开行政复议案件被省政府纠错数、信息公开行政诉讼案件败诉数、信息公开投诉数均为零。着力推动全市重大建设项目批准和实施、社会公益事业建设等重点领域政府信息全流程公开。市本级承担省政府信息主动公开目录修订试点,修订完成的三级政府信息主动公开目录规范,被省政务公开办作为全省样板。灵璧县承担的国家基层政务公开标准化规范化试点，中期评估全国第9、全省第1，并以高分通过省政务公开办试点验收。

妥善做好应急管理和市长热线工作。值班室一年来共分拣各类信函4000余件，呈报市政府主要负责人外出请假报备单15期、领导干部请假报告单200余件、上级领导来宿报告单50余件，办理各类会议领导参会及办公室工作人员参会安排100余件，接待来人来访300余人次，编发短信通知5000余条。市应急办上报省政府应急办《值班快报》58期，向市政府呈报应急值班信息103条，通过市政府政务公开平台发布突发事件预警信息和综合信息550余条。强化对各县、区开展应急管理"六进"相关宣传和培训工作的指导督促，实现了自上而下，全面覆盖的宣教体系。扎实做好市长热线工作，以"互联网+政务服务"为支撑，积极推进政府热线服务"供给侧"改革，对全市各类政务服务热线电话，以及市长信箱、人民网留言、政务"双微"等政务咨询和投诉举报网络渠道进行整合，建立并完善宿州市12345政府热线服务平台，更加高效快捷地为市民提供咨询、建议、投诉、求助等服务。2018年12345政府热线共受理省级交办事项258件，电话来电和网络来信129405件，直接办理70213件，提交办理件59192件，其中并单件12301件，实际交办工单46891件，已反馈办结46726件，办结率为99.87%，群众感谢来电108件。不定期进行集中抽样回访，今年以来共计回访诉求事项2745件。2018年，《政府热线专报》发布8期，《政府热线工作简报》发布13期，《政府热线工作动态》发布6期。

尽职尽责做好外事侨务工作。宿州市有2个友好城市、3个意向友好城市。依托外事部门资源渠道优势，全力打造宿州对外开放"五大"平台。扩大对外国际交流，做好外事礼宾服务，牵头组织或重点参与接待的国外来访团组共有20余批次200多人次。精心组织礼宾礼仪、外事翻译、会务观摩等各项服务工作，翻译材料达5万余字。组织参加在日本举办的第九届东亚地方政府会议，与各国地方政府代表进行友好交流。积极为外向型企业服务，宿州市为8家企业累计办理近40张APEC商务旅行卡。持续推进侨务民生保障工作，对全市困难归侨侨眷和重点联系的海外代表人士进一步摸排，完善困难归侨侨眷数据库和海外代表人士数据库。看望慰问4名外派教师，新选派5名教师赴日本、菲律宾、泰国进行海外华文教育；帮扶侨界困难归侨侨眷29人，帮扶资金5.27万元；外派教师工作获省侨办书面表彰。接待17个国家10多个社团的海外侨胞共60多人次；开拓乌克兰、吉尔吉斯斯坦、越南等海外联谊新领域，联系网络覆盖达到40个国家和地区，侨务拓展公共外交工作进一步加强。

做好全市目标管理绩效考核工作。严格落实《宿州市目标管理绩效考核暂行办法》，从相关部门抽调16名同志组成4个考核组，采取听取汇报、现场查阅资料、实地查看、公众评议等多种方式，先后对全市列入考核的5种类型共计119家单位2017年度目标完成情况进行综合考评。起草并印发《宿州市综合考核暂行办法》，调整完善2018年度党建和发展考核内容，编制《宿州市2018年度综合考核发展部分考核目标汇编》。在对市国税局、市地税局、宿州海关、市出入境检验检疫局、市农机局等考核对象进行整合或取消的基础上，增加市重点工程局作为2018年度考核对象。同时，首次明确市本级教育系统、市属国有企业分别由市教育体育局、市国资委牵头研究制定考核办法，报市综合考核领导小组审定后组织实施，考核对象的覆盖面进一步扩大。

全面做好行政后勤和老干部服务工作。行政科全年承办大小会议180余次，提前做好会前准备，认真做好会中服务，积极做好会后总结；文印室全年印刷各类文件材料50余万份，加班130余次；报刊发放及时到位，领导办公室、会议室日常维护干净整洁，全年完成接待任务150余次；认真做好老干部工作，在老干部生活学习、文化娱乐、医疗保健、车辆使用和社会活动等方面提供热情周到的服务。

常态推进"四送一服"双千工程和"四最"营商环境。突出问题导向，围绕政策宣讲、问题收集办理、要素对接、宣传等关键环节，建立健全工作推进机制、督查督办机制、联系包保机制，畅通企业诉求渠道，加大问题办结力度，切实提高企业满意度。围绕"四最"营商环境，出台一系列文件，协调有关部门加快商事制度改革，开展"减证便民"专项清理，推动"一网、一门、一次"改革，减少审批事项，提升行政效能，增强市场主体和群众获得感。全年开展政策宣讲1853次，办理企业诉求2115个，对接各类要素1100个，推送各类宣传18.36万篇(次)，其中省级以上媒体刊发54篇，企业满意度达98%以上。营商环境持续优化，荣获2018中国企业营商环境(地级市案例)十佳城市称号，成为全省唯一被国务院评为“推广PPP模式工作有力、社会资本参与度较高的市”,2018年全省营商环境考核居全省第3位。

全力以赴做好扶贫帮建工作。办公室4名班子成员分别与萧县北城集村、萧县湘山庙村、泗县四山村和埇桥区大北村建立包保联系点。班子成员多次到联系点看望驻村扶贫干部,帮助解决问题20余个。办公室以支部为单位,与“党员活动日”活动结合,每月至少组织一次进村入户包保帮扶活动。帮助每户贫困户制定申请特色种养发展资金、光伏发电等5项以上帮扶措施。2018年,办公室从办公经费中拨付13.5万元用于北城集村发展集体经济项目,并将市直工委划拨的8万元党费用于补助北城集村村级党员活动场所建设。

【队伍建设】 办公室领导班子始终把加强自身建设作为推动工作的第一动力,内抓管理,外树形象,注重激发领导班子整体活力,努力提高办公室全体成员的工作积极性、主动性和创造性。

规范干部选拔任用。严格执行《党政领导干部选拔任用工作条例》,坚持正确的用人导向,坚持德才兼备、以德为先,认真落实干部选拔任用制度,营造有利于优秀人才脱颖而出、健康成长的环境。坚持党管干部原则,积极做好办公室干部选用工作。按照新时期好干部“20字”标准,突出“重实干、讲实绩”,注重在一线选拔、锻炼干部。为加强办公室公务员队伍建设,根据所缺岗位的要求,严格考察,选调7名人员到办公室工作,进一步充实机关人员力量、优化人员结构。积极探索建立干部“能上能下”机制,推动形成能者上、庸者下、劣者汰的用人导向。建立健全容错纠错、绩效考核机制,支持改革创新宽容失误,引导干部安心、专心干事创业。

认真贯彻民主集中制。注重发挥秘书长牵头抓总、协调各方的作用,积极加强政府班子成员、市政府各位副秘书长之间的工作沟通,努力维护市政府班子团结。在办公室班子内部,严格执行民主集中制,坚持用好批评和自我批评武器,不定期与办公室主任、副主任以及秘书人员交流谈心,虚心听取他们的意见建议。坚持和完善“三重一大”事项集体决策制度,严格执行党政正职“五个不直接分管”制度,在重大事项决策上,办公室班子成员都能够做到以事业为重、大局为重,心往一处想、劲往一处使,形成强大的工作合力。

注重维护班子团结。办公室领导班子积极组织、认真开好民主生活会,通过在班子成员中开展谈心交流活动,深入开展批评与自我批评,增强班子解决问题的能力。切实加强制度建设,把班子成员的工作职责和权限规范化、制度化、具体化,保证和巩固了班子成员间良好的合作关系。在日常工作中,班子成员之间本着积极主动、平等坦诚的原则,共同商量、相互支持,营造一个团结、和谐、融洽的工作气氛,班子的凝聚力和战斗力进一步增强。

扎实履行人才工作职责。按照市人才工作领导小组分工要求,全力做好全市人才工作的上传下达工作,积极做好协助市政府领导联系市人才工作领导小组及成员单位工作。会同有关部门开展调查研究,参与制定全市人才工作有关政策措施;对市政府领导交办的人才工作事项进行督办;协调安排需要提请市政府研究解决的有关人才工作的重大事项和有关会议;及时向市政府反映全市人才工作信息,协助市政府领导加强与优秀人才的联系,有力地配合了市人才工作领导小组各项工作的顺利开展。

【作风建设和反腐倡廉】 办公室领导班子认真贯彻中央和省市纪委全会以及市政府党风廉政建设工作会议精神,切实履行主体责任,强化领导核心作用,主动担当、积极作为,把从严治党的各项任务落实到办公室工作全过程。

深入开展廉政教育,抓好主体责任落实。认真开展“讲忠诚、严纪律、立政德”专题警示教育活动,成立了领导小组,研究制定了实施方案落实活动各项要求。认真开展“拒腐防变、警钟长鸣”活动,市纪委派驻政府办纪检组组长凌明结合违法违纪案例给全体人员上廉政党课。“七一”前夕,组织全体党员赴上海一大旧址和浙江嘉兴南湖开展“重温誓词,不忘初心”党性教育活动。10月18日,为学习贯彻新修订的《中国共产党纪律处分条例》,组织全体党员干部到市监狱开展现场接受警示教育。办公室深入学习省、市委关于“三查三问”有关文件精神,研究制定办公室党组关于在县处级领导干部中开展“三查三问”的实施方案,并对2018年6月以来在政治上、工作上、作风上存在的问题进行深入自查,认真整改。

推进惩防体系建设,加强权力运行监督。研究制定2018年度党风廉政建设工作计划,及时调整领导小组,明确1名党组班子成员分管党风廉政建设工作,机关党委和下辖8个党支部全部配备了纪检工作人员；认真排查党风廉政风险点和制定党风廉政建设工作要点；班子成员按照要求签订《党风廉政建设责任书》，填报《个人重大事项报告》，填写《落实党风廉政建设主体责任全程纪实工作手册》，为县处级领导干部建立个人廉政档案，及时公开党务政务。严格廉政谈话制度，在重要节假日节点，向全体人员发送廉洁祝福短信。邀请机关党委列席办公室党组会议、参与“三重一大”等事项，对办公室重要决策、领导作风进行直接监督，人事任免前书面征求派驻纪检组和机关党委的意见，防止“带病提拔”现象出现。

强化监督执纪问责，筑牢廉洁从政防线。加强机关效能检查。严格执行请销假制度，办公室组织人事科、机关党委不定期开展作风建设明查暗访活动，努力提高办公室工作人员工作效率和服务意识，提升办公室形象。持续抓好办公室厉行节约反对浪费、公务接待等规定执行情况的监督检查。根据开展违规发放津贴补贴、奖金、福利问题及“酒桌办公”等自查自纠文件要求。办公室深入学习了省、市委关于“三查三问”有关文件精神，研究制定了办公室党组关于在县处级领导干部中开展“三查三问”的实施方案，并对2018年6月以来在政治上、工作上、作风上存在的问题进行深入自查，认真整改。由于提前预防、措施得力，2018年办公室全年无违规违纪案件发生。

·地方志工作·

【读志用志】 宿州市及4县1区的二轮修志工作于2017年全部完成，6部志书全部公开出版发行。2018年，宿州市及4县1区方志办开展读志用志活动，向有关单位赠送志书，宿州市方志办向宿州学院、宿州市图书馆赠送志书，让更多的人了解宿州厚重的历史，增强文化自信；加强和周边地区的志书交流，友好交换志书，为方志馆丰富资料资源。

【综合年鉴“一年一鉴、公开出版”】 宿州市方志办贯彻落实省方志办《关于进一步推进部分县（市、区）完成综合年鉴“一年一鉴、公开出版”任务的通知》，到四县一区调研，了解各县区实现“一年一鉴、公开出版”的具体计划和实际困难，砀山县方志办及时调整年鉴工作计划，把原定于2019年完成综合年鉴“一年一鉴、公开出版”任务的计划提前到2018年完成，宿州市及4县1区的综合年鉴全部在2018年完成“一年一鉴、公开出版”任务。

【为省方志办和当地党委政府提供材料】 宿州市方志办向省方志办提供《安徽省志》宿州人物21000多字；向市委办公室报送2015年至2017年大事记45000字；向市政府办公室报送《安徽改革开放40年巡礼·宿州篇》材料3000字；按照市委要求，收集整理重要资料；萧县方志办完成《安徽省黄河故道志》修改补充工作，包括文字补充图片插补，计3万多字。

【方志馆建设】 宿州市新建档案馆地上建筑面积为14200平方米，其中1200平方米作为方志馆库房，保管志书、年鉴等地情资料。为了把宿州档案方志地情展做得更精致更能体现地方特色，单位主要负责人和有关工作人员多次到外地观摩学习，研究决定用2000平方米的厅室布置宿州档案方志地情展，并多次修改完善宿州档案方志地情展大纲。为丰富展厅内容，宿州市档案局和宿州市地方志办公室向社会发布了征集档案方志资料的公告、向有关单位印发了征集档案方志资料的通知。

泗县新馆完成交付使用，筹办档案方志地情展，征集资料；萧县新馆、砀山新馆在进行内部装潢，灵璧新馆开工建设，埇桥新馆建设获批，即将开工建设。4县1区方志办的主要负责人十分重视方志馆的建设，多次到外地取经，结合实际情况，研究制定方志馆的布展大纲及征集方案。

【宿州历史文化丛书】 宿州历史文化丛书共7册：《宿州景观》《宿州地域历史大事年表》《灵璧石史话》《赛珍珠、布克与宿州》《宿州地域自然灾害大事记》《吕本中与宿州符离诗社》《宿州方言》，对广大读者了解宿州的历史文化有很大的帮助，为了更好地发挥地情资料书籍的资政及教化作用，宿州市向市直单位开展赠阅宿州历史文化丛书活动，赠阅的200套宿州历史文化丛书在两天里全部赠送完毕。

宿州市方志办为进一步加强和高校、图书馆合作，向宿州学院、宿州市图书馆捐赠《宿州市志》《宿州历史文化丛书》《宿州年鉴2016》《宿州年鉴2017》等地情资料书籍46套共151册，双方进行座谈交流，就双方合作畅所欲言，建言献策，建立合作机制。

【重印志书】 读志用志日益普遍,馆藏志书无法满足社会的查阅需求,重印志书工作提到了日程。埇桥区方志办重印《宿县志》(1988年版)2018年3月面世。灵璧县方志办对《灵璧县志》(1992年版)原志文稿进行电子文本转换和精细校勘,经过半年审稿、校对、甄别工作,现已送交出版社。

【村镇志编纂】 4县1区的村镇志编纂工作有实质上的进展。《黄湾镇志》(灵璧县)、《龙城镇志》(萧县)、《孤山村志》(萧县)正在编纂。

【部门修志】 为市工商局、经信委编写部门志提供帮助和指导,为他们提供需要查阅的资料,并给予业务指导。完成《萧县吴蒋庄名人志》的审读,《萧县吴蒋庄名人志》作为内部资料印刷。

【地情资料】 埇桥区方志办完成《闵子世谱》《埇桥创业名人》编纂工作。为提高埇桥区文化软实力,加强经济社会商业信息的交流,区档案局从2017年开始《埇桥创业名人》的征稿工作,于2018年11月实现公开出版发行。与宿州市孝文化研究会联合编著《闵子世谱》,于2018年9月完成校稿任务,于11月实现公开出版发行。编辑印刷《埇桥区2018大事记》。

【地方文史交流研讨】 2月,萧县方志办召集县内外萧籍文史专家十多人召开"新春文史研究座谈会",旨在组织动员民间文史专家发掘、研究、探索、利用萧县人文历史资料,邀请大家支持、关注县志办新开办的微信公众号"志鉴萧国",为萧县社会、经济、文化建设献智出力。

9月,埇桥区方志办联合区政协学习宣传文史委员会在区方志办召开区地方文史资料挖掘和利用社情民意恳谈会,十多名地方文史专家和政协委员就如何开发利用埇桥丰富的地方文史资源献计献策。依托埇桥档案方志微信公众号,开办"志述埇桥"专栏,通报埇桥地方志工作动态,介绍埇桥历史,普及地方史志知识。

【服务县域经济、文化发展】 萧县地方志办公室多次查阅萧县史志资料,协助萧县民政局、萧县地名办公室,撰写萧县千年古镇、千年古村落的申报材料及全国标准地名词典有关词条的编写。配合县政协"黄河故道沿线政协联盟"发起组织的"黄河故道风情片"的拍摄工作,协助起草专题电视片脚本暨解说词。

·政务服务·

【概况】 2018年,扎实推进"两难两多一长"有效整治,"一网、一门、一次"改革,在政务服务分办秒办、帮办代办等多项便民利企举措上采取"一招鲜",推动企业开办"一窗办",企业和群众获得感明显增强。全年审批服务办件达592.13万件,创历史新高;新增各类市场主体5.7万余户,同比增长24.37%,其中新增企业1.5万户,增长41.6%。宿州市获评"2018中国地方政府互联网服务能力B⁺等级""2018中国企业营商环境(案例)十佳城市"。市政务服务中心连续两年被评为全市目标管理绩效考核优秀单位,并获得党建工作责任制先进单位、深化改革试验基地荣誉称号。

【各项任务促落地】 准确领会把握各项重大决策部署,坚持一把手负总责、分管领导具体抓、业务科室及时办,层层压实责任,级级抓好落实。利用机关例会、审批科长例会等多种形式,及时组织学习《关于深入推进审批服务便民化的指导意见》等文件精神。牵头制订落实政务服务大厅《"一窗受理、集成服务"试点实施方案》《2018年全市"互联网⁺政务服务"工作要点》《加快推进群众办事"最多跑一次"工作实施方案》《深化"互联网⁺政务服务"推进政务服务"一网、一门、一次"改革行动重点任务分工方案》等文件。全市进一步深化"互联网+政务服务"推进"一网、一门、一次"改革工作任务交办会暨"四最"营商环境调度会召开后,各项工作任务得到进一步督促落实。

【重点改革激活力】 为企业"松绑",为群众"解绊",不断营造宽松平等的营商环境。在"一网办"上聚力,加快市政务服务"云平台"建设,联合市审计局,组织市县同步开展"僵尸"信息系统清理审计工作,不断扩展平台广度,扎实推动平台对接。在"一门办"上用力,设立企业开办综合窗口,打通企业开办“开办难、开办慢、开办繁”堵点；设立投资项目审批综合窗口，压减企业施工许可证审批时限；设立不动产登记综合窗口，减少群众办事多窗跑。在“一次办”上发力，问政于民、问需于企、问计于媒，组织召开群众、企业、媒体等座谈会，针对服务企业存在的突出问题和短板弱项，以及群众最盼最急最忧问题进行征求意见，及时协调解决，全面推动落实。

【便民举措接地气】 在“一网、一门、一次”改革中，重点抓好“七个一”，推进审批服务便民化，促进政务服务提速提质提效。

编好“一清单”。连续开展5轮清单编制集中梳理，梳理全市行政权力和公共服务事项12.47万项，网上可办率达99.74%；横向覆盖47个单位和部门，纵向覆盖8个县区（园区）、115个乡镇（街道）、1294个村（社区），汇聚“一清单”。

织好“一张网”。全市政务服务事项网上可办率达100%，一网通办率达99.78%。全面提升“皖事通”APP使用率，创新开发“中小学”“新农合缴费”等个性化应用，进一步增强政务服务系统功能。全年“皖事通”APP累计注册量达35万多个，访问量近500万次，居全省第一。覆盖全市、统筹联动、部门协同、一网办理的政务服务新模式初步建立。

聚好“一朵云”。加快市政务服务“云平台”建设，初步实现行政审批、公共服务等事项上“云端”。目前已完成公安、民政、人社、教育等34家市直单位内部数据对接，收集整理资源185类2.49亿条数据，可为各业务部门提供城区常住人口信息、个人基本信息查询等完整、准确的数据服务。

进好“一扇门”。47家市直单位认领的1801项事项中，进驻大厅事项1626项，占比达90.3%，高于省任务指标20.3个百分点。建立覆盖市县乡村四级的帮办代办体系，115个乡镇（街道）、1294个村（社区）为民服务大厅全部投入使用，建设总面积9.7万平方米；大力开展代办帮办、一站式服务，近3000名干部走出窗口，当起“店小二”，做好“服务员”，为企业和群众提供贴心的一站式咨询、审批和办事服务，大厅办件平均承诺时限仅3.62天，压缩58.1%，群众满意度、获得感显著提升。

开好“一扇窗”。整合设置专办式、通办式、内办式窗口，满足不同类型的办事需求。市政务服务大厅44个窗口1572个事项实现一窗受理，占比87.3%。全市33个部门357个事项实现“分办秒办”；一般企业开办3个工作日内可办结；工业建设项目施工许可证45个工作日内可完成审批手续；集成不动产交易、纳税、登记及水电气过户等服务，审批时限压缩至5个工作日。

管好“一枚章”。坚持“一枚印章管审批”，将44家窗口单位精简为8个综合办理部门，审批服务效率平均提高59%，行政许可事项进驻比例为100%。持续开展“减证便民”专项行动，累计清理各类申请类材料1.04万项、证明类材料1210项，基本实现“目录之外无审批”。

做好“一次跑”。分4批公布“最多跑一次”事项1800项，占比99.94%。实施智能办理。打造智能自助服务区，推出语音智能引导系统，将申请材料拆分成可以与群众互动交流的问题，将晦涩难懂的专用术语转换成通俗易懂的表格，方便办事群众填写。实施“免费复印，免费邮寄”，全年面向服务群众的复印量达120万件，邮寄量达8.1万件。梳理出一批“不见面审批”及“秒办分办”事项。整合“社会保险查询、创业担保贷款申请和办理”等29个政务服务事项实现四级通办，延伸到乡镇（街道）的政务服务事项1.9万项、村（社区）9.33万项，初步实现了群众办事“小事不出村、大事不出镇”。

【宣传推广抢高地】 通过发掘培育、总结提炼，宿州市“互联网+政务服务”“一网、一门、一次”改革、便民利企等各项改革举措相继得到中央、省、市好评，在全省、全市推广相关经验做法。中国政府网、人民网等国家级媒体刊发经验做法及相关信息28条，中安在线、安徽省政务服务中心等省级媒体刊发信息73条，拂晓报、新闻联播等市级媒体刊发信息20条。全年共发布微博信息4580条，网站信息477条，微信公众号491条；被人民网、新华网等国家级媒体采用信息28条，“安徽日报”“拂晓报”与宿州电视台发表各类报道25多条。召开“互联网+政务服务”及“智能化大厅”“一网一门一次”改革、“水、电、气、公交、公安”事项进驻等新闻发布会，社会反响较好；与宿州市网宣办合办栏目“正午告诉你”，为办事群众在微博上提供办事所需事项177期；开办宿州市人民政府政务服务中心公众号，推送文章491篇。

【全面推进思想建党】 深入学习贯彻习近平新时代中国特色社会主义思想，组织学习《关于新形势下党内政治生活的若干准则》《中国共产党党内监督工作条例》等,做到学思用贯通、知信行合一。进一步压实党建工作责任,年初党组召开专题会议进行研究部署,结合班子分工制定《党建工作联系点制度》。采取集中学习、专题研讨、主题活动和个人自学等多种形式,突出学习内容,明确学习目标,提升学习实效。设立"共产党员先锋示范岗",通过树立优秀党员、优秀党务工作者等典型,弘扬正能量,积极引导党员干部将社会主义核心价值观内化于心、外化于行。

【严格党组织标准化建设】 扎实推进基层党组织标准化建设,着力提升基层党组织政治功能,落实服务功能,基层党组织建设制度化、规范化和科学化水平得到全面提升。加强党支部建设,将"规范""从严"要求贯穿于党支部建设各个环节,结合巡视巡察反馈问题,进一步明确"三会一课"的内容和指标,加强检查督导,重视痕迹管理。

严格落实党内政治生活制度。领导班子成员严格落实双重组织生活会制度,带头上党课。结合"两学一做"学习教育和专题研讨活动,认真组织召开专题组织生活会、进行民主评议党员和党员党性分析。组织开展了"缅怀革命先烈、重温入党誓词""不忘初心 铭记历史 砥砺前行"主题党员活动日、"讲严立"专题警示教育动员大会,以及专题民主生活会、党建知识测试、良好家风和健康机关建设等一系列活动。

强化党员教育管理。以支部为单位收集、完善、填报各支部党员信息,所有党员信息已详细录入全国党员信息系统。巩固党员组织关系排查和党费收缴清理成果,严把党员发展程序和发展质量,确保队伍纯洁,严格党员组织关系接转手续,确保党员来去清晰,党费上缴及时。按期组织机关党委和党支部的换届选举工作。

加大党务干部培训。组织4次党支部书记和组织委员业务培训,重点对年度主要党建活动、党内统计、党组织和党员信息采集、党费收缴及"三会一课"会议记录、"党建云平台"等工作进行了安排部署和细化辅导。安排了县处级及科级领导干部参加"十九大"轮训班,组织党员干部到萧县蔡洼红色教育基地开展教育培训。

【狠抓党风廉政建设】 抓宣传教育,确保思想防线不放松。通过组织学习《共产党员廉洁从政若干准则》、开展廉政教育基地警示教育、及时通报违法违纪案件、观看《以案为鉴》专题片、参观警示案例图片展等形式,以案明纪,防微杜渐。抓日常管理,确保机关作风不走样。签订廉洁从政承诺书,出台《2018年度廉政风险防控工作实施方案》《建立廉政风险防控"四项机制"实施意见》,扎实推进廉政风险防控体系建设。严格执行中央八项规定精神以及省市"三十条"要求,修订财务报销制度,出台《财务报销工作流程》,严格按规定规范各类报销手续。做好领导干部个人有关事项报告工作,严格把关,建立"负面清单",提出处理意见,纳入干部选拔任用综合分析研判。建立"三单"制度,确保问题整改到位。

【高度重视意识形态】 落实意识形态工作主体责任,党组书记旗帜鲜明地站在意识形态工作第一线,加强组织领导和统筹指导,牵头抓总、靠前指挥,做到带头抓意识形态工作、带头管阵地把导向强队伍、带头批评错误观点和错误倾向,重要工作亲自部署、重要问题亲自过问、重大事件亲自处置,切实当好"第一责任人"。建立健全意识形态工作研判机制,党组在一年两次听取意识形态工作汇报的基础上,定期根据中央、省、市要求,研究意识形态工作,分析研判意识形态领域形势和可能出现问题,提出预案,切实当好意识形态工作的领导者、推动者、执行者。认真学习习总书记关于"网络已经成为意识形态斗争的主阵地、主战场、最前沿""过不好互联网这一关,就过不好长期执政这一关"的重要论述,不断增强维护网络意识形态安全的自觉性和责任感,把网络意识形态工作责任时刻放在心上、扛在肩上,把任务牢牢抓在手上。2018年持续开展领导干部上讲台制度,党组书记、主任王鹏亲自备课,为全体审批科长举办《掌握主动,切实做好新时代意识形态工作》专题培训。

【坚持以党建带群建】 开展品牌争创,持续开展"最美服务之星""巾帼文明岗""青年文明号"等具有品牌效应的创建活动。丰富群团活动,积极参与市直机关工委、市妇联、团委、工会组织的各类活动;在"三八妇女节""七一"等节日,开展演讲比赛、读书活动、运动会等健康向上的文体活动。积极搭建党员志愿服务平台,组织和引导有能力、有爱心的党员参加志愿服务活动，拓宽党员密切联系和服务群众的渠道，营造敬老、爱幼、助困的浓厚氛围。

【突出精准发力】 市政务服务中心党组始终把脱贫攻坚作为头等大事和第一民生工程来抓，选派驻村干部团结带领包保贫困村宁刘村全体党员干部，苦干实干，圆满完成脱贫攻坚年度目标任务。

领导重视，高位推动，双包工作展现新格局。始终坚持讲政治、扛责任、勇担当，把脱贫攻坚与业务工作同研究、同部署、同推进。党组书记、主任王鹏严格落实脱贫攻坚第一责任人职责，坚持每月带头入村参加1次扶贫工作例会，每季度听取选派帮扶干部思想汇报，发现问题现场解决。按照“硬选人、选硬人”标准，先后选派1名正处级干部、2名科级干部和2名年轻干部，到村担任扶贫工作队队长、扶贫专干，夯实脱贫攻坚工作组织基础。

聚焦短板，全面提升，双基建设取得新进展。协调帮助宁刘村新建了全区最大的村级为民服务全程代理站和160平方米党员活动室，建成了374平方米的标准化村级卫生室，争取189.21万元财政资金建成了宁刘村自来水厂，新修水泥路面13条7.54千米，安装路灯150盏，种植绿化树木5000株。新修水泥路面6条6.9公里，实现宁刘村所有自然庄路面硬化全覆盖。安装路灯138盏，极大方便了群众安全便捷出行。新建宁刘村乡村大舞台，完善村级农家书屋及相关设施器材，完善了宁刘村学雷锋活动广场，进一步夯实了各类文化活动载体。苗庵乡首个村级宿州农商银行e家12月在宁刘村建成并投入使用，实现老百姓足不出村即可办理养老金等存取业务。新建公厕21个，迈出改进群众卫生生活习惯的坚实步伐。

【突出抓小抓实】 健全机构，组织保障有力。切实发挥窗口单位在文明创建中的重要作用，第一时间成立文明创建工作领导小组，统筹做好创建各项工作，领导小组下设文明办，负责处理日常事务工作。多次召开专题会议安排部署文明创建工作，细化任务、明确分工、责任到人，确保文明创建工作有力有序开展。

实处着力，彰显文明细节。一是加强宣传，大力营造创建氛围。服务大厅增设公益宣传板、文明用语提示牌，不断营造浓厚的创建氛围。利用中心网站、政务微博微信、LED显示屏等网络平台广泛宣传社会主义核心价值观和我市文明城市创建工作进展成果等方面内容，规范增设制作公益广告宣传栏150余处（东西大厅内置公益性广告116处，东西厅窗内外47处）。二是维修改造，切实达到测评标准。进行墙体粉刷和大厅地面清洗，安装楼体灯带，修建母婴室1间、无障碍通道2个、无障碍卫生间8个，增设急救箱、应急包等各类便民服务用品。三是全员参与，确保创建不留死角。文明劝导员、戒烟劝导员轮流上岗，保障服务大厅全面禁烟。健全保洁人员绩效考核、垃圾收集台账管理、保洁检查登记等制度，确保大厅环境全天候整洁。发动382名政务服务工作人员自觉充当创建活动的“排头兵”，努力营造人人关心、人人参与、人人支持的创建氛围。

资源整合，凝聚创建合力。坚持“包保单位+社区+志愿者”的创建模式，将包保的三里湾社区细化为9个网格，从政务服务中心选派82名志愿者，由班子成员带队，上下联动、齐抓共管，对社区文明创建中存在问题“每周一督查，每周一督办”。目前，共完成交办督查任务清单25项、赴包保社区开展志愿服务30余次。

【突出落细落实】 在持续推进“放管服”改革的同时，严格执行应急管理、档案管理、财务管理相关制度规定，严格履行环保责任制和生态损害责任追究制，选派1名党组成员挂职环保专员。持续做好双拥统战、综治维稳等各项保障工作。利用春节、七一、八一等时间节点，召开媒体座谈会、退伍军人座谈会，对老党员、老干部、优抚对象及困难群众进行了走访慰问，从工作上和生活上切实做到关心关爱。招商引资超额完成全年任务。

·脱贫攻坚工作·

【概况】 2018年，宿州市坚持以习近平新时代中国特色社会主义思想为指导，深入学习贯彻习近平总书记关于扶贫工作的重要论述和视察安徽重要讲话精神，按照省委、省政府的部署要求，以脱贫攻坚统揽经济社会发展全局，以“重精准、补短板、促攻坚”专项行动为抓手，强力推进打赢脱贫攻坚战三年行动，全面打响“春夏秋冬”四季攻势，93557名贫困群众实现脱贫、贫困村全部出列，贫困发生率降至1.22%,已向省扶贫开发领导小组提交泗县、灵璧、砀山、埇桥区3县1区退出的申请报告。全国扶贫小额信贷培训班和深度贫困地区产业保险试点启动会在我市灵璧县举办,全省"一抓双促"贫困县高质量退出现场推进会在宿州市泗县召开,驻村帮扶工作在全国会议上作经验介绍,荣获2018年度全国脱贫攻坚奖组织创新奖,涌现出"中国好人"、安徽省优秀扶贫干部曾翙翔等先进典型。

【强化组织保障】 攻坚体系逐步完善。市委、市政府坚决扛起脱贫攻坚政治责任,牢牢把握脱贫攻坚正确方向,以实际行动坚决做到"两个维护"。

坚持学深悟透。及时传达学习习近平总书记关于脱贫攻坚的重要讲话、指示批示和打赢脱贫攻坚战相关会议精神,高规格组织召开3次万人推进大会、14次市委常委会会议、10次市政府常务会议、8次市扶贫开发领导小组(扩大)会议、11次重点工作联席会议、2次现场观摩调度会,深刻领会习近平总书记关于扶贫工作的重要论述,切实把思想和行动统一到中央的决策部署上来。

坚持高位推动。市委、市政府主要负责同志对脱贫攻坚工作亲自谋划、亲自部署、亲自推动,逢会必讲扶贫、下乡必看扶贫,并采取不打招呼、随机点调等方式,先后32次深入相对偏远的乡镇和贫困村开展脱贫攻坚专题调研和"五级书记遍访"活动。市四大班子主要负责同志在内的10名市级领导包保县区脱贫攻坚,所有市级领导均联系一个未出列的贫困村。切实发挥考核指挥棒作用,在统一使用省对县区考核结果的基础上,市委市政府对市直部门和县区的综合考核增加扶贫工作考核权重,并实行"一票否决"。

坚持上下联动。认真履行"市县抓落实"脱贫攻坚责任制,出台《宿州市2018年贫困县退出实施方案》《宿州市脱贫攻坚责任清单》等文件,层层签订责任书,压紧压实各地各部门攻坚责任。进一步完善市、县区扶贫开发领导小组、乡镇工作站、村工作室和驻村工作队、自然村扶贫小组五级组织体系。建立健全"月调度、月通报"工作机制,每月召开脱贫攻坚重点工作联席会议,每月通报县区党政主要负责同志调研贫困村、走访贫困户、解决贫困问题情况,每月通报全市帮扶干部走访情况、驻村工作队和扶贫小组长履职情况,切实做到以月保季、以季保年,为全面完成脱贫攻坚年度目标任务奠定坚实基础。

【强化开局决战】 专项行动扎实开展。市委市政府对标中央和省决策部署,全员发动,扛责冲锋,切实打好高质量脱贫摘帽攻坚战。

全力打好"四季"攻势行动。超前制定《宿州市2018年贫困县退出实施方案》,明确"四季攻势"九大行动计划。坚持以"春季攻势"打基础,全面推进农村基础设施大建设、产业项目大攻坚、乡村环境大整治、动态管理大提升、扶贫领域作风大治理,夯实年度脱贫摘帽基础;坚持以"夏季攻势"提质量,围绕阶段性重难点工作,开展政策落实大排查、基本公共服务大提升、涉贫矛盾纠纷大调解、扶贫政策大宣传,创新扶贫工作举措;坚持以"秋季攻势"补短板,持续强基础、促产业、稳就业,不断提高脱贫质量;坚持以"冬季攻势"促提升,紧紧围绕年度各项工作落实情况,强化问题整改,补缺补差、巩固提升。

全力推进三年行动。及时传达贯彻中央和省打赢脱贫攻坚战三年行动部署会精神,出台《关于打赢脱贫攻坚战三年行动的实施意见》,制定《宿州市健康脱贫三年攻坚行动实施方案》《宿州市农村人居环境整治三年行动实施方案》《宿州市老汪湖行蓄洪区适应性产业发展规划(2018—2020年)》《关于大力推进农业产业化联合体农村电子商务融合发展的实施意见》等系列配套文件,进一步完善脱贫攻坚政策体系。

全力抓好脱贫摘帽。制定《宿州市确保贫困县高质量退出工作方案》,市县(区)两级成立工作专班,强化调度推进,推动所有力量、所有工作、所有资源聚焦脱贫摘帽。组建5个市级脱贫攻坚指导组强化点对点精准指导,24家市直单位精心组织专班专人深入一线开展贫困县退出自查和初审,全面加强与省直部门的对接、沟通和协调,3县1区摘帽指标全面达标,高质量完成自评和初审。

全力实施遍访行动。市县(区)乡村四级书记带头,各级领导班子成员全面跟进,全面开展"五访五促、五查五推"遍访行动,落实"四送四通"直通车扶贫举措,去年9月底前做到"四个一遍"[市委、市政府主要负责同志和市四大班子成员共同对有扶贫开发任务的乡镇(街道、园区)遍访一遍];各县区党政主要负责同志和四大班子成员共同对贫困村遍访一遍;各乡镇党政主要负责同志和班子成员、村(社区)"两委"干部、驻村工作队干部共同对贫困户遍访一遍;参与定点帮扶的市区直单位班子成员对包保村的贫困户遍访一遍),10月份转入常态化遍访,面对面听取基层群众的意见建议,现场指导工作,深入查找整改问题,有力确保各项决策部署落地见效。

【强化动态管理】 基础工作更加扎实。将精准识别和退出作为精准扶贫精准脱贫的基础工作,坚持做到源头严把、过程严控、动态管理。

做实做细建档立卡。采取户户“过筛子”的方式全面排查和梳理农户信息,深入调查核实,严格识别和退出标准,严格按照“两评议、两公示、一比对、一公告”程序,新识别贫困人口1640户4605人,返贫13户35人,人口自然变更增加17593人、减少34347人,将符合扶贫标准的农户全部纳入建档立卡管理,对违规纳入、识别不精准的873户2536人予以清退,做到“应纳尽纳、应扶尽扶、应退尽退”。

高度关注边缘群体。全面排查未纳入建档立卡的低保户、危房户、重病户、残疾人户、独居老人户和无劳动力户“六类”重点人群,落实帮扶举措,防范产生“悬崖效应”。

切实强化数据支撑。比对筛查国办系统59项指标2400余万条数据,修正逻辑性疑点问题25.32万条,在各季度全省数据核查评比中,宿州市始终位于前列。

【强化精准“滴灌”】 政策落实到户到人。牢牢把握“精准”要义,全面落实“两不愁三保障”等各项政策。扎实推进产业扶贫。推广“四带一自”产业扶贫、“三有一网”点位扶贫模式,打造产业扶贫升级版,产业项目到村覆盖率100%,砀山专业合作社多策并施带动脱贫模式入选全国产业扶贫十大机制创新典型。实施特色种养业扶贫到户项目22.4万个,到户覆盖率达90%,建成特色种养业扶贫基地362个。培育壮大电商产业,在村级电商服务网点全覆盖基础上,提升打造135个电商扶贫服务示范网点,帮助1264名贫困人口开设网店,带动6966名贫困人口在电商相关领域从业就业(《砀山县扎实推进农村电商精准扶贫》被省扶贫开发简报第20期刊发宣传;《砀山县大力发展县域电商搭好需求与供给桥梁助力脱贫攻坚》被省政府办公厅政务信息第63期刊发,张曙光副省长、周喜安副省长作出专题批示)。落实光伏产业扶贫政策,萧县13个电站3.94MW和灵璧县37个项目50MW全部建成并网发电,进一步完善村级光伏电站收益分配管理。乡村旅游扶贫“八个一”提升项目年度任务全部完工,综合带动9292名贫困人口脱贫。

扎实推进就业扶贫。强化“三业一岗”就业扶贫措施,坚持就近就地就业和外出就业并重,采取就业指导、技能培训、发展产业等方式,帮扶1.55万名有就业能力和愿望的贫困劳动者实现就业增收,完成年度目标任务的210.2%。新建并认定就业扶贫驿站50家、招募认定就业扶贫基地141家,帮助贫困群众就近就业。结合农村人居环境改善,开发保洁、保绿、保安、护林、护路等辅助性岗位1.6万个,促进贫困劳动者家门口就业。创新开发“养老、托幼、助残”等扶贫互助岗7300个,实现“贫困人员就业脱贫与特困群体脱困”互惠共赢。

扎实推进教育扶贫。围绕“学段全覆盖、标准最高档、对象无遗漏、项目可叠加、结果有记录”的工作目标,实施“六大机制”(数据精准掌握机制、责任落实机制、政策落实机制、政策宣传解读机制、调度推动和监督检查机制、考核奖惩机制),做到“六个到户到人”(数据信息到户到人、责任包保到户到人、资金发放到户到人、宣传教育到户到人、结果反馈到户到人、督促检查到户到人),对所有建档立卡家庭经济困难学生进行全面摸排,共资助建档立卡学生12.8万人次、8500多万元,实现所有学段、公办与民办、家庭经济困难学生资助全覆盖,无一名学生因贫失学(《中国教育报》2019年1月5日刊发“安徽宿州:为脱贫摘帽贡献教育力量”,对宿州市做法给予充分肯定)。

扎实推进健康脱贫。实行“一站式”结算和先诊疗后付费,保障贫困人口就诊461.12万人次,综合补偿比96.74%。建立县(区)乡村三级按诊疗能力保障慢性病用药,对8159名行动不便无人照料的慢性病贫困户患者开展送药上门服务。拓展制定保障“2014、2015年脱贫户”和“边缘户”两类人群的“1579”补充保障(险)政策,各县区对就诊自付费用超出1.5万元以上的部分进行50%~90%的分段再补偿,保障12612人次,切实防止因病返贫和因病致贫。泗县获得“国家健康扶贫工程先进县”“全省健康脱贫工程示范县”称号。

扎实推进住房安全保障。全面排查农村危房,持续排查4类重点对象(建档立卡贫困户、低保户、分散供养特困人员、贫困残疾人家庭),做到发现一户、改造一户,实现全市130万农户住房安全排查全覆盖、评定全覆盖、危房整治全覆盖,实施危房改造31873户。泗县采取政府购房模式,完成易地扶贫搬迁600人任务。各县区分别出台《关于敦促将被赡养人接入安全住房共同生活的通告》,要求赡养义务人主动将被赡养人接入安全住房生活,该做法被国务院扶贫办网站刊发宣传。

扎实推进兜底保障扶贫。统筹调整提高城乡最低生活保障标准和特困人员供养标准,全面推进农村低保制度和扶贫开发政策有效衔接,将符合条件的17.36万建档立卡贫困人口全部纳入低保范围。

【强化“双基”建设】 村容村貌大为改观。坚持把“双基”建设作为改善贫困地区面貌的头道工序,切实补齐短板、完善基础、均衡服务、提升环境。全面加强农村基础设施建设。全市投资75.8亿元,新建改建农村道路10451.6公里,公里数是2017年的6.9倍,实现每个自然村内有一条宽度不低于3.5米的硬化主干道,通一条宽度不低于3.5米的进出主干道,自然村之间道路全贯通。投资8.03亿元,建设农村饮水安全工程69处,实现贫困村全覆盖、非贫困村覆盖90%以上。实施347个农网供电升级改造项目,有效提升供电质量。加快推进农村信息化建设,实现光纤网络和4G信号全覆盖。

全面提升基层基本公共服务水平。开展加强基层基本公共服务专项提升行动,8大领域19项指标已全部达到或高于全省平均水平,实施村卫生室、幼儿园、综合文化服务中心等功能配置项目2459个,均完成年初既定目标任务(《宿州市精准施策扎实推进“双基”建设工作》在省发改委信息交流专刊宣传,省委常委、常务副省长邓向阳作出批示:“宿州市精准施策扎实推进这项工作很有成效,值得推广借鉴”)。

全面推动行蓄洪区整治。加强老汪湖9个保庄圩安全建设和环境整治,完成48.8公里道路建设、4个行政村卫生室改(扩)建,就业社保服务和安全饮水实现全覆盖,人居环境明显改善。

【强化要素支撑】 保障能力有效增强。坚持一切资源向脱贫攻坚聚集,一切要素向脱贫攻坚聚焦,一切力量向脱贫攻坚聚合。加大资金投入。发挥政府投入的主体和主导作用,全市统筹用于脱贫攻坚的财政资金30.56亿元,其中投入财政专项扶贫资金11.6亿元,同比增长33%。扶贫小额信贷当年新增10.11亿元。加强扶贫资金全流程绩效管理,严把资金使用关,让“救命钱”晒在阳光下。

强化土地保障。把土地整治增减挂作为一揽子解决“双基”建设、农村环境整治和产业发展缺资金的有效抓手,在全省率先实施城乡建设用地增减挂三年提升行动,完成拆旧3.68万亩、复垦3.3万亩,省内交易节余指标3956亩,收益15.8亿元,为高质量脱贫摘帽提供坚实的资金和用地保障。

抓好项目监管。强化扶贫项目储备管理,建立完善县区2018—2020年扶贫项目库,累计谋划项目4.04万个,资金额达232亿元。成立产业扶贫、就业扶贫、危房改造等十大重点工作督查督办组,着力破解“项目落地难”“资金等项目”等难题,切实提升扶贫项目安排精准度和资金支付进度(萧县坚持把扶贫项目资金“晒”在阳光下,有力提高群众知晓率和参与度,该做法在全国扶贫资金项目公告公示监管培训班上作经验交流,并被省扶贫办简报第27期刊发宣传)。

【强化帮扶实效】 扶贫力量不断加强。坚持把帮扶工作与贫困村实际相结合,分类指导,精准选派,最大限度汇聚帮扶工作合力。持续充实扶贫力量。选派2名县处级干部、12名年轻干部到市扶贫局挂职,县区比照市级做法,全面充实各级扶贫部门力量,重点行业部门均设立扶贫工作办公室,向有扶贫开发任务的非贫困村派驻工作队。全面加强干部培训,累计培训4.3万人次,编发《宿州市脱贫攻坚政策读本》《脱贫攻坚入户调查手册》《涉贫信访工作机制及典型案例》,提升扶贫干部业务水平。

持续强化正向激励。出台《关于加强选派脱贫攻坚一线干部队伍建设的意见》,建立扶贫干部档案,全市先后有204名选派干部在扶贫一线提拔重用,707名自然村扶贫小组长进入村“两委”班子(《安徽宿州为自然村配备扶贫小组长》在国务院扶贫办扶贫简报第4期刊发,省委书记李锦斌作出重要批示,要求印发各地参考借鉴)。

持续加强定点扶贫。完善“单位包村、干部包户”工作制度,市直包保单位拿出不低于20%年度办公经费用于包保村帮扶工作。通过脱贫攻坚大数据平台,累计电话抽查包保单位1132家、帮扶责任人13650名,回访贫困户35993户,对帮扶工作开展不力、贫困户不满意的单位及个人进行通报。

持续深化社会扶贫。深化县域结对帮扶，落实帮扶资金4100万元，共建产业园、特色产业基地、扶贫车间104个，带动贫困人口5202人。深化“百企帮百村”精准扶贫，以签约结对、村企共建为主要形式，674家非公企业精准对接459个村，帮扶贫困户1.6万户。成立115支“李娟脱贫攻坚志愿服务队”对口帮扶全市115个未出列贫困村。组织扶贫项目认领认捐，录播《吃水不忘挖井人，脱贫不忘党的恩》扶贫日特别节目，社会各界踊跃认领扶贫项目394个，认捐金额达5612万元。

【强化立行立改】 脱贫成效持续巩固。以“重精准、补短板、促攻坚”专项整改行动为抓手，开展问题大排查、大整改，长短结合、立行立改、力促见效。坚持以上率下。市委、市政府成立专项整改行动领导小组，统筹负责、定期调度，制定《宿州市重精准、补短板、促攻坚专项整改行动方案》等3个专项整改方案，出台作风问题专项治理等方面9个文件和驻村扶贫工作队管理等方面5个通知，进一步完善政策制度体系。同时，针对查摆整改情况，借鉴市际交叉互查和贫困县退出验收方法，开展最严格的脱贫攻坚年中督查，逐县区召开会议集中反馈、限期整改。

坚持立行立改。成立由市委、市政府主要负责同志任组长的中央脱贫攻坚专项巡视宿州市整改工作领导小组，印发工作方案和工作安排意见，聚焦“学、查、改、立”四个环节，将立行立改与学习习近平总书记关于扶贫工作的重要论述结合起来、与开展“三查三问”结合起来、与五级书记遍访行动结合起来，开展立行立改专项行动，排查脱贫攻坚工作中形式主义官僚主义问题168条，推动一批基层反映突出的问题得到快速整改。

坚持举一反三。对照2017年脱贫攻坚成效考核反馈问题、省年中督查反馈问题、省督查巡查反馈问题、“七个不落一个不少”大排查和省第三方监测评估反馈问题，开展多轮专项摸排，做到不漏一户一人、不留死角盲区，查找脱贫攻坚各个环节存在的疑点问题27.3万条，全部整改到位。着眼长远、注重长效、系统归类，从制度、措施、保障等方面堵住漏洞，有力有序推进整改工作。

【强化执纪问责】 作风治理深入推进。全面落实中央关于加强作风建设决策部署，聚焦市县乡村四级责任主体，将作风建设贯穿脱贫攻坚全过程、各环节。深入推进专项治理。制定《宿州市开展扶贫领域作风问题专项治理实施方案》，围绕“四个意识”、政策落实、责任落实等八个方面内容，全面梳理排查问题6827条，集中开展全方位、立体式的扶贫领域作风问题专项治理，整改完成率达99.96%，确保脱贫工作务实、过程扎实、结果真实。

全面加强专项巡察。先后对359个建档立卡贫困村开展三轮脱贫攻坚领域专项巡察，实现了贫困村巡察全覆盖。配合省委巡视，专项巡察8个市脱贫攻坚领导小组成员单位，并对1个成员单位和10个乡镇20个贫困村进行“回头看”（全年查处扶贫领域腐败和作风问题263起，处理308人，给予党纪政务处分294人，移送司法机关8人，追缴或收回违纪资金1000余万元）。

改进暗访督查方式。市四大班子主要负责同志等10名市级包保县区领导，带头分赴各县区开展暗访，现场点评反馈问题，提出整改要求。市扶贫局常态化开展“四自”暗访，复核市领导发现问题整改情况，完善督查、反馈、跟踪、复核、问责的闭环工作流程。各行业部门整合督查资源，加强联动、共享信息，减少频次、增强实效，做到工作有部署、督查必跟进，有力地提升脱贫攻坚成效。

【强化“智志”双扶】 内生动力全面激发。大力弘扬全国脱贫攻坚奋进奖获得者李娟的自立自强奋力拼搏精神，加强对贫困群众的宣传教育引导，突出社会风尚引领和典型示范带动，进一步改变贫困户精神面貌，强化其脱贫主体意识，涌现出“中国好人”闫秀芹等一批脱贫典型人物。创新方式方法。创排大型扶贫现代戏《春风化雨》在省市县乡巡回演出，去年8月16日进京展演，得到国务院扶贫办领导高度赞扬。灵璧县将精神扶贫与移风易俗、农村环境“三大革命”等相结合，通过实施“文明乡风宣教、志愿服务帮扶、文化服务惠民、教育培训提升、环境卫生整治、先进典型选树”等六大行动，有效激发贫困群众脱贫内生动力，新华社、中国扶贫杂志社对此进行了宣传报道（《灵璧县推动精神扶贫激发内生动力》在国务院扶贫办扶贫信息第53期、省扶贫办扶贫简报第3期刊发宣传，张曙光副省长作出批示给予肯定），萧县“物质与精神脱贫同步推进”项目获评全国民生工程示范工程。大力弘扬孝老爱亲等中华传统美德，推广设立孝善“红黑榜”,定期评比表彰孝善典型,在助力老年贫困户脱贫的同时让孝善文化落地生根(《萧县大力弘扬孝善文化　助力脱贫攻坚》在省扶贫办扶贫简报第35期刊发宣传)。

引导群众参与。建设爱心超市251个,引导贫困群众通过参与家庭环境卫生评比、德孝评比、扶贫政策问答评比、“积分劳务”等方式获取所需物品,推动贫困群众通过自己的辛勤劳动脱贫致富(《泗县积极探索“爱心超市”扶贫模式》在省扶贫办扶贫简报第23期刊发宣传)。积极开展文明卫生家庭评选活动,积极引导贫困群众改变不良生活习惯,主动做到“五净一规范”。

营造浓厚氛围。开设“脱贫攻坚在行动”等专题专栏,上线“宿州扶贫”微信公众号和新宿州扶贫官网,广泛宣传扶贫政策、帮扶干部、驻村工作队和群众典型事迹。国家和省级主要媒体加大对宿州脱贫攻坚宣传报道力度,国务院扶贫办《信息简报》刊发我市扶贫信息2期,国务院扶贫办网站刊发82篇,省扶贫《信息简报》刊发8期;《人民日报》《农民日报》等国家媒体宣传我市扶贫工作104篇,省级媒体刊载我市扶贫宣传报道419篇。

【探索提升基层基本公共服务水平】　为进一步夯实脱贫攻坚基础,促进城乡基本公共服务均等化,宿州市制定《关于加强基层基本公共服务功能建设的实施意见》,量化细化各项目标、任务、完成时限。实行清单管理,建立不同层面的《责任清单》,实现各级各部门无缝对接、联动联推。强化资源整合,坚持共建共享,利用现有设施和闲置资源提升完善,避免重复建设、超标准建设,精选“双基”项目2459个。注重快速推进,建立《月通报制度》,实行每月一排名、每月一通报,每月赴县区开展暗访督导,向县(区)党政主要负责人“一对一”下发问题交办单、限期整改。全市基层基本公共服务供给能力和水平明显提升,人民群众从心底感受到更多的获得感、公平感、幸福感。

【探索高质量推进“四好农村路”建设】　为进一步优化全市农村路网结构,消除制约农村发展的交通瓶颈,宿州市将农村公路建设与农业综合开发、农田水利建设、农村小城镇建设结合起来,建立多元投入机制。通过QQ、微信等网络移动终端,进一步提升信息化管理水平,保证工程实施进度和实体质量。探索预见性管理办法,每月委托第三方对农村道路畅通工程建设程序、施工现场管理、工程进度及内业资料收集整理归档等方面进行巡检。初步形成了以县道为骨架、乡道为支线、村组道为脉络的农村公路网络体系,为打赢脱贫攻坚战、实施乡村振兴战略打下坚实的交通运输基础。

【创新改善人居环境工作模式】　“脏乱差”是皖北农村的一大顽疾,整治农村人居环境、建设美丽宜居乡村,有利于进一步深化脱贫攻坚、推进乡村振兴战略实施。为让基层干部干有方向、学有榜样,宿州市创新开展“示范村、示范户”创建引领行动,制定示范户“七有”、示范村“七要”标准,深入推进农村环境“三大革命”,开展拉网式陈年垃圾清理行动,基本实现生活垃圾“日产日清”,无害化处理率达到95%以上,建成45个乡镇政府驻地污水处理设施,改造农户厕所13.4万户。深入开展“三清四拆”,累计拆除破危房屋480.48万平方米,完成自然村整治7494个、整治率达80%。全市首批打造232个示范村、1845个示范户,并向所有行政村贫困户全覆盖推广,农村面貌发生较大改观,贫困群众生产生活方式得到逐步改变。

【探索创新加强非贫困村脱贫攻坚】　为进一步解决脱贫攻坚政策扶持、资金投入等不平衡问题,宿州市在359个贫困村驻村工作全覆盖的基础上,又为全市873个非贫困村分别选派1名科级扶贫工作队长、1名扶贫专干,任期均到2020年。扶贫工作队长由县(区)直单位、乡镇副科级以上党员干部担任,扶贫专干由后备干部、中长期培养对象、从优选聘的社会人员担任。加强非贫困村“双基”建设,与贫困村同标准、同投入,同步督查调度,推进农村面貌整体提升。加快建设非贫困村扶贫工厂,制定《宿州市2018年村级扶贫工厂建设实施方案》,市县(区)两级财政为每个扶贫工厂分别奖补20万元,推进建设非贫困村扶贫工厂324个,进一步夯实非贫困村集体经济发展基础,带动贫困劳动者就近就业。

【创新实施“一自三合”扶贫小额信贷模式】　宿州市坚持把扶贫小额信贷作为助推贫困户发展生产、创业就业,变“输血”为“造血”的重要举措。在突出贫困户自愿和参与原则基础上,结合实际创新实施

"一自三合"模式(户贷户用自我发展、户贷户用合伙发展、户贷社管合作发展、户贷社管合营发展),完善风险补偿机制,为贫困户引来金融活水,走出一条"金融+产业"融合发展、带贫减贫之路,受到国务院扶贫办的充分肯定,并向全国推广(《灵璧县探索实施"金融+产业"脱贫路径》被省扶贫办《扶贫简报》第40期刊发宣传)。

【探索完善特困人员救助机制】 把特困人员救助作为脱贫攻坚的"重中之重",确保全面建成小康路上不落一人。出台《宿州市易肇事肇祸严重精神障碍贫困患者集中救治与供养工作实施方案》《宿州市分散供养失能五保老人和建档立卡贫困户中的一级残疾人集中入住供养工作方案》,把易肇事肇祸精神病患者、无自理能力的五保老人、重度残疾人等,在精神病专科医院、乡镇敬老院、卫生院进行集中供养。全市摸排有意愿集中供养的三类人群共8554人,首批集中入住508人,做到兜严、兜实、兜全。高标准改造市精神疾病专科医院,为第一批62名易肇事肇祸精神病患者提供医、养、康复为一体的救治与供养服务。

·公务员管理工作·

【概况】 2018年,宿州市公务员管理工作以全国、全省公务员管理工作会议精神为指引,以服务于广大公务员为出发点,以提高工作效率和水平为着力点,以提升公务员的能力素质为落脚点,不断完善考录制度,强化公务员年度考核,健全表彰奖励制度,创新公务员培训工作,加强公务员队伍管理,为全市经济社会发展提供人才支持和智力保障。

【公务员招录】 2018年,全市面向社会公开招录531个职位,经过报名、资格审查、笔试、体能测试、面试、体检、考察、公示、审批录用等环节,最终招录522个职位(含省垂管单位)。

【公务员考核】 认真执行国家和省关于公务员考核政策,印发《关于做好2017年度公务员考核工作的通知》,指导组织实施全市行政机关公务员(工作人员)的年度考核工作,结合单位年度获奖情况,严格控制优秀指标,落实日常管理与年度考核相结合,充分发挥年度考核导向作用。

【公务员交流】 2018年,市人社局共承办以市政府名义任免文件21批125人次,并向市人大常委会提交27名市政府组成部门主要领导职务任免议案。登记、办理进入机关新录用公务员、军转干部、选调生、公安职业院校毕业生、政法干警毕业生、调任人员360人次。认真做好年度公务员统计工作。召开统计会审会议,进行部署、培训,准确接收、审核、汇总数据,及时完成统计任务,撰写分析报告,按时上报省公务员局。

【公务员培训】 2018年,市人社局圆满完成上级部署的24期118人次的调学任务,举办两期共计507人的公务员初任培训班;承办安徽省第五期"脱贫攻坚"能力提升的120人专题培训班。

【工资改革和表彰奖励】 2018年,市人社局认真落实司法体制改革任务,完成法检两院8名新进入员额人员工资套改任务;会同市财政局审核下达法检两院2018年度绩效考核奖金总量538万元;按时调整司法系统工作人员基本工资标准;落实好人民(司法)警察执勤岗位津贴、警衔津贴、加班补助及政法委工作津贴等各项制度。

【军转干部安置】 2018年,宿州市军转安置任务是32名军转干部,5名随迁随调家属。在市委、市政府和市军转安置工作小组的领导、协调下,32名军转干部中选择计划分配为28人,自主择业为4人,28名军转干部中,副团职2人,营职及以下26人,选择计划分配的28名军转干部均安置在各级党政机关和政法系统,百分之百进入公务员队伍,高标准完成军转安置任务。

(潘家林)

·市直机关事务管理·

【政治思想建设】 2018年,局党组重点围绕贯彻落实新时代党的建设总要求,以坚持和加强党的全面领导为导向,切实将全局党的政治思想建设提升到一个新水平。

认真贯彻民主集中制。严格执行议事决策程

序和制度,2018 年度共召开 21 次党组会,对局党建、人事、财务、工程、巡视巡察整改等重要工作和重大部署进行集体研究、集体决策,会后及时编印会议纪要,抓好议定事项的督促落实。

认真组织中心组学习。局党组把中心组学习作为加强党组建设的重要方式,结合党建重点和业务工作,重点对习近平新时代中国特色社会主义思想、党的十九大精神和习近平总书记视察安徽重要讲话精神等内容集中学习,并根据需要将参学范围扩大到局机关各科室负责人、下属单位主要负责人,针对学习内容积极组织研讨发言,使学习不走马观花、流于形式,2018 年以来共组织 13 次中心组学习。

认真落实意识形态责任制。局党组切实履行抓意识形态工作的主体责任,年内根据人员变动及时调整了领导小组,进一步细化分解责任,加强宣传引领,主动回应关切,切实将全局意识形态阵地守住管好。2018 年,全局上下没有发现与中央和省、市委决策部署不符的舆情、言论。

【基层组织建设】 局党组认真贯彻落实中央和省委、市委关于基层党建工作部署要求,以提升组织力为重点,突出政治功能,不断提高基层党建工作质量。

深入推进"两学一做"学习教育常态化制度化。将推进"两学一做"学习教育常态化制度化当作首要政治任务,组织全局党员持续学习贯彻习近平新时代中国特色社会主义思想,结合下半年市委部署开展的"讲忠诚、严纪律、立政德"专题警示教育,按照要求落实"学、查、改、促"规定动作,组织全局党员认真学习,深入查摆,集中警醒,改进不足,取得明显成效。

深入推进基层党组织标准化规范化。局党组把建设标准化规范化基层党组织作为目标,实施党支部建设提升行动,对宿州宾馆支部、宿州宾馆退休支部党组织软弱涣散问题,详细排查、加强协调,将党员组织关系转至户籍所在地,确保问题彻底整改销号;对于新成立的物业公司党支部、公车管理服务中心党支部起步较晚、基础薄弱问题,采取先进支部一对一帮扶的举措,发挥先进党支部示范引领作用,在"三会一课"标准化、党员发展和教育管理规范化等方面下功夫,制定标准化模板,学习借鉴先进经验。局关工委紧紧围绕主题开展内容丰富的活动,教育引导青少年树立社会主义核心价值观,充分发挥了老同志在青少年健康成长过程中的"传帮带"作用,全局组织建设水平得到全面提升。

深入推进党建活动多样化实效化。结合全市中心工作创建全国文明城市,充分发挥基层党组织战斗堡垒作用和党员先锋模范作用,每周组织局属各支部党员深入包保振兴社区,开展文明宣传、环境治理、走访慰问、交通劝导等活动,不断扩大辖区居民对文明创建工作的知晓率和支持度,为创建工作营造浓厚氛围,打下坚实基础,丰富党员组织生活内涵、深化党员组织生活效果。

【纪律作风建设】 局党组深入落实中央和省委、市委关于党风廉政建设的部署要求,执行政治纪律和政治规矩,履行管党治党责任、党风廉政建设和反腐败工作得到推进。

扛起主体责任不放松。局党组把廉政风险防控机制建设作为落实主体责任的抓手,每季度组织开展党组书记与班子成员、班子成员与分管科室部门之间的廉政谈话,把风险点梳理、提醒到位,让"咬耳扯袖""红脸出汗"成为常态,做到了党风廉政建设工作与业务工作齐抓共管、同频共振。

注重日常教育不放松。每逢节假日等敏感时期,局党组采取教育提醒和检查督导相结合的方式,组织党员干部学习《中国共产党党内监督条例》《中国共产党廉洁自律条例》《中国共产党巡视条例》和纪委印发的通知通报,通过观看警示教育片、组织全体党员干部赴市党风廉政教育中心和宿州监狱开展专题警示教育,引导局党员干部树立红线意识,提高遵规守纪、修身正己的自觉性。

狠抓作风建设不放松。认真贯彻落实市纪委《关于开展形式主义官僚主义问题大排查大整改实施方案》,印发并执行局机关考勤办法,向机关效能建设中易发的"懒、散、软"、作风散漫、迟到早退等现象开刀,效能建设得到进一步加强。及时组织对落实中央八项规定精神情况进行了"回头看",根据人员情况,重新调整局机关办公用房,确保四风问题不反弹回潮。

【公务接待】 接待科结合参加全省接待系统培训班学习成果和日常工作实际,修订完善《宿州市省内公务接待细则》,对于审批程序、接待范围、用餐标准等方面进一步明确,补充了招商、应急、暗访等形式的接待审批程序，推动中央八项规定和省、市三十条规定持续深入。在实际工作中坚持“先审批后接待”，严格执行标准，规范财务报销，深挖地方特色，公务接待工作形成按章办事、规范细致的新常态。2018 年以来，共接待来宾及大型会议共计 365 批、4392 人次，公务接待费支出逐年下降，降幅显著。

【财务管理】 财务科在工作中坚持“细致准确”的原则，完成日常财务核算、编制年度预算决算、落实巡察整改任务等重要工作，并结合工作实际，进一步健全局内审制度，2018 年在全局范围内组织开展财务收支审计工作，推动财务管理规范化。

【公车运行】 公车科加强对公车运行的日常监管，根据车辆状况对于符合条件的公车及时更新处置，2018 年更新 10 辆商务车，5 辆轿车，公车保障的安全性得到进一步提升。监督指导公车平台做好公务用车标识化工作，有力推动全市公务用车制度改革持续深入。公务用车管理服务平台高度重视安全工作，加强对驾驶员的教育管理，全年累计出行 16700 余车次，400 多万公里，无重大安全事故发生，保障各项公务活动顺利开展。

【会务服务】 综合科注重把会议先期准备和现场保障工作做细做实，加班加点布置会场，定期保养维修，提前调试检查，2018 年共保障会议近 500 场次，在会议设备普遍老化的情况下，圆满保障市委市政府及有关单位的各项会议任务。

【大院秩序】 保卫科结合市政务中心大院内目前实际情况，将车辆通行证制度落到实处，与市公安局特警支队配合，对于车辆出入停放加强管理，院内车辆通行秩序得到有力改善。在日常工作中注重做好消防安全与综合秩序维护工作，加大巡查力度，对消防系统进行改造升级，在办公区域增设消防柜，进一步保障了秩序。

【房管工作】 房管所注重做好对政务中心的水、电、暖、电梯等设备设施的定期检查和维护，及时消除安全隐患，保障院内办公单位工作正常运行。在办公用房管理工作中，对市直各单位提交的办公用房维修改造申请认真把关、现场勘查、及时审批，不断将办公用房“统一管理、统一调配、统一权属登记”的要求向前推进。在做好日常工作的同时，重点负责实施市政务中心综合改造工程，对施工企业加强调度、现场指挥，大院道路系统、广场系统、停车系统、门禁系统、照明系统、绿化系统、管廊系统得到进一步优化，为干部职工办公提供安全、智能、便捷的环境。

【中心工作】 在做好日常保障的同时，在全局范围内定期开展扶贫业务培训，组织扶贫干部走村入户，确保全局帮扶目标如期实现。深入推进公共机构节能，举办 2018 年公共机构节能宣传周暨全国低碳日启动仪式，着力抓好节约型公共机构示范单位创建工作，顺利完成省管局下达的年度考核指标。

【物业管理】 物业公司认真落实《关于进一步理顺物业公司管理运营体制的意见》《政务中心物业管理工作考核办法》，主动接受物业管理工作考核领导小组的考核管理，现场整改问题。开展集中灭蚊灭蝇和环境亮化绿化活动，优化政务中心院内整体环境。把机关食堂商品价格、食品安全等方面监管作为重中之重，每天安排人员在餐前检查工作餐菜肴质量、花色品种，并取样留置，确保食品安全卫生，每周到市内超市采集商品价格，核定食堂每周工作餐菜谱及折售商品价格，开展机关食堂服务员“微笑服务”活动，不断提高就餐人员满意度。

【干休工作】 干休所坚持把老干部身心健康作为工作重点，按时上门走访，及时开展健康体检，定期组织文化娱乐活动，积极申请专项资金，协调相关部门开展线缆整治、道路提升等工作，为老干部休养、生活提供良好条件，得到老干部充分认可。

【南苑宾馆】 南苑宾馆承接市委市政府大量接待任务，努力克服设备设施老化的问题，创新管理机制，着力节能降耗，改造硬件设施，在圆满完成重要接待任务的同时，统筹做好市委党校、市党风廉政教育中心各项物业托管任务。

［责任编辑　张　民］

政协宿州市委员会

【概况】 2018年是新一届市政协起步之年。在中共宿州市委的坚强领导下，市政协常委会深入学习贯彻习近平新时代中国特色社会主义思想，坚持团结和民主两大主题，积极践行“三心两进一流”工作理念，围绕全市中心工作，认真履行政治协商、民主监督、参政议政职能，在传承历届政协工作经验的基础上不断开拓创新，有力推动了宿州市人民政协事业取得新进步，为建设现代化五大发展美好宿州作出积极贡献。重点围绕坚持思想引领，努力把牢政治方向；坚持围绕中心，奋力助推改革发展；坚持探索创新，大力推进协商民主；坚持履职为民，倾力服务民生改善；坚持团结民主，全力凝聚各方力量；坚持锐意进取，着力加强自身建设六个方面开启五届政协工作。

【参加省政协十二届一次会议】 1月21日，省政协十二届一次会议在合肥隆重开幕。市政协主席、政法委书记许广斌，市委常委、组织部长、统战部长操隆山，市人大常委会副主任孟广实，副市长马杰，市政协副主席武敏、张生等住宿省政协委员出席开幕式，并分别参加所在界别的联组或分组审议。

【省政协民宗委走访慰问】 2月2日，省政协民族和宗教委员会专职副主任赵广一行到宿州市，走访慰问少数民族界和宗教界代表人士。市政协副主席张生，市政协民宗委主任唐新华等陪同。

【市领导集中走访慰问】 2月12日，市委书记史翔，市长杨军，市政协主席、市委政法委书记许广斌等，集中走访慰问宿州市各民主党派、工商联负责同志和无党派人士代表，共贺新春佳节，共商发展大计。市委常委、组织部长、统战部长操隆山，市政协副主席、市委秘书长孟伟，市政府秘书长李晓宁等参加走访。

【迎新春联谊座谈会】 2月12日，市政协举行侨界迎新春联谊座谈会。市政协副主席魏建华出席会议并讲话。市政协副秘书长黄莉主持会议。市经开区、市高新区、市直有关部门负责人以及宿州市侨界代表参会。

【省政协调研“政协委员听庭审”】 3月20日至21日，省政协委员、省检察院原副检察长、党组书记鲍国友率省政协调研组，来宿州市开展“政协委员听庭审”专题调研。市政协副主席魏建华、市政协副秘书长黄莉、社法委主任王明奎、研究室主任陈树银等先后陪同。

【省政协调研“三重一创”】 3月30日，省政协常委、副秘书长，致公党省委专职副主委武琼宇率省政协致公党界别调研组，到宿州市专题调研“三重一创”建设情况。省政协常委、致公党宿州市支部主委，副市长马杰随同调研。市政协副主席马红钟、市政府副秘书长盛长春、市政协经济委员会主任姜晓宏以及市高新区、市直有关部门、部分高科技企业负责人分别陪同或参加座谈。

【省政协副主席牛立文到宿州调研】 4月2日至4日，省政协副主席牛立文率省政协农业界委员一行到宿州市开展“培育新型农业经营主体　助推乡村振兴战略实施”调研活动。市政协主席、市委政法委书记许广斌，副市长韩维礼，市政协副主席武敏等陪同调研或出席座谈会。

【省政协走访看望住宿省政协委员】 4月10日至12日，省政协副主席肖超英一行来宿，走访看望住宿省政协委员。市委书记史翔，市长杨军，市政协主席、市委政法委书记许广斌等先后陪同。

【省政协主席张昌尔到宿州市调研】 4月25日至26日，省政协主席张昌尔一行到宿州市调研经济社会发展和政协工作情况。省政协秘书长车敦安等参加调研。市委书记史翔，市长杨军，市政协主席许广斌，副市长祖钧公，以及市政协副主席、市委秘书长孟伟，市政府秘书长李晓宁等先后陪同或出席座谈会。

【五届市政协新任委员培训班】 5月3日，五届市政协新任委员培训班开班式在市委党校举行。市政协主席许广斌主持开班式并讲话，市委副书记余向东出席并通报全市经济社会发展情况。市政协副主席武敏、马红钟分别主持3日下午和4日上午的专题辅导报告会。省政协原副秘书长杨玉华作题为《拥抱新时代，做履职有为的政协委员》，省政协原副秘书长、办公厅主任仲建成作题为《政协章程修改与政协性质职能的演进发展》的专题辅导。五届市政协新任委员、县区政协负责人及市政协机关人员共计270人参加培训。

【省政协视察红色资源保护与利用】 5月17日至18日，省政协副主席李修松率省政协视察团，实地视察宿州市旅游及红色资源保护与利用工作。省政协文史资料委员会主任穆聪贵，省政协文史资料委员会副主任、省委党史研究室主任程中才，省政协文史资料委员会副主任、省地方志办公室主任郭德成，省档案局局长黄玉明，省国家安全厅厅长王焰等参加视察活动。市政协主席许广斌，副市长马杰，市政协副主席魏建华陪同或出席座谈会。

【广东省政协考察医共体建设】 6月2日，广东省政协党组成员、副主席刘日知率考察组到宿州市，就推进医共体建设进行考察。市政协副主席赵素华，省、市政协教科文卫体委员会负责同志及市直有关单位负责同志等分别陪同或出席座谈会。

【汴河博物馆开馆】 6月28日，汴河博物馆开馆暨情满汴河·中国书画名家作品邀请展系列活动举行。市委常委、宣传部长、市总工会主席何志中，市人大常委会副主任孟广实，副市长马杰及市政协原主席姜元等出席开馆仪式。何志中宣布汴河博物馆开馆暨情满汴河·中国书画名家作品邀请展开幕。中国中旅（集团）原总经理、党委书记方小榕、水利部农水司副司长姜开鹏、中国水利博物馆副馆长任根泉及市人大常委会副主任孟广实为博物馆揭牌。市政协副主席魏建华主持汴河博物馆开馆仪式。与会领导和嘉宾、书画界代表、媒体代表共同见证博物馆开馆。

【省政协调研提案工作】 7月13日，省政协副秘书长、提案委员会主任曹国强来宿州市调研提案工作，并就修订省政协《提案审查立案工作实施细则》听取意见建议。市政协副主席魏建华、市政协提案委员会主任齐克省和县区政协有关负责人，部分市民主党派负责人参加座谈。

【省政协调研数字经济】 7月17日，省政协副主席郑永飞率省政协调研组，就“大力发展数字经济”来宿调研。市政协主席许广斌，副市长祖钧公，市政协副主席马红钟等先后陪同或出席座谈会。市政协副主席武敏等住宿省政协委员参加座谈。

【省政协专题讲座】 8月5日，市政协副主席武敏应省政协邀请，在十二届省政协新委员暨县（市、区）政协负责人培训班上以“修自身 出实招 做表率”为题做专题讲座。

【市政协工作汇报会议】 8月10日，市政协工作汇报会议召开。市政协党组书记、主席许广斌主持会议并讲话。副主席马红钟、武敏、魏建华、张生、赵素华等出席会议。会议深入贯彻市委五届六次全委会议精神，全面总结上半年工作，安排部署下半年工作任务。市政协各委室汇报了上半年工作情况及下半年工作计划；各县区政协结合各自工作谈体会、提建议；市政协各位副主席围绕分管工作提出具体要求。

【省政协在宿州市召开党的建设工作座谈会】 8月23日，省政协党的建设工作（淮亳宿阜四市政协片区)座谈会在宿城召开。省政协党组成员、副主席韩军主持会议并讲话。省政协提案委员会副主任张正耀(正厅级)、办公厅副主任何希周以及淮北、亳州、阜阳及其相关县区政协负责人等出席会议。市政协党组书记、主席许广斌,副市长祖钧公,市政协党组副书记、副主席马红钟,市政协党组成员、副主席魏建华出席会议或陪同调研。

【省政协调研大运河文化带建设】 9月5日,省政协副主席李修松率队到泗县调研大运河文化带建设工作。市政协党组副书记、副主席马红钟,县政协主席王春峰,市政协文史委主任蒋翠萍,泗县副县长胡浪涛,县政协副主席胡琳以及文广新局负责人等参加活动。调研组一行先后来到运河人家园林景观项目、隋唐大运河通济渠泗县段遗址、泗县博物馆等地实地调研。

【黄河故道沿线城市政协联席会议】 9月13日,黄河明清故道沿线城市政协联席协作(宿州)会议召开。市政协党组书记、主席许广斌出席会议并致辞,市政协副主席魏建华主持会议。菏泽市政协党组副书记、副主席付守明,宿迁市政协副主席薛永干,商丘市政协副主席宋崇江,徐州市政协副主席王军,淮安市政协副主席陶光辉等出席会议。与会领导介绍各地市黄河明清故道综合开发情况,就协同开发提出建议。

【书画联展】 9月13日,故道新风"黄河明清故道沿线城市政协系统书画联展"在汴河博物馆开幕。市政协党组书记、主席许广斌出席开幕式并宣布书画联展开幕,市政协副主席魏建华主持开幕式。菏泽市政协党组副书记、副主席付守明,宿迁市政协副主席薛永干,商丘市政协副主席宋崇江,徐州市政协副主席王军,淮安市政协副主席陶光辉等出席活动。

【省政协考察旅游开发】 9月25日,中国茶文化国际交流协会常务副会长、安徽省政协港澳台侨和外事委员会副主任吴志斌一行到埇桥区考察旅游开发工作。市政协副主席武敏,市政协港澳台侨和外事委员会主任张斌陪同考察。

【全国政协调研大运河文化带建设】 11月8至9日,全国政协文化文史和学习委员会副主任刘佳义率调研组一行来宿,就"推动大运河文化带建设"进行实地调研。省政协副主席李修松,以及省政协相关委室、省直有关部门负责人,市政协主席许广斌、副主席马红钟以及市政协相关委室负责人等先后陪同。

【省政协调研"政协委员听庭审"】 11月30日,省政协副主席郑宏率省政协调研组,就"政协委员听庭审"民主监督活动进行调研。市政协主席许广斌、副主席魏建华等分别陪同调研或出席座谈会。

【蚌埠市政协考察】 12月4日,由蚌埠市政协主席、市委秘书长杨森率领的住蚌埠省政协委员考察团来宿州市高新区考察。市政协主席许广斌陪同考察。

【市政协征求意见建议】 12月14日,市政协召开座谈会,就《市政协常委会工作报告(讨论稿)》、《市政协提案工作情况的报告(讨论稿)》以及明年重点工作,征求各县区政协和各民主党派、工商联的意见建议。市政协主席许广斌主持会议并讲话。市政协副主席武敏、张生、赵素华出席会议。市政协副秘书长,各委室负责同志,各县区政协负责同志以及我市各民主党派、工商联负责人等参会。

【市政府征求意见建议】 12月17日,市政府就《政府工作报告(征求意见稿)》(以下简称《报告》)和市政府工作等,赴市政协征求意见建议。市长杨军率《报告》起草组成员及市直相关部门负责人,以召开座谈会的形式,征求市政协、民主党派、工商联和无党派人士意见建议。市政协主席许广斌,副主席马红钟、武敏、魏建华、张生、赵素华,市政府秘书长李晓宁等出席座谈会。

【省政协走访住宿省政协委员】 12月19日至20日,省政协副主席孙丽芳一行来宿走访看望省政协委员。市委书记史翔,市政协主席许广斌,市领导马杰、魏建华、张生等分别陪同或出席座谈会。

【政协第五届宿州市委员会第一次会议】 1月4日至7日,政协第五届宿州市委员会召开第一次会议。中共宿州市委、市人大常委会、市政府领导,宿州军分区、市中级人民法院、市人民检察院负责同志以及其他市级领导,出席大会开幕式和闭幕式。市委书记史翔,市长杨军和市委、市政府其他领导分别听取大会发言,参加专题会议和小组讨论。会议期间,来自各行各业、各条战线的委员听取并审议政协第四届宿州市委员会常务委员会工作报告、提案工作报告及各项决议;听取并讨论政府工作报告及其他报告。会议选举许广斌为市政协五届委员会主席,孟伟、武敏、马红钟、魏建华、张生、赵素华为副主席,李励为秘书长。选举丁勇等75人为市政协五届委员会常委。大会通过市政协五届一次会议决议,听取提案委员会关于市政协五届一次会议提案征集情况的通报。会议回顾四届政协五年来的工作,确立五届政协工作重点。

【政协第五届宿州市委员会主席会议】 1月17日,召开五届一次主席会议,协商通过政协第五届宿州市委员会主席、副主席和秘书长工作分工;讨论修订《中国人民政治协商会议宿州市委员会主席会议工作规则》;讨论市政协近期工作安排。

2月6日,召开五届二次主席会议,学习传达省"两会"精神;审议通过市政协五届一次常委会议议程(草案)和日程;协商通过政协第五届宿州市委员会常委会议分组名单;审议政协第五届宿州市委员会常务委员会关于设置专门委员会的决定(审议稿);协商政协第五届宿州市委员会副秘书长建议名单;协商政协第五届宿州市委员会专门委员会主任、副主任建议名单;审议政协宿州市委员会2018年工作要点(审议稿);审议2018年度政协重点民主协商活动计划(审议稿)。

3月27日,召开五届三次主席会议,学习贯彻全国"两会"精神;审议通过市政协2018年主要工作任务分解;审议通过市政协2018年度"政协委员听庭审"活动方案;审议通过政协第五届宿州市委员会委员(界别)活动小组划分方案;审议通过政协第五届宿州市委员会专委会兼职副主任(草案)、专委会委员名单。

4月25日,召开五届四次主席会议,审议通过《2018年市政协领导督办重点提案工作方案》;审议通过《关于第五届市政协委员2018年度培训方案》;审议通过《"推进我市采煤沉陷区综合治理"专题协商活动筹备工作方案》《"着力提升我市农村宗教活动依法管理水平"界别协商活动筹备工作方案》《"推进云计算产业做大做强"对口协商活动筹备工作方案》。

6月7日,召开五届五次主席会议,传达省政协十二届二次常委会议暨深入推进"四个一"创新主平台建设资政会精神;审议市政协五届二次常委会议议程(草案)和日程(草案);听取"推进我市采煤沉陷区综合治理"专题协商调研情况的汇报,审议有关建议案(审议稿);通过提案办理协商、"助推农村环境'三大革命'""大力推进职业教育、服务区域经济发展"对口协商筹备工作方案;听取民宗委关于宿州市少数民族村特色旅游发展情况的视察报告;听取市政协机关党组关于制度修订情况的汇报;审议有关人事事项。

7月30日,召开五届六次主席会议,传达学习省政协"习近平总书记关于加强和改进人民政协工作重要思想"理论研讨会议精神;审议通过《"推进我市扬尘污染防治"立法协商活动筹备工作方案》;听取"推进云计算产业做大做强"对口协商会和"着力提升农村宗教活动依法管理水平"界别协商会筹备情况的汇报,审议有关建议。

8月23日,召开五届七次主席会议,会议审议通过市政协五届三次常委会议议程(草案)和日程;听取"大力推进职业教育,服务区域经济发展"对口协商会筹备情况的汇报,审议有关建议;审议通过《政协宿州市委员会委员履职服务和管理暂行办法(草案)》《关于建立市政协委员履职档案工作实施方案(试行)》;审议通过《政协宿州市委员会关于进一步加强对县区政协工作联系和指导的实施意见》;审议有关人事事项。

9月25日,召开五届八次主席会议,传达省委书记领衔督办省政协重点提案办理协商会议精神;听取"助推农村环境'三大革命'"对口协商会筹备情况的汇报,审议有关建议;听取经济委关于外向型经济发展情况的视察报告;审议通过《关于进一步加强和改进专门委员会工作的意见》;审议通过《关于加强和改进政协宣传信息工作的意见》。

10月19日,召开五届九次主席会议,传达学习全国政协召开的习近平总书记关于加强和改进人民政协工作的重要思想理论研讨会精神;传达学习全省政协系统党的建设工作座谈会精神;听取"推进我市扬尘污染防治"立法协商活动筹备情况的汇报,并审议相关建议;听取民宗委关于我市城区宗教活动场所建设和管理情况的视察报告;审议通过

《市政协2018年民主评议工作实施方案》。

11月15日,召开五届十次主席会议,审议市政协五届四次常委会议议程(草案)和日程(草案);审议《关于加强和改进人民政协民主监督工作实施意见(代拟稿)》;审议《关于加强市直有关单位与市政协专门委员会对口联系工作的通知(讨论稿)》;听取2018年市政协民主评议情况的汇报;听取教科文卫体委关于落实宿州市卫生健康人才和专科建设"511"计划的专题调研报告;听取教科文卫体委关于宿州市红色资源保护与利用情况的视察报告。

11月27日,召开五届十一次主席会议,听取各委、室今年工作情况汇报和2019年工作计划。许广斌指出,市政协各委、室牢牢把握团结民主两大主题,紧紧围绕全市"2+4+2"工作总思路,积极践行"三心两进一流"工作理念,充分发挥优势,认真履职尽责,工作思路更加清晰,工作导向更加鲜明,工作推进更加扎实,较好完成了全年工作任务。

12月21日,召开五届十二次主席会议,建议市政协五届二次会议于2019年1月16日至18日召开。审议通过市政协五届五次常委会议议程(草案)和日程;审议通过关于召开市政协五届二次会议的决定(草案);审议通过市政协五届二次会议议程(草案)和日程(草案);审议政协宿州市委员会常务委员会工作报告(审议稿);审议政协宿州市委员会常务委员会关于五届一次会议以来提案工作情况的报告(审议稿);审议市政协常务委员会工作报告报告人建议名单、提案工作情况的报告报告人建议名单;协商市政协五届二次会议秘书长、副秘书长建议名单;协商市政协五届二次会议各次大会执行主席、常委和主持人建议名单;协商通过市政协五届二次会议列席人员名单;审议通过关于授权主席会议审议五届五次常委会议未尽事宜的决定(草案);审议通过2018年度优秀提案及提案办理先进单位、先进个人表彰名单;审议通过2018年度市政协社情民意信息工作先进单位、先进工作者和优秀社情民意信息表彰名单;听取人资环委关于宿州市主城区黑臭水体治理工作视察情况的报告;审议有关人事事项。

【政协第五届宿州市委员会常务委员会会议】 2月8日,市政协召开五届一次常委会议。学习传达省"两会"精神;审议通过《政协第五届宿州市委员会常务委员会关于设置专门委员会的决定》《政协第五届宿州市委员会副秘书长任命名单》《政协第五届宿州市委员会专门委员会主任副主任任命名单》及《政协宿州市委员会2018年工作要点》。

6月19日至20日,市政协五届二次常委会暨"推进我市采煤沉陷区综合治理"专题协商会举行。市长杨军、市政协主席许广斌出席并讲话,市委副书记余向东,副市长张海虹,市政协副主席孟伟、武敏、马红钟、魏建华、张生、赵素华,市政府秘书长李晓宁等出席会议。会议学习贯彻习近平总书记关于加强和改进人民政协工作的重要思想;围绕"推进我市采煤沉陷区综合治理"开展专题协商,审议通过《政协宿州市委员会关于加快推进宿州市采煤沉陷区综合治理的建议案》;审议通过有关人事事项。

8月24日,市政协五届三次常委会议召开。听取市政府关于全市上半年经济运行情况和下半年工作安排的通报;审议通过《政协宿州市委员会委员履职服务与管理暂行办法》;审议通过有关人事事项。

11月22日,市政协五届四次常委会议召开。传达学习全国政协习近平总书记关于加强和改进人民政协工作重要思想理论研讨会精神;传达学习全省政协系统党的建设工作座谈会精神;围绕宿州市行政审批服务改革和优化政务服务开展民主评议。

12月26日,市政协五届五次常委会议召开。审议通过关于召开市政协五届二次会议的决定;审议通过市政协五届二次会议议程(草案);审议通过市政协五届二次会议日程;审议通过市政协常务委员会工作报告及报告人名单;审议通过市政协常务委员会关于五届一次会议以来提案工作情况的报告及报告人名单;审议通过市政协五届二次会议秘书长、副秘书长名单;审议通过市政协五届二次会议各次大会执行主席、常委和主持人名单;审议通过关于授权主席会议审议市政协五届五次常委会议未尽事宜的决定;听取各专门委员会2018年度工作报告(书面);审议通过人事事项。

【重点民主协商活动】 8月3日,市政协举行"推进云计算产业做大做强"对口协商会。副市长祖钧公出席会议并讲话,市政协副主席马红钟主持会议。市政协机关党组书记、副秘书长朱海,市政府副秘书长邓儒,市政协经济委主任姜晓宏等参加会议。

8月16日，市政协“着力提升我市农村宗教活动依法管理水平”界别协商会召开。副市长马杰出席会议并讲话。市政协副主席张生主持会议。市政协副秘书长黄莉、民宗委主任唐新华、研究室主任陈树银及相关部门负责人等出席会议。会议通报“着力提升我市农村宗教活动依法管理水平”界别协商活动筹备情况，宣读“关于着力提升我市农村宗教活动依法管理水平的建言报告（草案）”，课题组成员围绕协商主题分别发言，市民委（宗教局）、市公安局负责人作回应发言。

9月14日，市政协“大力推进职业教育　服务区域经济发展”对口协商会召开。副市长马杰出席会议并讲话，市政协副主席赵素华主持会议。市政府副秘书长盛长春、市政协副秘书长黄莉、市政协教科文卫体委主任袁波、研究室主任陈树银等参加会议。

10月10日，市政协助推农村环境“三大革命”对口协商会召开。市委常委、副市长吴继承出席会议讲话。市政协副主席武敏主持会议。市政协副秘书长、机关党组书记朱海，市政协人资环委主任左飞等参加会议。

11月7日，市政协“推进宿州市扬尘污染防治”立法协商会召开。市委常委、常务副市长操隆山出席会议并讲话。市政协副主席魏建华主持会议。市政协副秘书长黄莉、社法委主任王明奎、市直有关部门负责人以及部分市政协委员等参会。

【提案工作】　市政协五届一次会议以来，市政协常委会认真组织市政协委员、政协各参加单位和各专门委员会，深入学习贯彻党的十九大精神和习近平新时代中国特色社会主义思想，特别是关于进一步加强和改进人民政协工作的重要思想，紧紧围绕宿州经济社会发展大局和人民群众普遍关心的热点难点问题，通过提案，积极履职建言、参政议政。2018年，共收到提案387件，其中会议提案380件，平时提案7件。经审查，共立案308件，立案率为79.6%。其中委员个人提案265件，集体提案43件。截至2018年底，立案的提案均已办复。

3月22日，市人大代表议案、建议和市政协委员提案交办会在政务中心召开。市委副书记、常务副市长余向东出席会议并讲话。市人大常委会党组副书记、副主任张旭和市政协副主席、市委秘书长孟伟出席会议并分别通报了议案、建议以及提案提交情况，提出相关办理要求。市政府秘书长李晓宁主持会议。

5月16日，市政协主席许广斌督办重点提案《关于持续加大对实体经济支持力度的建议》。

6月1日，市政协副主席张生督办重点提案《关于我市大气污染防治工作的几点建议》。

6月6日，市政协副主席马红钟督办重点提案《大力发展物流业推动宿州经济发展》。

6月7日，市政协副主席魏建华督办重点提案《打造新汴河全程景观带》。

6月8日，市政协副主席、市委秘书长孟伟督办重点提案《关于加快我市社会信用体系建设的建议》。

6月12日，市政协副主席武敏督办重点提案《提升我市增减挂钩工作成效实现节余指标省域流转促进城乡统筹发展》。

6月20日，市政协副主席赵素华督办重点提案《关于努力办好学前教育提高保育教育质量的建议》。

8月15日，市政协开展“加快推进养老事业健康发展”提案办理协商活动。市政府副市长韩维礼，市政协副主席魏建华，市政协机关党组书记、副秘书长朱海，提案委主任齐克省以及市直有关部门负责人等出席活动。

10月17日，市委书记领衔督办市政协“加快农村‘双基’建设　助推我市脱贫攻坚”重点提案办理协商会举行。市委书记史翔出席会议并讲话，市政协主席许广斌主持会议。副市长韩维礼，市政协党组副书记、副主席马红钟，副主席武敏、魏建华、张生、赵素华出席会议。

10月26日，市政协副主席魏建华率队前往新汴河景区，通过现场看、听汇报、询问交流的方式，对重点提案《关于打造新汴河国家AAAA级旅游风景区带动产业发展的建议》《盘活隋唐大运河安徽段资源助推宿州经济社会快速发展》办理情况，开展“回头看”活动。

【调研视察工作】　3月27日、4月9日，市政协主席、市委政法委书记许广斌率队先后赴淮北市、埇桥区调研采煤塌陷区综合治理工作，为市政协开展专题协商活动做准备。市政协副秘书长朱海、研究室主任陈树银及有关市政协常委，市国土局、市发改委、市城乡规划局、市林业局等部门负责同志参加调研。

4 月 27 日,市政协副主席张生率市政协民宗委部分委员赴砀山县开展“少数民族村特色旅游发展”专题视察,市政协副秘书长黄莉、民宗委主任唐新华等参加视察。

5 月 8 日,市政协副主席马红钟带队调研中小企业融资担保情况,并召开专题座谈会。市政协经济委主任姜晓宏主持会议,相关部门负责人及部分政协委员参加调研。

5 月 17 日,市政协主席许广斌率领综合调研组赴徐州市贾汪区潘安湖考察采煤塌陷区综合治理工作。市政协副秘书长朱海、人资环委主任左飞、研究室主任陈树银及综合调研组成员单位相关负责人参加调研。

5 月 21 日至 24 日,市政协副主席张生率市政协综合调研组,赴亳州市、阜阳市、河南省周口市等地,围绕“提升农村宗教活动依法管理水平”课题开展专题调研。市政协副秘书长黄莉、民宗委主任唐新华及综合调研组成员单位相关负责人参加调研。

5 月 25 日,市政协副主席、市级林长武敏调研徐明高速生态廊道建设情况。市政协人口资源环境委员会主任左飞及市林业局和相关县林长制办公室负责同志等陪同调研。

5 月 31 日,市政协副主席武敏率视察组,就宿城扬尘治理工作进行视察。市政协人口资源环境委员会主任左飞及部分市政协委员等参加视察。

6 月 6 日,市政协副主席魏建华带领调研组,对“大方寺旅游开发”开展专题调研。市政协副秘书长黄莉、社法委主任王明奎及有关部门负责人参加调研。

7 月 12 日至 13 日,市政协副主席武敏率市政协综合调研组赴埇桥区和泗县部分乡镇,调研农村环境“三大革命”工作开展情况。

7 月 31 日,市政协副主席、市级林长武敏到徐明高速森林长廊灵璧段视察森林长廊建设和林长制推行情况。市政协人资环委主任左飞,市直和灵璧县林业部门负责人等陪同视察。

8 月 6 日,市政协主席许广斌赴高新区走访调研联系重点项目宿州博睿博雅国际实验学校。

8 月 9 日,淮北市政协党组副书记、副主席钱丹婴,副主席、民革淮北市委主委朱先明带领考察组来我市考察大数据产业发展情况。市政协党组副书记、副主席马红钟,副主席、民革宿州市委主委武敏,经济委员会主任姜晓宏等陪同考察。

8 月 8 日至 9 日,市政协主席许广斌赴泗县、灵璧县走访调研,了解两县政协工作开展情况,并结合“讲严立”专题警示教育活动,征求意见建议。市政协机关党组书记、副秘书长朱海等陪同调研。

8 月 15 日至 16 日,衡水市政协副主席贾超绪一行来我市调研物流业发展情况。市政协党组副书记、副主席马红钟,市政协经济委主任姜晓宏,市高新区和宿马园区管委会相关负责人等先后陪同调研。

8 月 28 日,市政协党组副书记、副主席马红钟率市政协经济、工商联界别委员赴埇桥区及市经济技术开发区等地视察外向型经济发展情况。市政协经济委主任姜晓宏,市商务局、市经开区相关负责同志等参加视察。

9 月 5 日,市政协副主席张生率部分市政协无党派、社会科学以及民族宗教界别委员视察市经济技术开发区。

9 月 5 日至 6 日,市政协主席许广斌赴砀山县、萧县政协走访调研,了解两县政协工作开展情况,并走访看望部分市政协委员。市政协机关党组书记、副秘书长朱海陪同。

9 月 21 日,市政协副主席张生带领市政协民族和宗教委员会部分委员,前往地藏禅寺、福音堂、清真寺等地,以实地察看、听取介绍、座谈交流的方式,视察我市城区宗教活动场所建设和管理情况。市政协副秘书长黄莉、民宗委主任唐新华及埇桥区相关负责人等参加活动。

9 月 29 日,市政协副主席赵素华带领部分教科文卫体委政协委员,赴萧县开展红色旅游视察调研。市政协教科文卫体委主任袁波及萧县相关部门负责人等参加活动。

10 月 16 日,市政协副主席赵素华带领调研组赴皖北煤电集团总医院和市立医院北区,调研我市落实卫生健康人才和专科建设“511 计划”开展情况。市政协副秘书长黄莉、市政协教科文卫体委员会主任袁波及有关部门负责人等参加调研。

10 月 25 日,市政协副主席魏建华带队赴徐州市考察扬尘污染综合治理工作,市政协副秘书长黄莉及综合调研组成员单位相关负责同志参加调研。徐州市政协副主席陈萍、徐州市政协人资环委主任刘守忠等陪同调研。

10 月 31 日,市政协副主席魏建华率领民主评议调研组到市行政服务中心开展民主评议调研走访。市政协副秘书长黄莉，提案委主任齐克省、港澳台侨和外事委员会主任张斌及调研组成员参加调研。

12 月 12 日，市政协副主席魏建华率视察组一行，先后前往团市委、市总工会视察群团工作。市政协社法委主任王明奎陪同视察。

12 月 21 日，市政协副主席魏建华率视察组一行，到市妇女联合会视察妇联工作。市政协副秘书长黄莉、社法委主任王明奎等陪同视察。

12 月 28 日，市政协党组副书记、副主席马红钟率调研组，赴灵璧县部分重点企业开展“四送一服”进民企活动。市政协经济委主任姜晓宏等参加调研。

【环保督查】 8 月 29 日，市政协党组副书记、副主席马红钟赴灵璧县实地督查环保工作。市政协经济委主任姜晓宏及市公共资源交易管理局、相关乡镇负责同志等陪同督查。

8 月 29 日，市政协副主席武敏赴埇桥区符离镇、灰古镇督查环境突出问题。市政协人资环委主任左飞及相关乡镇负责同志等陪同。

8 月 23 日，市政协副主席魏建华赴砀山县朱楼镇督查环保突出问题。砀山县副县长熊晏锋、县环保局及相关乡镇负责同志陪同。

8 月 30 日，市政协副主席赵素华赴萧县实地督查环保工作。市国土局、相关乡镇负责同志等陪同督查。

9 月 5 日至 6 日，市政协副主席魏建华率调研组先后赶赴萧县、埇桥区及城区碧桂园项目地、祥生江山樾项目施工现场，就扬尘污染治理工作开展专题调研，了解宿州市扬尘污染治理工作开展情况。

9 月 10 日，市政协副主席武敏赴埇桥区符离镇、灰古镇督查环境突出问题。市政协人资环委主任左飞等陪同。

9 月 11 日，市政协主席许广斌率督察组赴埇桥区督察突出环境问题整改工作。市政协机关党组书记、副秘书长朱海，市政协办公室主任阮君，市直相关部门及埇桥区政府有关负责同志陪同督察。

9 月 11 日，市政协副主席张生赴埇桥区顺河乡督察环境突出问题。市政协民宗委主任唐新华及相关单位和乡镇负责同志陪同。

10 月 30 日，市政协副主席武敏赴埇桥区督察环境突出问题整改工作。市政协人资环委主任左飞及相关乡镇负责同志等陪同。

10 月 31 日，市政协副主席武敏率队赴宿城三八沟、三八河、环城河等处，视察城区黑臭水体治理情况。

【文明创建】 5 月 22 日，市政协机关组织有关人员赴蚌埠市政协学习考察助推全国文明城市创建工作。

6 月 15 日、21 日，市政协副主席武敏先后赴埇桥区三里湾街道三里湾社区、纺织路社区调研文明创建工作。

6 月 21 日，市政协副主席马红钟赴埇桥区三八街道金园社区、凯旋社区调研文明创建工作。

6 月 21 日，市政协副主席魏建华赴埇桥区三里湾街道淮河路社区、凤池社区，调研社区文明创建工作。

6 月 22 日、26 日，市政协副主席张生先后赴包保社区埇桥区三八街道光彩社区和西关街道美庐社区，调研文明创建工作。

6 月 22 日，市政协副主席赵素华赴包保社区沱河街道宿东社区和韩池孜社区调研文明创建工作。

7 月 10 日，市政协党组书记、主席许广斌率调研组赴包保社区埇桥区道东街道东方社区调研文明创建工作开展情况。

7 月 4 日、11 日，市政协副主席武敏先后赴埇桥区三里湾街道三里湾社区、纺织路社区调研文明创建工作。

7 月 19 日、23 日，市政协副主席魏建华先后来到包保的淮河路社区和凤池社区，详细了解社区创建中存在的困难和问题，召集辖区单位负责人，广泛征求社区和单位对文明创建工作的意见建议，协调解决问题，深入推进文明创建工作。

7 月 11 日，市政协副主席赵素华赴埇桥区沱河街道宿东社区和韩池孜社区督查文明创建工作。

8 月 28 日，市政协副主席魏建华到包保社区埇桥区三里湾街道淮河路社区调研文明创建工作。

8 月 22 日、28 日，市政协副主席张生先后赴包保的埇桥区三八街道光彩社区和西关街道美庐社区调研文明创建工作开展情况。

9 月 5 日，市政协副主席赵素华赴包保的埇桥区沱河街道宿东社区和韩池孜社区调研文明创建工作和环保治理工作。

9月12日,市政协副主席武敏带领文明创建督查组赴埇桥区三八街道光彩社区、银河社区开展文明创建督查工作。

9月21日,市政协党组书记、主席许广斌赴包保的埇桥区道东街道东方社区督察文明创建和环境保护工作,现场办公、解决问题。市政协机关党组书记、副秘书长朱海,埇桥区政协主席王宗杰及有关部门负责同志等陪同。

9月26日,市政协副主席魏建华到宿城三里湾街道淮河路社区和凤池社区调研文明创建工作。

9月30日,市政协副主席张生赴埇桥区西关街道美庐社区参加社区企业共建和谐社区活动,出席社区与裕腾建设集团有限公司签订文明创建共建合约仪式。市政协民宗委主任唐新华等参加共建活动。

10月18日,市政协副主席赵素华一行赴包保社区沱河街道宿东社区、韩池孜社区督查文明创建工作进展情况。

10月16日,市政协党组副书记、副主席马红钟率队来到恒丰城东新城B区项目建设现场、迎宾小区项目建设现场及安徽云厦建设集团有限公司等处,实地督查重点项目环保、大气污染防治、文明创建工作及企业信用体系建设工作开展情况。

10月16日、30日,市政协副主席张生分别赴包保的埇桥区三八街道光彩社区和西关街道美庐社区调研文明创建工作开展情况。

10月24日,市政协副主席魏建华赴埇桥区三里湾街道淮河路社区和凤池社区,通过实地察看、听取汇报、座谈交流等方式,深入调研社区文明创建工作。

10月30日,市政协党组书记、主席许广斌赴包保的埇桥区道东街道东方社区调研文明创建工作。市政协机关党组书记、副秘书长朱海等陪同调研。

11月21日,市政协副主席武敏赴所包保的埇桥区三里湾街道三里湾社区、纺织路社区,调研全国文明城市创建工作。

11月28日,市政协副主席魏建华前往所包保的埇桥区三里湾街道淮河路社区和凤池社区,调研文明创建工作。

11月27日、29日,市政协副主席张生分别赴包保的埇桥区西关街道美庐社区和三八街道光彩社区,调研文明创建工作。

11月29日,市政协副主席赵素华赴包保社区沱河街道宿东社区、韩池孜社区调研文明创建工作。

12月4日,市政协党组副书记、副主席马红钟前往埇桥区三八街道金园社区、凯旋社区,实地调研包保社区文明创建工作推进情况。

12月24日,市政协党组书记、主席许广斌赴包保的埇桥区道东街道东方社区调研文明创建工作。市政协机关党组书记、副秘书长朱海等陪同。

12月24日,市政协副主席赵素华一行赴包保社区沱河街道宿东社区、韩池孜社区调研文明创建工作。

12月25日,市政协副主席魏建华赴所包保的埇桥区三里湾街道淮河路社区、凤池社区调研文明创建工作。

12月25日,市政协副主席武敏赴包保的埇桥区三里湾街道纺织路社区和三里湾社区,调研全国文明城市创建工作。

【扶贫工作】 2月5日至6日,市政协副主席魏建华、市政协书画院院长陈光林带领政协书画院的书法家们前往埇桥区朱仙庄镇三铺村和矿南村,看望驻村帮扶工作人员,并现场书写一幅幅大红的春联,把浓浓的节日祝福送到乡亲们的心坎上。

3月16日和3月19日,市政协主席、市委政法委书记许广斌带领市扶贫局相关人员,先后深入埇桥区时村镇、大泽乡镇突击暗访脱贫攻坚工作。

4月16日,市政协主席、市委政法委书记许广斌分别前往埇桥区桃沟乡大秦村和朱仙庄镇三铺村开展扶贫调研。市政协副秘书长朱海、研究室主任陈树银等陪同调研。

5月7日,市政协党组书记、主席许广斌赴萧县督查暗访脱贫攻坚工作。

5月25日,市政协党组书记、主席许广斌赴联系贫困村埇桥区桃沟乡大秦村调研脱贫攻坚工作。

6月15日,市政协党组书记、主席许广斌赴埇桥区桃沟乡大秦村调研脱贫攻坚工作,对5月份暗访大秦村脱贫攻坚工作情况进行通报。

7月19日,市政协副主席武敏到埇桥区大店镇汪圩村调研扶贫工作。

8月9日,市政协党组书记、主席许广斌赴灵璧县高楼镇崔庄、尹集镇田路村看望市政协选派驻村扶贫干部刘勇、柏吉玲。市政协机关党组书记、副秘书长朱海陪同。

9月17日,市政协党组书记、主席许广斌深入埇桥区苗庵乡曹集村和灰古镇付湖村等地，进村入户，开展五级书记遍访贫困对象推进乡村振兴行动，实地调研脱贫攻坚和乡村振兴工作。

9月19日，市政协党组副书记、副主席马红钟赴灵璧县禅堂乡、冯庙镇，进村入户，开展五级书记遍访贫困对象推进乡村振兴行动，实地调研脱贫攻坚和乡村振兴工作，并督导环保突出问题整改工作。市政协经济委主任姜晓宏等陪同。

9月下旬，市政协副主席赵素华赴萧县大屯镇、经开区，开展遍访贫困对象推进乡村振兴行动，实地调研脱贫攻坚和乡村振兴工作。

9月26至27日，市政协副主席武敏深入埇桥区大店镇五一村、芦岭镇陈堂村开展遍访贫困对象推进乡村振兴行动。

10月8日，市政协党组书记、主席许广斌出席埇桥区高质量脱贫摘帽誓师大会并作讲话。市委常委、埇桥区委书记王启荣及埇桥区四大班子负责同志出席会议。

10月上旬，市政协副主席魏建华深入砀山县关帝庙镇和李庄镇开展遍访贫困对象推进乡村振兴行动。

10月16日，市政协党组书记、市政协主席许广斌赴泗县黑塔镇韩徐村调研脱贫攻坚工作，走访慰问联系贫困户。

10月17日是第五个全国扶贫日。当天下午，市政协组织机关部分干部职工、市政协委员以及医疗专家等，前往埇桥区朱仙庄镇三铺村开展扶贫日帮扶活动。市政协副主席武敏、副秘书长黄莉等出席相关活动。

10月23日，市政协党组副书记、副主席马红钟赴灵璧县开发区三张社区督查调研脱贫攻坚工作。

10月24日，市政协副主席赵素华深入萧县大屯镇南海村，详细了解该村基础设施建设、脱贫攻坚等工作，并走访看望贫困户。

10月30日，市政协副主席魏建华赴砀山县调研脱贫攻坚工作，并走访慰问贫困户。

11月28日至29日，市政协副主席魏建华赴砀山县关帝庙镇熙可社区和李庄镇贾楼村调研脱贫攻坚等工作。

12月28日，市政协副主席武敏赴埇桥区大店镇汪圩村督查脱贫攻坚工作。

【党建工作】 1月26日，市政协机关党员志愿者在港利社区开展“扫雪除冰”献爱心活动。

4月19日，中共宿州市政协第四届机关委员会换届大会在市政协第一会议室隆重召开。市直机关工委副书记凌沚应邀参加会议，并宣读市直机关工委关于对市政协机关党委换届选举的批复。

5月30日，市政协机关召开党风廉政建设工作会议，学习传达中央及省市有关会议精神，总结2017年党风廉政建设情况，安排部署2018年机关党风廉政建设工作。市政协机关党组书记朱海主持会议并讲话，机关全体人员参加会议。

6月7日，市政协党组召开理论学习中心组会议，学习贯彻习近平总书记关于加强和改进人民政协工作的重要思想，传达学习中央纪委国家监委《关于公职人员政务处分暂行规定》及市纪委监委有关文件精神。市政协党组书记、主席许广斌主持会议并讲话。市政协党组成员、副主席马红钟、魏建华，市政协副主席武敏、张生、赵素华等参加会议。

6月28日至6月30日，市政协机关党组书记朱海带领政协机关第一二三党支部20多名党员赴岳西县开展主题党日活动，重温革命历史，缅怀革命先烈，接受党性教育。

7月12日，市政协机关党组召开“以身边事教育身边人”专题警示教育活动党员大会。机关党组书记朱海传达上级文件精神，并要求要充分认识开展“以身边事教育身边人”活动的重要意义，积极推动以身边事教育身边人工作有力有序开展，扎实推进工作常态化制度化运行，为反腐倡廉建设工作深入推进注入新活力。

7月18日，由市政协机关党组书记、副秘书长朱海带队，组织机关4个党支部20余名党员志愿者到包保的埇桥区道东街道东方社区，开展党员志愿者进社区活动，以便充分发挥党员的先锋模范作用，助力全国文明城市创建。

7月20日，市政协党组理论学习中心组学习会暨“讲严立”专题警示教育党课报告会在市政协会议室召开。市政协党组书记、主席许广斌出席会议并作专题党课报告。市政协党组成员、副主席马红钟、魏建华出席会议，市政协副主席武敏、赵素华列席会议。会议由马红钟主持。

8月31日，市政协党组理论学习中心组学习（扩大）会议召开。会议认真学习贯彻新修订的《中国共产党纪律处分条例》，传达学习李锦斌书记在省委常委会扩大会议上的讲话。市政协党组书记、主席许广斌主持会议并讲话。市政协党组副书记、副主席马红钟,副主席武敏、张生、赵素华参加会议。

9月25日,市政协党组理论学习中心组召开学习(扩大)会议。市政协党组书记、主席许广斌主持会议并讲话。市政协党组副书记、副主席马红钟,副主席武敏、魏建华、张生、赵素华参加会议。

10月24日,市政协机关党组会议召开。市政协机关党组书记、副秘书长朱海主持会议并讲话。市政协相关副秘书长,办公室、研究室主任以及驻市政协机关纪检监察组长等参加会议。

11月9日,市政协机关党组理论学习中心组学习(扩大)会议召开。市政协机关党组书记、副秘书长朱海主持会议并讲话,市政协机关全体人员参加会议。

11月14日至15日,市政协党组理论学习中心组学习(扩大)会议召开。市政协党组副书记、副主席马红钟主持会议并讲话。副主席武敏、魏建华、张生、赵素华出席会议。

11月21日,市政协机关党委召开全体党员大会。市政协党组书记、主席许广斌,党组副书记、副主席马红钟以普通党员身份参加会议。机关党委专职副书记董翔主持会议。

12月20日至21日,市政协党组理论学习中心组学习(扩大)会议召开。市政协党组书记、主席许广斌主持会议并讲话。副主席武敏、魏建华、赵素华等出席会议。

【机关和专委会活动】 3月8日,市政协和市住建委联合举办"读书插花、品茶闻香"关爱女性联谊活动,令女性干部职工在温馨快乐的氛围中度过一个难忘的节日。

4月11日,五届市政协社会和法制委员会召开第一次全体委员会议,市政协副主席魏建华出席会议并讲话。市政协副秘书长黄莉、社法委主任王明奎出席会议。

4月12日,五届市政协港澳台侨和外事委员会召开第一次全体委员会议。市政协副主席魏建华出席会议并讲话。市政协副秘书长黄莉、港澳台侨和外事委员会主任张斌出席会议。

4月13日,五届市政协人资环委召开第一次全体会议,市政协副主席武敏出席会议并讲话。市政协副秘书长朱海出席会议,人资环委主任左飞主持会议。

4月18日,五届市政协教科文卫体委员会召开第一次全体会议。市政协副主席赵素华出席会议并讲话。市政协副秘书长黄莉主持会议,教科文卫体委员会主任袁波通报上届五年来工作情况。各县区政协相关负责人及全体委员参会。

4月18日,五届市政协民族和宗教委员会召开第一次全体会议。市政协副主席张生出席会议并讲话。市政协副秘书长黄莉主持会议,民族和宗教委员会主任唐新华、各县区政协相关负责人及全体委员参会。

4月25日,市政协纪念"五一口号"发布70周年座谈会举行。市政协副主席马红钟出席座谈会并讲话,市各民主党派、工商联负责人,无党派人士,市政协文史委主任蒋翠萍及文史委全体成员等参加会议。

5月3日,市政协文史资料和学习委员会将编印的《文史资料征集指南》发放给每位委员,以促进政协委员积极参与文史资料征集工作。

5月23日,全市政协秘书长暨办公室研究室主任座谈会召开。市政协机关党组书记、副秘书长朱海主持会议,市政协研究室主任陈树银、办公室主任阮君以及各县区政协秘书长、办公室、研究室主任参加会议。

6月7日,市政协教科文卫体委员会组织医药卫生界别的部分委员紧紧围绕习近平总书记关于加强和改进人民政协工作的重要思想,开展集中学习研讨,研究贯彻落实措施。市政协副主席赵素华出席并讲话。市政协教科文卫体委员会主任袁波等参加学习。

6月11日,市政协港澳台侨和外事委员会举行习近平总书记关于加强和改进人民政协工作的重要思想学习研讨会。市政协副主席魏建华出席会议并讲话。市政协港澳台侨和外事委员会主任张斌及部分市政协委员参加学习。

7月12日,政协委员工作室(工会妇联界别)揭牌仪式在市总工会举行,标志着宿州市政协首个委员工作室正式成立。市政协副主席魏建华、市政协副秘书长黄莉出席仪式并与市总工会、市妇联等相关部门负责人共同揭牌。市政协社法委主任王明奎主持揭牌仪式。

7月18日至19日,市政协文史资料和学习委员会分别到池州、阜阳进行考察学习。

10月17日,市政协老委员联谊会举办"重阳节话养生”健康知识讲座。

11月2日,市政协民族和宗教委员会召开全体委员会议。市政协副主席张生出席会议并讲话。市政协副秘书长黄莉、民宗委主任唐新华参加会议。

11月16日是宿城解放70周年纪念日。当天上午,市政协文史委和市委党史研究室共同举办纪念宿城解放70周年座谈会。市政协主席许广斌出席会议并讲话,市政协副主席马红钟主持座谈会。市直有关部门、市政协相关委室,各民主党派、市工商联负责人以及亲历宿城解放的老同志老战士代表等参会。

11月16日,纪念改革开放40周年——市政协书画院书画交流笔会在汴河博物馆举行。市政协副主席魏建华出席活动。

11月21日,市政协教科文卫体委员会召开全体委员及对口联系单位负责人会议。市政协副主席赵素华出席会议并讲话。市政协副秘书长黄莉、教科文卫体委主任袁波等参加会议。

12月20日,全市政协港澳台侨和外事委员会主任座谈会召开。市政协副主席魏建华出席会议并讲话。市政协副秘书长黄莉、港澳台侨和外事委员会主任张斌等参加会议。

12月27日,市政协社会和法制委员会2018年度全体会议召开。市政协副主席魏建华出席会议并讲话。市政协副秘书长黄莉主持会议。市政协社法委主任王明奎及各县区政协社法委负责人等参加会议。

12月7日,市政协提案委员会召开全体委员会议。市政协副主席魏建华出席会议并讲话,市政协提案委主任齐克省等参加会议。

12月18日,庆祝改革开放40周年大会在北京人民大会堂隆重举行。中共中央总书记、国家主席、中央军委主席习近平出席大会并发表重要讲话。当天上午,市政协主席许广斌,副主席马红钟、武敏、魏建华,市政协副秘书长,各委室负责人,驻市政协机关纪检监察组长,机关全体干部职工,共同收听收看庆祝改革开放40周年大会实况,认真聆听习近平总书记在大会上发表的重要讲话。

(李　静　于祥马)

[责任编辑　张　民]

纪 检 监 察

【概况】 2018年，全市各级纪检监察机关坚持以习近平新时代中国特色社会主义思想为指导，贯彻落实党的十九大战略部署，不忘初心、牢记使命，忠实履行党章和宪法赋予的职责，紧紧围绕坚持和加强党的全面领导，紧紧围绕维护习近平总书记在党中央和全党的核心地位，紧紧围绕维护党中央权威和集中统一领导，坚持党要管党、全面从严治党，紧扣市委“2+4+2”总体思路，把纪检监察工作与脱贫攻坚工作紧密结合起来，监督检查党章执行和党的十九大精神贯彻落实情况，以党的政治建设为统领，全面推进党的各项建设，深化国家监察体制改革，持之以恒正风肃纪，深入推进反腐败斗争，营造风清气正的良好政治生态，建设忠诚干净担当的纪检监察干部队伍，为决胜全面建成小康社会、全面开创现代化五大发展美好宿州建设新局面提供坚强保证。

【严守纪律规矩】 常态化制度化开展学习教育，严肃查处违反政治纪律政治规矩问题。严格落实请示报告制度，及时提请市委有关会议研究纪检监察工作32次。协助市委制定实施《加强和改进党内同级监督实施办法》。市纪委监委制定实施《关于充分发挥纪检监察职能全力服务保障“三大攻坚战”的意见》，严肃监督执纪。

【政治生态建设】 深入开展政治生态建设专题调研，协助市委制定《中共宿州市委关于深刻汲取陈树隆、杨振超、周春雨等案件教训 加强党内政治生活、政治文化、政治生态建设的意见》，开展政治生态领域有关问题集中治理。加强对党内政治生活有关制度执行情况监督检查，督促有关市管干部在民主生活会上就组织约谈函询和问责情况作出说明。严把选人用人关，回复党风廉政意见366人次。

【落实“两个责任”】 研究制定党风廉政暨惩防体系建设主要工作任务分解意见，修订县区、市直部门等党建考核内容，严肃开展党风廉政建设责任制落实情况监督检查，对落实党风廉政建设主体责任不力问题进行问责。

【深化改革】 圆满完成市、县区监委组建挂牌和人员转隶工作。认真履行《监察法》赋予的监督调查处置职能，全要素试用12项调查措施。积极运用《宿州市纪委监委执纪监督监察工作办法》，制定实施《宿州市纪委监委案件办理衔接流程》，畅通办理职务犯罪案件各环节。

【正风肃纪】 全市纪检监察机关共查处违反中央八项规定精神问题187起，给予党纪政纪处分230人。持续紧盯元旦、春节、中秋、国庆等重要时间节点，常态化开展明察暗访、专项检查等，严肃查处各类违纪违规行为。部署开展公车改革不到位及领导干部违规配备专职秘书和驾驶员问题专项整治、办公用房清理整改专项督查等。

【“三查三问”】 协助市委制定实施《关于在县处级以上领导班子和领导干部中开展“三查三问”的实施意见（试行）》，着力解决政治上、工作上、作风上存在的突出问题。结合“三查三问”，开展为期2个月的形式主义官僚主义问题集中整治专项行动。

【专项整治】 采取单位自查、工商核查、随机抽查相结合的方式，认真开展违规经商办企业大排查、大起底、大整治，全市核查3723人，给予党纪政务处分22人。联合市财政局、市审计局等，开展"小金库"防治工作常态化监督检查。

【政治巡察】 落实省、市、县（区）三级联动脱贫攻坚专项巡视巡察工作部署，组织开展脱贫攻坚领域专项巡察3轮，巡察99个乡镇346个建档立卡贫困村，实现对全市359个贫困村巡察全覆盖。五届市委第六轮巡察市扶贫开发领导小组成员单位9家，对4县1区10个乡镇开展巡察"回头看"，并延伸至20个贫困村。对埇桥区房屋征收办开展机动式巡察。开展医疗卫生领域专项巡察，巡察单位10家，对砀山县卫计委开展机动式巡察，实现对市、县（区）两级卫计委和15家县级以上公立医院全覆盖。

【派驻监督】 加强对派驻机构的领导管理，采取"组组整合"的方式，在派驻机构中成立8个工作组，实行交叉办案、交叉督查，有效破解监督力量薄弱等问题，派驻监督"前哨"作用进一步凸显。

【纪律教育】 协助市委开展"讲严立"专题警示教育，推动各级党组织开展"书记讲党课"423场次、编印警示教育读本67套，指导72家单位开展以案促改。深入开展《党章》《纪律处分条例》《监察法》等的学习宣传，编印违纪违法案件剖析材料2000册，6630余名党员干部到市党风廉政建设教育中心接受廉政教育。通报曝光各类典型问题98批次236起，涉及人员273人。

【"四种形态"】 坚持抓早抓小防微杜渐，全市各级纪检监察机关运用监督执纪"四种形态"处理6037人次，其中第一种形态占比61.60%，第二种形态占比30.41%。坚持严管厚爱结合、激励约束并重，协助市委制定实施《关于对受处分人员开展关爱帮扶工作暂行办法》，动态完善1224名市管干部廉政档案。

【信访举报】 开展信访举报工作专题调研，制定实施派驻纪检组接访工作制度，实行"月督办""双台账"工作机制。深入开展重复信访举报专项治理。全市各级纪检监察机关共受理信访举报3656件，继续保持信访总量在全省稳步退位的良好态势。

【案件查办】 全市纪检监察机关共立案2034件，党纪政务处分2269人。先后严肃查处市城乡规划局原党组成员、市城乡规划执法支队原支队长雷斌，砀山县高铁新区原党工委书记、管委会主任邵波等严重违纪违法案件，取得良好的政治效果、纪法效果和社会效果。

【整治群众身边的腐败和不正之风】 全市纪检监察机关共查处群众身边的腐败和不正之风问题458起，党纪政务处分533人。深入开展扶贫领域腐败和作风问题专项治理，累计查处问题263起，党纪政务处分294人。制定实施《宿州市生态环境保护工作问责办法（试行）》，加大环保领域监督执纪问责。

【加强纪检监察干部队伍建设】 常态化制度化开展党性教育、中心组理论学习等。严格落实"三会一课"、党员活动日等党内组织生活制度。持续推进"两学一做"常态化制度化，深入开展"讲严立"专题警示教育。指导做好县区监委副主任、委员新进人选考察工作，配强领导班子。拓宽选人用人渠道，面向全市公开选调24名公务员。组织开展"纪法知识学习月"活动，举办纪检监察业务培训班和全市扶贫领域执纪问责、乡案县审工作培训班。加强内部管控，建立和修订完善书记办公会、常委会工作规则等工作制度20余项。制定实施《市纪委监委领导班子关于改进工作作风的实施办法》，锲而不舍改进工作作风。

中共宿州市第五届纪律检查委员会第三次全体会议　2018年2月9日至10日，中共宿州市第五届纪律检查委员会第三次全体会议召开。出席会议的市纪委委员34人，列席228人。市委书记史翔出席全会并讲话。市委常委，市人大常委会、市政府、市政协领导班子成员出席会议。市纪委常务委员会主持会议。全会以习近平新时代中国特色社会主义思想为指导，全面贯彻落实党的十九大、十九届中央纪委二次全会、省纪委十届三次全会和市委五届五次全会精神，回顾总结宿州市2017年纪检监察工作，研究部署2018年任务，审议通过了叶莉同志代表市纪委常委会所作的《以习近平新时代中国特色社会主义思想为指导坚定不移将全面从严治党引向深入》工作报告和《中国共产党宿州市第五届纪律检查委员会第三次全体会议决议》。

【大事要事】 2018年1月8日,宿州市监察委员会成立,1月9日正式挂牌,与中共宿州市纪律检查委员会合署办公。

2018年2月9日至10日,中共宿州市第五届纪律检查委员会第三次全体会议召开。出席会议的市纪委委员34人,列席228人。市委书记史翔出席全会并讲话。市委常委,市人大常委会、市政府、市政协领导班子成员出席会议。市纪委常务委员会主持会议。全会审议通过叶莉代表市纪委常委会所作的《以习近平新时代中国特色社会主义思想为指导坚定不移将全面从严治党引向深入》工作报告和《中国共产党宿州市第五届纪律检查委员会第三次全体会议决议》。

2018年7月3日,宿州市"讲忠诚、严纪律、立政德"专题警示教育动员会召开,市委书记史翔出席会议并讲话。市委副书记余向东主持会议。市领导赵琳、何志中、王启荣、操隆山、吴继承出席会议。市委常委、纪委书记、监察委员会主任叶莉宣读《关于在全市党员领导干部中开展"讲忠诚、严纪律、立政德"专题警示教育的实施方案》。

2018年11月5日,省委第七巡视组巡视宿州市工作动员会召开。省纪委常委、省委巡视工作领导小组成员、省委巡视办主任唐汝平就做好巡视工作提出明确要求,省委第七巡视组组长章义作动员讲话,市委书记史翔主持会议并作表态发言。

中共宿州市第五届纪律检查委员会第三次全体会议

(敖付兵)

[责任编辑　张　民]

民 主 党 派

·中国国民党革命委员会宿州市委员会·

【概况】 2018年,在民革安徽省委和中共宿州市委的关心支持下,民革宿州市委会继承和发扬孙中山爱国、革命、不断进步的精神,始终致力于国家富强、民族复兴、人民幸福和促进祖国和平统一,始终同中国共产党同心同德、共经风雨、共谋发展、共创辉煌。市委会及全体党员积极履行参政党职能,不忘合作初心,做好学习实践中国特色社会主义,自身建设稳步提升,参政议政,工作取得明显成效,很多建议得到了中共党委、政府及人大政协的重视和采纳,民主监督取得瞩目成效。

【有序推进学习实践活动】 市委会积极响应民革中央与民革安徽省委"观故居,走多党合作之路"通知要求与精神,根据年初计划,组织党员赴泰安开展了观故居走多党合作之路活动,通过走进冯玉祥将军纪念馆参观学习,感受民革前辈爱国革命进步的中山精神,增强身为民革党员的荣誉感和自豪感。全年市委会组织召开9次常委会会议和专题学习活动,集中收看了全国"两会"直播;市委委员带头撰写发展多党合作制度、学习贯彻全国两会精神的理论文章和心得体会,并安排参加省、市委统战部、省民革专题培训近20人次,提高党员自身建设和参政议政水平。为纪念"三八"国际劳动妇女节,市委会举行女党员"我家厨房最整洁"评比,以无记名投票方式,现场计票对各参赛选手的厨房拍摄照片进行综合评定,根据女党员提交照片获得票数累加,评选出优胜作品,取得良好成效。5月初,经过不懈努力,市委会开通"宿州民革"微信公众号,将市委会及所辖各(总)支部开展活动和市委会布置的重要工作予以通报,进一步扩大影响力,提升宣传的广度。10月,市委会组织60岁以上老党员在市司法局开展重阳节座谈会活动。老党员们共话重阳,回忆几十年来的民革情谊,充分肯定市委会的工作和成绩,并表示会继续关注、支持民革事业。市委会委员、市立医院康复中心主任张雷同志以老年人健康保健为题,从生活饮食习惯、慢性病防治和保健等方面为老党员进行一场讲座。市法律援助中心主任马超为老党员发放老年人权益保障方面的手册等材料。市委会以各项活动为形式,以贯彻"坚持中国特色社会主义"为主线,布置开展"示范支部建设",不断提高党员自身建设水平和能力,促使党员在各自工作岗位敬业奉献,在新时代为中国特色社会主义新型政党制度做出新业绩。其中,市委会二支部积极响应市委会创新开展社会服务活动的号召,年内开展多次社会服务活动,如邀请从事教育和心理学的三位专家赴西关街道观园社区举行了亲子教育公益专题讲座,在8月份在市文化艺术中心小剧场举行"中国兴盛 我的责任"主题青少年演讲比赛。并在12月份冒雪赴市特殊教育中心,向学生献爱心,赠送学习生活用品,取得良好的效果,扩大了民革的影响力。

【奋发有为开展参政议政】 本届市政协、人大的政治安排中有16名民革党员担任政协委员和人大代表,比上一届增加两人。在2018年1月份召开的五届一次市政协会议上,市政协对市委会提交的一篇集体提案和两篇民革党员提交的个人提案进行了表彰。市委会提交集体提案5件,与四届五次政协会议持平,委员提交的个人提案达到了22件,同比增加16%。副主委李云英提出的《关于加强电梯安全监管的建议》、一支部陈媛媛提出的《关于积极防治校园欺凌行为的建议》、五支部王文娜供稿的集体提案《关于合理规划宿州大学园区道路建设的建议》获评为五届一次市政协大会优秀提案。此外,主委武敏作为省政协委员,向十一届省政协提交的,由二支部党员白存明撰稿的《关于设立我省道路交通事故救助基金管理机构的建议》获评省政协2013—2017年优秀提案;同时,武敏主委向十二届一次安徽省政协会议提交三篇个人提案,省科协、省卫计委分别就提案办理情况进行通报和答复。

市委会向省民革申报两项参政议政课题,分别是宜居宜业宜游特色小镇建设、农村宗教与社会稳定,得到省委会参政议政部的肯定与支持,并积极把今年开展的其他调研课题修改完善后上报省委会。市委会在3—6月的"党委出题"专题调研中,积极筹备,认真调研,形成《我市招商引资质量效果研究》报送市委,在招商局的协助下得到积极的回应和办理。市委会参加宿州市政协组织的三个专题协商会分别是,"采煤塌陷区治理""农村三大革命"和"加强宗教活动管理";其中副主委刘玉长参加"采煤塌陷区治理"课题调研,并代表民革发言;市委会委员汤武昌同志参加"农村三大革命"课题调研并在协商会上发言。8月5日,市委会主委武敏同志应省政协邀请,在十三届省政协新委员暨县(市、区)政协负责人培训班上,以"修自身　出实招　做表率"为题,为新任省政协委员讲课。主席武敏从政协委员时俱进体现时代性、围绕大局体现服务性、强基固本体现人民性、凝心聚智体现协商性的"四性"出发,对政协委员履职要高站位、大胸襟、冷思考、前意识、实功夫讲述了履职中必须具备的帅本领、将本领和兵本领。武敏主委以自己在近二十年的政协委员履职工作中的感悟,谈到自己曾经提出的关于《三线三边治理》《光伏扶贫的冷思考》《发展生产性服务业》提案、社情民意信息得到采纳和落实,向培训班学员们强调了要出实招——做到"建言建在需要时,议政议到点子上、监督监在关键处"。阐释了政协委员多岗多责是与自身工作优势互补,敢于担当做表率的重要意义。近两个小时的课程结束后,掌声经久不息,获得了参加培训的省政协委员的充分肯定。

【认真履行脱贫攻坚民主监督职能】 按照中共安徽省委的统一部署,在中共宿州市委市政府的关心支持下,依靠民革安徽省委和市委统战部的悉心指导,民革宿州市委班子带领全体党员,置身脱贫攻坚第一线,发挥参政党优势,提高站位,准确把握脱贫攻坚民主监督的战略要义;勇于担当,推进脱贫攻坚民主监督提质增效;拉高标杆,坚定不移地为乡村振兴夯实基础——以民主监督的实际成果推进脱贫攻坚工作提质增效。民革中央、民革安徽省委2018年多次来宿,足迹遍及全市各县区,走访多个乡镇村和贫困户,他们对宿州市脱贫攻坚工作取得的成绩均给予了高度的肯定;市委会根据中共宿州市委要求,在砀山、埇桥等地开展了多次脱贫攻坚民主监督工作的暗访,针对发现的问题及时反馈,取得良好实效。10月24—25日,民革全省脱贫攻坚民主监督工作经验交流会在我市召开。会上,副市长韩维礼介绍了宿州市脱贫攻坚工作开展情况,主委武敏汇报了民革宿州市委会脱贫攻坚民主监督工作开展情况。夏涛主委说,作为民主党派参与脱贫攻坚的重要平台,开展脱贫攻坚民主监督是彰显我国多党合作制优势的新实践。宿州民革充分认识到开展此项工作的重大意义,认真贯彻落实习近平总书记关于打赢脱贫攻坚战三年行动的重要指示精神,创新监督方法形式,深入基层一线摸实情,注重"寓监督于帮扶,寓帮扶于监督",向地方党委政府提出务实有效管用的意见建议,为打赢脱贫攻坚战贡献民革智慧。夏涛进一步强调,全省民革组织要把民主监督工作与自身建设紧密结合起来,在工作中充分挖掘每个支部和党员的优势和力量,树立民革好形象。把民主监督工作与参政议政工作紧密结合起来,坚持问题导向,深入基层认真调研,既善于发现问题,更要把解决问题的方法措施写进调研报告,让监督工作更具实效。要把民主监督工作与推进乡村振兴战略紧密结合起来,发挥民革优势特色,整合党派资源力量,积极参与"三农"工作相关的产业发展、送医药、送科技、送教育下乡等各项活动,为助推乡村振兴注入民革力量。在中共宿州市委的坚强领导下,通过各级各部门的艰苦努力,宿州市从2017年底四县一区均为国家级和省级贫困县区,115个贫困村,7.86万户,11.16万贫困人口,到2018年底,三县一区摘帽,深度贫困县萧县拟摘帽,除萧县外,其他贫困村全部出列,贫困人口全面脱贫。在这攻坚拔寨的冲刺阶段,在全面建成小康社会的集结号即将吹响的关键时期，脱贫攻坚更工作应该拉高标杆，把重心和方向聚焦在巩固脱贫成果的长效机制和夯实乡村振兴基础的工作上来。

·中国民主同盟宿州市总支部委员会·

【思想建设、组织建设、制度建设】 中共中央十九大召开以来，民盟宿州市总支部委员会组织盟员认真学习领会中共十九大精神，学习习近平新时代中国特色社会主义思想，学习《中华人民共和国宪法》和《中国民主同盟章程》，学习民盟中央和民盟安徽省委各种会议精神，不断强化盟员的“四个自信”，自觉为实现中华民族伟大复兴的“中国梦”而努力奋斗。2018 年，民盟宿州市总支部委员会发展 7 名盟员，其中，医药卫生界 1 名，高教界 5 名，中教界 1 名，平均年龄 35 岁。参加盟省委组织的新盟员培训班、盟务骨干培训班、专职干部培训班等，派出总计 12 人次。民盟宿州市总支部委员会在原有的规章制度基础上，进一步完善盟员活动制度、参政议政课题研究制度、会议制度、财务制度，各项工作均做到有章可依，有章必依，有人管事、有人干事。

【党派调研】 每年一度的“中共宿州市委出题，民主党派调研”，是宿州市民主党派参政议政的工作新常态。2018 年，民盟宿州市总支部委员会成立课题组，确定负责人，分解调研任务，制定工作时间表，群策群力，保质保量，按时结题呈报了《黄河故道旅游文化品牌打造与推广对策研究》《合理配置中招生源　助推高中教育普及》等两篇调研报告，均受到市委领导批示。2018 年共向盟省委提供了《科学规划预留空间保证城市永续发展》《用老地名留住城市记忆》等两篇有关城市文脉的调研文章，以供盟省委参加安徽省政协专题协商资政使用。

【参政议政】 做好政协提案的选题、调研和撰写工作，保证作为政协参加单位的集体提案的数量与质量。每年都有政协主席或副主席领衔督办的集体提案。年中，政协宿州市委员会副主席魏建华两次领衔督办“新汴河”全程景观带提案办理，民盟宿州市总支委作为提案单位参加督办，市政协决定组织沿河两县一区政协及相关职能部门开展调研，形成成果并向市人大提交建议案。

加强反映社情民意信息工作。2018 年总支共收到各类反映信息近 27 篇，上报市政协的 22 篇，经政府职能部处理采用但未刊发的 1 篇、刊发为社情民意信息并处理的 14 篇，半数受到市委市政府领导批示，信息的质量较上年有所提高。

做好市政协组织的专题协商工作，民盟 2018 年主要参加的是农村宗教方面的专题协商，2018 年中向市政协提交了《加强农村宗教管理　促进乡风文明建设》一篇调研报告。

做好盟省委交办调研课题，力争参政议政成果居于领先地位。2018 年共向盟省委提供了《关于在我省家庭农场中大力发展电子商务的建议》《合理配置中招生源　助推高中教育普及》《先天性心脏病儿童不能正常预防接种的问题亟待解决》三篇有关城市文脉的调研文章，以供盟省委参加安徽省政协专题协商资政使用。

【社会服务】 推进“黄丝带帮教行动”。2018 年共举办集中活动四次。春节前 2 月份，黄丝带赴泗县开展春节慰问，捐赠春节慰问金 4000 元；7 月 2 日至 3 日，民盟总支和市司法局集中开展“黄丝带”进监所活动，分别在宿州监狱和安徽省女子监狱（合肥）开展了针对服刑人员的大型义诊活动。产生了积极的社会效应，扩大了民盟宿州总支的社会影响力。

参加社会服务的联合性活动。2018 年 9 月，协助民盟安徽省委开展捐资助学活动，分别在 4 月和 9 月向宿州市应用技术学校特困学生于正东捐助助学生活费共计 6000 元。配合民盟安徽省委在宿州二中开展资助贫困学生活动，捐助两名高一贫困学生，共计 3 年 3.6 万元。

创新党派和职能部门合作新形式。2018 年 4、5 月份，应埇桥区检察院邀请，两次组织在宿心理学家盟员到区检察院开展心理辅导活动，解决和疏解基层检察工作人员的工作压力和精神压力，并培训检察人员相关心理学技巧，避免在处理未成年人犯罪案件和恶性伤害案件产生二次心理创伤等问题。

以理论研究带动盟员关注时政、学习时事政治和中共最新理论成果，增强对中共十九大精神和习近平新时代中国特色社会主义思想的认识，坚定对中国共产党领导的多党合作和政治协商制度的信念。撰写并提交了中共省委统战部年度理论调研课题《新时代民主党派的政治担当》。

·中国民主建国会宿州市委员会·

【加强思想建设】 思想建设是参政党自身建设中最根本性的任务,是关系多党合作事业发展的基础工程、灵魂工程。配合中共宿州市委中心工作,积极建言献策,开展以市委会扶贫监督、委派会员进村包干、会员积极捐助相结合的扶贫工作;对群众反映的环境保护工作做到件件去查实、件件有落实,坚决守护环保底线不动摇;市委会多次开会部署支部、会员以各种方式参与到宿州市文明城市创建中去,做好发挥少数带动多数的积极作用。民建宿州市委在民建安徽省委大力指导下开展工作,坚持以学习为抓手,积极主动学习:1 月 20 日,组织学习中共十九大报告精神、学习民建中央十一大全会精神、学习会章(修改版);3 月 20 日,组织学习习总书记在全国政协联组会上的讲话精神、组织会员学习《宪法》(宣誓版);组织 4 月 20 日,学习中共中央纪念“五一口号”发布 70 周年讲话精神;5 月 7 日,宿州民建市委召开四届五次会议,市委班子成员系统认真学习了习总书记在全国政协联组会上的讲话精神、学习中共中央纪念“五一口号”发布 70 周年讲话精神、学习全国政协主席汪洋在纪念“五一口号”发布 70 周年的讲话精神、学习民建中央主席郝明金关于纪念“五一口号”发布 70 周年的讲话精神;5 月 11 日,组织会员赴全国爱国主义教育基地安徽休宁“孙起孟故居陈列馆”等地,加强对会员的爱国主义教育;5 月 20 日,组织会员学习民建市委四届五次会议会议精神、动员会员积极投身宿州市创建全国文明城市的活动中去;5 月 28 日,积极组织会员参加统战部举办的十九大精神学习班;6 月 20 日,学习纪念“五一口号”发表在各时期的重要意义,着力推进会员在宿州市创建全国文明城市的活动工作部署;民建安徽省委来宿指导组织建设、宣传工作。7 月 20 日,认真学习市委理论学习中心组“讲、严、立”专题警示教育党课报告会精神;8 月 20 日,民建市委宿州组织学习习近平总书记在中央政治局第六次集体学习会上的讲话精神;9 月 2—7 日,民建宿州市委主委孟广实、副主委谢安等参加民建安徽省委举办全省“不忘合作初心　继续携手前行”主题教育遵义培训班。10 月 20 日,学习习总书记在全国组织工作会议讲话和《关于进一步激励广大干部新时代新担当新作为通知》及市委市政府文件;11 月 20 日,民建宿州市委召开四届六次会议,学习了民建中央十一届四次常委会议精神,学习贯彻《民建中央关于加强会的思想政治建设的意见》和传达了民建安徽省委九届五次常委(扩大)会议精神。

【加强组织建设】 积极参与参政议政献言献策工作,其中《宿州市红色文化传承与红色旅游发展存在的问题及建设》和《乡村生活城镇化研究》,会员社情民意《关于城区老旧小区加装电梯的建议》得到市委书记史翔亲自批示。结合党派实际工作,工作平稳有序,积极调动了基层组织活力和战斗力。1 月 1 日,参加民建(宿州)企业家联谊会扩大会议,参加第五支部 2017 年度工作总结支部大会;1 月 3—7 日,会内人大代表、政协委员参加市政协五届一次会议,共提交集体议案 6 件,个人议案近 30 件;1 月 14 日,参加第七支部 2017 年年会;2 月 5 日,集中对老会员开展春节慰问活动;3 月 8 日,组织女会员参加欢庆佳节活动;4 月 24 日,积极参与中共宿州市委统战部举办纪念“五一口号”发布 70 周年暨全市统战工作集中宣传活动;4 月 28 日,民建宿州市委按照组织程序对市直总支和区直总支进行换届,选举产生了新的一届总支委员会;6 月 26 日,民建宿州市委组织课题组赴安徽砀山程庄镇程庄村实地调研村级组织美丽乡村建设;8 月 17—19 日,萧县受 18 号台风“温比亚”影响,民建宿州市委副主委闫旭在第一时间亲赴灾情严重学校实地了解灾情;9 月 29 日,民建宿州市委主委、市人大副主任孟广实一行来到萧县,对精准扶贫工作推进情况开展民主监督调研;10 月 28 日,民建(宿州)企业家联谊会与民建宿州市委第七在联合举办“当前非公有制经济发展”座谈会。市人大副主任、民建宿州市委主委孟广实和宿州民建企业界会员 20 余人在安徽皖水饮品集团会议室参加座谈。10 月 17 日是农历九月初九重阳节,为弘扬中华民族敬老、爱老、助老的传统美德,民建宿州市委举办庆祝重阳节活动;11 月 25 日,“安徽民建纪念‘改革开放四十周年’艺术作品暨脱贫攻坚民主监督图片展”在安徽省政协一楼大厅隆重举行。

【培养后备干部】 3月27—28日，市委会积极安排会员参加民建安徽省委第九届专委会，与省、地市各单位广泛接触、充分沟通，取得良好的效果；市委会高度重视会员骨干的工作，参加民建省委主办的全省组织工作会议，认真学习其他地市在组织建设方面宝贵经验、宣传宿州市成熟、创新的做法；4月28日，市委会严格《会章》组织程序，充分发扬民主，顺利进行民建宿州市委市直总支、区直总支换届的工作，总支班子结构更加合理；上半年民建宿州市委考察并发展4名新会员，坚持注重质量、注意数量、保持特色、优化组合的原则；7月24—27日，组织基层支部主委参加第一期全省民主党派基层组织建设培训班；7月28日，由中共宿州市委宣传部等主办，举行民建会员、青年女画家张小路赴京学习国画作品汇报展；10月28日，民建（宿州）企业家联谊会与民建宿州市委第七支部联合举办“当前非公有制经济发展”座谈会；11月11日，民建宿州市委第五支部组织会员走进宿州李彦家庭禁毒防艾志愿服务基地参观；12月份，民建宿州市委基层支部举行第二届支部委会换届工作。

【热心奉献社会】 民建宿州市委充分发挥自身优势，立足自身特色，积极开展走进企业活动。积极支持企业参与社会公益活动：宿州亿海园艺在2018年春节前夕走访符离沈圩村，捐资捐物2.6万元；安徽两淮企业管理公司对西关社区12户贫困家庭捐资捐物8000余元；泗县碧云天农业合作社为当地贫困会举办专题讲座、吸收当地贫困人员到合作社务工、对贫困户进行赠物捐款。8月24日，宿州民建会员企业安徽两淮企业管理有限公司参与“博爱情·学子梦——2018红十字扶贫助学行”公益活动；9月14日，民建宿州市委协办中国电商扶贫联盟品牌推介砀山行暨百年梨树守护精准扶贫计划；9月20日上午，宿州民建书画院在宿州民俗文化馆参加市人大举办主题“依法履职勇于担当，服务大局促发展”的纪念改革开放40周年书画展。

·中国民主促进会宿州市委员会·

【自身建设】 坚持用科学理论武装头脑。宿州民进紧紧围绕《民进安徽省委2018年思想政治教育主题年工作实施方案》，加强全会思想政治教育。高举中国特色社会主义伟大旗帜，以邓小平理论、“三个代表”重要思想、科学发展观、习近平新时代中国特色社会主义思想为指导，深入学习贯彻中共十九大精神，落实民进十二大提出的工作部署，以深化政治交接、加强进步性建设为主线，以坚定理想信念、发扬优良传统为根基，以领导班子成员、代表人士和机关干部为重点，把加强思想政治教育贯穿于年度各项工作，强化思想建设、带动自身建设，推动全会在自身建设上体现新面貌、新气象，在履行职能上体现新干劲、新作为。定期召开市委会、支部主委会学习传达十九大报告、习近平新时代中国特色社会主义思想、民进中央十二大会议精神等。民进市委领导班子成员发挥领学示范作用，定期参加所联系支部的主题教育活动，通过座谈、研讨、授课、宣讲等多种形式，指导推动基层组织和广大会员的理论学习。把学习贯彻民进十二大精神和新会章紧密结合起来，向基层组织发放新会章和会章学习读本，帮助基层组织加强理论学习，发动广大会员积极参加会中央开展的会章网上学习问答等活动。并向各支部发放《中国民主促进会简史（1945—2007）》等会史资料，推动基层组织深入学习会史。通过各种形式的学习教育活动，进一步提高了广大会员的思想觉悟和政治素养。

结合“五一口号”发布70周年、改革开放40周年和周建人诞辰130周年、王绍鏊诞辰130周年等重大纪念活动，引导全会继承和发扬民进优良传统及老一辈领导人与中国共产党团结合作形成的政治信念和高尚风范。4月底，组织会员参加了纪念五一口号发布70周年暨全市统一战线集中宣传活动启动仪式；并参加了宿州市政协召开的纪念“五一口号”发布70周年座谈会。会上，宿州民进会员代表朱金宝发言，宿州民进书画家向市政协赠送了书画作品。7月底，民进宿州市委组织市委委员和各支部主委赴北京开展会史基地学习教育活动，并参观了民进会史馆。通过实地考察学习，使会员进一步加深了对中国民主促进会成立过程及发展历史的了解，充分感受到作为一名民进会员的光荣使命和继承发扬民进事业的历史责任，更加坚定了接受中国共产党领导的政治自觉。

【组织建设】 多种措施并举，提高组织素质。组织会员参加省市各级举办的主题培训班，提高会员的思想政治素质。通过参加培训,推动学习能力提升与思想政治教育的有机结合。严格遵守会章和组织工作发展有关文件精神,认真贯彻民进省委会关于组织发展“千人计划”和“百名优才”要求,稳妥推进会员发展工作,2017 年 12 月至 2018 年 11 月间共发展高质量会员 9 人,截至 2018 年 12 月底,全会共有会员 191 人。

注重人才培养锻炼,加强后备干部队伍建设。根据市委会年初重点工作安排,为了进一步加强市委会基层组织建设工作,相继完成了区直总支、专委会、开明书画院换届工作。选调骨干会员充实参政议政专委会,建立一支结构合理、有较强参政议政水平的中青年骨干队伍,基层组织工作规范化、制度化建设明显加强,发展不平衡局面得到改善。市委会组织指导各支部开展与兄弟地市的调研交流活动,鼓励支部间开展学习交流、专题调研、社会服务等多种形式活动。11 月 29 日,民进常州文化支部与民进宿州市直支部结对共建友好支部,并共同赴埇桥区支河乡鸭湖村开展扶贫慰问。市委会关心退下来的老同志,每年重阳节定期看望老会员,组织他们参观城市建设,召开座谈会,畅谈民进发展。

【参政议政】 热情投入,积极建言献策,紧紧围绕宿州市经济社会发展开展调研,并提出有建设性的提案、建议,为市委市政府决策部署提供参考。年初,提交的《关于努力办好学前教育提高保育教育质量的建议》提案获评市政协主席督办重点提案;6 月份向市政协提交《农村宗教活动场所管理中存在的主要问题及对策研究》界别协商调研报告。完成“党委出题党派调研”课题《宿淮经济一体化研究》调研报告并获市委主要领导批示。8 月底向民进省委提交省政协重点协商课题《加快建设现代农业,推动实现宿州农业高质量发展》报告。11 月底向民进省委参政议政部报送 2018 年省两会期间建言献策调研课题《安徽农村“三变”改革问题研究》《安徽职业技术教育毕业生就业问题研究》调研报告。《关于统筹推进我市新型智慧城市建设的建议》《加强环境信息公开推进公众监督环境保护工作》《关于加快宿州传统工艺美术产业发展的提案》获市政协 2018 年度优秀提案。2018 年底,共收到各支部提交调研报告(社情民意信息)51 篇。参加省委会新一届参政党理论研究会,完成课题招标,开展专题研讨,推进应用理论研究。不断完善理论研究工作委员会工作机制,完成统战理论课题“党外干部‘三案’管理模式探讨”并上报。会员鲍宜成撰写的庆祝改革开放 40 周年征文《大手拉小手,大家连小家》被《安徽统战》第十一期采用。应用技术学校支部撰写的征文《参政议政与活动相结合提升会员素质》被民进省委采用。按照省委会要求,上半年由办公室搜集、整理资料,编写《宿州民进会史》。

【社会责任】 坚持教育服务传统。6 月 22 日,民进宿州市委会联系浙江意威服饰有限公司前往灵璧县大路乡岳宅小学开展校服捐赠活动,捐赠校服 357 套,受到校方一致称赞。定期组织会内外骨干教师到结对帮扶农村学校为教师上示范课、评课、议课,送阅读辅导、书法等“爱心示范课”、提高乡村教师能力,开阔乡村孩子视野;举办专题讲座,强化学生法律、安全、环保意识,活动坚持多年,已成为会内一项常规工作。7 月初,宿州民进会员、安徽民之声律师事务所律师王瑞影作为安徽省 8 名、宿州市唯一一名基层法律服务工作者赴宁夏参加“1+1”中国法律援助志愿者行动,开展为期一年的法律援助工作。凸显文化服务特色。宿州民进开明书画院拥有各级美协、书协会员 28 人。充分发挥这一优势,每年都开展书画文化服务社会活动。到高校、偏远农村学校、部队、企业送书画、开讲座,到社区写春联。深化联合服务功能。全年参与民进省委对萧县张口村的定点帮扶工作,参与省、市委统战部牵头的“同心示范工程”行动,参与对砀山县回民许庄村的定点帮扶工作,开展对萧县道口村的义诊咨询、教育帮扶工作。联合结对单位为贫困乡村小学捐献儿童读物 1000 多册,联合区政协社法委开展送法律到乡镇活动。在扶贫帮困的同时,联系群众、了解民情,知情明政,在社会服务中寻求参政议政建言献策结合点,提升社会服务的层次。

【民主监督】 民主党派开展脱贫攻坚民主监督工作是中共对各民主党派在扶贫开发、议政建言上发挥重要作用的充分肯定,是一项严肃的政治工作。根据民进省委会、中共宿州市委部署要求,宿州民进对泗县开展脱贫攻坚民主监督工作。市委会对脱贫攻坚民主监督工作高度重视,之前召开了专题主委会议研究部署,成立了领导小组,制定了调研方案。宿州民进脱贫攻坚民主监督组定期深入贫困村开展调查研究，形成有重点、有特色的工作成果，为脱贫攻坚工作提供建设性意见。同时结合当地实际情况和贫困户真实需求，按照量力而行、尽力而为的原则，充分发挥优势和特长，开展了“教育扶贫”“帮扶助学”“健康扶贫”三件实事，为助力党委政府打赢脱贫攻坚战、推动经济社会发展提供了有力支持，取得了明显成效。

·中国农工民主党宿州市委员会·

【概况】 2018年是全面贯彻中共十九大精神和农工党十六大工作部署的开局之年，也是农工党宿州市委会适应新时代要求的高素质中国特色社会主义参政党的建设之年。在这一年里，市委会围绕增强“四个意识”，坚定“四个自信”，做到“两个维护”，带领全市党员深入学习贯彻习近平新时代中国特色社会主义思想，努力加强自身建设，切实履行参政党职能，积极开展社会服务，各项工作取得新进展。

【深入推进学习实践活动】 2018年，市委会通过开展“不忘合作初心，继续携手前进”主题教育活动，积极参加各级组织培训、组织专题调研等多种形式带领全体党员深入学习中共十九大精神和农工党十六大会议精神，夯实思想政治基础。今年以来针对党外人士的培训学习较多，市委会推举党员参加中共省委统战部组织的民主党派中青年骨干培训2人次、农工党省委组织的省委委员培训1人次、基层组织负责人培训5人次，参加中共市委统战部组织的党外代表人士学习十九大精神培训5人次、党外干部能力提升培训6人次。6月中旬市政协对政协委员开展“习近平总书记关于加强和改进人民政协工作的重要思想·集中学习月”活动，农工党界别政协委员积极参与；7月，市委会出色完成了党刊的征订工作，被农工党中央授予“2018年度《前进论坛》发行工作先进单位”荣誉称号；10月，农工党安徽省委成立60周年纪念大会，表彰“坚持和发展中国特色社会主义学习实践活动”先进集体、先进个人，宿州市委荣获“理论研究工作先进集体”“组织工作先进集体”和“先进基层组织”三个集体奖项，梅咏春、蒋翠玲荣获“优秀党员”称号，蒋娟娟荣获“优秀党务工作者”称号。

【认真履行参政党职能】 市委会坚持以提高提案质量为基础，以增强办理实效为目标，积极开展各项调研工作，踊跃参加各级组织的调研活动，形成了多篇高质量、有特色的调研报告、集体提案和大会发言。市委会全年提交调研报告、集体提案15篇，1篇被省政协协商会议采用，3篇作为省政协协商会议大会发言，2篇作为市政协五届二次大会发言，其中《关于加强我市空气污染治理的对策建议》得到市委书记史翔的签字批示，《关于进一步优化我市中招政策为学生提供公平而有质量的教育的建议》《关于我市大气污染防治工作的几点建议》《关于发挥农业综合开发优势加快脱贫攻坚步伐的建议》荣获2018年度优秀提案。

2018年党员上报的社情民意信息数量较去年有所下降，采用率相对提高。全年共报送信息83篇，被农工省委采用的信息有8篇，被市政协采用的信息有7篇，其中祝美撰写的《关于落实现代农业发展用地政策方面存在的问题及建议》社情民意信息被农工党中央《信息专报》采用上报全国政协，蒋娟娟报送的信息《供暖工程应惠及广大师生》、祝美报送的信息《关于进一步规范校外教育培训机构办学的建议》得到市长杨军签字批示，王清才荣获2018年信息工作先进工作者。

【聚焦民生重点】 为充分发挥农工党医卫界别优势，2018年市委会通过开展多项义诊活动，推动社会服务工作取得新进展。5月埇桥区总支委在爱心老年公寓开展了“关爱老人健康，共建幸福家园”的义诊活动，医务人员为敬老院的孤寡老人和残障人士进行了诊查活动，并给老人们带去了慰问品，陪他们聊天的过程中，为他们的身体健康发现隐患，提供健康规划和养生指导。6月在市博物馆南门，市委会联合市环保局等单位开展“同建美丽家园，共创文明城市义诊活动”，市委会组织医疗专家团队一边为群众解答健康知识疑问，一边发放宣传材料，号召市民参与到文明城市创建活动中来。为助力脱贫攻坚，深入贯彻落实中共十九大报告提出的精准扶贫的号召和健康中国战略，11月17日，祝美带领医疗专家团队赴埇桥区苗庵乡宁刘村开展第5个“全国扶贫日”健康扶贫医疗服务活动，通过零距离帮扶贫困户，真实了解贫困户现实情况，有效宣传国家健康扶贫政策，积极解决群众因病致贫、因病返贫问题,为脱贫攻坚事业做出贡献。

【人才队伍不断扩充】 2018年市委会迎来了一个新的支部,原淮北中煤矿建总医院支部依据属地化管理原则,于11月转入宿州市委会,支部有党员26人,医药卫生、人口资源和生态环境领域党员占比为100%。根据农工党中央严格组织发展工作程序,提高新发展党员的层次的要求,市委会注重发展质量,合理把握发展速度,2018年全年共发展9名党员,平均年龄38.7岁,其中医药卫生、人口资源和生态环境领域的党员5名,占新增党员人数的55.6%。截至2018年12月31日,宿州市有农工党党员172名,平均年龄55.1岁,其中医药卫生、人口资源和生态环境领域的党员共有127名,占宿州市党员总数的73.8%。市委会积极开展各种组织活动,为组织建设注入新活力。除了常规开展的春节慰问老党员活动,三八妇女节座谈会外,重点开展了纪念"五一口号"发布70周年系列活动,结合"不忘合作初心,继续携手前进"主题教育活动,市委会组织年轻骨干党员到泾县体验"红色旅程",重温光辉历史,弘扬优良传统,组织全体党员开展"三学一讲"专题教育活动,使党史党章深入人心。

【助力脱贫攻坚】 开展脱贫攻坚民主监督,是以习近平同志为核心的中共中央着眼于充分发挥中国多党合作制度优势、着力打赢精准脱贫攻坚战作出的重大部署。根据农工党安徽省委扎实推进对口脱贫攻坚民主监督工作、以脱贫攻坚和定点帮扶为主的工作要求,按照中共市委统战部对党派布置的四个同心工程工作要求,市委会于9月8号召开脱贫攻坚民主监督会,会议通过《农工党宿州市委关于开展脱贫攻坚民主监督的调研方案》,9月中旬由张生主委率调研组一行赴埇桥区永镇乡开展脱贫攻坚民主监督调研,将民主监督过程中发现的问题当面反映给当地政府,并形成书面报告反馈给中共埇桥区委统战部,为推进宿州市深度贫困地区精准脱贫建言献策。

·九三学社宿州市委员会·

【强化理论学习】 不断凝聚共识坚定信念,社市委深入开展中国特色社会主义学习教育活动,把学习贯彻习近平新时代中国特色社会主义思想和中共十九大精神当作重要的政治任务来完成,采取多种形式,引导全市各支社和社员深入扎实地学习好、领会好、贯彻好、落实好,切实把中国共产党的最新理论成果入脑入心,进一步增进中国特色社会主义道路、理论、制度和文化自信,进一步增强社员政党意识、大局意识。全国两会后,及时传达学习全国"两会"精神,要求各支社、专委会、各位社员要采取各种形式,认真学习两会精神,把思想和行动统一到"两会"精神上来。把两会精神融入工作中,要积极围绕精准脱贫、污染防治、民生改善等重大任务,找准切入点、结合点、着力点,提出意见建议,参政参到要点上,议政议到关键处。7月7日,社市委举办了"九三学社社史报告会",九三学社中央委员、九三学社中央社史研究中心研究员、九三学社中央思想建设研究中心副主任许进老师做九三学社社史报告。进一步激励社员掀起"学习九三学社社史,做好新时代九三人的思想教育活动",传承九三精神,树立家国情怀。积极组织20名社员参加市委统战部组织的纪念"五一口号"发布70周年暨全市统一战线集中宣传活动,引领广大社员,在中共宿州市委的坚强领导下,不忘初心,砥砺奋进,不断巩固好、发展好最广泛的爱国统一战线,坚持好、完善好新型政党制度。社员杨开琴参加市政协召开纪念"五一口号"发布70周年座谈会并做会议发言。

【着力做好参政议政】 切实履行参政党职能,在2018年1月召开的市政协五届一次会议期间,市政协表彰2017年度优秀提案,社市委荣获1件优秀集体提案(由余兵撰写的《流动餐饮摊点食品安全监管的建议》),1件优秀个人提案(由胡迎春撰写的《关于宿州市非煤矿山环境治理问题的建议》)。在会议上社市委共提交集体提案10件,社情民意3件,委员个人提案18件。有4件提案被列为书记领衔督办的重点提案,张安文个人提案《关于进一步加大农村"双基"建设力度的建议》(书记领衔督办重点提案的主提案)、王丽影集体提案《关于建立长效扶贫工作机制的建议》、王春生集体提案《关于加大教育精准扶贫的建议》、杨开琴个人提案《建议激发脱贫内生动力,打造"精神扶贫"宿州模式》。王晓敏撰写的《亟待解决二类疫苗接种难问题》被评为优秀社情民意,获史翔书记签批。王晓敏撰写《关于进一步规范城区预防性体检工作的建议》被市长杨军批示，王晓敏撰写《科学合理利用土地资源　推进公共体育服务设施建设》专报杨军市长。

在2019年1月召开市政协五届二次会议上，社市委共提交集体提案5件，大会发言3件，其中2件书面，1件口头。会议期间，社市委荣获2件市政协表彰的优秀集体提案，分别是蔡昶撰写的《制定三级诊疗目录推进医改深化》、杨开琴撰写的《深入推进文化惠民工程　全力打造“文化+”宿州模式》；个人优秀提案是张安文撰写的《关于进一步加大农村“双基”建设力度助推脱贫攻坚的建议》；王晓敏荣获市政协表彰的2018年社情民意信息工作先进个人。王春生撰写的《乡村振兴战略与精准扶贫衔接机制调研》被九三学社中央第一期社讯采用。张安文撰写的《创新机制　科学规划　着力实施乡村振兴战略》被社省委提交至省政协十二届一次会议发言提案目录。社宿州市委承担并完成了社省委2018年度“乡村垃圾和固体废物治理”参政议政课题。“宿州市构建大健康产业体系研究”“宿州市精准扶贫与稳定脱贫机制研究”报送市委统战部作为2018年党派调研课题。“五四运动与九三学社缘起”主题论坛征文活动中，刘玉岭撰写的《坚守民主与科学，勇担时代之重任》被社中央采用。“九三学社文脉与传承”主题论坛征文，杨开琴撰写的论文《“抬头看天，与云天之外看春秋”——浅议新时期九三学社文脉传承的表达方式》被社中央采用。在社中央“我与改革开放40年”征文活动中，王秀利撰写的《我的这些年》获征文作品入围奖，王春生获参与奖。王秀利社员撰写的《千磨万击还坚劲，任尔东南西北风——从徽商文化看文化自信》被省社会主义学院采用，应邀参加省社院举办的“文化自信与安徽地域文化传承发展”学术研讨会。王春生撰写的《春光社区的春天》报送市委统战部参加改革开放40周年主题征文活动，被《安徽统战》第12期采用。在2019年1月11—13日社省委召开的第十一届委员会第三次全体（扩大）会议上，社市委荣获社省委2017—2018年度组织工作先进集体称号；李峰荣获社省委2018年度组织工作先进个人；刘玉岭撰写的《赖少其先生的一封手书》荣获社省委2017—2018年度优秀新闻作品二等奖，并于2018年4月26日刊登在《团结报》上；朱叶被社省委评为2017—2018年度“百名专家乡村学堂讲科普”活动优秀专家；王春生被社省委评为2017—2018年度社会服务工作先进个人。

【关注经济社会热点】　深入开展社会服务工作。2017年5月开始的“拒绝校园暴力”未成年人普法年活动圆满收官。2018年5月11日，社省委社会服务部部长陈玲一行参加宿州九三“拒绝校园暴力普法宣传年”一周年活动，并现场观摩“拒绝校园暴力，预防不法侵害”科普讲座。普法宣传活动共开展“拒绝校园暴力”讲座50期，近15000名学生聆听讲座，得到广大师生一致好评，也得到市委统战部及司法部门充分肯定。6月份，朱叶社员在怀远县政务中心为怀远县新城中学近300名学生作了《拒绝校园暴力，预防违法犯罪》的讲座。9—11月期间，朱叶律师先后到传习所、学校、社区、农村，开展主题为《学习宪法，弘扬法治精神》宣讲活动4场，听众达1300人；走进学校针对未成年人普法宣传6场，听课师生达2600人。10月12—13日，九三学社宿州市委特邀中国科学技术大学教授、航天专家、九三学社社员王永赴萧县实验高级中学、砀山中学作科普报告，听课师生达1200人。科普报告在同学们心中播下了爱科学、学科学、用科学的种子，精彩的授课得到了同学们的热烈欢迎和高度评价，拓展了同学们的知识面，激发了同学们学科学的兴趣，取得了显著的效果。9月20日，在世界老年痴呆日科普宣传活动中，三支社主委、市立医院神经内科宇辉主任医师到埇桥区东关社区医院作了《是谁偷走了我的记忆——阿尔茨海默病》科普报告。社市委积极发挥社内农业技术专家社员优势，积极参与企业帮扶活动。社市委邀请九三学社社员、中国农科院作物研究所张勇、杨丽、闫长生、胡学旭研究员，与九三学社宿州市委进行了交流。5月24日，主委尤计富带领社农业专家一行6人到安徽华成种业股份有限公司，实地调研良种繁育及新品种认证，深入了解小麦良种生长情况，同时提出了一些意见和建议。

【完成支社换届】　健全组织机构。为进一步健全组织，发挥基层组织主力作用，在市委统战部的支持下，于4月22日、5月5日两天集中召开换届会议，完成组织换届工作。进一步优化了支社班子结构，一批年轻社员进入支社班子，增强了支社组织活力。5月19日，九三学社宿州市委召开新任支社负责人座谈会，要求各支社、专委会在参政议政、社情民意等工作上突出界别特色和国家、省、宿州市大政方针、时政热点,“以质取胜,以量保障”。各支社还要积极发挥骨干社员参政议政、社务活动自身特长和积极性,给予更多组织保障。为进一步加强机关建设,3 月 9—10 日,社市委赴淮南学习调研,就机关建设、社员发展、参政议政等进行了学习交流活动。8 月 7—9 日,中共葫芦岛市委统战部副部长李春阳,九三学社葫芦岛市委张亚莉等一行 13 人来宿州就“乡村旅游发展、垃圾治理、美丽乡村建设”等进行专程调研考察活动。考察期间两地还就九三组织发展、参政议政、民主监督等方面工作进行了交流探讨。

【勇担使命】 认真做好扶贫攻坚民主监督工作,按照市委关于民主党派脱贫攻坚民主监督有关要求,9 月 13 日,九三学社宿州市委主委尤计富率调研组一行赴灵璧县游集镇开展脱贫攻坚民主监督专项调研。在杨庄村村部仔细查看了贫困户的扶贫政策落实等档案资料,向村干部详细询问了解脱贫攻坚工作情况及目前存在的困难,随后,调研组走村入户,实地查访贫困户居住和生活环境,与贫困户坐下来面对面交谈,了解他们内心的真实想法,最后召开了座谈会,听取了镇委、村委负责人工作情况介绍和对脱贫攻坚工作的意见建议,双方还就稳定脱贫长效机制建立等进行了交流探讨。对民主监督工作中发现的问题,九三学社宿州市委进行了梳理归类,及时反馈灵璧县,并且针对存在的问题提出可行性意见建议,上报市委统战部,积极为全市打好脱贫攻坚这场硬仗献计出力。10 月 17 日,宿州市暨埇桥区 2018 年全国扶贫日公益募捐活动启动仪式在市政府广场隆重举行,社员、市政协委员、宿州西苑医院院长游道国积极响应 2018 年“全国扶贫日”公益募捐活动,弘扬和传承助人为乐、奉献爱心的传统美德,慷慨捐款 10 万元。

【积极组织活动】 增进组织凝聚力,2018 年社市委、各支社、青工委、妇委会等积极组织各项活动,丰富社员生活,增进交流。为庆祝三八国际妇女节,九三学社宿州市妇委会在社市委的大力支持下,组织女社员赴徐州瞻仰淮海战役纪念馆和纪念塔。一年一度的重阳节到来之际,社市委组织九三学社退休社员到萧县白土镇考察调研美好乡村建设,给予退休老社员更多的关照和祝福。

[责任编辑　杨　军]

群众团体

·宿州市总工会·

【概况】 宿州市总工会是宿州市各级工会的领导机关,受中共宿州市委和安徽省总工会的领导。目前宿州市总工会第四届委员会由43名委员组成,设主席1人、副主席3人、经费审查委员会主任1人,常务委员13人。宿州市总工会机关内设部室8个。市总工会所属区、县工会5个。全市基层工会委员会7162个,会员66.3万人,其中农民工会员占比52.9%,共计35.1万人。初步形成了与城乡统筹发展相适应的工会组织新体系、社会化维权新格局和工作新机制,全市工会工作迈上了新台阶。2018年,市总工会被国家人力资源和社会保障部、全国总工会授予"全国工会系统先进集体"荣誉称号,为安徽省唯一一家获此殊荣的单位,先后被全国总工会评为全国工会经审工作"先进集体"、全国工会财务工作"先进单位";被省委组织部、省总工会评为全省工会系统"先进集体",同时授予省"五一劳动奖状";连续5年获得全市目标管理绩效考核"优秀单位",蝉联第十届、第十一届安徽省"文明单位",并被评为"宿州市卫生先进单位"、市直机关党建目标考核"优秀单位"、全市双拥工作"优秀单位"。

【职工思想政治引领】 一是政治引领得到强化。通过党组中心组理论学习、专题培训、宣讲报告等形式,深入学习贯彻习近平新时代中国特色社会主义思想、特别是习近平总书记关于工人阶级和工会工作的重要论述。5月份承办全省"中国梦·劳动美·安徽篇章"职工演讲比赛皖北片选拔赛。全市开展逐级选拔,参赛职工达3000多人次。二是精神文明活动扎实开展。举办丰富多彩的职工文体活动,凝聚职工力量,弘扬社会主义核心价值观。相继举办了2018年庆"五一"全市职工文艺大联欢、庆祝"五一"全市职工乒乓球赛、"迎国庆"全市第三届职工羽毛球赛、全市庆祝改革开放四十周年文化展演、全市首届"笼式足球"五人制职工联赛等职工文体活动。市经开区成功举办第三届职工运动会,在园区内掀起运动健身热潮。2018年,新建国家级职工书屋1家、省级职工书屋5家、市级职工书屋20家,辐射职工2万人以上。三是落实意识形态工作责任制。重视职工意识形态工作,加强改进职工思想政治工作和职业道德建设,充分利用"两微"平台,多种形式开展宣传教育活动150场次,参与职工12万人次。

【服务大局建功立业】 一是服务发展大局,劳模精神、劳动精神、工匠精神得到充分弘扬。组织职工开展"建功十三五""当好主人翁、建功新时代"等主题劳动和技能竞赛,全年开展30场50项竞赛活动,吸引10万余名职工参加。在全省率先启动"坚决打赢脱贫攻坚战、争当十大工程先锋"劳动竞赛活动,联合市扶贫局及脱贫攻坚十大工程牵头部门,分别开展了惠农金融服务室建设劳动竞赛、"生态保护助推脱贫攻坚"劳动竞赛、就业援助助推脱贫攻坚劳动竞赛、农村道路畅通工程建设劳动竞赛等11项劳动竞赛,参赛职工6万人次。11月份全省工会系统脱贫攻坚现场推进暨劳动和技能竞赛工作经验交流会在宿州召开。围绕安全生产,全市共组织2000多家单位、3000多个班组、6万多名职工开展"安康杯"竞赛活动。二是扶贫"双包"工作效果突出。市总工会选派3名机关干部开展驻村扶贫工作,推进包保村成立村级工会、建成村级“幸福驿站”。先后共筹集投入资金40余万元,实施村级党支部活动室改造、村级道路路基建设、9个自然村文化广场、蔬菜大棚等扶贫项目。在萧县柳园村建成市总工会服装加工扶贫工厂。市总工会在全省工会脱贫攻坚工作会上作经验交流并被《安徽工人日报》专题报道。2018年市总工会被省委组织部评为“全省第六批选派帮扶工作先进单位”。三是窗口单位文明创建工作强力推进。市总工会全面履行文明行业建设指导委员会职责,指导推进162家窗口单位做实创建全国文明城市工作。编制《窗口行业创建全国文明城市指导手册》,召开5次全市窗口行业创建全国文明城市部署会、推进会、调度会,组织全体机关干部成立5个督察组全覆盖常态化开展窗口单位创建督查。2018年共下发552份督办单,共查找问题1651个并推动整改到位。认真落实精神文明创建包保社区职责,全面对接西关街道祥安社区,帮助解决社区办公用房问题,投入资金15万元。机关干部实行网格化包保,组织开展党员志愿服务300人次。四是扎实推进环境污染防治包保工作。市总工会高度重视环境污染防治包保工作,成立环境污染防治包保领导小组,包保3个污染防治重点包保企业,定期督查,帮助解决问题。组织开展“绿色环保”主题系列活动。10月份,举行了全市职工少儿绿色环保推广月成果展示会。12月份,组织9名政协委员专题视察市总工会扶贫工厂及3家污染防治包保企业。

【提升职工服务水平】 一是送温暖工作持续开展。根据全国总工会关于建立全总级、省总级和市总级三级困难职工档案的要求,对全市困难职工情况重新梳理审核、建档立卡,精准开展困难职工帮扶救助工作。2018年全市工会系统累计投入帮扶资金1133.943万元,资助困难职工2046人。“两节”期间,开展“情满旅途”农民工关爱活动,慰问帮扶220名农民工。二是全面推进智慧工会建设,创新开展职工普惠制服务。市总工会“一库、一卡、两网、两系统”工会信息化建设项目全部建成并高效运行,做强服务体系,夯实平台工作基础。全年网上受理10类工会便民服务申请事项434件,办结率达96%。依托工会会员卡,开展53项职工普惠制服务。全总网络工作部副部长关明一行到宿专题调研智慧工会建设工作。启动全市第三批工会会员服务卡各项发行工作。宿州工会会员服务卡被评为“全省最受欢迎的金融IC卡”。宿州市总工会微信号在全省地市级工会微信影响力排行榜中位居前列;宿州工会微博入围人民日报社评选的“全国工会十大微博”。三是职工互助保障工作获得新提升。2018年全市互助保障会员总数达到6.06万人,保费达到241万元,同比增长14.5%。职工赔付率提升为97.4%,赔付金额达95.61万元。四是有效推进和谐劳动关系建设。开展就业援助行动,全年投入资金50万元,举办5场就业创业招聘会,提供就业岗位2000余个,达成就业意向300人。全市建成省级职工“幸福家园”3家、“幸福驿站”2家;市级“幸福家园”8家、“幸福驿站”10家。开展2018年夏送清凉活动,市总工会投入经费25.5万元,为25家单位(项目点)2500名职工送去清凉大礼包。开展金秋助学活动,投入助学资金41.8万元,资助75名困难职工子女进入大学继续学业。开展全市区域性集体协商试点工作,在市高新区分设5个行业工资集体协商组。全市签订集体合同3353份,覆盖职工38.1万人。

【推进工会改革】 一是全市工会改革工作按照既定方案稳步推动。市总工会机关内设机构职能进一步优化整合和调整,于2018年2月调整到位。通过改革,进一步提高领导机构中劳模和一线职工代表比例,建立专职为主、兼职与挂职相结合的工会干部队伍。二是推进新时代产业工人队伍建设改革工作。市总工会牵头整体改革工作,明确具体责任分工,提出具体贯彻落实举措,并开展了专项督查工作。11月份,市委市政府下发《宿州市推进新时代产业工人队伍建设改革实施方案》。三是强化基层工会组建和会员发展,夯实工会基础。以开展“货车司机入会集中行动”为牵引,全力推进八大群体入会,新组建工会8家,新发展会员1050人。建立和推行“一函两书”制度,积极推进非公企业工会组建工作。2018年,全市新建基层工会组织351家,新发展工会会员2.8万人。完成工会组织信息采集7097家,采集率97.5%,完成工会会员信息采集65.26万个,采集率96.2%。四是进一步规范和提升工会经费、资产监督管理工作。财务管理规范化建设和工会经费税务代收工作水平不断提升。全年税务代收工会经费实现“翻番”优异成绩。市总班子重视工会经审工作，召开党组会专题研究推进，加强经审工作规范化建设，全总党组成员，经审委主任李晓钟专题听取宿州市经审工作开展情况汇报。

【工会系统党的建设】 严格落实工会系统党建工作责任制和党风廉政建设责任制。开展工会经费审查工作，对21家市直基层工会经费使用情况开展审查审计。同时，对四县一区工会实施全覆盖审计。扎实有序推进“讲忠诚、严纪律、立政德”专题警示教育。巩固市委巡察市总工会整改成果，“4+4”专项整治“回头看”工作在规定时间核查整改到位。严格落实中央八项规定精神。加强机关效能建设，工会干部作风和能力得到有效提升。

·共青团宿州市委员会·

【概况】 2018年，宿州共青团在市委、团省委的正确领导下，以习近平新时代中国特色社会主义思想和党的十九大精神为坚定指引，深入学习领会习近平总书记“7·2”重要讲话精神，认真学习贯彻团十八大精神，把围绕中心、服务大局作为工作主线，切实加强对青年政治引领，聚焦从严治团，深化改革攻坚，推动新时代全市共青团工作迈上新台阶。2018年获评国家级媒体报道35篇次，国家级表彰集体及个人12个，其中李娟荣获“中国青年五四奖章”。

【加强青少年思想道德建设】 一是依托一个基地——安徽省理论宣讲示范基地(宿州青年宣讲团)，常态化开展习近平新时代中国特色社会主义思想学习宣讲活动，全年市、县、乡三级青年宣讲团共开展宣讲200余场，覆盖青年5万余人。二是编印一本册子——《宿州共青团“青年大学习”应知应会读本》，收集了党的十九大、习近平总书记“7·2”重要讲话、团的十八大等内容，便于广大团干部和团员青年学习理解。三是开辟一个专栏——网络新媒体学习专栏，依托宿州青年新媒体工作中心，在微信公众号开设“青年大学习”专栏，在第二季“青年大学习”网上答题中，全市累计参与青少年达35万多人次，位居全省前列，受团省委通报表扬。四是打造一个品牌——宿州共青团“青年大学习”机关团干说，从团市委机关发起，结合机关工作例会和支部学习，每两周安排一次团干部制作PPT进行党团知识分享。五是形成一套制度——把开展“青年大学习”成效纳入全市共青团工作考核，通过线下线上测试、随机抽查、实地督察等方式，分阶段检验团干部学习成效，教育引导全市广大团干部和团员青年切实树立“四个意识”，坚定“四个自信”，坚决做到“两个维护”，坚定不移听党话、跟党走。

【建设“新时代青年文明实践中心”】 号召全市各级团组织依托青年之家等青字号阵地，按照“六有”标准、“五讲”要求，全力推进新时代青年文明实践中心建设，深入学习习近平新时代中国特色社会主义思想的丰富内涵。进一步发挥其阵地作用，开展多种形式的社会主义核心价值观宣讲、卫生健康知识宣传、环境整治志愿服务等青少年文明实践活动。全市建立“新时代青年文明实践中心”73个，举办活动310余场，覆盖青年9000余人。

【加强青少年理想信念教育】 每季度组织青少年儿童到市博物馆接受爱国主义教育。举行“脱贫攻坚青春志 奋勇建功新时代”宿州市纪念五四运动99周年主题团日活动。举行“高举旗帜 牢记使命”迎六一党团队旗传递活动。开展“八一”拥军慰问暨“红领巾寻访强军梦”少先队员进军营体验活动。举办纪念少先队建队69周年主题队日暨红领巾社团风采展示活动。举行2018年安徽省暨宿州市中学生18岁成人仪式等。

【深化青春助力脱贫攻坚“1205”专项行动】 一是深入推进“李娟脱贫攻坚青年突击队”专项行动。在全市建立115支“李娟脱贫攻坚青年突击队”，对口联系帮扶全市115个未出列贫困村，助力农村环境“三大革命”、农村贫困家庭环境卫生整治等，共协助1450余户贫困户清理垃圾共510方、开展精神脱贫宣讲430余场、开展文明宣传教育活动140余场。二是深入推进青联委员助力脱贫攻坚“双20”专项行动。在全市选择20个乡镇，建立20个青春扶贫驿站，组建20支青联委员扶贫工作组，帮助发展贫困村农林种养、电子商务、生态旅游和传统手工业。邀请宿迁市青联结对帮扶陈埝村，联系合肥市青联与符离村建立长期结对帮扶关系等。三是深入推进青春助力脱贫攻坚“五大青春”专项行动，即“青春励志、青春助业、青春助学、青春志愿、青春强基”。举行青春助力脱贫攻坚扶贫工厂项目对接签约仪式,组织青年企业家认领10个扶贫工厂项目建设。举办2018年返乡创业青年座谈会。赴多个贫困村捐赠青春助力脱贫攻坚“四小”温暖包1900余套,价值约32万元。支持建设贫困村“幸福驿站”工程,全市已建成“幸福驿站”20个、“光明驿站”8个。团市委荣获宿州市2018年“社会扶贫工程先进集体”,全市仅5家市直单位受到表彰。

【深化助力全国文明城市创建“1185”专项行动】 一是深化1个“学习争做美德少年”品牌行动,通过少先队活动课、报告会、座谈会等形式,引导更多青少年儿童学先进、争先进。二是做好1项包保工作,摸排包保的经开区金海街道紫金社区在创城工作中存在的短板,组织各类型青年志愿者围绕垃圾分类减量、鞭炮禁燃、低碳生活、交通安全、禁毒教育、文明网络等项目开展志愿服务活动。三是推动8项创建参与工作,分别是社会主义核心价值观宣传教育、关爱贫困青少年圆梦“微心愿”、创城随手拍、创城模范事迹宣讲、青少年助力文明创建展览、网络新媒体宣传、“小宿小州”助力文明创建漫画、创城主题系列团队日活动。四是开展5项青字号“自选动作”,分别是青年行——“义务清扫　美化宿州”志愿服务活动、青年说——小宿小州宣讲团进社区“微宣传”、青年颂——“礼赞宿州美”纪念改革开放40周年青春诗会、青年画——“致敬改革开放40年　童心共绘新时代”少年儿童绘画大赛、青年创——在社区创建新时代青年文明实践中心。

【大力服务青年创新创业】 继续推动安徽(宿州)青年创业园建设,推进“宿州青年创新创业中心”“1+3+8”模式建设。成立宿州市青年企业家协会,并组织开展县区行活动。举办“相约宿马”宿州市第四届青年创新创业大赛,召开大赛投融资对接会,做好本届优质创业项目的跟踪服务和落地成型。组织部分市青联委员、青年企业家代表开展经贸考察活动。召开2018年皖北地区青年创业贷款贴息项目评审会。举办宿州市青年创业项目投融资对接会暨第二届安徽MBA创新创业大赛。宿州市“第二届青少年机器人竞赛”项目荣获第十一届“中国青少年科技创新竞赛示范项目奖”,全省仅3个项目获奖。

【持续丰富青年志愿服务】 组织300余名青年志愿者持续40余天提供春节返乡服务。开展全市2018年“3·5”学雷锋青年志愿服务月活动。中高考期间开展爱心送考志愿服务活动。做好2018宿州市春季健康跑、2018年宿州国际半程马拉松赛事志愿服务保障工作,组织志愿者参与全市示范村示范户创建工作检查等。全力推进志愿中国注册工作,全市注册志愿者100800余人。

【着力推动共青团改革攻坚】 团市委及所辖四县一区团委挂职、兼职副书记均配备到位,并通过挂职、招聘公益岗、借调等方式选拔多名年轻干部到机关挂职,增加工作力量。联合市委组织部共同制发《宿州市村(社区)团组织集中换届工作实施方案》,推动全市所有村(社区)团组织完成换届工作,补充村级团组织工作力量3600多人。落实共青团工作经费的合理增长机制和灵活使用机制。目前全市共建成“青年之家”123个,创建国家级示范平台1个、省级示范平台5个。

【注重改进团干部直接联系青年工作】 深化“走进基层、转变作风、改进工作”“走访百个乡镇、联系百个青年、建立百个团组织”大调研大宣讲活动,常态化推进团干部直接联系青年工作。定期开展机关开放日活动。制定出台《团宿州市委机关调研走访制度》,要求机关各部室每2周外出学习或到基层调研,掌握一线青年真实迫切需求,持续改进工作思路、巩固工作成效。募捐“爱心圆梦大学”资金101.9万元,资助贫困大学生310人。开展青少年自护教育知识讲座,开展倡导未成年人文明上网主题宣讲。举办第三届“诗书年华日　爱心鹊桥时”青年公益交友活动。在万达影城成立全市首家“共青团影院”。承办全国农村留守儿童关爱保护“百场宣讲进工地”走进宿州活动。举办2018年宿州市少先队辅导员职业技能大赛。举办宿州市第四届“唱响宿州梦”纪念改革开放40周年青年红歌大赛。常态开展关爱慰问活动,帮助900余名贫困儿童圆梦微心愿等。

【注重加强“网上共青团”建设】 依托宿州青年新媒体工作中心,丰富团属“一网三微”建设。在微信公众号开设“不忘初心跟党走　奋勇建功新时代”“青年大学习”“青年之声”等学习交流专题。联合市广播电视台召开宿州市青年融媒体合作研讨会。举办“纪念改革开放40周年　青春绽放新时代”宿州市首届大学生短视频大赛。开展“微心愿”网上征集，开展学习和践行社会主义核心价值观线上公益展播活动等。

【切实加强基层团组织建设】　全力推进基层服务型团组织建设，加强乡镇、街道区域化团建工作，加强中学、中职和高校共青团工作。规范机关事业单位、国有企业的团建工作。加大非公组织、新社会组织团建力度。探索推进行业协会、农民专业合作社、互联网企业等新领域团建等。深入学习习近平新时代中国特色社会主义思想和党的十九大精神，深入推进“两学一做”学习教育常态化制度化，扎实开展“讲忠诚、严纪律、立政德”警示教育。在省团校举办全市2018年共青团干部培训班。召开学习习近平总书记“7·2”重要讲话精神专题学习班暨四届委员会第六次全体(扩大)会议，会上特别安排党风廉政建设教育专题辅导报告。举行团市委委员、市青联常委革命理想培训班。举办2018年全市中学中(高)职团委书记和少先队辅导员培训班。

【切实改进团员教育发展管理】　严格团员发展，初中、高中阶段毕业班团学比例分别控制在30%、60%以内。全面开展违规团员发展核查整改工作。强化对不同领域、不同行业团员的分类教育管理，落实好团前教育、组织生活、教育评议、奖励处分等各项规定。及时处置不合格团员，加大“推优入党”工作力度等。

（张　灿）

·宿州市妇女联合会·

【深入推进妇联改革】　认真做好村和社区“两委”换届工作中妇女参选参政工作，确保村民委员会成员候选人中至少有1名女性。注重选拔妇女担任村“两委”正职，实现村“两委”正职女性比例比上届有所提高。进一步扩大妇联组织覆盖面，在市交通文化旅游投资集团、市广场健身操舞运动协会等国有企业和社会组织中成立妇委会，使妇女组织得到有效延伸。制定下发《关于进一步深化改革，更好发挥基层妇联组织作用的意见》(宿妇〔2018〕48号)，探索发挥基层妇联执委作用，充分利用执委的自身特长，深入妇女群众，了解妇情民意，使妇联干部和执委们能够牢固树立党的宗旨意识，扎扎实实地帮助妇女群众解决实际困难和问题。

【注重文明家庭建设】　在全市开展寻找最美家庭、最美婆媳，评选文明家庭、绿色家庭活动，倡导以德治家、科学建家、文明立家、学习兴家、和谐保家等现代家庭建设理念。围绕“好家风、好家教、好家长”主题，在全市范围内开展2018年“我爱我家·亲子大课堂”巡讲活动，促进少年儿童健康成长。开展“树清廉家风　创最美家庭”为主题的《传承国学文化》《无处不在的礼仪》《父母规》系列专题讲座，围绕“我们的节日”举办各类活动，教育少年儿童传承优秀传统文化，宣扬孝老爱亲，弘扬清风正气。

【实施巾帼脱贫攻坚行动】　制定印发《关于印发〈宿州市妇联开展“巾帼脱贫攻坚年”活动实施意见〉的通知》《关于印发〈宿州市妇联开展“乡村振兴巾帼行动”实施方案〉的通知》等文件，提要求定措施，为全市妇联系统在打赢脱贫攻坚战中充分发挥妇女半边天和妇联组织独特作用，提供了保障，明确了方向。实施“两癌”免费筛查和贫困母亲“两癌”救助项目。各级妇联积极主动面向农村妇女广泛宣传“两癌”免费检查相关政策，组织开展农村妇女“两癌”免费检查项目。2018年共向238名建档立卡贫困妇女发放救助金238万元。

【促进妇女发展就业】　会同市人社局实施宿州市就业技能培训暨巾帼家政服务专项培训工程。对建档立卡贫困妇女进行家政技能培训，实施乡村振兴巾帼致富带头人培育工程，组织巾帼致富带头人到巢湖半汤乡学院开展新农村建设和电商知识培训，提升妇女综合素质，促进脱贫致富。以“就业一个人　温暖两个家”为主题开展“皖嫂”牵手贫困妇女活动，组织开展“巾帼风采”专场招聘会，发放春风卡等宣传资料份数5万余份，提供就业创业服务人数5000余人次。开展推荐争创全国巾帼脱贫示范基地、认定市级巾帼脱贫示范基地活动，充分利用各级巾帼扶贫基地的辐射带动作用，促进贫困妇女实现就地就业创业。积极争取省妇联专项资金项目，侧重在贫困村实施女子专业合作社、妇女之家、留守儿童关爱项目,为贫困妇女儿童提供了多样化、普惠性的公益服务。2018 年,实施省妇女专项资金项目 28 个,投入资金 226.9 万元。

【维护妇女儿童合法权益】 为切实做到维权自源头、维权在根本,联合市政府妇女儿童工作委员会办公室发文,建立宿州市法规政策性别平等评估咨询机制,让“男女平等”这一基本国策在宿州市公共政策领域得到有效的贯彻落实。以“三八”维权周、综治宣传月、三下乡宣传、“春风行动”等活动为契机,开展妇女权益保障法、“建设法治中国·巾帼在行动”、反邪教、禁毒宣传等维权普法宣传,累计发放各种宣传资料万余份。开展学习、宣传《宪法》修正案活动,引导各级妇联组织和广大妇联干部忠于宪法、遵守宪法、维护宪法。继续加强妇女维权服务站点、12338 妇女维权热线建设,发挥妇女维权服务网络作用,为妇女群众提供切实有效的帮助。2018 年,市妇联共接待和妥善处理来信、来电、来访 80 余件(次),信访办结率达 100%,及时化解了社会矛盾,维护了社会和谐稳定。

【关注关爱儿童身心健康】 一是深入开展儿童宣传教育活动。开展了“书香家庭　亲子悦读”系列活动,包括“一刻钟”亲子阅读指导、“我家最爱读的一本书”分享、“阅享童年　爱我家国”家庭教育实践、亲子原创故事分享等活动,在全市广大青少年及其家庭中营造了浓郁的阅读氛围。宿州市两户家庭被省妇联授予全省“优秀书香家庭”荣誉称号,宿州市图书馆被授予“亲子阅读体验基地”。二是广泛开展儿童主题实践活动。以儿童喜闻乐见的方式开展了亲子家庭“快乐运动　健康成长”幼儿亲子趣味运动会和“七彩年华　梦幻嘉年华”家庭运动会及“我爱我家　亲子大课堂”巡讲活动共 20 余次,普及科学家教知识,凝聚了家庭力量,促进了儿童身心健康成长。三是切实关爱特殊儿童群体。六一期间,赴贫困村看望慰问了贫困留守儿童,送去书包、文具、体育用品等慰问品,以及女童安全教育手册等宣传材料;到市儿童福利院开展慰问活动,送去 30 多台故事机;开展“情系贫困乡村　关爱贫困儿童”爱心捐书活动;开展留守女童素养成长扶助计划,承办“中国少年基金会春蕾陪伴计划”2018 夏令营活动,帮助春蕾女童健康快乐成长。

【助力创建文明城市】 印发《宿州市妇联“凝聚巾帼力量·共创文明城市”主题活动实施方案》,积极参与创建全国文明城市工作。多渠道、多层次地开展各类宣传活动,助力文明城市创建。举办全市“凝聚巾帼力量·共创文明城市”主题活动、开展“文明旅游巾帼行”志愿服务活动、开展巾帼志愿者“共建巾帼林·美化我家园”义务植树活动、开展送文艺进社区活动,召开“三八”国际劳动妇女节庆祝大会,表彰全国及省、市先进集体和个人,开展“巾帼心向党·建功新时代”系列活动,举办“进入新时代·巾帼展风采”书画展等活动,展示广大妇女新时代风采,激励全市广大妇女撸起袖子加油干,为全国文明城市创建工作贡献力量。

·宿州市科学技术协会·

【概况】 2018 年,市科协以习近平新时代中国特色社会主义思想为指导,深入学习贯彻党的十九大和十九届二中、三中全会精神,扎实开展“讲严立”专题警示教育,团结和带领全市广大科技工作者,紧紧围绕市委、市政府的中心工作,积极履职尽责,在提高公民科学素质、服务经济社会发展、强化自身建设等方面取得显著成绩,为建设五大发展美好宿州、全面建成小康社会做出了积极贡献。市科协先后被评为全国科普日优秀组织单位、全国青少年科技创新大赛基层赛事优秀组织单位、安徽省青少年科技创新大赛优秀组织单位等。

【首次成功举办全省青少年科技创新大赛】 2018 年 5 月,由宿州市政府、省科协等 8 家单位共同主办的 2018 年安徽省青少年科技创新大赛在宿州学院举办,来自全省 16 个地级市和两个直管县共 600 多名选手参加现场竞赛。在全市各有关部门的共同努力下,活动取得圆满成功,获得省科协和参赛学生家长的一致好评和充分肯定,宿州市共有 50 余个项目在省级大赛中获奖。

【开展全国科技工作者日活动】 围绕“精忠报国、敢为人先、拼搏奉献”的主题,开展丰富多彩的科技工作者日活动,着力营造尊重知识、尊重人才的良好社会氛围。通过多媒体融合对乔振华等 200 余名科技工作者先进事迹和科技成果进行广泛宣传,扩大了科技工作者的影响力。全国科技工作者日期间,共看望慰问宿州职业技术学院等单位的科技工作者40余名,了解他们工作与生活状况,鼓励他们充分发挥专业优势,为宿州经济发展做出新贡献。

【举办"全国科普日"活动】 9月14日,宿州市全国科普日活动启动仪式在第十一中学举行,副市长祖钧公出席仪式并宣布活动启动。活动现场设立科普展览、科普咨询、科技体验、科技展品、智能机器人等不同的展区,吸引了众多的师生参加。全国科普日期间,全市共推出52项科普活动,播放科普电影70场,展出科普展板600余块,发放科普资料8万份、参与的科普志愿者600人次,受益群众20多万人(次)。

【实施创新驱动助力工程】 市科协进一步加大创新驱动助力工程的实施力度,主动与省级学会对接,为企业发展提供智力支持。安徽天河生物科技有限公司等4家公司获省级奖补资金40余万元;联合市引智办为唯农牧业等3家企业引入资金32万元。甜叶菊合作社获安徽省引进境外技术示范项目30万元,砀山酥梨"减肥提质"示范项目获省科技厅皖北地区及贫困县专项资金100万元。

【实施科技助力精准扶贫工程】 引导各级学会、协会和科技工作者围绕脱贫攻坚的需求,积极邀请省园艺学会秘书长张金云博士、省农科院园艺所潘海发博士等科技工作者开展葡萄种植、花卉苗木、大棚蔬菜、墩集草莓、脱毒山芋等技术培训和指导300余场次,参与科技人员200余人次,受益群众4万余人。

【加强科普示范社区建设】 组织推荐省级科普示范社区、科普教育基地、示范农技协的认定和申报,砀山县曹庄镇许庄回族村、萧县龙城镇城东社区等8个社区被评为省级科普示范社区,埇桥区利群甜叶菊种植专业合作社、泗县墩集草莓专业技术协会等10个农技协被评为省级示范农技协。

【举荐表彰优秀科技工作者】 做好淮海科技奖推荐工作,积极组织科技工作者参加评选表彰,安徽省立腾同创生物科技有限公司李雷获科普典范奖。开展学会工作先进单位和优秀学会工作者评选活动,市药学会等8家单位、许佼等11名优秀学会工作者获表彰奖励。联合市药学会开展"双优评选"活动,刘洪峰等11名同志被评为优秀药师,赵向阳等8名同志被评为优秀学会工作者。

【深化科协系统改革】 全面贯彻落实中央和省市委对科协深化改革工作的要求,牢牢把握科协改革的正确方向,不断增强科协"三性",着力建设"三型"组织。指导园区和企业科协建设,市高新区、经济开发区等8个园区和宿州市亿帆药业等14家企业成立科协组织;深入实施"3+1"改革试点,砀山、灵璧和萧县已完成试点工作,170多名学校校长、医院院长和农技站站长进入基层科协组织。加强科技工作者之家建设,共70个科协组织和200余名科技工作者入驻网上平台,为科技工作者获取前沿科技知识提供了载体。

(张钦贤)

·宿州市工商联合会·

【概况】 2018年,市工商联以习近平新时代中国特色社会主义思想为指导,全面贯彻落实党的十九大、十九届一中、二中、三中全会精神,围绕市委市政府中心工作,立足工商联职责,牢牢把握"两个健康"主题,开拓创新,扎实奋进,各项工作取得新的进展。被省工商联评为全省工商联系统优秀调研成果先进单位、信息报送及采用情况先进单位;被市双拥工作委员会评为2017年度双拥工作优秀单位;被市扶贫办评为2018年"社会扶贫工程"先进集体;被市政协评为年度优秀提案工作先进单位。

【组织建设】 一是加强工商联领导班子建设。坚持民主集中制,落实机关各项管理制度,健全市工商联党组,发挥好领导核心作用。严格执行中央"八项规定"和省市"三十条"要求。二是扎实推进"五好"县级工商联建设。督促基层工商联按照"一个设立、五个有"开展自查,不断完善基层组织建设。按照省工商联统一安排,与芜湖市工商联开展"五好"县级工商联互查工作,互提互促,不断完善基层组织建设。组织县区工商联积极申报全省"五好"工商联。三是加强商会组建。5月23日,市青年企业家商会成立,为宿州市青年企业家创业交流打造新平台。8月18

日,指导成立宿州市江西商会。四是加强商会服务。参加西安宿州商会成立仪式、北京宿州企业商会一周年庆典、萧县知名企业家联合会年会、宿州市家居建材商会年会等活动;赴温州、宁波、杭州指导异地商会建设,出席宁波杭州湾宿州商会成立大会、温州宿州商会年会,考察杭州宿州商会(筹备)发起人企业。五是开展“四好”商会建设。配合市民政局对市工商联直属商(协)会开展年检审查工作。按照市委组织部要求,深入推进所属商会开展社团兼职情况调查和专项整治活动。组织所属商协会积极申报全省“四好”商会。

【参政议政】 利用政协渠道,先后提交《关于引导教育培养年轻一代非公有制经济人士的建议》《关于持续加大对实体经济支持力度的建议》《关于促进非公企业健康快速发展的建议》《关于加大民营经济政策宣传的建议》《关于进一步规范网络订餐食品安全管理的建议》等多件提案。其中《关于引导教育培养年轻一代非公有制经济人士的建议》得到省委常委、统战部部长刘莉阅批,被列为省政协年度重点提案,是省领导重点督办的32个提案之一;《关于持续加大对实体经济支持力度的建议》得到市长杨军、副市长祖钧公等领导阅批,被列为市政协年度重点提案,由市政协许广斌主席亲自督办,5月初,市工商联负责人参加提案督办,实地考察了相关企业,并与承办单位进行了密切沟通。积极参与专题协商和界别协商。参加省政协来宿开展的“履职尽责”专题调研座谈,围绕政协委员如何更好地履职尽责进行发言;参加省政协工商联界别活动,围绕“民营企业参与乡村振兴”作交流发言。参加市政协“推进云计算产业做大做强”“推进宿州市采煤沉陷区综合治理”等专题协商活动,积极建言献策。

【经济服务】 大力促进民营经济高质量发展。一是建立保障民营经济健康发展协作机制。联合市公安局,共同印发《关于服务保障民营经济高质量发展协作机制》,不定期召开座谈会,邀请市公安局经侦支队负责人宣讲企业依法维权等相关知识,着力加强民营企业产权保护,努力营造公平诚信的发展环境。二是开展民营企业高质量发展调研。组织企业家座谈会,鼓励企业家结合自身情况发表对高质量发展的见解,并针对问题提出合理化建议,形成调研报告报上级部门。组织企业家赴杭州等经济发达地区,考察学习知名企业的先进管理理念,引导民营企业家树立提质量、创品牌、高标准的发展意识。三是做好第三方评估工作。通过发放调查统计问卷,组织召开民营企业家座谈会、政府部门座谈会,开展激发民间有效投资和PPP政策落实情况第三方评估,不断优化民营经济发展环境。四是提升民营企业服务质量。邀请省商会调解中心、市农商行负责人,为企业讲解法律、融资等知识。组织民营企业家“走出去”培训。组织部分民营企业家参加省工商联举办的法律知识培训、省联常执委培训,组织小马科技、达铭实业等企业,参加2018年长三角“智能经济”高峰论坛等,进一步提高企业家的经营管理水平。组织12家建筑企业近300人,参加省工商联组织的2018年度建筑、电力专业初、中级专业技术职称评审,为企业发展提供人才支撑。五是开展“上规模民营企业”调研。组织相关企业参与全省民营企业百强排序活动,5家企业进入全省民企百强榜单。通过这些活动的开展,进一步提升了服务民营经济的质量和水平。

【精准扶贫】 一是深入推进“百企帮百村”精准扶贫行动。制定《宿州市2018年贫困县退出目标任务清单》,明确全年工作计划。利用工商联网站、微信群等形式,广泛宣传学习贯彻习近平总书记给民营企业家回信的重要精神,宣传民营企业参与扶贫能够享受的税收、用地、融资等方面的优惠政策,动员更多的企业参与精准扶贫。加强调研督导。把“百企帮百村”与“四送一服”活动相融合,深入四县一区和市直企业调研,听取民营企业家关于精准扶贫的意见、建议。“扶贫日”前夕,发出《“百企帮百村”精准扶贫行动倡议书》,号召民营企业、社会组织和爱心人士踊跃捐款。“扶贫日”期间,市直相关单位、埇桥区、各园区共募集企业捐款捐物折合人民币近3600万元。积极对接马鞍山市工商联,到泗县开展“光彩助学 结对帮扶”活动,为22个贫困村的132名贫困生捐款13.2万元。注意加强典型引路。2018年新编印《民企帮扶在行动》简报11期。先后在《中华工商时报》《工商导报》《拂晓报》等媒体宣传报道扶贫先进典型。其中,安徽亿度电子商务有限公司作为先进典型,在全省“千企帮千村”推进会上作交流发言,受到省领导充分肯定。2018年全市4家工商联、2家商协会、31家民营企业获得宿州市2018年“社会扶贫工程”先进集体荣誉称号,23名民营企业家获得“社会扶贫工程”先进个人荣誉称号。市工商联是全市5家受表彰的市直单位之一。二是扎实做好“双包”工作。组织机关全体包保人员深入学习《习近平扶贫论述摘编》,严格遵守扶贫工作纪律;关心群众疾苦,帮助解决实际困难。开展春节送温暖、七一慰问困难党员活动,给村里贫困户、困难党员送去大礼包、生活必需品和现金。积极开展扶贫遍访和脱贫攻坚大排查工作,到帮扶村走访建档立卡贫困户123户,倾听群众意见和呼声,帮助解决实际困难。抓好扶贫领域专项整治。抓紧抓好脱贫攻坚各类监督检查发现问题整改不落实和形式主义官僚主义问题立行立改的贯彻落实和整改工作,确保扶贫工作取得实效。

·宿州市文学艺术界联合会·

【概况】 2018年以来,宿州市文联在市委宣传部的正确指导和市委市政府的坚强领导下,认真学习贯彻党的十九大精神,始终高举中国特色社会主义伟大旗帜,坚持“二为”方向和“双百”方针,坚持创新性发展,坚定文化自信,大力弘扬和践行社会主义核心价值观,坚持以人民为中心的创作导向,不断加强党对文艺界的领导,努力推动宿州文艺事业大发展大繁荣,为建设美好和谐宿州提供强大的精神动力和文化条件。

【文化惠民】 市文联及各协会、基层文联关注群众文化需求,发挥自身优势,坚持面向基层、服务群众,广泛开展各种形式的文化惠民活动。围绕全市实施“脱贫攻坚”战略,组织文艺工作者进乡村、进社区,发挥了文艺引领风尚、教育人民、服务社会、推动发展的独特作用。2018年1月30日、2月6日,市文联组织百余名书画家分别前往砀山县唐寨镇光明村和西二铺沈圩村为村民书写了600余幅春联,为他们送去最贴心的“年货”。成功主办国家艺术基金项目《纳西族东巴画艺术百年展》安徽宿州展,于6月19日开幕。举办“讴歌新时代,永远跟党走”纪念改革开放40周年市直埇桥区书画名家邀请展,于6月25日在艺术中心开幕。宿州籍书画艺术家周洪科、李艺宁作品回乡展,分别在宿州博物馆举行。6月16—18日,举办“梨花流韵——书画进万家”惠民工程砀山籍书画惠民展;为弘扬和传承地方特色文化,挖掘、保护、推广宿州市优秀民间传统艺术,举办“宿州市首届剪纸暨民间书画(民间工艺)精品展”。

【送书画进社区　助推文明城市创建】 9月4日,市文联组织书画艺术家到社区开展送文艺进社区,在社区营造了浓厚的书法艺术氛围,增添了社区文化气息,弘扬了中华传统美德,为社区文明创建注入了新的活力。传统戏剧进社区,文化惠民暖人心。为进一步丰富人民群众的文化生活,营造良好的创城氛围,10月24日上午,宿州市文联在金海街道紫金社区开展文化志愿服务——创建送戏进社区活动,给群众带来一场视觉和听觉的文艺盛宴。台上演员们热情的演绎,诙谐幽默的故事情节,让现场观众仿佛一起进入了故事情节。现场不时响起阵阵掌声,一场场充满浓郁地方气息的泗州戏深受居民的喜爱。创建送戏进社区活动,吸引居民近200人,反响热烈。

【推人才　出精品】 市委宣传部、市文联制定并实施了第三届“龙凤计划——宿州市中青年书画人才培养工程”。2018年出资50万元,资助10名符合条件的中青年书画优秀人才选择国内知名艺术院校和造诣深、水平高的艺术导师,学习深造,造就一批具有较高艺术水准的宿州书画人才。全面提升宿州书画的创作水平,努力推出一批“重学养、重品格、重基础、重个性”德艺双馨的中青年书画精英,在全省乃至全国有影响的书画领军人物。根据《宿州市“龙凤计划”(中青年书画人才培养)2018—2019年度实施方案》精神,经过逐级推荐、资格审查、专家评议,并经市书画人才培养工作领导小组研究,确定马端兵等10名同志为第三届“龙凤计划”(中青年书画人才培养)对象。12月15日上午,宿州市第二届“龙凤计划”汇报展在宿州文化创意小镇的艺术展览中心隆重开幕。汇报展既是对两届龙凤计划的经验做出的总结,也为以后继续深入开展文学艺术创作指明方向。这一批学员经过一年的学习与磨炼,视野更加开阔,拥有了新的创作理念和创作激情,为艺术成长确定了方向。其中,美术类中美协会员耿震、张学英在学习期间有了更大的收获;张小路在选送学习期间,被中国美术家协会批准为会员;徐德平获得八次具备加入中美协资格的入展;杨明霞获得三次具备加入中美协资格的入展;冯之茵获得四次具备加入中美协会员资格的入展;杨国军获得一次具备加入中美协资格的入展。

为繁荣和发展文学创作,提升宿州市文化品位,把宿州市打造成文化名城,丰富人民群众精神文化生活,报经省文联、省作协批准,宿州市开展申报中国“文学之乡”工作,2018 年 2 月中华文学基金会领导前来宿州考察申报工作,对宿州的文学创作和人才培养工作给予肯定。8 月 23 日上午,由中国作家协会、中华文学基金会主办,中共宿州市委、宿州市人民政府、安徽省文联、安徽省作家协会承办的“文学之乡”授牌仪式在宿城举行。经中国作家协会、中华文学基金会批准,宿州市被授予“文学之乡”称号。中国作家协会副主席、中国作家协会报告文学委员会主任、中华文学基金会理事长何建明出席并讲话。市委书记史翔、安徽省文联党组书记何颖出席并分别致辞。市委副书记余向东主持仪式。市领导孟伟、侯家春、马杰、魏建华,中华文学基金会秘书长李小慧,安徽省作家协会主席许辉等出席授牌仪式。

11 月 9 日上午,由中共宿州市委宣传部、宿州市文学艺术联合会主办,宿州市美术家协会承办的“新时代新青年宿州市首届新人新作展”在宿州市博物馆开幕。安徽省美术界重量级人物,安徽省文联副主席,安徽省美术家协会主席杨国新前来参加活动,并发表重要讲话,给予宿州美术事业极大地支持。画展的作者来自于宿州市四县一区,年龄在 45 周岁以下。参展作品传承古法的同时又有时代创新,展示了青年人的蓬勃朝气,体现了新时代新青年的精神追求。同日,“新时代新青年宿州首届新人新作展”研讨会在博物馆举行,安徽省美协主席杨国新,宿州市四县一区文联、美协负责人,部分参展画家出席研讨会。

【对外交流】 8 月 28 日,举办宿州-苏州书法联展,在宿州博物馆开幕;10 月 13 日,宿州-亳州书法晋京展在中国书法大厦北京展览中心盛大开幕;10 月 26 日,宿州市书法邀请展在云南丽江文化馆展厅开幕式;11 月 15 日,宿州-苏州书法联展在苏州尹山湖展馆开幕。5 月 1 日,由市委宣传部、市文联主办,市摄影家协会承办的首届“大美宿州”全国摄影大赛获奖作品展,在市博物馆隆重开幕。活动自 2016 年 10 月启动至 2017 年 12 月结束,短短的 14 个月中,共收到各类摄影作品 11000 余幅,全国各地 20 余省、市、自治区的 8000 余位摄影家、摄影爱好者积极参与。编辑出版了精美的《大美宿州》大型画册。

(刘　夏)

·宿州市残疾人联合会·

【依法履职】 增强管党治党能力。深入学习宣传贯彻习近平新时代中国特色社会主义思想和党的十九大精神,把牢意识形态阵地,严格落实意识形态工作责任制。加强政治建设,严守政治纪律和政治规矩,切实把全会干部职工的思想和行动统一到市委、市政府的决策部署上来,做到政令畅通、令行禁止。全面推进依法行政。进一步加强依法行政的组织领导和推进工作,推行权力清单、责任清单制度,依法全面履行职能,完善重大行政决策机制,强化行政权力的制约和监督,全面推进政务公开,认真履行保密工作责任制。

【推进脱贫攻坚】 加快残疾人小康进程。双包扶贫黑塔镇大魏村贫困发生率为 1.1%,指导大魏村顺利完成党总支、村委会换届选举,村集体经济收入 18 万元。贫困残疾人康复工程精神残疾人药费补助项目实现全覆盖,残疾儿童抢救性康复和矫形器与辅助器具适配项目超额完成任务。残疾人精准康复服务率达 85%,辅具适配率达 66%。全市残疾人之家完成建设 59 个,覆盖率达 51%;残疾人工作站完成建设 517 个,覆盖率达 39%。全市扶持残疾人个人创业 754 人,发放扶持资金 150.8 万元。残疾人“两项补贴”实现提标,全市困难残疾人生活补贴共救助 78300 人,发放资金 4712.86 万元。重度残疾人护理补贴项目救助 71270 人,发放资金 3862.08 万元。建档立卡一级残疾人集中入住供养筛查推进兜底保障,全市建档立卡一级残疾人中有意愿集中入住供养 791 人,入住敬老院 249 人,入住卫生院 14 人;首批建档立卡精神残疾人 72 人已集中入住市精神病医院。市政府出台《宿州市农村电商全覆盖巩固提升行动方案》,联合商务、扶贫部门出台《宿州市电子商务助残扶贫行动实施细则》,全市共有 42 名残疾人从事电商,开办网店 50 个,涌现出李娟、唐怀智等电商扶贫脱贫典型。

【残疾人康复教育就业救助】 市政府出台《关于建

立残疾儿童康复救助制度的实施意见》，残疾预防行动计划稳步推进。加强残疾人教育就业工作，2018年普通高等院校共招收残疾考生39人，救助127名在校残疾大学生，发放资金19.75万元。完成助学任务98人，资助金额29.2万元。贯彻《安徽省残疾人创业就业三年行动计划》，扶持个人创业和农村基层党组织帮扶725人，超比例安排残疾人企业补贴150人，“阳光大棚”设施农业项目扶持80个，阳光助残扶贫基地6个（省级、市级），孵化基地5个，辅助性就业机构6个，发放社保补贴1538人，公益项岗位补贴1538人，开展就业培训700人，文盲扫盲培训100人。举办“就业助残”招聘大会，400名残疾人到现场参加应聘。举办“盲人按摩、电子商务职业技能培训班”班4期，培训人数341人。举办宿州市第三届残疾人技能大赛，5个代表队、68名选手参加竞赛。

【残疾人文化体育活动】 加强残健互助共融。认真学习宣传贯彻中央、省、市残代会精神，引领广大残疾人听党话、感党恩、跟党走。开展残疾人文化“五个一”活动，进一步完善残疾人文化基本公共服务体系建设，满足残疾人日益增长的文化体育服务需求，丰富了他们的精神文化生活。灵璧县游集镇九集村脱贫示范户张淑慧荣获了三等奖以及“2018年度安徽省残疾人十大读书达人”称号。全市派出40名运动员参加省七届残疾人运动会，获得金牌16枚，银牌10枚，铜牌2枚，奖牌总数28枚，位居全省第四，宿州市获得了本届残运会“体育道德风尚奖”。

【维护残疾人合法权益】 深入开展无障碍建设工作，配合市、县人大、政协、司法等部门开展对残疾人无障碍环境设施建设、改造法规贯彻执行情况的检查、调研工作。完成贫困残疾人无障碍家庭改造项目320户。贫困残疾人机动车燃油补贴3878人。妥善处理残疾人信访和法律维权事件，做到件件有回音，事事有结果。

【党风廉政建设】 按照全市污染防治攻坚和文明城市创建工作要求，主要领导同志组织带领相关部门人员，组织开展了主城区包保责任区和环保突出问题专项督查工作，积极参与创建全国文明城市活动，完成各项工作任务。加强党风廉政建设和作风建设工作，坚决纠正“四风”。将党风廉政建设责任制作为贯穿全年工作的主线，持之以恒抓好作风建设，深入推进中央八项规定精神、省市实施细则要求。认真开展“三查三问”，继续整治“四风”问题，坚决破除形式主义、官僚主义。扎实开展“讲严立”专题警示教育活动，运用监督执纪问责“四种形态”，抓早抓小、防微杜渐，为残疾人事业提供纪律保证。

·宿州市红十字会·

【概况】 2018年，宿州市红十字会在市委、市政府的坚强领导下，在安徽省红十字会的关心指导和社会各界的大力支持下，团结带领全市各级红十字工作者和广大志愿者，以习近平新时代中国特色社会主义思想为指导，全面贯彻落实党的十九大精神和习近平总书记系列重要讲话精神，认真传达学习《安徽省红十字会关于贯彻落实中国红十字会总会改革方案精神的通知》，大力弘扬人道、博爱、奉献的红十字精神，坚持全面从严治党，着力脱贫攻坚，做好业务宣传，开展人道救助，扩大救护培训，充分发挥党和政府在人道领域的桥梁和纽带作用，开展各项工作。荣获2018年度全省红十字会工作先进集体。

【救灾救助】 完善《宿州市红十字会应对自然灾害和突发事件应急预案》，应急救援工作纳入《宿州市地震应急预案》《宿州市公共卫生突发事件应急预案》及《宿州市自然灾害应急预案》等政府灾害应急响应体系。“温比亚”期间，市、县（区）红会争取红十字系统和自筹共计67.98万元的救灾物资分别向全市重灾区发放。开展“国际减灾日”主题宣传活动，与爱心企业签订救灾备灾储备协议。红十字应急救援队常态化开展应急技能训练和综合演练。“博爱送万家”筹措资金97万元，制作慰问箱2869个，全市受益贫困人口1.5万余人；小天使、天使阳光基金共救助66人，发放救助款155.5万元；中华红丝带基金为68个艾滋病家庭发放救助金16.32万元。开展“同圆中国梦 守护安全行”安全书包捐赠活动，向11所乡村小学发放2297套安全防护书包；“博爱情·学子梦”助学活动救助大学新生130名，发放救助金26万元；“红十字2018扶贫援助行”为112户贫困家庭发放救助金32.1万元。

【救护培训】 成功争创全国首批红十字应急救护培训示范基地。立足市级应急救护培训示范基地，组织在校师生及部分企业员工参观生命安全教育体验基地，宣传应急救护知识。持续开展应急救护培训"五进"活动，利用重要宣传日举行"应急救护亲子讲座"、应急逃生演练和防灾避险知识竞赛。组织宿州市3000名红十字青少年参加青少年应急救护拓展训练。联合市应急办下文，在全市近100个AED布点单位全面开展专项应急救护培训，进一步保障人民群众的生命安全，完善应急体系建设。目前已开展普及性培训23场，培训人数约1500余人，红十字救护员培训7场，经考试合格313人获得救护员证。一年来，红十字会应急救护普及性培训1.7万人，培训红十字救护员1048人。

【"三献"工作】 联合市卫计委、市中心血站，做好无偿献血及造血干细胞知识宣传工作。重新组建造血干细胞志愿者服务队，成立"宿州学院红十字三献志愿服务队"。启动造血干细胞"志愿者保留"项目，通过电话回访等方式，进一步坚定志愿者在库决心。2018年246人加入中华造血干细胞资料库，1人成功捐献。制定《遗体角膜慰问金管理办法》，对家庭困难、因病返贫的捐献者，给予人道帮助。组织捐献者家属和志愿者，在马山公墓遗体器官捐献者纪念碑前，进行缅怀活动。2018年遗体捐献4人，器官捐献2人，角膜捐献9人，完备遗体器官登记手续205人。

【红十字青少年】 引导学校师生加入会员，在红十字青少年会员和教师中红十字运动基本知识普及。在学校全面普及应急救护知识和技能，提高师生的自救互救和防灾避险能力，指导学生掌握自救互救的基本技能，提高师生自救互救和防灾避险能力，增强学校应对突发事件和自然灾害的能力，为保护师生生命安全和健康，2018年，共培训3000名在校学生。5月8日活动周，在6所学校开展总会报刊社普及防灾避险和应急救护知识问卷答题竞赛活动，3300名学生参加了知识竞赛。青少年群体是艾滋病的高发人群，近年来艾滋病流行呈现低龄化。在艾滋病日前夕，红十字会工作人员及志愿者前往宿州高校宣传艾滋病预防知识，让青年学生远离毒品、远离艾滋，了解艾滋病的传播途径，提高艾滋病的防护能力。

【公益募捐】 连续12年开展"博爱在江淮"公益募捐活动，2018年接受捐款36.9万元，在全省红十字会系统保持领先。2018年，市红十字会本级接受社会各界捐赠款物1704244.91元，其中自筹款物1104244.91元（资金650084.91元，物资价值454160元）。如期启动总会"博爱家园"项目，新增灵璧、砀山、萧县3个项目点。与市扶贫局对接，自筹40万元在全市贫困村和社区中建设20个示范"红十字博爱超市"。

【志愿服务】 以争创全国文明城市为契机，开展文明交通劝导、环境整治、志愿者技能培训、三献知识宣传、应急技能演练、助老助困、艺术表演、学雷锋进社区等活动，申请省红会的关爱留守儿童项目和三献宣传项目，效果显著。2018年，开展志愿服务活动113次，1782人次参与活动，总服务时长3500.5小时，推出"中国好人"候选人1人、"安徽好人"2人、"宿州好人"4人，3人被评为"宿州市十佳志愿者"，2人被评为"宿州市优秀志愿者"，20多名志愿者被评为"宿州市红十字优秀志愿者"。

【宣传工作】 通过官网、微博、微信手机报等全方位宣传红十字知识和工作动态，组织"红十字博爱月"活动，办好《博爱宿州》杂志，在《皖北晨刊》开辟"博爱天空"专栏，在新时代传习所举办应急救护主题讲座，加大先进事迹的宣传力度。荣获2018年度中国红十字会总会报刊宣传先进集体三等奖。

市红十字会在马山公墓举行2018年遗体器官捐者缅怀纪念活动

［责任编辑 杨 军］

法　　治

·政法·

【社会稳定风险防控】 坚定不移地把信访维稳作为市委市政府“2+4+2”工作总思路的重要一环，下大力气抓好各项工作。推动落实涉军、涉教群体政策，夯实重点人员包保责任，重大活动和敏感节点期间，实现人稳当地目标。以“四重”信访矛盾问题化解攻坚战和“深重促”专项行动为抓手，化解一批房地产、征地拆迁、扶贫、基层干部作风和环境保护五大领域信访突出问题，以及省委交办和宿州市自排的“2+3+X+X”信访问题。总结固化十九大信访维稳工作机制，推送预警信息260余条，75个重大项目实施风险评估，11件纳入清单管理的重大不稳定问题化解销号。

【扫黑除恶专项斗争】 坚持把扫黑除恶专项斗争作为一项重大政治任务，突出高位推动，市委书记亲自部署强调、督促落实。市扫黑除恶专项斗争领导小组及其办公室加强统筹协调、组织推动和督查督办，建立健全请示报告、信息报送等一系列制度机制，实施全覆盖督导。突出群众参与，深入发动广大群众，滚动摸排涉黑涉恶线索。突出依法打击，侦办一批涉黑组织案件和涉恶犯罪团伙案件。突出深挖彻查，建立纪检监察机关与政法机关线索快速移交反馈机制，对涉黑涉恶犯罪案件，一律深挖其背后腐败问题；对黑恶势力“关系网”“保护伞”，一律一查到底。

【四级综治中心建设】 改造升级市、县综治中心，提标升级乡镇、村综治中心，出台《宿州市乡、村综治中心建设指导手册》和《关于深入推进全市各级综治中心标准化建设与管理的实施意见》，建成1个市级综治中心、5个县区综治中心、111个乡镇(街道)综治中心、1303个村级综治中心，实现100%建成目标，其中标准化达标率达60%。

【社会治安防控体系】 围绕“点位互补、网络互联、平台互通、安全互信”的建设内容，大力推进“雪亮工程”建设。宿州市获批2019年公共安全视频监控建设联网应用重点支持城市，完成总体项目规划编报和一期项目招投标。同时，把“蓝天卫士”建设与网格化管理、基层警务、群防群治等结合起来，不断完善社会治安防控体系。

【矛盾纠纷调处化解】 推进常态化矛盾排查化解，坚持定期召开矛盾纠纷排查调处工作协调会议制度、逐级排查零报告和直报制度。弘扬新时代“枫桥经验”，完善诉调对接、警民联调等矛盾调解机制，探索推行以“群众说事、政法说法、乡贤说德、公开听证”为主要内容的“三说一听”矛盾纠纷多元化解机制，并把心理服务运用于矛调化解。全年全市调处各类矛盾纠纷3.5万件，调处率99.8%。

【依法治市】 稳步推进司法体制改革，全市法院现有员额法官310名，组建审判团队69个，9名不能履职员额法官依规退出员额。以“江淮风暴”执行攻坚战为契机，强力推进案件执行，执结案件近1.9万件，执行到位标的额28.4亿元，分别增长64.3%、44.7%，最高人民法院给予肯定。完善法治建设机制，各县区法治建设领导组织及办事机构全面建立。健全党委政府第一议题学法、第一措施依法、第一职责促法、第一考评述法的“四个第一”法治工作机制,形成崇法善治的良好氛围。

【政法队伍建设】 始终把思想政治教育放在首位,深入开展“讲忠诚、严纪律、立政德”专题警示教育和“两学一做”学习教育制度化常态化,围绕习近平新时代中国特色社会主义思想和党的十九大精神,积极组织专题学习、集中研讨、演讲比赛,开展中心组学习12次、政法委机关集体学习24次、党员活动日12次、领导干部上党课4次,组织科级以上党员干部参加党的十九大精神轮训班,教育引导党员干部坚定“四个自信”,树牢“四个意识”。严格落实意识形态工作责任制,建立完善《市委政法委意识形态工作制度》《新闻发言人制度》,建设政法舆情监测平台,坚决取缔和打击非法宗教传教活动,积极做好纪念改革开放40周年活动,举办全市政法系统“我与改革开放共成长”演讲比赛,开展“创新政法、和谐宿州”理论征文活动。深入推进纪律作风建设,严格执行中央八项规定实施细则精神,强化党风廉政建设,建立“正风肃纪”长效工作机制,深入开展以“查漏洞、抓反弹、补短板”为主要内容的巡视整改“回头看”。深入推进专业化队伍建设,指导政法部门建立健全岗位培训长效机制,举办140余人参加的政法综治干部培训班,努力提高基层领导干部的业务水平。

·法治政府建设·

【政府立法】 围绕市委、市政府中心工作和民生热点问题,制定《市政府2018年规章制定计划》,确定《宿州市扬尘污染防治办法》一部规章计划制定项目,《宿州市养犬管理办法》《宿州市地下管线管理办法》《宿州市城镇污水处理办法》三部调研论证项目。起草完成《宿州市扬尘污染防治办法》草案,形成《关于加强养犬管理工作的通知》《关于地下管线立法问题的说明》等调研成果,为制定实施类项目打下基础。

【依法行政】 召开市推进依法行政工作领导小组第十次会议,听取县区政府、各部门法治政府建设情况报告,安排部署年度重点工作。落实法治政府建设报告制度,市政府向市五届人大常委会第十次会议作2018年度法治政府建设工作的报告。落实领导干部学法制度,联合华东政法大学举办“领导干部法治思维能力提升班”,进一步强化领导干部法治思维、提升领导干部依法行政的水平和能力。完善政府工作人员法治能力考查测试制度,全市13000余名公务员开展日常学法活动,每人每年至少进行40课时的法律学习。开展行政执法人员法律法规知识培训,市、县区政府部门组织专门法律知识培训217场次,参训人员6300多人次。完善依法行政考核工作机制和指标体系,增强考核的权威性和公信力。

【规范性文件管理】 落实规范性文件备案制度,市政府制定的75件规范性文件,全部在规定期限内向省法制办和市人大常委会报送备案,报备率100%。开展著名商标、产权保护、生态环境保护、民营经济发展等规范性文件专项清理活动,废止市、县区政府及部门规范性文件74件,修改28件。完成证明事项清理工作,建议取消法律设定的证明事项1项、行政法规设定的证明事项6项、国务院部门规章及规范性文件设定的证明事项38项,决定取消地方政府规范性文件设定的证明事项7项、无任何设定依据的证明事项7项。

【行政复议】 依法受理行政复议案件,2018年,市本级办结行政复议案件526件。健全行政复议案件审理机制,坚持案审、听证、查看现场三项机制,2018年,市行政复议委员会共召开行政复议案审会22次、召开4次行政复议听证会、查看案件现场27次。强化复议决定履行,制发9份《责令履行行政复议决定通知书》,要求行政机关限期履行行政复议决定并报送履行回执,确保复议决定得到及时全面履行。

【法律顾问工作】 严格落实宿州市委、市政府《关于推行法律顾问制度和公职律师公司律师制度的实施意见》,重新选聘市政府法律顾问,以个人自荐、组织推荐、法制办审核的方式,从高校专家、学者、本省执业律师中选取35人,报经市政府批准,聘请为市政府法律顾问。2018年,市政府法律顾问共参与政府重大决策、合同协议审查244次,提出审查意见630条,有效防范和化解法律风险。

【行政应诉】 积极推动行政机关负责人出庭应诉，落实应诉案件日常备案、应诉情况月报告、应诉情况季通报等3项制度，各级政府法制机构发出季度通报、专项通报25份，对不出庭应诉、不按期举证等情况点名通报；通过组织诉讼案件庭审观摩、召开行政应诉案件座谈会等方式，提升行政机关负责人出庭能力和水平，推进行政机关负责人积极出庭应诉。2018年，市政府行政应诉案件79件，人民法院开庭审理49件，负责人出庭39件，负责人出庭率80.2%。

【合法性审查】 积极推进合法性审查规范化建设，市政府相继出台《宿州市政府系统重大事项决策程序及责任追究办法》《宿州市重大事项合法性审查程序规定》《宿州市政府重大决策合法性审查提前介入制度实施办法》，明确重大事项范围、送审程序、责任追究等内容；印发《宿州市推进重大事项合法性审查机制全覆盖实施方案》，并召开全市工作推进会议，各县区政府、市、县(区)政府部门已全部制定本地本部门的合法性审查程序规定。2018年，市政府460件重大决策、重要合同协议，全部经合法性审查。

【法制监督】 完善"月月监督评执法"工作机制，邀请人大代表、政协委员、媒体记者、法制业务骨干等组成行政执法监督队伍，以明察暗访、现场监督、案卷评查等方式，每月对一个执法系统进行执法监督检查，2018年，完成烟草、发展改革、民政等12个系统的专项督查活动，指出各类问题107处，评查案卷239卷。全面推进行政执法3项试点工作，全市完成重大执法决定法制审核16838件，公示行政许可案件8411件、行政处罚案件12071件，完善行政执法全过程记录事项清单94项，制作典型案例音像记录示范视频并推广使用。

【宿州仲裁委员会】 宿州仲裁委员会是政府主导下解决民商事纠纷的准司法机构，充分利用仲裁高效快捷、意思自治、一裁终局的制度优势，持续加大宣传、推广力度，严格仲裁员的聘用、管理，着力提升办案质量，仲裁委受理的案件数量和涉案标的逐年提升。2018年，受理案件267件，调解、和解、撤回率达到70%，畅通了化解民商事纠纷的又一救济渠道。

·公安·

【打防犯罪质效】 紧紧围绕影响人民群众安全感突出问题，精心组织开展"守护平安-铁拳行动"，强力攻坚各类违法犯罪。2008年，命案19起，侦破18起，命案发案数同比下降21%；成功侦破11起命案积案，积案破案数位居全省第一。全市刑事案件总数、经济案件总数、毒品案件总数同比分别下降16.26%、34.48%、59.81%，查获犯罪集团数、移送起诉犯罪嫌疑人数、八类案件破案数、抓获电信网络诈骗案件嫌疑人数同比分别提高550%、0.74%、18.85%、82.2%。成功拦截、处置疑似诈骗信息2786条，成功拦截率达98.9%，避免群众经济损失3000余万元；抓获各类网上在逃人员854名。

【公共安全管理】 持续完善"安全五小工程"、公路防控体系、"交通安全村"建设。扎实开展冬季道路交通安全"百日安全行动"专项整治工作，严格机动车、驾驶人管理和路面管控，严肃查处道路交通违法行为，加强雨雪雾恶劣天气预测预警预防、安全管控和应急处置。2018年，全市交通事故发生起数、死亡人数、受伤人数同比分别下降7%、10%、9%，未发生较大以上道路交通事故。

【"放管服"改革】 制定服务学校30条措施、服务民营经济发展30条措施，主动服务全市经济发展。进一步简政放权，下放行政审批项目6项，压缩办件时限，166项事项实现"最多跑一次"，清理取消政务服务事项申报材料210项，精简申请材料比例达50.4%。扎实推动政务服务事项网上办理，175项公安政务服务事项实现网上办理。进一步加大"皖警便民服务e网通"推广使用，今年新增注册用户15万余人，为群众办理业务28万余次。持续推进户籍制度改革，2018年，全市共农业转移人口落户城镇12.7万余人，受理异地居民身份证5000余件，审核签发异地证14000张，办理居住证4000余张，无户口人员落户896人。严格落实交管"放管服"20项新举措、出入境八项便利措施、省内户口"一站式迁移"、市内户口"无证迁移"，推出了全市旅馆"刷脸入住"业务、临时身份证全市异地办理业务，放宽了残疾人驾驶人驾车条件，进一步提升服务效能。

【执法规范化建设】 扎实开展排查整改突出问题深入推进执法规范化建设、"两严"专项排查整改活动,深入整治执法突出问题。全面加强执法培训体系、公安法制人才智库建设;推进"受立案"制度改革,积极探索执法办案积分制应用试点工作,深入推进"三中心一统一"建设。刑事案件办理质量稳步提升,刑事案件超期办理同比下降96.7%,受案立案执法初始环节投诉同比下降23.2%。

【人民警察管理制度改革】 稳步推进执法执勤警员职务序列和警务技术职务序列改革工作,扎实做好套改范围确定、人员类别划分、职位职数核算、情况问题摸底和模拟套改等基础性工作。健全完善值勤岗位津贴和法定工作日之外加班补贴政策,确保向基层倾斜、向实战倾斜。扎实开展机关遴选、新警分配、选派民警到基层一线等工作,使有限警力发挥更大警务效能。健全完善辅警队伍管理工作制度机制,推动市政府出台《宿州市警务辅助人员管理办法》,进一步提高辅警待遇和综合保障,将辅警人均年保障经费提高到3.5万元。

【科技强警工程】 以推进智慧皖警"1+10+N大数据"实战应用体系建设为龙头,进一步完善网络设施升级、通信基础设施建设,顺利完成二级网扩容升级工作。

【政治建警】 深入学习宣传贯彻习近平新时代中国特色社会主义思想活动和党的十九大精神,组织14次党委理论中心组集中学习研讨,分8期全覆盖组织1056名民警开展十九大精神再培训再学习,精心组织十九大知识竞赛、网上测试。深入推进两学一做学习教育常态化制度化、"讲严立"专题警示教育、"查漏洞、抓反弹、补短板"巡视整改"回头看""三查三问"、以身边案教育身边人以案促改工作。健全完善党建工作制度体系,深入贯彻执行新形势下党内政治生活的若干准则,扎实推进基层党组织标准化建设。全面推进党风廉政建设和反腐败工作,充分运用民主生活会、领导干部到基层讲授党课、公安大讲堂、警示教育、诫勉谈话、廉政约谈、组织处理等多种方式,加强对党员民警的日常教育和监管,筑牢拒腐防变思想防线。

【凝聚警力警心】 严格执行省厅"十个一律"规定,从严从实排查整治公务接待、办公用房管理、公车管理使用、违规经商办企业等工作。严肃人像考勤、会风会纪、内务管理、民警离岗期间监督管理工作。严格贯彻落实中央八项规定及省市实施细则精神,驰而不息纠正"四风"。突出因公负伤、牺牲民警优抚、健康防护、结对帮扶、年休假、职业荣誉仪式等暖警爱警措施落实。

【激励育警】 不断创新"4+1"岗位争先活动载体,以月推荐制度、月讲评制度、月考核制度、信息上报制度、动态通报制度"五项制度"为抓手,创新扩展年度"十佳民警""三八红旗手""十佳包村民警""辅警之星"等多种形式评选活动,有效激发全市公安机关内生动力。2018年,评选命名"优质文明服务之星"69人次、"严格公正执法之星"273人次、"岗位标兵"299人次;6个集体荣立二等功,15个集体荣立三等功,2人荣立一等功,20人荣立二等功,108人荣立三等功,97人荣立嘉奖。

·检察工作·

【概况】 2018年是改革开放和检察机关恢复重建40周年,也是新时代宿州检察事业创新发展的开局之年。2018年,全市检察机关坚持以习近平新时代中国特色社会主义思想为指导,认真贯彻落实"讲政治、顾大局、谋发展、重自强"总体要求,坚决贯彻落实市委和上级院的决策部署,始终突出检察工作主题,以破解难题、补强短板为重点,狠抓思路引领,狠抓业务推动,狠抓队伍严管,办案质效、队伍素能和检察公信力持续提升。38项业务数据位居全省前三位,侦监、公诉、民行、监所等4项主要业务考核位列全省第二,扫黑除恶、公益诉讼工作分别在全省检察长座谈会和全省检察长会议上作经验介绍,各项检察工作取得了新成绩。

【落实管党治党主体责任】 坚持从严上要求,向实处用力,切实把党的绝对领导落实到检察工作全过程。强化政治引领。扎实推进"两学一做"学习教育常态化制度化,组织干警认真学习领会党的十九大及十九届二中、三中全会精神和习近平新时代中国特色社会主义思想,引导全体干警树牢"四个意识",做到"两个维护"。始终严守党的政治纪律和政治规矩，坚决执行重大事项请示报告制度，对事关检察工作的重要部署和检察改革的重大事项及时向市委请示，围绕市委部署，提出“政治建检从严治检态度不能变，规范化精细化管理标准不能松，全省第一方阵位次不能降”的工作总要求，引导全市检察干警自觉拉高标杆，全力做好检察工作。

【队伍建设】 严格执行民主集中制，对“三重一大”等坚持集体讨论、民主决策，疑难复杂案件一律经检委会集体讨论后决定。加强班子自身建设，注重发挥各年龄层次班子成员的工作积极性，市院领导班子被考核为优秀等次。全面推进争创“八化”建设示范院和创建“品牌典型双引领创建人民满意检察院”活动，强基层、打基础。全年有47个集体和个人获省级以上表彰，灵璧县检察院被评为“全国检察文化建设示范院”，该院干警赵晓锋被授予“全国模范检察官”荣誉称号。

【正风肃纪】 坚持将党风廉政建设纳入党组重要议事日程，制定“两个责任”清单，统筹推进“讲严立”专题警示教育和“三查三问”活动，对两个基层院党组开展新一轮政治巡察，推动全面从严治检向基层延伸。扎实开展“以案为鉴、从严治检”专题警示教育和“严肃纪律作风、促进规范司法”纪律作风集中整顿，以身边事教育身边人，警示警戒全体干警筑牢防线，遵规守纪。强化巡视整改。对省院巡视“回头看”反馈意见，高度警醒，深刻反思，照单全收，坚持挂图作战，强化组织推动，通过三个季度的集中攻坚，重点解决一批突出问题，问责处理涉及到的违纪干部，探索建立一批制度机制，工作得到省院领导和市委书记的批示肯定。

【服务大局】 把保障中心工作，服从服务大局作为基本职责，聚焦市委各项决策部署，努力提供有力司法保障。全力保障“三大攻坚战”。在市直机关率先出台《关于充分发挥检察职能　全力服务保障宿州“三大攻坚战”的意见》，着眼风险防范，依法办理“云联商城”等非法传销、集资诈骗、非法吸收公共存款千万元案件23件，“套路贷”“校园贷”案件18件，挽回经济损失过亿元。着眼精准脱贫攻坚，批捕扶贫领域职务犯罪10人，探索“司法救助+扶贫救济”新机制，向生活困难的刑事被害人发放司法救助金131万元。着眼“打赢蓝天碧水净土保卫战”，持续深化破坏环境资源犯罪专项立案监督和土壤污染防治专项监督，督促行政机关移送犯罪线索59件，批捕破坏环境资源犯罪47人，起诉84人。紧盯环保督察反馈问题，在全省率先开展环保领域专项法律监督活动，开通环保执法监督热线，办理生态环保领域督促履职和公益诉讼案件103件，督促关停和整治违法排放企业38家，清除固体危险废弃物180余吨，追索环境损害赔偿金200余万元。扎实开展扫黑除恶专项斗争。强化政治担当，突出打击重点，共批捕涉黑涉恶犯罪案件27件126人，起诉14件124人，先后办理公安部挂牌督办的埇桥区史大卡涉黑案，以及省院挂牌督办的灵璧县李阳、李华强，泗县陈尚尚，埇桥区丁四清等4起涉黑涉恶案件。史大卡涉黑案被高检院列为扫黑除恶专项斗争典型案例。坚持除恶务尽，强化源头治理，提出强化校园周边治安整治、规范公路运营管理、整治停车场收费等检察建议21件。与法院、公安建立扫黑除恶“八项工作机制”。针对黑恶势力犯罪跨省打击取证难等问题，探索建立鲁苏豫皖四省接壤地区扫黑除恶联动机制，《人民日报》对此深度报道。加力推进公益诉讼工作。以环保领域专项法律监督活动为契机，加力推进公益诉讼，继续保持工作力度不减、全省位次领先。全年排查公益诉讼线索1146件，发出诉前检察建议632件，行政机关采纳并履职到位534件，提起公益诉讼26件，督促追缴土地出让金8300余万元、人防工程易地建设费570余万元。扎实开展“保障千家万户舌尖上的安全”检察公益诉讼专项监督，对网络订餐平台监管不力情形，发出检察建议100余件，并提起全省首例食品药品领域行政公益诉讼。公益诉讼办案量位居全省第一。着力打造法律监督工作“新三版”。围绕打造刑事检察“优化版”、民事行政检察“强化版”和检察公益诉讼“升级版”，专门建立业务数据逐月动态评价、重点工作季度盘点督查、短板业务定期视频调度“3项制度”，搞好跟踪问效，推动各项业务稳中求进。立案监督、纠正漏捕漏诉、刑事抗诉等17项主要业务数据同比增幅超过30%。

【检察工作改革】 积极应对检察职能调整，持续优化司法供给，对事关改革创新的重点工作、重点任务紧盯不放，压茬推进，增强新时代检察工作发展动能。全面深化各项改革配套措施。严格执行入额院领导带头办案规定，全年入额院领导办案1146

件。检察长列席审委会制度全部落实到位。强化专业化办案团队建设，组建毒品犯罪、职务犯罪、食药及生态环境犯罪等12个专业化办案团队。建立员额检察官动态调整机制，对3名员额检察官按规定退出员额。全市内设机构改革方案已经省院审批，两级院基本完成人员调整、机构整合、案例分类、职能转并等工作。尽职担当履行反腐斗争新使命。认真落实监察体制改革要求，设立职务犯罪检察部门，积极做好与监察委的协调配合和司法衔接，起诉监委移送案件34件39人。依法办理安徽出版集团原党委书记、总裁王亚非受贿、挪用公款案，市文物管理局原局长韩三华贪污、受贿案，市城乡规划执法支队原支队长雷斌受贿案等一批要案。积极试行繁简分流。坚持简案快办，在埇桥区院先行试点简易案件"三集中三简化"办案新模式，优化司法资源，较好地缓解了案多人少矛盾。坚持繁案精办，依托专业化办案团队，集中骨干力量，打造精品案件，先后办理各类重大疑难复杂案件45件。全方位打造未检工作新亮点。与团市委联合打造"护蕾·助梦"工程，全面推开检察长兼任法治副校长工作，持续开展"让花儿美丽绽放，让树苗茁壮成长"关爱未成年人活动，围绕"八个一"活动，全面提升未检工作水平，形成灵璧县院"绿伞行动"、萧县院"萌萌热线"等一批全省知名未检品牌。

·法院·

【刑事审判】 全市法院受理各类刑事案件5360件，审结4891件；中院受理1547件，审结1502件。深入开展扫黑除恶专项斗争，坚持依法严惩方针不动摇，依法审结涉黑涉恶案件12件48人，成功审理史大卡等18人组织、领导、参加黑社会性质组织案，在全省法院扫黑除恶专项斗争推进会上作经验交流。严厉打击故意杀人、强奸、抢劫等严重暴力犯罪，共审结此类案件166件189人。积极推进污染防治攻坚战，审结污染环境、非法采矿等破坏环境资源犯罪案件27件34人，为建设绿水青山大美宿州提供有力司法保障。围绕建设风清气正的政治生态，推进反腐败斗争深入开展，共审结贪污、受贿、渎职等职务犯罪案件62件75人。强化对未成年人的司法保护，认真贯彻"教育、感化、挽救"方针，共审结未成年人犯罪案件58件69人，与市关工委、预防青少年犯罪研究会联合建立未成年人回访、帮教、救助平台，为失足青少年复学、就业、顺利回归社会创造了有利条件。

【民商事审判】 全市法院受理各类民商事案件42433件，审结38432件；中院受理3977件，审结3884件。紧扣市委市政府中心工作，出台《关于充分发挥审判职能　全力服务保障宿州"三大攻坚战"的工作意见》，着力增强服务大局的实效。坚持平等保护原则，审结涉民营企业案件6372件，有效维护民营企业合法权益。依法处置"僵尸企业"，推进"执转破"有效衔接，对16件涉企案件启动破产程序，涉案标的额11.12亿元。突出防范化解金融风险，审结民间借贷、金融借款、融资担保等案件7081件，有效维护金融秩序安全。全力服务保障乡村振兴战略实施，审结农村土地承包合同、农村土地经营权流转等涉农案件132件。加大知识产权司法保护力度，服务创新驱动发展战略，审结商标、著作权等知识产权案件108件。

【行政审判】 全市法院受理各类行政案件2158件，审结1954件；中院受理688件，审结653件。全力维护国家利益和社会公共利益，审结行政公益诉讼案件11件，督促相关部门对70667平方米耕地依法复垦，配合追缴防空建设费440.9万元。不断延伸行政审判职能，在"12·4"国家宪法日邀请市直30多家单位的40余名领导干部旁听案件庭审，切实增强领导干部依法行政能力。深化司法与行政良性互动，发布行政审判白皮书，适时提出司法建议36条，促进行政机关执法水平进一步提升。

【执行工作】 市委高度重视执行工作，市委五届六次全会作出明确部署，史翔书记多次作出重要批示，市委、市政府出台《关于支持人民法院基本解决执行难问题的意见》，成立以市委常委、市委政法委书记为组长，市人大、市政府、市政协分管领导为副组长，28个单位负责人为成员的攻克执行难工作领导小组。开展重点突破、宿城围赖、零点行动、麦芒行动等特色执行行动97次，集中执结重点、疑难、复杂案件2085件。扎实开展涉党政机关、涉民营企业、涉民生专项执行行动，37件涉党政机关执行案件全部执行到位，为涉民营企业案件申请人追回债权9.33亿元，为农民工强制执行工资款1.23亿元，为511名涉民生执行不能案件的困难申请人司法救助538.9万元。不断丰富执行方式，为失信被执行人定制专属彩铃，对下落不明的被执行人进行手机定位，推行悬赏公告制度，建立“网格化”执行模式，引入财产保全保险担保机制。“江淮风暴”执行攻坚战开展以来，为249名失信被执行人定制专属彩铃，对13名下落不明的被执行人进行手机定位，发布失信名单10383人，曝光失信被执行人39批1303人，发布悬赏公告344人，拘留、移送追究刑事责任1112人，泗县法院成功审理了全省首例拒不执行判决、裁定自诉案。

【调解工作】 积极化解矛盾纠纷，努力实现“案结、事了、人和”，调解、和解案件10571件。深化多元化纠纷解决机制，弘扬新时代“枫桥经验”，全面建立诉调对接中心，引入26家调解组织、277名特邀调解员参与诉前联调，诉前化解纠纷5957起。在全面推广“乡贤工作室”的基础上，泗县法院与“最美泗州人”携手，成立“陈伯华工作室”，共同开启崇法重情、厚德礼民的多元纠纷化解新探索。倾力做好涉诉信访工作，出台《信访工作暂行规定》，强化领导包案、首访负责，推行诉访分离、律师参与化解和代理案件等制度，积极解决合理信访诉求，依法维护群众合法权益。

【诉讼服务】 严格落实立案登记制，推行网上立案、预约立案、上门立案，对依法应该受理的案件，做到有案必立、有诉必理，当场立案率保持在98%以上。实现诉讼服务中心、诉讼服务网和12368热线相互融合，网上办理事项5104件、诉讼引导54000余人次。积极推进诉讼服务中心提档升级，中院实行诉讼服务大厅中午值班制度，打造24小时诉讼服务岗亭，为当事人提供全天候诉讼服务。启用智能云柜系统，有效提升当事人诉讼材料收转效率和安全性。合力打响精准脱贫攻坚战，依法减缓免诉讼费、执行费36.36万元，坚决不让困难群众打不起官司。

【司法公开】 深入推进裁判文书、审判流程、执行信息和庭审直播四大公开平台建设，全年上网公布裁判文书42947份，公布案件流程信息34272条，开展庭审直播2582次，中院文书上网率98.61%，稳居全省前列。着力打造“指尖上的阳光司法”，通过法院网站、微博、微信、新闻客户端等方式，全方位满足人民群众的知情权。主动向社会公开重大司法举措和成效，召开新闻发布会14场。积极开展“公众开放日”活动45次，邀请6700余名各界人士走进法院，零距离感受司法公开公正。认真贯彻落实《人民陪审员法》，积极推进人民陪审员选任工作，一审陪审率达89.2%，司法领域的人民民主进一步深化。

【法治宣传】 将法治宣传与案件审判、法律服务、司法公开等工作有机衔接，开展进乡村、进校园、进军营等专题普法活动46场，组织拍摄法治微电影、宣传片13部，在各级各类媒体发表新闻宣传稿件2971篇，多维度唱响法治“好声音”。开展员额法官与社区联络结对普法活动，中院、埇桥区法院选派58名员额法官与城区58个社区对接，深入社区开展法治宣传、法律咨询等系列普法活动129场次，实现城区普法服务全覆盖。

·司法行政·

【概况】 2018年，全市司法行政系统坚持以习近平新时代中国特色社会主义思想为指导，以纪念改革开放40周年为动力，认真贯彻落实党的十九大和十九届二中、三中全会精神，在市委、市政府和省司法厅的坚强领导下，充分发挥司法行政职能，为全市改革发展创造公平正义的法治环境、优质高效的服务环境和安全稳定的社会环境。2018年，宿州市司法局被司法部评为“全国人民调解工作先进集体”“首次国家统一法律职业资格考试工作表现突出单位”，宿州市法律援助中心荣获首批“安徽省妇女维权岗”称号。

【司法鉴定工作】 开展规范司法鉴定执业行为专项活动，强化司法鉴定人执业道德和执业纪律教育，重点整治鉴定机构压价竞争、违反鉴定程序等问题。与市物价局联合开展鉴定机构服务专项检查，规范收费行为。认真贯彻落实《司法厅关于严格准入 严格监管 提高司法鉴定质量和公信力的实施方案》，“双严”工作部署落到实处。全市司法鉴定机构办理业务7569件，收费758.8万元，案件采信率100%。

【法律援助工作】 立足维护弱势群体合法权益,出台《城乡困难群体法律援助民生工程实施办法》,规范援助范围、案件质量、资金管理等事项,实行月考核月通报,高质量超额完成全年法律援助任务。中央电视台《律师来了——中国法援在行动》栏目专题报道宿州法律援助案例,播出时长16分钟,宿州法律援助形象切实提升。“12348”法律服务热线全年规范运行,共接待群众来电来访1.1万余次。全市法律援助机构办理法律援助案件6698件。

【人民调解工作】 坚持发展“枫桥经验”,最大限度地把矛盾纠纷解决在基层、化解在萌芽状态,人民调解积极作用充分发挥。不断壮大人民调解员队伍,加强人民调解员业务培训,提升人民调解员调解技巧和业务水平,积极开展各类矛盾纠纷排查调处活动,全年调解各类纠纷46997件,成功率99.83%。出台《关于加强信访与人民调解对接工作的意见》,市、县(区)两级信访事项调解组织全部建成。

【公证工作】 深化公证放管服改革,107项公证事项实现“最多跑一次”,落实174项公证事项证明材料清单,全面完成公证体制改革任务,明确公证机构公益二类事业单位性质。出台公证保护民营企业知识产权、服务民营企业对外贸易等十项举措,满足民营企业公证法律需求。全市公证机构办理各类公证事项11646件,其中国内9538件、涉港澳台62件、涉外2108件。

【律师管理工作】 进一步深化律师制度改革,认真贯彻落实两办下发的《关于深化律师制度改革的实施意见》(宿办发〔2018〕31号)。加强基层法治建设,以市委全面深化改革领导小组名义下发《关于建立宿州市村(社区)法律顾问制度的意见》(宿改组发〔2018〕45号);认真落实《宿州市构建律师与司法人员新型关系联席会议制度》(宿政法〔2018〕28号)和《宿州市律师参与化解和代理涉法涉诉信访案件工作补助经费使用管理暂行办法》(宿政法〔2018〕31号);联合宿州市教体局制定印发《关于加强中小学幼儿园安全风险防控体系建设的实施意见》(宿司通〔2018〕84号),在中小学推广建设法律顾问制度;开展律师事务所年度考核工作,对全市41家律师事务所章程集中修订。指导律师协会召开第六次律师代表大会,健全律师代表大会、理事会制度,建立监事会制度,修改协会章程,设立市直、县(区)律师工作委员会。成立中小企业维权“法律服务团”,组织律师为民营企业进行“法治体检”,开展“四送一服”活动。在全市律师事务所建立律师办理黑恶势力犯罪案件辩护代理备案报告、集体研究、检查督导等工作制度。连续10年选派律师参与“1+1”中国法律援助志愿者行动,同时入选“2018年度安徽司法行政公共法律服务十项优秀”和安徽省律师协会2018年度“十大关键词”。经市委组织部批准,2018年5月11日成立中共宿州市律师行业委员会,实现党的组织和工作全覆盖。

【社区矫正工作】 严格落实“两级包案制”,重点社区服刑人员全部常态化监管。对涉黑涉恶社区服刑人员进行全面排查。深度应用信息化技术,泗县在全省率先打造“社区矫正综合监管平台”APP,实现社区矫正智能化监管。精心组织“社区矫正中心开放日”,270余名社会各界人士参加活动。组织社区服刑人员宪法宣讲和知识测试,强化社区服刑人员守法意识。开展规范社区矫正执法行为专项活动,重点整治监管不到位、执法不规范等问题,强化执法人员刑罚执行意识和公正廉洁意识。

【司法考试工作】 2018年,宿州考区承担892名“法考”客观题考试任务。成立以邵郁副市长为组长的国家统一法律职业资格考试宿州考区领导小组,制定实施方案,认真践行“从严治考、规范管理、热情服务”的工作原则,按照司法部和省司法厅的统一部署及全省国家统一法律职业资格考试工作会议精神,严格执行各项政策规定,建立有效协调工作机制,层层压实责任,措施科学有力,操作严谨规范,组织实施工作扎实有序推进,实现“零差错”“零失误”工作目标,圆满完成工作任务。受到司法部、省司法厅领导的充分肯定,2018年9月被省司法厅通报表彰为2017年全省司法考试工作成绩突出先进集体,12月被司法部通报表彰为2018年国家统一法律职业资格考试工作表现突出单位。

【普法与依法治理工作】 充分发挥普法成员单位作用,“谁执法谁普法”责任制全面落实。开展民主法治示范村(社区)创建工作,全市5个村(社区)获评“全国民主法治示范村(社区)”称号。强化法治宣传队伍建设，首次在中国政法大学举办普法业务骨干培训班。组织普法讲师团开展宪法宣讲400余场次，国家工作人员接受法律培训27800余人次。打造宿州市二中法治宣传教育基地等一批高品质法治文化阵地，推出吕士民宪法宣传系列漫画、微视频《宪法——我们心中的太阳》等一批高水准法治文化作品；在电视台播出以案释法节目《法治宿州》96期，在广播电台播出普法节目《与法同行》104期。第五个国家宪法日暨首个全国“宪法宣传周”之际，利用一个月时间，集中开展市委书记讲宪法、律师宣讲团“十百千万”宪法公益巡讲、普法驿站等22项特色宪法宣传活动，擦亮了宿州法治宣传教育品牌。

［责任编辑　张友伟］

军　事

【概况】 2018年，军分区党委深入学习贯彻习近平新时代中国特色社会主义思想和强军思想，认真落实省军区党委和宿州市委指示要求，自觉看齐追随、聚焦练兵备战、加速创新转型、持续整风整改，圆满完成各项任务，单位建设保持蓬勃发展的良好态势。忠诚维护核心更加坚定。持续兴起学习贯彻党的十九大精神、习近平新时代中国特色社会主义思想和强军思想热潮，认真贯彻军委党的建设会议精神，深入开展两项主题教育，坚持把军委主席负责制纳入党委中心组学习和经常性教育，精心组织、加强督导、压实责任，官兵“四个意识”、“三个维护”更加坚定。师团两级主官为地方党政领导宣讲习近平强军思想；指导辖区高校开展“爱我国防”主题演讲比赛，宿城第一初中教师刘冬参加省首届国防教育优质课评比竞赛获得二等奖；投入105万元参与脱贫攻坚；完成休干机构调整组建。应急应战能力更加巩固。深入开展“和平积弊大起底大扫除”活动，反思整改8个方面33个问题，官兵备战打仗思想进一步树牢。持续推进“抓在手中、用在关键”的应急力量建设，较好完成省军区赋予的先行试点任务，高标准承办“宿州会议”。狠抓战备状态保持，创新“战备周”“战备训练日”制度，规定“双6项”工作，经验做法被省军区转发，并在中央媒体刊发。全面贯彻落实新大纲，组织国防动员指挥演练，完成27期轮训备勤和按纲施训，后备力量遂行任务能力得到提升。国防动员准备更加扎实。按照军地合力推动、任务指标牵引、分类精准发动、严格规范程序的思路办法，圆满完成1978名新兵征集任务。市委议军会研究出台《基层武装规范化建设实施细则》，投入820余万元用于配套设施建设。认真开展军民融合潜力调查，达铭实业、佳力奇碳纤维两个项目获批省扶持资金230万元，军民融合实现新发展。探索实践专武干部资格认证制度，能力结构进一步优化。全面从严治党更加严格。研究制定22条《军分区党委加强自身作风建设措施》，严格落实福利待遇有关规定，全面彻底肃清郭徐房张流毒影响，及时传达学习违纪违法案件通报，持续开展党的纪律教育。抓好“两个规定、一个条例”的学习贯彻，持续推进基层风气监察联系点建设，及时核查问题举报线索，大力纠治发生在基层的“微腐败”问题。后装服务保障更加高效。积极运用法律、行政、市场等手段推进全面停止有偿服务，52个项目全部关停。规范经费的预算审批、报告使用和审核报销程序，从严审核经费报销。建成军分区本级兵器室，市县两级实现民兵武器装备集中存管，现役武器按编配备，圆满完成报废弹药调运工作。安全稳定底线更加牢固。始终把安全稳定作为固基工程，保持大事大抓的强劲态势，扎实开展“学法规、训队列、正秩序”“贯彻落实新条令、塑造军队好样子”“百日安全”等活动。突出一日生活秩序、非现役人员管理、车辆派用、枪弹管理、保密办公等方面，细化10项94个重点内容，严密组织自查自纠，落实常态化检查督导，及时发现和纠治问题，把条令法规渗透到各项工作全过程。

【军分区党委十一届六次全体（扩大）会议】 1月11日，宿州军分区召开党委十一届六次全体（扩大）会议。会议深入学习贯彻党的十九大精神、军委扩大会议、军委国防动员部、东部战区和省军区党委扩大会议精神，以习近平新时代中国特色社会主义思想为根本指导，全面贯彻习近平强军思想，坚决贯彻军委国防动员部、东部战区和省军区党委决策部署，认真总结工作，全面部署任务，切实统一思想，高标准履行好担负的使命任务，奋力开创新时代国防动员事业新局面。会上，市委书记、军分区党委第一书记史翔作了重要讲话。军分区政委张立新同志代表常委会围绕“深入学习贯彻党的十九大精神　奋力担当新时代国防动员事业新发展历史重任”作工作报告，军分区司令员丁俊巨题为“强化使命担当　聚焦备战打仗　在新的起点上开创国防后备力量建设新局面”的讲话。军分区党委常委、委员出席会议。

【军分区党委十一届七次全体(扩大)会议】　8月15日，军分区党委召开十一届七次全体(扩大)会议。会议深入学习贯彻军委国防动员部新大纲集训精神和东部战区、省军区党委全会精神，分析上半年军分区建设形势，研究部署下半年工作任务。会议坚持问题导向，紧密联系实际，深入研究问题，达到统一思想、明确方向，理清思路、凝聚共识，压实责任、推动落实的目的。军分区政委张立新代表军分区党委常委会作题为“聚焦备战打仗　履行职能使命　奋力推进军分区全面建设发展水平实现新跃升”的半年工作报告，军分区司令员丁俊巨同志围绕贯彻此次全会精神作重要讲话。军分区党委常委、委员等出席会议。

【学习贯彻党的十九大精神】　坚决贯彻“走在前列”“关键要实”要求，持续兴起学习贯彻热潮，推动党的十九大精神入脑、走心、落地。着眼提升政治素质和理论素养，做到党委中心组学习抓规范、干部抓轮训、战士职工抓灌输，通过严格组学、督学、考学、励学，督导人人自觉学、深入学、常态学，切实读懂要义、把握精髓、融会贯通。围绕国动部下发的19个研究课题和主责主业面临的现实矛盾，组织团以上干部开展理论研究和课题调研，形成一批实在管用的成果。广泛组织军营微课、知识竞赛、读书演讲、主题党日等活动，利用板报橱窗、军营广播、内网外网浓厚学习氛围，全方位、多角度、不间断地宣传部队贯彻动态和鲜活做法，深入推动十九大精神学习在军分区落地见效。

【贯彻习近平强军思想】　着眼为改革强军注入强大正能量，结合党委中心组带机关理论学习，统筹抓好“传承红色基因、担当强军重任”主题教育和“做时代新人、当强军先锋”群众性主题实践活动，紧盯官兵活思想，搞好调查分析立好靶标，针对问题抓实辅导，组织参观淮海战役总前委旧址纪念馆，接受革命优良传统熏陶教育，组织开展“第一代国动人样子”大讨论，把忠诚、干净、担当的标尺旗帜鲜明地立起来，引导官兵自觉“做时代新人、当强军先锋”。把军委主席负责制学习教育作为重要内容，纳入“传承红色基因、担当强军重任”主题教育和推进“两学一做”学习教育常态化制度化，纳入党委中心组理论学习和部队教育，抓好经常性学习。把全面深入贯彻军委主席负责制情况作为领导干部述责述廉的重要内容，搞好经常性检查分析，始终用习近平新时代中国特色社会主义思想和习近平强军思想铸魂定向。

【承办“宿州会议”】　4月19、20日，安徽省军区在宿州市组织民兵应急后备力量建设试点观摩活动(代号“宿州会议”)，省军区司令员杨征、副司令员卢信允、副政委杨学伦以及全省16个军分区司令员、战备建设处长和105个人武部的部长参加会议。会议研讨军分区编印的《宿州市民兵应急分队建设规范》《宿州市常态民兵应急分队管理规定》，规范13类软件，现地观摩埇桥区、萧县的民兵应急分队建设和5个县区的民兵应急分队实战化演练。会议实践示范效应明显，为全省民兵应急分队建设提供“宿州模式”。

【开展“战备周”“战备训练日”活动】　2018年1月起，军分区紧贴辖区实际，研究确立“战备周”“战备训练日”工作内容，规定“双6项”工作，把战斗力标准贯穿到“战备周”“战备训练日”全过程，先后组织两级机关和相关民兵应急分队完成10余次“战备周”“战备训练日”工作，开展针对性训练，提高“人装结合”的遂行任务能力。经验做法被省军区转发，并在《国防报》和《中国民兵》刊发。

【军事训练】　认真贯彻落实“能打仗、打胜仗”的新时期强军战略思想，坚持以战领训、按纲施训、依法治训，不断增强练兵备战质量效益。一是注重指挥训练。两级机关采取上带下训与分级组训相结合的方式，认真学习贯彻新大纲，以基本业务技能、想定作业为重点组织首长机关训练，结合作战值班组织各类情况处置指挥训练。组织参加省军区“四法”(学习法、指挥法、教学法、管理法)集训，认真学习"四法手册",不断提高理论基础、指挥素养、筹划和指挥能力。二是狠抓轮训备勤。依据新《民兵军事训练大纲》,按计划完成27期2050人的民兵分队轮训备勤,突出掌握基本常识、基本技能和武器装备操作使用,消耗弹药3.7万发。指导各县区突出一个主题,组织应急应战任务行动演练,掀起练兵备战的新热潮,民兵分队遂行任务能力不断提升。三是开展群众性练兵。组织全区现役干部、文职人员、专武干部和民兵骨干及分队,充分利用"战备周""战备训练日"、轮训备勤、岗位实践等时机,广泛开展群众性练兵。11月中旬,以提高"四类人员"(现役军官、文职人员、专武干部、民兵骨干)组织指挥能力、"四会"教练员教学组训能力和民兵分队遂行任务能力为目的,组织各层级群众性练兵比武考核,优良率达86.7%,检验了群众性练兵活动成效。协调完成全市3万余名高中阶段学生军训任务。

【抗击第18号台风】 8月下旬,第18号台风"温比亚"造成重大汛情灾情,宿州军分区积极应对,出动各级民兵12批、686人次,动用装备器材364台(件)次,转移群众1200余人、物资350余件,抢堵决口50米。通过创新"民兵教练员+应急分队骨干"值班分队编建模式,实现迅即出动、高效救灾;完善熟悉预案、优化行动编组、加强实战演练、配套装备器材,多方向、多批次应对急难险重任务,发挥专业救援的关键任用;领导干部一线组织指挥,带领分队两昼夜连续作战,主动作为意识进一步增强、应急应变和抢险救灾能力得到砺练提高、抓建应急力量指向更加聚焦。

【军民融合发展】 12月上旬,专题组织军民融合业务培训,市军民融合委成员单位、驻军部队、有意向民参军企业等负责人共120人参加。邀请省军融办专家、中科大教授、省军融服务中心骨干、市保密委负责人等授课辅导,宣讲军民融合发展战略、解读省军民融合深度发展方向、推介军融服务平台,面对面解疑释惑,点对点传经送宝,培养一批军民融合明白人、实干家,为推进全市军民融合向深里走、往实处落理清了思路。并上报省直有关部门达铭实业、佳力奇碳纤维两个项目资金扶持230万元,并通过审核,民融合发展呈现良好态势。

【召开市委议军会】 9月14日,宿州市委召开议军会议,传达学习省军区杨司令员在"联勤使命-2018A"局部动员实兵演习结束时的讲话精神,研究部署军地联合指挥、战争潜力转换、军地融合协调等工作。拓展深化"三个一线"建设成果,研究制定乡镇武装部、民兵营(连)部规范化建设16项34个指标,部署检查考评事项。创新专武干部队伍建设模式,研究制定专武干部资格认证实施办法和考核细则,形成可操作、很规范、能落实的具体措施。研究推进新时代党管武装、练兵备战、兵员征集、国防动员、军民融合、国防教育等10项具体工作,深入推进全市新时代国防动员和后备力量建设创新发展。

【安全管理工作】 始终把安全稳定作为政治任务、固基工程,保持大事大抓的强劲态势。扎实开展"学法规、训队列、正秩序"、"贯彻落实新条令、塑造军队好样子"等活动,以正规"四个基本"、日常管理为着力点,采取学习先行、示范引领、参观见学、纵深推进的方法步骤,全面系统规范不同类型单位正规化建设,开展正规化建设达标活动。突出抓好节日、纪念日、重要敏感时段的安全管理,过细抓好一日生活秩序、单身干部居住管理、公勤队建设、车辆派用、枪弹管理、保密办公等,把条令法规、新政新规渗透到各项工作全过程。开展"百日安全活动",围绕军委国防动员部〔2018〕5号文件指出的5个方面问题和面临的10个方面风险隐患,拟制上报重特大安全风险评估报告,组织经常性安全隐患排查,始终突出人、车、枪、弹、密、酒和防暴恐袭击等管控重点,落实重大演训活动风险评估,不断强化安全防范能力。三是狠抓末端落实。深入开展安全大检查,细化10项94个自查普查重点,跟踪督导及时有力。按照"综合查"与"专项查""定期查"与"随机查"相结合的方法,强化安全管理工作常态化检查督查,先后组织4次安全工作检查督导,及时发现和纠治问题,堵塞安全漏洞。

【民兵组织整顿】 按照省军区《关于做好2018年度民兵组织整顿和军事训练工作的通知》要求,应急、专业、特殊三类基干民兵队伍编组科学,布局合理。通过民兵组织整顿,压减了基干民兵数量、调整了普通民兵规模、优化各类力量的结构布局,民兵调整改革进展顺利。坚持党管武装,始终坚定调整改革和组织整顿的正确方向。军地各级高度重视民兵调整改革和今年的民兵组织整顿,将其作为全面贯彻党的十九大精神、推进后备力量建设创新发展的实际举措务实推进。精准理解任务，紧紧扭住调整改革和组织整顿的关键环节。民兵调整改革和组织整顿工作，涉及规模结构、力量布局、建设模式等许多方面。我们充分认清"时""势"、吃透要义、把准要害，在深化理解中加深理解、在把握实质中抓住关键、在重点突破中促进民兵转型发展。把握特点规律，着力增强调整改革和组织整顿的落实质量。按照六个整清楚的思路，使整组工作涵盖国防动员和后备力量建设方方面面，切实发挥军事工作的基础作用。坚持创新驱动，圆满完成常态应急民兵建设试点任务。为扎实抓好后备力量建设"十三五"规划任务落实，按照省军区党委首长的决策部署，抓好常态应急民兵分队建设的先行试点，高标准承办"宿州会议"。

【兵役征集】 2018 年宿州市夏秋季征兵工作，在省征兵办公室和市征兵领导小组的领导下，坚持以《兵役法》和《征兵工作条例》为依据，紧紧围绕确保新兵质量这个核心，以廉洁征兵为保证，以"五率"（报名率、上站率、合格率、择优率、退兵率）量化考评为杠杆，科学周密部署，广泛宣传发动，精心组织实施，圆满完成上级赋予的征集任务。坚持主业主抓，科学筹划部署。针对近年来出现的"当兵冷、征兵难"，退兵数量有所增加等问题，军地领导高度重视，多措并举，确保高标准、高质量完成征集任务。3 月 15 日，全市年满 18 周岁的适龄青年 32953 人，100% 登记，并逐一发放《兵役登记证》。3 月底，在宿州学院举行大学生征兵工作启动仪式，邀请部队大学生提干代表现身说法，浓厚了大学生参军氛围。加强军地协作，深入宣传发动。广泛开展征兵宣传，不断浓厚征兵氛围。先后出动"征兵宣传车"200 余台次，走上街头、深入乡镇，全方位搞好宣传；发放征兵宣传单 10 万余份，在闹市区、学校、医院等悬挂宣传横幅 1800 余条，张贴宣传标语 3000 余张，大力宣传《兵役法》《国防法》和今夏征兵政策规定。坚持规范征集，严把质量关口。重点抓一线征兵人员培训、征兵业务培训、体检政考培训。5 月下旬，军分区组织全市各县区人武部兵员参谋、专武部长，进行为期 3 天的业务培训，研判征兵形势、学习征集标准、规范征集流程、掌握操作技能，提高征兵业务工作能力。坚持廉洁征兵，强化执纪监督。搞好"两书、一信、一表、一卡、一箱"严格落实省纪委廉洁征兵"八严"规定。广泛接受社会和群众监督，严防违规操作、弄虚作假、吃拿卡要、收受贿赂等违纪违法行为，保持廉洁征兵的高压态势。

【双拥工作】 贯彻落实东部战区拥军支前工作意见，依托市县（区）双拥工作领导小组，建立军地相关职能部门参加的拥军支前军地协作机构。开展让军人成为全社会尊崇的职业专题调研。协调市司法局、市法律援助中心开展送宪法进军营活动，全区全年协调处理 28 起涉军维权案件。贯彻落实省军区"金寨会议"精神，深入推进分区扶贫项目落实落实和县（区）人武部扶贫工作扎实推进，为我市脱贫攻坚事业作出了积极贡献。

【国防教育】 始终把国防教育作为巩固军政军民团结，实现强国强军战略的基础性工程来抓。不断强化党政领导的国防意识和拥军情怀。军分区两级主官围绕"准确把握精神实质和实践要求，推动习近平强军思想落地生根"主题，为市县党政干部作国防教育辅导报告，反响强烈。市县两级利用党校培训、"军事日"活动、议军会、国防教育日、役前训练等抓好国防教育授课灌输。突出进校园、进课堂，组织辖区 3 所高校开展"爱我国防"大学生主题演讲大赛活动。组织参加首届安徽国防教育优质课评比竞赛，宿城第一初中教师刘东进入决赛并获得二等奖。会同市武警支队组织干部群众参加军营开放日活动。

（王　涛　赵金龙　孔　振）

·武警宿州支队·

【班子建设】 紧紧围绕新时代党的建设总要求，召开支队第一次党代会，规划 5 年发展蓝图。认真贯彻民主集中制，开好专题民主生活会。全面彻底肃清郭徐房张流毒影响，全力推进总队党委巡察反馈问题整治，强力推进"纪委工作实体化"，切实把肃风压力传导到基层末端。坚持正确选人用人导向，官兵信服、群众满意。

【思想政治建设】 紧扣习近平强军思想体系脉络

抓学习,扎实开展“两项重大教育”,同步参加师团职干部理论轮训,严格落实中心组带机关干部理论学习制度,突出抓好周二教育日和季度干部专题教育,在每个基层单位建立学“习”专柜,为全体官兵配发必读理论学习书籍,并为每名干部购买不超过500元的选读书籍。举办2期主题演讲比赛,2篇教案入选总队“精品教案”,宿州中队指导员刘敬辉被表彰为“十佳四会政治教员”。落实“四心工程”要求,开展“三个专项整治活动”,大力表彰“十佳训练标兵”“十佳士官”“十佳贤内助”。支队被总队表彰为“新闻宣传先进单位”,政治工作处被评为“先进政治机关”,政治工作处副主任吕才友、作训股股长孙治东家属阿丽、宿州中队班长于建厂、砀山中队战士文浩4名同志荣膺总队“五个十佳”,政治工作处宣传保卫股干事蒋雪妮被总队表彰为“新闻宣传先进个人”。

【军事建设】 扎实开展执勤安全教育整顿,稳步推进“智慧磐石”工程建设。严密组织“卫士-18”演习,落实联合作战值班、特战排应急班“以车代库”等制度,推进战备建设做法在总队作经验介绍。深入开展“和平积弊大起底大扫除”和学用新大纲活动,举办“军体之星”运动会,组织教练员、“魔鬼周”和勤训轮换集训,在总队组织的指挥员、参谋人员和教练员大比武中,3名同志进入设定名次,14名同志被授予“勇士勋章”。3个中队被总队评为正规化执勤优秀单位。先后出动兵力2000余人次,圆满完成城市联勤巡逻、武装押解等临时任务70余起。

【后勤建设】 严密组织枪弹、爆材危险品隐患清查整治和装备点验,升级改造兵器室安防设施。砀山、灵璧中队新营房建设稳步推进,新教导队立项审批有序展开。开展后勤领域“清仓归零”,抓好官兵驻地医疗体检服务保障,改造机关基层生活设施。参加总队后勤专业兵和运输、军械专业比武取得总评第7名的好成绩。

【基层建设】 坚持依法从严依法抓建,抓好“三支队伍”“三个源头”培训,注重特色建设和典型培养,不断夯实部队建设内涵底蕴。修订完善季度考评办法,坚持定量与定性相结合,将基层、机关全员纳入、全程参与、全面讲评。为13名特困官兵发放慰问金,安排15名官兵子女择校入托,持续推开已婚官兵家庭“大走访”活动,为3名官兵解决家庭涉法问题,以暖人心聚人心的实际行动增强官兵获得感幸福感。砀山中队、萧县中队、宿州中队被总队表彰为“基层建设先进中队”。

【从严治军】 扎实开展“百日安全竞赛”活动,确保部队高度集中统一和安全稳定,支队被武警部队评为优胜单位,2名同志被武警部队评为先进个人;深入开展“条令年”活动,常态化落实“四不两直”突击检查,在萧县中队召开贯彻落实新条令暨正规化管理现场会,全年部队实现安全稳定。

【拥政爱军工作】 利用“全民国家安全教育日”“建军节”“国庆节”等重要时间节点和重大节日时机,组织“军营”开放日活动,向驻地党政单位和学校师生开放军营,努力发挥支队在国防教育中的作用。深入贯彻落实党的十九大精神和习主席扶贫开发重大战略思想,大力发扬部队拥政爱民的优良传统,积极参与宿州市脱贫攻坚战,帮助砀山县曹庄镇酒店张庄村20户生活困难群众实现脱贫。在抓好物质扶持的同时,注重文化引领,在保住民生底线同时促进就业创业,实现脱贫攻坚与支队建设相得益彰。

(杨正龙　刘军辉　郑大鹏)

·人民防空·

【概况】 2018年,宿州市人防办深入贯彻落实省办“14355”总体工作思路为引领,牢记使命任务,以人防信息化建设为重点,构筑立体人防应急指挥体系;以落实"结建"政策为牵引,加快城市人防基础设施建设;以强化人防宣传教育为先导,全方位开展人防知识宣传;以准军事化建设为契机,大力推进机关作风建设。2018年10月,牵头组织开展“皖盾宿州-2018B”人民防空抢救抢修行动演练,取得圆满成功。安徽电视台、中国人民防空杂志均进行了报道。当年获得全省人防机动指挥通信系统跨区综合训练演练先进单位,全省人防短波通信比武第二名。张亚洲同志被评为“《中国人民防空》通讯报道先进个人”,王伟同志荣获省人防办“庆祝改革开放40年　致敬安徽人防人”荣誉称号。

【党风廉政建设】 2018年市人防办党组认真贯彻中央和省委、市委重大决策部署，严格落实中央“八项规定”和省市“三十条”要求，坚持全面从严治党、依规治党，深化标本兼治，创新体制机制，把纪律挺在前面，把握运用监督执纪“四种形态”，进一步深化作风建设，持之以恒落实中央八项规定和省市“三十条”要求，着力解决群众身边的不正之风和腐败问题，取得党风廉政建设新成效。在2018年3月15日召开的全市人防工作暨党风廉政建设会议上，党组书记、主任李爱尊与机关各科室、直属各单位和县区人防办签订党风廉政建设责任书，确保层层落实责任。

【人防指挥部调整】 由于人员变动，按照“一中心，三部门”的编成模式，重新对人防指挥部成员编成进行了调整编组，指挥长是市政府分管理副市长张海虹，副指挥长是市政府副秘书长李鹏程、军分区副司令员范文彬和市人防办主任李爱尊，调整时间为2018年3月28日，由16个部门组成，实行实名制编组。2018年9月18日，组织人防指挥部全体成员参加了“9·18”防空警报试鸣活动。2018年10月31日组织人防指挥部全体成员参加“皖盾宿州-2018B”人民防空抢救抢修行动演练。

【群众防空组织整组】 4月份对群众防空组织进行了整组，重新调整人防专业队伍、人防综合应急专业救援队伍和民防志愿者队伍等群众防空组织人员，新组建心理防护、信息防护和伪装防护三支220人的新型人防专业队，实名编组。5月份，通信专业队、供电抢修专业队参加省人防办组织的人防专业队伍点验，点验成绩为优。

【组织分片轮转训练】 2018年宿州市人防办牵头组织皖北片5市(蚌埠市、阜阳市、亳州市、淮北市、宿州市)人防训练参加淮北市人防办，并于2018年10月31日组织皖北片5市参加的“皖盾宿州-2018B”人民防空抢救抢修演练，宿州市人防治安专业队、消防专业队、医疗救护专业队、通信专业队、防化防疫专业队、心理防护专业队、无线电志愿者、供水、供气、供电、道路抢险抢修专业队和蚌埠市、阜阳市、淮北市、亳州市人防办共150人参加演练，动用各型车辆装备30台，器材100余件套，无人机4架，完成了社会治安、消防灭火、高空救援、伤员救治、危化品泄漏处置、疫情控制、心理防护、通信抢修、供水抢修、供电抢修、供气抢修、道路抢修、跨区通信支援等课目的演练。通过训练演练，进一步提升了人民防空指挥能力和人防专业队伍遂行防空防灾任务能力。

【通信比武竞赛】 4月17—19日，省人防办组织开展全省人防通信业务联训暨短波通信比武竞赛活动。市人防办组织通信专业分队6人参加通信业务联训暨短波通信比武竞赛。并在短波通信比武竞赛中取得了全省第二名的好成绩。

【跨区综合指挥训练】 2018年5月14日—5月17日，宿州市人防办参加安徽省人防办组织的全省人防机动指挥通信系统跨区综合训练演练，5人参加训练，带“静中通”机动指挥车一辆，携带短波电台、北斗手持机、超短波电台、海事卫星电话等装备。途经杭州、宁波、嘉兴、海宁市，行程1500多公里，圆满完成北斗卫星寻航定位系统、卫星通信、单兵图传、海事卫星电话、短波通信等课目的训练与考核。通过训练，提高参训人员的业务素质，提升人防跨区通信支援保障能力。

【组织通信训练】 宿州市人防办每季度组织参加省办组织的空情预警、警报报知、有线通信、无线通信、卫星通信、显示控制、计算机网络和数据管理等8项训练考核。

【人防警报建设】 2018年完成防空警报年增长率5%计划，全市人防警报音响覆盖率达到95%以上，并新增多媒体防空警报设备1套；在“9·18”防空警报试鸣日，利用广播、电视、手机信息、网络平台发送防空警报信号和信息，实现多媒体防空警报信号多样化。

【防空警报试鸣】 根据省人防办的统一安排，于9月18日组织开展了防空警报试鸣活动，市人防指挥部成员全部到人防指挥大厅参加了此次活动，同时组织全市大中小学校结合“9·18”防空警报试鸣开展防空防灾疏散演练活动和防空防灾知识教育活动。在市区、街道开展防空防灾知识宣传，向过往的群众发送知识宣传页和宣传读本1200余册，起到了良好的社会效果。组织医疗救护专业队参加宿州市第十一中学通济校区的防空袭疏散演练,进一步提高了人防专业队遂行作战能力。警报试鸣,主城区警报音响覆盖率99%,警报鸣响率100%,有效地检验了防空警报设备性能。

【宿州人防野外综合训练】 5月7—11日,宿州市人防办组织机关及各县区人防办40人前往安庆市巨石山训练基地,开展野外综合训练。此次训练包含摩托化机动行进、超短波电台通信、前方指挥所开设及功能演示、机动指挥车通信联络、人防业务知识学习、队列训练、体能训练、爱国主义教育等内容,通过训练,全面提升了宿州市人防干部队伍的应急指挥能力、快速反应能力、突发事件处置能力和综合保障能力,进一步增强人防办机关“准军事化”建设水平。

【信息化建设】 2018年6月,完成由安徽省人防办统一招标采购第二代人防机动指挥平台建设任务,总投资355.7万元。该车由安徽四创电子股份有限公司承建,选用安凯HFF6819KD1E5B客车作为载车,车辆改装后外形尺寸:长8140毫米、宽2500毫米、高3980毫米。信息系统集成按照国家人防办最新标准进行设计,卫星通信采用国家人防统一的诺达体制,短波通信采用国家人防规定的第三代军用短波通信系统,形成一套既能与各级政府应急平台建设相结合,又能与军队指挥系统相衔接的平战结合、统一指挥、统一调度、资源共享、机动灵活的指挥通信平台。

【防空警报建设】 2018年,按安徽省人防办防空警报年增长率5%以上要求,完成了2台电声防空警报器的采购,全市防空警报音响覆盖率始终保持在95%以上。

【人防工程建设与监管】 全年受理监督在建人防工程项目11处,竣工验收项目5处,监督覆盖率100%。组织安全培训3次。定期、不定期派人现场进行安全检查39次,并做好安全检查记录,全年无安全事故发生。

【人防宣传教育】 人防“五进”工作制度化、规范化、规模化。2018年,全市初级中学人防教育普及率继续保持在98%以上;进一步加大《中国人民防空》《国防报》的征订力度,市委、市政府、市人大、市政协、军分区等主要领导人手一册;市委党校青干班继续开设人防知识讲座课程;普通高校人防教育基地设备设施进一步完善,全年向4所普通高校赠送《大学生人防综合能力训练手册》6000册;2018年共被国家、省、市等各类媒体采用稿件80余篇(幅);开发企业、社区等人防宣传教育深入推进。宿州人防宣传教育制度化、规范化、规模化局面逐步形成。宣传阵地作用发挥显著。2018年,防空防灾教育展馆共接待中小学师生及社会各界参观者15000余人(次);拂晓报“宿州人防”专栏刊发人防专题稿件30篇(幅);宿州人防网刊发各类人防稿件40余篇(幅);社区人防宣教活动中心共接待咨询及学习参观者3500余人(次),组织开展社区人防知识讲座和自救互救技能训练6次,新增人防宣传教育示范社区2处;新增多媒体电子户外宣传屏1处、普通宣传栏3处。人防宣传阵地作用日益凸显。拓宽宣传渠道,注重实效提升。2018年,在扎实做好初级中学人防教育的基础上,注重拓宽其他宣传渠道,提升宣传实效。市区部分高中生、小学师生、居民及社会各界人士走进防空防灾教育展馆参观学习;组织开展国际民防日、防灾减灾日、警报试鸣日、全民国防教育日、国际减灾日、全国法制宣传日、宣传周等活动,结合人防特点向民众宣传人防知识,共发放防空防灾宣传资料5000余册(份),撰写活动消息10余篇。同时,乡镇人防宣传教育正在按计划逐步实施。拓宽宣传渠道,提升宣传实效,民众的国防意识和人防意识大大增强。

【人防执法】 2018年,宿州人防继续开展日常执法检查和易地建设费的追缴工作。全年检查建设单位30余家,追缴人防易地建设费800万元。完善近年来人防执法卷宗,重新整理归档。注重执法人员业务培训和素质的提高,组织7名执法人员参加资格认证专门法律考试并全部取得相应资格。办理执法证9件。按计划进行全员常态化法制学习培训。全年分别邀请市人大、市政协领导对人防执法工作进行监督指导各1次。人防执法工作得到加强。

人防实战演练　（王建波　摄）

（张亚洲　杨　启　彭　磊　黄　辉　王　伟）

［责任编辑　张友伟］

经济监督管理

·宏观经济监督·

【概况】 市发改委紧紧围绕市委、市政府“2+4+2”工作总思路，坚持稳中求进总基调，坚持新发展理念，按照高质量发展要求，以供给侧结构性改革为主线，以五大发展行动计划为抓手，全面落实“六稳”部署。2018年，21项主要经济指标增速中，17项进入全省前8，15项进入全省前6。固定资产投资增长15.5%，居全省第3位；服务业增加值增长10.3%，居全省第3位；战略性新兴产业产值增长20.1%，居全省第4位。

在物价管理方面，持续深化价格改革，积极推进医疗服务价格改革，全面完成农业水价综合改革年度任务，出台《宿州市物业服务收费管理实施细则》，规范物业服务收费。稳定社会民众预期，加大民生价格监管力度，全市物价水平基本保持稳定。开展城区商品住宅销售价格及成本构成情况专项调研，推动商品住房备案价格规范管理，有效增强房地产市场调控能力。认真贯彻落实省、市电价政策，实行工商业用电同价，清理规范转供电环节不合理加价行为，着力降低工商业企业用电成本。动态调整涉企收费清单。出台非居民用气量价挂钩和大用户直接交易政策，降低企业用气负担。降低皇藏峪等国有AAAA级景区门票价格，国有AAAA级景区降价基本实现全覆盖。宿州市价格认证中心被评为2017年度全省价格认定宣传工作先进单位。

4月，宿州市被国务院办公厅评为推广政府和社会资本合作(PPP)模式工作有力、社会资本参与度较高的市(国办发〔2018〕28号)。

4月，宿州被安徽省政府办公厅评为推广政府和社会资本合作(PPP)模式成效明显、社会资本参与度较高的市(皖政办〔2018〕16号)。

宿州市基层基本公共服务功能建设工作，获常务副省长邓向阳批示，工作经验做法在全省推广(皖双基办〔2018〕1号)。

【战略谋划和经济形势分析研判】 贯彻落实五大发展行动计划，制定年度工作要点及施工图，统筹推进111项重点任务和37个重大工程落地实施。全面完成“十三五”规划纲要中期评估和系列专项规划中期评估，为更好推动实施“十三五”规划、高质量开展“十四五”前期研究奠定坚实基础。形成加强基层基本公共服务功能建设、激发民间有效投资活力、创新政府资源配置方式、军民融合深度发展行动计划等一批重要规划和政策文件。完善主体功能区战略和制度，建立资源环境承载能力监测预警机制。贯彻“六稳”要求，制定并实施稳投资稳预期工作方案。按照“以月保季、以季保年”要求，加强对经济主要指标的动态监测预警，每季度形成经济形势分析报告，并提请市委、市政府研究，有针对性地化解一批苗头性、倾向性问题，推动经济平稳健康发展。

【重点项目建设】 贯彻落实国务院办公厅关于保持基础设施领域补短板力度的指导意见，围绕重点领域协调调度重大项目建设，落实“四督四保”制度，开展重点项目推进“百日会战”活动，2018年，宿州市列入省亿元以上重点项目607个，完成投资685.21亿元，占年度计划的131.36%，居全省第6

位;新开工项目 161 个,居全省第 8 位,开工率 101.3%;竣工项目 71 个,竣工率 122%,居全省第 8 位。建立项目谋划长效机制,谋划入库项目 439 个,储备规模 2820 亿元。

【扩大有效投资】 精准有效发挥投资政策作用,全市固定资产投资同比增长 15.5%,较 2017 年提高 4.7 个百分点,高于全年预期目标 4.5 个百分点,居全省第 3 位,全省排名创近三年新高。PPP 工作获国务院表彰。宿马园区北部污水处理厂项目纳入国家发改委 PPP 资产证券化首批试点。积极争取上级资金支持,全年获批中央预算内资金 11.37 亿元,较 2017 年提高 17.4%。

【产业转型升级】 全面推进"三重一创"建设,市高新区省级云计算产业基地实现产业、投资、税收较快增长,获省评估奖补资金 3000 万元。市经开区生物医药等 3 个第一批市级基地加快建设;市高新区智能制造等 6 个第二批市级基地创建挂牌,实现战略性新兴产业集聚发展基地县区、园区全覆盖。制定促进生物医药产业发展若干意见,精准推动生物医药等新兴产业发展,生物医药科技园项目加快推进。原料药制造项目入选省重大新兴产业工程。战略性新兴产业产值占规上工业比重提升至 10% 以上。院地合作实现新突破,与中科院微生物所合作高端生物发酵平台、与中科大合作金属空气电池组项目分别列为省政府发布项目。服务业增加值保持较快增长,新增创建 A 级物流企业 5 家,印发《宿州市服务业集聚区规划》,创建省级服务业集聚区、集聚示范园区各 1 家。军民融合发展战略深入实施,提请成立市委军民融合发展委员会,组织全市军民融合培训,一批项目获得经济建设和国防建设融合发展省级专项资金支持。

【三大攻坚战】 开展 2018 年企业债券存续期专项检查和本息兑付风险排查,完成涉金融领域失信问题专项治理。推送埇桥城投 10 亿企业债券、砀山城投 11 亿企业债券上报国家发改委,用于棚户区改造项目。扎实推进脱贫攻坚各项工作任务,易地扶贫搬迁工程圆满收官,"十三五"时期 6576 人易地扶贫搬迁任务全部完成,光伏扶贫稳步推进。基层基本公共服务功能建设取得成效,8 大领域 19 项指标全部达到或超过全省平均水平,2459 个功能配置项目均完成既定目标任务。省政府常务负责同志对宿州市基层基本公共服务功能建设给予批示肯定[省发改委信息交流(2)],工作经验做法在全省推广(皖双基办〔2018〕1 号)。印发煤炭减量替代系列文件,严格实施煤炭消费减量替代。出台全市开发区环境污染整治实施意见,全市省级开发区污水集中处理设施已全部建成、具备运行条件。

【城乡区域协调发展】 继续深化新型城镇化试点建设,"劝耕贷"作为新型城镇化试点经验全省推广。落实国家关于建立特色小镇和特色小城镇高质量发展机制要求,泗县运河小镇、高新区数字小镇获批第二批省级特色小镇,分别获 2000 万元"借转补"资金支持。落实省委、省政府坚持创新驱动推动县域经济发展意见,实施县域经济运行月监测制度,组织开展县域经济高质量发展专题调研,积极申报省级县域特色产业集聚发展基地,县域固定资产投资、财政收入增速高于全市平均水平。编制印发《宿州市埇桥区采煤沉陷区综合治理规划》,埇桥区独立工矿区正式获批为国家独立工矿区改造搬迁工程试点,纳入中央预算内投资支持范围。

【节能降耗】 扎实推进能源消耗总量和强度"双控"工作。能源消耗总量省控目标为与 2017 年相比增量不超过 29 万吨标准煤。2018 年能源消费总量较 2017 年同期增加 3.45 万吨标准煤,超额完成 2018 年度能源消耗总量控制目标。2018 年全市单位 GDP 能耗下降率为 7.39%,超额完成省控目标,比省控目标多下降 6.93 个百分点。在 2017 年度市级人民政府能源消耗总量和强度"双控"目标责任评价考核中,宿州市获优秀等级(皖节能办〔2018〕34 号)。市发改委被省节能办评为"2017 年度安徽省节能工作突出贡献单位",并予以通报表彰(皖节能办〔2018〕59 号)。加快开发区集中供热等环保基础设施建设,实施绿色低碳和循环化改造,推进资源节约集约高效利用。认真开展开发区涉及生态保护红线等问题整治专项行动,及时调整宿马园区等省级开发区涉及"三线"问题四至边界。

【重点领域改革】 牵头经济体制和行政体制改革专项小组日常工作,以完善产权制度和要素市场化配置为重点,探索建立相关机制。开展十八大以来深化改革"回头看",完善 385 项改革任务工作台账。市发改委被评为全面深化改革工作先进单位。持续深化“放管服”改革,全面落实“互联网+政务服务”,牵头实施“项目审批(核准)阶段”并联审批,有效提升审批效率。出台《宿州市企业投资项目核准和备案管理办法》《宿州市投资项目在线审批监管平台管理暂行办法》,实行“最多跑一次”“不见面审批”。窗口被评为全省政务服务系统最佳服务窗口(皖效建办〔2018〕6 号),并连续三年获得“红旗窗口”称号。加快信用体系建设,扎实开展政府机构失信问题专项治理工作,宿州市被国家挂牌督办的 37 件政府机构失信案件按期执行完毕,全面完成治理任务。城市信用监测排名在全国 262 个地级市中,由 2017 年的 233 位提升到第 14 位,社会信用环境明显改善。

【对外开放合作】 参与“一带一路”建设,完成“一带一路”自查、国际产能和装备制造合作中期评估等工作。推动开发区改革创新发展,开发区优化整合工作方案获省政府批复。砀山经开区、宿州高新区等筹建省级开发区获批去筹。萧县经开区、宿州高新区在 2017 年全省开发区综合考评中,进入前 30 名,获省政府通报表彰。泗涂现代产业园在全省县域南北合作共建园区年度考核中排名首位。跟踪推进重点招商项目落地实施,利用外商直接投资增长 7%,承接产业转移水平进一步提升。扎实做好援疆等对口支援工作。

·审计监督·

【概况】 2018 年,全市完成审计项目 1312 个,审计查出问题资金 149. 63 亿元,其中:违规资金 7. 34 亿元,管理不规范资金 142. 29 亿元,向纪检监察机关等移送案件线索 55 件。

【宏观政策跟踪审计】 重点对加快精准扶贫精准脱贫工作、深化供给侧结构性改革、清理规范涉企收费、地方政府隐性债务及防范金融和企业风险等 9 项政策措施的落实情况进行跟踪审计,共审计 80 个政府部门、99 个单位、73 个项目,涉及财政资金 5. 89 亿元,其中:中央财政资金 0. 48 亿元。审计发现问题 30 个,涉及财政资金 1222. 52 万元,出具整改建议函 27 件。

【财政预算执行审计】 围绕服务地方经济高质量发展,提升财政预算执行审计的广度、深度和精度,促进重大政策措施落实、财政精细化管理提升和财政资金提质增效。推动市政府出台《市级财政专项资金管理办法》,提出审计建议,促使相关部门制定完善规章制度 80 余项。

【经济责任审计】 对审计对象实行分类管理,抓住重点部门和重要领域,实现有重点、有深度的审计监督全覆盖。全市完成经济责任审计项目 95 个,审计查出问题金额 27. 93 亿元。其中,市本级完成经济责任审计项目 26 个,审计查出问题金额 9. 3 亿元。

【政府投资审计】 完成政府投资审计项目 1178 个,送审金额 205. 37 亿元,审定金额 196. 14 亿元,审减金额 9. 23 亿元,审减率 4. 5%,其中:市本级完成政府投资审计项目 179 个,送审金额 74. 28 亿元,审定金额 70. 65 亿元,审减金额 3. 63 亿元,审减率 4. 89%。

【企业与外资审计】 承接省审计厅上下联动、统一安排审计项目 5 个,其中:国外贷援款项目 2 个,专项审计调查项目 2 个,重点事项上下联动审计调查项目 1 个。按时圆满完成省审计厅安排的审计项目。

【专项审计】 对全市 2017 年保障性安居工程的计划、投资、建设、分配、运营等情况及配套基础设施建设情况进行审计,共查出保障性安居工程资金分配使用、工程建设管理及住房分配方面存在的问题 24 个,涉及金额 2484. 2 万元,涉及保障性住房 14373 套,涉及土地面积 41. 2 万平方米。通过审计,追回资金 2152. 67 万元,退还多收取税费 1. 77 万元,追回违规领取补贴补助 10. 12 万元,清退违规分配使用的保障性住房套数 47 套,取消保障对象资格或调整保障待遇户数 98 户。按照市委市政府工作部署和《宿州市审计局关于服务脱贫攻坚强化审计监督的实施意见》的要求,组织开展两次扶贫审计。审计共抽查 62 个单位、61 个乡镇、103 个贫困村、435 户贫困户、26 个扶贫项目,移送案件线索 1 件。

(丁树宝)

5 月宿州市审计局开展 2018 年第一季度政府投资建设项目跟踪审计质量检查

·统计·

【概况】 2018 年，宿州市统计局在市委、市政府的坚强领导和省统计局的关心指导下，坚持以习近平新时代中国特色社会主义思想和党的十九大精神为指导，认真贯彻落实中央及省市领导同志关于统计工作的重要指示批示精神，以深化统计管理体制改革为引领，不断夯实统计基层基础，从严强化依法治统，努力提升优质服务，各项工作取得显著成效。荣获宿州市目标管理绩效考核优秀单位、安徽省节能工作先进单位、宿州市工业“3111”工程推进工作先进单位、双拥优秀单位、综治工作先进单位、政务信息工作先进单位和文明单位等荣誉称号。

【统计服务】 加强经济形势监测预判。认真落实经济形势分析研判制度，多次召开全市、市直单位、统计局内部等不同层面的经济形势预判分析会议，加大对 GDP 等主要经济指标监测、预警，提高事前预判能力。

提高统计分析质量。要求干部学习研究中央以及省市出台的经济发展政策，增强行动自觉，提高业务能力，按照进度分析求快、专题分析求精、对比分析求深的要求，提高服务决策的主动性和精准性，提升分析预判的前瞻性和意见建议的针对性，全年共撰写各类分析信息 300 余篇，近 20 篇获市领导批示。

拓宽统计服务渠道。及时更新“数据宿州”手机客户端数据，充分利用微信、微博等新媒体做好统计宣传服务，整理编印《月度经济运行监测》2200 册、《2018 年宿州统计年鉴》400 册。

创新开展民意调查。使用现场 FDA 调查、12340 电话调查、二维码扫描网络投票等多种方式，组织开展全面深化改革“百千万”民意调查、宿州市民生工程群众满意度、宿州市年度综合考核公众评议、宿州市政府目标管理绩效考核群众满意度等 19 项社情民意专项调查工作，为市委、市政府了解民意、民情、民生搭建桥梁。

【统计法治建设】 市委市政府高度重视。市委理论学习中心组组织学习《防范和惩治统计造假、弄虚作假督察工作规定》，市委深改领导小组学习《实施办法》、省市《实施细则》，市委党校将统计法等法律法规纳入领导干部教育培训的必修课，市委组织部实行干部任用统计“一票否决制”。

加强统计法律法规宣传学习。举办全市基层统计人员业务暨统计法治培训班，集中学习《统计法》《意见》《办法》《规定》等，组织全市统计系统人员参加统计法律法规知识竞赛，利用“9·20 统计开放日”“江淮普法行”等活动宣传统计法律法规。

完善统计执法监督机制。市两办印发《统计违纪违法责任人处分处理建议实施细则》；市统计局制定《领导干部违规干预统计工作记录制度实施办法》《统计执法“双随机”抽查办法》及其抽查实施方案、抽查工作细则，规范统计执法检查程序。

开展整治弄虚作假专项行动。围绕单位名录库维护、工业统计、投资统计、服务业统计等重点领域，有针对性地开展整治弄虚作假专项行动，深入推进依法治统，认真开展统计执法“双随机”抽查。全年共检查单位 649 个，立案查处违法行为 27 起。

【统计基层基础建设】 加强统计工作规范化建设。按照省政府“三个规范”的要求和省统计局统一部署，加强部门、乡级和企业统计基础工作建设，制定检查实施方案，明确检查标准，对规范化建设进行检查验收。县乡两级统计工作条件得到明显改善，首席统计员实现全覆盖。规范统计基层基础，从源头提高统计数据质量。

组织培训提高业务水平。举办全市基层统计人员业务知识暨法治培训班、全市投入产出调查培训班、劳动力调查培训班、“四经普”清查摸底和登记业务培训班,举办全市统计系统干部能力提升培训班,组织参加国家统计局在线学习,进一步提高统计人员业务水平,更好地适应统计工作新形势、新要求。

创新统计数据报送方式。建立部门统计数据联网直报平台,完善部门统计报表制度,明确信息共享的内容、方式、时限、渠道以及应承担的责任,规范各类统计资料报送,推进部门间统计信息共享,深化现代信息技术在统计工作中的应用。

【第四次全国经济普查】 市委市政府将"四经普"摆在突出位置、纳入重要议事日程。市政府成立由28个部门组成的普查领导小组及其办公室,连续两年将普查工作写入政府工作报告,形成齐抓共管、协调联动的良好机制。市长杨军主持召开政府常务会议专题听取"四经普"有关工作情况汇报。操隆山副市长主持召开三次经济普查领导小组会议,并亲赴一线督察单位清查。市县乡三级都成立机构,落实经费和人员。选聘3880名普查员和业务指导员,对单位和个体户进行"地毯式"清查。全市清查到各类单位7.2万个,比"三经普"增加4.7万个,增长190.6%,增速居全省第4位;清查登记个体户29.2万户,比"三经普"增加6.9万户,增长30.6%,增速居全省第8位。

·工商行政管理·

【企业登记管理】 "压缩企业开办时间为3个工作日、证照分离、双随机一公开监管"等重点改革落地见效。市场主体增长迅猛。截至12月中旬,全市新增市场主体53901户,同比增长25.9%;其中新增企业15583户,同比增长42%;个体工商户36985户,同比增长24.74%。

【商标广告管理】 新申请商标注册8162件,同比增长24.5%。新申报驰名商标3件。培育涉农省级以上商标品牌企业11家,申请涉农商标1932件。组织宿州市高新区云计算产品集聚发展基地申报省级专业商标品牌基地。加大媒体广告监管力度,开展涉及群众生命财产的医疗、药品、保健食品、金融投资、非法集资、房地产、互联网等广告为重点的专项整治行动。积极推进宿州市广告产业园区建设。

【市场监督管理】 开展"双随机、一公开"抽查,市县两级184个部门建立"一单两库",130个部门开展双随机抽查。开展5次双随机抽查,其中抽查企业3539户,抽查个体工商户5343户,企业抽查率5.8%,公示率100%。规范网络商品经营与服务的行为。强化网络商品交易监管,开展农村电商大走访活动。全市走访农村电商521户,指导农村电商171次,指导注册商标122次;开展流通领域商品质量抽检。其中完成成品油抽检315组,汽车零配件抽检27组,建筑材料抽检65组,农资产品1436组,网络商品抽检30组,液化气、板材、服装等7大类商品抽检62组。及时对抽检不合格的商品经营者进行立案处理,立案84件。

【公平竞争管理】 全市经济检查执法系统查办各类案件235件,罚没金额313万元,10万元以上案件7起。其中:产品质量案件102件,罚没款51.69万元;商标侵权39件,罚没款37.36万元;不正当竞争30件,罚没款89.02万元;广告案件21件,罚没款89.96万元;侵害消费者权益8件,罚没款16.57万元;其他类型35件,罚没款28.4万元。宿州市的元旦春节打假、公用企业不正当竞争案件查处等工作排在全省前列。

【消费者权益保护】 建立市、县(区)、所三级12315投诉、调解、处理、反馈顺畅的工作机制。12315热线电话共受理咨询投诉举报11544件,处理率100%,办结率100%,消费者满意率在95%以上。开展全省放心消费创建活动。培育发展10130户企业(店)参与创建工作,参创总户数全省第一。先后完成评议认定县级示范单位284户,乡镇级示范单位730户,评议认定的市级示范企业(店)50户,评议认定放心消费创建示范街10条。

【经济合同监督管理】 组织开展合同格式条款规范检查30次,搜集房地产、物业、电信、供水、供电、供气、银行、旅游等其他行业使用的格式条款合同,收集各类格式合同文本400余份;备案《商品房买卖合同》644份,印制《农村土地承包经营权流转合同》示范文本10000份,查处各类合同违法案件79件;指导签约涉农合同2414份;办理涉农主体动产抵押登记205份,融资金额91929万元人民币。培育公示国家、省、市级守重涉农主体64家,通过增信融资渠道帮助企业办理31件融资贷款,为企业增信融资4020万元。

【企业诚信建设】 全市内资年报率为96.33%,外资年报率100%,名列全省前茅。优化调整涉企信用信息目录。编制《宿州市涉企信息归集资源目录(2018年版)》。向宿州公共信用信息平台推送信用数据,与市信用办建立实时动态交换机制,推送数据9871691条,占全市数据归集总量的近三分之一。利用国家企业信用信息公示系统(安徽)平台,将行政处罚、抽查检查等信息记于企业名下并交换至信用信息共享平台公示,推进部门间涉企信息共享、惩戒联动。其中归集涉企行政许可信息237565条、行政处罚信息25448条。

【打击传销】 开展打击传销"皖剑"行动,重点打击网络传销违法犯罪活动,加强"防传销和非法集资进校园"宣传。全市捣毁传销窝点26个,配合公安机关查处网络传销案件6起,抓获传销犯罪人员10人,批评教育遣返传销人员73人,冻结涉嫌账户资金405万元,法院判决组织传销犯罪案件6件18人。组织开展打击传销宣传53次,印发宣传资料52010份,发布警示提示134条(次),编发《打击传销工作简报》4期,下发督办函3件。

·质量技术监督管理·

【概况】 2018年以来,市质监局坚持以习近平新时代中国特色社会主义思想为指导,按照党的十九大提出的"质量第一、效益优先"质量工作方针,全面贯彻落实《中共中央　国务院关于开展质量提升行动的指导意见》(中发〔2017〕24号),制定《关于开展质量提升行动创建全国质量强市示范城市的实施意见》(宿发〔2018〕23号)。深入实施质量品牌提升工程,积极创建全国质量强市示范城市,各项工作取得新的成效。全省上半年质监工作会议上,张建军局长就宿州市质量强市工作作典型交流发言。

【质量提升调研】 组成专家组深入各县区和市直各开发区,开展质量提升大调研和"四送一服"活动,不但摸清企业在质量提升方面存在的共性问题,形成开展质量提升行动的具体工作思路,也促进广大企业、园区管委会和县区政府对质量提升活动的重视和积极响应。

【质量提升的工作重点】 大调研结果表明:宿州市大多数企业是中小型民营企业,普遍存在着生产车间现场管理脏乱差、全面质量管理不到位、提质量树品牌意识不强等共性问题。为解决这些问题,市质监局在全市企业中部署开展质量管理的三大革命:第一大革命是推动企业实施6S管理,实现从"大作坊"式企业向现代企业的转变;第二大革命是推动企业实施全面质量管理,实现从数量型企业向质量型企业的转变;第三大革命是推动企业实施卓越绩效管理,实现从质量型企业向品牌型企业的转变。通过3—5年的努力,推动全市700多家规模以上企业实现从传统制造业(粗放型、数量型,靠低价格取得竞争优势)向现代制造业(精细型、质量型,靠品牌取得竞争优势)的转变,完成质量提升目标任务。

【质量管理方法培训】 大规模开展质量管理方法培训,强力推进企业实施全面质量管理。2018年以来,市质监局组织质量管理专家深入到各县区,联合各县区政府,对各地规模以上企业负责人免费开展6S管理、全面质量管理和卓越绩效管理培训,举办质量提升专题培训班7期,完成对砀山县、萧县、灵璧县、泗县、埇桥区、宿马园区和经开区企业的培训。培训采取专家讲解和现场观摩相结合的方式,全市600多家企业负责人参加培训。

【"五大示范"活动】 经过广泛动员、组织申报、严格评审等程序,宿州市命名泗县经济技术开发区等3个省级经济技术开发区为"宿州市质量品牌提升示范园区",命名"安徽安特食品股份有限公司"等20家企业为"宿州市质量品牌提升示范企业",命名"安徽华康医药集团有限公司质量管理部"等29家企业质量管理机构为"宿州市质量管理示范机构",命名安徽华电宿州发电有限公司为"宿州市质量文化示范企业",授予宿州中粮生物化学有限公司质控部部长权启玥等17名同志"宿州市质量创新带头人"称号。在安徽宿州技师学院等6个单位建立

“安徽省质量品牌升级工程教育实践基地”。在质量提升行动中,组织企业到这些示范单位现场参观学习和培训,激发企业质量提升动力。

【国家级示范区创建】 2017年和2018年,原国家质检总局先后批准宿州市砀山县为“全国有机产品创建示范区”和“国家砀山酥梨产业知名品牌创建示范区”。2018年9月,砀山县被命名为“安徽省质量强县”。

【质量品牌创建】 注重以争创政府质量奖省市名牌产品为载体,推动企业开展质量提升行动。推荐21家企业和申报安徽名牌,最终16家获得安徽名牌产品称号。2018年5月,市政府拿出440万元,对2017年度获得市政府质量奖和省、市名牌的企业兑现奖励政策。通过质量品牌创建活动,推进企业质量管理上台阶。

【质量工作宣传】 推出宿州市首届质量品牌故事大赛活动,通过演讲和征文的形式,讲述企业创业过程和品牌建立的感人故事;同时,泗县举办品牌故事电视大赛活动。广泛组织开展2018年“中国品牌日”活动,制作宿州品牌宣传展,印制《宿州品牌宣传册》,并定期印发《质量强市工作信息》。

【“双零”和“四重”行动】 为确保质量提升行动年各项活动落到实处,市质监局印发《关于进一步推进“质量提升行动年”工作的通知》(宿质办发〔2018〕68号),成立由局班子成员为组长,所有业务科室负责人为成员的6个调研组,分赴各县区开展大调研,积极帮助企业解决发展中遇到的难题和问题,通过召开“四重企业”(重点产业园区、重点产品和服务、重点行业、重点企业)座谈会,实地走访,开展质量零缺陷、服务零距离的“双零”服务,在此基础上形成有针对性的调研报告。

【产品质量状况分析】 2018年4月26日,印发《宿州市产品量状况分析工作制度》(宿质办发〔2018〕48号)。每季度末,及时向省局报送本区域质量分析报告。4月,宿州市质量状况白皮书(2017年)正式对外发布。同时,各县区分别建立品质量状况分析工作制度,按季度撰写本地区质量分析报告,并形成2017年度《质量状况调研报告》。

【企业普查】 为全面掌握全市工业企业数量及质量状况,建立健全工作企业质量档案,切实做好从源头抓质量,对全市工业企业开展重新普查建档登记,在排查登记中,市质监局采用与企业质量管理负责人座谈等方式,详细了解企业的经济类型、企业规模等基本情况,并细致统计企业生产许可证、3C认证和质量环保安全体系认证等信息,同时对企业的产品执行标准、生产状况、主要产品出厂检验、原料进厂把关能力等关系企业质量管理水平和产品合格生产的重点情况认真进行调查。此次摸排,共排查工业生产许可证16类产品88家获得生产许可证企业。包括食品相关企业21家,危化品企业13家,水泥企业8家,化肥企业14家,人造板企业16家,防爆电器企业6家,电线电缆企业3家,轻小型起重设备企业3家,建筑用钢筋企业1家,饲料粉碎机企业1家、耐火材料1家、防水卷材1家。

【工业产品质量监督】 开展工业产品质量监督,提升工业企业质量水平。制定2018年全市工业产品生产许可证企业定期监督抽查和风险监测计划,全年抽查电线电缆、儿童服装、建筑用钢筋、安全玻璃、食品相关产品及包装物、危险化学品、防水材料、配制眼镜、水泥、混凝土、肥料、人造板材等16类产品企业351家,抽查产品398批次,合格396组,合格率99.50%。按照《安徽省产品质量监督抽查后处理整改工作现场核查管理办法》要求,加大后处理力度,充分发挥“质量流动诊所”的作用,先后组织2个专家组到企业帮扶指导,进行“点对点”精确诊断,有针对性的开出“质量处方”,全力帮扶企业查找分析不合格原因,并提出切实可行的整改意见和建议。

【产品质量专项整治】 开展危险化学品专项整治工作,检查危化品生产企业14家,抽查样品11组,合格率100%;开展电线电缆专项整治工作,制定《宿州市质监局电线电缆专项整治工作实施方案》,共检查电线电缆生产企业5家,抽样2批次,合格2批次,合格率100%;开展食品相关产品质量安全提升工程行动,组织县区局和市局两分局对27家食品相关产品开展生产许可证年审和专项巡查工作,共抽查食品相关产品生产企业15家,抽查样品20组,合格率100%;开展人造板材、电气火灾、防水材料综合治理工作，全市共摸排电气产品生产企业10家，逐户填写“电气火灾综合治理自查检查表”，现场宣贯电气火灾综合治理知识，对检查中发现的问题要求企业及时组织整改。严厉打击无证、超出许可范围生产列入实施工业产品生产许可证发证管理目录的产品和质量违法行为，立案查处无证生产板材企业1家。共抽查防水材料、人造板材样品18组，产品合格率达100%。开展电动车消防安全产品专项整治行动。全市范围内电动两轮车、小三轮、小四轮代步车生产企业共5家，共抽查电动车3组，产品质量正在检验。开展消费品质量提升专项行动。全市质监系统先后出动执法人员280余人次，对化肥、食品相关产品、儿童服装、鞋服、家具、水泥、眼镜等重点消费产品进行执法检查，严格执行《缺陷消费品召回管理办法》相关规定，收集、分析、处理有关缺陷消费品信息，对可能存在严重缺陷的消费品及时进行调查。我市紫金科技、中元化肥、安特等17家企业注重质量诚信体系建设，发布质量承诺书和年度质量诚信报告，开展企业标准自我声明公开，并声明执行严于国标行标的企业标准，实施内外销产品“同线同标同质”。召开新闻发布会及时公开专项整治成果，通过媒体正确引导，既让质量诚信企业看到政府坚决打击假冒伪劣行为的决心，更要让老百姓增强放心消费、安全消费的信心。开展产品质量安全风险监测工作。重点监测食品相关产品中镉、铬、锌、镍、铅等迁移量，抽取风险监测企业3家，抽样4组，同时抽查休闲服、溶解乙炔、中密度纤维板、建筑排水用硬聚氯乙烯管材、配制眼镜、架空绝缘电缆、面巾纸、预拌混凝土、化肥等生产企业89组样品，经检验产品质量安全风险合格率100%，全市产品质量安全稳定。

【工业产品生产许可证工作】 实施工业产品生产许可证获证企业分类监管，落实企业主体责任。为确保工业产品生产许可证事中事后监管到位，推动产品质量安全监管工作有序开展，促进获证企业加强质量管理，持续、稳定生产合格产品，根据《工业产品生产许可证管理条例》《工业产品生产许可证管理条例实施办法》《安徽省工业产品生产许可证事中事后监督管理办法》，对工业产品生产企业实施分类监管。按照安徽省质监局《获证企业产品质量分类监管通用规则》的要求，企业分为AA、A、B、C等4个类别。制定《宿州市质监局2018年工业产品生产许可证事中事后监管工作计划》，对全市88家获证企业实施分类监管，其中A级企业8家、B级企业80家。市质监局按照获证企业20%的比例进行检查，共检查获证企业19家，做到有检查有记录，详细记录《获证企业巡查、回访记录》内容。全市88家获证企业100%建立分类监管电子及纸质档案，企业并提交了年度自查报告，通过开展生产许可证年度审查、定期巡查和监督抽查、回访等方式，落实企业质量安全主体责任，88家生产许可证企业100%签订《产品质量安全承诺书》。

推进工业产品生产许可证制度改革。为认真落实省委省政府“放管服”工作要求，确保工业产品生产许可证制度改革在宿州市“接得住、管得好”，优化审批流程，简化审批材料，细化责任分工，强化证后监管，将耐火材料、建筑钢管脚手架扣件、建筑防水卷材、汽车制动液、人造板、化肥等6类工业产品生产许可的发证、延续、许可范围变更、名称变更、补领、撤回、撤销、注销等工作，实施先证后核。

开展工业产品生产许可证获证企业培训活动。为贯彻落实中共中央 国务院《关于开展质量提升行动的指导意见》决策部署，进一步强化生产企业质量主体责任意识，提高质量管理能力，8月9日，市质检局组织开展全市产品质量安全监管暨工业产品生产许可证获证企业培训活动。邀请省质监局3位专家前来授课。各县区市场监督管理局、市局各分局分管局长以及业务工作负责人；全市88家获得生产许可证企业经理（法人）及质量负责人共140余人参加培训活动。

【农资打假“质监利剑”行动】 市质监局组织执法人员对全市5家农资生产企业进行执法抽查检查，未发现有违规行为，全市的农资生产质量状况较以前明显提高。开展建材产品“质监利剑”专项行动。全市开展钢材、水泥、砖、防水材料、涂料、人造板、电线电缆、安全玻璃等专项抽查，检查建材产品企业36家。查处宿州市中盛木业有限公司无生产许可证生产胶合板，现场查获板材成品1600张。

【消费品质量安全监管】 重点对家用电器、儿童用品、厨具、床上用品、家具等5大类10种产品进行监管，对37家生产企业进行了专项执法检查，共出动执法人员136人次，抽取样品3组，立案1起；开展汽车及配件和汽柴油执法检查。灵璧县和埇桥区市场监管局执法人员分别对3家汽车相关企业进行检查。埇桥区局对加油站销售的汽柴油进行抽查，对6家不合格售油单位分别予以立案处罚。深入开展3C认证产品检查。对儿童玩具、家用电器、安全玻璃、消防产品等3C认证产品开展专项检查行动。严厉查处生产不符合国家强制性标准或明示标准产品、以次充好、以不合格产品冒充合格产品、未按要求取得强制认证、标识欺诈等违法行为。检查出动执法人150人次，检查生产企业30家，立案查处案件2起。针对全市首位产业服装，开展服装生产企业检查，已检查企业67家，立案1起。

【缺陷产品召回中心】 创新执法监管方式，获批成立安徽省缺陷产品召回管理技术中心宿州分中心，宿州市是安徽省第二个成立召回中心的市。宿州盈德服装有限公司已召回不合格服装97件，宿州双鸟科技有限公司生产的反渗透纯水机召回工作正在有序进行中。切实发挥12365投诉举报中心作用，对群众咨询和投诉热情服务。2018年市质监局12365指挥中心共受理各类投诉举报和业务咨询795件次，其中省局转办3起，已全部办结回复，市本级投诉举报21起，已办结20起。

【标准化服务“三农”】 一是指导国家级农业标准化示范区建设1项、省级农业标准化示范区建设2项。分别为熙可食品(安徽)有限公司承担建设“国家砀山黄桃标准化示范区”项目、灵璧县林汇家禽育种有限责任公司承担建设“安徽省灵璧县优质蛋鸡养殖标准化示范区”项目、安徽强英鸭业集团有限公司承担建设“安徽省无公害种鸭养殖标准化示范区”项目。“国家砀山黄桃标准化示范区”项目、“安徽省灵璧县优质蛋鸡养殖标准化示范区”项目顺利通过中期评估、“安徽省无公害种鸭养殖标准化示范区”项目完成本年度工作计划，成立领导小组，制定实施方案，开展农业标准化示范项目各项启动工作。二是开展农业地方标准制修订工作。本年度发布实施省级地方标准3项，通过专家审查待批准发布2项。发布实施的3项省级地方标准为:《绿色食品(A级)胡萝卜生产技术规程》(DB 34/T 1071-2018)、《砀山酥梨生产技术规程》(DB 34/T 615-2018)、《绿色食品酥梨棚架栽培技术规程》(DB 34/T 1070-2018)；通过专家审查待批准发布2项为:《地理标志产品 萧县葡萄》《地理标志产品 大路口山芋》。

【服务业标准化试点】 一是完成3个省级服务标准化试点项目终期评估:2018年2月5日，省质监局印发《关于全省第五批服务业标准化试点项目终期评估结果的通知》(皖质函〔2018〕60号)，宿州市国网宿州供电公司、宿州市神龙机动车检测中心、安徽皇藏峪旅游发展有限公司的3个服务标准化试点项目顺利通过省质监局、省旅游局、省标准化研究院、省品牌促进会等部门组成的省级服务标准化终期评估小组的终期评估。其中国网宿州供电公司荣获“安徽省服务业标准化试点评估示范单位”称号。二是首届“安徽省服务业发展论坛”上，宿州公共交通有限公司再度蝉联交通运输行业“安徽省十佳服务优秀企业”荣誉称号。三是新增1项国家级、3项省级服务标准化试点项目:国家标准委办公室印发《关于下达第五批社会管理和公共服务综合标准化试点项目的通知》(标委办服务〔2018〕53号)，安徽省有4个项目被列为第五批国家级社会管理和公共服务综合标准化试点项目。宿州市公安消防支队承担的“安徽宿州市智慧消防服务标准化试点”获批立项，这是宿州市首个国家级社会管理和公共服务综合标准化试点项目。省质监局、省民政厅、省商务厅、省旅游局联合下发《关于下达第七批省级服务业标准化试点项目的通知》(皖质函〔2018〕22号)，宿州市公共汽车客运服务、宿州市供水公共服务、宿州国际大酒店等3家单位申报的服务业标准化试点项目喜获立项。

【标准修订】 积极开展国家标准、行业标准修订工作，提高宿州市产品质量话语权。批准发布实施国家标准2项:安徽佳力奇碳纤维科技股份公司为第二起草单位的国家标准《超高温氧化环境下纤维复合材料拉伸强度试验》(GB/T 36264-2018)，2018年6月7日，由国家市场监督管理总局、国家标准委2018年第9号《中华人民共和国国家标准公告》发布，2019年1月1日实施；安徽宝龙电气有限公司为第二起草单位的国家标准《电气简图用图形符号 第5部分:半导体管和电子管》(GB/T 4728.5-2018/IEC 60617 database)，于2018年7月13日，由国家市场监督管理总局、国家标准委批准发布，2019年2月1日实施。批准发布行业标准1项:萧县永堌镇轻工业园区的安徽省京工建科技开发有限公司参与制订行业标准 JC/T2469-2018《混凝土减胶剂》,于 2018 年 9 月 1 日正式实施;已立项正在走程序的行业标准 5 项:安徽鑫固环保股份有限公司作为负责起草单位,参与建材行业标准《预制混凝土用外加剂》和《水煤浆添加剂》标准的起草;安徽荷金来农业发展股份有限公司参与《牛排》和《牛排质量等级》2 项行业标准制订,标准归口单位中国食品工业协会;宿州市动物疫病预防与控制中心主持制定农业部 2015 年立项《奶产品未知危害因子识别与已知危害因子安全性评估》(农质发〔2015〕7 号)中子项目《生鲜乳中黄曲霉毒素 M1 防控技术研究》行业标准,已召开审查会,待发布实施。

【标准化建设】 创建 AAA 级标准化良好行为企业 1 家、AA 级标准化良好行为企业 4 家。安徽荷金来农业发展股份有限公司通过 AAA 级标准化良好行为确认;安徽金鸽面业股份有限公司、泗县甘滋罗食品有限公司、泗县舒怡纸品有限公司、灵璧县永盛制粉有限公司通过 AA 级标准化良好行为企业确认。

【"标准化+"活动】 配合相关单位和部门开展"基层党建标准化""政务服务标准化""养老院服务质量提升标准化""金融服务标准化""互联网+先进制造业""农作物秸秆利用工作标准化"等。

【"军民融合"标准化】 安徽佳力奇碳纤维科技股份公司先后通过国军标质量体系认证、三级保密资格认证、武器装备科研生产许可认证、装备承制单位资格认证,军工资质四证齐全。安徽佳力奇碳纤维科技股份公司共制定国家标准五项,成功研发国家重点新产品、省高新技术产品 10 余项,先后获发明与实用新型专利 20 余项。主营产品活性碳纤维毡、布、碳纤维复合材料结构件等、广泛应用于国防、军工、航空、航天、电子、舰船等诸多领域,实现产业链拓展延伸至海、陆、空三军装备领域,与此同时做大做优民用产业,形成军民融合深度发展的崭新格局。

【夯实计量基础】 加强法定计量技术机构社会公用计量标准建设,2018 年全市新建社会公用计量标准 20 项,其中:市所新建 11 项,县级所新建 9 项,完成每年新增 5% 的进度目标。

贯彻落实国家停征强制检定收费政策和省质监局《关于做好停征收费后计量强制检定工作的通知》(皖质函〔2017〕352 号),严格强制检定计量器具范围,推进各级法定计量检定机构资质能力公开,落实送检单位或者个人、计量检定机构、计量行政部门的三方责任。对关系民生的乡镇和社区医院使用的医疗设备、超市集贸市场使用的电子秤、水表燃气表、加油机加气机、出租车计价器、矿用报警仪、安全用压力表、环保计量设备等实施免费检定,全年免费检定设备 2 万余台件,免收检定费 200 余万元。开展民用"四表"抽查等工作,实现民用"四表"监督抽查全覆盖。

开展创建"诚信计量示范单位"活动。在全市 12 个民生计量领域全面开展创建"诚信计量示范单位"活动,完成申报 AAA 级 3 家,AA 级 19 家,A 级 38 家。开展定量包装商品净含量计量监督抽查,完成市、县级定量包装商品净含量抽查任务为 500 组,市级合格率 97%,县级 93%。开展能源计量监督检查,推进企业节能降耗,完成对全市 21 家年耗标准煤 3000 吨以上工业企业开展能源计量检查。配合行管局做好 2018 年公共机构能源资源计量工作。

为了提高技术机构实验室检测能力和检测人员水平,保证计量标准始终处于良好的运行状态,各县区计量工作人员及授权机构计量检定人员 35 人分别参加《法定计量检定机构考核规范》(JJF1069-2012)、《计量标准考核规范》(JJF1033-2016)培训班。举办培育诚信计量示范单位培训班,全市供电、供水、集贸市场、眼镜店等 40 余位企业代表参加培训。2018 年度全市新增注册计量师资格 25 人。

开展"5·20 世界计量日"系列活动。邀请新闻媒体对"5·20 世界计量日"期间活动进行跟踪报道,全面宣传计量知识,让更多的群众认识计量、关心计量、支持计量。开展"计量知识进校园"赠书活动,向市技师学院师生赠送介绍计量知识图书《万事有度》300 余册。在市供电公司举办 AAA 诚信计量示范单位揭牌仪式。

【地理标志产品保护】 2018 年 3 月,萧县、泗县人民政府申报的"萧县葡萄"和"泗县大路口山芋"正式被国家质量监督检验检疫总局公告(2018 年第 31 号)批准实施为国家地理标志产品保护。"宿州王枣子”申请材料已报国家局待批。今年以来经过各县(区)政府的大力培育和宣传引导,全市普查培育“宿州国口窖”“萧县白山羊”“萧县孙圩子胡萝卜”“砀山黄桃”“砀山梨膏”“宿州王枣子”“夹沟香稻米”“褚兰萝卜”“泗县布鞋”“泗县墩集草莓”“泗县大庄豆瓣酱”“灵璧石工艺品”“灵璧黑花生”等13个产品。

【检验检测机构监管】 印发《宿州市检验检测机构证后监管日常巡查管理要求的通知》,开展辖区内获证检验检测机构的监督检查;按照省质监局《关于开展2017年机动车检验机构省级监督检查工作的通知》要求,开展全市机动车检验机构的监督检查工作;开展建筑工程和建材领域检验检测机构专项监督检查工作,按照《安徽省建筑工程和建材检验检测机构2018年监督检查作业指导书》,对全市9家建筑工程和建材检验检测机构进行全面监督检查。按照省质监局、环保厅《关于联合开展2017年环境检测机构省级监督检查工作的通知》要求,对全市获证的8家环境检测机构开展专项监督检查。督促全市获证的25家检验机构分别参加省局组织的2017年度“环境空气中氮氧化物的测定”“食品及农产品中滴滴涕的测定”“机动车安全技术和尾气排放检验”能力验证工作。开展2017年度全市获证检验检测服务业统计工作,全市56家获证检验检测服务机构上传相关数据。

【科技周活动】 按照省局《转发原质检总局关于开展2018年科技活动周的通知》(皖质办函〔2018〕135号)要求,围绕“科技创新、强国富民”这个活动主题,结合宿州市实际,开展一系列质检科技周活动。在本次科技活动周期间,市局及各县、区市场监管局共出动工作人员100余人,发放各类科技宣传资料1200余份,参观咨询群众达1000余人,开放各类实验室及科普基地7个,举办质检相关培训班2个,提供技术服务10余次。

【机动车排放检验机构监管】 为落实《2018安徽省大气污染防治重点工作任务》(皖大气办〔2018〕7号)、《宿州主城区大气污染防治百日攻坚行动方案》(环委办〔2018〕15号)和《宿州市机动车、非道路移动机械污染治理专项行动实施方案》工作部署,强化对机动车污染防治工作的监督管理,规范机动车尾气排放检验工作,建立健全机动车环境管理长效机制,改善大气环境质量,9月份由市质监局负责牵头制定《宿州市机动车排放检验机构专项整治工作方案》,按照工作方案要求,负责机动车排放检验机构专项整治组织、调度、督查通报等工作,联合市公安局、市环保局和市交通运输局执法人员对市区机动车排放检验机构每周开展一次联合执法检查,对县属机动车排放检验机构每月开展一次联合执法检查。通过到检测车间现场查看机动车尾气排放检验全过程,同时随机调取机动车尾气排放检验报告单等多种形式开展检查工作,检查机构是否能够严格按照安徽省质量技术监督局、安徽省环境保护厅《关于严格执行机动车尾气排放检验方法和污染排放限值的通知》(皖质函〔2018〕264号)文件要求,执行安徽省地方标准规定的检验方法和环保部相关环保行业标准规定的最高污染排放限值,规范机动车尾气排放检验行为,确保机动车尾气排放污染治理工作取得实效。

【国家有机产品认证监督检查】 按照省质监局《转发国家认监委办公室关于进一步加强国家有机产品认证监管的通知》(皖质办函〔2018〕175号)文件要求,市质监局于6月中下旬在全市范围内集中开展国家有机产品认证监督检查工作,重点检查认证活动是否存在违法违规行为,检查获证企业(产品)是否持续满足认证要求。全市共出动执法人员170余人次,执法车辆40余台次,共检查有机产品相关生产、流通企业132家(其中生产、加工企业15家,流通、消费企业117家)。在对全市15家有机产品生产、加工企业的监督检查中,发现主要存在有机生产(加工、经营)管理体系文件及记录不完整;可追溯的生产全过程记录不全,内部检查制度流于形式;没有建立产品召回制度;部分企业没有获得有机产品销售证书等问题。针对发现的问题,检查人员对相关企业负责人进行逐一说明并给出了改进性意见,并要求企业限期整改。

【质监系统网上政务服务平台】 编制清单,推进“智慧宿州一站通”服务事项建设工作。按照要求,进一步加强市级网上政务服务平台建设,完成市质监局48项3264个信息要素的梳理,全面建成质监系统网上政务服务平台,实现政务服务事项全覆盖。配套制定服务指南、明白纸、流程图、空白表格、材料样本，编制宿州市质监局行政审批服务制度和规范、行政审批监督检查制度、审查工作细则、审批服务评价方案，建立行政权力事项廉政风险点情况表。

【工业产品生产许可证制度改革】 按照《安徽省质量技术监督局关于对部分工业产品生产许可委托审批权限和简化审批程序的通告》（安徽省质量技术监督局通告2017年第12号）要求，推行省局下放的6类工业产品（耐火材料、建筑钢管脚手架扣件、建筑防水卷材、汽车制动液、人造板、化肥等）生产许可证制度改革，取消原生产许可证发证前产品抽检，改由企业自主选择具有资质的检验机构，后置原审批程序中的现场审查，实行先发证后审核。同时按照"尊重企业"意愿原则在全市范围内实施工业产品生产许可证"一企一证"改革。完成3家工业产品生产许可证审批工作。

【"减证便民"专项清理】 推进"减证便民"专项清理工作，积极推行"最多跑一次"和网上审批。取消盖章类证明材料73个，行政许可类审批事项从原先的35个工作日压缩到10个工作日，服务事项从原先的2个工作日压缩到即时办结，全面落实群众办事"最多跑一次"。通过"智慧宿州一站通"和为办事群众无偿提供复印服务，采取快递公司收件和结果送达的方式初步实现不见面审批。发布特种设备行政许可技术服务机构名单，解决了宿州市气瓶充装（CNG、LNG、多种气体）、车用气瓶安装无法有效约请技术服务机构专家评审的问题。

【特种设备安全运行】 为进一步推进我市特种设备安全监察工作，预防特种设备事故，切实履行安全监察职责。制定特种设备安全监察计划，并上报市政府同意后实施，2018全市111家特种设备使用单位列入检查计划，12月底前完成检查。

健全安全生产目标管理责任体系。与各县区市场监管局、市质监局各分局、市特检中心、市质监局稽查支队主要负责人分别签订2018年特种设备安全目标责任书，明确特种设备安全监管责任和工作目标。严格考核奖惩，落实"一票否决"制度。每季度组织召开特种设备安全监管工作例会，部署特种设备安全监察重点工作；为进一步加强全市特种设备安全监察工作，建立"一单四制"（隐患清单、交办制、台账制、销号制、通报制）制度推动特种设备重大事故隐患治理。

开展气瓶充装安全整治活动。为进一步加强气瓶安全监管，防范气瓶安全事故，根据《中华人民共和国特种设备安全法》《气瓶安全技术监察规程》（TSG R0006-2014）等法律和规范，2017年12月19日至2018年1月31日，2018年6月5日至7月20日，市质监局组织开展对全市气瓶生产、安装、充装、检验单位全面检查。共检查气瓶生产、安装、充装、检验单位76家。检查组将各单位存在的问题一一记录，并责令对发现的问题单位限期整改。

开展电梯维保质量监督检查，出动执法人员和电梯安全技术专家400余人次，检查维保单位和驻点133个，电梯现场检查数量达210余台，下发特种设备安全监察指令33份，立案进行行政处罚17起。

开展场（厂）内专用机动车辆专项整治普查工作，共普查场车295辆（其中叉车291辆，观光车4辆），作业人员171人，为宿州市场（厂）内专用机动车辆安全监管工作打下基础。

加强应急救援事故管理。严查未建立应急救援预案和未按照有关法规进行应急救援演练的单位，组织各县、区开展20次应急救援演练，帮助学校、商场超市等特种设备使用单位制定锅炉、电梯等设备应急预案，并协助使用单位开展应急演练。

加强电站锅炉安全监管。8月1日，市质监局组织召开电站锅炉安全工作会议，全市电站锅炉单位负责人、安全负责人、锅炉专工参会，会上解读市场监管总局办公厅关于开展电站锅炉范围内管道隐患专项排查整治要求和整治标准，宣传相关政策，为参会人员进行安全生产工作培训，为企业安全生产和自查工作提供专业指导。2018年11月底，完成所有锅炉范围内管道隐患的自查工作，共查出隐患27起，无严重事故隐患，已完成整改隐患27起。

开展隐患排查治理攻坚战。为进一步加强全市特种设备安全工作，严格落实企业主体责任，根据省质监局和市政府相关文件精神，2018年5月至10月，市质监局开展全市特种设备"安全生产攻坚行动"，坚持生命至上、安全第一，常态长效，上下协同、部门联动的原则，开展汛期安全生产攻坚战、安全生产宣传教育攻坚战、隐患排查治理攻坚战、重点行业领域专项治理攻坚战和监管执法攻坚战，共组织监察执法32次，排查企业187家，发现并治理和消除隐患53处。

强化特种设备监督检验。2018年共检验特种设备10588台(不包括管道、安全阀、气瓶制造监检),其中电梯定检、监检8846台,定检率达99.06%。;起重机械定检、监检389台;场(厂)内机动车辆定检、监检266台;锅炉定检、安装监检293台;压力容器定检、年检及产品监检786台;气瓶制造监检790批次,共计97289只;压力管道定检、监检10088.8米;安全阀校验1271只;特种设备作业人员考试人数1337人,考试次数1391人次,合格人次1176;液化气站充装评审23家。

扎实开展安全生产宣传月和安全生产宿州行活动。制定特种设备安全宣传月活动方案,制作特种设备安全宣传展板,共发放各类宣传资料1280余份,接受群众咨询200余人次。

(冯思敏)

·食品药品监督管理·

【概况】 2018年以来,原宿州市食品药品监管局以创建省级食品药品安全城市为契机,持续坚定落实"四个最严"和"四有两责",突出源头控制、产管并重、重典治乱,不断加大监管执法力度,全市食品药品安全形势稳定可控、稳中向好。12月21日,被安徽省食品安全委员会授予"安徽省食品药品安全城市"。

【食品药品安全监管】 在分级分类监管、"抓主抓重"监管、食品药品监管上持续用力。坚持分级分类监管方式不变、力度不减、考核不松。年初制定工作方案,明确工作目标,分解工作任务,对全市分类分级监管企业实现全覆盖,分类监管频次及监管信息台账录入上传实现全达标,并将此项工作纳入年度考核。持续抓好重点品种、重点环节、重点时段监管;特别侧重于抓好中高考期间的食品安全保证,对相关的考点学校食堂、考生食宿点及周边餐饮单位和考生集体用餐配送单位实行网格化、规范化、痕迹化监督检查,确保中高考期间食品安全。综合运用抽查、互查、飞检等形式,加强对药品化妆品医疗器械等经营和使用环节的监督检查。对重点品种、高风险品种进行专项检查。强化对药品购进渠道、冷链管理等药品质量安全风险点进行重点检查。据统计,2018年日常监管共检查食品生产经营户49087家次;检查药品医疗器械生产经营企业及医疗机构6371家次;检查疫苗接种单位142家次。

【专项整治】 全力推进"春风行动"攻坚战、精心组织"学校食堂"持久战、聚力聚焦"隐患排查"歼灭战。加强春节和"两会"期间餐饮安全专项整治。坚持把"春节""两会"期间食品安全作为食药监管系统的首要政治任务。此次专项整治,全市检查餐饮服务提供者878户次;检查重点品种批发企业8家,限期整改1家;检查药品及医疗器械生产经营使用单位829家,责令整改226家,立案查处16家。为了消除学校食堂食品安全隐患,确保广大师生饮食安全,春季和秋季开学前,安排学校食堂食品安全专项检查。检查各级各类学校食堂1094家,培训餐饮服务从业人员514人次,出动执法人员3190人次,抽检食品30批次,下发责令整改通知书335份,取缔无证经营3户,查扣不合格食品10.5公斤,立案查处7起,没收违法所得0.011万元,罚款8.7万元。全省食品安全隐患排查电视会议后,宿州市高度重视,行动迅速,立即安排部署开展全市范围的食品安全隐患排查工作。全市共检查食品生产经营企业10546家,发现隐患单位523家。对排查出的问题,逐一进行解决,将隐患消除在萌芽状态。

【有奖举报】 修订完善有奖举报制度,多形式开展新制度的宣传,不断扩大群众知晓度。建立实施多方参与的投诉举报处理机制。加强与市政府12345政务热线平台对接,拓宽群众投诉举报渠道。共接受各类投诉举报187件,办结回复169件,立案查处2件,做到件件有落实,事事有回音。

【查处虚假宣传】 开展食品、保健食品欺诈和虚假宣传专项整治行动。对涉嫌食品、保健食品欺诈和标签标识虚假夸大宣传、不符合法律法规等违法行为严厉查处。发现问题企业9家,下发责令整改通知书9份,处理网店虚假宣传投诉案件5起,立案查处2家。

【净化电商市场】 利用搜索引擎,对辖区内的食品药品生产、批发企业自设网站(网页)发布的广告信息及产品进行重点监测和排查，严格互联网食品经营、网络订餐等新业态监管。定期或不定期开展打击互联网领域食品药品违法犯罪活动，净化网络购物环境，积极开展“食品药品网剑1号、2号行动”。

【依法查处食品药品违法案件】 全市立案查办食品药品一般程序案件856件，结案851件，罚没款485.6万元，没收违法所得10.99万元。

【其他工作】 一是加强“互联网+政务服务”建设。推进“三集中、三到位”，深化“审、批、查”体制改革，对审批事项及对外服务事项做到收件、审件、审批“一站式”办理，缩短审批时限和审批环节。二是开展行政审批工作回访和专项督查。重新编制和完善行政许可事项清单和公共服务清单。全面实行食药方面行政审批事项“最多跑一次”。共受理行政审批事项1810件，全部按照法定程序办结。三是扎实推进“一网、一门、一窗、一次”改革，实现行政审批事项“一门”式、“一站”式办理。推进行政审批事项“一网通”。加快网上政务服务平台应用，推动“互联网+政务服务”向纵深发展。推广皖事通APP的使用，实现一站式、集约化的政务服务。

（黄忠宇）

·应急管理·

【概况】 2018年，宿州市以习近平新时代中国特色社会主义思想为指导，全面贯彻落实党中央、国务院和省委、省政府关于安全生产工作各项决策部署，将安全生产工作纳入2018年市委、市政府“2+4+2”整体工作思路，以推进安全生产领域改革发展为主线，以推进安全生产风险管控“六项机制”制度化规范化和“铸安”行动常态化实效化为抓手，以推进“安全生产攻坚行动”为重点，安全生产各项工作得到有效推进，全市安全生产形势继续保持总体稳定。2018年，全年发生各类生产安全事故98起，同比下降15.5%；死亡61人，同比下降16.4%；受伤73人，同比下降29.1%；未发生较大及以上生产安全事故；部分地区及危化、非煤矿山、烟花爆竹、农机等行业领域实现零亡人事故。省安全生产委员会办公室授予市安监局“安全生产普法宣传微信有奖竞答活动优秀组织单位”，市政府授予市安监局“宿州市3111”工程推进工作先进单位”。

【安全生产“一岗双责”】 市委、市政府主要负责同志高度重视安全生产工作，坚持安全生产“四必”原则，即：上级精神必传达到位、关键会议必亲自参加、重点问题必亲自研究、重要节点必靠前指挥。在主要负责同志的带领下，市委、市政府通过市委常委会、市委中心组理论学习、市政府常务会、市安委会等多种形式，深入学习贯彻党中央、国务院和省委、省政府关于安全生产工作各项决策部署；研究制定《宿州市推进安全生产领域改革发展实施方案》《宿州市党政领导干部安全生产责任制实施细则》《关于推进城市安全发展的实施意见》；按照责任制规定，及时调整市委常委、常务副市长操隆山分管安全生产；市委、市政府主要负责同志、分管负责同志及其他负责同志认真落实领导责任，研究安全生产工作，破解安全发展难题，并经常亲临基层生产一线开展调研，指导安全生产工作。

【监管执法】 制定实施《2018年度安全生产执法工作计划》，严格实行“双随机一公开”监管执法方式，按照“四个一律”执法措施，从严查处各类违法违规行为。市级安监部门年度执法检查121次，立案处罚13件，共处罚金39.2万元。

【事故查处】 2018年度按时完成5起一般事故的调查处理，事故处罚301.4万多元，调查报告全文公开，接受社会监督。完成2017年调查处理的5起事故（3起较大事故、2起一般事故）整改措施落实效果评估。

【宣传教育】 扎实开展以“生命至上、安全发展”为主题的第17个全国安全生产月系列宣教活动；203604人次参加全国网上应急和安全知识竞赛，位居全省第三；VR安全警示教育入展全国官网特色宣教活动展示交流平台，名列全国第三；市总工会、安监、住建等部门广泛开展“安康杯”竞赛，创新开展安全知识暨建筑施工隐患排查技能竞赛，成效显著，市总工会被中华全国总工会、应急管理部表彰为全国“安康杯”竞赛优秀组织单位；团市委、市安监联合开展“青年安全示范岗”创建活动，择优推荐13个创建集体；扎实推进“平安校园”创建，607所学校通过“平安校园”考核验收；深入开展安全生产

"七进"活动,并纳入安全生产责任考核和文明创建工作中。据不完全统计,"安全生产月"期间,全市共组织开展各类应急演练690次,参演人数达31万余人,投入93万多元。

【消防安全集中整治】 为深刻吸取宿州市中山街火灾事故教训,全面加强商场、市场消防安全工作,预防和减少火灾事故发生,2018年5月初,市政府部署开展商场、市场消防安全集中整治专项行动。集中整治期间,各包保组先后4次开展专项督导、检查和验收;市安委办4次调度推进和通报工作进展,2次召开新闻发布会公布集中治理情况。据统计,集中整治共排查家庭式商铺15768处,高层建筑1062栋,养老机构223处,安装独立式烟感探测器3万余处,建设集中充电桩364处,张贴发放消防安全宣传材料10万余份,行政处罚384万元。4处省级与15处市级挂牌督办的重大火灾隐患全部整改销号。

【风险管控】 编印非煤矿山、危险化学品、烟花爆竹、建材、机械、轻工、纺织、烟草、商贸等行业安全风险点查找指导手册,分类推送到每个企业;分行业确定"六项机制"试点单位,并形成"一单一卡一图"试点成果,为推进"六项机制"制度化规范化提供制度和措施保障;两次召开"六项机制"制度化规范化现场会、观摩会,全面推进"六项机制"建设成果转化。

【大事要事】 1月3日市深改组印发《宿州市推进安全生产领域改革发展实施方案》。3月27日召开宿州市安委会2018年第一次全体(扩大)会议。5月10日召开宿州市推进安全生产"六项机制"制度化规范化现场会。5月31日召开宿州市安委会2018年度第二次全体(扩大)会议暨"安全生产月"活动启动会议。6月30日组织宿州市"云厦杯"安全知识暨建筑施工安全隐患排查技能竞赛。7月18日召开宿州市安委会第三次全体(扩大)电视电话会议。12月2日召开宿州市安委会2017年度第四次全体(扩大)电视电话会议。12月5日市委办市政府办印发《宿州市党政领导干部安全生产责任制实施细则》。12月5日市委办市政府办印发《关于推进城市安全发展的实施意见》。12月22—23日举办全市2018年度乡镇(街道)主要负责人安全生产专题培训班。

·知识产权保护·

【专利申请与授权】 2018年,全市申请专利3996件,其中发明专利1881件,同比增长10.4%,全市授权专利1503件,其中发明专利320件,同比增长74.9%。

【知识产权保护和运用】 加强知识产权执法宣传。开展"知识产权执法维权护航"行动,分别在"3·15""4·26"和"科技宣传周""专利活动周"等重大活动期间,通过电视、拂晓报、网站等多种方式,组织开展专利知识宣传,提高市民的专利法律认识,动员市民积极举报专利假冒和侵权案件。

【随机抽查规范事中事后监管】 根据《宿州市人民政府办公室关于印发宿州市推广随机抽查规范事中事后监管实施方案的通知》,在全市开展"双随机一公开"执法检查行动,对宿州大润发超市、华夏超市、市百货大楼等大型超市进行专项检查,各县、区分别开展活动。

【专利执法检查】 开展"双打"行动,组织专利执法"雷霆"行动,对辖区内城乡结合区域的超市、化妆品销售柜台等问题高发地段进行集中排查,以重点产品、重点区域为突破口,全面出击,查办案件成效明显。2018年,共立案处理9件专利侵权案件,55件假冒专利商品案件,出具电商领域侵权判定意见书40份。

【技术合同交易】 2018年度,宿州市共吸纳技术合同587项,合同成交额7.59亿元;输出技术合同9项,技术合同成交额0.03亿元。

·劳动关系与调解仲裁·

【和谐劳动关系构建】 深入推进全市和谐劳动关系的构建、规范企业用工,促进劳资双方互利互赢。市政府将构建和谐劳动关系纳入政府目标责任考核体系,成立由政府分管领导担任主任的协调劳动关系三方委员会。举办全市构建和谐劳动关系政策法规培训班,邀请人社部、省人社厅相关领导前列授课。专门召开2018年全市劳动关系与调解仲裁工作座谈会,组织人员赴泗县观摩仲裁院建设。开展“百名仲裁员服务千家企业”活动,与40家企业签订《法律服务协议书》,免费提供法律咨询服务。

【仲裁调解】 2018年,全年受理劳动人事争议仲裁案件878件,涉案人数1416人,涉案金额3448.78万元,调解结案案件600件,调解率达70%;裁决结案200件,结案率97.6%。

【仲裁办案】 针对劳动人事争议案件日趋复杂、涉案内容多样化、办案数量不断增加的态势,市人社局坚持科、院合署办案,克服人少事多的矛盾,严格办案程序,注重办案质量,及时、准确、高效、公正办理相关劳动人事争议案件;仲裁文书做到送达规范,庭审工作做到公开透明;经手案件注重限时办结,高效结案;仲裁文书档案管理有序,有案可考,有卷可查。

【基层调解组织建设】 市人社局发挥党政力量、群团力量、企业力量、社会力量,建立健全构建和谐劳动关系的领导协调机制,研究和解决劳动关系中的重大问题,形成工作合力。联合财政、编办等九家单位下发《关于进一步加强劳动人事争议调解仲裁多元处理机制及产效能建设的实施意见》,从基层从企业自身抓起,促进企业调解组织建设。举办市直企业调解机构及调解员培训,参加企业35家,80多人通过培训考试取得了劳动争议调解员资格证,企业自身处理劳动争议的能力显著提升。

(潘家林)

·公共资源交易监管·

【概况】 2018年,全市(含四县一区)共完成公共资源交易项目4057个,较2017年增加23个;交易总额580.62亿元,较2017年增加157.93亿元;实现资金节约增值89.81亿元。其中:市公共资源交易中心共完成交易项目827个,交易总额194.98亿元。完成建设工程项目交易227项,较2017年减少55项,控制价105.21亿元,中标价99.47亿元,节资率5.46%;完成政府采购452项,较去年增加9项,预算价33.78亿元,成交价30.73亿元,节资率9.15%;产权交易75宗,起始价0.37亿元,成交价0.39万元,增值率5.82%;土地挂牌出让73宗,起始价59.57亿元,成交金额64.39亿元,增值率8.09%。全年徽采商城完成订单2560个,交易金额0.44亿元。

【建设工程】 2018年,全市建设工程项目交易1846项,较2017年增长160项,控制价396.81亿元,中标价375.07亿元,同比增长27.2%,节资率5.48%。其中,市本级完成建设工程项目交易227项,较2017年减少55项,控制价105.21亿元,中标价99.47亿元,节资率5.42%。

【土地交易】 2018年,全市土地挂牌出让216宗,起始价118.62亿元,成交金额131.05亿元,增值率10.48%。其中,市本级土地挂牌出让73宗,起始价59.57亿元,成交金额64.39亿元,增值率8.09%。

【产权交易】 2018年,全市完成产权交易199宗,起始价3.41亿元,成交价3.79亿元,增值率5.82%。其中,市本级完成产权交易75宗,起始价0.37亿元,成交价0.39万元,增值率5.82%。

【政府采购】 2018年,全市完成政府采购1796项,较2017年增加140项,预算价78.03亿元,成交价70.71亿元,同比增长10.83%,节资率9.38%。其中,市本级政府采购452项,较2017年增加9项,预算价33.78亿元,成交价30.73亿元,节资率9.15%。

【徽采商城】 2018年,全市各单位在徽采商城订单2560个,交易金额0.44亿元。

【场地建设】 交易场地占地2500平方,包括标准化的电子开标室8个,竞价(拍卖)室1个,标准化电子评标室7个,远程评标室1个,谈判室2个,询标室2个。2018年,在评委通道设置智能化手机检测门,交易场地功能区划分明确,各区域间进行物理隔离,完全符合《安徽省公共资源交易平台服务标准化规范V1.0》对于场地设置的要求。交易场地设施齐全,在公共场所及评标区安装24小时运行高清摄像头，在交易等候区摆放座椅供群众休息等候，在交易大厅设置了自主查询、投标智能设备，24小时免费提供热水，为前来办事群众提供热情周到服务。在2018年度全省公共资源交易服务第三方评价考核中取得第四名的好成绩。

【制度建设】 制定《宿州市公共资源交易平台服务评价标准(2018年版)》，修订《宿州市公共资源交易服务细则》，对业务咨询、项目登记、场地安排、公告发布、交易过程保障、成交公示(公告)、合同公开、资料归档、数据统计以及档案查询等10项服务进行细化。在实行“一次性告知”的基础上，对拟进场各类型项目办理流程标准上网、上墙，让群众办事一目了然，杜绝办事群众多跑“冤枉路”的现象。制定印发《宿州市公共资源交易中心非市本级公共资源交易项目进场交易管理规定》，规范非市本级拟进场交易项目的办理流程。

起草制定《宿州市工程建设项目招标投标活动异议和投诉处理办法》，规范招标投标活动异议和投诉处理行为；起草制定《宿州市公共资源交易招标代理机构及从业人员考评细则》《宿州市政府投资工程建设项目招标代理机构管理暂行办法》，加强招标代理机构管理；出台《宿州市公共资源交易市场竞争主体不良行为记录和披露暂行办法》，建立健全公共资源交易市场信用体系。起草制定《宿州市政府投资工程建设项目标后监督管理办法》，实现建筑市场与施工现场的有效联动。

【监督平台建设】 新聘请41名特邀社会监督员，对公共资源交易活动全程进行监督，充实完善公共资源交易监督体系。强化专家管理，初审完成113名评标评审专家上报入库，全年对14名专家的不良行为进行扣分处理并通报批评。出台《宿州市公共资源交易市场竞争主体不良行为记录和披露办法(试行)》，对24家招标代理机构进行处理通报。实行异议(质疑)、投诉登记管理制度，双人办理投诉事项，妥善处理异议(质疑)、投诉，登记工程建设项目督办质疑事项30项，受理投诉事项7项；登记政府采购项目督办质疑事项23项，受理投诉事项10项，协查纪委转办事项8项，市热线办举报事项7项，做到了事事有回音，件件有落实。

【远程异地评审】 2018年11月7日，市公共资源交易中心作为副场地与贵州省黔西南自治州交易中心借助于“易彩虹”远程评标系统顺利完成远程异地评审，实现全省非省会城市首例跨省远程异地评标。

【招标代理机构“名录登记”】 全面开放宿州市招标代理中介服务机构市场，对拟进入宿州市执业的招标代理中介服务机构实行名录登记管理，把主要精力转变到加强事中事后监管上，加强中介服务“限时、限质”管理，促进中介服务规范化。2018年，161家企业在宿州市进行名录登记。

【优化服务流程】 按照《关于印发加快推进群众办事“最多跑一次”工作实施方案的通知》(宿政办明电〔2018〕59号)要求，市公管局主动与发改、财政、住建、水利、交通、卫计等行政监督部门对接，修改完善项目招标采购前期审批环节，联合财政部门审定并发布宿州市招标采购方式选择一览表，精简项目进入招标采购程序的前期资料，将政府投资工程建设项目进入招投标程序平均周期从原来的一周压缩到1个工作日。

7月，宿州市招标代理机构名录登记首批测试在宿州市轻工业学校三楼、四楼顺利完成

(摄影　王三兵)

【全流程电子化交易】 不断扩大项目全流程网上交易试点范围，制定《宿州市房建和市政工程施工招标文件》、宿州市政府采购通用货物和服务类采购交易文件等各种电子化参考文本20余本，完成房建和市政工程、政府采购项目全流程网上开评标，成功实施产权类项目网上竞拍，完成工程建设项目电子招投标、土地使用权和矿业权网上竞价系统测

试。电子化水平的不断提升，为降低企业制度性交易成本发挥巨大作用，通过招标文件免费下载、网上注册登记、网上编制投标文件等在线服务措施，为投标企业节约购买招标文件费用约300余万元，节约投标文件编制费用约500余万元。

【荣誉】 4月，宿州市公共资源交易中心被省发改委、省人社厅授予全省公共资源交易系统先进集体称号，杜维被省发改委、省人社厅授予全省公共资源交易系统先进工作者称号。

·宿州海关·

【概况】 深入学习贯彻习近平新时代中国特色社会主义思想和党的十九大精神，按照市委“2+4+2”工作总体要求，发挥海关职能作用，融入宿州市五大发展行动计划，围绕大通道、大平台、大通关建设着力促进开放型经济发展，先后获评宿州市目标管理绩效考核优秀单位、省级“青年文明号”。

2018年，征收税款6572万元，同比增长56%；办理减免税18笔，同比增长50%，减免税款210万元，支持了宿州市相关产业的发展。检验检疫出口货物8154批、货值3.9亿美元，检验不合格16批次、货值64.3万美元；检验检疫进口货物46批次、货值1200万美元；签发13类原产地证书2497份、签证金额1.3亿美元，为企业减免进口国关税3315万元人民币。

【机构改革】 2018年3月17日，十三届全国人大一次会议审议通过国务院机构改革方案，明确“将国家质量监督检验检疫总局的出入境检验检疫管理职责和队伍划入海关总署”。宿州海关和原宿州出入境检验检疫局严守时间节点、狠抓环节步骤，体现真抓实干、马上就办，不折不扣完成海关总署、合肥海关部署的转隶工作。4月20日起，业务一线人员统一以海关名义对外开展工作，对外展示整齐划一的海关形象；有序启用新版印章、证单；建立规范的档案室，完成档案整理、固定资产清点工作。11月1日起，原宿州检验检疫局窗口业务合并到宿州海关报关大厅办理，实现一个窗口对外办理业务。12月29日全员合署办公，内设办公室、综合业务科、查验科3个科室，领导干部职数为正处1人、副处2人。

【口岸设施建设】 安徽中物联创园区服务有限公司2018年10月18日提出申请，2018年10月24日合肥海关准予该公司设立公用型保税仓库，2018年12月24日验收通过。

【加强监管】 强化综合治税，防控税收风险。结合关区实际，聚焦重点，加大异常业务的分析处置力度，提高风险防控能力；做好风险分析，强化与银行、国库的沟通联系，确保税款及时入库；强化稽核查工作，发现风险及时移交缉私；加强政策宣传，引导企业主动披露。全年处置异常数据20条，移交稽查并转缉私1家，对2票报关单进行补税；全年上报各类风险信息6篇、转化处置有效1篇，成功防控1起税款风险、补征税款13.8万元；完成专项稽查作业2份、稽查补税1.6万元，移交案件线索1起，完成主动披露作业2起。

强化正面监管，维护贸易秩序。严格管理海关监管作业场所，严控虚假贸易，加强企业信用管理。对14家涉嫌虚假贸易的企业进行通关锁定，对3家一般认证企业完成重新认证。约谈2家失信企业、8家长期被通关锁定企业。落实“国门利剑2018”联合专项行动要求，对辖区“固体废物”进口企业开展实地核查，保持打击“洋垃圾”进境的高压态势；同缉私局对辖区食糖加工贸易企业开展调研。全年共行政立案3起，办结3起，罚没入库0.7万元。

强化风险监控，筑牢国门安全防线。执行安全风险监控和进出口食品安全监督抽检计划，完成70批次385个项目的检测；加强不合格产品以及通报核查处置工作，实施进出口企业日常监管40次，检查不符合项105个；依托植检初筛实验室，定期实施杂草监测及实蝇监控；做好辖区供港活牛注册养殖场的监督管理，强化疫病疫情监测，进行活牛血清、O-P液专项检测，共送检样品13个，检测项目223项。

【提升服务质量】 业务改革全面落地。落实关检融合整合申报，及时反馈问题，确保国际贸易“单一窗口”申报平台使用率达100%，实现进出口货物“一次申报”；组织18家企业完成新一代税费电子支付系统签约工作，落实自报自缴、汇总征税改革，结合 ERP 联网监管,对报关单实施关税保证保险担保放行,大幅降低企业通关成本;无纸化通关率达 99.9%。

大幅压缩通关时间。建立整体通关时间监控台账,加强报关员教育管理、异常时长数据分析;走访重点进出口企业,确保货物运抵后第一时间申报;积极落实自报自缴、税费电子支付、关税保证保险及 ERP 联网监管企业免担保验放等改革措施,降低企业制度成本、时间成本。2018 年,我关进口货物海关通关时间 3.3 小时,出口货物海关通关时间 0.27 小时,进出口企业通关的时间成本大幅降低,营商环境进一步优化。

加大企业帮扶力度。开展政策宣讲及培训 4 次,共计 126 人次参训;落实服务承诺,专人定期联系进出口企业,主动为 40 余批次报关单提供预约加班服务;支持泗县建设公用型保税仓库,从企业递交申请报告到通过验收投入使用仅用不到 2 个月的时间,外贸物流开放平台建设取得新进展。加强皖神自用型保税仓库管理,规范出入库行为监管,2018 年共监管进出口货物 12 万吨、缴纳税款 1785 万元,经济效应进一步显现。

6 月宿州海关开展进口食品安全社区行活动 (摄影　薛白)

·国有资产监督管理·

【市属国有企业基本情况】 国有企业运行情况。截至 2018 年,市属国有企业共计 170 家,其中一级企业 50 家,二级及以下企业 120 家(含市管园区一级企业 3 家,二级及以下企业 21 家)。共有职工人数约 8500 人,其中在岗职工约 6400 人。截至 2018 年底,市属国有企业资产总额 1056 亿元,负债总额 521.6 亿元,所有者权益总额 534.7 亿元,与去年同期相比,国有权益净增加 65.6 亿元,国有资本保值增值率为 100.3%,实现国有资产保值增值。市属国有企业实现营业收入 40.8 亿元,同比增长 13.43%;实现利润总额 2.8 亿元,净利润 2.2 亿元,其中国有净利润 1.68 亿元,实现由亏转盈;实际上交税费总额 2.47 亿元。

国有企业管理情况。50 家市属一级国有企业,其中市政府作为出资人的企业 3 家,市国资委作为出资人的企业共 7 家,主管部门作为出资人的企业共 37 家,市管园区作为出资人的企业 3 家。

【国资国企改革】 印发《关于进一步规范市属企业管理工作的通知》,按照“清理注销或退出一批、划转一批、变更出资人一批”的原则,注销“僵尸企业”53 家,完成 34 家企业资产划转工作,夯实平台公司运营国有资本的基础。同时,选取城投、交投、工投三大平台公司为试点,把生产领域的投资决策、内部薪酬管理等权力下放给企业,把社会公共管理职能交给政府主管部门,始终做到该管的绝不缺位,不该管的绝不越位。

【改革投资运营平台】 组建国有投资经营运行平台。自组建市城投、工投和交旅三大投资运营平台以来,市国资委先后将依法行使的投资计划、部分产权管理等出资人权利授予投资运营公司,并逐步将市属国有企业连同部分行政事业单位国有资产,按照三大平台公司的运营职能进行重组。

壮大平台公司规模。按照《关于进一步规范市属企业管理工作的通知》(宿政办秘〔2018〕66 号)文件规定,采取“清理注销或退出一批、划转一批、变更出资人一批”三种方式对原政府部门主管的 100 多家企业进行规范调整,53 家“僵尸企业”完成注销手续,34 家企业及其他单位有效国有资产近百亿元全部重组到三大平台公司,夯实平台公司运营国有资本的基础,提升平台公司服务政府重大项目建设、履行社会责任的能力。

推动平台公司转型发展。制定《2018 年度市属国有企业管理和经营业绩考核目标责任书》,充分发挥考核的导向作用,倒逼企业成为自主经营、自负盈亏、自我约束、自我发展的独立的市场经营主体。

【公司制改制】 出台文件，为公司制改制提供政策支持。6月底，市国土局联合市财政局、市国资委、市城乡规划局、市税务局出台《关于进一步规范涉地资产有关问题处置的通知》，9月9日市政府办正式印发《市属企业公司制改制工作实施方案》（宿政办发〔2018〕24号），对公司制改制工作的责任主体、任务分工、时间安排、保障措施等内容进行分工和明确，完善相关制度；采用摸清底数、倒排日期、逐个销号的方式明确责任主体和完成时间，全力推动市属企业公司制改制工作，全市需改制企业35家（事业单位除外），完成改制17家，推进改制的18家，计划于2019年底前符合条件的企业全部完成公司制改制。

【混合所有制经济】 引进非公资本，顺利完成宿州市种子公司进行混合所有制改造，各股东于2018上半年同步增资扩股1500万元，企业规模进一步做强做优做大，生产能力进一步提高。对宿州市食品总公司进行混改，引进安徽至诚和信科技食品有限公司共同出资成立宿州市福康食品有限公司。

【“三供一业”】 按照省委、省政府要求，宿州市于2016年底开展驻宿央企及省属企业“三供一业”（供水、供电、供气、物业）分离移交维修改造工作。2018年底前，驻宿州市的省属企业及央企的“三供一业”已全部签订管理职能和资产协议，基本完成分离移交工作（管理职能完成移交，资产划转），维修改造工作进入最后扫尾阶段。

【央企合作】 5月23日，宿州市国资委参加在合肥举办的2018年中国国际徽商大会，并在徽商大会期间上台签约与央企合作项目8个，协议投资总额达66.1亿元。

2018年，宿州市与央企合作发展工作标任务为：新开工项目83.42亿元，当年完成投资目标任务79.87亿元，新竣工项目59.46亿元，新签约项目99.43亿元。宿州市由省推进办签订的目标任务，全部超额完成。其中：新增签约项目15个，协议投资总额125.2亿元，完成目标任务额的125.91%；新增开工项目12个，协议投资总额128.92亿元，完成目标任务额的154.54%；新增竣工项目12个，协议投资额60.56亿元，完成目标任务额的101.85%；新增实际完成投资81.3亿元，完成目标任务额的101.79%。

【党的监督】 2018年，宿州市国资委配合市纪委等部门，先后4次对全市市属国有企业进行重点督查，重点督查的内容之一就是“党组织研究作为重大事项的前置条件”的落实情况。针对国有企业实施改革重组、国有产权交易、投资、资产出租、担保贷款等关键环节，市纪委监委运用批评教育、诫勉谈话、通报批评、组织处理等多种方式进行监督已经成为常态。

【专项监督】 自2015以来，市国资委逐步强化“专家委员会核准”的作用，按照《安徽省企业国有资产评估管理暂行办法》的规定，对具备条件的资产评估报告一律实行核准制。通过核准程序，督促评估机构修改报告，2018年新增国有资产8000余万元，进一步消除国有资产流失的风险。

【审计监督】 对市属国有企业负责人任职期间企业经营情况实行任期或任中轮审制度；对企业财务报表实行年报必审、中报抽审、季报自审，尤其对重大决策部署和投资项目、重要专项资金实行跟踪审计制度，确保国有企业生产经营的每一环节实现审计全覆盖。

［责任编辑　李　茜］

财政　税务

·财政·

【概况】 2018年，全市各级财政（国资）部门深入学习贯彻习近平新时代中国特色社会主义思想和党的十九大精神，坚持稳中求进工作总基调，全面完成市委、市政府交付的各项目标任务。全市财政收入完成175.76亿元，完成预算的101.8%，同比增收19.3亿元，增长12.3%，高于全省增幅1.9个百分点，总量居全省第12位，增幅居全省第4位。其中，地方财政收入完成111.56亿元，同比增收11.44亿元，增长11.4%。全市财政支出完成396.62亿元，同比增支50.7亿元，增长14.7%，增幅居全省第1位。

全市财政工作会议暨财政财务培训班

【政府性债务管理】 支持打好防范化解风险攻坚战。全市置换债券58.05亿元，累计置换债券230.04亿元，每年可减少利息支出13.8亿元。争取自求平衡专项债券资金34.52亿元，专项用于土地储备和棚户区改造。稳妥处置隐性债务存量，严控隐性债务增量，加强债务风险预警和评估，未发生系统性财政风险。

【政府采购】 2018年，全市累计完成政府采购交易项目1763宗，政府采购预算为562331.26万元，实际采购规模518976.80万元，比上年增长31.91%。其中货物类实际采购资金159139.49万元、工程类实际采购资金299082.91万元、服务类实际采购资金60754.40万元，综合节约资金43354.46万元，资金节约率为7.71%。其中，市本级完成政府集中采购进场交易297宗，采购预算63485.04万元，实际采购资金57549.28万元，节约资金5935.77万元，节约率为9.35%。

【服务经济发展】 落实国家减税优惠政策，降低增值税税率、统一增值税小规模纳税人标准，降低城镇土地使用税税额标准等税收政策，进一步减轻纳税人税负，取消停征41项行政事业性收费，全年全市减税降费约21亿元。深入开展“4321”新型政银担业务，全市融资担保在保余额114.11亿元，放大6.24倍。继续安排续贷过桥资金1.76亿元，扶持企业435户，发放周转资金21.21亿元。推动经济提质增效升级，拨付3.89亿元用于煤炭行业化解过剩产能，推动经济结构调整。安排3亿元支持创建全国文明城市。积极推广PPP模式，获2017年度国务院和省政府通报表彰。截至2018年底，通过财政部PPP综合信息平台审核的项目40个，总投资293.65亿元。

【财政民生保障】 全市财政投入民生工程资金125.99亿元,增长18.86%。全市新建、改扩建幼儿园42所。新开工保障性安居工程4.35万套,开工率100.1%,基本建成9214套,基本建成率104.8%。完成2.7万户农村危房改造。城乡居民基本医疗保险参合参保559.26万人,累计支付资金31.7亿元,城乡居民基本养老保险当年缴费224.64万人,累计发放养老金11.79亿元,向农村低保等各类困难救助对象累计发放资金11.68亿元。建设水厂69处,解决了20.12万农村居民的饮水安全问题。完成农村道路畅通工程1759.85公里、县乡公路大中修209公里。全市通过"一卡通"累计发放36项惠农补贴资金34.73亿元、受益农民210万户次。安排2.24亿元支持一事一议财政奖补工作,项目实施行政村883个,受益群众达342万人。

【财政改革】 出台《市区财政管理体制调整方案》《市级专项资金管理办法》《市级专项资金管理改革实施方案》,全面完成市区财政体制调整,合理划分政府间事权和支出责任,加快市直预算单位支出进度,优化支出结构,提升政府治理效率,促进市区共同发展。扎实推进预决算信息公开,2018年市本级部门预算及"三公"经费预算于2月9日前,2017年市本级部门决算及"三公"经费决算于9月27日前全部向社会公开。全面加强预算绩效管理,印发《关于全面推进财政预算绩效目标管理工作的意见》和《关于加强部门预算项目支出绩效目标管理工作的通知》,重点绩效评价由项目拓展到部门整体支出和财政政策,逐步将一般公共预算、政府性基金预算、国有资本经营预算、社保基金预算的所有资金和项目纳入绩效管理范围。

全市财政管理暨市级部门预算编制工作会议

【非税收入征管】 2018年,全市非税收入完成2243851万元,首次跨上"200亿台阶",同比增收871744万元,增长63.53%,完成年度预算的198.61%。其中,纳入一般公共预算非税收入完成401817万元,同比增收44027万元,增长12.31%,完成年度预算的125.7%。市本级非税收入完成726282万元,同比增收253111万元,增长53.5%,完成年度预算的167.44%。

【荣誉】 国务院办公厅《关于对2017年落实有关重大政策措施真抓实干成效明显地方予以督查激励的通报》中,宿州市作为"推广政府和社会资本合作(PPP)模式工作有力、社会资本参与度较高的市"受到通报表彰。宿州市牵头申报并成功获批全国首批黑臭水体治理示范城市。

·税务·

【概况】 2018年,宿州市税务局以习近平新时代中国特色社会主义思想为指导,深入学习贯彻党的十九大和十九届二中、三中全会精神,紧紧围绕实现税收现代化的总目标和高质量发展的主线,增强"四个意识",坚定"四个自信",做到"两个维护",在诸多改革事项叠加、税收征管任务加重的情况下,坚持"改中求稳"的总体工作思路,上下齐心抓落实,砥砺奋进打基础,全面打赢国税地税征管体制改革攻坚战,圆满完成各项税收工作任务,全市税务事业开启崭新局面,展现新机构、新担当、新作为、新风貌。2018年,全市税务系统共有27个集体、47人次荣获省厅局级以上表彰,3个单位获得"青年文明号""最佳办税服务厅"等省级以上表彰,11个单位获得省级先进(示范)党支部、党建工作示范点,5个窗口、7名个人入选全市政务服务"十佳百优"名单。

【税收收入】 面对中美贸易战等错综复杂的经济形势和大规模减税降费政策的影响,始终从讲政治、顾大局的高度,坚持组织收入原则,强化收入形势研判,加强税收分析调度,坚持依法依规、税费并重,全力抓好收入工作。2018年,全市税务系统组织入库各项收入196.8亿元(不含海关代征),同比增收35亿元,增长21.7%。其中:税收收入137.5

亿元,同比增收15.1亿元,同比增长12.3%,税收增长与全市经济发展基本保持一致,高于全省税收平均增幅;社保费收入53.43亿元,同比增收18.8亿元,增长54.4%;累计办理出口退税3.7亿元。

【国税地税征管体制改革】 强化政治担当,夯实政治责任,严格按照总局、省局的改革部署要求,紧扣时点,挂图作战,对表推进,确保各项改革任务平稳落地。成立税务机构改革工作小组,下设12个工作组,派出6个联络(督导)组,成立政策研究组和协调联络组,监督指导全系统机构改革工作。强化沟通汇报,上报地方送阅材料31期,专题汇报16次,市县级组织召开改革专题会218次、召开改革座谈会7次,严格落实"四个确保"。在改革关键时刻,开展谈心谈话,稳定队伍人心,一批干部由"正"转"副",坚决服从组织安排,迅速转换角色投身改革。市局机关和6个县区局、45个基层分局完成挂牌,全市三级国税地税机构合并,"三定"顺利到位。加强部门联动,制发社会保险费和非税收入征管职责划转工作实施意见,稳定缴费方式,完成金税三期社保费征管信息系统(标准版)初始化数据采集,推进社保费和非税收入征管职责划转工作如期完成。

【税收征管】 强化税收征管,统一税收征管方式,推进征管业务改革,规范征管档案管理,加强征管质量监控,对税收业务制度进行清理,完成系统配置、税源调查、数据清理、"管户"调整等"金三"系统系列工作。提升信息管税能力,完成四轮"金三"配置升级,开展全员培训81期;成功上线"互联网+房地产交易税收服务与管理系统"和自然人税收管理系统。深化风险应对,提升风险管理水平,利用风控系统推送任务2335户,查补税款0.79亿元;启用金三跨区域协查系统,共接收异地协作任务103条,自主发起协查任务52条;通过综合治税平台获取第三方信息53.8万条,查补税款0.59亿元。加强两税后续管理,下发后续核查任务886户次,补缴税款321万元;开展城建税与房产、土地信息比对,增加税源0.11亿元;强化契税风险管理,获取不动产登记、土地交易等涉税信息3.03万条,入库税款1.37亿元。

【税务稽查】 重拳打击涉税违法领域违法犯罪活动,发挥稽查职能作用,推进"双随机一公开"等制度,深化四部门打击骗税和虚开工作协作机制,密切同公安、海关、人民银行的联系协调,形成打击合力。推进公安派驻联络机制建设,上线运行税警协作信息平台,推进税警情报交换工作常态化、制度化、规范化,提升税警联合办案的协同性,推动行政执法与刑事执法有机衔接。以虚开、骗税等"黑名单"和联合惩戒重点案例为基础,加强与主流媒体的合作,拓展宣传途径、丰富宣传内容,提升"黑名单"和联合惩戒综合社会效应。咬定扫黑除恶专项斗争三年目标不放松,结合打击虚开和骗税两年专项行动,加大线索排查,深挖细查隐藏在幕后的涉黑涉恶线索,挤压涉黑涉恶滋生空间。2018年,全市税务系统共立案检查259户,查处涉嫌虚开发票196户企业,移送公安机关105户次,抓捕犯罪嫌疑人数11人,查补入库税款1.38亿元。

【税种管理】 不折不扣落实党中央、国务院各项减税降费政策,持续释放和扩大改革红利。制定深化增值税改革实施方案,落实增值税三项改革,分级分类举办各类培训。全市8965户一般纳税人享受增值税税率调整优惠,减税2.04亿元。编制环保税开征任务清单,细化14大项36小项工作任务;共接收排污单位征管档案332户,221户纳税人完成环保税纳税申报924.38万元。推进个人所得税改革,100%推广自然人扣缴客户端,上报验证身份信息50余万条,修改错误身份信息3000余条,重点抓好专项附加扣除政策宣传辅导。严格执行个税改革过渡期优惠政策,扣缴申报有税企业由2035户减少到1497户,月均减负789万元。全面落实省委省政府促进经济高质量发展三项优惠政策,减免税款2.28亿元。落实企业所得税减税政策,支持小微企业、高新技术企业享受税收优惠,加快推进出口退税服务管理,积极开展政策落实情况专项督察。降低养老、失业等社会保险费费率,共减免1.11亿元。做好政府性基金费减免工作,共减免1444.93万元。全年累计减免税费21.10亿元。

【纳税服务】 整合税务资源,提升纳税服务水平,全市53个办税服务场所完成整合,实现"一厅通办";统一叫号系统,实现排一次队、叫一个号,纳税人平均办税时间缩短30%以上。制定办税服务厅档案扫描、业务流转等具体规则,确保前后台管理"无缝衔接"。开展千名税干进千企常态化服务、新机构新服务新形象专项活动等系列活动。优化税收营商环境，制定优化营商环境五年行动方案，全面落实税务系统"放管服"改革措施，对全市51家服务机构和300余家企业财务人员开展集中培训，对1322户纳税人开展"一对一"税收营商环境专题辅导。大力支持民营经济发展，制定18条具体落实措施，开展税干进民企等系列活动，走访民营企业251户，组织开展座谈会27场，收集民营企业反映问题200条、意见建议57条。全年为民营经济减免各项税收19.1亿元，占全部税收优惠的90.5%。积极参与"四送一服"工作，梳理税费优惠政策157项，编印《地方税费优惠事项清单》1.6万册。推进信用体系建设，共评出A、B级纳税人8898户，11563户新办纳税人获得信用级别。完善"银税互动"服务，全年向金融机构推送纳税信用信息20700户次，共办理信用贷款5.20亿元，惠及纳税人307户次。

【税务文化】 扎实开展各项特色活动，打造税务文化品牌，创建马琴办税服务室、"四联""六融入"党建工作法、"金税徽""蓝助启航"志愿服务、"省党代表党建工作室"等一批具有影响力的品牌。印发"四合"行动实施方案，开展"践行中国税务精神"系列活动，通报表彰改革先进典型18人。开展"中国税务精神"主题职工摄影作品展、书法绘画作品展，传承优秀税务文化。组织编撰《税务志》《宿州国税影像志》《宿州地税影像志》。组建足球、乒乓球、羽毛球、书法等兴趣小组11个，分别取得全省税务系统气排球比赛男子组二等奖、市直运动会羽毛球团体赛亚军、足球项目季军。丰富老干部文体活动，举办系统第一届老干部扑克牌比赛。筹建学雷锋志愿服务站，组织党员进社区开展志愿服务活动；组织志愿者参加义务植树、清明缅怀革命先烈、"文明旅游　巾帼先行"、建设"青年林"等公益志愿活动。

【党的建设】 加强党的组织建设，成立系统党建工作部门、机关党委、党支部和工青妇等群团组织，制定相关工作规则和议事决策制度。落实"条主责、块双重，纵合力、横联通，齐心抓、党建兴"的纵合横通党建工作新机制，制发《关于加强新形势下全市税务系统党的领导和党的建设的实施意见（试行）》，明确新形势下税务系统党的领导和党的建设工作各项内容。召开系统党建工作会议，签订全面从严治党责任书，听取县区局党委书记抓党建工作履责汇报。研究制定巡察五年规划，建立党委班子成员基层联系点制度。围绕落实管党治党责任多次开展专项检查和明察暗访，机构改革期间，结合形式主义、官僚主义问题集中整治，开展作风纪律"回马枪"。扎实开展"讲严立"警示教育和警示教育专题民主生活会。规范党内组织生活，落实支部工作条例，推进基层党支部标准化规范化建设。开展"两优一先"评比，表彰56名优秀党员、14名优秀党务工作者和3个先进基层党组织。抓好非公党建工作，1名同志被评为省级先进非公党建指导员。落实"双包"帮扶制度，开展精准帮扶。"以党建促扶贫　以扶贫强党建"的工作做法被人民网报道，市局获得全市"社会扶贫工程"先进集体荣誉称号，驻村工作队被评为"优秀驻村扶贫工作队"。

2018年"12·4国家宪法日"宪法宣誓

（王占红）

［责任编辑　李　茜］

金融　保险　证券

·金融·

【贷款投放】 为适应经济发展"新常态",市政府金融办围绕市委、市政府统一部署,以"确保总量、优化结构"思想为指导,制定下发《2018 年度全市金融服务实体经济工作预期目标》,坚持金融工作调度制度,有力推进工作进展。严格对县区园区和金融机构进行年度考核;搭建平台,推动政银担企对接,全市信贷投放呈现"总量增加、结构优化、支持重点突出"的特点,宿州市率先完成省下达信贷任务。2018 年末,全市人民币各项存款余额 2291.94 亿元,同比增长 14.02%,高于全省平均水平 2.91 个百分点,增速全省第四,当年新增人民币存款 281.78 亿元;全市人民币各项贷款余额 1552.26 亿元,同比增长 24.35%,高于全省平均水平 11.78 个百分点,增速列全省第二位。比年初增加 303.97 亿元,增量列全省第六位,完成全年 245 亿元贷款任务的 124.07%,任务完成率全省第二。小微企业贷款同比增长 31.76%,比各项贷款同比增速高 7.66 个百分点,涉农贷款比年初增长 30.75%。全市余额存贷比为 67.72%,比年初提高 5.73 个百分点;新增存贷比为 107.87%,高于全省平均水平 26.5 个百分点,信贷结构持续优化,金融服务实体经济水平不断提高。

【上市挂牌和直接融资】 以项目为抓手,梳理确定目标企业 63 家,逐个企业进行调研走访,会同券商梳理存在问题,列出上市挂牌时间表和问题解决时限,"挂图作战",利用金融工作调度会和上市挂牌专题调度会,协调督促县区、园区和市直部门节点前解决相关问题,确保企业上市挂牌工作序时推进。全市上市辅导备案企业 3 家,新三板挂牌企业 10 家,省股交中心挂牌企业 164 家。2018 年新增新三板挂牌企业 1 家,完成预期目标的 50%,位居全省第三;新增省股交中心挂牌企业 71 家,完成预期目标的 140%,位居全省第三。新宇药业重新启动 IPO 申报工作,于 11 月 20 日完成安徽证监局备案工作,计划 2019 年 3 月末向国家证监会申报,再次冲向主板上市。全市实现直接融资 115.22 亿元,完成全年任务 105 亿元的 109.73%,其中场内市场融资 47.85 亿元,私募股权融资 67.37 亿元(省局确认 19.13 亿元,另外 48.24 亿元由省局待年终考核时一次性确认)。其中泗县建投公司债融资 8 亿元,灵璧交投公司债融资 10 亿元,皖北煤电短期融资券融资 12.4 亿元,市城投公司一般中期票据融资 5 亿元,萧县交投公司债融资 10 亿元,佳力奇定向增资 0.2 亿元,荷金股份定向增资 0.42 亿元,恒泰电器定增 0.23 亿元,砀山农商行同业存单业务融资 0.5 亿元等。

【金融产品创新】 推进全市投资基金体系建设,鼓励各类社会资本在宿设立私募股权基金,形成类别齐全的股权投资基金体系,更好地为创新成果转化全过程、企业全生命周期、产业发展全链条服务。全市设立 32 支 204.69 亿元各项基金,投放 114.24 亿元,其中产业发展基金 21 支总规模 121.75 亿元,支持宿州市战略新兴产业和首位产业发展。

设立续贷过桥资金,2018 年宿州市过桥资金为全市 540 家企业提供 27.37 亿元过桥资金,年度周转 16.11 次,超出省要求每年 12 次。

推广"税融通"业务,引导金融机构根据企业纳税信用提供一定额度的信用贷款或担保贷款。全市全年新发放“税融通”贷款10.53亿元,同比增长19.08%。

大力推广新型政银担合作模式,全市融资担保机构在保余额122.28亿元,放大倍数为6.4,“4321”新型政银担合作业务在保余额91.07亿元,2018年新发生额82亿元,完成全年任务的136.67%,全省排名第二。五是大力推进土地流转融资服务。农村土地承包经营权抵押贷款余额2.8亿元,较年初增加2.46亿元。

【扶贫小额贷款】 严格执行政策要点。按照五部委42号文件要求,坚持贫困户自愿和参与的原则,依法合规发放扶贫小额信贷,实施户贷户用户还,确保信贷资金精准用于产业发展。

明确工作机制。制定扶贫小额信贷工作方案和工作机制,明确总体思路、细化量化指导目标、规范操作流程,强化风险管控。

强化考核监督。制定《金融扶贫领域突出问题专项整治工作方案》《扶贫小额信贷考核细则》,加大对扶贫小额信贷考核监督和日常暗访,整治金融扶贫政策落实不力、不重视不作为、金融机构违规放贷、作风腐败等问题。

加大风险化解。加强对逾期扶贫小额信贷的整改工作力度,采取各种针对性措施将逾期贷款基本得到化解。2018年新增扶贫小额贷款10.11亿元,完成省下达全年9.72亿元指导目标的104%,获贷率34.85%。根据省考核办法,宿州市扶贫小额贷款考核可得满分(超额部分不另外加分)。

【防控贷款风险】 宿州市建立了金融机构风险防范处置专项小组联席会议制度,建立风险化解月调度机制,按照风险防控责任,加强联动配合,落实处置计划,出台资产处置政策,疏通处置通道,扎实开展分类帮扶,多措并举帮助地方法人银行压降不良资产。全年4家重点机构处置不良贷款10.22亿元,年末不良贷款率比年初实际不良率下降7.15个百分点。4家机构整体风险可控,守住了不发生系统性风险的底线。

【化解企业债务风险】 积极协调推进全市重点企业债务风险化解。为防止中弘股份债务风险蔓延,市金融办按照省金融办、省证监局和市政府要求,会同市经开区约谈中弘股份负责人及其驻宿州市区域项目负责人,听取中弘股份的汇报;根据事态发展,合理预判,全面把控,及时报告,制定应对方案。密切关注中弘公司退市风险,成立市级风险处置领导小组,拟定应急处置预案,明确各相关单位职责;约谈中弘股份负责人,要求公司根据风险分布和资产状况,委托有资质、有实力资产管理公司制订退市风险处置预案,对公司实施托管经营,帮助公司引进机构投资者参与债务重组,化解债务风险,维护投资者的合法权益;与公司经营地和项目所在地政府、证监部门加强汇报沟通,争取当地的支持,做好资产处置和信访维稳工作。

【防范和处置非法集资】 2018年,全市新增案件11起,全省第10位,集资金额1.19亿元,全省第12位,非法集资蔓延趋势得到遏制;宿州市建立联席会议制度,定期召开会议分析研判风险、部署工作;强化监测预警,利用网格化管理和网络监测,发现并处置相关线索;及时核查举报线索7条,组织工商、人行、银监等部门和县区开展行政调查并移交公安部门;加快陈案处置进度,2018年全市结案销号8起,完成省下达2018年5起的任务;加强宣传教育,开展宣传活动,于5月份开展防范非法集资宣传月活动,全市开展大型集中宣传10次,发放非法集资宣传折页40万余份,设置横幅、海报、展板9000余条,全方位、多角度、立体化的宣传非法集资的特征和危害,提高广大人民群众识别和防范非法集资能力。5—7月份在全市开展涉嫌非法集资风险专项排查活动,排查各类经营主体625家,发现存在风险主体3家,及时组织有关部门进行风险处置,通过政务公开网页向社会公众进行风险提示。全面开展涉嫌非法集资广告资讯信息排查清理活动,约谈、函告、行政指导47次,行政处罚1次,查处、清理涉非广告资讯信息26752条,有效净化市场环境。12月7日,组织全市非法集资工作会议,印发方案,启动为期3个月的非法集资风险专项整治行动。

【类金融风险防范化解】 对辖区内融资担保公司和小额贷款公司进行全面现场检查,推动两类公司合规经营,加强内部管理,提高风险防控能力,促进规范健康发展。严格按照省互联网金融风险专项整治工作办公室的部署开展各项整治工作,全年开展“一元贷”“比特币等虚拟货币”“现金贷及网络小贷”“套路贷”等一系列涉及互联网金融风险的违规活动的排查清理工作,有效维护全市金融秩序。联合工商、公安、人行、银监等部门对 P2P 网络借贷公司分支机构开展现场核查,掌握运营情况和投资人情况,为维稳及处置工作提供基础台账。经排查,全市无从事互联网金融业务的法人机构,1 家 P2P 网络借贷分支机构已注销。印发《宿州市深入开展互联网金融(P2P 网络借贷)风险专项整治工作方案》,按照稳妥有序、标本兼治的原则,对风险突出领域深入开展清理整顿,化解存量风险,遏制增量风险,守住风险底线。严格按照互联网金融专项整治工作要求,整治期间,无新注册 P2P 网络借贷机构。

·中国人民银行宿州市中心支行·

【落实双支柱调控要求】 认真贯彻执行双支柱调控框架,有效满足辖区经济高质量发展的合理融资需求。截至 2018 年底,各项贷款余额 1552.26 亿元,同比增长 24.35%,位居全省第 2 位;利率市场化改革和自律机制建设稳步开展,全市企业贷款加权平均利率同比下降 6 个基点;全市扶贫再贷款新增 1.14 亿元,全市精准扶贫贷款新增 68.47 亿元。

【金融管理】 将地方法人金融机构风险防范化解,作为坚守不发生系统性金融风险的出发点和落脚点。建立全覆盖的金融风险监测机制,开展金融乱象、金融风险全面排查,推动做好风险化解工作;发挥存款保险早期纠正、风险预警的作用。高度重视风险化解引发的次生风险,加强网络媒体动态监测。规范做好金融机构开业管理工作。

【金融改革】 农地抵押贷款试点扩面增量全面推进,全市农地抵押贷款新增 2.58 亿元,居全省前列;出台《宿州市绿色金融体系建设实施意见》,探索建立金融机构发展绿色信贷激励相容机制,制定金融机构绿色信贷业绩评价实施细则,将评价结果纳入 MPA 考核,引导金融机构加大绿色领域信贷投放。全年全市绿色信贷投放机构新增 2 家,绿色信贷余额同比增长 25.13%。

【金融监管服务】 加大“放管服”改革,实现企业开户最长“2+1 个工作日”办结;积极推进惠农金融服务室与电商融合,移动支付便民示范工程建设取得重大突破,“云闪付”注册用户数居全省第四位;积极做好国库系统升级,确保财政收入及时准确入库,推动“送国债服务下乡”,县域国债销售占比持续提升;深入推进农村信用信息体系建设和应收账款融资服务平台应用,新增平台开户数、成交金额居全省第一;全力推进外汇服务便利化,创新推出资本项目“三服三促”精品工程;积极推动跨境人民币业务,全市跨境人民币业务结算量同比增长 267.5%。

【金融监管依法全面从严】 构建金融广告治理长效机制,制定宿州市金融广告行为自律公约;印发“宿州市第三方支付机构行业自律公约”;强化反洗钱工作穿透式监管,探索开展对小贷公司特定非金融机构监管;加强征信市场监管,开展征信巡查;抓住外汇交易真实性审核主线,加大非现场检查力度。

·银行监管·

【概况】 2018 年度,宿州银保监分局认真贯彻落实党中央国务院重大政策措施,全力组织推动银行业金融机构落实监管政策,提高银行业发展质量和服务实体经济能力。至年末,全辖银行业资产和负债总额分别为 2599.78 亿元和 2524.65 亿元,同比增长 15.49%、15.33%,分别高于全省平均增速 6.11 和 6.15 个百分点;存贷款余额分别为 2227.83 亿元和 1545.63 亿元,同比增长 13.92% 和 24.10%,增速分别居全省第四位和第二位。涉农贷款、扶贫小额贷款、小微企业贷款余额分别为 903.18 亿元、34.08 亿元、500.78 亿元,同比增长 30.75%、35.45%、31.75%,分别高于各项贷款平均增速 6.65、11.35、7.65 个百分点,其中,小微企业贷款增速位居全省第一位。

【普惠金融】 截至 2018 年末,全辖小微企业贷款较年初新增 120.71 亿元,为全省 7 市全口径小微企业贷款较年初新增超百亿地市之一;全辖小微企业贷款同比增速 31.75%,为全省唯一全口径小微企业贷款同比增速超过 30% 地市,小微企业贷款增幅、增速均位于全省前列。

【大额联合授信试点】 皖北煤电集团有限责任公司作为全省 10 家试点企业之一,由分局负责组织、协调和推动。分局通过成立领导小组、印发工作方案、细化工作措施、召开调度会和推进会、及时向省局汇报等方式，不断推动工作开展，取得了一定成效。宿州市联合授信委员会成立位居全省试点工作前列。建立健全联合授信试点工作融资台账，并将借助市银协大额授信管理系统网络平台进行网上安全便捷报送。皖北煤电债务情况更新4次，数据更加准确。

【债委会】 分局召开债委会工作会议，通过日常沟通、月度调度、督促处置、协调管理等方式，积极推进债委会工作。全市7家债委会下降至5家，贷款余额比组建时下降4.47亿元，降幅达37.22%；2家债委会贷款实现市场出清，已经解散。

【风险化解处置】 宿州分局成立由“一把手”任组长的风险化解处置工作领导小组，以风险防控为抓手，强力推动4家高风险法人机构风险化解处置工作，指导有关机构制定风险处置化解方案，并督促落实，辖内有关机构风险化解取得一定成效，牢牢守住不发生系统性风险底线。

【小微企业贷款】 4月份，分局召开全市银行业普惠金融工作会议，对最新的小微企业金融服务政策进行解读，将政策面对面传导给机构，督促全市银行业机构进一步加大信贷投放、做好风险防控、补足短板，确保年内实现“两增两控”工作目标。要求机构单列全口径小微企业信贷计划以及单列小微企业信贷计划考核口径，严格按计划执行，不得压减、挤占和挪用。持续关注银行机构针对小微企业信贷计划完成情况，将全市银行业金融机构小微信贷计划表下发至各机构督促完成。9月份，分局召开全市银行业普惠金融工作推进会，通报了前8个月全市银行业小微企业、三农和扶贫金融服务工作情况，传导普惠金融各项监管政策，部署下一阶段普惠金融服务工作，要求各行以正式文件上报承诺书，保证完成小微企业贷款工作任务。截至2018年末，辖内银行业考核口径单户授信总额1000万元以下小微企业贷款余额172.32亿元，比年初增加37.59亿元，增速27.90%，高于各项贷款平均增速3.80个百分点；有贷款余额的户数38165户，同比增加7073户；考核口径信贷计划完成205.41%，整体上实现了“两增两控一计划”的监管目标。

【完成目标任务】 至2018年末，宿州市银行业金融机构资产余额2599.78亿元，比年初增加348.70亿元，增幅15.49%。负债余额2524.65亿元，比年初增加335.49亿元，增幅15.33%。各项存款余额2227.83亿元，比年初增加272.30亿元，居全省第四位，增幅13.92%，居全省第四位。各项贷款余额1545.63亿元，比年初增加300.13亿元，超额完成年初180亿元的任务，居全省第六位，较年初增幅24.10%，居全省第二位。

【涉农信贷投放】 落实2016—2020年发展规划，下沉金融网点，从小微、双创、三农，精准脱贫四个方面大力推动普惠金融事业部发展。各大型银行成立普惠金融事业部，逐步做到“五专”，深化“三农”金融服务，增强差异化服务能力。引导各银行业金融机构将涉农金融服务工作同金融扶贫联系起来，大力发展农村住房、装修、耐用消费品等消费信贷。截至12月末，涉农贷款余额903.18亿元，比年初增加212.43亿元，增速30.75%，高于各项贷款增速6.66个百分点。

【普惠金融工作】 适当增加农村银行机构物理网点、自助设备，增设面向“三农”和小微企业的普惠支行，2018年新设淮海村镇银行萧县黄口支行。辖内5家农村商业银行和邮政储蓄银行宿州市分行配置“拎包银行”设备421套，服务覆盖行政村761个，服务场次1478场，办理小额现金存取、查询、转账、修改密码、补登折、开卡、激活等各项业务154514笔，交易金额1504.99万元，服务群众56.78万余人，其中服务老弱病残人群17.4万余人，服务贫困户6.35万人，通过“拎包银行”发放扶贫小额贷款5825.45万元、发放国家各类惠农补贴284.67万元。

【重点领域风险防控】 不断深化整治银行业市场乱象。将银行业市场乱象整治工作与“质量提升年活动”“三三四”治理等专项重点工作有机结合；把自查问题与整改提高相结合；把问题查处与剖析深层次原因相结合；把弥补短板与强化制度执行相结合；建立长效机制，弥补管理短板，保证制度得到有效执行和落实，不走样、不变味。

持续深入开展质量提升年活动。加强领导，制定方案。根据安徽银监局活动方案，分局结合辖内实际,制定宿州市银行业活动方案,明确五项重点任务和工作安排,层层落实责任。召开会议,全面推进。3 月 22 日,分局召开活动专题动员部署会议,对 2018 年宿州市"质量提升年活动"进行安排部署。5 月 31 日,分局召开活动推进会议,通报前一阶段工作进展情况。开展督查,积极督导。8 月末,分局采取"1322"特色督查模式,派出 4 个大检查组,发动全局 39 人,对辖内 19 家银行机构的工作进展情况进行现场巡查,要求银行机构及时整改存在的问题和不足。加强宣传,扩大影响。一是在分局内网开辟"质量提升年活动"专栏,集中宣传报道活动开展情况,供科室之间相互学习借鉴。二是在全辖银行业机构网点播放、悬挂、印发宣传标语,于 3 月 22 日进行首次宣传情况巡查。三是在市级报刊发布新闻通稿,通过《拂晓报》专栏报道分局活动开展情况及成效,有序推进辖内机构主要负责人发表署名文章。截至 9 月末,市报记者采访分局 2 次,各机构主要负责人发表署名文章 19 篇。合规建设,强化意识。推进合规文化建设。改进合规绩效考评。对辖内各法人机构 2017 年度绩效考评方案和经营计划的执行情况进行评估,对考核指标等进行持续监测。创新开展"高管合规体验周"活动,不断增强机构合规意识。

【金融知识宣传月活动】 截至 12 月末,接到投诉来电 74 次,来信 21 件,及时妥善处理 12345 市长热线反映问题 14 起,除在办事项外,均妥善办结。根据省局通知要求,制定"金融知识普及月金融知识进万家"暨"提升金融知识争做金融好网民"活动方案,与人民银行联合开展为期 1 个月的金融知识宣传工作。截至 9 月底,全市参与网点数 494 个,出动宣传人员 4535 人,发放宣传材料 30.85 万份,受众人数 28.93 万人,发送短信 37624 条,微博 1602 条,微信 60032 条,电视媒体宣传播放 3 次,报刊媒体宣传刊登 6 次,网络媒体定点投放 30 天,集中宣教 481 次。

·中国农业银行宿州分行·

【概况】 2018 年,宿州分行在市委市政府和总分行党委的坚强领导下,完成年初确定的目标任务,主体业务继续保持同业领先,综合绩效考核位列全省农行第一,实现连续 11 年在全省农行综合绩效考评中居于"三甲"行列。2018 年 5 月,宿州分行荣获"全国金融五一劳动奖状"称号,全国农行系统仅 8 家单位获此殊荣;2018 年 6 月,宿州分行获得"金融支持地方经济发展先进单位""金融突出贡献单位"荣誉称号。宿州分行荣获 2018 年度全省农行金融精准扶贫工作优胜奖、2018 年度全省农行金融乡村振兴综合奖。

【主体业务指标】 主体业务得到新提升。2018 年末,全行本外币各项存款余额 420.12 亿元,较年初增加 54.83 亿元,各项存款存量四行占比 40.23%,增量四行占比 47.20%,均居四行首位。全行本外币各项贷款余额 210.95 亿元,较年初增加 32.65 亿元,各项贷款存量四行占比 33.18%,增量四行占比 38.28%,均居四行首位。全行不良贷款余额 1.79 亿元,不良率 0.86%,分别较年初下降 2029 万元和 0.26 个百分点,不良贷款实现"双降"。全年实现中间业务收入 2.19 亿元,同比多增 4282 万元,四行占比 34.81%,居同业第一。全年实现营业收入 13.02 亿元、拨备后利润 8.94 亿元,拨备前利润 9.46 亿元、净利润 6.68 亿元,同比分别多增 1.94 亿元、2.19 亿元、1.82 亿元、1.63 亿元,增幅分别达 17.46%、33.63%、21.44%、32.28%。

【服务实体经济】 作为国有控股大型商业银行,宿州分行认真贯彻落实"2+4+2"重点工作要求,聚焦《宿州市五大发展行动计划》,全力服务现代化产业体系建设、城镇化建设、乡村振兴战略、精准精细扶贫、生态文明建设等。2018 年,宿州分行各项贷款余额达 210.95 亿元,较年初增加 32.65 亿元,重点支持乡镇污水处理等 3 个政府民生类、环保类基础设施建设项目,审批发放灵璧、萧县光大生物质、宿州龙源风电等 6 个清洁环保能源、资源循环利用贷款 3.12 亿元,先后承接政府项目 21 个,投放贷款 26 笔,金额 12.39 亿元,占当年新增贷款的 38.7%。重点支持小微企业发展,推出政府增信模式下的普惠金融创新产品"金穗惠工贷",全年新增小微企业法人有贷客户 46 户,新增单户授信 500 万元以下小微企业贷款 1.25 亿元;加大对小微企业和民营企业收费减让力度,自 2018 年 11 月中旬,小微企业贷款利率为人民银行贷款基准利率下浮 10%。全年公司类短期贷款平均利率 4.38%,同比下降 0.18 个百分点，为中小企业的发展和地方经济的稳定做出了不懈努力。

【金融服务“三农”】 2018年末，宿州分行涉农贷款余额123.14亿元，较年初增加27.40亿元，增速28.62%，超过全行贷款平均增速10.3个百分点；农户贷款余额8.71亿元，较年初净增1.44亿元；投放“惠农e贷”4.63亿元，增量居全省第二。2018年，宿州分行加强与市、县两级农委的联动，深化与省农担公司、商业保险公司的合作，全力支持农业产业化联合体等新型农业经营主体发展。针对农业产业化联合体的资金需求特点和市场主体地位，采用“宜企则企、宜社则社、宜场则场、宜户则户”的工作原则，创新运用“金担通”“农担通”“保证保险贷款”等金融产品，为联合体内经营主体搭建融资平台，提升服务“三农”效果。结合各县特色，宿州分行按照“一县一产业、一村一品”的工作思路，创新推出“酥梨e贷”“金穗环保贷”等产品，并利用“人工审批、自动审批”两种审批方式，开辟“存量客户转换、新增客户拓展”两条增长路径，重点挖掘“便捷贷、快农贷”两类目标客户需求，构建“2+2+2”工作模式，做大做强“惠农e贷”规模，有效解决农民融资难、融资贵等问题。围绕移动金融和电子商务领域，从惠农通服务点、县域经销商、县域批发商和生产类规模企业等已有的供销关系介入，营销推广“惠农e商”电商服务平台，进一步加快工业品下乡和农产品进城的双向“互动”。加强农户生活场景建设，通过厅堂营销和外拓活动，实现农村地区金融结算、代缴费等业务向“惠农e付”平台上迁移，全年新增惠农e付客户4.26万个，惠农e商客户净增807户。

【金融精准扶贫】 2018年，宿州分行贯彻落实金融精准扶贫政策，加大对辖内贫困地区的金融支持和精准帮扶。截至2018年末，四县一区扶贫重点县贷款余额151.77亿元，较年度净增30.31亿元。金融精准扶贫贷款余额29.95亿元，较年初净增11.22亿元，完成市政府任务的280.5%；服务和带动建档立卡贫困人数为38829人，较年初增加13893人，完成市政府下达任务的347%。宿州分行指导辖属贫困县区行按照“一行一策”的思路，制定2018年金融扶贫工作方案。在工作方案的制定上，坚持“一县一特色”，做到“五个明确”，即明确带动帮扶贫困户的目标，切实把支持地方经济发展与帮助贫困农户脱贫有机链接起来；明确产业扶贫的支持重点，选准客户和项目；明确具体工作措施，落实好推进金融扶贫工作的方法步骤；明确资源保障和激励政策，为金融扶贫提供有力保障；明确责任部门和责任人，确保各项工作落到实处。按照“一行一特色，行行有亮点”的扶贫工作要求，结合特色资源，宿州分行辖属县区行不断推出金融扶贫新模式，如光伏扶贫模式、“保险公司+家庭农场+农户”的合作经营模式、“省农担公司+产业化企业+农户”的批量支持、整体运作模式以及“政府+企业+贫困户”合作经营模式等，重点支持了科技食品、意利达农业科技专业合作社等农业产业化龙头企业24家、专业合作社以及家庭农场2900余户，积极构建“大户带贫户、富户带贫户”的扶贫格局。与此同时，积极对接政府扶贫贷款政策要求，按照户贷户用“一自三合”模式，发放扶贫小额贷款，激发建档立卡贫困户内生动力，直接助力2500余户贫困户脱贫增收。

【业务经营转型】 推进负债业务转型。严格细分客户，针对不同客群，以大额存单、银利多、个人结构性存款、活利丰等产品为抓手，针对性进行产品对接。紧跟财政税收提质改革，着力渗透财政资金划拨、移动支付等关键环节，争取地方债匹配存款、财政新发等资金。做好对信贷客户资金的营销，重点紧跟裸贷户和存贷比较低的客户，逐步提升资金留存率和贷款归行率。全面加强资金稳定性管理，提高大额资金进出预测的准确性。平衡好量价关系，合理安排存款、理财、基金、保险等产品额度，做好全量资金储备在关键节点的释放与转换。

推进资产业务转型。加大项目贷款投放力度，积极对接政府有关部门、企业，重点支持环境治理、棚户区改造、医疗教育、园区开发等领域资金需求，积极跟进、重点施策，全力以赴推进重点项目落地。加大普惠金融推动力度，充分发挥产品优势，利用金担通、农担通、惠工贷、惠农e贷、微捷贷、烟商e贷等产品，加大对中小微企业的信贷投放力度。加大个人住房贷款营销力度，维护好现有楼盘开发商关系，集中做好新准入新开楼盘的营销服务工作，强化个贷资源储备。加大对农村新型经营主体的贷款支持，加强与省农担、市农委等有关单位和部门联系与合作，积极探索支持农村新型经营主体的新模式和新产品。全面开展不良资产清收处置，摸排重点，逐户制定处置方案，努力实现不良贷款双降。

推进中间业务转型。持续推动代理保险业务发展，常态化开展期缴产品营销，在满足客户需求的同时，提升期缴产品占比和中收贡献。深挖农行在对公和对私方面的竞争优势和服务潜力，选准目标源头客户，针对性对接信用卡、掌银等一揽子产品，扩大卡电业务覆盖面。在常态化推进分期业务的同时，深入摸排县域尤其是大型乡镇汽车分期市场和楼盘，优选主流汽车厂商、大型家装商户等，适时开展汽车分期、车位分期、家装分期等营销活动，进一步做大分期规模。强化银团增收主渠道作用，将收费目标客户清单化、进度化，合规增收。充分联动国际业务，精准营销高端客户投行业务，拓宽对公中收来源。

【基础管理工作】 2018年，宿州分行充分发挥案防“四支利箭”作用，结合“质量提升年活动”，认真开展市场乱象集中整治、客户信息治理、反洗钱、非法集资风险专项排查、员工经商办企业全面清理等工作。截至2018年末，全行新开账户要素完整率达99.98%，未发现员工参与非法集资、经商办企业等行为。围绕总行60项运营案防重点任务和省分行71个风险防控要点，全力做好运营管理工作。在全省首批完成柜面业务综合化改造，全辖62个网点全面实现“凭证、签字、印章电子化和实物印章机控”。安全保卫工作基础继续夯实，网点“双基”管理水平不断提升，全行9家网点被省分行评选为“双基”管理优秀网点，占全省优秀网点的比例达22.5%，居全省第一位。全力配合总分行开展管理与风险审计以及巡视工作，针对发现问题，按照“三到位”标准加快整改。年末，经上海审计分局验证，风险与管理审计发现问题整改率达100%。全年未发生案件和安全生产责任事故，内控评价得分全省最高，继续保持一类行。

【党的建设】 2018年，宿州分行认真贯彻落实新时代党的建设总体要求，全面抓好党建各项工作。市分行党委围绕《习近平新时代中国特色社会主义思想三十讲》等召开党委理论学习中心组学习会21次，举办党员十九大精神轮训班3次。认真开展党风廉政建设工作，按照个性化和可操作性原则，优化四类主体责任清单，突出分管领域案件风险防控。先后制定《宿州分行党委贯彻落实中央八项规定精神实施办法》《宿州分行“三重一大”决策制度实施办法》等，结合“四风”问题整治情况“回头看”等工作，抓好金融扶贫领域作风治理，集中整治形式主义、官僚主义，加强制度约束和流程监督。健全完善巡察组织体系，成立巡察组，完成对萧县支行的巡察。全面加强员工队伍建设，面向全辖公开遴选副科级干部5人，选聘高级专员2人，选拔县域青年英才16人。认真落实意识形态工作责任制，加强先进典型、先进事迹的挖掘和报道，强化正面引导、控制负面舆情。2018年宿州分行被授予“全国金融五一劳动奖状”“中国农业银行五一劳动奖状”等荣誉称号，进一步提振了宿州农行高速高质量发展的信心和决心。加快工作作风转变，组织开展本部劳动竞赛、“每周讲堂”等活动，党员先锋模范作用和党支部的战斗堡垒作用得到有效发挥，行风正、士气旺，全行干部员工精神面貌焕然一新。

【精神文明建设】 2018年，宿州分行认真推动落实《加强员工关爱，提升员工幸福指数的实施意见》，了解员工多方位的需求，突出重点，精准发力，推动“六件实事”整体推进、全面实施。认真实施“职工之家”提升工程。摸清农村网点小食堂和职工住宿设备运转的提升需求，配齐、配好各类设施，推进城区网点午餐按时配送。全行以职工之家建设为载体丰富职工的精神文化生活，组织开展了“相约农行　牵手幸福”联谊活动，为单身青年搭建交友平台，营造和谐家园氛围，在全行及时组织开展送清凉，送温暖活动。精准做好困难职工帮扶，建立和完善全行因工负伤致残、因公殉职困难职工(家属)和困难劳模、单亲困难女职工、受灾困难职工及因病致困97名的员工档案，为有效组织开展两节期间“送温暖”活动做好翔实资料。切实发挥“爱心基金”及时性帮扶作用，2018年对3名困难员工开展救助，使用基金5万元，对员工和直系亲属生病住院等及时的探望和慰问，把关怀和温暖送到职工心坎上。切实加强精神关怀工作。在继续做好职工健康体检、劳动保护工作的基础上，认真落实总行《关于加强职工精神关怀的指导意见》。成立或激活多个兴趣小组，组织开展了健走、骑行、游泳、羽毛球、乒乓球、足球、趣味运动、钓鱼、摄影等系列活动；还积极参与了宿州市银行业学会和宿州市组织的厨艺大赛、全市运动会，取得了厨艺大赛第一名和乒乓球比赛第五名的好成绩。组织开展了书画摄影作品征集、2019年春联征集等活动，丰富职工精神文化生活，引导和培育职工形成良好心态等。

宿州分行积极开展“双先”评比活动，鼓励各岗位员工争先创优。大力弘扬劳模精神，宣传先进典型事迹，展现劳模形象，营造精益求精的敬业风气。建立“雷鸣劳模创新工作室”，组建了专业的产品创新团队，针对市场需求，创新推出贴近市场需求的金融产品。开展“好家风好家训好家规”征集活动和“和谐文明家庭”评选活动，促进家风与行风互促共融，加强职工向上向善的思想引领。

【贵宾客户联谊会】 2月2日，宿州分行举办“全球视野·融会贯通”——2018年贵宾客户联谊会。活动邀请了市外管局、市商务局、省分行外汇业务的专家，分别就外管政策、商务政策、外汇交易与汇率、贸易融资等方面的问题进行精彩授课和经验分享。客户积极参与互动，现场气氛热烈，取得良好效果。

【文艺会演】 2月25日晚，宿州分行举办“走进新时代　再创新辉煌”2018年文艺会演。文艺会演节目精彩纷呈，歌曲、舞蹈、朗诵、三句半等13个精彩节目轮番上演，优美动听的歌声、婀娜多姿的舞蹈、风趣幽默的语言处处洋溢着青春和活力。整场文艺会演气氛热烈、掌声雷动，充分展现了宿州农行广大干部职工昂扬向上、奋发有为的精神风貌，营造了快乐工作、和谐相处的积极氛围，丰富了职工的精神文化生活。

【农业产业化联合体调研座谈会】 3月14日至15日，总行三农对公业务部高级专家武建洲一行到宿州分行调研农业产业化联合体。其间，市分行党委书记、行长单光跃就宿州分行总体经营情况进行汇报；党委副书记、副行长胡远新就宿州分行支持农业产业化联合体情况进行汇报。武建洲肯定宿州分行取得的经营业绩，并对农业产业化联合体的发展和支持提出更高的期望，希望宿州分行要在有效防控风险的情况下加大金融支持力度，为全省乃至全国作出示范。省分行三农对公业务部总经理史晓民、副总经理丁尔胜参加调研和座谈。省财政厅农发局、省农委产业化处、省行三农对公业务部相关人员，市分行三农金融部、埇桥支行负责人参会。

【获“全国金融五一劳动奖”】 5月5日，宿州分行获“全国金融五一劳动奖”荣誉称号。全国金融五一劳动奖是全国金融工会授予在社会主义金融事业建设中做出突出贡献的全国金融单位的光荣称号，是全国金融系统最高荣誉。全国农行系统仅8家金融机构获此殊荣。

【每周课堂】 为加强“五型”机关建设，营造浓厚学习氛围，5月16日，宿州分行正式启动“每周课堂”活动。“每周课堂”主讲人由各部室员工轮流担任，内容涵盖条线文件制度办法规定的解读、新产品或活动的推广宣讲、经济和时政分析、党课、党员学习内容领学、好书好文推荐、学习或工作心得体会、感悟分享等。

【“五星级营业网点”揭牌仪式】 5月25日，中国银行业文明规范服务“五星级营业网点”揭牌仪式在宿州分行营业部隆重举行。市分行党委书记、行长单光跃出席并致辞。市分行党委委员、副行长邵兵主持仪式。省银行业协会、宿州市银行业协会相关领导，省分行个人金融部相关负责人、客户代表参加了揭牌仪式。宿州分行营业部不断改善服务环境、规范服务标准、提升服务水平，用心服务，精益求精，获得了中国银行业规范服务“五星级营业网点”称号。

【县域青年英才选拔】 为进一步加大“三农”县域优秀年轻干部培养选拔力度，推进县域青年英才工程持续深入开展，宿州分行在全辖开展2018年县域青年英才公开遴选。6月9日至10日，宿州分行举行县域青年英才选拔笔试和面试答辩，高效地完成了选拔工作的主要流程。公开遴选，为有志青年在县域成长成才搭建了“快车道”，为宿州分行持续稳定发展奠定了人才基础。

【雷鸣劳模创新工作室】 为进一步弘扬劳模精神，激发全行员工积极拼搏、努力创新、建功立业的热情，宿州分行以中国农业银行五一劳动奖章获得者、三农金融部总经理雷鸣同志为核心，以市分行科技与产品管理部专员及各支行客户经理为团队成员，设立“雷鸣劳模创新工作室”。6月15日下午，宿州分行举行“雷鸣劳模创新工作室”揭牌仪式。

【警示教育】 7月15日,宿州分行组织全辖科级(含)以上领导干部及入党积极分子共计75人,赴安徽省宿州监狱开展警示教育。通过服刑人员现身说法、实地察看服刑人员监舍、生产车间,接受心灵洗礼,进一步增强了各级领导干部加强党风廉政建设和反腐败斗争的思想自觉和行动自觉。

【总行督查组来宿调研】 7月18日,总行重大改革重点工程督查组来宿调研工作,在埇桥支行就互联网服务三农"一号工程"工作开展情况召开座谈会。宿州分行党委书记、行长单光跃作相关情况汇报。期间,到埇桥区顺河乡王圩村实地调研惠农贷款发放和使用情况。

【全省农行业务现场推进会】 8月7日,全省农行"惠农e贷"业务现场推进会在宿州召开。省分行党委委员、副行长刘聪盛出席会议并作重要讲话。省分行农户金融部、公司业务部、个人金融部、网络金融部负责人,宿州分行党委书记、行长单光跃,各二级分行分管行长、三农金融部和公司业务部负责人参加会议。会议期间,参会人员现场观摩了大店镇"奥龙蔬菜产业园"和大泽乡"意利达粮食产业园"。

【"农行汽车节"活动】 9月8日上午,宿州分行在市银河广场举办了"2018百城千店 农行汽车节"活动。省分行信用卡中心总经理仲立萍,市分行党委书记、行长单光跃,党委委员、副行长邵兵出席活动开幕式,与客户及工作人员亲切交谈,并对相关工作进行指导。宿州分行联合团圆网络科技(北京)有限公司、中国人民财产保险股份有限公司宿州分公司,携手36家主流汽车品牌经销商、近40个汽车品牌百余款车型参展,吸引近3000名有购车意愿的客户参加活动。

【联合授信委员会】 9月4日,皖北煤电集团有限责任公司联合授信委员会成立大会暨签约仪式在宿州分行举行。市分行党委书记、行长单光跃出席会议并致辞;党委委员、副行长刘华强代表牵头银行对联合授信工作开展情况进行回顾,对联合授信委员会议事规则进行说明,对联合授信额度确定进行解释。市银行业协会专职副会长、秘书长魏宗贵主持会议,省分行信贷管理部副总经理孟凡连,皖北煤电集团财务公司总经理陈凤以及各有关债权银行分管领导、部门负责人共计56人参加会议。会议期间,宿州分行代表牵头银行与皖北煤电集团签订了《银行业联合授信成员银行与授信企业框架协议》。

【总行领导赴灵璧调研】 9月5日,总行党委委员、副行长王纬,宿州市市委副书记、市长杨军,省分行党委书记、行长刘加旺,省分行党委副书记、副行长黄瑞三一行赴灵璧支行调研指导工作。调研组实地视察并了解灵璧支行营业部建设及经营情况,听取宿州分行和灵璧支行在服务"三农"、金融扶贫、支持地方经济等方面的情况汇报,考察了灵璧县大路乡陈场村金融扶贫模式,就精准扶贫工作进行了沟通交流。

【专题学习】 9月17日下午,宿州分行召开党委理论学习中心组(扩大)会议,专题学习新修订的《中国共产党纪律处分条例》。宿州分行党委书记、行长单光跃主持会议,党委委员、纪委书记刘慧对《条例》修订的背景、主要内容、深刻内涵以及中央八项规定及实施细则精神的新要求作了详细解读。

【典型发言】 10月29日,农业农村部乡村产业发展司组织的农业产业化联合体观摩交流活动在河北省邯郸市举行。宿州分行党委副书记、副行长胡远新参加交流活动,代表宿州分行作了典型发言,介绍了宿州分行在支持农业产业化联合体,助力农村一二三产业融合发展中的做法和经验。

9月,总分行、市县领导赴灵璧支行调研指导工作 (摄影 张健)

(薛 杰)

·中国建设银行宿州市分行·

【概况】 2018年,建行宿州市分行综合考评稳居系统第一方阵,连续十六个季度保持A档;内控合规考核评价连续三年居系统前三,成为首个被命名为"内控合规标杆行"的二级行。连续七年网点服务考核保持全省前三名,其中五个年度全省系统内第一。先后荣获安徽金融五一劳动奖、总行"平安建行"称号、总行"五四红旗团委"等荣誉。被评为总行级文明单位,连续九届荣获宿州市文明单位称号,党建工作考核位居系统前列。

【主要业务指标】 存款实现稳步增长。2018年末,一般性存款余额263.63亿元,时点新增23.04亿元,系统第七、同业第二。继一般性存款突破200亿元、对公存款突破100亿元大关后,个人存款在9月末突破150亿元。贷款增长势头加快。2018年末,各项贷款余额166.68亿元,当年新增24.32亿元,系统第六、同业第二。其中,个人类贷款余额95.49亿元,新增22.65亿元,系统第四、同业第二。中间业务收入增长较好。2018年末,实现中间业务净收入15838万元,系统内排名第六位、同业第二;其中实现个人中收9792万元,系统第五位,同比增加1823万元,系统第四位;信用卡条线、个人金融业务、网金业务中收分别位居全省第五、第四、第五。经营效益指标持续向好。全行效益类指标实现稳步增长,实现税后净利润38175万元,系统内排名第三位。资产质量实现更优。在贷款保持增长的同时,多措并举管控不良和逾期贷款,资产质量管控凸显成效。2018年末,不良贷款5533万元,全省排名第二位。不良率0.33%,全省排名第三位。逾期贷款8192万元,全省排名第二位,三项指标均超额完成省分行控制计划。

【服务经济社会能力】 三大战略深耕更实。普惠金融。普惠金融贷款新增全省排名第三,价值贡献度全省第一;2018年末,全行8+1普惠金融口径贷款余额18.83亿元,比年初增长8.14亿元,增幅达76.09%。银保监局普惠金融口径贷款余额14.88亿元,较年初新增6.36亿元,增幅74.65%。人民银行普惠金融口径贷款余额16.03亿元,较年初新增7.24亿元,增幅82.46%。普惠金融贷款余额和新增额在工农中建交五大行中均位居第一。普惠金融工作得到了上级行、当地政府和监管部门的充分肯定。

金融科技。全年搭建各类平台270余个,其中云平台类60余个,签订4家同业平台合作协议、搭建安心养老场所1个、搭建公益教育综合服务平台6个、搭建党群综合服务平台近200个、成功与宿州市宗教事务局签订战略合作协议,各种平台共获客近6000人。三大战略应用案例被省分行采用73篇,居各二级行首位;智慧柜员机业务迁移率、成功商机推荐量、订单创建数量、云宠物新增目标计划完成率均位居全省第一。

住房租赁。成功上线住房租赁监管系统、企业平台、共享系统、公租房系统;超额完成建融家园注册用户、有效浏览等七项目标计划。建融家园注册用户新增9188户,有效浏览56423次,文案点击13007次,在线签约并支付6户。房源挖掘181套,其中企业系统58套,共享系统123套;新增公租房房源1918套,新增房源核验3011套。劳动者港湾品质更佳。全面完成"劳动者港湾"建设工作,并着手推进"劳动者港湾"宣传推广工作。2018年底,"劳动者港湾"APP下载量23707户,注册用户11811户,有效注册率49.82%,位于全省第四位;荣获2018年度"因您而精彩"劳动者港湾建设奖。

【支持地方经济发展】 超额完成目标考核计划。贷款新增完成目标责任考核16亿元计划的152%,完成18亿元力争计划的135%,提前、超额完成预定目标任务。贷款增幅超过全省建行平均水平5个百分点。不良贷款率连续多年保持在0.5%以下,大中型贷款一直保持零逾期、零不良。完善支持民营及小微企业发展工作机制。建行宿州市分行加大对小微企业、民营企业的支持力度,坚持机制创新做普惠、产品创新做普惠、整合资源做普惠、因地制宜做普惠、降本让利做普惠、扶持为本做普惠、智能风控做普惠,强化落实,积极加大对符合产业政策、有市场、有效益的小微企业、民营企业帮扶力度,全力支持地方经济建设。全力以赴支持重大项目。2018年在新增贷款规模向个人类贷款、小微贷款和民营等普惠金融倾斜的情况下,重点支持"S404宿城至皖苏界改建工程"PPP项目、安徽钱营孜发电有限公司“宿州钱营孜2×350MW低热值煤发电工程”项目等。进一步构建明确的责任体系,按照储备一批、发展一批、落实一批的动态管理模式,对目标客户及牵头行实行同步动态管理机制,扎实推动项目储备工作。个贷业务实现提质增效。积极抢抓机遇,一方面加大营销考核力度,积极抢占市场,另一方面积极向上级行申请贷款规模,最大限度满足客户资金需求。同时积极帮助和支持个体工商户创业资金需求,助力当地私营经济发展。加大个私经济和城乡居民住房信贷支持力度,个人类贷款(含卡)较年初新增22.65亿,创历史新高,全省排名第四;增幅31.09%,全省第二位,高于全省平均水平15.74个百分点;完成10亿元目标任务的226.5%。县域经济发展力度持续加强。由于2018年建行实施零售优先和大力推进普惠金融战略,县域经济新增对公贷款投放主要集中在中小企业。建行安徽省分行将普惠金融贷款纳入二级分支行、县支行、综合网点KPI考核。同时还强化激励约束机制,明确政策导向。截至2018年末,县域普惠金融贷款余额10.23亿元,占全行总量的54.33%;普惠贷款新增4.14亿元,占全行新增的51%。

【企业文化】 坚持以人为本,不断完善关爱措施。为把关爱员工落到实处,贯彻落实好省分行战略性的举措,用足指标、用好政策,为员工的晋升创造条件,拓宽了员工晋升通道。认真开展“我爱我行”最美合照展示活动,活动共征集照片300余张,营造奋发向上、健康积极的发展氛围;组织开展迎三八花艺展示活动、“站在新起点　奋勇再出发”主题健步走、“点燃青年激情　绽放青春风采”青年员工拓展训练活动等;在省分行文艺会演活动中,节目《逐梦》获得好评。继续落实网点员工周末轮休制度,缓解基层网点员工工作压力;引导各支行利用班后时间组织员工开展健步走和绿色骑行活动,将健身活动培养成为员工的生活习惯,进一步丰富和提升企业文化内涵。做好正面宣传,唱响发展主旋律。宿州市分行紧跟工作部署,深挖先进典型,在总行建设银行报、省市分行网站积极宣传先进典型、优质服务等,在今日头条等外部媒体发布《晓芳与3250枚硬币》《就是相对他说谢谢》《“飞”起来的青春支行》等稿件,营造全员积极向上的浓厚氛围。积极参加由宿州市银行业协会联合拂晓报社、宿州广播电视台组织举办的“2017年宿州市银行业‘最美银行人’评选活动”中,建行萧县支行郭吉梅、小企业部李晴喜获“最美银行人”称号。紧跟时代步伐,利用新媒体强化宣传工作。在建行安徽省分行开展的“在旺季,给你的创意一个用‘5’之地——安徽省分行旺季营销创意H5大赛”中,分行荣获最佳组织奖,两个作品分别获得一等奖和最佳人气奖。

【文明创建】 统一思想,筑牢创建工作基础。建行宿州市领导班子十分重视全国文明城市创建工作,要求全行要统一思想,主动作为,走在前列,始终把创建文明城市工作融入重要议事日程上,紧跟全市创建步伐,紧密结合全行业务发展,全力推进全市全国文明创建工作内容。

加强宣传,营造良好的创建氛围。为深化全行员工对创建工作的主体意识,自觉投身到创建活动中来,结合全行实际,以不断提升窗口服务能力和水平为标准,利用各种渠道,广泛宣传创建文明城市的重要意义,提高全行员工对创建工作的重要性认识。使广大员工充分认识到创建全国文明城市与自己的工作和生活息息相关,认识到加强社会主义精神文明建设是建设中国特色社会主义的重要战略任务,是推进“四个全面”战略布局、实施“五大发展理念”的有力保障,为开展创建活动奠定了坚实的思想基础。

丰富载体,积极投身创建活动。认真落实“门前五包”责任。为充分调动广大员工参与城市管理的主动性和积极性,深入推进文明单位创建工作,深入落实宿州市全国文明城市创建工作的开展,建行宿州市分行在积极贯彻行内环境卫生集中整治精神及要求的基础上,认真开展“门前五包”责任内容,要求全员(含保安和保洁人员)要加强环境卫生、公共秩序管理,为把宿州市建成清洁、优美、文明的城市做出贡献。提升窗口服务水平。建行宿州市分行通过召开晨会、班后会、专题会等,定期、不定期组织学习星级网点评定实施方案,树立“文明礼貌、团结奋进、勇于担当”意识,将上级行关于文明规范服务的一系列要求与银行业协会关于创建星级网点的若干标准相融合、相促进,从改善和加强服务环境规范、服务礼仪规范、服务行为规范、服务技能规范和检查监督规范等方面下功夫,通过积极创建星级网点,提升服务水平。组织开展志愿者活动。建行宿州市分行积极组织全行开展各项志愿服务活动。积极参与全市文明创建组织的文明礼让交通志愿者活动。同时结合自身特色，分行志愿者团队先后赴社区、学校、街道、企业等开展金融知识宣传，对如何防范电信网络诈骗、电子支付安全使用、个人征信等金融知识进行介绍，进一步提高广大人民群众的金融风险防范能力。分行个人金融部、团委联动宿州阳光天使公益助学中心，将壹基金为困境儿童捐赠的 800 个冬季温暖包进行装箱、打包、装车等，为寒冬中的困境儿童送去温暖。下辖科技广场支行分别赴市特教中心、区西二铺村开展“建行助力希望　真情温暖童心”“扶贫济困　你我同行”等公益活动，进一步提升员工承担社会责任意识。下辖政务新区支行与港丽社区开展联合共建，并联合开展多次社区志愿活动。

【脱贫攻坚】 建行宿州市分行在市委市政府的支持和指导下，明确重点，强化落实，加快督导，追求实效，多举措推动脱贫攻坚帮扶工作。通过完善脱贫攻坚领导小组工作职责，强化金融扶贫工作机制，从组织、人员、制度、资金、项目、保障等六个方面对全行扶贫工作进行统筹部署，明确专人驻村定点帮扶，加大资源配置和激励考核机制。2014 年以来，宿州市分行派专人（赵献忠）常年驻村定点帮扶，先后选派 30 多名中层以上干部与贫困户结对帮扶，4 年来共计向亢田村捐赠各类资金 51.55 万元；向干部包户所在村支部捐赠各类资金 29.45 万元。

【从严治党　从严治行】 建行宿州市分行严格落实全面从严治党、从严治行要求，加强各级领导班子政治、思想、组织和作风、纪律建设，提高基层领导班子的战斗力、执行力。切实履行党委抓党建工作和党风廉政建设“两个主体责任”。坚持一岗双责，做好党风廉政建设和业务发展同部署、同检查、同考评，使各级管理者明底线、知敬畏。进一步加强基层服务型党组织建设和领导班子建设，真正发挥基层党组织战斗堡垒作用，切实提高各级领导班子党建工作能力。深入推进学习贯彻习近平新时代中国特色社会主义思想和党的十九大精神，强化学习宣传力度，积极营造同学共管的学习氛围；通过党委中心组学习、党委书记专题党课、党纪行规知识竞赛、党建知识专题培训、“中国梦　劳动美”青年职工演讲比赛等，进一步营造浓厚的党建工作氛围。坚持党建工作与推进精准扶贫相结合，通过结对共建、“一对一结对帮扶”等方式，夯实扶贫工作基础。狠抓员工警示、党纪廉洁教育不放松，采取多种形式强化违规违纪案例警示教育。组织开展党委书记讲廉洁专题党课、纪委书记参加网点晨会送宣讲、举办纪委书记讲案例、纪委书记上讲堂、开展员工大走访活动、组织特派员开展廉洁警示教育大巡讲、参观警示教育基地、开展党纪行规知识测试等形式多样的警示教育活动，积极落实从“管行为”到“管思想”转变。坚持联合共建，夯实党建工作新途径。通过支部之间的学习交流，总结支部建设经验，强化支部充分发挥两个先锋模范作用，加大党建统领与业务发展同部署、同落实的融合力度。如旺季营销期间，泗县支行与萧县支行开展支部共建活动，促使两个支部继续扎实有效开展党的建设、旺季营销等方面工作；住房金融部、政务新区支行党支部开展学习十九大精神联合共建活动等。住房金融部、政务新区支行党支部在“雷锋日”走进“宿州市特殊教育中心”，开展公益活动。同时加强与外部单位的联合联建，如灵璧支行党支部与公积金管理中心、南姚社区党支部开展“迎新春　送春联”共建活动，政务支行党支部和港利社区党支部开展学习十九大精神共建活动，进一步促进双方党建工作及业务发展共同进步。

11 月 16 日，建行宿州市分行参加全市深化小微和民营企业金融服务暨“百名行长进千企”展示活动 （拍摄　桑红光）

6月1日,建行宿州市分行赴市特教中心开展“建行助力希望　真情温暖童心”公益活动(拍摄　张培志)

·中国农业发展银行宿州市分行·

【概况】 2018年,农发行宿州市分行认真贯彻落实市委市政府和上级行党委各项工作部署,紧密贴合宿州经济社会发展需要和贫困地区实际情况,充分履行政策性银行职能,聚焦全力服务脱贫攻坚,不断加大对“三农”重点领域、薄弱环节和民生工程的支持力度,在做好传统粮棉油购销储业务的基础上,重点对农业农村基础设施和城乡发展一体化建设给予信贷支持,各项业务平稳快速发展。年末,全行各项贷款余额突破270亿元大关,达到275.36亿元,创历史新高,居全市银行业金融机构之首,增幅达37.09%。2018年度绩效考评在全省农发行系统排名第五位,比2017年前进两位;脱贫攻坚考评位居全省农发行系统第一名。

【党的建设】 一是将“思想建党”摆在更加突出的位置。坚持“读原著,提境界”,组织全体党员认真学习党章党规,原汁原味学习近平总书记系列重要讲话,特别是专题学习党的十九大报告全文,做到学深学透、掌握核心要义。组织观看《必由之路》《榜样3》等专题片,让全体党员充分认识党的十八大以来发生的深层次、根本性变革,由衷体会到“办好中国的事情,关键在党”。二是深入落实基础党建和“两学一做”学习教育常态化制度化。在全辖开展专项大检查,督促各支行认真坚持“三会一课”等党建基本制度,不断拓宽党建工作思路、加大党建工作力度,充分发挥党组织的政治引领和战斗堡垒作用,发挥共产党员的先锋模范带头作用,为全行快速有效发展提供坚强的思想、政治和组织保障。三是扎实开展“不忘初心　牢记使命”主题教育。以学习贯彻习近平新时代中国特色社会主义思想为主要内容,坚持党委中心组理论学习研讨。四是深入贯彻省分行“三个五”党建工作法,在实践中凝练形成宿州市分行“三点一线”党建工作模式。认真落实党建“双联”制度,开展党员活动室标准化建设工作,党建引领业务作用突出、成效显著。创办《党建在线》电子刊,及时刊发各基层党支部党建工作动态、展示基层党建工作成效。

【党风廉政建设】 将党风廉政建设与各项工作同部署、同落实、同检查、同考核,狠抓党风廉政建设责任制落实。一是年初调整充实了以党委书记、行长为组长,纪委书记、副行长为副组长,相关部室主要负责人为成员的党风廉政建设责任制领导小组,坚持挺纪在前,落实一岗双责,层层传导压力。二是召开市分行党风廉政建设工作会议,及时传达总、省分行会议精神,总结和部署全行党风廉政建设工作。三是按照市分行落实党风廉政建设责任考核实施细则,对各支行开展了2017年度党风廉政建设责任考核。四是强化制度建设,完善了党委党风廉政建设、廉政风险防控、三重一大、公务接待及采购管理等制度。五是采取多种形式深入开展党风廉政宣传教育,筑牢干部拒腐防变思想道德防线。向全员发放争创廉洁家庭倡议书,传统节假日等重要时间节点发送“咬耳扯袖”警示短信,按期开展“每月一课”警示教育。六是深入推进银企廉政共建工作,与新老企业签订银企廉政共建协议书并公布廉洁从业承诺,严格执行“廉洁办贷十不准”和廉洁办贷监督卡管理,认真落实纪委书记定期回访客户制度,进一步提升了银企廉政共建工作成效。

【信贷支农】 2018年累计发放信贷资金117.76亿元,全行各项贷款余额突破270亿元大关,达到275.36亿元,创历史新高。贷款净增额高达74.50亿元,较上年末大幅增长37.09%。市分行贷款增量、贷款总量均居全市银行业金融机构首位。认真做好夏粮收购工作，全力服务国家粮食安全。全年累计投放收购资金夏季小麦收购贷款资金88948万元，累计收购小麦50160万斤；累计投放稻谷收购贷款90692万元，收购稻谷71042万斤。设立精准扶贫示范收购收储点，以夏粮收购服务脱贫攻坚。协同中储粮宿州直属库、地方粮食主管部门，在各县区挂牌设立精准扶贫示范收购收储点9个，对建档立卡贫困人口开辟售粮绿色通道。提前打通收购资金支付路径，与市粮食局、中储粮宿州直属库成立联合支付中心，提前对“一卡通”系统进行测试，派驻客户经理严格审查资金支付，保证收购工作正常进行。全市没有因农发行问题出现“卖粮难”和“打白条”情况，充分保护了农民利益，切实保障了国家粮食安全。

多措并举突出精准发力，全力服务脱贫攻坚。结合4个国定贫困县、1个省定贫困区的实际，积极推进精准扶贫项目的工程建设、加大贷款投放力度，促使项目建设惠及广大贫困户和农村人口。2018年全行累计投放贷款117.76亿元，其中精准扶贫贷款78.82亿元，占比66.93%。累计投放项目精准扶贫贷款63.83亿元，占项目贷款累计投放额的64.95%，支持农村道路建设3000多公里，治理沟河100多条，新增耕地面积近1.5万亩，支持3个县级医院、17个乡镇卫生院、110个村级卫生室的改扩建和设备采购，支持4所学校的迁建和改建，使20万以上的建档立卡贫困人口直接或间接受益。2018年末，我行贷款余额275.36亿元，其中精准扶贫贷款余额187.11亿元，占比67.95%。精准扶贫贷款余额较年初增加50.19亿元，增幅36.66%。中长期贷款的有效投放，为脱贫攻坚注入了强大推力，对地方经济社会发展发挥了积极推动作用。

【风险防控】 一方面，信贷基础管理扎实提升。一是认真开展“信贷队伍建设年”活动。加强组织领导，落实责任分工，合理制定实施方案，优化人员配置、充实信贷队伍。二是推进粮棉油信贷管理提升。把清单式管理纳入信贷例会认真学习，并切实融入业务全流程，充分利用“智慧皖粮系统”和中储粮的安防系统，逐步扩大对辖内库点远程监控的覆盖面，提升贷后管理水平。三是做好贷后管理及CM2006系统运维工作。加强对CM2006系统管理员的管理，进一步加强对系统功能应用的学习，确保系统功能有效发挥。充分利用系统的监测分析以及信息查询等功能，为业务决策提供依据。另一方面，敬畏监督强化合规履职。一是深入开展“质量提升年活动”。以提高全行依法合规经营能力、促进全行高质量发展为目标，明确部门职责，落实各阶段工作。二是扎实开展“征信信息安全年”活动。对征信合规和信息安全情况进行自查自纠，加强企业和个人征信系统管理。三是落实进一步深化整治银行业市场乱象工作。加强信息监测和报告反馈，并开展内控治理十大突出问题的清理督查、扶贫领域作风整治工作。四是落实反洗钱工作。对员工进行全面培训，积极参加人行组织的培训，多种渠道开展宣传并设立反洗钱专柜。五是积极配合市银监部门做好大额授信联合管理工作，对本行产业化龙头加工企业的授信和用信执行联合管理。

【企业文化】 一是认真组织“不忘初心跟党走 青春建功新征程”青年文化月活动，凝聚团员青年力量。组织全辖团员青年学习参观现代农业产业园区，拓宽团员青年视野，激发支农报国热情；开展“阅时光·悦分享”青年读书沙龙两期。二是新成立游泳、瑜伽、足球、摄影等4个工会兴趣小组，明确小组活动方式方法。三是扎实开展团青工作，在省分行述职考评中斩获第一名；全力备战省分行气排球比赛，荣获团体第三名；组织员工参加宿州市银行业厨艺大赛，喜获二等奖；积极参加市总工会主办的五人制笼式足球比赛，喜获第六名。充分利用多种媒介加强宣传报道，为全行稳健持续发展树立了良好的社会形象。

·中国工商银行宿州分行·

【概况】 2018年，工行认真贯彻落实宿州市委市政府、省市行党委决策部署，弘扬“奋斗+落实”文化，内抓管理保安全，外抢市场促发展，经营成果丰硕，实现安全运营。年末，各项贷款较年初净增17.85亿元，各项存款较年初净增33.81亿元，不良贷款连续保持“双降”。在省行二级分行行长绩效考评中居第4位，开创历史先河。

【加快经营发展】 积极开展银企对接，主动深入企业拜访、调研市场，了解金融需求，提供金融支持；实行重点客户行长挂帅走访，各层级干部跟踪维护的分层机制，着力解决企业难点和困惑，为地方企业提供金融支持;年末,普惠金融银监普惠口径贷款较年初增加0.73亿元、完成全年任务的260.71%,银监普惠口径贷款增幅40.74%;有贷户数增幅47.57%;超额完成省行下达的普惠金融贷款任务和监管部门"两增两控"工作目标,积极支持民营小微实体经济发展。信贷支持实体经济,金融助力宿州崛起,年末各项贷款增幅为13.11%,贷存比为67.4%;其中:公司贷款投向主要是市政府基础设施、重点工程、民生工程,较年初净增0.46亿元、累放44.11亿元;人行降准口径贷款较年初增加0.18亿元、完成全年任务的112.5%;个人类贷款的投向主要是个人住房贷款,较年初净增10.88亿元、累放34.66亿元;银行卡透支较年初净增6.49亿元,居全省第2位;县域贷款累计投放为22.6亿元,超额完成全年任务计划。同时,扎实推进信贷资产质量治理,加大信用生态环境建设,不良贷款余额较年初下降157万元,不良率0.53%,较年初下降0.06个百分点。

【抓好党的建设】 围绕党建抓党建,召开学习贯彻十九大精神动员会、宣讲会、辅导会和中层干部轮训,强化思想引领;编印《党支部标准化建设工作手册》,建立一个党员活动室、三个党建廉洁文化长廊和一面荣誉墙,有效弘扬正能量;从严落实中央"八项规定"精神,多形式学习贯彻《中国共产党纪律处分条例》,扎实推进总行巡视反馈问题整改、"四风"问题专项整治和机关作风建设专项治理,召开全员警示教育大会,组织开展警示教育、任前谈话、廉政谈话,不断深化从严治党治行。抓好党建带团建,组织行领导开展党的十九大报告宣读,向青年员工宣读党的十九大精神,调整优秀年轻干部任团委书记,组织团委的改选,增强团组织力量;召开两次青年员工座谈会,鼓舞青年员工声气。抓好群建促党建,召开职工代表大会,开展银企联谊、各类文体活动,为员工办好"十件实事",选择三甲医院为员工体检,用足政策为员工谋福利,调动各层面员工积极性;加强年轻干部培养选拔,公开遴选支行副行长和助理,选拔任用支行行长、副行长,从后备人才库中选拔年轻大学生员工担任网点负责人,有效优化支行班子和网点负责人结构。

【推动金融创新】 对城市基础设施建设、重点招商引资和房地产开发等重点项目,及时提供账户开立、汇兑、结算、信贷融资等多种金融服务,提升金融服务能力。以支持地方经济发展为己任,紧贴宿州市发展需要,充分发挥工行整体优势,强化金融创新改革,积极推进"绿色信贷"建设,丰富融资产品,继续推进银政担、税融通等传统业务拓展,大力营销推广网上票据池质押融资、经营快贷等优质信贷产品,促进区域经济协调发展。以金融创新为原动力推动地方经济发展,结合金融精准扶贫、服务"三农",主动对接,统筹协调资源做好扶贫领域资金支持、产品服务和渠道建设,抓好中小微企业发展支持工作;围绕县域、经济开发区和专业市场,优选客户,强化小企业拓户,夯实基础,努力提高支持地方经济的发展能力。2018年末,宿州分行银监普惠口径贷款综合利率成本从年初4.7%降低到4.39%,超额完成省行下达的普惠金融贷款任务和监管部门"两增两控"工作目标,切实支持了民营小微实体经济发展,履行社会责任。同时借鉴国际贸易融资成功投放的经验,抓好出口企业的外汇融资业务。

【履行社会责任】 强力推进招商引资,按照市委、市政府的工作部署,强化信息梳理挖掘,发挥综合服务优势,"走出去,请进来",持续加大招商引资力度,完成了市政府招商引资目标任务。强化普惠金融建设,通过不断加强物理渠道建设,全辖投放离行式和附行式自助银行共50个,自助机具126台,26个网点全部投产智能银行,智能机具102台,推进发展农村普惠金融,推广助农取款机、福农卡,合理布设ATM、POS机等电子机具,大力发展电子银行,多渠道服务客户。提升服务软实力,推行首问负责制、限时办结制等,努力服务好社会民生,通过走出去、网点阵地及组织小分队,开展"进校园"、各类反假和金融知识宣传,在拂晓报刊登支持小微企业的优惠政策、产品与服务,委派专人为埇桥区办事处工作人员和上百名企业主讲授小微企业金融知识。及时有效政务公开,发挥互联网+政务服务平台效应,充分利用拂晓报、宿州论坛、银协网站等新闻媒体,宣传推介金融产品、服务做法,加强信息公开报道;将所有开办业务种类、收费标准以及服务承诺进行公布,对干部选拔、财务支出、集中采购、资产处置等,坚持规定程序和专门委员会制度以及监督制度,规范操作。

【坚持标本兼治】 扎实推进党建和队伍建设,深入落实从严治党、从严治行要求,结合学习贯彻党的十九大精神和深化"两学一做"常态化制度化建设,开展纪念七一党日主题活动、纪念建党97周年专题党课暨“三优一先”表彰活动，推进党建和业务工作协同开展。深入推进党风廉政建设，细化责任分工，从严落实“八项规定”，抵制“四风”，突出抓好“两个责任”落实，推进廉政谈话、廉政文化、合规文化，营造良好的廉洁从业氛围。有效实行民主管理，严格安全生产责任制，加强对案防制度落实督导，组织实施质量提升年活动，抓好信访维稳工作，加强风险警示教育，有效防范各类风险；组织“银企对接会”“金融服务下乡”活动，强化银政、银企关系维护。推进作风建设和执行力建设，建立督办事项考核问责制度，进一步提高工作效能，改进金融服务水平。着力做好应急管理，完善突发事件应急预案，对重大节日、“两会”等特殊敏感时期，加强安全保卫、服务等工作，持续保持和谐稳定的发展局面。切实加强“从严治行”，认真落实监管要求，开展内控合规“固本强化年”活动，强化对重要风险环节的管控，确保安全运营；加强密码、保密工作，突出关键人员、重点环节，严格保密制度落实，完善保密工作机制。

【创建特色文化】　强化精神文明建设。培育践行社会主义核心价值观，积极营造核心价值观、中国梦、公民道德、学雷锋志愿服务、廉洁自律主题宣传、实践活动氛围，多种形式结对共建、结对帮扶、建设道德讲堂，创建“学习型银行”“节约型机关”，积极开展“讲文明、树新风”活动，认真参与宿州市创建全国文明城市活动，持续提升宿州市金融行业文明服务窗口形象。扎实推进机关作风专项治理活动，深层次反思问题存在的“观念、机制、效率、干劲”等方面主观原因，找对路径，加强作风建设；增强服务意识，强化对一线的服务，强化效能建设，加强执行力考评，提高工作效率。加快企业文化建设。加强合规文化、廉洁文化、信贷文化、服务文化等系列子文化品牌建设，坚持文化引领发展；注重以人为本，全力做好新形势下的员工福利工作，开展“送温暖”活动，救助困难员工，积极开展创优争先评比活动，有效激励广大干部员工的工作积极性、主动性。完善“职工之家”，完善职工阅览室以及活动室等，发挥各类协会作用，开展写春联、包饺子、摘草莓系列活动，加强特色企业文化建设，进一步激发员工热爱生活、努力工作的热情。

（毛施亮　尤安龙）

·国寿财险宿州中心支公司·

【概况】　2018年，公司累计实现保费收入3.46亿元，同比增长17.4%，市场份额14.15%，市场排名第三位。其中，车险保费收入3.19亿元，同比增长16.2%，非车险保费收入2737.96万元，同比增长34.27%，农险保费收入669万元。公司年度综合赔付率55.25%，综合成本率91.44%，实现承保利润2825万元。

【党建工作】　一是持续加强党风廉政建设。强化“两个责任”落实，开展对“八项规定”的自查整改工作，持续纠正“四风”。在日常工作中加大对理赔查勘、车辆维修资源推送、外部公估机构合作管理等关键岗位的稽核和督察力度，密切关注新形式、新动向，在促进公司全面建设上起到积极引领作用。二是抓党建促脱贫攻坚。宿州中支作为国有企业，积极响应党和政府号召，自2014年起选派党员骨干驻砀山县赵屯镇吕集村开展扶贫工作。吕集村由一个落后的贫困村，转变为在全镇各项工作均位居前列的先进村，基础设施和文化建设均取得了长足的进步发展。

【客服能力】　一是加强柜面网点建设。宿州公司致力于落实“专业、快捷、便利、贴心”的服务理念及“速度、标准、规范”的客服要求，提高各岗位人员的业务技能和责任心，促进窗口服务能力稳步提升，不断提升客户满意度。二是强化客户服务能力建设。公司践行总、分公司“客服先行”的宗旨，努力提升客服质量，提升社会美誉度，打造国寿财险一流品牌。公司相继开展“3·15”宣传，“6·16”国寿客户节、保险公众宣传日等活动，在活动中积极服务客户，宣传企业形象，受到消费者的广泛好评。

【提高理赔质量】　一是加强理赔队伍建设。多方招聘专业人才，注重业务培训，努力提升理赔员工技能。为加强理赔分中心管理梯队建设，全面提升理赔分中心管理能力，开展理赔室主任竞聘上岗，通过加强对理赔中心各岗位的日常考核和管控，分岗位制定考核办法，按月考核兑现，提升员工的工作责任心。二是提高理赔时效。做到加强新发案件处理速度,加快小额纯车物损案件处理速度并加大对简易赔案的考核力度;加强对小额轻微人伤案件的调解处理速度;加快未决案件清理工作,从而提高件数结案率及金额结案率。

【参与地方建设】 宿州中支勇于承担央企在地方建设中的责任,积极参与普惠金融和地方经济建设。支持“三农”政策,服务农业现代化建设。国家出台制定农业发展的一系列文件,为农险业务大发展提供政策支持。公司贯彻落实《安徽银行保险业支持乡村振兴战略的实施意见》,合理规划和布局宿州市农村网点铺设,实现乡镇网点全覆盖,推进“三农保险服务站”建设,提升公司在乡村地区的服务保障能力。同时聚焦农业、农村、农户实际需求,走进农业局、林业局、畜牧业局等农业职能部门,了解农业发展情况、农险承保情况、政府对农险的需求情况、财政对农险的支持情况,以特色农作物保险和涉农商业保险为突破口,积极涉足农险市场,充分发挥保险业的风险分散和经济补偿功能。2018年,公司农业险保险金额达到20.03亿元。

保险精准扶贫,服务精准扶贫战略。公司紧跟国家精准扶贫战略要求,推进政府统一采购家财险扶贫项目,积极开发扶贫保险产品。做好扶贫点定点帮扶工作。公司成功签单2018年埇桥区建档立卡贫困户家庭财产保险项目,为52641户贫困家庭提供总保险金额16.84亿元的风险保障。

加强政保合作,参与社会综合治理。公司以政府公共服务职能转移为契机,推动保险深度参与社会风险管理,推进政保合作向深层次、多领域发展。公司在前期成功中标食责险及安责险的基础上,继续深化与政府的合作,积极开拓医疗责任险、诉讼责任险相关险种,促进保险服务与社会治理相融合。2018年,公司为7家银行给予贷款的民营企业办理了贷款保证保险,保险金额为3.4亿元。国寿财险宿州中支将按照服务实体经济要求,进一步拓展责任险、贷款保证保险等与人民群众息息相关的保险产品,进一步发挥社会“稳定器”和经济“助推器”的作用。公司一贯秉承着“专业、快捷、便利、贴心”的服务理念和“用心经营、诚信服务”的宗旨,为广大消费者提供“五个一”服务,即“电话一拨即通”“全国一套标准”“理赔一路透明”“赔款一天支付”“投诉一站解决”,以高质量、高水平的客户服务能力实现客户与公司间的和谐健康发展。

公司大厅

·中国银行宿州分行·

【概况】 中国银行宿州分行是中国银行的二级分行,成立于1984年12月,成立之初为中国银行宿州办事处,1986年升级为中国银行宿州支行,1996年12月经总行批准更名为中国银行宿州分行。伴随着宿州市的改革开放,中行各项业务获得长足的发展,从专业经营外汇外贸业务发展成为本外币业务混营、功能齐全、经营稳健、具有一定实力的分行。下辖19家分支机构和10家24小时离行式自助银行,对市区和县域经济金融服务实现全覆盖。2018年,中行宿州分行人民币各项存款143.56亿元,较上年末新增16.89亿元,增幅13.3%;人民币各项贷款余额119.11亿元,新增17.07亿元,增幅16.7%,人民币余额贷存比82.97%,高于全市平均水平。

【信贷资金投放】 中行宿州分行积极履行社会责任,认真贯彻科学发展观和国家的各项金融方针、政策,积极抢抓发展机遇,优化资源配置,大力支持地方基础设施建设、棚户区改造和绿色环保产业发展,为促进宿州市经济快速、持续、稳定增长和社会和谐发展做出了积极贡献。2018年,成功投放萧县、砀山、灵璧棚户区改造项目贷款13.5亿元,有力推动宿州市棚户区改造;进一步推动环保、旅游、健康等行业授信业务,优化绿色信贷的审批流程,加大绿色信贷投放,向宿州国祯投放0.9亿元,用于宿州市污水处理工程。

【普惠金融】 为更好地服务小微民营企业,中行宿州分行持续提高政治站位,认真践行普惠金融,每月召开普惠金融业务推动会,认真落实总分行普惠金融尽职免责管理办法,重点解决员工“不想干”和“不敢干”的问题;强化激励约束机制,明确政策导向,开展普惠金融专项竞赛活动,鼓励全员积极投入到发展普惠金融工作中；利用省分行创新金融产品以及一系列推动普惠金融发展的优惠政策，结合宿州地域特点、产业特色，自觉承担“普之城乡、惠之于民”的社会责任担当；积极开办专场银企对接会，服务小微企业，与商务局共同举办外向型企业业务洽谈会，联合国税局举办出口型小微企业专场业务推动会。2018 年，中行宿州分行普惠金融考核口径贷款余额 8.6 亿元，较年初新增 1.24 亿元，完成省分行及银监局下达目标任务的 155%，普惠贷款增速达到 16.82%，超过全部贷款增速 0.19%，普惠金融客户数较年初增长 117 户，不良余额下降 156 万元，利率较年初下降 0.38%，全面完成了监管口径“两增两控”工作目标。

【风险内控管理】 中行宿州分行坚持遵循“以合规为先”的工作原则，加强风险排查和监督检查，做实做细各类内控检查，全方位开展员工异常行为排查；对辖内机构实行分类管理，提高内控案防专项治理活动的针对性，增强营业机构内控管理的主动性和自觉性，强化内控管理长效机制建设；全面提高员工合规意识，加强员工合规培训，引导员工自觉抵制违规行为；全力稳定资产质量，主动实施风险排查，严把新增贷款质量关，狠抓潜在风险化解，加快不良资产处置；加强对中小企业借款人及其担保人的现场核查，加强贷款期限管理，加强大户风险管控，切实防范大额信贷风险。2018 年，不良贷款余额 3040 万元，较年初减少 1138 万元，不良率为 0.26%，较年初下降 0.15 个百分点，较年初实现了“双降”，资产质量总体稳定。

【队伍建设】 注重加强自身建设，班子成员认真履行岗位职责，发挥好领导班子的核心作用。不断加强各级管理层执行力的培养，按照德才兼备、注重实绩、群众公认的原则选拔干部，不断优化班子结构。加强员工队伍建设，搭建青年员工成长平台，召开新入行员工、县支行员工及中层管理人员等多个层面的座谈会，增强员工的主人翁意识。加强专业队伍建设，壮大客户经理专业队伍规模，满足转型和发展的要求，提升拓展市场的能力。加强企业文化建设，通过员工户外文体活动、集体生日会等活动，培养员工的凝聚力和荣誉感，在全行形成了积极向上、争先创优的良好氛围。以形式多样的活动为基础，建立起有利于企业发展和员工成长的企业文化体系，实现企业文化与分行战略和谐一致，企业发展与员工发展和谐一致。

中国银行宿州分行举办宿州市区外贸企业业务交流促进会

·宿州农商银行·

【概况】 安徽宿州农村商业银行股份有限公司成立于 2014 年 6 月，经中国银保监会安徽监管局批准，在原宿州市区信用合作联社的基础上改制成为地方性股份制商业银行，注册资本金 6.02 亿，设置 12 个职能部门，下辖 61 个营业网点，在职员工 584 人，内退员工 61 人。截至 2018 年末，宿州农商银行各项存款余额 145.65 亿元，较年初增加 16.96 亿元，增长 13.18%，同比多增 6.28 亿元，再创历史最高增量；各项贷款余额 93.83 亿元，较年初净增 17.21 亿元，增长 22.46%，同比多增 7.73 亿元。

【党建引领】 宿州农商银行坚持以习近平新时代中国特色社会主义思想为指导，深入学习贯彻党的十九大和十九届二中、三中全会精神，全面落实新时代党的建设总要求，扎实开展“不忘初心、牢记使命”主题教育，以深入推进基层党组织标准化建设为抓手，全面加强全行党的政治、思想、组织、作风、纪律建设，为宿州农商银行的健康发展提供有力的政治思想和组织保障。2018 年末，宿州农商银行党委下设 21 家党支部，351 名党员，培养入党积极分子 13 名，通过组织考察发展党员 6 人，其中预备党员按期转正 3 人，新接收预备党员 3 人，为党组织增添新生力量。

【服务三农】 推出“兴农易贷”系列 3 个易贷卡授信模型发放涉农农户贷款，为农民增产增收提供信贷支持，2018 年末，涉农贷款余额 70.76 亿元，较年初增加 10.11 亿元，增幅 16.67%。持续为农村提供覆盖范围更广、使用更为便利的基础金融服务,共建设旗舰型金农信 e 家 3 家、普通型 9 家和简约型 28 家,配备"金农 e 助手"51 台,全面提升农村地区支付服务效率和质量,真正打通农村支付结算"最后一公里"。办理农村养老保险业务涉及 40 个乡镇或街道办事处,2018 年全年办理新农保代发业务 256 万笔,办理新农保代扣业务 63 万笔。

【服务小微】 宿州农商银行坚持以服务小微企业为己任,健全小微企业金融服务体制机制,创新小微企业金融服务产品与服务模式,摒弃盲目相信抵押、依赖担保的做法,充分重视第一还款来源,给予企业不同档次的利率优惠幅度,通过减费让利,推动融资降本,着力破解小微企业"融资难、融资贵、融资慢"等问题。同时通过积极配合人民银行宿州市中心支行组织开展的"百名行长进千企"专项活动,进一步促进金融支持小微企业政策落地,全方面提升对小微企业的金融服务水平和成效,确保新增信贷资金向小微企业倾斜。2018 年末,小微贷款余额 59.13 亿元,占贷款余额的 63.01%。

【服务社区】 宿州农商银行为更好履行服务社区责任,不断增加服务网点,提高服务品质,全面取消手续费,升级成为免费银行;积极开展金融社保业务,每个支行专设社保业务办理窗口,累计发放金融社保卡 83.7 万张,惠及客户近 100 万人次。

【民生贷款】 宿州农商银行充分认识到金融精准扶贫工作的重要性,对有用款需求、符合贷款条件的建档立卡贫困户"应贷尽贷",切实发挥好金融扶贫的先导和杠杆作用。截至 2018 年末,共发放扶贫小额贷款 10483 户 4.88 亿元,占埇桥区发放扶贫小额贷款总量的 59.15%。同时宿州农商银行为满足贫困大学生等特殊群体的用款需求,持续加大对生源地助学贷款的投放。截至 2018 年底,累计发放助学贷款 8989 笔,金额 6058 万元。

【创新金融产品】 宿州农商银行以客户需求为出发点,努力创新产品,为客户提供更加方便快捷的优质服务,通过易贷卡为载体,建立信用贷款模型,细分行业、客户人群。继首个"金易贷"模型创建以来,共推出了"小微易贷""兴农易贷""惠民易贷"3 个系列共 11 个产品模型,对个体户、小微企业主、农户、收粮户、工薪阶层、营运车主等客户群体给予信用授信,全方位满足不同客户多元化的需求。截至 2018 年末,宿州农商银行易贷卡授信 4.41 万户,授信 32.80 亿元,用信 16.48 亿元。

【制定战略】 宿州农商银行树立"诚信、创新、担当、共进"的企业核心价值观,明确"真灵活、好服务"的经营理念,结合自身实际,制定了《宿州农商银行"933"战略发展计划》,即从 2018 年至 2026 年九年三步走,三年一阶段,依次成为高质量发展银行、卓越竞争力银行、公众满意银行,为宿州农商银行的稳步发展奠定了基础。

主要监管指标稳中向好。资本净额 2.06 亿元,比最低时增加 1.74 亿元;拨备余额 6.11 亿元,增加 5475.44 万元;拨备覆盖率 49.66%;计提贷款损失准备 1.45 亿元,增加 5200 万元;资本充足率由负转正提高 19.31 个百分点。电子银行发展量质并进。电子银行交易替代率达到 85.25%,上升 12.57 个百分点;金农 IC 卡累计发放 28.9 万张,增加 6.6 万张;卡账户余额 14.8 亿元,增加 4.2 亿元;手机银行累计签约 21 万户,增加 10 万户。不良贷款连续"双降"。不良贷款余额 12.3 亿元,下降 3.24 亿元,不良率 13.1%,下降 7.17 个百分点。超额完成省联社下达的 2018 年度的压降目标。

【荣誉】 被省公安厅、中国银监会安徽监管分局授予"安徽省银行业金融机构第五轮安全评估工作先进单位",被安徽省农村信用联合社授予"2018 年度电子银行业务最佳进步单位"。

10 月 26 日,宿州农商银行向包保贫困村李桥村捐赠农用交通机具 (摄影 冯郑义)

[责任编辑 肖静静]

农业农村经济

·农业·

【综述】 2018年，全市粮食生产实现“十五连丰”。全市农村常住居民人均可支配收入11941元，同比增长10%，位居全省第四位，高于全省平均水平0.3个百分点。2018年全市规模以上农产品加工企业加工产值占全省加工产值的9.9%，位居全省第三位。农产品加工规上企业593家；30亿元以上农产品加工业产业集群数十家；超10亿元企业共计14家；新增中国驰名商标1个，新增地理标志2个，新增安徽名牌11个，新增无公害农产品58个，新增绿色食品31个，新增有机产品10个；新增25家省级示范联合体，省级示范联合体已达71家，居全省第一；农产品加工招商引资到位资金262亿元。市级农业产业化龙头企业发展到669家。产业化工作年度排名继续位列全省第一方阵。2018年成功创建全国“平安农机”示范市。

【种植业】 根据统计部门数据，2018年，全市粮食作物种植面积96.32万公顷，增长1.39%；油料种植面积2.79万公顷，增长5.4%；豆类种植面积15.84万公顷，增长9.6%；蔬菜及食用菌种植面积4.84万公顷，增长5.94%。全年粮食产量455.85万吨，比上年增长2.08%；油料产量12.77万吨，增长5.21%；豆类产量22.52万吨，增长9.84%；蔬菜及食用菌产量201.6万吨，增长6.69%。

【农产品质量安全监管】 2018年，市局认真落实“四个最严”的要求，扎实推进质量兴农，坚持执法监管和标准化生产“两手抓”“两手硬”，进一步推进监管能力和制度机制建设，强化工作落实和措施保障，全市农产品质量安全水平不断提升，全年未发生重大农产品质量安全事故。一是强化监测监督抽检。全年市级开展2次农产品质量安全例行监测、2次监督抽检、2次飞行抽检，抽检蔬菜水果样品327个，合格率达99.6%以上。二是健全乡镇快检体系。精心组织实施“农安”民生工程，在已建245个快检系统的基础上，2018年制定了宿州市2018年农产品安全工程（农产品安全快检体系）实施方案，新建53套乡镇农产品质量安全快速检测系统。2018年全市上传快检数据12万多条，居全省领先。三是推进加大追溯体系建设。坚持以农业“三品”和“两园两场”等“菜篮子”产品为重点，积极推进食用农产品质量安全追溯，着力抓好“质控有制度、人员有责任、产品有标准、用药有台账、生产有记录、售前有检测、准出有证明、信息可查询”等环节工作的落实。截至2018年底，宿州市应用省级追溯平台企业160多家，位居全省前列。四是加强农产品质量安全信用体系建设。落实《宿州市农业委员会关于建立农资和农产品生产经营主体信用档案的通知》和《宿州市农产品质量安全“红黑名单”制度》，及时公布市级农产品质量安全“红榜”和“黑名单”。五是深入开展示范创建活动。积极开展创建全国质量强市示范城市、全省食品药品安全城市和农产品质量安全县工作。砀山县、萧县、泗县、埇桥区、灵璧县均获得省级农产品安全县称号，砀山县开展国家级农产品安全县创建，农产品安全县创建工作实现全覆盖。六是开展农业标准化创建。持续开展标准化示范创建，2018年新增省级果蔬标准园8

个,市级果蔬标准园10个,创建4家部省级畜禽养殖标准化示范场,6家市级标准化示范场。七是抓好农作物病虫害防治。全市一年来共组织召开20余次病虫情会商会,承办2次全省病虫害防治会议,发布病虫情报100余期,召开防治现场会50余场次,发放技术明白纸60余万份。2018年宿州市小麦、玉米等农作物病虫害总体中等发生,病虫草鼠总计发生面积4306.31万亩次,防治面积6585.21万亩次,挽回损失82.85万吨,其中粮食挽回损失50.76万吨。

【农业科技】 2018年全市培训新型职业农民3500人,其中生产经营型职业农民1450人、专业技能型职业农民150人、专业服务型职业农民1900人,培训合格率100%,生产经营型职业农民认定率100%,全部由县区人民政府认定。全市共3人入选省级农业职业经理人培育对象,69人参加省级现代青年农场主培训。7名基层农技人员被省农业农村厅推荐作为农业农村部“互联网+农技推广”服务之星人选。2名基层农技人员被评为安徽省农民满意农技员,1人被评为安徽省农民满意农技员提名。

【土地确权颁证】 全市5个县区数据库全部通过省级质检,发放确权证书1160111户,占农户总数的98.4%,真正做到“确实权”“颁铁证”,有效维护广大农民农村土地承包合法权益。采取多种措施稳步推进农村土地“三权分置”改革,通过各类经营主体带动,创新发展了“土地股份合作”“土地托管服务”等新模式,有力促进现代农业发展。

【秸秆综合利用】 2018年全市农作物秸秆可收集量为481.6万吨,年度秸秆综合利用量440.38万吨,秸秆综合利用率达到91.4%,其中秸秆产业化利用量占农作物秸秆利用总量比例达到39.3%,肥料化利用(包括机械化还田、高温堆肥还田、商品化有机肥生产)占利用总量的61.3%;基料化利用(包括食用菌基质等)占利用总量的1.08%;饲料化利用(包括青贮等)占利用总量的13.9%;工业原料化利用(包括人造板材、清洁制浆)占利用总量的8.29%;能源化利用(包括秸秆电厂、固化成型燃料、秸秆沼气)占利用总量的15.43%。形成以秸秆肥料化利用为主,秸秆饲料化、能源化、工业原料化利用为辅,秸秆基料化利用为补充的综合利用格局。

【畜牧业】 根据统计部门数据,全年肉类总产量46.11万吨,增长4.59%;牛奶产量0.25万吨,增长1.1%;禽蛋产量27.48万吨,增长3.0%。

【水产业】 根据统计部门数据,2018年全市水产品产量4.39万吨,增长3.7%。

【农业机械化】 根据统计部门数据,年末全市农业机械总动力758.4501万千瓦,增长2.5%,大中型拖拉机保有量3.37万台,增长6.8%,联合收割机保有量2.82万台,增长3.6%,大中型拖拉机配套比1:2.8,耕种收综合机械化水平达到89%。全年农用化肥施用量(折纯)31.53万吨,下降0.42%。全市开展喷灌、滴管水肥一体化示范面积50.5万亩,增长10%。

·林业·

【概况】 林长制改革逐步推深做实。2018年,全市建立起市、县区、乡镇和行政村(社区)四级林长组织、责任体系,设立林长4248名,确定15个主要生态功能区,安装林长公示牌1318块,开展巡林调研活动130余人次。研究制定林长制市级会议、督察、考核和信息公开制度,在市和县区两级建立调度、督察、会商和宣传等保障制度,出台《关于推深做实林长制改革优化林业发展环境的意见》和《关于推深做实林业精准扶贫的实施意见》。2018年,宿州市在《拂晓报》、市电视台等主流媒体上宣传林长制改革25次以上,在省市林业信息网上传信息80余条,编发工作简报20余期,林长工作不断向深入推进。

【造林任务超额完成】 全年新增造林6.56万亩,占省任务的218.7%,其中砀山县造林0.11万亩,萧县造林0.82万亩,埇桥区造林2.96万亩,灵璧县造林0.87万亩,泗县造林1.75万亩,市经开区造林0.05万亩;新增27个省级森林村庄、6个省级森林城镇;新建169公里省级森林长廊示范段,萧县、埇桥区和砀山县省级森林城市建设成果得以巩固,泗县省级森林城市创建基础初步形成。森林抚育27.36万亩，占省任务的103.8%，建成省级森林抚育示范片2.48万亩，占省任务的157%。森林覆盖率提高到30.09%以上，森林总体质量再有新的提高。

【林业产业】 充分发挥宿州市中国杨木产业基地优势，培育骨干林业企业、林业专业合作组织等，全市林业总产值达到635.2亿元，连续四年位居全省各市之首，全市省级林业产业化龙头企业29家，林业专业合作组织发展到331家，市级林业专业合作社34个，省级示范社16个，国家级示范社4个。

【创建国家森林城市】 2018年9月，市政府印发《关于全面推进国家森林城市创建目标任务(2018年9月—2019年3月)落实的通知》，全市按照通知要求围绕城市森林网络、森林健康、林业经济、生态文化和森林管理支撑五大体系、城区森林建设等七大创森重点工程对标提升，扎实推进造林增绿，持续加大创森宣传和生态科普力度，全方位开展国家森林城市创建工作，力争于2019年下半年通过国家验收。

【森林资源保护】 一是加强林业有害生物防治力度，采取飞机防治与地面防治相结合的措施，开展重大林业有害生物防控责任制。全年林业有害生物成灾面积1.23万亩，成灾率2.9‰，其中美国白蛾成灾面积0.14万亩。完成省下达的林业有害生物成灾率低于9.3‰，美国白蛾成灾面积不超过发生面积1%的指标；二是落实森林防火行政首长负责制，逐级签订森林防火责任书，认真落实防火责任。编制《宿州市2016—2025森林防火规划》，开展森林森林防火实战演练，全年未发生重大森林火灾和人员伤亡事故，火灾受害率在0.5‰以内；三是严格执行林木采伐限额制度，全年发放林木采伐证784份，采伐蓄积23.206万立方米，林木采伐量远低于年度限额；四是严厉打击林业违法行为，2018年度宿州市发生林业行政案件437起，查结437起，案件办结率100%。其中盗伐与滥伐林木251起，占57.4%；非法运输木材案件129起，占25.9%。

【义务植树】 3月6日下午，市领导史翔、赵琳、许广斌、余向东、叶莉、何志中等与市直、埇桥区直单位干部职工及消防部队官兵等1000余人一道，到位于埇桥区灰古镇境内的埇桥区现代农业产业园，参加义务植树活动，种植无刺刺槐5000余株，为宿城再添新绿。

市直机关义务植树活动

【白蛾防治】 2018年，全市持续推进美国白蛾飞机防治，实现疫情发生区全覆盖，飞防面积为278.6万亩，全年中度以上发生面积仅0.14万亩，美国白蛾疫情得到有效控制。

【白蛾综合防控示范项目】 中央财政技术推广示范项目“美国白蛾综合防控技术推广示范”圆满完成，建成飞机防治示范区5万亩，生物防治示范区0.5万亩，举办两期防治技术培训班，培训人数200余人次。

【湿地保护】 2018年5月8日，市政府出台《宿州市湿地保护修复制度工作方案》，公布宿州市第一批重要湿地名录。

【森林资源督查】 2018年6月宿州市全面启动森林督查工作，9月底前全面完成了督查任务。督察共完成外业调查图斑3260个，面积2115.85公顷，排查出一批破坏森林资源案件，查处整改案件340个。

【市级林长第一次会议】 6月21日下午,全市市级林长第一次会议暨市级总河长第二次会议召开,会议审议通过了《宿州市林长制市级会议制度》《宿州市林长制工作督察制度》《宿州市林长制信息公开制度》,标志着宿州市林长制工作进入新阶段。

【森林防火实战演练】 11月1日,宿州市人民政府在宿州市夹沟国有林场,组织开展全市森林防火实战演练,进一步提升森林火灾处置能力和扑救水平。

全市森林防火实战演练现场

·水利·

【概况】 2018年,宿州市全力应对汛期多次强降雨过程和台风袭击,最大限度降低灾害损失;充分吸取"温比亚"台风灾害教训,扎实推进防汛防台风各项整改工作,尽快补齐工作短板、消除风险隐患。怀洪新河水系洼地治理工程可行性研究报告获批,全年落实重点水利项目投资计划5.77亿元,累计完成投资5.28亿元,完成4个中小河流治理项目、2座中型病险水闸除险加固项目。359个贫困村实现农村自来水村村通、户户通,推进农田水利"最后一公里"建设,新增高效节水灌溉面积4.68万亩。开展河道管理范围内固废排查、水库垃圾围坝整治、河湖"清四乱"等专项行动,共清理整治固废点位95个、销号"四乱"问题69个。全市用水总量、万元GDP用水量下降、万元工业增加值用水量下降、重要江河湖泊水功能区水质达标率均超额完成省下达宿州市的目标值。《宿州市水土保持规划(2017—2030年)》《宿州市饮用水水源地保护条例》出台。开展水土流失综合治理,治理水土流失面积67.01平方公里。湖长组织体系全面建立,河(湖)长制工作体系进一步完善,各项专项行动积极推进,河(湖)长制逐渐向"见行动""见成效"转变。

【水资源开发利用与保护】 扎实做好实行最严格水资源管理制度考核工作,严格落实"三条红线"考核指标,2018年,全市用水总量9.87亿立方米,万元GDP用水量63.5立方米(以2015年不变价计算),较2015年下降21.4%,万元工业增加值用水量47.5立方米(以2015年不变价计算),较2015年下降20.7%,全市重要河流水功能区水质达标率80%,高于省下达宿州市的目标值。实施水资源消耗总量和强度双控行动,严格取水许可监督管理,开展规划水资源论证工作,落实自备井取用水户计划用水管理、公共供水用水单位用水计划管理,强化水资源承载能力刚性约束。实施国家节水行动,推进砀山县和埇桥区县域节水型社会达标建设,创建"省级节水型企业"9家、节水型单位10家。开展自备井封闭工作,共封闭自备井用水户26家,压采地下水92.84万立方米。严格入河排污口监督管理,完成全市102个入河排污口及超标排放的入河排污口整改任务,并逐一登记建档,规范管理;按照入河排污口监测全覆盖的要求,对辖区内102个入河排污口开展了4次监督性监测。9月26日,《宿州市饮用水水源地保护条例》(以下简称《条例》)通过省十三届人大常委会第五次会议批准,将于2019年1月1日起实施。《条例》分为五章,共四十四条。《条例》的制定实施对于进一步加强饮用水水源地保护,推进生态文明建设,促进经济社会发展都将起到积极作用。

【水工程和河湖管理】 完成2018年度县级国有公益性水利工程维修养护项目,对2座水库、2座泵站、7座水闸进行维修养护。加强广域网考勤管理,通过抓人员到岗到位,保障工程质量、促进工程进度。加强对在建工程质量和安全监管,多次组织开展在建工程安全生产监督检查,发现问题及时督促整改。宿州市水利局被评为2018年度安全生产工作优秀单位，在2017—2018年度全省水利建设质量工作考核中被评为A级。扎实推进河湖及水利工程管理和保护范围划界工作，发布新汴河划界公告，完成划界面积20.85万亩。开展河道管理范围内固体废物点位排查，95处固废点位全部完成整改。完成垃圾围坝排查及整治工作，82座中小型水库零报告。开展"清四乱"专项行动，排查各类问题76个，完成销号69个。深入开展河湖违法建设问题排查。

【水利建设】 全年落实重点水利项目投资计划57680万元（2017年结转3473万元，2018年下达54207万元），完成投资52799万元，投资计划完成率91.5%，目标任务完成率118.7%，超额完成年度目标任务。其中，农村饮水安全巩固提升工程，完成投资15698万元；灾后水利薄弱环节中小河流治理工程，完成投资19866万元，完成2018年续建的萧县洪碱河、萧县萧濉新河、砀山县废黄河、埇桥区新北沱河上段二期等4个中小河流治理工程，新开工建设砀山县利民河、灵璧县潼河、埇桥区方河等3个中小河流治理工程；高效节水灌溉工程，完成投资6919万元；大中型涵闸除险加固工程，完成投资2290万元；农业水价综合改革，完成投资597万元；农田水利"最后一公里"建设及管护等，完成投资7034万元；县级以下公益性水利工程维修养护，完成投资105万元；基层防汛预报预警体系建设，完成投资290万元。

【农村水利工程建设】 实施农村饮水安全巩固提升工程，完成投资8.03亿元（其中计划内投资1.57亿元），新建、改扩建、管网延伸、设备改造工程69处，覆盖行政村276个、自然村2312个，受益129.66万人。截至12月底，全市有农村饮水安全工程249处，农村供水覆盖率达98.26%，入户率达93.18%，实现359个贫困村村村通、户户通，建档立卡贫困户安全饮水全覆盖。宿州市2018年度高效节水灌溉建设任务面积5.2万亩，占全省建设任务的14.7%，依托2017年度省级高效节水灌溉项目资金，实施高效节水灌溉面积8430亩；2018年高效节水灌溉项目，新增高效节水灌溉面积46804亩。推进农田水利"最后一公里"建设，共治理面积46.38万亩，其中统筹资金治理面积28.12万亩，专项资金治理面积18.26万亩，覆盖行政村58个，其中涉及贫困村44个。市、县两级全年共落实农田水利建设资金6861万元，落实农田水利维修养护资金868万元。以"一证一书或两证一书"为抓手，积极推进小型水利工程管护改革，截至12月底，全市累计发放一证一书或两证一书44397个，建立各类水利管护组织496个。在全省农田水利基本建设第二十三届"江淮杯"竞赛评比中，宿州市水利局获得优秀组织奖，埇桥区荣获一等奖，灵璧县、砀山县荣获三等奖。

【防汛抗旱】 2018年，宿州市全年降水量1055.4毫米，较历史同期偏多21.7%；其中砀山县全年降水量969.0毫米，较历史同期偏多25.0%；萧县1046.9毫米，较历史同期偏多29.9%；埇桥区1068.6毫米，较历史同期偏多20.9%；灵璧县1077.5毫米，较历史同期偏多18.0%；泗县1074.0毫米，较历史同期偏多18.2%。5—9月，全市降水量827.3毫米，占全年降水量的77.2%。各月之间，8月份降水最多，雨量407.0毫米；10月份降水最少，雨量为1.0毫米。地区之间，灵璧县娄庄雨量最大，年雨量1561.5毫米；砀山县岳庄坝雨量最少，年雨量766.5毫米。宿州市采取仓库储备和社会代储相结合的方式，储备袋类37.9万条，土工布1.3万平方米，铅丝7.5吨，桩木1005立方米，块石120吨，砂石料1000吨，救生衣、圈1278件；组建防汛抢险队伍9支，落实群众性防汛队伍854个；开展多种形式的防汛抢险实战演练（培训）9场次；修订出台《宿州市防汛抗旱应急预案》，落实水库"三措施一要害"，完成"一河一策、一圩一策、一库一策"修编任务，共编制应急预案62个。6月22日，宿州市防指会同埇桥区防指在埇桥区张树闸开展防汛抢险应急演练，演练立足于水利工程抢险，组织巡堤查险、导流分洪、堵漏筑堤、围堰拆除等科目演练，对宿州市防汛应急抢险工作具有借鉴意义。受台风温比亚影响，宿州市遭受严重暴雨洪涝灾害，新汴河流域、濉河流域雨量重现期分别超百年一遇、达80年一遇，部分站点超安徽省淮河流域历史极值。宿州市防指先后启动防汛Ⅳ级、Ⅲ级应急响应，全面开启新汴河、沱河、浍河、唐河、濉河等主要河道沿线所有节制闸，加快洪水下泄；派出7个专家组赴县区督查指导抗洪抢险工作，加大巡查、排险力量，做好应急转移，累计组织巡堤查险1.1万余人次，应急转移城乡低洼区、采煤塌陷区、水库泄洪区域

47587人;迅速组织人力、机械清沟沥水,尽快恢复群众生产生活,累计排出农田积水总量4.52亿立方。

【水行政执法】 制定重大事项合法性审查程序规定、重大行政执法决定法制审核目录清单,明确法制审核审查事项和范围。对群众关心的“非法取用地下水”“芦岭塌陷区水污染”等热点问题,及时安排人员调查处理,并将处理结果向社会公开,自觉接受监督。将日常宣传与“世界水日”“宪法宣传周”等重点活动结合,深入开展水利法治宣传教育,增强全民法治观念。开展《中华人民共和国水法》贯彻落实情况执法检查。加快推进“互联网+政务服务”工作,涉及水利部门的21个事项全部进驻政务服务中心窗口受理,实现“进一网”“进一门”“进一窗”“最多跑一次”,2018年按承诺时限及时办结政务服务事项28件。深化政务公开,开展政府信息公开目录修订试点工作,规范政务公开工作标准和工作流程,2018年共召开4场新闻发布会,公开政务信息405条,发布微博4020条,确保权力在阳光下运行。

【水土保持】 开展水土流失综合治理,新增水土流失治理面积67.01平方公里。加强水土保持事中事后监管,水土保持方案审批率100%,全面完成水土保持监督检查任务,有效控制人为水土流失。6月20日,《宿州市水土保持规划(2017—2030年)》(以下简称《规划》)经市政府批复实施,为以后一个时期宿州市水土保持工作的发展蓝图和水土流失预防与综合治理提供了重要依据。《规划》明确,到2020年,全市新增水土流失治理面积70平方公里,水土流失面积占国土面积的比例下降到2.5%以下,年均减少土壤流失量18万吨,初步建成与宿州市经济社会发展相适应的分区水土流失综合防治体系;到2030年,全市新增治理水土流失面积267平方公里,水土流失面积占全市国土面积的比例下降到0.5%以下,年均减少土壤流失量65万吨,基本建成与宿州市经济社会发展相适应的水土流失综合防治体系。

【河(湖)长制】 6月21日,《宿州市关于在湖泊实施湖长制的意见》,由市委办公室和市政府办公室联合印发出台。4县1区于6月底前全部出台湖长制实施意见,相关乡镇也于9月底前全部出台湖长制实施意见。市、县两级列入河长制管理的河段共117个,其中市级6个,县级111个,河湖名录实现境内全覆盖。湖长制实施范围是被列入省湖泊(水库)名录的芦岭湖(天然湖泊)、岳庄坝水库(中型水库)、12座小(1)型水库和70座小(2)型水库。截至12月底,设立市、县、乡、村四级河(湖)长3531名,各级河(湖)长累计巡河达44590人次,树立河长公示牌2009块;通过宿州河长制微信公众号推送信息260篇,推送量达13.2万人次。2018年,12条黑臭水体清淤、截污全部完成,关停不符合环保要求的码头36家,清理违规网箱18万平方米、围网12000亩,运输船舶生活污水防污染设施改造率达到81%,规模养殖场粪污处理设施装备配套率达到90.2%,市级和县级集中式饮用水源地水质达标率均为100%,河(湖)长制逐渐向“见行动”“见成效”转变。

【怀洪新河水系洼地治理工程】 8月8日,由宿州市牵头开展项目前期工作的安徽省怀洪新河水系洼地治理工程可行性研究报告获省发改委审批通过。安徽省怀洪新河水系洼地治理工程是水利部批复的《淮河流域重点平原洼地除涝规划》确定的重点治理洼地之一,列入国务院172项重大水利工程。工程总投资24.6亿元,其中,宿州市境内投资10.8亿元。治理范围包括:怀洪新河两岸、唐河、北沱河、浍河、沱河、石梁河、澥河7片洼地,治理洼地面积4687平方公里,涉及宿州市埇桥区、灵璧县、泗县,淮北市濉溪县,蚌埠市淮上区、怀远县、固镇县、五河县等3市8县(区),人口309万人。治理任务是:重点疏浚怀洪新河水系主要河道,扩大现有河道的排涝防洪能力;新建、加固河道干堤及圩堤,提高堤防防洪标准;新建、重建、更新改造低洼地区排涝泵站,新建、重建沟口涵闸等建筑物,有重点的实施部分排涝干沟疏浚及桥梁工程,使治理区形成一个完整的防洪排涝体系,真正做到涝水排得出,洪水防得住,从而彻底改变低洼易涝区涝灾严重、人民群众生活困难的局面,为地区经济可持续发展创造良好的条件。

【汴河博物馆】 6月28日,汴河博物馆开馆。汴河博物馆是一座以汴河为主题,集展陈、科普、宣传、教育、研究和交流等多种功能为一体的专业性博物馆。汴河博物馆分为室内工程和室外工程两部分。室内工程由博物馆和广场两部分组成，占地面积为13165平方米。博物馆形似扬帆远航的巨轮，上部风帆为红色异形钢结构，高26米，船基座共分三层，建筑面积3570平方米，分别展示新汴河的前世、今生和未来。室外工程占地面积36000平方米，包括二十四节气和十二生肖广场、拱形桥及生态岛长廊。博物馆的建成和开馆，对于保护汴河遗址，传承汴河文化，弘扬新汴河精神，普及水利知识，青少年研学，文明城市创建等都具有重要意义。

（朱　琳）

宿州利用汴河博物馆开展水科普知识展　（摄影　张嘉倩）

［责任编辑　肖静静］

工 业 经 济

·工业·

【概况】 2018年，全市工业经济呈现“总体平稳、稳中有进、质效双升”的良好态势，主要指标增幅“好于预期、快于全省”，全市全年规上工业增加值同比增长10.1%，比全省高0.8个百分点，创近4年同期新高；规模以上工业主营业务收入利润率实现6.14%，创历史新高；工业用电量实现38.4亿千瓦时，创历史新高；技改投资同比增长44.8%，高于全省10.2个百分点，创近6年同期新高；规模以下工业增加值同比增长9.3%，增幅居全省第1位。规上工业百元主营业务收入成本较去年同期下降1.04元，下降幅度创历史新高；民营经济增加值占GDP比重为66.3%，位居全省第3位，创历史新高。据市统计局测算，全市规上工业增加值、规上工业主营业务收入利润率、工业降成本、工业用电量、规下工业增加值等多项省政府目标绩效考核指标均位居全省前8。电力设施和电能保护综治考核连续4年位居全省第1。单位工业增加值能耗下降8.9%，超额完成目标任务，交出了一份靓丽的成绩单。

【“3111”工程】 一是首位产业快速发展。2018年，全市首位产业完成产值1219亿元，同比增长24.66%。实现工业税收32.6亿元，同比增长21.47%。其中首位产业实现税收21.5亿元，同比增长24.83%。二是龙头企业脱颖而出。百丽鞋业、安特食品、皖北药业、华为云计算、新亚电子、东大木业、鸿正服饰、海升果业等一批龙头企业已在同行业形成较强的影响力和示范作用，成为宿州市首位产业发展的骨干力量。三是“3个10项目”建设成效突出。2018年，全市排出新竣工项目189个；新开工项目175个；新签约项目136个。一批投资体量大、科技含量高、创新能力强、产品前景好的项目落地开工有序推进，竣工投产，发挥效益，为宿州市工业发展增添新生力量。

【结构调整与转型升级】 开展打击地条钢专项整治，落实国家、省化解钢铁过剩产能，严防地条钢死灰复燃工作部署，下发《关于建立宿州市打击取缔“地条钢”工作长效机制的通知》，细化层级和部门责任，加大巡查力度，对轧钢、铸造企业全覆盖、无死角的检查，坚决杜绝“地条钢”等钢铁违法违规行为。全市未发现地条钢生产企业，有铸造企业4户，按要求每季度在市政府、市经信委网站上公示，并公布监督举报电话。阶段性完成了中央环保督察反馈的150家砖瓦窑厂及举一反三的116家砖瓦窑企业整改工作。拆除砖瓦窑企业192家，完成整改69家。完成小锅炉整改1036台，完成在册工业锅炉清洁能源替代288台。

【工业节能】 2018年，全市单位工业增加值能耗下降8.9%；全市秸秆工业化利用共36.52万吨，占全市综合利用总量的8.3%。超额完成各项目标任务。大力提高节能环保技术、装备产品、服务水平，增强核心竞争力，促进节能环保产业发展，2018年全市1家企业列入节能环保生产企业，家户企业列入节能环保重点项目目录。引导企业向绿色发展转型升级，促进企业成为绿色制造的实施主体，推进绿色制造体系建设，2家企业获批省级绿色工厂称号。组织引导企业应用先进适用技术实施节水改造,加快淘汰高耗水工艺、技术和装备,提高水资源利用率,加快推进重点用水企业节水技术进步。3家企业获得省级节水型企业称号。

【民营经济发展】 推动召开大规模、高规格的全市促进民营经济发展大会,出台“民营经济政策30条”,市委、市政府重视程度、政策支持力度、社会影响深度前所未有。充分发挥民营办牵头作用,分解落实支持民营经济发展70项任务,启动实施清理拖欠民营企业、中小企业账款专项行动,推到11家专精特新企业在省股权交易中心挂牌,争取国家小微企业担保奖补资金2500多万元。新增省级专精特新中小企业21家,新增省级小微企业创业创新基地2家,新增中小企业服务平台1家。2018年,新增民营企业15793家,全市共有57247家民营企业。

[责任编辑 王德刚]

商贸物流

·综述·

【市场运行情况】 2018年市场销售较快增长。全市社会消费品零售总额554.3亿元,增长13.0%,比上年提高1.1个百分点,居全省第6位。其中,限上消费品零售额248.9亿元,增长14.9%。粮油食品类、服装鞋帽针纺织品类、中西药品类等增速分别达到19.4%、42.3%、24.9%。从消费地区看,城镇增长13.2%、乡村增长11.8%,分别比上年提升1.0、1.7个百分点。网上零售额增长1.09倍。

【电子商务】 宿州市委、市政府高度重视电子商务产业,将其作为助力脱贫攻坚和乡村振兴的重要载体,集中要素,强力推进,全市电商发展取得较好成效。2018年,全市电子商务交易超过150亿元,同比增长超过50%;其中,上行农村产品网络销售约80亿元。新增县域电子商务经营主体775个,打造"三品一标"农产品网销品牌269个。全市网上开设活跃店铺6200余家,带动20万人在电子商务行业从业就业。全市快递服务企业业务量累计完成4200万件,同比增长50.1%;业务收入累计完成3.94亿元,同比增长38.5%。

坚持行政推动。市委市政府高度重视,成立以市政府主要负责人为组长的市电子商务发展工作领导小组。市政府先后出台《宿州市人民政府关于加快电子商务发展的若干政策意见》《宿州市人民政府办公室关于推进电子商务与快递物流协同发展的实施意见》《宿州市人民政府办公室关于大力推进农业产业化联合体农村电子商务融合发展的实施意见》《宿州市关于深入推进电商扶贫工作的意见》等一系列政策文件。同时,市财政每年安排1000万元电子商务发展专项资金,在网商培育、项目建设、产品研发、人才培训等方面给予扶持。

注重示范引领。加强电商示范体系建设,通过示范带动全市电商发展。一是积极争创国家电子商务进农村综合试点,2015年以来砀山县、泗县、萧县、灵璧县4个国家级贫困县相继成功申报为电子商务进农村综合示范县。二是争创省级电子商务示范。宿州市拥有省级电子商务示范园区1个,省级电子商务示范企业4家。全省电子商务进农村工作先进县2个(埇桥区、砀山县),省级示范镇5个、示范村15个,农村电商示范工作走在全省前列。三是培育电商扶贫模范典型。涌现出身残志坚"励志电商女孩"李娟等一大批模范典型,李娟荣获"全国脱贫攻坚奋进奖""中国青年五四奖章""全国自强模范"等荣誉,受到习近平总书记、李克强总理的亲切接见。砀山县政府多次在全国农村电商会上做交流发言,省委省政府主要领导、分管领导多次作出批示,要求推广砀山精准电商扶贫经验。

助力脱贫攻坚。结合电商产业精准扶贫的要求,将其纳入全市脱贫攻坚"十大工程",把农村电商作为助力脱贫攻坚的有效途径,持续带动农村贫困人口持续增效增收。近年来,全市贫困人口接受电商培训达2万人次,帮助1000余人开设网店,6000余人在电商相关领域从业就业。2018年,宿州市在建设村级电商服务网点基础上,充分发挥基层网点的扶贫带动作用,优化提升打造一批电商扶贫示范网点,鼓励各地以"驿站带网店,网店带贫困户"的模式,带动相关产业链脱贫。在2018年底"双十一"期间举办的"改革开放四十年·2018中国电商扶贫行动”活动中,全国100个国家级贫困县参与,砀山县网络零售额、单品农产品销售额均位列第一。

夯实基础设施。按照省委、省政府电商进农村工作部署,将农村电商工作纳入民生工程,持续做好电商振兴乡村提升。着力推动电子商务进农村“两中心、一站点”建设,构建电商公共服务、物流配套、乡村网点基础设施布局。全市县域电商综合公共服务中心和电商快递物流配送中心全部运营并发挥综合服务功能,优化升级村级电商服务站点1052个。电子商务产业集聚初显成效,高标准建设9个电商产业园,园区及配套建筑总面积达35万平方米,吸引入驻电子商务、快递物流等配套企业500余家,为电商企业在招商融资、仓储物流、营销策划等方面提供全方位支持。

营造发展环境。一是打造网销知名品牌,拓宽农产品上行渠道。积极组织全市优秀电商企业参加徽商大会、全国农商互联大会、安徽名特优农产品展会、淮海经济区电商发展大会等各类展会和活动。二是加强电商培训,建设电商专业队伍。全市开展电商培训总人数约4万人次,其中实操培训5000余人次,带动电商经营、物流配送、生产加工、包装分拣等农村人口超过10万人创业就业。三是开展电子商务竞赛,多渠道营造发展氛围。组织参加全省电子商务职业技能大赛、全省农村电商大赛、安徽好网货大赛等各类活动,并多次获得第一名的优异成绩。

培育电商主体。一是加强与苏宁易购、阿里巴巴、京东等传统电商企业对接,宿州市政府与苏宁集团签订战略合作协议。同时,积极与环球捕手、云集、拼多多等新型社交电商开展合作,多渠道、多形式、多方位通过各大电商平台借船出海。淘宝、京东、苏宁、邮乐购等市级、县级农产品特色馆均已开通运营。二是做好本地电商企业孵化培育,精准构建产品体系,打造宿州好网货。全市打造出了喵语小调、背个果果、带澳飞等一批知名本地电商企业和网商品牌;涌现出姬冰纯、许静等一批电商创业小伙伴和网红。

【服务外包】 加大对服务外包企业进行重点培育。对高新区有实绩的世纪互联、阿尔发网络科技等服务贸易重点领域企业进行调研,摸排了解服贸企业进出口的新增长点,服务外包企业的发展潜力。宿州小马电子商务有限公司、宿州炫云信息科技、宿州市智慧互联科技等17家企业在商务部服务外包业务管理系统成功注册并审核通过。

加强服务外包企业跟踪服务。加强对有潜力企业的联系服务,寻找新的服务外包增长点。建立服务贸易统计联系机制,夯实服务贸易统计体系。

积极组织企业开拓市场。充分依托首届进口博览会、亚欧地区服务贸易推介洽谈会、上交会、京交会等境内外知名展会平台。组织企业参加展会,不断扩大服务外包市场空间,推动企业走出去,开拓国际市场。

【商贸流通业】 近年来,市委、市政府的高度重视商贸流通业发展,出台了一系列促进商贸流通业发展扶持政策,围绕建设皖东北商贸中心城市的目标,全力抢抓加快皖北发展重大战略机遇,大力提升商贸流通业现代化水平,着力构建布局合理、层次分明、辐射面广的商贸流通体系,商贸流通业得到了较快发展。随着宿州市工业化和城市化进程的加快,特别是在响应中央“互联网+”行动计划的号召下,全市传统商贸流通业加快转型升级,电子商务、现代物流、连锁经营等新型业态呈现出加快发展的态势。

商贸流通业总量不断扩大,增幅明显上升。全市社会消费品零售总额增幅高于全省、全国平均水平。2018年,社会消费品零售总额实现554.3亿元,增长13.0%,增幅全省第6。全市商贸流通业各类企业超过10万户,其中限额以上批发零售贸易企业685家。

电子商务快速发展。一是电子商务进农村初显成效。2018年,全市电子商务交易突破150亿元,同比增长超过50%;其中,上行农村产品网络销售超过80亿元。按照省委、省政府电商进农村的工作部署,着力推动电子商务进农村“两中心、一站点”建设,完成电商公共服务、物流配套、乡村网点基础设施布局。开展农村电商培训总人数4万人次,带动电商经营、物流配送、生产加工、包装分拣等农村人口超过10万人创业就业。二是示范引领作用充分发挥。积极争创国家电子商务进农村综合试点,2015年以来砀山县、泗县、萧县、灵璧县4个国家级贫困县相继成功申报为电子商务进农村综合示范县;全市拥有省级电子商务示范园区1个,省级电子商务示范企业4家。全省电子商务进农村工作先进县2个(埇桥区、砀山县),省级示范镇5个、示范村15个,农村电商示范工作走在全省前列;涌现出身残志坚“励志电商女孩”李娟等一大批模范典型,李娟荣获“全国脱贫攻坚奋进奖”“中国青年五四奖章”“全国自强模范”等荣誉,受到习近平总书记、李克强总理的亲切接见。砀山县政府多次在全国农村电商会上做交流发言,省委省政府主要领导、分管领导多次作出批示,要求推广砀山精准电商扶贫经验。三是电商平台和主体持续壮大。加强与苏宁易购、阿里巴巴、京东等传统电商企业对接,宿州市政府与苏宁集团签订战略合作协议。同时,积极与环球捕手、云集、拼多多等新型社交电商开展合作,多渠道、多形式、多方位通过各大电商平台借船出海。淘宝、京东、苏宁、邮乐购等市级、县级农产品特色馆均已开通运营。同时,做好本地电商企业孵化培育,精准构建产品体系,打造宿州好网货。全市打造出了喵语小调、背个果果、带澳飞等一批知名本地电商企业和网商品牌;涌现出姬冰纯、许静等一批电商创业小伙伴和网红。全市共有电子商务产业园区9个,园区及配套建筑总面积35万平方米,年产值超过百亿元,入驻电商及快递物流配套企业500余家。

加强重点项目建设,商贸流通业档次不断提升。市政府高度重视商贸流通项目建设,先后引进吾悦广场、万达广场、苏宁广场、国购广场、南翔恒泰商贸城、百大农产品物流、意邦国际家居、白马商城、义乌商贸城等30多个国内外知名商贸流通项目进驻。同时,家乐福、大润发、商之都、永辉、利群、华润苏果、希尔顿等一批国内外知名品牌相继开店运营,推动全市以连锁经营为代表的新型商业业态加快发展,全市具有一定规模的连锁经营流通企业已超过30家,通过直营、加盟、特许等各种形式,连锁网点多达3000多家,各种形式的城区专卖店、便民店2000余家,商贸物流配送中心30多个,宿州百大农产品物流中心、白马商城等一批综合及专业市场100多个,中心城区拥有综合购物中心5家、大型超市18家。

转变流通方式,城乡市场体系逐步完善。以城市和农村两条线为抓手,构建工业品下乡、农产品进城双向流通网络。一是加大农产品批发市场、城乡农贸市场、标准化菜市场建设和改造。百大农产品物流中心、砀山惠丰农产品批发市场、泗县农产品现代物流中心等批发市场投入使用,一批乡镇农贸市场陆续建成标准化改造,初步构建了城乡一体的流通新格局。二是扶持本土商贸流通企业在市场竞争中不断发展壮大。华夏集团、砀山壹度便利、萧县联华超市等一批商贸流通业龙头企业快速成长,带动了当地商贸流通业加快发展。三是完成宿州市城市商业网点规划修编,促进商业网点合理布局。

·供销合作·

【概况】 2018年,全市供销社系统完成商品销售总额184.7亿元,同比增长28.2%;实现利润13774.9万元;所有者权益102495.5万元,同比增加17.3%。其他业务指标及政策环境指标均有新突破,为全市经济社会发展作出了积极贡献。2018年,市供销社被国家人社部和全国供销合作总社授予全国供销合作社系统“先进集体”称号。在全省系统综合业绩考核中,市社荣获“改革创新先进单位”称号。

【党建工作】 深入贯彻学习习近平新时代中国特色社会主义思想和党的十九大精神,贯彻树牢“四个意识”、坚定“四个自信”、坚决做到“两个维护”。利用中心组学习和每周工作例会、专题研讨会,组织学习贯彻习近平新时代中国特色社会主义思想,党的十九大和十九届二中、三中全会精神,党章党规党纪等。认真组织学习讨论,每位班子成员认真做好学习笔记和撰写心得体会。参加市委在党校组织的轮训、领导干部上党课、党员干部集中培训、党风廉政教育基地接受警示教育、渡江战役纪念馆和萧县蔡洼淮海战役总前委旧址重温入党誓词等

一系列教育活动,教育党员干部站稳政治立场,在思想上行动上自觉做坚决"两个维护"的践行者、推动者。通过学习夯实政治思想根基,领导班子和机关党员干部树牢"四个意识",坚定"四个自信",坚决做到"两个维护"。

坚定理想信念,严守政治纪律和政治规矩。市社党组和领导班子杜绝阳奉阴违,严格党内政治生活,增强党内生活的政治性、原则性,坚持五湖四海,不搞亲亲疏疏、拉帮结派,不搞人身依附和只对领导个人负责而不对组织负责。遵循组织程序,严守纪律底线,不碰纪律红线,遇到重大问题集体研究讨论通过,服从组织决定。

坚持以党的建设为统领,提升机关党建工作水平。机关党委与所属9个党支部签订《2018年度党建工作目标责任书》,指定一名党员同志专职负责党建工作。按照基层党组织标准化建设要求,为所属各支部配备了标准统一的党员活动室铜质标识牌、组织架构图及"三会一课"、组织生活会、民主评议党员、谈心谈话党员活动等上墙制度牌,目前所属各支部已全部达到"六有"标准。全面落实机关党委书记抓党建述职评议考核工作,认真进行党支部书记述职评议工作。

持续推进党风廉政建设和反腐败工作。年初召开供销社系统党风廉政工作会议,传达贯彻上级会议和领导讲话精神,与机关科室和下属单位签订党风廉政责任书,分解任务,责任到人。组织开展"三查三问",坚决破除"四风"问题,严格对照内容,聚焦突出问题,认真查摆。召开专题会议,对机关全体干部排查出的廉政风险点进行审查把关,并制定防范措施。扎实开展"讲严立"专题警示教育活动。

严格落实意识形态工作责任制。年初,党组研究部署本单位意识形态工作,结合"两学一做"常态化制度化,把意识形态工作纳入学习内容,通过开展集中观看影片、开展"我们的节日·清明","讲忠诚、严纪律、立政德"专题警示教育活动以及开展用"身边事教育身边人"等专题研讨活;利用机关网站、微博、办公QQ群、微信群、政务公开栏等媒介,传播正能量的意识形态方面信息。2018年,共发布信息350余条,政务信息100多篇。

加强党内法规制度建设。组织机关人员及社属企业认真学习《党章》《宪法》等法律法规,组织党内法规知识竞赛知识测试,修订和完善《市供销社机关管理制度》等规章制度,合法审查,党内规范性文件做到了备案审查全覆盖。市供销社党内规范性文件制定格式规范,内容得当,程序合规,每一件规范性文件上会前,均提交党组审议相关文稿,并安排专人进行前置审核,凡涉及经济等法律方面的文件,均由法律顾问审核把关。

【为农服务能力】 各地依托为农服务中心和村级供销社,大力开展土地托管服务,截至2018年底,全市系统开展土地托管服务的组织有24家,托管服务面积达52.1万亩。通过2018年粮食收成比较,开展托管服务的小麦,要比一家一户耕种的平均亩产提高约200斤。这项农业社会化服务的新举措,已得到各级党委政府的重视和支持,并在全系统大力推广。2018年全国总社领导先后两次来宿州市考察调研。

【基层组织建设】 抢抓乡村振兴战略和农村产权制度改革的有利机遇,依托村两委,以农民社员为主体,联合新型经营主体、种植养殖大户、产业化龙头企业,大力推行"供销社+基层党组织建设+基层政权建设+脱贫攻坚+美丽乡村建设"模式。如埇桥区供销社采取组建兴农供销服务集团公司,由区国资委、区农投、区供销社共同出资设立,注册资金5000万元,其中区供销社占40%的股份。在村级层面按照"1+N"的模式,成立兴农供销服务子公司(简称村供销社)。2018年已建成为农服务中心24家,村级供销社18家。

【电子商务】 按照省社"3368"行动计划,宿州市结合脱贫攻坚工作,在贫困村建立农资电商销售网点,仅灵璧县就建立49个经营网点。其他县区供销社电商公司,依托为农服务中心、村级供销社和村级综合服务社,搭建起镇、村两级网上店铺,进一步扩大电商经营业务。到2018年底,全市系统电子商务公司已发展到8家,涉及电商经营的企业14家,依托第三方电商平台开设店铺的8家,新增电商服务网点11个(附材料),比目标任务多1个。全年实现电商销售额2.5亿元。

【脱贫攻坚】 一年来,各地为农服务中心聘请培训师全年开展19次,共培训农村电商等人才400多名、培训农技人员6285人次。市供销社牵牛花电子商务有限公司,为农户提供线上线下购农资服务,零差价为贫困户供应农资。每吨优惠200元人民币。30余家网点,直接优惠贫困户超过300户,直接实现农资帮扶贫困人口达1000多人。另外市供销社通过实施“新网工程”建设,按照以乡镇为主、重点推动的原则,稳步推进现代流通网络建设,规范发展1000平方米以上超市2家,帮助贫困家庭就业人员1200余人。

【资金互助】 综合改革实施以来,我市供销社大胆尝试在合作社内部开展资金互助业务。通过萧县和泗县供销社开展内部资金互助业务试点的情况来看,严格遵循农村合作金融“小额、短期、分散”的原则,资金互助不良借款始终控制在1%以内,运营情况良好,为下一步在全市铺开起到了示范作用。萧县立亭农产品供销专业合作社“户联商城”项目已完工,项目占地30余亩,集合作金融服务中心、购物中心、仓储物流配送中心、电子商务运营中心为一体,为全市供销社树立创新发展的标杆。

【信访维稳】 因政府实施棚改项目涉及直属企业房屋地产的拆迁征收。在处理部分职工群访问题上,市社党组高度重视,采取各种有效措施,一方面争取市委市政府支持,全力协调拆迁安置部门,为企业争取最大利益,另一方面全力做好思想动员,维护了直属企业职工队伍和谐稳定。按照市政府常务会议纪要〔2018〕5号和市政府专题会议纪要〔2018〕51号精神,解决直属企业遗留问题工作正在稳步推进。

【改进工作作风】 认真践行“三严三实”要求,深入推进机关作风建设和机关效能建设,不断修订和完善机关制度,下大气力整治不担当、不作为、慢作为,敷衍塞责、推诿扯皮等懒政怠政行为。针对机关有些管理制度落实不到位和不健全状况,重新研究,及时完善。并对各种规章制度执行情况进行不定期检查,发现问题及时纠正,公开检查结果,实行政务公开。2018年的招待费和机关日常费用比去年均有所下降。

【反对“四风”】 先后开展了领导干部兼职、公务接待、办公用房、干部人事档案管理,专项资金使用和治理小金库等专项治理工作,积极推进政务公开和财务公开,主动接受群众监督。严格公务接待范围、严格审批手续、严格接待标准、严格公务用车等。把顶风违纪问题列入党组审查重点,严防“四风”反弹。逢中秋、国庆等重要节庆期间,提前下通知、打招呼,强调纪律,及时转发市纪委驻农委纪检组编发提醒短信,对机关全体党员干部及直属单位负责同志进行节前预警,增强廉洁自律氛围,坚决防止“四风”问题反弹回潮。

【法治建设】 安排机关集体学习,加强干部普法教育,消除部分同志存在的不在行政执法部门对依法行政工作放松的模糊认识。在处理机关事务、推进直属企业改制和重点工作方面,严格按照法定程序,凡涉法律问题,均由聘请的法律顾问解决。在机关网站上增设政策法规专栏,及时宣传党委政府有关供销社改革发展政策性文件和政策法规。要求干部在线学习,重点学习法律知识,积极参加宪法法律知识测试,增强依法行政意识。

【保密工作责任制】 主要负责人分别与科室负责人签订保密承诺书,把保密工作列入对工作人员的年度考核内容。党组和主任办公室会议,多次研究部署保密工作,并利用集体学习机会,传达学习有关加强保密工作文件和保密规则。建立和完善各项保密制度,按照各科室的分工,明确职责,负起责任。在工作中坚持将保密工作与业务工作同部署、同检查、同总结。全年,机关没有发生一起失密泄密现象。

【环保责任制】 把履行环保责任制和生态环境损害责任终身追责制工作,列入党组工作议事日程,组织学习《安徽省环境保护条例》,通过学习树立和践行绿水青山就是金山银山的理念,打破发展与保护对立的思维束缚。在项目论证和资金安排上优先考虑环保项目,凡是不符合环保要求的项目一律不上。全年没有发生环保责任追究事件。

【文明创建】 深入包保拂晓社区清除矿机场宿舍陈年垃圾及社区路面卫生、配合街道执法人员清理皖北汽贸城违法建筑及乱堆乱放的废旧物品,清理铲锄小广告、召开座谈会等活动,按照文明城市的标准深入社区开展问题寻查,拍下问题图片100余帧,向社区提出文明城市创建建议20余条。从办公经费中挤出5万元扶持资金支持包保社区文明创建工作。保质保量完成文明创建站岗值班工作。

【荣誉称号】 国家人社部和全国供销合作总社联合表彰的全国供销合作社系统先进集体、劳动模范和先进工作者中，宿州市供销合作社荣获“全国供销合作社系统先进集体”称号。宿州市意利达农业科技专业合作社理事长韩素兰获得“全国供销合作社系统劳动模范”称号。市供销社党组书记、理事会主任杨劲松代表市供销社参加2018年1月15日在北京人民大会堂召开的表彰大会。

【慰问离退休老干部】 2月1日上午，市供销社分3个小组，分别由党组书记、理事会主任杨劲松，监事会主任朱良廷和监事会副主任潘雷带队，看望和慰问机关离退休老干部，为他们送去节日的问候和慰问金。

【家慰问贫困家庭】 2月8日上午，春节即将到来之际，市供销社党组书记、理事会主任杨劲松，安徽振锋药业有限公司董事长王振平等一行，前往灵璧县开发区叶庙社区看望慰问贫困群众。

【慰问消防官兵】 2月3日，在新年即将到来之际，市供销社党组书记，理事会主任杨劲松等一行来到市消防大队，给消防官兵送去节日的慰问。

【义务植树】 3月6日下午，市供销社响应市委市政府的号召来到埇桥区现代农业产业园，参加2018年春季义务植树活动，以实际行动为生态环境挥锨增绿。

【一届二次理事会议】 3月27日，全市供销社一届二次理事会议暨一届二次监事会议顺利召开。

【“4·23世界读书日”活动】 4月23日，市供销社部分党员在党组书记、理事会主任杨劲松带领下，参加市直机关“4·23世界读书日”活动。活动现场，数百种图书吸引了众多党员干部驻足翻阅，《习近平谈治国理政》《摆脱贫困》等时代感较强的书籍受到大家的喜爱与关注，书香活动气氛浓烈。

【全省供销合作社工作会议】 5月23日，安徽省供销合作社深化综合改革暨基层工作会议在宿州市埇桥区召开。中华全国供销合作总社常务理事、合作经济指导部部长、法制办主任刘进喜、省供销社党组成员、理事会副主任唐庆明及各市、县(区)供销社负责人组成观摩团调研宿州市埇桥区供销社综合改革情况，深入了解淮河粮食产业化联合体、桃园镇桃园村综合服务社、意利达供销社、芦岭镇陈堂村供销社等综合改革项目。宿州市委常委、埇桥区委书记王启荣、副市长韩维礼、埇桥区副区长魏启宏陪同调研。

【消防安全知识培训】 在第十七个“安全生产月”来临之际，为进一步贯彻落实安全生产工作要求，提升市供销社系统广大职工消防安全意识，推进家庭消防安全知识普及工作。5月30日上午，市供销社联合埇桥区大泽乡乡政府在宿州市意利达为农服务中心举办了消防安全知识讲座，并进行消防安全现场演练。

【综合改革试点】 6月12日上午，市供销社参加市委宣传部、市委改革办举办的2018年全面深化改革第一场新闻发布会。市供销社就全市供销社综合改革试点推进情况向社会公众作以简要介绍。

【党员活动】 市供销社机关党支部为纪念中国共产党成立97周年，大力弘扬党的光荣传统，学习先进人物和先进事迹，加强党员干部的思想政治教育和职业道德教育工作，6月13日在市社机关党委的带领下，赴合肥市渡江战役纪念馆、安徽名人纪念馆开展党日活动。

【党建知识测试】 为贯彻落实市委组织部《关于组织开展庆祝中国共产党成立97周年系列纪念活动的通知》精神，不断巩固提高党员干部政治理论学习水平，市供销社于6月20日上午组织机关部分党员干部参加了宿州市直机关迎“七一”党建知识测试活动。

【综合改革推进会】 7月4日上午，市供销社召开全市供销社系统综合改革推进情况调度会，对全市深化供销合作社综合改革和业务工作进行调度，查找存在的问题和不足，明确下一步工作重点。各县区供销社主任、分管主任和业务科室负责同志及市社机关全体人员参加会议。会议由市社监事会副主任潘雷主持,市社理事会主任杨劲松作重要讲话。

【专题警示教育】 7月20日上午,市供销社召开专题会议,传达贯彻市委理论学习中心组学习会暨“讲忠诚、严纪律、立政德”专题警示教育党课报告会精神,市社机关全体人员参加了会议。

【机关支部活动】 7月25日上午,市供销社机关支部全体党员和入党积极分子前往雪枫公园烈士纪念馆,开展“缅怀革命先烈·重温入党誓词”主题党日活动暨“讲严立”专题警示教育。

【专题研讨会】 8月3日上午,市供销社召开“不忘初心忘没忘,牢记使命牢不牢”专题研讨会。市社全体机关人员、市社各基层党支部书记参加会议。

【灾情】 8月18日,灵璧县受“温比亚”台风影响,持续遭受强雷电、暴雨大风袭击,局部地区阵风达到8级以上。局部降雨超过290毫米,突破全年降雨量的三分之一。8月20日,宿州市供销社杨劲松主任赶往包保村叶庙社区,详细查看人员伤亡、倒损住房、农作物受灾等情况,同时向受灾群众表示关心和慰问。

【骆琳到宿州调研】 9月4日上午,中华全国供销合作总社理事会副主任骆琳等一行到宿州市调研供销社改革等工作。省供销社理事会主任吴良斯、副主任唐庆明,市长杨军,市委常委、埇桥区委书记王启荣及市政府秘书长李晓宁等陪同调研。

【一届三次理事会】 9月21日,市供销社一届三次理事会议暨一届三次监事会议顺利召开。市委组织部干部综合科科长张俊伍代表市委组织部出席了会议,并就市供销社理事会主任变动及人选情况作了说明。根据市委提名及《宿州市供销合作社联合社章程》规定,会议通过无记名投票方式成功选举张友群为市供销社理事会主任。市社监事会主任朱良廷主持会议,市社党组书记、理事会主任张友群作了讲话。

【张友群赴县区调研】 10月10日至13日宿州市供销社党组书记、理事会主任张友群率相关科室负责同志到县区供销社调研供销社综合改革有关工作,张友群主任就县社综合改革提出指导意见。

【总社调研组到宿州调研】 10月15日,中华全国供销合作总社党组成员、纪检组组长佟宝君率队来宿调研供销综合改革工作。省供销社党组书记、理事会主任吴良斯,市长杨军,副市长韩维礼,市政府秘书长李晓宁等陪同调研。

【省社调研组到宿州市调研】 为切实掌握了解宿州市社基层组织建设情况,加强省市合作交流,11月6日至8日,安徽省供销社调研组赴我市调研基层组织建设工作。11月6日下午,市社组织召开会议与调研组座谈交流,会议上,就宿州市供销社基层组织建设工作情况,下一阶段工作思路及市社所面临的困难与调研组开展了深刻的交流。

【张友群调研综合改革情况】 为切实掌握了解基层组织建设及综合改革推进情况,11月19日至22日,市社党组书记、理事会主任张友群带队赴各县区调研。

【脱贫攻坚】 12月4日,市供销社党组书记、理事会主任张友群带领市供销社相关同志赴灵璧县叶庙社区,开展脱贫攻坚帮扶活动。现场捐赠帮扶资金伍万元整。

【讲党课活动】 按照市委关于加强党建工作的部署要求,认真落实“三会一课”制度,进一步推进“两学一做”学习教育制度化常态化。12月17日,市社组织了一次党组成员上党课活动,由党组成员、监事会主任朱良廷同志以“加强党性修养,做一名合格共产党员”为主题,为机关及直属单位党员干部上了一堂生动的党课。

【作风效能建设】 12月21日上午,市供销社召开作风效能建设集中整治专项行动工作动员会,市社机关全体人员及市直属企业负责人参加了会议。

【新闻发布会】 12月28日上午9时,宿州市供销社在机关会议室举行第二次新闻发布会。市供销社新闻发言人、监事会副主任潘雷同志就2018年以来供销社深化综合改革的进展情况进行了发布。

(丁　娜)

【荣誉】 市供销社荣获国家人社部和全国供销合作总社授予全国供销合作社系统“先进集体”称号。市供销社在全省系统综合业绩考核中，市社荣获“改革创新先进单位”称号。

9月15日，市长杨军陪同中华全国供销总社及省供销社领导在意利达调研

·粮油流通·

【概况】 2018年，宿州市粮食工作积极推进供给侧结构性改革、实施乡村振兴战略、健康中国战略等重大决策部署，严格执行国家粮食收购政策，完善粮食宏观调控体系，各级储备粮均达到数量实，质量好，保安全，提升粮食流通现代化水平，发展壮大现代粮食产业经济，不断满足人民对美好生活的需求，不断提升“宿州粮食”层次，加快推动宿州粮食的发展。粮食购销工作位居全省前列。3家企业入围2018中国农业产业化龙头企业500强，认定“放心粮油”示范店59家、“主食厨房”直营店14家，粮食产业发展超额完成目标任务。全市粮食工作及粮食安全省长责任制目标考核争先进位成效显著。

【粮食购销】 2018年度宿州市小麦播种面积675.9万亩，宿州市启动小麦托市收储库点79个，通过新建、维修、销售、并库等准备仓容119万吨，维修添置电子磅秤190台，清粮机械461，输送机械673台，容重器211台，水分测定仪296个，真菌霉素快检仪33台，培训收购人员1200多名，其中质检人员100多名。农发行准备收购贷款30亿元。截至10月25日，全市全社会共收购小麦72.42万吨，其中国有粮食购销企业入库托市小麦23.68万吨，其中托市小麦14.63万吨。收购贫困户出售托市小麦8047吨。截至9月底，全市共向省外销售和调出粮食132.55万吨。

【行业管理】 全市粮食部门紧扣一二三产业融合发展、“中国好粮油”和“安徽好粮油”行动计划，大力发展粮食产业经济，持续推进“放心粮油”工程、“主食厨房”工程建设，粮食产业经济发展取得了显著成效。截至9月底，累计粮油加工企业实现工业总产值174亿元；发展放心粮油网站59个，主食厨房网点14个。全市共有市级以上粮油类农业产业化龙头企业138家，省级农业产业化龙头企业22家，全市共发展放心粮油企业200家，主食厨房企业71家。

【储备粮管理】 根据省局和市政府下达的轮换计划要求，全力组织开展储备粮轮入工作，并加强科学管理，保障宏观调控需要。到2018年9月底，宿州市库存省、市、县储备粮120806.1吨，其中省级储备粮54000吨，市级储备粮31294.1吨，县级储备粮35512吨，还建立了食用油脂储备500吨。各级储备粮均达到数量实，质量好，保安全。

【法规监督及法制宣传】 扎实推进“互联网+政务服务”各项工作，开展政务服务事项实施清单编制工作，积极进驻政务服务中心开展政务服务工作。根据市政府及编办要求，认真做好政务服务事项减证便民的申请材料清理工作。认真开展第38个世界粮食日暨第28个爱粮节粮宣传周活动。活动期间，市粮食局结合脱贫攻坚和文明城市创建活动，共深入贫困村2个，社区2个，设置咨询台2个，发放宣传手册200余份，接受群众咨询超过150人次；四是认真开展粮食流通执法监督示范单位创建活动，扎实开展“七五”普法工作。

【粮食应急宏观调控】 为确保在发生突发事件或粮价异常波动等特殊情况下的粮食有效供给，我局按照应急预案的要求，上报省局设置188家应急网点，1家粮食应急配送中心，26家应急加工企业分级签订《粮食应急保障协议》，实行统一挂牌运营。并按照省局相关文件精神，在此基础上，打造一批“堡垒型”粮食应急供应网点，选择埇桥区军供站等4家企业为堡垒型粮食应急骨干企业，38个堡垒型粮食应急销售网点，为真正做到在关键时刻能够渠道畅、靠得住、顶得上,确保粮食市场应急供应和价格基本稳定打下了坚实的基础。

【粮食安全】 2018年宿州市粮食部门主动担当,提前谋划,切实抓好粮食安全省长责任制的贯彻落实。通过明确责任,严格落实两个责任制,对内实行业务分工责任制,对外实行包保责任制。统筹兼顾,查漏补缺,严格把握时间节点,做好考核各项工作宣传,积极协调相关部门建立健全相关配套政策措施,切实把粮食安全各项责任落到实处。宿州市在2017年度省政府粮食安全省长责任制考核中排名第8。

【国有粮食企业深化改革】 全市现有国有粮食购销企业19家,发展混合所有制企业17家,新增仓容20多万吨;截至2018年6月国有粮食实际使用土地面积4745亩,已变性确权面积为3869亩,确权率达到82%。截至2018年9月,全市国有粮食购销企业实现盈利1985万元,同比减少988万元,盈利面100%。

【智慧皖粮信息化三期建设】 三期信息化建设项目共141建设库点、平台(含报请新增一库),省及中央财政安排投资2652万元。宿州市110个库点除6个新建和拟调整外,其余粮库全部安装完成硬件设备,并进行了调试。21个龙头加工企业、4个"堡垒型"、1个军供保障中心的硬件设备部分执行完毕,软件部分等待统一安排。"智慧皖粮"信息化三期建设是"粮安工程"危仓老库维修改造项目的持续推进,也是粮食信息化一二期建设功能拓展和提升,是确保"智慧粮食"信息化整体功能发挥的重要抓手,建成后将提升粮库智能化、科学化管理水平。

【粮食产后服务中心建设】 2018年,省粮食局批准宿州市建设产后服务中心16个,其中灵璧7个,泗县9个,实际总投资7294万元。泗县产后服务体系建设共9个项目(其中一个项目为农业合作社民营企业),均为日烘干量120吨,其中3个为连续式烘干塔,6个为循环式烘干机组。各项目单位的地坪、仓库、清理设备等配套设施均已完成,正在进行主体烘干设备的基础和罩棚施工建设,9月底可基本完成有关设备安装。灵璧县7个项目单位选址及前期审批手续已经完成,烘干机厂房已开工建设,10月底建成投入使用,11月份组织验收。

·中石化宿州分公司·

【概况】 2018年,中石化宿州石油分公司在地方政府和省公司的正确领导和关心支持下,紧紧围绕企业中心工作,精心经营、精细管理、精准发力,全体干部员工不忘初心、砥砺奋进、狠抓落实、强化执行,实现了经营管理并进、党政深度融合、企业和谐稳定的良好业绩,较好地完成了全年各项工作任务,发展形势稳中向好。

【党政融合】 牢固树立"四个意识",坚定"四个自信",做到"两个维护",时刻牢记第一身份是共产党员、第一职责是为党工作,扎实推进全面从严治党向纵深发展,不断提升党建工作质量和水平,筑牢国有企业的"根"和"魂",把党的政治优势转化为发展优势。公司党委坚持理论联系实际,把学习习近平同志系列重要讲话精神与研究解决企业改革发展的突出问题相结合,不断统一思想、理清思路,充分发挥党委的把关定向作用。深入开展"党员干部下基层"活动,坚持重心下移、力量下沉,切实加强和改进新形势下党的群众工作。抓好党员教育管理,积极开展"党员+动车组"创建活动,丰富了广大党员的理论知识,提高了思想认识。加强基层组织建设,充分发挥战斗堡垒作用,坚持"党的一切工作到支部"的鲜明导向,不断增强党支部书记"抓好党建是本职、不抓党建是失职、抓不好党建是不称职"的意识,推动全面从严治党向基层延伸。加强廉洁教育,筑牢思想防线,坚持以领导人员和关键岗位人员为重点,广泛开展形式多样的廉洁教育活动,构建风清气正的政治生态。

【安全防范】 按照"谁主管谁负责""谁的业务谁负责""谁的属地谁负责""谁的岗位谁负责"的原则,真正让安全主体责任落地生根。

【稳固市场】 中石化宿州石油分公司围绕省公司下达的任务指标,科学测算、逐级分解、层层对接,构建县公司(片区)、加油站、员工三级任务体系,明确目标、传递压力、激发动力。首先,在汽车保有量增速较快的乡镇市场选择加油站点,重点开展汽油错峰营销。其次,打造增量"领头羊"站。通过选取泗县高速出入口、砀山文庄两座增量潜力较大的加油站进行打造,确保市场销量的稳步上升。

【提升服务】 2018年,中石化宿州石油分公司以省市公司"双满意"活动为抓手,对加油站进行分类管理,每个县公司(片区)打造3座示范站,通过片区内培训、站间结对帮扶等模式,以点带面,示范带动,全面提升加油站整体服务能力和品牌美誉度。

【合作共赢】 与中油建立月度沟通机制,确保步调一致,针对个别竞争对手的大幅降价不公平竞争行为,予以坚决打击,共同维护市场秩序。

【科技引领】 加大科技投入,运用先进设备,提升加油站运营效率。截至2018年底,中石化宿州石油分公司3000吨以上的加油站试点推广防水滤芯,实现边卸边加,大大缩短顾客等候时间,提高了单站日销量;112座站已安装并启用加油站中控系统操作平台,该平台将各系统有机整合,大大提高工作效率。

【打非治违】 在省公司统一部署下,公司加强与地方政府合作,促成"打非治违"工作持续深入开展,共开展联合执法15次,依法取缔非法仓储点1个、非法销售站点4座、流动车11辆,共没收油品26吨,净化市场环境,规范竞争秩序。

【加强培训】 通过开展专项培训、片区互陪、"站长培训站"活动,丰富员工知识储备,强化员工责任意识,提升加油站整体管理水平。

【非油发展】 首先,推行便利店库存商品"三线管理法",实行分区、分类、分保质期管理,有效提升仓库管理水平,降低损失。其次,与地方十余家知名企业合作,引进"名特优"特色商品,打造以专店、专区和专柜等多种形式的"店中店"。再次,打造综合服务平台,积极开展汽服、汽贸、ETC、广告、保险等新业务。最后,以比武促非油,开展员工自学、站内互学、片区指导等多种形式的学习培训,提升员工营销水平和技能,形成"以比促学,以学提能,以能增效"的良好氛围,进一步做大做强便利店业务。

【网络建设】 中石化宿州石油分公司加大与地方政府和各职能部门的沟通协调力度,为了网络发展,利用各种资源和人脉,积极主动与政府领导和相关部门保持良好沟通。2018年公司在建项目5个,其中符离加油站提量改造已于4月份完工投营,砀山蓝天、萧县魏楼、萧县郑腰庄加油站预计年后投产,萧县明山站目前施工已近尾声。另外,成功续租3座、新租1座、租赁转收购1座,确保了网络的完整与稳定;下一步尽快开展服务区及加油站建设,力争明年全部投用。

【规范管理】 2018年,公司对内部1座油库和112座加油站566组油样进行严格抽检。同时,公司执行了当地政府对1座油库、17座加油站46组油样的抽检,经检验全部合格。其中AA级7座,A级6座,较好地展示了中石化品牌形象。

【队伍建设】 为切实推进"一流员工队伍建设",中石化宿州石油分公司紧紧围绕企业中心工作,充分发挥班子引领示范、增强合力、解决问题的积极作用,积极完善员工成长通道,打破身份限制,让有定力、敢担当、善谋划、重实干、守纪律的干部脱颖而出,充分激发了广大党员干部干事创业激情。同时,加快推进加油站"五小建设",将薪酬分配向油库、加油站一线员工倾斜,员工工作和生活质量不断得到改善,企业凝聚力不断增强。

【荣誉】 公司连续多年被市委、市政府和相关部门评为"文明单位""安全生产目标管理考核先进单位""宿州市商务系统十佳文明窗口""维稳先进单位""先进工会""A级纳税信用单位"等荣誉称号,2018年度,在全公司干部员工的共同努力下,公司被地方政府和省公司评为"安全管理先进单位""安全管理先进油库"和"安全生产工作优秀单位";13座加油站被评为安徽省诚信计量示范单位;被安徽省人力资源和社会保障厅授予"安徽省劳动保障诚信示范单位"。

(周晓丹)

·盐业·

【概况】 2018年,是宿州盐业体制改革关键一年,《中华人民共和国国务院令第696号》于2017年12

月26日公布实施,经营管理面临严峻挑战,行业发展困难重重。面对改革带来的诸多不利因素,宿州市公司迎难而上,积极作为,团结带领广大干部职工,紧紧围绕全年目标任务,持续加强盐业市场监管,全力拓宽食盐购销渠道,强化细化经营管理,科学严格任务考核,各项工作取得了一定成绩。财务指标。全市累计营业收入3336万元,实现利润-102万元。盐品销售。2018年,全市共销售食盐17619吨,其中小包装食盐销售12599吨。非盐销售。全市累计非盐商品销售620万元,同比减少317万元。盐政执法。全市全年共查处各类盐业违法案件328起,没收各类私盐产品156吨,移送公安机关1起案件,刑事拘留2人。

【食盐专营】 2017年12月26日,国务院颁布了新修订的《食盐专营办法》(国令696号)。办法明确规定:在食盐生产领域,国家实行食盐定点生产制度,非食盐定点生产企业不得生产食盐;在食盐批发环节,国家实行食盐定点批发制度,非食盐定点批发企业不得经营食盐批发业务;在食盐零售环节,食盐零售单位应当从食盐定点批发企业购进食盐。新修订的专营办法从立法层面明确了国家继续实行食盐专营制度。市盐务局作为食盐专营监管的主体,通过严格执法和大力宣传,确保食盐专营制度在宿州市得到有效实施。

【盐政执法】 2018年,一些不法盐贩借盐业体制改革之际,散布"食盐专营已经放开""什么人都能批发食盐"等不实言论,贩卖工业盐、劣质盐和来路不明的食盐,扰乱食盐专营秩序,危害食盐安全。为规范盐业市场秩序,确保食盐安全,根据《食盐专营办法》和国家盐改政策,通过落实盐改政策释放市场活力的同时,坚守食盐安全的底线,不断加大盐政执法力度,严厉查处各类涉盐违法行为,保证盐改政策在我市落地生根,保障全市食盐安全,维护食盐正常流通秩序。2018年,全市盐务系统共查处涉盐违法案件328起,没收各类违法盐产品156吨。移送公安机关1起案件,刑事拘留2人。一是加强案件查处和打击力度。开展"追源头、端窝点、打网络"行动,加大市场巡查力度和入户抽查频率,对边界市场、私盐易发地区及餐饮、卤菜、食品加工等重点用户进行不间断重点检查,查处一批违反食盐专营政策、危害食盐安全的案件,惩治一批涉盐违法分子。二是创新监管方式。坚持专业稽查与配送访销相结合,日常监管与专项集中整治相结合,日常巡查与"重点查""跟踪查""错时查"等多种稽查方式相结合,积极推进举报网络建设,主动加强与公安、市场监督、司法等部门的协作配合,适时开展省际边界及市县边界联合执法。三是加强食盐安全的宣传引导。充分利用市场稽查、配送访销、重大案件查办、"5·15"等重要活动时机,广泛宣传食盐专营政策和盐改方案,消除市民认识误区,使其自觉抵制不合格食盐。四是加强执法能力建设。组织开展盐政人员业务技能培训,召开案件分析会、执法研讨会,不断提升盐政队伍执法能力,提高执法效果。五是建立举报网络,实行群防群治。盐业稽查是一项复杂的工作,单凭自身能力无法达到彻底净化市场的目的,为此市、县两级盐务局积极建立举报网络,鼓励广大群众参与,实行群防群治,取得了良好的稽查效果。

【食盐经营】 在严管市场的同时,不断完善经营和配送服务措施,把经营工作的着眼点和着力点放在食盐销售和盐品结构调整上,提高盐品销售效益。一方面在保障普通食盐供应的同时,为满足消费者的不同层次需求,增加一些中高档盐品,通过多种形式的宣传促销,逐步被商家和消费者接受,市场占有率不断提高,取得预期效果;另一方面在服务上狠下功夫,全面提升服务水平,帮助客户解决实际困难,做到以情感人,以情留人,形成良好的客情关系,为经营打下了良好基础。

【工业盐经营】 积极拓展食品加工用盐和工业盐销售市场,本着保本微利、随行就市、浮动定价、确保份额的宗旨,采取灵活实用的营销政策,把丢失的市场找回来。对食品加工用盐大户、工业盐大户完善客户资料,核准用盐量,采取公司与盐企共同谈价,确保市场不丢失。分管领导亲自走访各用盐企业,指派专人负责供应,以最优的价格,最好的服务争取他们认可。2018年,在市场充分竞争的情况下,我公司仍然销售工业盐2312吨,继续保持了工业盐市场主导地位。

【非盐经营】 为应对盐业体制改革,宿州市各公司非盐经营脚步放慢,主要把精力放在食盐市场。非盐主要经营食用油、味精、白糖、白酒等商品。并根据市场情况适时调整经营结构，淘汰滞销商品。全市全年非盐商品销售总额达到620万元。

【省级食盐储备】 为确保自然灾害和发生突发事件时的食盐供应，省政府建立政府食盐储备制度，分配给宿州市2100吨的储备任务。为做好省级食盐储备工作，公司实行专库储存、专人管理，按时周转轮换，确保质量安全。同时，建立健全各项管理制度，制定食盐应急预案，确保了宿州市食盐市场稳定。

【内部管理】 严格执行中央“八项规定”和省公司有关规定，从严控制费用开支，堵塞“跑冒滴漏”现象，业务接待尽量减少或从简，业务招待费、办公费、会议费、修理费等可控费用持续保持下降势头。在资金管理上，做到销货款及时回收上交，坚决杜绝赊销赊欠造成资金损失。认真贯彻落实全面预算管理规定，加强成本费用的预算管理，规范各项开支行为，严格执行费用支出事前审批和事后会签制度，增加费用支出的透明度，确保费用支出的合理性，杜绝铺张浪费现象的发生。

【食盐市场管理】 2018年，一些省外食盐生产企业及个别不法商贩，趁盐业体制改革之际，在我市市场上歪曲散布谣言，以“食盐放开”为幌子，大肆开展代理经销食盐的非法活动。公司及时掌握市场动向，一方面严厉打击涉盐违法行为，另一方面，通过发放宣传单、媒体发布等形式加大宣传力度，正确引导广大消费者，消除盐改误区，保障食盐市场供应有序。

【党建工作】 一是深入学习贯彻党的十九大和习近平新时代中国特色社会主义思想，以此统领全公司思想、政治、经营等一切活动。二是加强党的政治建设，先后开展“讲严立”专题警示教育和“三查三问”活动，促进党员干部树立“四个意识”，坚定“四个自信”，做到“四个服从”和“两个维护”。三是将党建工作纳入企业公司章程，使党建与企业经营工作有机统一起来。四是积培养造就高素质的干部队伍，增补市公司党委委员2名，完善泗县公司党组织。五是推进基层党组织标准化建设上台阶，认真落实“三会一课”制度，全市各支部在标准化建设中均一次达标。六是贯彻中央八项规定精神，深入开展反腐倡廉活动，市公司本部组织党员到市党风廉政教育中心接受警示教育。七是落实全面从严治党要求，开展监督执纪问责、酒桌办公、私设小金库、禁酒令和十个方面违规行为整治工作。八是开展表彰党内先进活动、建党97周年纪念、入党积极分子培养等活动，增强党组织的活力。

·烟草专卖·

【概况】 安徽省宿州市烟草专卖局、安徽省烟草公司宿州市公司成立于1981年，下辖灵璧、泗县、萧县、砀山4个县局及1个直属分局、1个非法人实体化运作单位物流中心，辖灵璧、泗县、萧县、砀山、埇桥5个县(区)营销部。

【机构设置】 内设办公室、专卖监督管理科(内部专卖管理监督科、稽查支队)、法规科、财务管理科、审计派驻办、人力资源科、党建工作科(机关党委、工会)、纪检监察室、安全管理科、营销中心、物流中心、信息中心、规范管理办公室(经济运行与企业管理科)13个内设机构。

【生产经营】 2018年，共销售卷烟14.14万箱，实现卷烟销售收入(不含税)39.35亿元，实现税利9.4亿元，其中税金6.31亿元，同比增长3.81%。

【物流建设】 全面加强物流重点项目攻关，制定“异标一体”改造方案，明确提升目标、划分推进步骤，异型烟分拣效率由1100条/小时提升至2200条/小时左右，全年可节省费用8万余元。利用智能配送系统平台，持续开展线路优化，进一步均衡各区域、线路间的送货任务强度，降低配送成本。科学引入和合理应用数字化仓储管理系统，顺利实现了入库“分配货位”、在库“定期盘点”、出库“先进先出”等基本功能。数字化仓储覆盖率已达92%，出库作业由原来的60分钟缩短至40分钟，全库通盘作业由原来的6~7小时，缩短至1~2小时。持续深化物流对标理念，完善对标分析评价机制，物流对标综合指数为82.66%，同比增加1.5个百分点，部分指标达到或超过了全省平均水平。积极参与安徽省烟草专卖局物流业务外包模式科技项目研究，强化协调合作，外包业务运行稳定、顺畅。持续探索宿州、淮北区域物流运作模式,提高资源利用效率。结合宿州地理路况特点,开展新能源车辆试点,完成1台新能源车辆租赁服务采购。强化与邮政部门合作与协调,开展配送业务外包,签订了灵璧、泗县中转及本级城网终端短期卷烟代送服务项目。响应宿州市政府号召,及时淘汰更换14台国三柴油送货车辆。提升物流人员综合素质,在2018年全省系统物流综合业务岗位技能竞赛中,荣获团体优胜单位称号,陈肖龙个人综合成绩全省排名第一;赵波被授予全省系统"成长·十佳人物"称号。

【专卖管理】 严把市场净化关。全年从物流寄递环节查获案件882起,查获非法卷烟14316.2条;持续保持基础市场监管高压态势,强化市场守法经营率考核,积极参与并发挥皖北打假联盟作用,先后开展了"猎狐·筑防2018""2018-2""双节五防""中秋国庆"等专项行动。同时优化市场监管模式,将"APCD"工作法与"双随机一公开"相结合,提高市场监管效率。探索行政许可负面清单制度,选取试点单位有序推进。全年市场守法经营率为98.15%,实现年初制定的目标。严防卷烟外流关。加强大户监管,开展大户专项治理,对卷烟外流户加强货源投放管控,先后对6户做停供处理;强化真烟非法流通考核,每月通报、考核县局(营销部)外流情况。重推"双标"创建。对县级局、所队"双标"创建工作重新规划部署,制定推进方案,细化指标,明确措施及时间进度。开展"牢记使命、规范执法"主题教育活动,以签订承诺书、开展大讨论、技能竞赛、警示教育、征集优秀心得等多种形式有效开展。2018年,全市共查获各类涉烟案件2259起,其中万元以上案件145起。网络案件侦破成绩斐然,破获国标案件1起、省标案件3起,刑拘21人,批捕11人,判刑7人,无论是案件起数、涉刑人数,较往年均有较大提升。

【企业管理】 组织开展"综合管理标准化建设提升年"活动,围绕"多标融合、统一平台、整合提升"的要求,探索构建"一体化"综合管理标准体系。通过动员部署、深入推进和集成整合三个阶段,历经8个月完成《综合管理手册》《程序文件》《岗位说明书》《制度汇编》《安全管理标准》《党建工作标准》等综合管理标准体系文件的编写与发布,初步实现了"质量管理体系""安全管理体系""标准化体系""营销135工作法""专卖APCD工作法""党建标准化"等"六位一体"的深度融合。整套综合管理标准体系文件共有10册、2228页、117万字,其中管理标准100个、岗位说明书122个、制度133个、党建标准和安全标准各1册。既架构统一、相辅相成,又有统有分、有效融合;既符合行业标准建设要求,又切合宿州烟草管理实际,初步实现管理效能的集聚与提升。综合管理标准体系建设工作的开展,既解决过去多标并行,又解决文件与执行"多张皮"的问题;既锻炼队伍能力,又有效地提升企业基础管理水平,还获得了安徽省烟草专卖局的肯定,在全省系统2018年度企业管理现场会上作交流发言。2018年12月29日,宿州市烟草专卖局隆重召开综合管理标准体系文件发布暨"综合管理标准化建设提升年"活动总结会,标志着宿州市烟草专卖局综合管理标准体系建设工作取得阶段性成果,多标融合、创新管理迈出实质性、关键性可喜一步。

【党的建设】 拓宽企业党建工作思路,坚持以服务企业发展为中心,以党员群众为主体力量,以改革创新为动力,以建立长效机制为落脚点,突出"一个首要任务",围绕学习贯彻党的十九大精神和习近平新时代中国特色社会主义思想,推进党组织"四化"建设。开展以党的组织生活为基本形式的经常化学习教育活动,采取专题活动集中学、信息平台融入学、知识测试促进学、座谈活动交流学等多种形式,常态化提升党建工作水平。制定《加强全市系统党的建设工作的指导意见》《党建品牌创建的实施方案》《全市系统党建工作责任制实施办法》《建立党员干部基层联系点制度》等制度,健全从保障性规定到惩戒性规定、从实体性制度到程序性制度的制度体系,制度化引领党建工作开展。围绕党建标准化工作,结合党建要求和企业实际,统一规范党组织建设基本内容、工作流程、工作标准等,构建在组织、制度、教育、活动、形象、资料、阵地等方面具有宿烟特色的党建标准化工作体系,形成《宿州烟草党建工作标准》,标准化支撑党建工作推进。充分利用国家局网络学院学习教育平台、企业网站、微信企业号搭建宿州烟草网上党校学习平台,及时分享党中央战略部署、党的最新重大理论实践成果、党组工作要求、党建课程、课题研究成果,信息化塑形党建工作格局。

【公益事业】 资助乡村建设。以"脱贫攻坚"为第一要务,切实履行社会责任,全年资助对口帮扶村灵璧县高楼镇崔庄村、尹集镇尹楼村、灵城镇七里村、朱集乡苗河村扶贫工厂、光伏发电,贫困户种植养殖、慰问金等扶贫款765200元;帮扶萧县河头村奶牛养殖扶贫款、慰问金114600元;帮扶砀山县种植养殖扶贫款、慰问金116000元。全年用于扶贫方面的捐赠共计99.58万元。

救济贫困。选择灵璧县七里村特困户陆国兰作为长期帮扶对象,为其租赁房屋、配备生活必需品、帮助小孩上学、安排专人每月送去米面油等生活用品,年救济额约8000元。

困难帮扶。组织开展困难职工关爱慰问活动,2018年度慰问系统内各类困难职工68人,共计发放慰问金141000元。

公益捐款。宿州市烟草专卖局泗县县局向"博爱在江淮"公益捐款4000元。

公益类型各项志愿服务。以支部为单位组织开展各类志愿服务和社会公益活动。其中宿州市烟草专卖局本级自8月底至12月底组织党员志愿者148人次开展文明交通劝导志愿服务活动。市局机关支部组织开展以扶贫帮困为主题的爱心捐赠活动,并向贫困群众自愿捐赠棉衣、图书;直属分局(埇桥营销部)党支部组织党员干部走进宿州市儿童培智中心开展"有你我们就不孤单"爱心捐助活动,向智培中心捐助儿童衣物、玩具等;面对社区开展"普法、环保宣传进社区"和"铲除城市牛皮癣"志愿服务活动,参与人数共60人次;萧县县局党支部组织开展"扶贫日爱心捐款",专门下发爱心捐款倡议书,倡议全体在岗员工扶贫济困进行爱心捐款,活动受到广大员工的积极响应,共收到爱心捐款6200元,全部上报至扶贫捐款指定账户,筹款资金用于丁里镇河头村安全饮水工程。同时萧县局以环保服务为主题,累计组织51名党员志愿者,先后开展了"健康路清扫积雪""环保志愿行"等活动,并于"爱国卫生日"期间组织党员,到丁里镇河头村开展文明卫生活动,与村两委一同帮助贫困户清扫道路垃圾和院内垃圾;泗县县局党支部积极组织开展包保路段清扫积雪、普法宣传、"科普进社区"等以义务宣传为主要内容的志愿服务活动共7项,参与人数90人次;灵璧县局党组织在单位内开展"扶贫日爱心捐款"共计5000元上报至扶贫捐款指定账户用于扶贫帮困开支,并以支部为单位组织开展公益志愿服务活动:其中灵璧机关支部累计组织34名志愿者先后于3月、6月、7月开展了"植树活动""环境清理活动""推进移风易俗,树立文明乡风活动""夏季攻势环境整治"等活动;营销支部累计组织19名职工,于6月和9月先后开展了慰问贫困户和慰问孤寡老人活动,并累计自筹资金3200元,用于帮慰问对象购买日用品,同时在7月份组织开展了"为民利民·展现新作为"主题志愿服务活动并将活动对象延伸至党员客户。灵璧县局(营销部)专卖支部开展各类公益志愿活动共13次,先后开展了"我为党旗添光彩"公益志愿活动、打击和防范经济犯罪宣传日活动、扶贫帮扶党员示范活动、关爱留守、困境儿童活动、"6·29烟草专卖法颁布日"宣传示范活动、走访慰问困难客户活动、走访党员零售户和军人零售户活动、扶贫帮扶党员示范活动、重阳节敬老志愿活动、走访慰问残疾零售户活动、开展"学习宪法,遵守宪法,维护宪法"为主题的法律知识宣传志愿服务活动等,全年各类活动累计参与人次达101人,活动中用于慰问帮困的自筹资金累计1798元。砀山县局党支部组织开展"扶贫帮困送温情,志愿服务暖人心"主题志愿服务活动,带着糕点、蛋糕等,深入城关镇吕集村贫困家庭开展节前慰问帮扶活动;组织开展"不忘初心跟党走,扶贫助学献爱心"捐赠活动,为砀山县第三小学44名贫困学生现场赠送了书包、毛巾、学习用品和防寒手套,以实际行动助力砀山县脱贫攻坚工作;组织在职党员干部在年内开展了多次"法律法规宣传"及"创建文明城,党员在行动"为主题的党员志愿者活动,全体党员干部用自己的实际行动,为法律宣传及文明城市建设贡献自己的一份力量。

【大事要事】 2018年2月5日,安徽省烟草专卖局纪检组长李柏林到宿州开展节日慰问调研。

2018年6月28日,宿州市烟草专卖局举办"党在我心中永远跟党走"主题演讲比赛。

2018年6月29日,宿州市烟草专卖局举办迎"七一"知识竞赛。

2018年7月前后,宿州市烟草专卖局按照年度工作部署推进迎"七一"系列活动,并对获奖员工颁发奖励证书。

2018年7月16日,安徽省烟草专卖局计划处宫瀚飙处长到宿州检查指导工作。

2018年7月18日,安徽省烟草专卖局纪检组长李柏林到宿州开展调研。

2018 年 7 月 24 日,安徽中烟总经理王志彬到宿州调研。

2018 年 8 月 21 日,召开安徽省烟草专卖局党组第二巡察组巡察宿州市烟草专卖局党组工作座谈会。

2018 年 11 月 16 日,召开宿州市烟草专卖局党建品牌发布会,安徽省烟草专卖局党建工作处负责人金峰出席会议。

2018 年 12 月 29 日,召开宿州烟草综合管理标准体系发布会,标志着“一体化”综合管理体系正式启用。

【荣誉】 宿州市烟草专卖局(公司)在 2018 年获得多项荣誉。

宿州市烟草专卖局(公司)2018 年荣誉榜

荣誉获得者(单位或个人)	荣誉称号	授予单位
宿州市烟草专卖局	安徽省安全文化建设示范企业	安徽省安全生产委员会办公室
宿州市烟草专卖局	宿州市 2017 年度全市安全生产工作优秀单位	宿州市人民政府
宿州市烟草专卖局	宿州市 2018 年第二届全民健身运动会广场健身舞规定套路项目比赛第 2 名	中共宿州市委宣传部 中共宿州市直机关工委 中共宿州市直企业工委 宿州市教育体育局
宿州市烟草专卖局	宿州市 2018 年第二届全民健身运动会广场健身舞自选套路项目比赛第 2 名	中共宿州市委宣传部 中共宿州市直机关工委 中共宿州市直企业工委 宿州市教育体育局
宿州市烟草专卖局	宿州市 2018 年第二届全民健身运动会广场健身舞团体项目比赛第 2 名	中共宿州市委宣传部 中共宿州市直机关工委 中共宿州市直企业工委 宿州市教育体育局
宿州市烟草专卖局	宿州市 2018 年第二届全民健身运动会乒乓球赛女子团体第 3 名	中共宿州市委宣传部 中共宿州市直机关工委 中共宿州市直企业工委 宿州市教育体育局
宿州市烟草专卖局	宿州市 2018 年第二届全民健身运动会篮球比赛第 6 名	中共宿州市委宣传部 中共宿州市直机关工委 中共宿州市直企业工委 宿州市教育体育局
宿州市烟草专卖局	宿州市 2018 年第二届全民健身运动会足球比赛第 7 名	中共宿州市委宣传部 中共宿州市直机关工委 中共宿州市直企业工委 宿州市教育体育局

（续表）

荣誉获得者（单位或个人）	荣誉称号	授予单位
宿州市烟草专卖局	宿州市 2018 年第二届全民健身运动会乒乓球赛优秀组织奖	中共宿州市委宣传部 中共宿州市直机关工委 中共宿州市直企业工委 宿州市教育体育局
宿州市烟草专卖局	宿州市安全文化建设示范企业	宿州市安全生产委员会办公室
宿州市烟草专卖局	宿州市直企业工委庆“七一”党建知识竞赛一等奖	中共宿州市直属企业工委
宿州市烟草专卖局	宿州市庆“三八”门球比赛团队比赛第 2 名	宿州市门球运动协会
宿州市烟草专卖局	宿州市庆“五一”职工乒乓球赛优秀组织奖	宿州市总工会
泗县烟草专卖局	泗县 2017 年度工作任务考评三等奖	泗县县委县政府
泗县烟草专卖局	泗县“红旗党支部”荣誉称号	泗县县委县政府
萧县烟草专卖局	萧县红十字事业最佳支持奖	萧县红十字会
宿州市烟草专卖局物流中心	“林德杯”叉车技能大赛安徽赛区团体季军	林德（中国）叉车有限公司
宿州市烟草专卖局办公室	中国烟草学会 2018 年优秀学术论文二等奖	中国烟草学会
宿州市烟草专卖局纪检监察室　陈　婉	中纪委监委纪检监察综合业务培训班优秀学员	杭州纪检监察培训中心
萧县烟草专卖局杜庆宏	萧县脱贫攻坚先进个人	萧县县委县政府

（张璐璐）

［责任编辑　王德刚］

交 通 运 输

【综述】 2018年是全面贯彻落实党的十九大精神的开局之年。一年来,全市交通运输行业坚持以习近平新时代中国特色社会主义思想为指导,坚决贯彻落实市委市政府决策部署,围绕中心、服务大局,勇于担当、奋发作为,圆满完成既定目标和各项任务,多项重要指标位居全省前列,书写了交通运输高质量发展的精彩开局和华丽篇章。交通建设投资再创新高,全年累计完成123亿元,同比增长79%;路面车辆运输超限超载率和货源单位超限超载车辆出场率分别控制在0.93%和0.51%;客货运输周转量同比增长5.11%;农村道路建设投资同比增长453.3%,交通建设和治超工作已连续4年位居全省第1,并多次在全省交通运输工作会议上作典型发言,2018年仍保持全省前3的好名次。

【公路建设与管理】 国省干线公路建设。全年完成投资40亿元,完工100公里,分别占省计划的115%、111%,完成投资、完工里程均居全省前3。G104泗县段、S303徐明高速泗县出口连接线全面建成通车,G310皖苏界至黄口段主体工程已完工,全市一级公路通车里程突破500公里,居全省第二、皖北第一;S404符离大道、G206北段、S302宿淮快速通道和S239萧淮路工程建设正在加快推进,已完成工程量的70%以上。

农村道路建设。"四好农村路"建设深入推进,全市新改建农村公路10451.6公里,累计完成投资78.2亿元,新增62.1亿元。其中:实施农村道路畅通工程1759.8公里,总投资11.2亿元;推进自然村通村路项目8691.8公里,总投资64.6亿元,全市基本实现自然村通硬化路。实施农村公路安防工程1649公里、危桥改造7座,总投资1.18亿元;实施养护水平提升工程209公里,总投资1.19亿元。全面推行农村公路路长制和乡村道专管员制度,落实县级政府管养责任。

国省干线公路维修养护。实施世行贷款安徽公路养护创新示范项目续建工程5个,总建设规模85.3公里,完成投资1.6亿元;新开工养护工程项目12个,实施路面大中修工程37.5公里和生命安全防护工程296公里,完成投资1.54亿元。全面落实"防治结合、以防为主"的原则,投入小修养护经费1000多万元、迎国检专项资金635万元和设备采购资金1300余万元,精准实施多种预防性养护措施,国省干线公路路面技术状况大幅提升,PQI平均水平达91.86分,养护工程绩效评价居全省第2,为我省在部检中取得较好成绩做出了积极贡献。

公路路政管理。以习近平新时代中国特色社会主义思想为指导,全面落实依法行政,依法治路,规范执法,文明执法,阳光执法,服务人民,为公路事业健康发展保驾护航。

继续扎实做好公路路域环境"三线三边"治理工作。积极争取沿线政府的支持和相关部门的配合,以政府为主导,主动作为,多措并举,重点整治。全年共出动铲车1032台次,清除公路路地范围内堆积物8717立方米,清除路肩农作物3197平方米,清理树木遮挡标志166处,清理路肩非标2542块(含移动非标),清理公路两侧商业条幅239幅,清理摆摊设点161处,清理打场晒粮544处,595平方米,制止违章建筑31起、制止和整改公路高搭接5处;制止堵塞边沟20处,纠正未采取覆盖措施运输砂石车辆4台,办理涉路工程行政许可7件,办理大件运输许可31件,打造"畅、安、舒、美"的公路通行环境。

继续做好治超工作。继续贯彻落实《关于治理车辆超限超载联合执法常态化制度化工作的实施方案》，积极开展路警联合治超工作，推行非现场执法，推进治超站迁址“三同时”工作，加大路面治超力度，把固定治超和流动巡查紧密有机结合起来，继续保持路面治超严管重罚的高压态势，规范治超人员的执法行为，搞好舆论宣传工作，文明治超、科技治超、阳光治超，接受新闻媒体和社会各界的监督，使治超工作沿着健康的轨道前进。全年检查车辆231400台，精检车辆9470台，查处超限超载车辆2432台、卸载货物41300吨、交通罚款金额1573.9万元，交警单独处罚金额6.11万元，驾驶证扣分863分。其中超75吨或车货总重超100%车辆433台，超限运输的比例控制在1%以下，有效地遏制了恶意超限超载现象，创造了竞争有序安全快捷的交通环境，全市公路无“三乱”现象发生。

法制工作逐步规范、精细。积极开展“七五”普法工作、公路执法服务大走访活动、路政宣传月活动。开展执法监督检查工作，公路执法评议考核工作，优化跨省大件运输并联许可服务工作，加强行政权力事中事后监管、严格规范执法提升依法行政效能、强化执法监督、加强学习培训和法制宣传。

【道路运输与管理】 2018年，全市完成客运量3270万人，旅客周转量20亿人公里，货运量2.5亿吨、货物周转量518.8亿吨公里，客货运周转量同比105.11%。圆满完成春运和“清明”“五一”“十一”节假日及全国“两会”“上合峰会”“上海进博会”重大国事活动期间道路运输安全保障任务。道路运输行业持续保持稳中有升的态势。

城乡客运一体化发展情况：实施《宿州市主城区城乡道路客运一体化发展实施方案》，完成城区3个汽车客运站的搬迁工作，完成埇桥区143辆乡镇班车收购工作，主城区至符离、朱仙庄等主要乡镇公交顺利开通，灵璧县成功申报第三批“城乡客运一体化示范县”。新增2个行政村通班车，完成2018年民生工程任务，全市所有乡镇通班车，行政村通车率99.8%。

道路运输安全生产情况：抓好抓实完善安全生产管理机制、安全隐患排查治理、从业人员教育培训、营运车辆动态监管、应急救援实战演练等5项基础工作，促进道路运输企业安全生产主体责任落实，推动安全生产制度化、规范化、科学化发展，道路运输行业安全生产形势稳中向好。全年共发生8起亡人事故，死亡9人，受伤4人。同去年同期相比，亡人事故起数减少11%、亡人数减少25%，亡人数减少37%，实现了事故起数和死亡人数“双下降”。

道路运输民生实事落实情况：机动车检测“两检合一”顺利实施，实现“一次上线、一次检测、一次收费”，货运车辆异地检验检测落实到位；取消总质量4.5吨及以下普通货运车辆道路运输证和驾驶员从业资格证；严格程序、严格审核，做好2017年度农村客运行业成品油价格补贴资金发放工作，共计发放275辆农村客运车辆补贴资金983.6万元。

道路运输市场管理情况：按照“标本兼治，综合治理”的方针，压实责任，传到压力，强化监管，规范市场。共纠正规范了30辆客车经营行为，查处“黑车”450多辆，处罚违规重点货源单位3起，责令违规企业停业整顿27户次，吊销营运证249本，吊销从业资格证158本，重点货源单位装载证明使用率基本达到100%，超限车辆出场率控制在1%以下。

【内河航运与管理】 宿州港总体规划编制取得阶段性成效。总投资30亿元的新汴河航道整治工程开工建设，疏浚土方50万立方米。浍河航道整治工程前期工作已完成，正在进行施工招投标工作。积极推进撤渡并渡工作，全市渡口数降至36道，减少7道。加大船舶防污染设备加装力度，安装192艘，完成省规定80%的目标任务。

【城市公共交通】 扎实开展公交示范城市创建活动，新增120辆纯电动空调公交车、新建40个充电桩和4个公交停保场，调整优化公交线路14条，城市公共交通“一卡通”系统建成并与全国260个城市实现互联互通。深化出租车经营权管理，以车辆产权为纽带，在全省率先组织开展出租车经营权确权活动，843辆出租车实现“两证合一”。开展文明城市创建，实施出租车行业提升行动，提高行业文明程度和服务质量。与公安、交警部门联合执法，打击处理非法营运黑车450辆。

【大事要事】 2018年7月,宿州汽车客运中心站及配套公交枢纽工程投入使用;

2018年8月,G104泗县段一级公路改建工程建成通车;

2018年9月,S303徐明高速泗县出入口连接线交工验收;

宿州市客运中心站

2018年10月,新汴河航道(宿县闸至徐岗段)整治工程开工;

2018年11月29日,宿州公交完成"交通一卡通"发行使用;

2018年12月,新汴河航道灵璧船闸工程整治工程开工。

符夹铁路扩能改造工程、宿州东站改造及配套工程已完工;宿淮铁路蒿沟站建设加快。一批铁路基础设施建设项目前期工作取得积极进展,合新高铁泗县段征地拆迁核查、社会稳定风险评估及有关基础资料收集等前期工作已基本完成;宿州火车站综合改造项目预可研报告已通过上海铁路局技术审查,正在对接中国铁总、上海路局商谈站改框架协议,争取资金和政策支持;淮宿蚌城际铁路项目已列入《皖北城际铁路网规划》,并上报国家发改委待批。

[责任编辑　袁祥辉]

城乡建设

·国土资源管理·

【概况】 2018年,宿州市国土资源局坚持以习近平新时代中国特色社会主义思想为指导,围绕自然资源部和省厅系列决策部署和"1+N"文件落实,坚持稳中求进工作总基调,持续深化供给侧结构性改革,对标高质量发展要求,全面推进"246行动"落实,攻坚克难,开拓创新,全面从严治党取得显著成效,基层党组织标准化建设获得市直机关工委肯定并被推广,干部队伍素质明显提高,作风建设实现跨越,服务群众意识入脑入心,业务水平持续攀升,保护资源严格规范,保障发展持续有力,维护权益切实有效,国土资源工作和党的建设实现双进步共提升。圆满完成耕地保护、新增建设用地规模及矿山地质环境修复和地质灾害防治等三项目标管理考核指标,国土资源发展呈现新局面。

【土地利用总体规划】 充分发挥土地利用总体规划和年度利用计划的引领作用,按照总体规划和年度计划统筹好各类用地需求,遵照统筹安排城乡用地原则,做好年度用地计划指标分解下达工作,保障宿州市重点项目建设,省政府下达宿州市年度新增建设用地计划指标9947亩,位居全省第3,后续再次争取省政府预留新增建设用地计划指标4687.05亩,全部完成组卷报批工作。

【土地利用】 持续开展批而未供、闲置土地清理工作。坚持供给侧结构性改革为主线,以节约集约用地为抓手,控总量、减增量、盘存量、放流量、提质量,印发《宿州市开展批而未供、闲置土地专项整治工作方案》,全市消化2015年前批而未供土地1.0649万亩、消化率38.7%,盘活利用闲置土地0.22万亩、处置率71.9%,超额完成省政府下达的整改任务,排名位居全省前列。

【土地供应】 以稳地价、稳房价、稳预期为目标,促进房地产市场平稳健康发展。2018年宿州市供应土地523宗,面积43877亩,同比增加51.4%,土地供应量排名全省第5。市本级实施招拍挂11个批次,出让土地73宗,面积6536亩,土地出让金约66亿。超额完成"两个三"(出让3000亩、价款30亿元)的年度目标任务,出让规模为近5年之最,满足了吾悦广场、宿马高铁小镇、港利城东新城、市区棚户区改造、生物医药产业园等大批市政府重点项目用地需求。

【土地储备】 编制了2018年度土地储备计划,扎实做好建设用地的储备工作,积极为重点项目用地提供资源保障。土地储备规模、融资规模和供应规模均严格按照计划实施。着力解决退城进园企业收储遗留问题,积极协调推进雪龙纤维、新宇药业、宝龙电器等退城进园企业收储工作。收储国有建设用地使用权73宗,面积6536亩,成功发行土地储备专项债券10亿元。

【耕地保护】 积极做好新常态下的耕地保护工作,狠抓耕地资源保护,严格落实耕地占补平衡制度。完成补充耕地任务20914.6亩,连续20年实现耕地占补平衡。全年交易补充耕地指标3233.9亩,成交价款为1.8亿元。加快推进2018年高标准农田建设。探索高标准农田建设新途径,坚持规划引导、因地制宜、生态和谐及农民满意等原则,通过强化机制保障、压实主体责任、规范统一标准等有力措施,提升项目建设质量。会同农业、水利、交通等相关部门专家,共同制定《高标准农田建设项目规范标准》,为项目规范实施奠定基础。2018 年省下达高标准农田建设任务 24.5 万亩,实施 13 个项目,共计25.6 万亩,目前已完成主体工程建设和内网备案工作,实现粮食生产增产增效的目标。

【矿产资源管理】 完成 2017 年度矿产资源开发利用统计工作,2017 年度,宿州市完成开发利用统计矿山 42 个,从业人员 16615 个,年产矿量 2590.02 万吨,实际采矿能力 2542.15 万吨/年。矿山企业工业总产值 683327.93 万元,矿产品销售收入 647303.93 万元。开展采矿权人开采信息公示工作,全市应公示采矿权 28 家,实际公示 28 家,公示率 100%。制定年度矿产督察计划,将全市 26 个大中型矿业权纳入矿产督察范围。先后派出督察组 42 个,参与督察人员 132 人次。

【地质环境管理】 全面完成中央环保督查反馈问题整改工作。按照"宜农则农、宜林则林、宜耕则耕、宜建则建"的治理原则,对 255 个矿山地质环境治理项目加大督查调度力度,明确督查重点和标准,制定"两册一通知"(《督查手册》《巡查手册》《关于成立关停矿山生态修复包保督查督导组的通知》),坚持"六个一"修复标准,聘请专家参与技术指导,因地制宜采取藤蔓植物法予以修复,有效将自然山体环境修复和土地资源高效利用相结合。通过努力,用 3 亿元修复了全市 136 个矿山,复垦出的耕地面积达 14000 余亩。高质量通过中央环保督查回头看,并得到验收组的充分肯定。《今日头条》《安徽环保》《中国自然资源报》《拂晓报》等多家媒体对宿州市矿山治理做法予以宣传报道。科学谋划 2019 年矿山生态修复治理项目。按照"明确任务、坚持标准、超前实施、春季验收"的工作思路,制定实施方案,明确治理标准,实行"一矿(点)一档",坚持"周通报、周调度",全力推进 69 个治理项目实施,确保按照既定时间节点完成治理任务,持续提升宿州市矿山治理工作水平。切实加大地质灾害防治工作。完成灵璧县朝阳镇母猪山和萧县永堌镇石水牛山地质灾害隐患点治理,均已通过验收。实行 24 小时地质灾害值班值守,顺利开展应急桌面演练和业务培训。全年未发生一起地质灾害事故。

【测绘地籍管理】 印发《数字宿州地理空间框架建设与使用管理办法》,完成测绘资质审批 11 件,完成测绘统计年报、测绘资质年报统计上报工作,督促各县区局开展测量标志维护建设工作,组织开展 2018 年测绘质量监督检查工作,对全市 11 家测绘单位测绘项目进行检查。有序推进第三次全国国土调查工作。坚持早部署早实施,成立市第三次全国国土调查领导小组和领导小组办公室,科学编制"三调"工作预算,完成市级国土调查实施方案编制工作。积极筹集影像数据做好图件保障工作,组织开展全市三调业务集中培训工作,全面完成市县三调项目招标及监理招标工作。加快推进乡镇试点工作,认真分析并研究解决问题的思路和办法,努力为宿州市下一步发展留足空间创造有利条件。

【土地监察】 卫片与例行督察工作持续推进。全市违法用地总量由 2017 年 2110 亩下降至 2018 年 1405 亩,下降 33%;矿产卫片实现零违法。2017 年例行督察全部履职到位,消除违法用地状态 2807 亩。2018 年度土地例行督察反馈问题整改到位 3564 亩。印发《宿州市人民政府关于进一步强化国土资源执法监督考核的实施意见》,成立市国土资源执法监督考核工作领导小组,建立奖惩制度,按季度组织考核组对县区政府和市管园区管委会进行考核,进一步强化违法用地查处整改工作,压实属地管理责任。全力以赴抓好"大棚房"专项清理整治工作。配合农业部门,提请市政府成立专项清理整治行动领导小组,制定清理整治工作方案。在全市范围内开展拉网式摸底排查,逢园必进、逢棚必查、不留死角。对排查出来的违法违规问题,按照边查边改的原则,逐宗制定整改方案,迅速推进整改工作。2018 年,整改"大棚房"违规项目 27 个,总面积 160.4 亩,涉及违规大棚和建筑物 70 个,责令退还土地 71.9 亩,拆除建筑物 2.4 万平方米,罚款 10 万元,违规涉农资金 22 万元全部追回,顺利通过省级督查验收。严厉打击非法石料加工点违法占地问题。对全市范围内非法石料加工点违法占地情况开展专项清查活动,排查出非法石料加工点违法占地情况 114 宗。经过查处整改,已取缔拆除清理复耕到位 14 宗 121 亩；完善临时用地手续 1 宗 16.7 亩；已取缔拆除未清理复耕到位 85 宗 684 亩，有效减少违法占地行为。

【部署实施“增减挂”三年提升行动】 2018 年 4 月 18 日，中共宿州市委 宿州市人民政府《关于推进城乡建设用地“增减挂”落实乡村振兴战略的实施意见》印发，标志着城乡建设用地“增减挂”三年提升行动的正式部署实施。不断创新工作思路和方法，切实加大“增减挂”项目实施力度，积极在省内开展指标交易，成效显著。2018 年，全市完成拆迁 36830 亩，复垦 33040 亩，交易 3956 亩，成交价约 16 亿元。实现提速年开门红。制定《宿州市城乡建设用地“增减挂”钩节余指标市内调剂管理（暂行）办法》，有效降低节余指标市内交易价格，缓解用地指标紧张局面。

完善建设用地使用权转让、出租、抵押二级市场试点顺利通过国家验收。坚持以建设“产权明晰、市场定价、信息集聚、交易安全”的国有建设用地使用权转让、出租、抵押二级市场为目标，以部《试点方案》和宿州市试点方案为基本遵循，坚持问题导向，敢闯敢试，大胆探索，以“一个方案”为指导，以“三个办法”为依托，先后出台转让、出租、抵押 3 个管理暂行办法和 14 个相关配套实施细则，建立全方位的管理体系，有效盘活了存量低效用地，促进了土地节约集约利用，优化了土地资源配置效率，充分发挥了市场在资源配置中的决定性作用，切实增强了建设用地市场活力。通过二级市场试点政策，盘活工业用地 24 宗 1367.93 亩，土地二级市场试点目标基本实现。2018 年 9 月 6 日，顺利通过自然资源部验收，并得到验收组“有力激发市场活力、规范市场秩序、成效显著”的高度评价。

【宿州市第三次国土调查】 2018 年 7 月 16—17 日，全市国土资源系统第三次国土调查业务集中培训班，正式启动宿州市第三次国土调查工作。

【试点验收】 2018 年 9 月 6 日，完善建设用地使用权转让、出租、抵押二级市场试点顺利通过自然资源部验收，并得到验收组“有力激发市场活力、规范市场秩序、成效显著”的高度评价。

·城乡建设规划·

【概况】 2018 年是改革开放 40 年，也是市城乡规划局成立 6 周年。一年来，全局上下深入学习贯彻习近平新时代中国特色社会主义思想和党的十九大精神，在市委市政府坚强领导下，深入贯彻落实国家、省建设工作会议精神，牢固树立“五大发展”理念，以市委、市政府“2+4+2”工作思路为统领，切实发挥城乡规划在宿州市经济社会发展中的支撑和引领作用。全局坚持以只争朝夕、夙夜在公的精神，紧紧围绕市委市政府的中心工作，坚持党的建设与城乡规划管理业务工作“两手抓”，团结和带领全局系统干部职工勤奋务实、苦干实干，全面完成了市委市政府及省住建厅交给的各项目标任务，全市城乡规划呈现新的良好局面。

【城市建设总体规划】 按照总体规划修订调整的有关要求，全面推进《宿州市城市总体规划》修编工作。《宿州市城市总体规划（2012—2020 年）（2018 年修改）》通过专家评审，市人大审议、社会稳定风险分析、市规委会审议、合法性审查和环评等环节编制阶段性工作全部完成，《宿州市城市总体规划（2012—2020 年）（2018 年修改）》已上报省政府。

【市县空间规划编制】 按照省建厅统筹部署，市城乡规划局积极推进《宿州市空间规划》及各县空间规划编制工作。工作中，市城乡规划局主动对接相关部门，立足于宿州实际，全面推进“多规合一”，与主体功能区规划、土地利用总体规划、环境保护规划、综合交通规划等相关规划有机衔接，进一步优化“三区三线”（城镇、农业、生态空间以及生态保护红线、永久基本农田、城镇开发边界）划定，合理划定宿州市及各县县城的城市开发边界并明确相关管控指标。2018 年底，各县空间规划均已通过各县规委会审议；宿州市空间规划数据库及各县空间规划数据库均已按照要求上报。

【市政专项规划】 严格按照有关标准、规定和公共服务设施专项规划，先后重点办理了主城区雪枫小学金方小区、汴河路小学，三八中心校、银河一路九年制学校、银河四路九年制学校、市中医院新区和

12个幼儿园,4个菜市场等规划选址。不断推进城市道路、供水、排水、供电等各项基础设施建设工作,银通公园、淮河路地下步行街(人防)工程选址,东昌路10KV供电线路方案,西昌路(锁荫路-洪河路)污水管道路由,银河五路及西二环路的建设,城区2018年公厕改造等项目选址。通过各项建设项目的选址落实,优化了宿州市城市发展的空间布局,提升了城市能级。

【历史建筑确定和公布】 按照省住建厅工作部署要求,市城乡规划局会同市文广新局、市文物局开展了历史建筑普查工作。根据普查情况,初步确定了历史建筑2处,为宿州烈士陵园革命烈士纪念碑和宿州烈士陵园彭雪枫将军雕像,属于革命历史纪念建筑。截至目前,宿州市历史建筑确定和公布工作全面完成,市政府正式下发了《关于公布宿州市第一批历史建筑名录的通知》,历史建筑相关信息录入工作全面完成。

【县域乡村建设规划】 该规划既是《宿州市农村人居环境整治三年行动方案》的考核任务,也是指导宿州市美丽乡村规划编制、建设实施的重要支撑。2018年已全面完成4个县县域乡村建设规划的编制。该规划统筹安排了各县镇村重要基础设施和公共服务设施,进一步优化空间布局,合理配置乡村建设的公共设施和市政基础设施等,更好地推动宿州市乡村振兴战略落到实处。

【派驻城乡规划督察员】 2018年3月15日,宿州市政府向砀山县、萧县、灵璧县、泗县派驻的城乡规划督察员,正式颁发"委任状",杨淑红、张芳利、徐晓琳、雷娜4人被聘为宿州市首届市派县城乡规划督察员,分别派驻灵璧县、萧县、砀山县和泗县,代表市政府对派驻县的城乡规划管理工作进行督察。

【荣誉】 2018年,市国土局获得多项荣誉。

荣誉榜

荣誉获得者(单位或个人)	荣誉称号	授予单位	时间
宿州市国土资源局	2017年度国土资源政务信息网上公开执行检查第一名	安徽省国土资源厅	2018. 2. 7
宿州市国土资源局	全省国土资源系统先进基层党组织	安徽省国土资源厅	2018. 6. 29
宿州市国土资源局	全省自然资源系统老干部纪念改革开放40周年书画展优秀组织奖	安徽省自然资源厅	2018. 12. 28
宿州市国土资源局	全省政务服务系统"最佳服务窗口"	安徽省直机关加强效能建设领导小组办公室 安徽省数据资源管理局(安徽省政务服务管理局) 中共安徽省委党校(安徽行政学院)	2018. 12. 29
付娇娇	全省国土资源系统优秀共产党员	安徽省国土资源厅	2018. 6. 29
岳国祥	全省国土资源系统优秀党务工作者	安徽省国土资源厅	

4·22 世界地球日宣传 （摄影　胡　威）

7·17 全市国土资源系统第三次国土调查培训会 （摄影　胡　威）

·城乡建设与管理·

【重点工程建设】 2018 年，市城建重点办全体人员认真学习贯彻十九大精神和新时代中国特色社会主义思想，扎实开展党风廉政教育，开展向曾翙翔同志学习活动，学习《三十讲》《中国共产党支部工作条例》等内容，建立健全《党风廉政建设制度》《建设工程管理制度》《财务管理制度》等系列内部管理制度，及时沟通协调项目建设出现的新问题，研究工程推进措施。

2018 年共承担 17 项重点工程建设任务。重点调度项目 15 项，年度投资计划 11.8 亿元，累计完成投资约 14.8 亿元，超额完成年度目标任务。

西外环（303 省道至 305 省道）段右幅已通车，左半幅沥青混凝土中面层铺设完成；高速下穿桥东半幅完成，上跨高速桥桩基完成 22 根，沱河大桥宿州段桩基结束。拂晓大道北延东半幅道路建成通车，西半幅道路基本完成。银河五路段（拂晓大道至通济五路）已预验收。妇女儿童中心、档案馆竣工验收，科技馆装饰及智能化工程正常推进，室外景观工程基本完成。体育馆外装饰、内外配电、坡道工程待验收，内装饰完成约 92%，室外景观工程完成 98%。政务服务中心内外装饰及暖通工程正常推进，绿化工程进场施工。门急诊医技楼外装饰扫尾，医疗等四个专项设备开始采购，消防及内装饰正常施工，电梯近期将上网招标。人民路综合管廊试验段完成 87 米，试验段南侧 240 米管廊主体工程正在施工；拂晓大道地下综合管廊高压旋喷桩完成约 300 米。学府大道改造完成约 6 公里污水管网及 1 座提升泵站；东阳路完成约 3 公里污水管网；汴河南路西段完成，东段进场施工。市综合监测中心 B、C 段地下室完成；市立医院内外科病房楼破土动工；十二小学配建幼儿园主体封顶。

【建筑行业管理】 宿州市建筑行业经济持续快速发展。紧紧围绕宿州市经济发展这个大局建筑业总产值连年攀升，预计 2018 年完成建筑业总产值 320 亿元。审查通过宿州市安全标准化示范工程 19 项，省级安全标化工地 8 项，安徽东越建筑工程有限公司承建的维也纳酒店装饰工程荣获 2017—2018 年度全国建筑装饰工程奖，实现皖北地区零的突破。全市建筑业企业总数已突破 350 家，共有 10 家一级施工总承包企业，13 家一级专业承包企业，3 家甲级监理企业。

建筑企业结构调整成效显著。按照安徽省促进建筑业转型升级做大做强的总体要求，严把低资质企业和违规行为企业审核关，扶持优秀企业做大做强。2018 年，宿州市共有 3 家建筑总承包企业晋升为二级（2 家建筑、1 家公路），一家公路总承包企业晋升为一级。通过产业结构调整，全市建筑业企业总数突破 350 家，共有 10 家一级总承包企业，专业承包一级企业 13 家，3 家甲级监理企业。通过产业结构调整，宿州市三级建筑业企业得到了有效控制，部分建筑业企业向公路、水利、钢结构、智能化等专业拓展，扩大宿州市建筑企业的承包范围，从而提高市场竞争力。

规范建筑节能监督管理工作。一是全面贯彻落实《民用建筑节能条例》（国务院 530 号）及《安徽省民用建筑节能办法》（省政府令 243 号）文件精神。牵头拟订并出台《宿州市绿色建筑行动实施方案》和《宿州市加快推进建筑产业化发展的指导意见》两项政策。全市竣工建设的项目建筑面积约293.74万平方米、其中居住建筑191.75万平方米,公共建筑76.51万平方米,新增一星级绿色建筑约75.8万平方米,二星级绿色建筑约15.6万平方米,城镇绿色建筑占新建建筑比重约31.11%。完成既有居住建筑节能改造为1.8万平方米,既有公共建筑节能改造为1.5万平方米,均超出年度目标1万平方米任务。积极推进建筑节能工作,帮助宿州市2家新型建材生产厂家获得省级新型材料推广证书。大力推进宿州市装配式建筑应用,2018年开工建设装配式75万平方米,其中宿州市城东16号地棚户区改造项目29万平方米和符离1号地棚户区改造项目46万平方米,超额完成年初10万平方米计划,装配式建筑开工率位居全省前列。

加强建筑市场执法检查,严肃查处违法违规行为。按省厅统一部署每季度进行一次建筑行动质量大检查。全年共开展检查4次,累计检查项目312次(个),下发整改通知书165份。全年处理拖欠农民工工资及劳资纠纷15起,涉及659人,工资额960万元。

严格安全监管措施,安全生产态势平稳。一是开展建筑施工安全大检查。为进一步加强施工现场安全管理和应急管理,检查专项施工方案和安全技术交底的实施情况,强化督促企业全面开展隐患排查治理,对全市在建项目开展建筑施工安全大检查,重点检查:建设、监理、施工单位安全生产主体责任落实情况;专项施工方案是否按照住建部第37号令进行审批,超危大工程的施工方案是否组织专家论证,实际施工中是否严格按照专项方案实施;安全防护、临时用电、基坑工程、模板脚手架工程、起重机械、受限空间、活动板房等危大工程的安全管理情况;特种作业人员持证上岗、有无假证情况等。共检查项目58个项目,下发责令改正通知书23份。二是开展市政设施类工程及受限空间专项检查。为认真做好复杂地质条件下隧道施工安全风险识别和管控,结合省住建厅《关于立即开展建筑施工现场受限空间安全专项治理行动的紧急通知》(皖建质〔2018〕91号)、《关于加强全省市政设施类工程项目施工安全管理的通知》(皖建质明电〔2018〕19号)的要求,结合宿州市重点项目和市政基础设施施工特点,市建管处自2018年7月19日起,对宿州市市政道路开展了市政设施施工安全施工和受限空间大检查,严防受限空间作业事故和因施救不当导致伤亡扩大事故的发生。宿州市市政基础设施工程34个,其中:道路工程29个,雨污分流工程5个。共抽查市政道路基础设施类项目20个,下发责令改正通知书12份。三是开展建筑起重机械专项检查。为加强对设备设施的安全管理,市住建委印发了《关于进一步加强宿州市建筑起重机械安全管理工作的通知》对宿州市建筑机械起重设备使用管理提出明确要求,8月中旬开展建筑起重机械安全专项检查。检查要求各单位严格落实三项备案制度,实时在"宿州市建筑起重机械微信群"上传安装、维保、拆卸过程照片,倒逼设备安拆各责任单位落实主体责任,重点督促企业、在建项目按要求对设备进行日常保养。检查人员每到一工地,至少对一台塔吊和人货电梯从下爬到上进行全面检查,对发现的隐患和问题,立即责令整改,对存在问题较多的个别设备,责令立即暂停使用,待全面检测合格后方可使用。共检查78个项目,下发责令改正通知书42份。四是开展节前停工、节后复工期间安全检查。为切实抓好建筑工地冬季施工安全生产管理,确保春节期间、节后复工前建筑施工安全生产,根据《关于做好春节期间建筑工程应急值守、建筑工程停工和节后复工工作的通知》《关于深刻吸取阜阳市"1·21"施工升降机拆除较大事故教训立即开展建筑起重机械专项治理行动的紧急通知》要求,市住建委组织三个检查组,开展安全专项检查,共计检查项目78个,下发限期整改通知书32份。五是开展"建筑工程安全生产月"活动。积极参与广场咨询日活动;召开三次"建设工程安全生产暨扬尘污染防治现场观摩会";开展一次全市安全生产隐患排查技能竞赛,参与竞赛100余人;发送安全生产月活动信息6条;张挂条(横)幅1000余条,出宣传栏600多期,企业自办培训教育班3000余人次,企业召开动员大会120余次,班组学习800余人次,开展安全生产宣誓活动40余场,参与2000余人,签名活动2000余人,发放安全生产口袋书600余册,企业领导带班检查300余次,企业安全部门组织专项检查350余次,项目部自查720余次。活动期间共查出事故隐患600余项,整改600余项,隐患整改率100%。六是开展"安全生产百日攻坚"整治行动。根据省、市相关文件要求,市住建委研究制定《宿州市2018年建设工程"安全生产百日攻坚”专项整治实施方案》(宿建〔2018〕473号),进一步明确主要任务、重点内容和工作要求。严格按照全覆盖、零容忍、严执法、重实效的总要求,对主城区各在建项目和各县区、园区建设行业主管部门的安全生产主体责任落实情况、风险防控管理情况、隐患排查治理情况、应急管理情况及监管执法情况进行全面排查治理。下发限期整改通知10份,停工通知书27份,整改率达100%。

大力推进建筑施工扬尘污染防治工作。住建委成立环保督察整改工作领导小组,建立了领导带班值班制度和巡查台账制度,实行“一案一销”,每周调度整改进度,通过定期的现场督察、观摩调度、纳入考核等方式加强整治力度,并制定《宿州市建设工程施工扬尘污染治理工作实施方案》,按照数量全覆盖的标准建立了远程监测、监控平台,实现了监控区域内建筑工地扬尘治理监控的全覆盖,达到全天候时时监测、监控;按照流程全覆盖的标准细化检查方案实现从进场到出场、从围挡喷淋到覆盖冲洗的工作流程全覆盖。宿州市在建筑项目有292个(包含县区、园区),其中房建项目264个,市政道路项目28个。2018年以来,共检查房建项目扬尘治理工作2334次、市政项目219次,下发整改通知书680份(房建572份,市政道路108份)、停工整改通知书451份(房建399份,市政道路52份)。对78个在建项目的施工单位、项目经理、项目总监因施工扬尘防治措施落实不到位等问题进行通报批评;对44个项目进行移交处罚,处罚共计286万元;协助公安机关对扬尘治理措施不到位且屡教不改的2名项目负责人进行行政拘留。远程监控、监测设备安装186套,雾炮机700余台,裸土、易扬尘材料覆盖100%,车辆自动冲洗平台安装100%,围挡封闭100%,道路硬化处理100%,渣土车辆密闭运输100%;六个百分之百措施基本达标。

强化技术培训,提高从业人员技术水平。一是积极配合市人社部门做好2018一级、二级建造师考前资格预审和考务工作;二是大力推广新技术应用,举办建筑工程施工现场BIM专题讲座2场,建筑节能6场,全市1000余人参加培训;三是以提升建筑工程质量为重点,开展“八大员”“安管人员”“见证取样员”等岗位培训及继续教育,全市4900余名人员参加了培训。

为宿州市建筑业输入了新的技术力量,在全省率先实行无纸化机考试点,为提高工程技术人员水平提供有力保障。

【建设工程质量监督】 2018年,市区新办理质量监督的项目有81项,建筑面积约409.54万平方米,工程造价约84.52亿元。竣工验收备案338项,建筑面积约388.01万平方米,工程造价约56.86亿元。工程竣工验收合格率达到100%。

质量巡查、专项检查工作:对全市在建工程按季度通过“双随机、一公开”的形式进行了质量巡查。一季度巡查结合省经信委等24部门联合转发“关于做好严防地条钢死灰复燃有关工作的通知”开展了在建工程钢筋质量专项检查,对被检查项目钢筋原材、电渣压力焊或者直螺纹连接进行现场取样,共取25组试件。其中:原材18组、电渣压力焊6组、直螺纹连接1组。同时检查各方责任主体质量行为,工程建设强制性标准条文及保障性住房管理文件执行情况,勘察设计质量和施工质量情况、地基基础、主体结构质量情况。对检查中发现现场存在一些质量问题要求整改落实,对问题较多的工程下发整改通知书2份并要求限期整改。

二季度巡查19项在建工程(包括市区、园区、灵璧、泗县和埇桥区)。从质量巡查的总体情况看,绝大多数责任主体质量行为能落实到位,部分常见质量问题得到控制,宿州市在建工程总体质量处于平稳、受控状态。检查中也发现有的工程现场管理混乱,标准执行不严,管理人员责任心不强,现场存在质量安全隐患等问题。实体抽测17项工程,有3项工程的个别构件混凝土强度达不到设计要求。此次巡查共下发工程质量巡查整改通知单10份,责成相关单位进行认真整改,并将整改结果报巡查组。

三季度巡查主要检查全市建筑节能、绿色建筑及装配式建筑,全市(包括各县区)共检查在建工程86项,签发整改通知21份,涉及建筑节能原材料使用、工程实体检验检测、可再生能源建筑应用和绿色建筑设计建造执行情况等,对13项工程的监理、施工等单位记不良记录通报批评。

四季度巡查16项在建工程(包括市区、萧县、砀山县),同时对4家检测机构的基本条件、实验室运行情况、检测报告生成及不合格台账、检测合同管理等方面进行检查。对检查中发现的问题已经要求责任单位整改,建设、监理单位复查合格。

按照省住建厅《关于转发住房城乡建设部等关于开展治理违规海砂专项行动的通知》(建质函

〔2018〕1945 号)文件要求,成立领导小组,制定检查方案,开展专项检查活动,全市(包括各县区、园区)共检查在建工程 90 项,检查比例 47.4%,商混、预拌砂浆企业 29 家,检查比例 54.7%。市级检查现场抽取黄沙送检 19 组,宿州市未发现违规使用海砂现象。

按照厅《关于转发住房城乡建设部办公厅关于开展预拌混凝土企业专项监督执法检查的紧急通知》(建质函〔2018〕2295 号)要求,2018 年 9 月 6 日至 11 日,对全市预拌混凝土企业进行了专项监督执法检查,重点检查企业及人员资质、内部质量体系管理、试验室管理及仪器设备运行状况、生产过程质量管理及控制、原材料质量控制等。全市共查有资质的混凝土企业 53 家。在各县区自查的基础上进行了抽查,共查 15 家,其中主城区 4 家,各县区 11 家,对非法混凝土搅拌站取缔情况进行督查。

加强信息化管理:加强"安徽省工程建设监管检查系统""IMT"等系统应用,全市所有质量、安全、市场监督管理人员对所监督项目按照要求用"监管检查系统"将检查情况全部打分上传,全市在建工程质量监督管理都已采用"监管检查系统"信息管理系统,检查结果实时上传省厅网站。

对全市在建工程要求通过"IMT"系统进行见证取样送检,关键材料、试件等不通过"IMT"系统送检的,检测试验机构不准收样检测。竣工网上备案系统,已经全部实行网上备案。

为加强对桩基检测的管理,应用 JCQ 基桩远程监管系统,实行桩基监测数据实时传送,杜绝了桩基检测过程中出现弄虚作假,出具虚假报告的现象。

促进工程创优:积极鼓励建筑企业多创优质工程,对已确定创优的工程项目,增加技术力量,提高服务质量,加强过程控制,及时进行技术指导。2017—2018 年度第二批省优"黄山杯"奖评审,宿州市申报的 3 项工程已经通过省专家组的现场复查和省住建厅公示。34 项工程获得市优"金鸡杯"奖,12 项工程获得"宿州市建设工程施工质量标准化示范工程"称号,5 项工程获得"安徽省建设工程施工质量标准化示范工程"。

【农村危房改造】 2018 年,将农村危房改造工作同扶贫工作紧密结合,把农村危房改造工程纳入到精准扶贫和扶贫攻坚行动中统一部署安排,高位推动,精准发力,强势推进,紧紧围绕 2018 年实现"三县一区摘帽,萧县达到摘帽标准"的要求,按照确保农户住房安全,一户不落,应改尽改原则,将建档立卡贫困户、低保户、分散供养特困人员和贫困残疾人家庭等作为危房改造重点对象,并同步实施其他贫困家庭危房改造,将摸排出所有符合条件的四类重点对象和边缘户危房全部纳入 2018 年改造计划实施,力争实现所有农户住房安全有保障的目标。年初,计划实施改造 25103 户,完工 31873 户,完成年初计划任务的 126.9%,资金拨付率 100%,共计 4.42 亿元。其中完成四类重点对象危房改造 25047 户,资金拨付率 100%,共计 3.9 亿元。省级安排的 2018 年 16635 户危房改造任务已全部完成。

【城市老旧小区整治改造】 为改善城市老旧小区居民的生活环境和居住条件,提升城市形象和文明程度,助力全国文明城市创建,根据《宿州市人民政府关于 2018 年实施 33 项民生工程的通知》(宿政发〔2018〕5 号)精神,2018 年宿州市继续实施城市老旧小区整治民生工程。

年度目标任务:宿州市 2018 年度城市老旧小区整治改造任务为:老旧小区 5 个,建筑面积 14.59 万平方米,受益居民 1425 户,计划投资 1420 万元。

实际完成情况:在市委、市政府的正确领导下,全市老旧小区改造工作强力推进,提前超额完成省下达宿州市的年度目标任务。截至年底,宿州市 2018 年度实际改造完成老旧小区 13 个,建筑面积 26.72 万平方米,受益居民 3322 户,完成投资 3270 余万元。

主要做法:强化组织领导,超前部署行动。

坚持"超前谋划、科学筹划、层层细化"的工作思路,提前做好各项前期准备工作。从 2017 年度 8、9 月份开始对辖区老旧小区基本情况进行系统全面的调查摸排,核实确定 2018 年度老旧小区改造计划,并提前做好民意调查、项目立项、可研等前期工作。依据 2018 年年初制定的《宿州市城市老旧小区整治实施办法》,细化下达各县区改造任务及具体实施项目,指导县区强力推进老旧小区改造工作进度。在各项准备工作完善的前提下,3 月份开始,各施工单位陆续进场,有条不紊开展老旧小区整治工作。

严抓工程进度,过程动态管控。

严格规范项目审批和招标程序,委托质监部门全程跟踪。同时,聘请居民义务监督员参与改造全过程监督。严格落实“周调度、月排名、年考核”工作机制。自改造项目开工到所有项目完成竣工验收,每月至少深入县区开展一次实地检查,对全市改造项目的工程进度、工程质量、竣工验收、资金使用管理、群众满意度等情况进行全面检查,及时发现并解决项目推进过程中遇到的问题,同时对进度明显滞后的县区进行通报,实施精准调度。

实时更新系统,常态化系统调度。

将系统填报纳入常态化工作要点,坚持项目推进与系统更新相结合,利用安徽老旧小区整治改造管理信息系统,加强项目调度,确保项目每推进一步,系统更新一次。

依据《宿州市城市老旧小区整治时序考核办法》,每月对各县区进行打分排名,将系统更新情况纳入打分排名依据,并将排名情况及时报送市民生办予以通报。对连续两次以上排名靠后的县区,及时将情况通报县区主管部门主要负责人,限期整改。

贯彻落实“五结合”,齐抓共建推改造。

一是与创建文明城市相结合。坚持为民创建、创建惠民,把城市老旧小区整治改造作为文明创建的重点,纳入创建体系,共同安排,协同推进。二是与城市环境整治提升相结合。改造工作坚持从细处着眼、从实处着手、从根处着力,通过集中人力、物力、财力对老旧小区环境卫生脏乱差等问题“开刀手术”,确保老旧小区彻底大扫除后“华丽蜕变”。三是与城市双基建设改造相结合。修整、翻建小区道路,实现“路路通”;疏通、改建地下管网,实施雨污分流工程,有效推进黑臭水体综合整治;修整、规范杆管线设施,告别城市“蜘蛛网”;改造、复建停车设施,分区设置机动车和非机动车停放区域;更新改造环卫设施。四是与社会治安综合治理相结合。增设必要的消防、安全设施;增设监控电子眼,增强居住安全性。五是与居民休闲娱乐健身相结合。改造工作从维护小区内居民切身利益出发,坚持“三问于民”,将增绿计划纳入改造必需项目,着力提升绿化,补绿增绿;增设休闲设施,体育健身器材,丰富文化墙内容,不断满足群众文化生活需求,切实打造宜居小区。

坚持“应改尽改”,用“技术点亮生活”。

改造从居住环境、基础设施、房屋修缮、物业管理等方面入手,实现从地下到地上、从楼内到楼外、从平面到立面、从“面子”到“里子”全方位、精细化改造。针对老龄人群“上楼难、出户难”等问题,积极推进“适老化”改造,如:增设楼栋识别号、单元门楼梯设置坡道、符合条件小区开展加装电梯试点等,2018 年埇桥区东昌小区加装电梯一部,实现老旧小区“阶梯式”向“电梯化”过渡。

将电动汽车充电桩、适老化改造、无障碍设施改造、雨污分流等新技术、新理念,引入老旧小区改造中,使社区共享资源得到充分化利用,实现老旧小区从硬件到软件的全面升级。

物业托底,创新“红色物业”引领机制。

各县区老旧小区改造项目竣工后,在小区内显著位置设立“安徽民生工程”永久性标识牌。物业管理上,结合“四位一体”社区管理,以基层党建带动改造后小区规范化治理。全面推行社区党组织领导下的居委会、业主委员会、物业服务企业“四位一体”的社区管理体制,实现物业管理从无到有、从简易到专业,从随便到规范的转变,形成共谋共建共享共治的治理格局。

借鉴外地成功经验,结合物业管理现状,引入新兴物业理念,如:埇桥区大胆引入“红色物业”,制定下发了《埇桥区“红色物业”实施方案》,成立红色物业公司,为托底老旧小区物业服务、提升市场化物业服务提供新引擎。

工作成效:住房安全得到保障。老旧小区改造整治主要目标就是实现老旧小区住房安全,小区环境有序、整洁、美观。其中,安全更是重中之重,老旧小区改造以来我们重点对房屋公共部位进行了修缮,包括整修屋面,对屋面渗漏的房屋进行防渗漏处理,整修、更换破损落水管道;对破损、陈旧、风化严重的房屋外墙进行防渗、粉刷处理;清理楼道乱堆乱放、乱搭乱建,刷白楼道内墙,修缮破损台阶,修缮、添置公共照明;适当修缮、添置单元防盗门,在小区出入口等位置设置视频安防监控系统。通过改造,切实解决老旧小区房屋存在的各种安全隐患,提高了房屋安全水平。

居住环境全面提升。环境质量提升是老旧小区改造整治工作的迫切需求,是广大居民住户的共同心愿。改造过程中,通过开展集中整治活动,拆除私搭乱建、清理乱堆乱放、清除毁绿种菜等一系列举措,拆除了占绿、毁绿的违章建筑,恢复绿化功能,提升绿化档次;维修改造原有休闲场地,配置健身器材等文体设施,有条件的小区积极新建休闲设施;合理配置宣传栏、公示牌等,展示小区改造成效,小区居住环境得到全面提升。

基础设施显著改善。老旧小区改造整治的主要内容之一就是完善配套基础设施。维修小区道路,做到路面平整无坑洼,路牙整齐无缺损;修缮疏通地下管网,更换破损窨井盖,保证排水通畅;维修杆管线设施,规范整治强弱线缆,消除空中“蜘蛛网”;积极改建、补建公共停车位,增设交通标志,因地制宜新建、整修非机动车库(车棚),解决小区居民非机动车停放及充电需求;完善环卫设施,增设标准化垃圾桶,保障小区居民生活垃圾倾倒和堆放,小区基础设施配套得到显著完善。

小区功能明显增强。结合改造小区场地实际,采取新建、改建等方式积极配置物业服务用房;根据小区规模,适度完善社区服务、居民文化活动等公共服务设施,配置健身器材等文体设施;积极开展建筑节能和适老化改造,增加单元门楼梯坡道,实现从大门进入楼栋零踏步,增设楼栋识别号,增强小区各楼各户的可识别性,开展加装电梯试点,2016年实施的中煤矿山集团安厦物业公司机关小区加装电梯1部,2018年实施的东昌小区加装电梯1部,小区功能明显增强。

埇桥区东昌小区加装电梯后景象 (摄影 王 倩)

·房地产管理局·

【全市房地产开发建设稳中有进】 2018年,从强化制度建设、规范开发建设行为入手,持续加大城市开发综合管理力度,全市房地产开发建设保持稳中有进的良好态势。

全面完成房地产开发任务。2018年1—12月份,全市完成房地产投资297.25亿元,为年度目标任务的132.1%;商品房新开工面积758万平方米,为年度目标任务的168.4%;商品房竣工面积593万平方米,为年度目标任务的148.2%。其中市区完成房地产投资174.57亿元,为年度目标任务的124.7%;商品房新开工面积207.7万平方米,为年度目标任务的103.8%;商品房竣工面积205.4万平方米,为年度目标任务的100%。

强化房地产开发建设管理。一是加强规划调度,以保持全市房地产市场平稳健康发展为目标,科学制定房地产业发展规划和年度开发计划,明确年度工作目标和工作措施,科学引导企业投资。2018年结合宿州市房地产业发展实际及土地供应计划的调整,对《宿州市“十三五”房地产业发展规划》进行修订,进一步明确“十三五”期间宿州市房地产业发展的指导思想、发展目标、主要任务和政策措施,明确行业工作重点,引导市场主体行为,加强对房地产业发展的统筹指导,二是紧紧围绕房地产市场平稳健康发展总目标,通过“安徽省房地产开发项目管理系统”为抓手,强化对企业及项目建设的管理,同时结合项目日常巡查和“双随机”检查制度,努力规范房地产开发经营,督促房地产项目投资建设持续稳定发展。以运行使用“安徽省房地产开发项目管理系统”为抓手,强化对企业及项目建设的管理,加强企业和项目情况分析,制定开发项目巡查制度,联合相关部门定期进行项目现场查验调度,保证全市房地产开发投资稳定增长。

规范房地产开发建设行为。一是会同规划、住建、国土部门积极落实《房地产开发项目条件意见书》制度,规范开发建设源头管理,明确了开发项目配建的教育、卫生、社区及养老用房等建设交付和确权归属等问题。通过该制度的实行,将宿州市对房地产项目开发建设活动进行指导和监管的“关口”前移,对规范房地产开发企业的建设行为及杜绝涉房矛盾纠纷发挥了积极作用。二是出台实施《宿州市房地产开发企业信用管理办法》，通过建立企业信用等级评价体系加强对企业的监督和管理，从政策环境等方面积极引导支持企业树立品牌意识和品牌形象，规范企业行为，维护市场秩序，促进诚信社会建设。同时助推企业做大做强，促进行业良性发展。

【房地产市场运行平稳健康】 认真贯彻落实省、市关于房地产市场宏观调控的各项政策措施，积极引导住房合理消费，房地产开发投资稳步增长，房地产市场平稳健康发展。

商品房去库存成效明显。截至2018年12月末，全市商品房库存面积537.8万平方米，去化周期11.5个月，低于全省平均水平0.6个月。其中商品住宅库存面积299.7万平方米，去化周期7.4个月，低于全省平均水平0.4个月，较去年末增加3.4个月；非住宅商品房库存面积238.1万平方米，去化周期37.8个月，低于全省平均水平3.1个月，有效控制在40个月以内。

市场监测力度持续加大。为全面掌握市场运行情况，市房管局逐步建立并完善了房地产市场运行情况日监测、周汇总、月分析工作机制，安排专人做好房地产市场运行数据汇总、报送工作，针对市场变化，不断改进统计方式，提升统计数据质量，按月形成深度分析报告，全面真实反映市场运行态势；同时定期开展房地产项目摸底调研，全面掌握在建在售情况，了解市场供需变化，做好市场走势研判分析，及时关注市场运行出现的苗头性、倾向性问题，做好监测预警和政策储备，确保市场平稳发展。

市场秩序进一步规范。为规范房地产开发企业、中介结构、物业服务公司经营销售行为，维护宿州市房地产市场正常秩序，市房产管理局2018年共开展了7场次各类专项检查活动，包括经营销售行为专项检查、非法集资专项检查、销售价格专项检查、信息公开专项检查、“双随机，一公开”专项检查等，对房地产市场主体各类违法违规行为始终保持高压严查态势，对发现问题坚决予以严厉打击。

【保障性安居工程建设强力推进】 2018年，在市委、市政府的正确领导下，宿州市的保障性安居工程建设各项工作有序进行，提前完成了省政府下达的目标任务，各项考核指标均居于全省前列。因棚户区改造工作成绩突出，2018年初宿州市被省政府授予“棚户区改造工作真抓实干，成效显著先进市”。

目标任务全面完成。2018年，全市棚改安置房开工43577套，开工率100.14%。基本建成各类保障性安居工程11730套，基本建成完成率103.93%。其中，棚改安置房基本建成9658套，基本建成率104.83%；政府投资建设的公租房已基本建成2072套，基本建成率100%。纳入考核的公租房，已累计分配入住27670套，其中2018年新增分配1936套，累计分配率94.26%，超额完成省下达的“政府投资公租房2018年底分配92%以上”的目标任务。全市共发放租赁补贴2919户，补贴发放完成率135.77%。

积极争取保障房建设项目资金。采取各种有效措施，积极争取国开行、农发行及其他金融机构的资金支持。在各融资平台的努力下，各相关单位积极配合，全市所有纳入国家棚改计划的项目，全部落实了资金来源。2018年宿州市申请公租房中央财政专项补助资金2个项目1628套，申请中央财政专项补助资金1567万元，有力保证了保障性安居工程的顺利进行。

抓好基础管理工作。将棚改三年计划和年度计划纳入住房保障信息系统，实现信息化动态管理、实时调度。建立和完善棚改项目库，实行信息化台账管理。扎实推进信息公开，强化保障性安居工程信息公开工作制度建设、规范保障性安居工程管理信息系统填报、提高保障性安居工程信息公开质量。通过召开新闻发布会、政府网站、新闻媒体、宣传材料等形式，做好年度建设计划、开竣工项目、计划完成情况等各环节信息的公开，保障群众的知情权、参与权、表达权和监督权。

审计问题有效整改。2018年，省厅采用互学互查、重点督查和第三方检查等形式对保障性安居工程建设情况进行检查督查，发现宿州市在保障性安居工程建设中存在一些问题，我们针对发现问题，落实主体责任，采取有效措施进行整改，目前问题已全部整改完毕。

【物业服务市场管理逐步规范】 多年来物业管理工作一直引起社会各界持续关注，也是市人大建议议案和政协提案办理工作的重点，在各方的共同关心推动下,全市物业行业发展得到进一步规范。

加强对物业服务企业监管。2018年11月,印发《宿州物业服务企业信用管理暂行办法》,对物业服务企业的监管由物业资质管理转为信用评定,通过建立黑名单制度、信息公开和推动行业自律等方式,推进物业服务标准规范化建设。规范物业服务收费管理,会同市发改委(物价局)出台了《宿州市物业服务收费管理实施细则》,规范物业公共服务费指导收费标准和城区住宅小区物业服务等级标准。采取“双随机、一公开”抽查和定向检查的方式,对城区28家物业服务企业开展物业服务价格行为及管理工作专项检查,促进物业企业提高依法经营意识和能力。

加强物业管理优秀项目培育工作。在全市开展宿州市物业管理示范小区考评活动,经综合考评、集中评议和媒体公示,宿州市恒大御景湾等10个项目被评为宿州市物业管理示范小区。组织各县区物业管理行政主管部门开展物业服务规范化精品项目申报工作,申报了13个项目。

着力提升从业人员素质。2018年5月,举办宿州市物业服务企业项目经理岗位培训班,组织开展业务技能培训。为提高物业服务企业对环境保护和文明创建工作的认识,明确各物业企业应承担的责任,6月份组织城区各物业企业开展环境保护和文明创建工作培训。

积极组织开展创建活动。开展规范电动车停放充电管理活动。召开物业服务企业规范电动车停放充电管理工作约谈会,会同埇桥区和各园区物业管理部门开展住宅小区电动车停放充电管理现场督查活动。春节前,根据宿州市精神文明建设指导委员会有关要求,积极开展物业小区“干净文明过大年”创建活动。

【租赁市场管理逐步加强】 搭建平台培育和发展住房租赁市场。

2016年1月,市房管局即启动“房屋租赁管理综合信息平台”建设,2018年2月,住房租赁交易服务(备案系统)平台在宿州市上线并成功测试运行。该平台主体功能包括:“房源监管”“市场主体监管”“租赁合同备案”。平台上线后,市房管局根据测试情况,及时添置设备,保障平台运行效果。为满足人民对租房过程便利性、直观性要求不断提高的要求,2018年4月,配合建设银行开发了“建融家园”和“建融公寓”两个手机APP客户端,积极配合搜集房源,并推广应用。2018年12月初,公共租赁住房管理系统在宿州市上线运行。宿州市住房租赁信息平台共上线五个子系统:住房租赁交易服务系统、企业租赁服务管理系统、公共租赁住房管理系统、“建融家园”、“建融公寓”。

强化租赁备案工作,切实保障当事人合法权益。

强化政务公开工作,对办理要件和办理时限进行了网上公开;加大宣传力度,通过相关网站对相关法律法规进行网上公示,利用政风行风热线上线时机对规范性文件进行解读,在租赁房屋集中区开展法制宣传活动,进行房屋租赁法律法规宣传,扩大群众政策知晓度。加强服务窗口建设,减少办事程序,提高办事效率,坚持按照政务服务的各项规程和制度,为群众提供优良的办事环境和优质的服务。2018年度共完成房屋租赁合同备案3246余份,众多租房群体的就业、落户、求学等均等化权利得到了保证,租购同权政策得到了较好的落实。群众依法依规租赁意识不断提高,住房租赁合同备案制度有效落实。

加强租赁市场管理,开展租赁市场巡查。

为深入贯彻执行《国务院办公厅关于加快培育和发展住房租赁市场的若干意见》,着力培育和发展好宿州市房屋租赁市场,着力于房屋租赁市场的规范工作。通过开展“双随机一公开”工作,对住房租赁中介企业进行抽查,检查结果及时反馈,对企业的不规范行为及时纠正,规范房屋租赁市场,做好住房租赁市场监督管理工作。

【其他职能工作统筹推进】 认真履行直管公房管理职能。以保证公房住用安全为目标,认真进行直管公房管理,坚持日常巡查,加大公房维修力度,确保国有资产保值增值。逐步完善廉租房动态管理,积极为廉租住户服务,协调有关部门解决住户反映问题。

积极开展房屋安全管理。通过多种形式强化房屋安全知识宣传,配合相关部门做好房屋安全排查工作;加强专业技术人员教育培训,白蚁防治水平逐步提升。2018年,共鉴定房屋246栋,鉴定面积1.8万平方米。下发危房通知书12份。制定雨、雪等恶劣天气条件下房屋安全突发事件应急预案,积极开展房屋安全管理,确保人民群众生命财产安全。

严格专项维修资金的管理使用。严格执行《安徽省物业专项维修资金管理暂行办法》，完善监督措施，确保资金管理严格规范，使用合理有效。宿州市物业专项维修资金归集总数为8.48亿元，其中2018年12月底共收缴1.578亿元，使用95.5万元。

【依法行政工作稳步有序开展】 认真落实规范性文件“三统一”制度和备案监督。做到规范性文件“三统一”即统一登记、统一编号和统一公布，凡是经合法性审查的文件，均按规定报市法制办备案。坚持规范性文件定期清理。2018年按市政府要求组织两次规范性文件清理，提出清理意见。认真做好规章、规范性文件征求意见及反馈工作。全年对来自市政府、省住建厅及市直各职能部门有关规章、规范性文件征求意见，提出有质量、有见地的反馈意见30余件。

全面落实重大行政执法决定法制审核制度，全面推行执法公示制度。统一公示方式，依法、有序公开执法主体，执法依据，执法权限、执法程序、执法结果等相关信息，局“执法人员”“重大法制审核目录清单”“处罚裁员权基准”“权责清单”“行政许可”等要素在局门户网站和“市法制办官网”公示。

规范涉企执法行为，推行“双随机、一公开”抽查制度。逐项建立随机抽查检查对象、随机选派执法人员的“双随机”机制。公布随机抽查监督检查事项清单，建立执法人员名录库和监管对象名录库。建立“一抽一通报”制度，及时在局门户网站及宿州市公共信用信息平台公开抽查情况及抽查结果。2018年度开展房地产市场、中介机构、物业服务企业活动“双随机、一公开”专项检查2次。

组织开展房地产系统信用体系建设。制定《宿州市房地产管理局信用体系建设实施方案》，并按照时间节点有序推进。开发企业、物业企业、中介企业信用信息管理暂行办法均已发布实施，基本信息采集已基本完成，行政许可、审批事项填报录入工作已正常开展。

加大法治培训宣传力度。制定全市房产系统学法用法实施方案，有计划地开展宪法、基本法律、专门法律以及党内法规等法律法规的学习，积极贯彻实施“七五”普法工作规划。组织实施2018年度行政执法人员专业法律知识培训考试，开展了“3·15”法制宣传等多形式的宣传活动。

【各类信访问题及时高效解决】 信访工作受到前所未有的挑战，房地产开发领域矛盾问题较为突出和集中、物业管理问题群众关注度高、改制企业职工诉求强烈、维修资金收缴问题凸显，对此我们从大局出发，尊重事实、依法依规、勇于担当、主动靠前、群策群力、积极协调，切实推动了信访问题的解决。

信访工作制度进一步健全。创新信访矛盾纠纷排查调处机制，成立局信访室，建立信访问题督查督办台账，完善信访受理、分办、督办工作制度，形成了“畅通、有序、务实、高效”的信访工作新秩序。

信访工作力度进一步加强。定期分析、研判、通报信访形势、强化分级负责，落实工作责任。抓好问题排查调处，对排查出的问题逐项分解，明确责任和时限，确保及时有效解决问题。

信访办理质量进一步提升。2018年，局信访室受理12345平台信访投诉件476件，安徽省信访平台57件，省市级直接督办件53件，信访局安排接谈件38件，来访21件（含信访局安排接谈件），中央第十一巡视组交办的信访事项4件，省委第三巡视组反馈的5件、省委第七巡视组交办15件，省厅及市政府房地产领域风险排查问题11件，省新联办交办的“2+3+X”案件1件，主要涉及停缓建项目、企业改制问题、退伍军人待遇等问题，在全局各部门的共同努力下，局信访工作逐步规范有序开展，绝大部分信访问题均在规定时间内及时高效解决，做到了“件件有回音、事事有落实”。部分历史遗留问题取得了突破性进展，西关步行街、大泽小区等项目群众诉求得到妥善解决，金鼎花园二期、河畔一号二期项目按照司法处置程序稳步推进。

【文明创建和环保督察迎检工作】 全面动员积极开展创建全国文明城市工作。成立了创建工作领导小组，分设办公大楼、保障房建设工地及包保社区专项工作组，制定了局创建工作方案，认真按照全市创建工作要求，组织干部职工及系统企业开展公益宣传、志愿服务等活动，坚持问题导向，定期督查创建现场督促问题整改，形成了“上下联动、条块结合、全员齐动”的工作局面，有效地保障了创建工作顺利开展。

全力做好职责范围内环保工作。重点抓好安置房建设工地扬尘治理及包保泗县项目整改，把安置房建设工地扬尘治理作为阶段性首要工作抓实抓好,制定工地现场扬尘治理工作方案,积极协调住建、交警等部门建立扬尘治理现场监管机制,抽调专门人员分解包保项目,加班加点,立行立改;及时督办整改督察组发现的和群众反映的问题,配合相关部门加大对开发项目环保违规行为整治,先后约谈通报三家企业,督促落实环保督察的有关要求;多次到泗县项目现场督促问题整改,局承担的环保工作各项措施得到全面落实,为宿州市创建全国文明城市做出了应有的贡献。

全市房地产业和保障性安居工程建设,经过近年来的不断努力,取得了一定成绩,但也面临诸多困难和挑战:房地产投资增长后劲不足、房地产中介机构监管机制不成熟、企业经营行为不规范情况仍然存在、部分保障性安居工程项目建设手续不全、工程进度慢,融资渠道少,资金到位周期长;房屋租赁市场不活跃,租赁交易平台建设使用还不完善;全市物业服务整体水平不高,"四位一体"的物业管理模式没有真正落实到位、没有形成合力。

【荣誉】

荣誉榜

荣誉获得者(单位或个人)	荣誉称号	授予单位
宿州市房地产管理局	省级节水型单位	安徽省住房和城乡建设厅
宿州市房地产管理局	双拥优秀单位	宿州市双拥工作委员会
宿州市房地产管理局	宿州市健康机关	宿州市爱卫会
宿州市房地产管理局	宿州市卫生先进单位	宿州市爱卫会
宿州市房地产市场管理处	"全省城乡建设系统学雷锋活动示范点"	安徽省住房和城乡建设厅

·住房公积金管理·

【概况】 2018年,宿州市住房公积金在建单位2695家,缴存职工15.74万人,当年新增缴存单位299家,新开户职工2.12万人。年内完成资金归集22.37亿元,累计归集总额160.86亿元。当年职工提取16.49亿元,累计提取92.72亿元。年内为3900户职工家庭发放住房贷款11.88亿元,累计贷款总额100.48亿元。当年实现增值收益15532.68万元,住房贡献率为110.95%。

【住房公积金归集与使用】 2018年继续执行职工和单位不得低于5%、最高不超过12%的缴存比例。当年净增缴存单位140家,净增职工4300人。当年5.53万缴存人提取住房公积金,提取额同比增长1.6%,至当年末提取总额同比增长21.63%。当年发放贷款额同比下降30.89%,年内回收个人住房贷款7.73亿元,个人住房贷款余额占缴存余额的99.13%,比上年减少2.68个百分点。当年资金使用率和资金运用率分别为99.63%、99.13%。

【风险防控】 2018年,市住房公积金管理中心深入贯彻落实国家和省、市住房城乡建设会议有关住房公积金风险防控工作要求,全面落实《安徽省2018年住房公积金工作要点》,成立了资金流动性风险预警领导小组,领导小组下发了《宿州市住房公积金资金流动性风险预警机制暂行办法》《宿州市住房公积金提取和贷款失信行为管理暂行办法》。年内,先后组织对各县、区包括市本级开展业务办理、财务管理、效能建设等内部稽核工作,逐步健全风险防控长效机制。当年资金运行安全,年内未出现流动性资金风险。

【便民服务】 2018年,先后成功举办了业务技能、G系统升级、财务管理、电子档案系统采集等培训,取消了提取公积金原单位盖章环节。通过持续推进首问负责制、一次告知制、限时办结制、责任追究制等效能建设制度落实。据统计,年内宿州市各住房公积金办事服务网点,办理各类业务近7.5万件,实现了业务零差错、职工零投诉。市本级1人(赵瑜)被表彰为"宿州市岗位学雷锋标兵",砀山管理部先后被市妇联授予"先进妇联组织"荣誉称号、被市总工会授予劳动竞赛先进集体荣誉称号、被市效能建设领导小组、市政务服务中心评为"最佳服务窗口"。

【信息化建设】 2018年,按照住建部《住房公积金综合服务平台建设导则》,年内已完成门户网站、自助终端、12329热线、12329短信、手机客户端、官方微信、官方微博平台的建设工作,并进驻皖事通APP,进一步方便市民查询、业务办理等,极大丰富了缴存职工的信息获取方式,提升了对外服务质量。同时,为落实"互联网+政务服务"要求,年内基本完成与政务服务平台对接工作。对接政务信息公开平台,先后完成公开信息发布及修订162条,并配合完成了信用宿州体系建设,完成数据信息报送60余万条。

【其他工作】 2018年,组织开展"讲忠诚、严纪律、立政德"专题警示教育民主生活会、预防"四风"反对腐败警示教育和党员干部廉政教育培训工作,并高质量召开了领导班子民主生活会和组织生活会。积极组织参与创建全国文明城市工作,认真落实创建社区包保责任,主动开展文明劝导等志愿者活动。持续深入开展结对精准帮扶工作,贫困发生率已降至1.3%。招商引资任务完成3000万元。

(孙乾程)

·城市管理·

【概况】 2018年,市城管局坚持以党的十九大、中央城镇化工作会议、中央城市工作会议和省市有关会议精神为指导,认真贯彻落实"四个全面"战略布局和"五个发展"理念,深入学习贯彻习近平新时代中国特色社会主义思想,紧紧围绕市委、市政府"2+4+2"工作重心,以全国文明城市、全国节水型城市创建为抓手,充分利用"大城管"体制优势,坚持城市管理向城市治理转变、用法治思维和法治方式解决矛盾、以问题为导向的工作理念,不断创新城市治理方式方法和手段,构建城市治理"宿州模式"。2018年,全国节水型城市通过验收,国家园林城市通过复核,申报黑臭水体治理全国示范城市成功,中央财政支持6亿元。宿州的城市治理取得了显著的成效。

【重点工作】 生态环境治理成效明显。强化政治站位,以高度的政治责任感全力推进生态环境治理工作。先后完成了8条黑臭水体的生态修复、岸线整治等任务;实施了4条河道约34万立方米的清淤,建设了河道底泥干化处理厂;组织开展了影响河道截污工程的房屋拆迁工作;新建截污管网23.06公里。在大气治理、汴北污水处理厂等环保项目建设方面,局党组勇于担当,较好地完成了年度工作任务。同时,全国节水型城市、国家园林城市考核、复核顺利通过。《人民日报》对市城管局的黑臭水体治理工作经验进行了大幅报道。

民生工程惠及市民。2018年,宿州市城管局承担重点建设项目13个。先后建成污水处理厂1座,增加污水处理能力5万吨/天;完成生活垃圾焚烧发电项目二期前期工作;新建改建公厕30座。提升城区道路等级,实施城区道路白改黑工程,完成白改黑道路69条,改造道路19.34万平方米。加快提升城区环境,实施了6个公园游园的建设提升,开工建设提升绿带水系8个,完成2个,完成年度任务的100%。新增城区绿地面积200万平方米、绿道20.5公里;完成城区公厕、桥梁亮化47处,提升道路亮化6条,沱河景观带亮化三角洲公园水幕电影建设正积极推进中;完成应急水井建设7眼。城市小区供热工程不断推进。新发展上河城、中华园、同科等居民小区供热用户53009平方米,同时新增免费体验用户17288平方米。加快智慧管网建设,完成4700公里管线测量、雨水管网140公里污染源调查工作,完成跟物联网分项的对接工作,此项目省长李国英亲临视察并给予充分肯定。荣获中国通讯工业协会颁发的"2018新型智慧城市建设创新成果金奖"。步行和自行车交通系统建设(牵头)居全省第一名。

城市治理水平显著提升。继续打造"城管服务超市""强转树""三室一庭"等品牌,完善了"城管驻队律师""城管执法公证室""城管公安警务室""城管巡回法庭"三室一庭司法衔接保障机制,形成"城管执法、律师驻队、司法公证、公安联动、法院助力"五位一体的城管执法体系;用工程化手段提升城市品质，加速推进道路桥梁提升改造、公园广场提升改造、立面改造、环卫设施和公厕提升改造工程、主题公园建设工程、夜景亮化提升工程、公益广告及其设施建设工程等10项工程；继续推进“网格六定”精细化管理，通过六大提升行动，有力地提升了执法管理水平，有力地推动了全市文明创建工作。市城管局被省住建厅评为“强转树”先进单位，安徽电视台进行了专题采访报道。宿州市园林服务超市被省文明办评为第三批省文明单位“十佳品牌”。

节水型城市创建持续推进。按照国务院“水十条”和省住建厅、发改委等有关要求，市委、市政府于2015年启动实施了国家节水型城市创建工作。通过加强组织领导、健全管理机制、加大节水投入、强化基础工作、树立节水标杆、营造浓厚氛围、倡导科学管水，加强水资源高效利用和保护，宿州市于2017年6月完成安徽省节水型城市创建，并获得命名。此后，通过持续深入开展创建工作，2018年10月通过国家节水型城市现场考核验收。

（彭艳军）

·供电·

【概况】 2018年，国网宿州供电公司上下认真贯彻安徽省省电力有限公司党委决策部署，深化“解放思想大讨论”活动，坚持“打基础、利长远”思路，构建实施“135+N”精益管理体系，不断提升管理水平，各项工作有序推进。完成固定资产投资11.43亿元；110千伏及以上线路新开工227公里、投产172公里，变电新开工68万千伏安、投产61万千伏安；完成售电量75.33亿千瓦时，同比增长13.8%；综合线损率完成7.7%，同比下降0.38个百分点。固定资产原值达到107.8亿元，首次突破百亿大关。企业负责人业绩考核进入B级，公司业绩对标位列全省第10名。

【安全生产保持稳定局面】 实施“风险防控工程”，安全生产局面整体平稳，实现连续安全生产5028天。编制印发全员安全责任清单并开展集中宣贯，推进岗位安全责任具体化。做实做强农网施工业主项目部，实施供电所“六制”管理，从内外两个层面补齐安全短板。开展县公司安全帮扶专项行动，夯实安全基础。组建并发挥安全稽查队作用，保持反违章高压态势。对供电服务职工开展12场共2070人次巡回培训和安规考试，开展市县公司“三种人”考核认定1036人次，人员安全素质进一步提升。安全奖励基金按照标准足额提取，精准奖励营造了全员保安全氛围。

成功应对年初雪灾及低温寒潮挑战。扎实做好迎峰度夏工作，电网最大负荷和日用电量均创历史新高，分别达到202.3万千瓦、3706万千瓦时。全力以赴完成抗台风抢险救灾工作，得到市委市政府高度肯定。加强电网调度管理和风险管控，扎实开展输、变、配设备运维，整体运行平稳，220千伏汴河变获省公司红旗变电站。全面加强信息安全管控，通信网络和信息系统保持稳定运行。代表省公司迎接国网全过程技术监督检查，获国网检查组肯定。砀山公司获省公司安全生产先进单位。

【电网建设迈上新台阶】 实施“电网升级工程”，电网规划建设稳步推进。完成宿州电网“十四五”110千伏及以上电网规划研究，第一家通过省公司评审。完成老汪湖蓄洪区电网规划编制并下达投资计划。出版《宿州电网规划图册》。特高压±800千伏雁门关-淮安项目宿州段顺利通过水保、环评验收。取得500千伏埇桥变核准批复。2019年新开工项目核准率达到100%。首次由公司地调负责全过程启动的220千伏勋庄变顺利送电，进一步提高了灵璧电网供电可靠性。110千伏孟庄等6个输变电工程竣工。持续推进新一轮农网改造升级项目实施，2018年完成投资6.27亿元，农村户均容量达2.5千伏安。

【优质服务开启新篇章】 实施“客户满意工程”，服务品质不断提升。制定落实优化营商环境保障业扩提速十项举措，按照“先接入、后改造”要求，加快推进业扩配套工程实施。中小客户低压新装等十项简单业务实现“一次都不跑”。开展“打基础、降投诉、强服务”专项活动，营销投诉量同比下降33%，管控做法被省公司通报表扬。大力推广“国网安徽电力”微信公众号，各项推广指标均居全省第一位。采集系统深化应用、智能缴费推广、省公司首席及高级客户经理入选人数等均居全省前列。完成推广电能替代项目74个，实现替代电量2.69亿千瓦时。推广综合能源项目4个，完成营收550.3万元，超额完成年度任务。新河供电所获评国网五星级供电所，公司五星级供电所数量增加至两个。公司获评安徽省服务业标准化示范单位。

【经营管理获得新成效】 实施“管理提升工程”，做实做细各项管理措施。资产运行效率显著提升，流动资产周转率完成4238次，较去年提升10.13倍。存量资产数据规范率达到100%，在全省名列前茅。深化线损管理，按照“治理+移交”管控模式推进高损台区治理，台区线损合格率（0～7%和0～10%）分列全省第2和第4位，10千伏分线线损合格率位于全省前列。集中整治窃电行为，追补电费及违约金1043万元，同比增幅全省第1。窃电、故意破坏电力设施等行为纳入全市社会信用体系建设。全面加强电费回收管理，完成考核目标。扎实推进物资“改促建”，物力集约化管理水平不断提升。“移动物联掌上作业”项目代表省公司参加国网公司第四届青创赛并获铜奖。全力推进数据治理，主网档案一致率等位于全省前列。修订“三重一大”实施细则和事项清单，各项管理进一步规范。针对县公司实施涵盖重点指标、基础指标等六个维度的综合绩效考核，基础管理持续加强。完成任期审计、扶贫领域专项审计等，建立近三年问题台账并推进整改，1篇案例获得国网公司优秀审计案例。

【改革改制取得新突破】 全面落实电网建设12项配套政策，成立项目管理中心，充实质监站和监理站人员，建设专业人才力量进一步加强。市县公司均成立物资部（物资供应中心）。物资质量检测中心顺利通过国网公司验收。成立供电服务指挥中心，实现实体化运转。完成“三供一业”接收，有序推进施工改造。成立集体企业管理办公室，完成集体企业“瘦身健体”机构设置及人员调整，形成物资集中招标、资金统一管理、人力资源共享的集团化管理模式，资金归集率等指标位于全省前列。全面实行工效挂钩，推进阳光公司实体化运作，员工的积极性和主动性进一步增强。

【党的建设创造新价值】 实施“政治保障工程”，党建引领作用充分发挥。开展习近平新时代中国特色社会主义思想和党的十九大精神大学习，推进“两学一做”学习教育常态化制度化，干部员工“四个意识”更加牢固、“四个自信”更加坚定、“两个维护”更加坚决。高质量完成对标管理年各项任务，党委和基层党支部标准化100%达标，党建信息系统应用水平位居全省前列。深化解放思想大讨论，干部员工思想观念得到进一步转变。顺利通过大党建考评，综合评价位于全省前列。以“一个目标、三项机制、五大平台”为载体，持续深化“国家电网安徽电力（宿州启金）共产党员服务队”建设。

将扶贫作为首要政治任务。实施贫困电网改造项目347个，投资2.14亿元；接入扶贫光伏项目103个、容量5.39万千瓦。扎实推进定点帮扶村扶贫工作，领导班子开展调研走访27人·次，选派包保干部155人，增派51名优秀青年分批驻村帮扶。萧县公司被市政府评为帮扶工作先进单位，灵璧公司荣获全市社会扶贫工程先进集体。

配合完成巡察督导、集体企业现场巡察，开展泗县公司和灵璧公司扶贫领域专项驻点自查等，启动县公司巡察“全覆盖”准备工作，各项工作的规范化水平进一步提升。严格落实中央八项规定精神，修订并全面执行实施细则。集中整治形式主义官僚主义。专业化、项目化推进52个协同监督项目。对巡察督导发现问题、信访案件实施“一案双查”，严肃执纪问责。树立正确选人用人导向，新提拔21名科级干部，其中80后优秀青年15人，较2017年增加近两倍。完善竞聘上岗管理制度，制定并实施职员职级聘任方案，畅通人才发展通道。

公司员工许启金当选中华全国总工会第十七届执委会主席团委员，递补为中共安徽省第十届委员会委员，国网公司领导辛保安亲自作出批示并表示祝贺。女职工“阳光家园”被评为安徽省示范性“阳光家园”。全面融入全市文明创建工作，线缆整治、志愿服务等工作扎实推进。加强离退休工作，落实老同志“两项待遇”。进一步强化意识形态工作责任制落实。加强与政府联动，扎实做好信访维稳工作。小型基建项目顺利推进，砀山公司运检营销用房已竣工、埇桥公司生产综合楼已开工、泗县公司运检营销用房已获批复并纳入省公司2019年建设计划、6个新建供电所竣工、2个新建供电所已进入招标阶段，基层硬件环境得到进一步改善。职工技术创新在各类竞赛中斩获佳绩：QC故事发布获全国一等奖，5项成果分获安徽省发布一、二等奖，“青创赛”4项成果分获省公司金奖、铜奖；“启金工作室”获安徽省技能大师工作室人才培养成果奖,社会责任根植项目获省公司二等奖,审计知识竞赛获省公司三等奖;许启金获国网公司“双越之星”、廖志斌获“华东电力工匠”、陈石科获安徽省“江淮工匠标兵”称号,《构建“先模选树”立体化管理体系》获省公司管理创新一等奖。

【大事要事】 公司固定资产原值达到 107.8 亿元,首次突破百亿大关。

全力以赴完成抗台风抢险救灾工作,得到市委市政府高度肯定。

首次由公司地调负责全过程启动的 220 千伏勋庄变顺利送电,进一步提高了灵璧电网供电可靠性。

公司员工许启金当选中华全国总工会第十七届执委会主席团委员,递补为中共安徽省第十届委员会委员。

实施贫困电网改造项目 347 个,投资 2.14 亿元;接入扶贫光伏项目 103 个、容量 5.39 万千瓦。

【荣誉】 2018 年 12 月,公司被安徽省总工会女职工委员会授予阳光家园示范单位。

2018 年 12 月,新河供电所被国家电网公司授予“国网公司五星级乡镇供电所”称号。

2018 年 11 月,QC 故事《我们的 26 年》在第二届全国 QC 小组故事演讲比赛总决赛中荣获一等奖。

2018 年 12 月,创新成果《变压器套管检修安全梯的研制》荣获全国电力职工成果三等奖。

2018 年 4 月,廖志斌荣获由中国能源化学工会华东电力故障委员会颁发的“华东电力工匠”称号。

2018 年 8 月 19 日 温比亚台风过后抢修人员对 110kV 高新变电站 116 线路登杆送电 (摄影 马 勇)

2018 年 8 月 19 日 温比亚台风过后抢修人员赶往萧县大屯镇 110kV 线路故障点现场 (摄影 马 勇)

[责任编辑 袁祥辉]

生 态 环 境

【概况】 2018年，宿州市委、市政府认真学习贯彻党的十九大精神和习近平生态文明思想，深入贯彻落实全国生态环境保护大会精神和省委省政府环境保护决策部署。将生态环境保护工作摆在重要战略位置，坚决扛起生态文明建设的政治责任，坚持走生态优先绿色发展之路。市委市政府印发并认真组织实施《中共宿州市委　宿州市人民政府关于全面加强生态环境保护坚决打好污染防治攻坚战的实施意见》《宿州市打赢蓝天保卫战三年行动计划实施方案》。深入实施大气、水、土壤污染防治行动计划，强力推进中央、省环境保护督察反馈问题整改。在经济持续稳定增长、工业化和城镇化不断加快的背景下，全市主要污染物排放总量持续削减，环境质量总体保持稳定，局部领域有所好转，未发生重特大突发环境事件，环境安全形势总体稳定。

【大气污染防治攻坚战】 大气污染防治攻坚战取得初步成效。2018年，宿州市认真贯彻落实国家和省大气污染防治三年攻坚行动计划，认真制定和组织实施《宿州市大气污染防治行动计划》，严格按照《安徽省大气污染防治行动计划实施方案》《安徽省打赢蓝天保卫战三年行动计划实施方案》工作要求，各类污染治理项目顺利实施，圆满完成了年度大气污染防治重点任务，大气环境质量改善明显。截至2018年12月底，宿州市2018年空气质量较2017年明显好转，6项主要污染物指标均较2017年有所下降，其中二氧化硫2018年年均浓度为16微克每立方米，较2017年下降15.8%；臭氧日最大八小时(90%)浓度为178微克每立方米，较2017年上升0.6%；一氧化碳24小时平均(95%)浓度为1.5毫克每立方米，与2017年持平；二氧化氮浓度为41微克每立方米，与2017年持平；PM10年均浓度为86微克每立方米，较2017年下降11.3%；PM2.5年均浓度为56.7微克每立方米，较2017年下降19%（扣除沙尘天气影响）。宿州市2018年优良天数比率为61.8%，较2017年上升11.0%（扣除沙尘天气影响）；重污染天气比率为3.3%，较2017年上升1.11%，重污染天气中PM2.5占主要污染物天数为11天，臭氧8小时为主要污染物的天数为1天。

大力实施“四大结构”调整。2018年以来，宿州市统筹谋划、高位驱动，精准施策，综合运用经济、法律、技术、行政等手段，大力调整优化产业结构、能源结构、运输结构和用地结构，强化区域联防联控，突出抓好秋冬季污染治理，积极推进大气污染防治工作，确保PM 2.5等主要污染指标持续下降。强化禁燃区管控。扩大了禁然区范围，将周边3个乡镇纳入禁燃区范围。全市主城区无燃煤锅炉使用，99%的居民使用清洁能源，乡镇燃煤锅炉的清洁化能源改造完成50%以上，共取缔34家煤球生产、销售厂，清理散煤共计6000余吨。查处散煤违法案件23起、罚款6000元、拘留1人。集中开展燃煤锅炉综合整治。加快推进乡镇10蒸吨以下锅炉淘汰，淘汰燃煤锅炉282台。2018年，全市282台小锅炉清单，全部完成整治。加快推进露天矿山综合整治工作。2018年2月下发《宿州市2018年矿山地质环境治理实施方案》，全市共41个矿山地质环境治理项目，至2018年12月底全部完成。

深入开展涉气“散乱污”企业综合整治。印发《宿州市环境保护委员会办公室关于切实做好“散乱污”企业清理整治工作的通知》（环委办函〔2018〕161号），对各自辖区内的“小散乱污”企业进行全面排查，边查边改。

强化涉气重点行业整治。全市261家砖瓦窑厂实施集中整治,依法拆除192家。保留的69家砖瓦窑企业均完成了除尘、脱硫、脱硝改造和在线监控和视频监控安装,并与市相关监管部门联网。9家建筑石料类非煤矿山停产整治。电力行业持续推进治污设备升级和技术改造。宿州市华电宿州、国电宿州、钱营孜热电、祁东煤泥电厂的火电机组、安特、皖神、林平、虹光等自备机组完成改造。宿州芦岭阳光能源综合利用有限公司已经关闭。天瑞集团萧县水泥有限公司、海螺水泥宿州公司完成脱硝、除尘治理及无组织排放整治任务;实施陶瓷行业深度治理。萧县4家72.5万吨,产能2950万平方米陶瓷脱硫、脱销、除尘改造已完成,4家均安装脱硫塔、布袋除尘设施,华凯、鑫怡高已安装脱硝设施,龙津脱硝设备已经定购货到安装脱硝设备,1月底完成整改。4家企业已安装在线监测仪器,华凯正在申请联网,其余3家已联网,监测数据达标排放;宿州市经开区冠军建材公司除尘改造已完成。

加强重污染天气预警和应急工作。依托中国环境科学院的专家团队技术指导,宿州市修改完成了《宿州市重污染天气应急预案(2018年修订稿)》,进一步完善应急减排措施和应急减排项目清单,充分发挥应急预案应有作用和最大效应,通过有效应对,减少污染持续时间、降低污染程度。

落实应急减排措施。充分利用第二次污染源普查成果,开展本地能源结构、产业结构、交通运输结构、城市布局结构和环境空气质量特征研判分析。针对主要污染物、气象条件等多项因素,提出39个行业的减排方案,切实做到方案可行、管控有效,增加措施的针对性、有效性、可操作性,通过落实强制性减排措施,有效降低SO_2、氮氧化物(NOx)、颗粒物(PM)等主要污染物指标。2018年,宿州市根据生态环保部的要求,编制并上报了《宿州市重污染天气应对减排清单》,包括69个行业的401家企业和96家重点施工工地及机动车和道路管控列入应急减排清单。

大力加强大气监测能力建设。分五年共投入资金3250万元实施了宿州市大气污染精准防治综合管理系统建设,全市布设完成了195个微站点。宿州市埇桥区宿州学院东区和宿马园区完成了2个大气环境质量自动监控站点站点的建设工作,进一步完善了宿州市的空气质量的监控布点。经开区部署完成了7个VOCS监控布点,形成了对化工园区挥发性有机物的实时监控。完成了主城区开展城区大气污染源网格化布点工作。投入145万购置了激光雷达系统,通过激光雷达固定扫描、水平扫描图谱与后向轨迹变化分析,能够准确辨别宿州市本地污染源以及外来污染转移影响程度,为宿州市大气治理提供有力的技术支撑。

【水污染防治】 2018年,根据生态环境部采、测分离数据显示,宿州市沱河芦岭、沱河关咀、浍河湖沟、新汴河团结闸、新濉河大屈共5个国家考核断面水质分别为Ⅳ类、Ⅳ类、Ⅳ类、Ⅲ类、Ⅲ类,无劣Ⅴ类水体,水质优良(Ⅰ-Ⅲ类水体)比例达到40%。各县分别对城市主要纳污河道利民河、龙河、岳洪河、石梁河进行集中治理,水质从劣Ⅴ类改善为Ⅳ-Ⅴ类。市建成区92%的黑臭水体基本实现预期整治目标,获得国家黑臭水体示范城市6亿元资金支持,群众获得感和满意度进一步提升。

强化重点流域水环境治理。围绕沱河关咀断面达标,市环委办制定印发整改攻坚方案,强化督查调度,对沿河两侧5家涉水工业企业实施限产限排,其中3家接入城东污水处理厂;汴北、城东和灵璧北部污水处理厂相继建成投运,新增处理能力9万吨/日;对沱河、唐河和北沱河500米范围内254家养殖场进行清理关闭;对岳洪河、小黄河等部分河道实施清淤疏浚等综合整治措施,对北沱河入唐河以及丁湖樊集渡口进行截污清淤13.5公里。全市89个乡镇污水处理厂建成45个,完成38个农村环境综合整治。出台《宿州市地表水断面生态补偿暂行办法》,在全市建立以县区(园区)级横向补偿为主、市级纵向补偿为辅的地表水断面生态补偿机制。出台并实施《宿州市饮用水水源地保护条例》,建立常态化巡查机制,市级集中式饮用水源水质达标率为100%,居民生活饮用水水质安全得到有效保障。

【土壤污染防治】 开展土壤污染状况点位监测。2018年,完成宿州市486个农用土壤污染状况详查点位采样工作,经省生态环境厅统一部署监测,宿州市暂未发现农用地土壤超标区域。建立污染疑似地块清单,实施动态监管,各县区均已建立疑似污染地块清单,宿州市录入全国污染地块土壤环境管理信息系统疑似污染地块10个,暂未发现污染地块。开展“清废行动2018”、危险废物规范化管理、“固废大排查”、涉镉等重金属重点行业企业排查、工业固体废物堆存场所大排查等专项排查整治工作；强化危险废物管理。开展机动车维修行业、报废机动车拆解行业危险废物与挥发性有机物污染防治专项整治工作，从源头减少土壤污染风险；规范管理宿州市土壤环境重点监管企业，并督促指导相关企业开展自行监测工作。

【生态建设】 扎实推进农村环境综合整治工作。2018年宿州市结合美丽乡村建设、农村“三大革命”、畜禽养殖污染专项整治、饮用水源地违法项目清理等工作。2018年，争取中央财政农村环境专项整治资金432万元，对38个项目村的生活污水、生活垃圾、畜禽粪便以及饮用水安全方面存在的突出问题实施综合整治。通过综合整治，38个建制村生活污水处理率、生活垃圾无害化处理率、畜禽粪便综合利用率和饮用水卫生合格率均整治达标，生态环境明显改善。深化生态区域违法建设问题整治。会同市国土资源局、市农委、市水利局、市林业局联合开展了“绿盾2018”自然保护区监督检查专项行动，对全市6个省级自然保护区进行全面核查，对发现的新问题进行严肃查处整改。同时，对“绿盾2017”专项行动问题整改进行“回头看”。组织开展生态区域违法建设问题排查整治专项行动，针对湖泊、河道、各类自然保护地及生态保护红线等重点区域开展排查，对排查发现的问题采取“一类一策”，分类推进整改工作。对立行立改的，把握节点，整改到位；对短期内无法完成整治的，制定整治方案，明确责任单位、责任人及整治时限，持续推进整改。

【环保项目建设】 宿州市加快推进全市水污染防治项目建设、大气污染治理项目建设。结合美丽乡村建设，大力实施农村综合整治，强化土壤污染防治能力建设。积极组织宿州市唐沱河流域水环境综合治理项目的可研报告和环境影响评价报告的编制工作。争取省级环保专项资金338万元；争取中央及省级大气污染防治综合补助资金1300万元；争取中央财政土壤污染防治专项资金5万元；争取中央水污染防治专项资金5140万元；争取中央农村节能减排专项资金1632万元。市本级财政加大企业治理和基础能力建设，滚动更新、补充环保专项资金项目库的项目，做到成熟一个录入一个。砀山县水污染防治项目入库3个，经环保部专家评审合格入库项目2个，争取中央水污染防治专项补助资金5140万元。严格项目建设和资金监督管理，项目建设全部采用采购公开招投标的方式实施，加强项目的日常施工建设调度，确保项目如期完工、资金专款专用，充分发挥环保专项资金的使用效益。为统筹推进全市中长期环保项目建设，补齐生态建设和环境保护基础设施短板。目前，宿州市正在全市范围内谋划、筛选、入库2019年度中央环保专项资金项目储备库——水污染防治项目、大气污染防治项目、土壤污染防治、农村综合整治项目等项目储备工作。

【秸秆禁烧】 2018年，宿州市以推进大气污染防治为抓手，全面贯彻落实省、市禁烧工作部署，强化督查巡查，针对重点区域采取严格管控措施，全市范围全年实现秸秆焚烧零火点；积极配合农业部门推进秸秆综合利用，全市2018年秸秆禁烧和综合利用获得新突破，综合利用率达到了89%以上，秸秆综合利用提升工程取得全省第一的较好名次。

【环境监察】 大力推进“以案释法”活动。2018年宿州市环境执法实施全过程监管，围绕典型案件事实、证据、程序和法律适用等问题进行释法说理，以案释法，以案为鉴，环境法治和宣传教育工作进一步深化，企业的遵纪守法意识和污染防治主体责任意识明显增强。

完善“双随机一公开”制度。全面推行“双随机一公开”监管模式，随机抽取检查对象，随机选派执法检查人员，抽查过程及查处结果及时向社会公开。对执法人员信息库和企业名录进行动态调整，统筹使用执法监管人力资源。对社会关注度高、投诉举报多、涉及人民群众生命财产安全的特殊行业、有严重违法违规记录等情况的执法对象加大抽查力度，提高抽查的比例和频次；对守法经营、信用良好的检查对象，降低抽查的比例和频次，有效遏制生态环境领域“守法成本高、违法成本低”现象的反弹。

严格环境执法，加强环境监管。2018年，全市环保系统持续加大“一线”执法力度，综合运用多种手段严厉打击环境违法行为。2018年全市四个配套办法案件103件,其中查封扣押63件,限产、停产16件,移送拘留18件,涉嫌污染犯罪移送公安机关6件;一般环境行政处罚案件数606件,罚款金额2690.29万元,确保执法达到预期效果。

深化环保专项行动。开展砖瓦行业专项执法检查,加强监管能力建设。协同市经信委联合开展砖瓦窑行业视频监控系统建设,通过落实远程视频监控措施,有效实现了这一行业在重污染天气应急管控期间和错峰生产期间的精准管控目标。推进"散乱污"企业综合整治。全市"散乱污"企业清理整治工作取得了阶段性成效。2018年,全市共排查"散乱污"企业2310家。其中,取缔关闭类1757家,整顿规范类553家。完成清理整治1861家,其中,取缔关闭1559家,整顿规范302家,完成率80.56%。密集巡查,强力开展扬尘治理。实施24小时全天候巡查工作模式,做到查处一个、震慑一批、教育一片,形成严厉打击环境违法行为的高压态势。

开展环境安全隐患大排查。将化工企业的环境隐患排查纳入常态环境管理,实施化工企业环境安全隐患季建季销制,对化工企业实行分类建档、跟踪督办、逐个销号、动态管理。2018年消除12家化工企业环境隐患问题20个;严控化工企业和化工园区环境污染。结合2017年化工行业排查摸底结果,列出化工企业和化工园区污染整治清单,根治消除了14家化工企业和1处化工园区存有的隐患;调度全市涉危涉重企业的突发环境事件应急预案的备案情况,下达《宿州市环保局关于加强涉危涉重企业突发环境事件应急预案备案管理的通知》。2018年全市在生产的54家涉危涉重企业均完成了突发环境事件应急预案的备案工作。

加强部门协作,开展生态环保领域专项司法监督工作。充分发挥检察机关在生态环境保护领域的司法监督作用,市生态环境局与宿州市人民检察院联手制定生态环保领域专项监督工作实施意见。并集中一个月时间,对全市2016年以来的环保执法情况及职能履行情况进行监督检查,梳理排查涉嫌环境污染犯罪线索,着力发现是否存在该移送不移送,以罚代刑等问题,坚决打击各类环境污染犯罪。同时充分发挥检察公益诉讼的职能,督促纠正履职不到位、不作为、乱作为等问题,推动依法行政,维护社会公益。

建立健全环境信访工作机制。推行一把手负责制和首问责任制,做到任务分解到部门,责任传导到个人,形成了环境执法人员"全员办信访"的工作格局。环境监察人员以每周例会形式讨论重点信访,建立完善矛盾纠纷调处细化分解、调查处理、汇总梳理、反馈通报、信息公开等一系列工作机制;坚持源头监管与末端查处相结合,把问题及时处理在萌芽状态,大幅降低了生态环境信访率,有效避免了群众重复信访;畅通信访渠道。建立社会公开举报电话、12369热线电话、行风热线受理电话、环保宿州"一网双微网"在线投诉等一系列环境诉求通道,实现与群众的无障碍沟通。做到来访必接,有案必查,有信必回。2018年宿州市环保局受理信访事项764件,处理率100%。其中,省环保厅转办案件29件,12369电话举报315件,市长热线转办256件,微信举报平台100件,生态环境来信来访平台35件,省信访局平台2件。人民来信8件,市委督查室转办5件,接待群众来访14批次30人。

【环境应急】 加强突发环境事件应急预案管理工作。及时更新宿州市环境应急专家库和应急队伍名单;严格按照《突发事件应急预案管理办法》和《企业事业单位突发环境事件应急预案备案管理办法(试行)》等文件要求,指导企业完成突发环境事件应急预案编制和备案登记。2018年,市局完成20家企业的突发环境事件应急预案的备案。

开展业务培训,提高应急能力。加强应急队伍和有关从业人员业务培训。2018年10月参加全国重污染天气应急预案的培训学习,对重污染天气应急预案编制的管理、编制、评估、备案进行了系统的培训。指导重点行业企业开展了突发环境事件应急演练;2018年6月市经开区开展了宿州市科立华化工有限公司光气泄露突发环境事件应急演练;2018年11月底萧县沃德化工科技有限公司开展了突发环境事件应急演练。通过演练,进一步提升了应急队伍的实战水平和企业应对突发环境事件的应急处置能力。

【环境监测】 2018年,宿州市对照空气质量考核新标准、环境监测能力建设和减排体系建设新要求,认真组织开展环境监测工作。2018年全市环境质量基本稳定,城区环境空气质量基本符合国家环境质量II级标准。境内主要河流水质稳定。

城市集中饮用水源地水质良好。声环境质量有所下降。

宿州市城区共设3个空气自动监测站,实行24小时连续监测。通过移动式网格化布点监测、激光雷达走航、驻点扫描观测等手段,结合污染源分布、气相数据,基本实现3座大气国控站点(监测站、一中、火车站)PM 10、PM 2.5来源及成因的解析,结合源解析及自动站监测数据,及时提供空气质量报告,为市委市政府和专家团队实施精准治污提供了的科学有效的数据支撑,得到了宿州市委市政府认可。经初步统计,2018年1—12月,宿州市细微颗粒物平均浓度(PM 2.5)为57.5微克/立方米,全年优良天数215天。共设降水采样监测点2个,酸雨频率0%,连续6年全市无酸雨。

全市监测地表水11条河流29个断面,统计其水质类别为:Ⅲ类水质的占24%,Ⅳ类水质占40%,Ⅴ类水质占12%,劣Ⅴ类水质占24%。总体水环境质量水质类别比2017年有所提升,劣Ⅴ类水质仍占有一定比例。

2018年宿州市声环境质量总体较好。全市区域环境噪声110个点位昼间等效声级均值为54.3dB(A),符合标准要求;道路交通噪声68个点位等效声级加权值为67.7dB(A);功能区噪声7个监测点,监测结果均符合相应功能区标准要求。

完成大气环境质量监测任务。实现了全市范围内24小时监测,并通过《拂晓报》《皖北晨刊》等新闻媒体及时向社会发布空气质量日报。每天实时完成3个空气站的空气质量报告,全年取得有效数据52560个;完成泗县公路桥等4个国省控水质自动站地表水6参数实时报告,取得有效数据26280个;完成60余个国、省、市控断面及考核断面监测12期,取得有效监测数据3600余个;完成全市饮用水水源地监测全分析任务23项12期,取得有效数据1044个;定期对功能区噪声7个点位监测四期、区域噪声110个点监测一期、交通噪声68个点监测一期,取得有效数据5236个,上报现场监测数据1540组;全市重点污染源79家,基本完成年度覆盖,根据污染物不同,开展针对性监督性监测;完成国控土壤四县一区40个点位监测一期;完成壹基金公益净水计划,帮助时村、朱仙庄、桃园3镇的21所学校的饮用水进行了监测分析;按照环保部要求,完成京津冀2+26及周边城市大气污染防治重点行业达标排放执法检查监测两期;全年完成农村环境空气质量监测4次,共采集样品60组,共获取现场监测数据420组;水质网格化项目持续进行。

【生态环境信息化建设】 加快推进“智慧环保”项目建设。根据省委、省政府统一部署和要求,采取“互联网+环境监管”的模式,将污染自动监控设备“安装、联网、运维监管”三个全覆盖作为落实“智慧环保”“数字环保”战略的重要抓手,加大投入,强化调度,密集督查,拉高标杆,强力推进,辖区内重点污染源视频监控系统“三个全覆盖项目建设”稳步推进,取得阶段性进展。全市46家重点污染源监控设备全部安装完毕,重点污染源视频监控系统平台建设和链路通讯工作全面启动。全市省级以上工业园区“三个全覆盖”项目建设也同步推进,年内“三个全覆盖”市级项目建成后,可实现与省重点污染源视频监控系统平台对接运行。

【环境宣教】 2018年,市环保委、市委宣传部联合组织开展纪念环境日和安徽省环保宣传周纪念活动。市环保委20多个成员单位参加了宣传周启动仪式,各成员单位在活动日期间通过设置展板、咨询台、环保开放日、环境与健康义诊等形式,全方位组织开展环境保护知识和法规宣传工作。组织开展环保专场文艺演出。由宿州市环保局和市演艺集团联合创作的原创情景剧《共同家园》等节目,以不同艺术形式和不同角度,展现了市委市政府深入落实中央环保督察反馈问题整改和坚决打赢三大污染防治攻坚战中决心和信心,以及取得的阶段性成效,人民群众在生态文明建设和环境保护工作成效中的获得感和满足感不断提升;组织开展宿州市首届生态环境公益广告及微视频设计创作大赛。大赛引起全国关心环保、业内人士的广泛关注和积极参与,收到来自北京、天津、浙江、江苏、山东、河南及本省等20多个省市参赛作品700余幅。在安徽省环保宣传周期间,集中向社会展出500余幅优秀作品,受到市社会各界群众的普遍好评;加大主流媒体和网络媒体新闻宣传。在宿州电视台、《拂晓报》、政府网、宿州新闻网、宿州发布、宿州发布网和市环保局“一网双微”等媒体开设环保专栏,推送和发布环保主题宣传报道和各类信息100余篇;开展环保进社区活动。市区两级环保部门上下联动,深入港利社区、寰宇社区等省级绿色社区组织开展环境日主题宣传进社区、党员志愿者进社区和江淮环保普法行进社区宣传实践活动。进社区期间,累计展出图展10余次,散发生态文明宣传册10000余份,组织社区更新和设置环保专栏20余处,赠送环保袋1000余条、环保扇100余个;绿色创建不断深化。配合省环保厅,圆满完成了省级绿色学校、绿色社区、绿色家庭、绿色教育基地等系列绿色创建命名工作。宿州市两所学校、一个社区、六户家庭,一个森林公园(皇藏峪)被分别命名为省级绿色学校、省级绿色社区、省级绿色家庭和省级绿色教育基地。

实施流域水环境治理后的沱河城市断面俯瞰图

[责任编辑　袁祥辉]

信 息 产 业

·综述·

做好智慧城市建设常规性工作，积极推动智慧城市展厅工作，出台支持“互联网+先进制造业”、信息消费的实施意见，协调推进信息基础设施建设，推动5G试点前期准备工作。2018年，组织13个智慧城市建设项目评审工作，3件产品被列为2018年省级信息消费创新产品，固定宽带用户普及率约为19.98%；移动宽带用户普及率约为63.29%，均已超额完成年度目标任务。

·中国电信宿州分公司·

【概况】 中国电信宿州分公司隶属于中国电信安徽公司，下辖灵璧县、泗县、萧县、砀山县4个县级分公司，主要经营固定电话、移动通信、宽带互联网接入及增值业务等综合信息服务，是宿州市规模最大的全业务通信运营商，具有领先的基础网络设施，具备全市最大的移动网络、数据传输网络和互联网宽带网，具有强大的网络优势和服务优势。公司始终坚持“用户至上、用心服务”的服务理念和“追求企业价值与客户价值共同成长”的经营理念，秉承“做领先的综合智能信息服务运营商”的战略定位，努力推动网络智能化、业务生态化、运营智慧化，以更高品位的服务满足客户多样化、个性化的需求，使信息化成果惠及社会各行业和广大群众，努力为宿州市经济快速发展和社会信息化建设做出积极贡献。

【党建统领】 中国电信宿州分公司深入学习贯彻习近平新时代中国特色社会主义思想和党的十九大精神，牢固树立“四个意识”，坚定“四个自信”，坚决做到“两个维护”，常态化开展“两学一做”党员教育活动，扎实推进党支部“一部一品”标准化建设、“党建联盟”、党员作用发挥显性化工作，围绕中心工作组织系列“党员先锋”行动，充分发挥党组织的战斗堡垒作用、党员的先锋模范作用和企业文化的引导凝聚作用，把生产经营与企业党建深度融合，切实发挥了党建主体作用。

【聚焦收入】 中国电信宿州分公司外拓市场，内强管理，聚焦重点市场，坚持稳中拓翼，全面推动业务发展取得突破。加强市县乡三级渠道建设，有效补盲网点，扎实推进能人计划，拓展泛渠道，提升渠道门店运营能力。抢占信息化制高点，聚焦互联网+领域，持续推动新视通、肩视宝、掌上医疗、对讲等重点业务蓬勃发展，企业发展迈入快车道，顺利完成各项目标任务。

【网络引领】 中国电信宿州分公司继续夯实网络建设维护基础，进一步巩固和发展网络优势，打造安全、高效、简洁的精品网络，为全业务经营提供有力支撑，全网光端口占比100%，为高速宽带及高清IPTV业务发展提供了坚强保障。大力推进光网质量提升活动，在全省光网9个关键指标中，宿州分公司取得了8项全省第1、1项全省第2的优异成绩。

【服务互联网化】 中国电信宿州分公司不断完善服务责任体系，横向到专业部门，纵向到县区、营业部，强化服务主体责任，夯实基础服务，加强客户可感知的服务运营监控,继续在市区和县城推行“当日装、当日修、慢必赔”,提升宽带的差异化竞争优势,坚持问题导向,聚焦重点业务及典型问题,建立完善的问题解决机制,件件有分析有问责,确保服务责任体系有效落地,持续推进服务互联网化,服务水平处于领先地位,荣获“中国通信行业用户满意企业”称号。

【夯实基础】 中国电信宿州分公司全面落实预算责任制,强化了预算管理的刚性执行。深入推进智慧物资管理,实行主要物资集中市库管理以及末梢集中配送。重点强化对五级承包单元登高作业人员的安全管理,全年无安全性责任事故的发生。全年建设18个花园式幸福小家,进一步改善了基层工作、学习、生活条件。积极开展冬送温暖、夏送清凉,持续开展“五必访、五必贺”,在员工生病住院、结婚、生育时,及时组织上门慰问,送上组织的关心关爱。分公司被电信集团公司授予“先进集体”,被市政府授予“目标管理考核优秀单位”“2018年度社会扶贫工程先进单位”。

·中国移动通信集团安徽有限公司宿州分公司·

【概况】 宿州移动隶属于中国移动通信集团安徽有限公司,作为全市网络规模、客户规模最大的通信运营企业,一直以来,致力于推动信息通信技术服务经济社会民生,坚持以实施“大连接”战略为主线,以推进移动市场、家庭市场、政企市场和数字化服务“四轮驱动”融合发展为着力点,稳增长、提能力、促改革、强党建,各方面工作都迈上了一个新台阶。

随着大数据、人工智能、5G等技术的到来,宿州移动将加快推动5G发展,助力产业升级和经济高质量发展,全面实施“5G+”计划,通过推进5G+4G协同发展、5G+AICDE融合创新、5G+Ecology生态共建,实现5G+X应用延展,使5G真正成为社会信息流动的主动脉、产业转型升级的加速器、数字社会建设的新基石。同时公司认真贯彻落实提速降费工作部署,全力以赴,以实际行动降低客户通信消费成本,在三方服务满意度调查中,宿州移动整体服务满意度处于领先地位。

【优质服务】 宿州移动服务全市近280万客户、60万宽带用户,坚持“客户为根、服务为本”的价值导向,推出“全心全意　为您服务”等主题宣传,面向社会公开承诺八项客户服务标准,以优质网络、通话品质、便捷窗口、信息安全、实惠资费、透明提醒、有诉必回等服务标准,构建用户开心、省心、安心、舒心、贴心的消费环境。开展“查网龄送流量”“语音翻番”优惠、“畅享系列”套餐、“0000”查询退订服务、“家宽快装快修,超时送流量”、10080服务监督热线等系列惠民举措,不断提升产品和服务质量,让客户明明白白消费,“提速”且“提质”,着力解决用户的“烦心事”。加大便民服务途径,目前网上营业厅、手机营业厅、和包等便捷化的电子渠道,使客户“足不出户”均可便捷办理移动业务。严格执行客户咨询后“48小时联系制度”,针对不满意、有异议客户进行跟踪随访服务。加快营业厅5G信号覆盖,开展5G巡展,现场为广大客户演示5G高清视频直播、5G体感游戏、360度全景摄像、机械手臂、智能家居等,给参与客户带来不一般的“超高速”体验,让更多客户参与其中。

【网络建设】 在网络建设方面,宿州移动秉承着“网络质量是通信企业生命线”的理念,坚持质量第一,精细管理。一是基于覆盖、质量、容量三个维度,深挖网络问题,持续提升网络质量,打造精品无线网络。二是以“服务市场、精准投放”为建设目标,坚持低成本高效运营,推进家庭和集团宽带工程建设。三是加快CMNET扩容进度,出口总带宽由360G扩至960G,用户上网感知得到明显提升。2018年,移动4G基站超过5000个,宽带覆盖规模达190万户,移动4G网络已实现全市乡镇及以上城区、交通干线、重要风景区的连续覆盖和农村地区的基本覆盖。四是加快5G建设,开通砀山梨树王风景区、市政务新区银河路营业试点5G基站,实现高清音视频通话、家庭云盘、互联网体感游戏、智慧旅游、车联网等业务应用。2020年,宿州移动将按照集团公司部署,进一步扩大网络覆盖范围,在城市城区提供5G商用服务。五是推进网络扶贫,加快农村信息化项目宽带建设,贫困村宽带宿州埇桥区覆盖率98.5%,砀山覆盖率98.3%,萧县覆盖率97.7%,灵璧覆盖率100%,泗县覆盖率100%。

【信息应用】 在政务信息化方面,宿州移动为打造服务型、效率型政府提供支撑，移动办公、移动执法、移动巡检等移动信息化正日益成为政府部门履行自身职能的必备工具。在企业信息化领域，持续开展“皖企登云”建设活动，通过为企业提供“IAAS+SAAS+专线+语音”定制化信息化解决方案，促进云计算等新一代信息技术在企业的广泛和深度应用，提高企业在新常态下的发展动能和竞争力。在环保信息化领域，“排污监控”项目利用4G终端、集成监控频，可快速监控企业偷排污水、废气等违法、违规行为，留存现场资料，及时处置。截至2018年底，宿州移动开通集团专线超过1.5万条，为全市15大行业提供信息化服务，惠及超过3万家政企用户。随着5G与大数据、云计算、物联网等技术的融合应用，正催生出多种新应用、新产品和新商业模式，并推动着超高清视频、车联网、联网无人机等进行产业升级。下一步，宿州移动将致力于5G在远程医疗、工业产品、电力及公共设施、零售与消费等行业，加快推动5G前沿技术在相关行业的应用。

【社会责任】 宿州移动秉承“正德厚生　臻于至善”的企业价值观，积极履行企业社会责任，投身公益慈善、精准扶贫事业中，用实际行动，向社会展示了有责任感的“企业公民”形象。扎实开展公益活动，主动履行社会责任，在助推文明城市建设、构建和谐社会、开展脱贫攻坚等领域，广泛开展各类公益活动。近年来，先后开展了“志愿服务进社区”活动，有效提升了社区居民的防诈骗意识；开展“送温暖献爱心”捐助活动，向贫困户捐款、生活用品等，为脱贫攻坚事业贡献企业力量。同时积极引导广大青年践行社会主义核心价值观，进一步增强青年员工的社会责任感。分公司“一路有我”志愿者服务队现有注册志愿者740余人，占全体员工近90%。宿州移动积极履行社会责任的做法，受到了社会各界的广泛认可和一致好评，先后被评为“安徽省文明单位”“诚信标兵单位”“先进基层党组织”等。

·中国联通宿州市分公司·

【概况】 2018年，中国联通宿州市分公司以习近平新时代中国特色社会主义思想和党的十九大精神为指导，根据新时代面临的新形势和发展的新要求，紧扣上级工作主线与目标，坚决贯彻落实各项工作部署，立足实际、力求实效，全面完成年度目标任务。顺利通过市政府目标管理绩效考核检查，完成各项重点目标任务。收入持续稳定增长，利润超额完成年度目标。公司全年实现收入超过4亿元，保持良性增长趋势；利润完成超过8000万元，完成上级下达的目标。用户加速互联网化，出账用户再上新台阶。移网手机出账用户超过80万户，其中4G互联网用户近60万户。收入和用户市场份额保持省内前列，本地三方收入市场份额和用户市场份额进一步稳固，保持全省前四位以内。

【党建和党风廉政建设】 一是不断提高政治站位。牢固树立“四个意识”，坚定“四个自信”，坚决做到“两个维护”；全面贯彻落实党中央和上级党组织重大决策部署，积极践行央企“三个责任”，精准扶贫、民生保障等工作得到肯定。二是高标准营造公司政治生态。尊崇党章，严格执行新形势下党内政治生活若干准则，有效落实民主集中制，凡属“三重一大”事项，集体研究决策，议事过程书面记录，决策事项纪要发布。三是从严抓好作风建设。坚决贯彻执行中央八项规定精神，针对“四风”及隐形问题常抓不懈，有效治理新“四风”问题。四是组织建设树立高目标。围绕提升组织力，强化支部堡垒作用，支部结对子活动扎实有效开展。

【互联网化营销转型】 一是全面实现产品互联网化，积极构建支付生态。聚焦互联网化产品，形成“腾讯王卡系列+冰淇淋融合套餐”主销产品，全年互联网产品发展30万户，新增宽带用户融合业务渗透率96%，全省第一。同步推进沃钱包、金融分期、电子券等互联网化支付业务，提升用户互联网化体验效果。二是努力做实线上订单转化，不断尝试本地引流。全年线上订单11万户，借力今日头条、抖音等大流量媒体扩大宣传面；扩展宿州联通微信平台功能，与宿州在线等本地媒体合作加大推介力度，与本地异业商家单位合作提升引流效果。三是提升实体门店引流聚客能力。依托滨门店加大引流，线上传播各项促销活动热点，电子围栏推送引流短信，电子红包维系目标客户，线上圈粉常态化坚持，有效带动业务销量。

【政企业务】 进一步增强创新业务拓展能力，优化集客队伍结构，提升整体人员素质，成立产业互联网中心,补充专业政企人员力量。强化资源保障,建立钉钉商机群,前后端部门联动,全员参与提供客情商机;对划小承包单元给予充足主动营销成本。全年发展宿州市多个百万级政企单位业务,相关业务主营收入增幅超过100%,进一步增强了联通业务在宿州政企单位中的口碑。

【服务水平提升】 聚焦服务场景核心问题,倒逼生产流程的客户化和一线服务的便捷化;全面进行投诉处理流程优化,分营服建立面向渠道的快速投诉处理通道;统一服务导向,重点做好移动网络优化、宽带服务提升、服务理念强化宣传,全面提升客户感知。全年移网、固网服务平均得分均位列全省第1。提高全体员工大服务运营体系认知度,以客户投诉为驱动,聚焦热点、难点问题,将服务短板纳入大服务运营流程,做好舆情监控,妥善处理市长热线、消协等社会监督机构转办投诉,实现处理一件投诉,解决一类问题。

【网络保障能力】 全生产场景划小改革稳步推进。优化基层责任单元,聚焦增量收益分享,落实基层一线减负,全程跟踪基层工单,加强系统业务支撑。信息化支撑能力得到强化。开发"基层责任单元数据服务平台",实现业务发展关键指标准确展现。网络保障能力进一步提升。2018年,新增4G/3G基站400余个,总数超过4000余个。加强高负荷低感知问题小区优化、开展交通干线专项优化工作,合理配置网络资源提升基站效能;快速响应业务发展需求,运用大客户网管系统,加大政企客户网络监控力度,缩短故障时长;实施政企业务建维分离,加强验收管理,提升项目施工质量。

宿州联通2018年度工作会议 (摄影 韩 喆)

2018年,中国联通宿州市分公司围绕目标任务开展了大量工作,取得了新的成绩,这些成绩来之不易,来源于上级的正确领导和广大用户及社会各界的支持厚爱。公司全体干部职工将紧密团结在一起,共同拼搏,为宿州市通信事业蓬勃发展继续努力奋斗。

·中国邮政集团公司宿州市分公司·

【概况】 宿州市分公司位于宿州市淮海北路环保巷1号,下辖4个县分公司,全市共有从业人员1688人,其中拥有硕士研究生学历14人,本科学历499人,本科及以上占比29.56%。宿州分公司党委下设党总支1个,党支部18个。全市邮政党员共计501名,占比29.68%。

全市共有营业网点140个,其中纯邮政营业网点37个,纯储蓄网点15个,综合网点88个。生产用车131辆(含邮车58辆),区内邮路42条,一级干线正式邮路1条、临时邮路1条,邮路总里程4684公里。

2018年,全市邮政以党建为统领,培育新动能,实现新突破。全年实现业务收入64884.63万元,保持全省第四位,增幅8.49%,利润1.59亿元,收入利润率24.5%,居全省第2位,整体实现平稳有序发展。

【党建】 分公司持续抓好政治建设、思想建设、组织建设。认真召开领导班子年度民主生活会、"讲严立"民主生活会、巡视整改专题民主生活会;以习近平新时代中国特色社会主义思想为指导,严格落实"三个第一时间"学习机制,坚持集中学习与专题研讨并重,全年共开展党委理论中心组学习15次;坚持基本理论和典型事例相结合,党委班子上党课8次;开展基层党组织建设达标工程和创先争优活动;规范党费收缴、使用和管理工作,建立了党建工作经费保障机制,送培入党积极分子6名,发展新党员8名。深入推进作风建设。修订了《关于贯彻落实中央八项规定实施细则的实施办法》,对异地任职干部报销探亲交通费、房屋租赁等情况开展了专项检查,高频共振落实中央巡视整改。成立巡视整改领导小组,制定市分公司巡视整改方案、整改清单,先后组织召开巡视整改周例会3次、月例会3次,全面完成了56项整改任务。

【业务发展】 争先进位取得突破。函件、集邮专业规模在全省排名分别前进了1位、2位，连续两年实现进位，电商专业进3位；全年金融总资产新增44.53亿元，居全省第3位；服务质量评价创新高，全年综合用户满意度测评位居全省第2位。项目运作展现佳绩。承接公安交管“最后一公里”服务，累计建成合作网点107个，全省首个实现警邮合作全覆盖，出单规模居全省第2位；服务地方成效显著，为宿州市政府和泗县、砀山县政府分别开发专题邮册；结合“宿州名片”纪念邮册，被省公司作为优秀案例在全省分享；积极切入“会展经济”和“旅游经济”，成功运作梨花节、高招咨询会项目。

【“三大攻坚战”】 污染防治全面启动。制定绿色邮政建设实施方案，在全省首个试点运营绿色环保可循环包装箱2000个，节省包装费用2万多元；联合市委宣传部、文明办、环保局、教体局共同开展“争当环保小卫士”公益实践活动，以家校联系本为切入点搭建了邮校合作的新平台，已联合25所学校开展活动，发放家校联系本2万本；启动环保邮路，组织志愿者招募活动。精准脱贫效果显著。统筹推进邮政定点扶贫和电商扶贫，认领村级电教项目、光伏扶贫项目，持续运作砀山酥梨项目，帮助果农销售酥梨270万斤。防范化解重大风险扎实开展。以深化平安邮政建设为抓手，制定《防范化解重大风险实施方案》，落实安全生产目标责任制，层层压实责任，有效防范了风险。

【企业实力】 基础能力不断增强。全年获批能力建设资金1496.3万元，用于网点改造、翻建，购置信息化设备等，新建和改造金融网点11处，补建空白乡镇局所17个，建成5个县级运营中心、37个镇级运营中心，打牢发展基础。协同战略稳步推进。与烟草、移动、人保及铁塔公司签订了战略合作协议，与公安、体彩、税务、电信等单位合作开展了专项营销活动。

【企业形象】 服务品质稳步提升。坚持“人民邮政为人民”的服务宗旨，认真做好普遍服务和特殊服务，基本实现“乡乡设所、村村通邮”，保证了党和国家机要通信安全畅通，确保《人民日报》《安徽日报》县以上城区当日见报率100%；聚焦普遍服务达标，组织开展平常邮件质量大提升、投递服务质量“三大歼灭战”活动，稳步提升普遍服务水平。精准扶贫、农村电商服务体系得到认可。在全省电商扶贫表彰会上，砀山酥梨与徽香源烧鸡项目获得2018年电商扶贫十佳项目。全市打造1644个邮乐站点、78个城市社区服务站，与商务局合作，打造邮乐赋能馆5处，全面助力农村电商发展。精神文明建设取得新成效。市分公司被授予2018年度“扫黄打非”进基层示范点称号；萧县分公司荣获全国邮政系统先进集体荣誉称号，营业局苗安支局被集团授予“全国邮政示范职工小家”称号，萧县王寨支局被全国总工会组织授予“全国模范职工小家”称号，萧县招凤路支局荣获2017年度省级青年文明号，灵璧灵西等3个支局获市级青年文明号；寄递事业部张振振入围“全国最美快递员”评选，张正宇获得“宿州最美快递员”荣誉称号。

【和谐氛围】 全年共开展春节慰问、职工高龄父母慰问等活动7项，发放金额达146.55万元；全年组织羽毛球比赛等各项文体活动23次；全力开展文明创建工作，先后组织220余名志愿者参与文明交通劝导志愿服务活动，积极营造浓厚的创建氛围。

【荣誉】

荣誉榜

荣誉获得者（单位或个人）	荣誉称号	授予单位
中国邮政集团公司宿州市分公司	“扫黄打非”进基层示范点	宿州市“扫黄打非”领导小组
中国邮政集团公司宿州市分公司	宿州市埇桥区2017年度电商物流龙头企业	中共宿州市埇桥区委宿州市埇桥区人民政府
萧县招凤路支局	2017年度省级青年文明号	共青团安徽省委
灵璧灵西	2017年度市级青年文明号	共青团宿州市委
张正宇	宿州最美快递员	共青团宿州市委

·中国邮政集团公司宿州市分公司·

【概况】 2018年,宿州邮政以“三个推进年”为抓手,以党建为统领,践行企业高质量发展要求,培育新动能,实现新突破。全年实现业务收入64884.63万元,保持全省第4位,增幅8.49%,利润1.59亿元,收入利润率24.5%,居全省第2位,整体实现平稳有序发展。

【党建】 一是突出抓好政治建设。贯彻落实新形势下党内政治生活若干准则,召开领导班子年度民主生活会、讲严立民主生活会、巡视整改专题民主生活会。严守政治纪律和政治规矩,坚决做到“两个维护”。贯彻民主集中制,严格落实“三重一大”决策制度,建立重大事件报告制度,落实意识形态工作责任制,加强意识形态管控。二是坚持抓好思想建设。以习近平新时代中国特色社会主义思想为指导,严格落实“三个第一时间”学习机制,坚持集中学习与专题研讨并重,全年开展中心组学习15次,其中专题研讨6次;坚持基本理论和典型事例相结合,党委书记上党课2次,其他班子成员上党课6次。三是持续推进组织建设。开展基层党组织建设达标工程和创先争优活动;规范党费收缴、使用和管理工作,送培入党积极分子6名,发展党员8名。按照“六有”标准,建立党员活动室。加强经费保障,建立了党建工作经费保障机制。四是坚持打造特色品牌基层党组织。开展基层党支部品牌创建活动,形成“一支部一特色一支部一品牌”的良好格局,开展“我为旺季金融解难题”主题实践活动,切实发挥基层党组织作用。五是深入推进作风建设。修订《关于贯彻落实中央八项规定实施细则的实施办法》,完善领导人员异地任职有关事项管理规定、差旅费管理办法等制度,对异地任职干部报销探亲交通费、房屋租赁等情况开展专项检查。加大违规违纪问题的查处力度,开展日常廉政谈话23人次,提醒谈话3人次,约谈2人次,诫勉谈话1人次。

【企业发展】 一是业务收入达到预期水平。除寄递业务外,其他专业基本完成了省收入目标。利润指标完成了省公司下达计划。二是业务发展佳绩频现。全年金融总资产新增44.53亿元,居全省第三位;夏收会战实现余额净增5.35亿元,居全省首位;二、三季度顺利完成时点、日均发展目标,是全省唯一一个达到双底线目标的单位;新增余额市场占有率20.24%,居全省第2位,期末余额市场占有率继续保持全省首位。承接公安交管“最后一公里”服务,累计建成合作网点107个,全省首个实现警邮合作全覆盖,出单规模居全省第2位。2018年,生肖贺岁项目收入达到400万元,增长率160%,创历年之最;在全省率先完成2019年报刊大收订计划,得到省公司贺电表彰。寄递事业部政务项目收入规模居全省第3位;身份证、交通运输资格证、国税项目等在全省复制推广;vivo手机仓配项目累计收入100万元,规模居全省第1位;标准快递连续3年实现争先进位,收入规模和增长率均列全省第4位。三是争先进位有突破。函件、集邮专业规模在全省排位分别前进1位、2位,连续两年实现进位,电商专业进3位;灵璧县、泗县收入规模实现进位,分别晋升3位、1位。四是服务质量评价创新高。全年综合用户满意度测评位居全省第2位。五是运营指标进入全省第一方阵。六是全年未发生重大安全生产事故,确保企业稳定发展。

【“三个推进”】 在高效执行方面:认真贯彻落实集团公司、省公司各项决策部署,不折不扣抓好工作落实。一是坚决落实“三大攻坚战”决策部署。污染防治全面启动,制定绿色邮政建设实施方案,全省首个试点运营绿色环保可循环包装箱2000个,节省包装费用2万多元;联合市委宣传部、文明办、环保局、教体局共同开展“争当环保小卫士”公益实践活动,以家校联系本为切入点搭建了邮校合作的新平台,发放家校联系本7000余本;启动环保邮路,组织志愿者招募活动。精准脱贫效果显著,统筹推进邮政定点扶贫和电商扶贫,认领村级电教项目、光伏扶贫项目,持续运作砀山酥梨项目,帮助果农销售酥梨270万斤。防范化解重大风险扎实开展,以深化平安邮政建设为抓手,制定《防范化解重大风险实施方案》,落实安全生产目标责任制,层层压实责任,有效防范了风险。二是严格调研与联系点制度。建立了党委班子成员调研、联系点制度,明确了调研频次与调研要求。党委班子全年深入县公司、网点调研100余天,深入联系点调研11次,做到了深度调研。三是高频共振推动中央巡视整改全面落实。成立巡视整改领导小组,制定市分公司巡视整改方案、整改清单,先后组织召开巡视整改周例会3次、月例会3次,用“绣花”功夫、销号制管理落实问题整改,形成了巡视整改常态化、长效化机制。

在深化转型方面:一是代理金融转型升级取得新成效。明确三大类八大项转型指标,基础类指标、渠道电子类指标实现较快提升,其中万元以上客户信息完整度活动期提升28.72个百分点,提质增效类指标超额完成目标。二是邮政+网点转型呈现特色化发展。全市成功打造5处邮政+新功能网点,成功吸纳会员400余名,客户引流1400余人,留存资金3600余万元,实现了客户流量明显增加、停留时间延长、满意度提升、邮政业务快速增长。三是产品转型擦亮“宿州名片”。为宿州市和泗县、砀山县政府分别开发专题邮册,实现收入100余万元。结合改革开放四十周年,以宿州特产符离集烧鸡为切入点,打造“宿州名片”纪念邮册,被省公司作为优秀案例在全省分享。积极切入“会展经济”和“旅游经济”,成功运作梨花节、高招咨询会项目,实现会展经济收入180万元。四是项目转型取得新突破。省管项目完成质量进一步提升,7个省管项目超额完成计划目标,其中,“旅邮站”“爱家邮保障”“开辟会展新领域”“改革开放四十载”四个项目完成率皆列全省第3位。

在精细管理方面:财务管理进一步转型。加强成本均衡性管控,成本偏离度同比下降4.32个百分点;加强重点成本费用管控,9项重点成本费用均控制在目标范围内;强化欠费及库存管控,分销商品周转天数同比下降了14天。人力资源改革有序开展。优化人力资源配置,加强员工行为考核,实现动态调控用工总量。对工资总额层层分解,进行“切块”分配管理,实现全年工资分配的合理性。工程建设管理严谨有力。对施工进度进行管控,对工程质量从施工进度、工艺质量、后期跟踪服务、使用满意度等方面进行综合考评。房屋资产管理不断规范。分别制定全市房屋土地资产租入与出租管理办法,对审批权限、归口管理、审批流程等进行全面规范。

【核心能力】 一是基础能力不断增强。全年获批能力建设资金1496.3万元,用于网点改造、翻建,购置信息化设备等,新建和改造金融网点11处,补建空白乡镇局所17个,建成5个县运营中心、37个镇运营中心,打牢发展基础。二是综合服务平台提质增效。开展站点提质增效活动,完成精品站点建设1035个;初步构建城市社区服务生态圈,累计建成“家邮站”75处;构建旅游服务生态圈,签约旅邮站40户,其中精品站点23户;积极搭载“三站”渠道开展活动,实现金融转介7239万元,月均投递量5万余件,揽收量超千件。搭建“市-县-网点”三级微信运营管理体系,建立微信群1300多个,吸粉约6万人,提升了客户黏性。三是队伍建设持续加强。完善人才培养机制,建立“三鹰”人才库与“传帮带”导师制度;强化干部队伍的动态管理,新提拔干部4人,岗位调整12人;鼓励大学生到基层锻炼,大学生支局长占比达到25%。打造学习型组织,开展季度读书活动,组织季度专题培训;建立常态化交流学习机制,积极向省内外先进单位“取经”,全年领导班子带队深入宿迁、徐州、苏州、商丘等地学习近10次。

【改革创新】 一是寄递翼改革平稳推进。完成寄递事业部组建工作,充分整合邮速资源,形成发展合力,提升竞争力。二是机制改革进一步创新。创新激励机制,出台信息技术推进实施方案、项目管理实施方案、网点负责人业绩评价实施办法等文件,多形式进行激励。改革分配机制,开展季度劳动竞赛与阶段性专项活动,将绩效考核与业务发展速度、发展质量、贡献情况相结合,调动员工参与发展积极性。三是稳步推进“基层经理人培育项目”试点。搭建企业“内部创业”平台,对试点单元实行“特区化管理”,市公司从高质量发展、内部管理、转型工作、服务水平四方面进行支撑。项目推行以来,丁湖支局累计实现收入592.73万元,同比增幅26.32%,管理水平和服务能力得到提升,服务水平位居全市前列。

【社会形象】 一是服务品质稳步提升。坚持“人民邮政为人民”的服务宗旨,认真做好普遍服务和特殊服务,基本实现“乡乡设所、村村通邮”,保证了党和国家机要通信安全畅通,确保《人民日报》《安徽日报》,县以上城区当日见报率100%;聚焦普遍服务达标,组织开展全市平常邮件质量大提升、提升投递服务质量“三大歼灭战”活动,稳步提升普服水平;聚焦服务难题,开展专项整治活动,基本消除了着装不统一、营业区域接打手机两项服务顽疾;聚焦氛围营造,开展两岗履职考核工作和最美窗口、最美营投人员评比活动,创新开展“您提出,我邮礼”客户体验活动。二是精准扶贫获赞誉。在全省电商扶贫表彰会上,砀山酥梨与徽香源烧鸡项目获得2018年电商扶贫十佳项目,砀山酥梨获得了十佳扶贫项目评选冠军。三是农村电商服务体系得到支持。主动参与全国电子商务进农村综合示范县建设,累计争取政府补贴资金153万元(其中,埇桥区24万元、灵璧县129万元)。四是精神文明建设取得新成效。萧县分公司荣获全国邮政系统先进集体荣誉称号,营业局苗安支局被集团授予“全国邮政示范职工小家”称号,萧县王寨支局被全国总工会组织授予“全国模范职工小家”,萧县招风路支局荣获2017年度省级青年文明号,灵璧灵西等3个支局获市级青年文明号;寄递事业部张振振入围“全国最美快递员”前48强,张正宇获得“宿州最美快递员”荣誉称号。

【和谐氛围】 一是主人翁意识进一步增强。全体员工主人翁意识进一步增强,积极参与企业发展,全年发放劳动竞赛奖励223.67万元。二是集中为职工办好实事。2018年,确定的6件实事全部完成。三是关爱活动举措多。全年共开展春节慰问、职工高龄父母慰问等活动7项,发放金额达到146.55万元;全年组织羽毛球比赛、春节职工文体等各项活动23次。四是全力开展文明创建工作。营造浓厚的创建氛围,并组织220余名志愿者参与文明交通劝导志愿服务活动。

·无线电管理·

【党建与廉政建设】 扎实推进“两学一做”学习教育常态化制度化。市无线电管理处党支部在厅机关党委和宿州市政府办机关党委的领导、关心和支持下,以党的十九大精神为指导,根据市政府办机关党委党建工作的有关要求和部署,紧密联系实际,认真落实“两学一做”学习教育常态化制度化及开展“讲严立”专题警示教育。认真学习贯彻习近平新时代中国特色社会主义思想,推进学习型、服务型、创新型基层党组织建设和基层党组织标准化建设,坚定不移地用十九大精神指导实践,推动工作,进一步提升基层党组织凝聚力、战斗力,努力提高基层组织建设水平和无线电管理水平。市无线电管理处党支部认真执行“三会一课”等基本制度,共开展党课教育3次,召开党员大会4次,积极参加市政府办机关党委组织的各项活动2次,组织在职党员参加社区志愿服务活动6次。

认真学习党的十九大精神。组织4名人员参加宿州市科级干部学习十九大精神轮训班,参训人员均能做到严格自身要求、积极参加学习交流,并认真撰写心得体会。同时还通过组织专题党课,进一步促进学习的深入开展。由支部书记带头逐条讲解十九大精神,领会习近平新时代中国特色社会主义思想,引导全体干部切实将十九大精神贯彻到日常工作中。

加强党风廉政建设,严格落实“一岗双责”。市无线电管理处把认真贯彻落实党风廉政建设责任制工作摆上重要议事日程,坚持抓好两个教育:一是宗旨教育。以党全心全意为人民服务的宗旨教育干部,帮助全体人员树立正确的世界观、人生观和价值观,树立正确权力观,关心事业的发展,帮用户着想,为群众办事。二是开展警示教育。利用观看身边干部警示影片、参观学习廉政教育基地等方式,深化党风廉政教育,切实把思想和行动统一到中央、省委、市委要求上来。

【维护空中电波秩序】 保持高压态势,严厉打击“黑广播”。按照《关于开展打击治理“黑广播”违法犯罪和集中整治违规设置使用调频广播电台专项行动的通知》(公刑〔2018〕1969号)等有关文件精神,开展打击治理“黑广播”专项活动,利用群众举报、主动巡查等方式,继续保持对“黑广播”的高压态势。全年共查处“黑广播”7起,均已取缔,并将案件后续移交公安部门处理。

整治违规使用对讲机,保障合法用户权益。宿州市房地产在建项目较多,尤其是棚改项目的实施,导致塔吊施工对讲机明显增多,违规占用频率现象时有发生。针对此情况,市无线电管理处组织开展整治违规设置使用对讲机专项活动,通过监测摸底取证、宣贯条例相关条款、下达责令整改通知书、跟踪掌握整改情况等系列工作的实施,活动取得显著成效。同时,市无线电管理处与市交通运输局、市公安局、市文明办联合印发《关于印发〈宿州市城区出租汽车行业文明提升专项整治行动方案〉的通知》(宿交办〔2018〕276 号),成立联合执法队伍,整治出租车违规设置使用车载无线对讲机,杜绝驾驶员营运中利用对讲机闲聊、讲脏话等不文明行为。

做好服务,高效处理各类干扰申诉。全年共接到运营商干扰申诉 8 起,均已查明。其中 6 起为单位或个人私设手机干扰器(已联合公安部门查处)、1 起为个人设置手机信号放大器、1 起为运营商基站设备故障造成。查处 C 波段卫星电视干扰器 2 部,查明宿州高铁站通信受干扰 1 起、业余无线电中转台受干扰 1 起。

尽职尽责,保障重点时期、重大活动无线电通信安全。2018 世界制造业大会、2018 中国国际徽商大会及上海进博会期间,市无线电管理处根据厅无管处要求,认真做好大会期间无线电安全保障工作。全处人员实行 24 小时值班,保证人员和设备处于备战状态。组织人员对辖区内电磁环境进行监测巡查,重点关注航空、铁路、广播电视、移动通信等重要业务频段出现的可疑信号,确保大会期间各类无线电业务正常开展。积极配合各类考试主管部门,做好全国及地方考试无线电保障工作,严密防范和坚决打击利用无线电设备进行考试作弊行为。共完成考试保障 20 次,出动保障人员 140 人次、移动监测车 90 次,设备 100 套次,利用技术手段压制阻断可疑作弊信号 4 个。

市无线电管理处通过积极有效的工作及高度负责的态度,切实维护了设台单位的合法权益,有力促进宿州市经济社会发展。

【频率台站精细化管理】 开展广电、气象、人防台站管理工作。为进一步规范无线电频率使用、台站设置行为,推动宿州市广电、气象、人防部门无线电管理工作,市无线电管理处根据厅相关文件要求安排专人与上述单位对接工作,在各单位报送自查结果的基础上,市无线电管理处派出技术人员,携带相关检测设备,赴现场开展登记核查,对核查结果进行审核入库并完成电台执照核发工作。通过此项工作的开展,市无线电管理处已充分掌握宿州市广电、气象、人防台站设置情况,同时加强部门间互动及技术交流,为后续工作开展奠定了良好基础。

加强日常监测,完成月报任务。市无线电管理处结合《无线电频谱监测统计报告工作考核办法》,及省经信厅下达的重点频段监测任务,认真开展日常无线电监测及重点频段监测,并扎实做好监测月报工作。利用固定站监测 9000 小时以上,移动监测近 1000 小时,完成了日常监测和国家无线电管理监测中心下达的各重要频段占用度测量工作,并对监测月报数据进行留存。

认真做好频率台站精细化管理。截至 11 月,共录入运营商新增基站数 911 个,指配业余呼号 3 个,办理业余无线电台执照 40 个。配合省无线电协会,完成宿州市业余无线电爱好者操作证书换证工作,共计换发证书 16 个。圆满完成 2017 年度移动运营商基站抽测工作,全年共计检测基站 240 个。

完成频占费征收工作。市无线电管理处根据无线电频率占用费征收相关规定,对辖区内无线电频率台站使用情况进行了全面核对,详细记录本年度设台单位变动情况,形成 2018 年度无线电频率占用费征收计划。全年共计划征收 84200 元,已全部征收完成。

【无线电管理宣传与队伍培养】 精心组织开展无线电管理宣传活动。4 月 23 日,宿州市"扫黄打非"领导小组于宿州市政务广场开展"绿书签行动"暨非法出版物、"黑广播"销毁活动,市无线电管理处作为市"扫黄打非"领导小组成员应邀出席。活动现场摆放无线电宣传展板及近期查获的"黑广播"、非法设置的干扰器等设备 10 余套,向广大群众展示了取得的工作成绩。发放无线电管理条例和宣贯材料 100 余份,吸引了大批群众,向群众讲解"黑广播"对于空中电波秩序及社会文化环境造成的不良影响,活动取得良好宣传效果。5 月,市无线电管理处利用卫生、二建等考试无线电保障期间,在考点门口摆放宣传展板,发放宣传材料。高考期间,宿州市广播电视台"直播宿州"栏目组对市无线电管理处进行跟踪采访,并于黄金时间在宿州电视台播出报道。在无线电管理宣传月中,市无线电管理处联系移动通信运营商,发送宣传短信上万余条。结合宿州市文明创建工作,赴观园社区开展文明督导及社区宣传工作。

开展提升行政执法能力专项活动。根据厅相关通知精神,市无线电管理处将提升行政执法能力专项活动纳入年度重点工作。从组织领导、队伍建设、制度完善、执法工作开展四个方面着手,成立专项活动领导小组,积极安排人员参加各类执法培训及考试,建立罚没财物管理、行政执法案卷管理等相关管理制度。与公安、文广等部门成立联合行动小组,通过专项活动进一步完善市无线电管理处行政执法工作机制,建立健全相关制度,有效提升了市无线电管理处行政执法工作能力。

注重无线电管理人才队伍培养。市无线电管理处新进人员、新配设备逐渐增多,为进一步加强无线电管理队伍建设,加强对新技术新装备的熟练使用,市无线电管理处加强培训,制定培训计划,定期开展技术交流与业务培训,并组织人员积极参加厅无管处与省监测站举办的各类业务培训和专业技术学习,努力提高全处人员的工作能力和业务水平。在全省无线电管理技术演练活动中,市无线电管理处派出4名技术人员分别参加理论测试及干扰排查,并取得了综合成绩二等奖。

[责任编辑　李　雷]

开放与合作

·对外贸易·

【概况】 2018年,全市外贸进出口累计实现7.4亿美元,同比增长28.3%,高于全省11.7个百分点,总量和增幅分别位于全省第14位和第3位。

全市进出口实绩企业144家,其中超100万美元企业65家,超1000万美元实体企业14家,超5000万美元企业2家。全市新增对外贸易经营者备案登记企业120家,新增进出口实绩企业38家。

【外贸出口市场情况】 从外贸出口市场看,亚洲、北美洲及欧洲为主要贸易市场,其中,对亚洲出口3.3亿美元,占总额的51.1%;对北美洲出口1.56亿美元,占总额的24%;对欧洲出口1亿美元,占总额的15.7%。全市出口产品销往的国家和地区共135个,前两位的国家和地区分别是美国、日本。

·利用外资对外投资·

【利用外资】 2018年,全市实际利用外商直接投资9.18亿美元,同比增长16.9%(FDI达到1812万美元,实现正增长),总量和增幅分别位于全省第7位和第6位。从投资行业结构看,战略性新兴产业实际到资5.52亿美元,占全市总额的60.1%;现代服务业实际到资4.69亿美元,占全市总额的51.1%。从资金来源地看,全市实际利用港台外资7.1亿美元,占全市总额的77.3%。实际利用加拿大外资3669万美元,占全市总额的4%。全市新批备案外商投资项目10个,合同外资额1.74亿美元。其中境外世界500强企业1个,即光大城乡再生能源(萧县)有限公司。

【对外投资】 全市对外承包工程完成营业额7664万美元,同比增长12.5%,累计在外劳务人员1145人,雇佣当地职工632人。新签"一带一路"沿线国家新签对外承包工程项目2个,合同额7129万美元,同比增长10.5%。实际对外投资额350万美元,新批境外投资企业4家,协议对外投资额197万美元,其中对"一带一路"沿线3个国家投资117万美元。

·港澳台和外事工作·

【港澳台海外工作】 召开全市对台工作会议,分析研判当前台海形势,精准谋划全市对台工作思路举措。坚持"请进来、走出去"相结合,组织开展和应邀参与联谊交友、招商推介活动,加强与港澳台海外基层民众、青年学生、知识精英等重点群体联谊交友,做好争取人心和壮大爱国力量工作。切实服务台资企业,积极做好2018年徽商大会有关涉台项目的跟踪服务工作。支持民主党派、无党派人士和有关人民团体在交往交流的基础上,开展与港澳台海外专业群体、专门领域的交流联系工作,在更多更广的平台上加强与港澳台海外同胞的联系。切实规范全市赴台团组和申报工作。

(刘艳灵)

·外事工作·

【规范因公出国(境)管理】 一是出台因公出访规范性文件。根据因公出国(境)管理有关规定和省文件精神,出台了《关于进一步规范县处级人员因公临时出国的实施意见》;健全出访计划申报制度、出访行前教育制度、出访效果评估和出访公示制度,确保出访工作有章可循、有规可守。二是严格管控出访计划。按照因公出国(境)管理有关规定,针对出访任务、人员结构、经费标准等,对全市县处级因公出访团组实施计划申报和总量进行严格审核把控,确保“三公”经费只减不增。三是严格执行出国管理程序。对出访前外事纪律教育、出访公示、经费标准审核、量化管理严格把关,严格审查出访任务的实质性以及出访人员职责与任务是否相符,杜绝照顾性出访和搭车出访,严格按照规定程序逐级审核报批。全年受理双跨出访约30人次,自组出访团1个,均符合出访条件。四是突出出访成效。围绕推进中心工作、发展县域经济以及拓展友好交流开展自组团出访,加强过程管控,督促执行出访既定任务;支持符合条件人员参加境外实质性培训,支持参加比赛和对非合作项目人员出访;注重对出访任务落实和重点涉外项目跟踪,更加突出出访实效。

【健全工作机制】 对经贸、科技、文化、教育等各领域的涉外需求进行认真调研,召开全市外事侨务工作座谈会,研究制定年度工作计划。结合宿州实际,创新建立四项外事管理与服务工作机制:一是建立市委外事工作领导小组协调机制。充分发挥市委外事工作领导小组办公室的统筹作用,研究安排全市年度外事工作,及时协调解决外事工作中出现的重点和难点问题,协调解决市、县(区)沟通机制、出访成效跟踪、因公出访网络申报、APEC卡网络申报等多个问题。二是建立健全本市公民及企业在外安全保护工作机制。通过印制发放《中国领事保护和协助指南》、开展社区领事保护宣传活动及领事保护、出国境提醒网上宣传,方便宿州市公民及企业在外的安全保护和救助服务,做到在管理中服务,在服务中管理。三是建立涉外信息沟通机制。由市委外事工作领导小组办公室牵头,密切联系商务局、招商局、工商联、统战部、发改委等主要涉外部门及园区、大专院校和重点外资企业,互通对外交流合作或其他需求信息,及时把握全局,统筹开展对外交流信息的收集。四是建立市、县(区)外事侨务部门工作沟通机制。通过全市外侨办年初、年中、年末例会+外事侨务系统QQ工作群+重要紧急工作即时报送制度等形式,及时有效对县区外事工作进行指导、沟通和协调,推进全市外事工作顺利开展。

【对外开放“五大平台”】 一是打造公务出访平台,统筹出访事务。发挥部门职能,根据地方发展需求,积极服务走出去,全年共受理因公出访近40人次。二是打造国际友城平台,加强合作交流。通过加快友好城市创建,推进与国外城市间政府及民间交流与合作,有正式友好城市2个,友好交流城市3个。三是打造海外社团交流平台,构建纽带桥梁。通过联系海内外侨团、商会、社团,扩大对外合作渠道,现有友好联系社团、商会达30余个,分布在欧洲、美洲、亚洲、澳洲、东南亚等地区。四是打造人才信息交流平台,吸引海外智慧。通过建立海外高层人才信息库及在国外设立人才服务站的方式,积极为宿州市引进高端人才提供信息服务,分别在英国、瑞士、俄罗斯建立3个人才服务站。五是打造国际会务平台,精准整合资源。通过外事渠道为宿州市各部门、园区、企业等提供经贸、科技、产品等国际知名品牌会议信息,帮助宿州市各界参与国际经贸合作,共组织推荐园区、企业参加涉外国际会议5次。2018年,宿州市外贸进出口累计实现7.4亿美元,同比增长28.3%;全市实际利用外商直接投资9.18亿美元,同比增长16.9%。

【国际交流】 一是扩大交流范围,提升宿州外向度。牵头组织或重点参与接待了俄罗斯伏尔加顿斯克市市长代表团、俄罗斯基洛夫州政府投资考察团、欧洲五国政府及企业家考察团、东盟10国主流媒体代表团暨中央重点外宣媒体考察团等国外来访团组20余批次200多人次。各县区对外交流不断深化,英国东柴郡市政厅代表团访问泗县,开展教育合作和友好交流;萧县举行首届俄罗斯油画展,开展书画艺术交流;砀山县成功举办国际马术二星级耐力赛,共邀请来自英国、法国、葡萄牙等10多个国家和地区参加,加强了与多国在马术上的交流与合作。各县区通过参观访问、座谈洽谈等方式开展经贸、文化、教育等多领域的交流，使宿州市国际交流进一步扩大，城市外向度不断提升。二是做好礼宾服务，提升宿州美誉度。结合外宾来访目的、习俗传统等，精心组织礼宾礼仪、外事翻译、会务观摩等各项服务工作，还承担了大量口译及视频、文字资料等翻译任务，翻译材料达5万余字。精心设计、创新模式，将宿州市特色元素融入宣传品和外事礼品中，宣扬特色文化。通过努力，营造宾至如归的良好对外开放氛围，得到领导和外宾的一致肯定。三是加强宣传推介，提升宿州知名度。组织参加在日本举办的第九届东亚地方政府会议，与各国地方政府代表进行友好交流，通过设置展台、发放宣传品、宣传册、招商手册以及发言推介等方式开展宣传推介，扩大宿州市在海外的知名度。组织参加安徽省与驻沪领事机构恳谈会，重点推介宿州市轻纺鞋服、绿色家居等产业产品，充分展示宿州市开放发展优势，取得了良好效果。

【友好城市】 宿州市共有2个友好城市，3个意向友好城市。近年来，宿州市通过"政府搭台，民间唱戏"的方式，注重务实合作，深化实质性交流，大力推进与友城在经贸、文化、教育等方面的合作，友城间合作交流取得新的成效。一是加强与印尼友城巴东市的交流合作。巴东市教委与宿州市宿州学院国际部以2+1协议为基础开展合作办学，初步达成每年从印尼选派50名学生到宿州学院定向专业培训的合作协议；通过印尼安徽总商会牵线，为宿州市皖北煤电、华电等所需的煤炭提供支持，初步达成每年从印尼进口50万吨煤炭计划。二是加强与美国友城奥克兰市的交流合作。宿州市积极推进与美国友城奥克兰市发展贸易合作，通过友城平台及美国俱融国际投资集团的支持，帮助宿州市产品出口美国，宿州市东大木业"红树湾"品牌木地板已出口美国，受到美国市场的认可。三是加强与加拿大友城威廉斯湖市交流合作。通过加拿大威廉斯湖市友城平台，宿州市安特集团在加拿大投资的蓝莓基地及蓝莓系列生产线项目成功落地，同时，加拿大犹他州世天教育集团与我市一初中、九中等多所学校签订了友好学校协议。

【服务外向型企业】 积极为外向型企业服务，开展APEC商务旅行卡的宣传和申请工作，方便企业走出去。宿州市为8家企业累计办理近40张APEC商务旅行卡。通过网站、微信、QQ发送领事保护知识和出国境提醒信息，联合市文化和旅游局、市公安局在旅行社和出入境办事大厅设立宣传点，深入到社区和农村开展宣传，推进领事保护宣传和公民在外安全保护工作深入开展。共计发送领保及出国境提醒信息100余条，处理公民在外安全保护事件1起，协助处置涉外案件1起。设立境外公民机构安全（领事保护）宣传联络点1个。

［责任编辑　李　雷］

教育　体育　科技

·教育·

【概况】 宿州教育事业加快发展，多项工作全省排名靠前，市委教育工委、市教体局获集体性表彰奖励30余项次，被安徽省第十四届运动会组委会评为"竞技体育贡献奖"，被东部战区空军政治部、安徽省高等学校招生委员会评为"空军招飞先进单位"，还被评为"全面深化改革先进单位""全市安全生产工作优秀单位""政协提案办理先进单位"。18人被北京大学、清华大学录取，荣获全国职业技能大赛团体二等奖1项。《中国教育报》头版刊发《开展教师大走访帮扶贫困生行动，加大投入改善办学条件——安徽宿州：为"脱贫摘帽"贡献教育力量》。中国教育电视台深入报道特殊教育工作，在全国教育大会召开前，作为特殊教育典型经验播出。全市有中等及中等以下各级各类学校1970所，在校生1064882人，其中幼儿园911所，在园幼儿239025人；小学780所，在校生499306人；初中204所，在校生182769人；普通高中47所，在校生83683人；中职学校22所，在校生58159人；特教学校6所，在校生1940人。全市教职工65609人，其中专任教师54213人。全市有省级示范普通高中10所；国家中职教育改革发展示范校2所，国家级重点中职学校3所，省级示范中职学校6所。国家级社区教育示范区1个，国家级社区教育示范街道3个；省级社区教育示范街道15个，省级示范乡镇成人文化技术学校14所。

【校园建设】 推进基础教育项目建设，1035个"全面改薄"项目、698个校舍维修改造项目、721个农村中小学旱厕改造项目全部提前完成，其中校舍维修改造项目年度投入1.31亿元，改造面积42万平方米；"全面改薄"土建类项目完成年度投资3.74亿元，建设校舍（含运动场地）面积51万平方米。加强教育技术装备，"全面改薄"设备购置5年规划任务（2014—2018年）全面完成，总投资额4.3亿元、占5年规划的147.6%，购置量占5年规划的153.7%；其中年度采购资金0.37亿元，采购生活设施5200台套件，图书18万册，教育数字资源8050GB，计算机、教学仪器及其他设备29732台套件。完成初中学业水平理科实验操作考试，51390名考生参加考试；参加国家、省教育装备评比竞赛，市教体局获全国比赛优秀组织奖（全国仅有25个市获奖），获全国单项奖7项、全省单项奖50项。

【教育信息化】 投资4363.46万元，建成智慧教育项目，项目覆盖22所试点学校。推进智慧学校建设，做好18所省级试点建设学校建设工作。宽带接入率、校园网建有率、校园网络访问畅通学校比例均达100%，建设无线网的学校比例为87.89%（位列全省第四），城镇班均带宽14.65M、农村班均带宽为17.24M。推进教学点"在线课堂"教学常态化，全市主讲课堂开课22356节，接收课堂开课37386节，受益学生42572人。在全国、全省中小学电脑制作活动中，学生作品获国奖5件、省奖107件，市教体局被评为最佳组织奖（位列前3）；在全国、全省教师教育教学信息化大赛活动中，教师获国奖10件、省奖35件，市教体局获优秀组织奖。

【教育精准扶贫】 推进教育精准扶贫工作，建立

“对象识别—任务分解—资助执行—结果反馈—手册登记”闭环工作机制，精准资助建档立卡贫困学生，确保建档立卡贫困对象识别无遗漏、资助有保障、结果有记录，实现学生资助政策体系所有学段全覆盖、公办与民办学校全覆盖、家庭经济困难学生全覆盖。春季资助建档立卡学生65042人，发放资助资金4407.6718万元；秋季资助63054人，发放资助资金4175.9058万元。做好扶贫双包工作，安排资金25万元，用于包保的塔桥村基层公共服务建设、小学阅览室建设和慰问贫困户。

【教育民生工程】 强化义务教育经费保障，拨付义务教育公用经费50334.3万元，补助义务教育学校贫困寄宿生生活费2947.8万元，免费教科书资金6219.6万元。完善家庭经济困难学生资助，资助幼儿、义务教育和高中阶段困难学生81073人，发放资助金8024.35万元；加强生源地贷款工作，全面推广1+X模式，确保贫困大学生应贷尽贷。实施农村义务教育学生营养改善计划，4个国家级贫困县实施计划受益学生年度目标任务294738人，春季学期，实施供餐学校1193所、受益学生296982人、占比101%，其中食堂供餐学校804所、占实施学校总数的67%；秋季学期，实施营养供餐学校1153所（部分学校撤并）、受益学生306581人、占比104%，其中食堂供餐学校1055所、占实施学校总数的92%。

【教育科研】 推动普通高中课程改革，编制《新课程新课标知识问答》；深化义务教育课程改革，指导学校完善课程体系，开齐开好基础性课程；加强义务教育语文、历史、道德与法治科目教师培训，参训教师8000多人。做好课题申报、立项、管理、成果鉴定工作，荣获安徽省基础教育成果评选奖5项。高标准开展“一师一优课”推优、乡村教师信息化大赛、小学连片教研、优秀论文和优质课评选等教科研活动，荣获全省乡村教师信息化大赛团体赛小学青年组总分第一名、全省乡村教师信息化大赛优秀组织奖、全省“一师一优课”系列活动优秀组织奖，荣获全省中学数学、历史、物理、生物、化学、英语、思想品德和小学数学、信息、道德与法治等10个学科评选省一等奖。全省语文教研员会议、全省特教协会年会、全省特教教研员会议、全省高中数学教材培训会等省级会议在宿州召开。

【素质教育】 深化体教结合，累计创建全国校园足球特色学校57所、全国校园篮球特色学校42所。推进戏曲进校园，各级各类学校演出戏曲曲艺节目400余场次；组织宿州市第26届中小学艺术节展演评选，遴选11个优秀案例参加全省展演，举办宿州市第26届中小学艺术节暨迎新年文艺展演活动；推进研学旅行，印发《关于推进中小学生研学旅行工作的实施意见》，新汴河景区被教育部命名为“全国中小学生研学实践教育基地”。加强学生志愿服务，宿州九中被团中央学校部评为“全国中学生志愿服务示范学校”创建单位。加强污染防治和生态文明教育，印发《宿州市学校生态文明教育实施方案》。会同工商、民政、人社部门联合印发《宿州市切实减轻中小学生课外负担开展校外培训机构专项治理行动实施方案》，推进校外培训机构专项治理，全市摸排校外培训机构数363所，其中无问题机构20所，完成问题机构整改343所。

【创建全国文明城市】 实行周报告、周调度制度，推进全国未成年人思想道德建设先进城市建设，建成市未成年人心理健康教育辅导中心，督促县区加强乡村学校少年宫和青少年活动中心使用管理；推进社会主义核心价值观进教材、进课堂、进头脑，开展各类主题教育活动10余项，组织师生全员参加。围绕“六好”标准（领导班子建设好、思想道德教育好、活动阵地好、教师队伍好、校园文化好、校园环境好），强化文明校园创建，评选认定宿州市第二届“文明校园”65所；推荐申报安徽省“文明校园”21所、创建全国“文明校园”先进学校31所。

【学前教育】 完善学前教育服务体系，实施第三期学前教育行动计划，新建、改扩建公办幼儿园64所；完成学前教育中央彩票公益金设备采购项目140个。主城区新建公办幼儿园10所。鼓励和支持普惠性学前教育发展，制定《宿州市学前教育促进工程实施办法》《宿州市普惠性幼儿园认定标准》《关于扶持和规范民办普惠性幼儿园发展的实施意见》，全市普惠性幼儿园629所（公办园338所、民办普惠园291所），覆盖率为72.13%，学前教育毛入园率85.9%，乡镇公办中心幼儿园覆盖率100%。开展全市“娃娃乐”讲故事评选、幼儿园优秀游戏案例评选、省市级一类园和乡镇中心园开展保教工作开放日活动、民办幼儿园保教工作展示与观摩活动,提升幼儿教师综合素质和幼儿园管理水平、保教质量。创建省级一类园1所、市级一类园10所。

【义务教育】 出台《宿州市人民政府关于统筹推进城乡义务教育一体化促进优质均衡发展的实施意见》,统筹推进城乡一体化改革,合理规划义务教育学校布局。加快办学条件标准化建设,印发《关于宿州市义务教育阶段学校办学基本标准的实施意见》。稳步推进市区和县城新建、改建35所中小学。完善实施教育集团化办学,继续推进名校建分校,主城区累计组建教育集团8个,管理校区25个。印发《关于进一步加强控辍保学提高义务教育巩固水平的通知》,出台《宿州市2018年农村义务教育巩固提升行动方案》,聚焦学困生、家庭经济困难学生,强化控辍保学责任制,巩固提高义务教育,义务教育巩固率达到94.2%。开展学校管理标准化建设,编制《推进义务教育学校管理标准化建设实施方案》,提高义务教育学校管理标准化、科学化、精细化水平。

【普通高中教育】 编制出台《宿州市高中阶段教育普及攻坚计划学校建设规划》,完成普通高中建设、改造和设备购置项目164个;高中阶段教育招生工作有序实施,普通高中招生28144人。优化高中布局调整,埇桥区撤并农村8所高中。宿城一中宿马学校、萧县鹏程中学(新校区)、萧县实验中学(新校区)建成投入使用;灵璧中学(新校区)施工过半;宿州雪枫中学完成选址立项,宿州学院附属实验中学移交地方、在原灵璧县高级职业学校校址改建灵璧县第二中学工作积极推进。开展省级示范高中学校管理互查互学活动,做好学生学业水平考试报名、考试(补考)、阅卷和学籍管理工作,提升普通高中学校管理水平和教育教学质量。

【特殊教育】 贯彻实施《宿州市特殊教育提升计划(2017—2020年)》,成立宿州市特殊教育专家委员会和指导中心,建设特殊教育资源中心2个;泗县新建特殊教育学校秋季开学投入使用;成功举办2018年全省特殊教育工作年会。特殊教育工作引起中央主流媒体关注,中国教育电视台深入特殊教育中心、泗县三中、灵璧县东关小学,深入报道特殊教育职业教育工作、残疾学生随班就读工作(普特融合教育),在全国教育大会召开前,作为特殊教育典型经验进行播出。开展残疾适龄儿童少年定期受教育摸排工作,各县区设立残疾人教育专家委员会,建立残疾儿童少年信息交流和共享机制,完成对未入学适龄残疾儿童少年调查登记、统计录入、建档造册,做到“一生一册”、送教上门。

【中职基础能力建设】 市职教园区建设年度投入资金2.39亿元、使用土地559亩,极大改善中职学校办学条件;宿州工业学校投入资金1.2亿元,完成建筑面积6万平方米,8月迁入园区办学;宿州逸夫师范学校投入资金0.09亿元,完成新增123亩征地及拆迁任务,加快一期二标段建设;宿州应用技术学校10月开工建设,投入资金1.1亿元、使用土地436亩。灵璧县高级职业技术学校新校区建成并投入使用。新审批设立宿州艺术中专学校。推进省级中职质量提升工程项目建设,位列全省第4,完成率91.67%。

【职业教育教学改革】 推进产教融合,编制出台《关于深化产教融合的实施方案》。落实职业技能竞赛制度,举办2018年全市中职学校技能大赛,设置5个赛点、11大类专业、33个赛项,12所中职学校479人参赛;参加全省大赛,荣获奖励45个,其中一等奖5个;2人代表省参加全国竞赛,获得团体二等奖。开展中职学生“文明风采”活动,推荐163件作品参加省级比赛,100件作品获奖,其中一等奖17件,市教体局获优秀组织奖。广泛开展教学教研活动,提升教师教学素养和理论水平,荣获全省“创新杯”教师说课比赛奖励11项,5人代表省参加全国决赛,1人获一等奖;荣获全省中职学校信息化教学大赛奖励6项,3人晋级国赛,全省占比15.8%;荣获全省中职教育优秀论文、优秀教学软件、优质课评选奖励32项。

【职业教育管理工作】 推进中职教育布局结构调整,规范学校办学行为,开展中职学历教育办学资质清查,规划保留中职学历教育学校14所,其中各类中职学校12所、高职院校中专部2所;计划撤并学校3所:砀山县第一职业技术学校、砀山县秋实职高、砀山县中等体育运动专业学校。做好专业动态调整和新专业申报工作,规范实施专业设置清理,2018年开设17大类161个专业,其中9个学校新增专业23个。加大职业教育宣传,举办“职业教育活动周”，开展“职业教育进校园”系列宣传活动，提升中职学校招生数量，扩大中职教育规模，中职学校全日制招生突破14000人，比去年净增2000人，非全日制招生有序进行，高中阶段教育入学率稳步提升。

【成人教育】 开展职业技能培训，鼓励职业院校面向在职职工、新型职业农民、残疾人、退役军人等群体，建立健全覆盖城乡全体劳动者的职业培训体系，提高广大劳动者就业能力、工作能力和职业转换能力，完成年度培训约7万多人次。积极发展成人教育，办好老年教育、网络教育，埇桥区被教育部确认为“国家级农村职业教育和成人教育示范县入围县（区）”。支持高等院校发展，推动市政府印发《优质学科专业与高水平大学建设行动计划》，系统制定宿州市高校发展战略，推动高等教育内涵发展。

【民办教育】 支持并规范民办教育发展，编制《宿州市人民政府关于鼓励社会力量兴办教育进一步促进民办教育健康发展的实施意见》，出台《关于扶持和规范普惠性民办幼儿园发展的实施意见》。加强民办高中阶段学校年检工作，对连续2年获得“优秀”等次的民办学校，下一年度免检。全市有各级各类民办学校（含幼儿园）685所，在校生238683人。

【师德师风建设】 推进师德师风建设提高年工作，开展“铸师魂、守师道、立师表”师德师风建设活动，举办师德师风教育专项培训。完成宿州市中小学教师职业道德考核证书认定工作。会同人社部门组织“宿州最美教师”评选表彰，30位教师获得首届“宿州最美教师”荣誉称号；举办庆祝第三十四个教师节暨“宿州最美教师”颁奖典礼，市委书记史翔等领导出席典礼并颁奖。联合《拂晓报》开设专栏宣传优秀教师先进事迹；组成“宿州最美教师”师德师风宣讲团，赴各县区巡回报告。

【教师培训工作】 围绕培养适应教育变革的创新型教师，加强教师培训，组织完成中小学幼儿园教师全员培训5万多人次；“国培计划”项目县培训11203人；“国培计划”示范性项目选派35人、翰墨薪传全国中小学书法教师培训3人、中职国培派训101人、中职省培派训77人、教师省级派训65人任务。组织市级中小学优秀青年教师培训100人、教师心理健康教育培训300人、信息技术骨干教师应用能力提升培训50人。4人通过中小学外语教师全国统考；推荐4名教师赴海外华校任教，全市15503人参加中小学幼儿园教师信息技术应用能力测评，开展市级菜单式“送培送教”活动，参训教师600多人。

【教师队伍管理】 贯彻落实《中共中央国务院关于全面深化新时代教师队伍建设改革的意见》，推进中小学教师“县管校聘”管理改革，强化县域统筹管理；完善落实教师职称评审改革政策，完成2017年度正高级教师5人、高级教师237人、一级教师1141人评审及任职资格确定、聘任。实施《乡村教师支持计划（2015—2020年）》，招聘新任教师959人、特岗教师728名；持续改善和提高乡村教师待遇，加大职称评聘、评优评先向乡村学校教师倾斜的力度；落实乡村教师生活补助政策，完善教师荣誉制度，支持贫困地区农村学校建设教师周转宿舍，做好农村学校从教20年、30年教师荣誉证书发放工作。开展宿州市第四届骨干教师、学科带头人评选，167人被评为“学科带头人”、292人被评为“骨干教师”。12人通过省第十二批特级教师评审。4名教师作为乡村优秀青年教师培养奖励计划人选。做好中小学教师资格面试工作，两次面试人数6805人。

【学校安全】 实施学校及学生安全“5111”工程，全年没有出现学校安全责任事故，学校安全形势持续稳定向好。加强学校安全基础设施建设，学校视频监控系统安装率100%，萧县建成校园安全管理智慧平台。做好预防青少年儿童溺水工作，溺亡人数较2017年下降46%。市教体局等十一部门联合制定《宿州市加强中小学生欺凌综合治理实施方案》，组织校园欺凌防治落实年市级督导评估。6所学校被评为“全国国防教育示范学校”，17所学校被评为“全国国防教育特色学校”。4所学校被评为“安徽省防震减灾科普示范学校”，22所学校被评为“宿州市防震减灾科普示范学校”。57所学校被命名为市级“健康学校”。

【教育考试】 加强标准化考点建设，网上巡查系统高清升级改造基本完成，走在全省前列。圆满完成高考、中考等教育考试任务 15 项次,服务考生 15 万人次,实现平安考试、和谐考试。招飞取得新突破,13 人被空军航空大学(7 人)和海军航空大学(6 人)录取,市教体局被东部战区空军政治工作部、安徽省高等学校招生委员会联合表彰为 2018 年度空军招飞先进单位,在 2018 年空军招飞先进单位表彰会上作交流发言。市教育招生考试中心被评为 2018 年海军招飞工作先进单位。普通高考,11 人被北京大学录取、7 人被清华大学录取。

【教育督导】 逐步完善督导体系,组织教育发展工作督导评估监测、基础教育装备管理应用专项督导考核、语言文字工作督导评估、县域义务教育优质均衡发展督导评估、幼儿园办园行为督导评估、开学督导检查、义务教育质量监测、义务教育阶段办学条件摸底排查统计和对县级人民政府履行教育职责评价工作等专项督导督查。深化综合督政改革,与市委组织部联合开展县区党政领导干部履行教育职责督导考核。实施中小学责任督学挂牌督导市级评估,督促县级政府追加专项督导经费 295 万元,推动基本建立县区督学责任区。

【语言文字工作】 印发《宿州市语言文字督导工作评估实施方案》,砀山县、泗县三类城市语言文字创建顺利通过评估。开展中华经典"诵写讲"系列活动和优秀童谣征集、推广、传唱活动,举办 21 届全国推广普通话宣传周活动。第九届全国规范汉字书写大赛中,12 人分获一、二、三等奖;全国中小学师生书法篆刻展示交流活动中,1 人获中学组三等奖、1 人获教师组三等奖、1 人获教师组入围奖;"爱家乡爱母语"全省小讲解员大赛中,1 人获中学组一等奖,3 人获优秀奖,市教体局获优秀组织奖。

·高校　职业学院　重点中学·

【宿州学院】 宿州学院是安徽省属综合性普通本科高校。前身是创办于 1949 年的皖北宿县区师范学校,1983 年升格更名为宿州师范专科学校,2004 年升格更名为宿州学院,2014 年通过教育部本科教学工作合格评估。拥有国家级特色专业 1 个、国家级综合改革试点专业 1 个、省级重点学科 1 个,省级特色专业 9 个、省级综合改革试点专业 12 个。有教职工 1052 人,其中正高级专业技术职务 79 人、副高级专业技术职务 224 人、硕士及以上学位 782 人(含博士 82 人);有全国五一劳动奖章获得者 1 人、全国优秀教师 1 人、全国模范教师 1 人,省学术和技术带头人 2 人、省学术和技术带头人后备人选 1 人,省优秀教师 10 人、省教学名师 13 人、省教坛新秀 16 人。全日制在校本科生 17498 人,成人教育在籍生 1002 人。形成了六大类应用专业群。"新建地方本科高校学科专业调整、改造、建设研究与实践"研究成果获安徽省教学成果一等奖。近三年,学生在各类赛事中获得省级以上奖项 1124 项,本科毕业生就业率保持在 94% 以上。拥有 1 个博士后科研工作站,1 个国家级工程技术研究中心,7 个省级科研平台,234 个实习实训基地。2017、2018 年连续两次入选安徽省发明专利百强榜;签订产学研合作项目 200 项,到账经费 1067 万元;多篇咨询报告被省市有关部门采用,服务地方经济发展能力不断增强。荣获"地方应用型本科高校文化育人的探索与实践"研究成果获安徽省教学成果一等奖。学校与美国、新西兰、马来西亚及"一带一路"沿线国家和地区的 19 所高校及科研机构签有合作协议,通过教师"海外研修工程"和学生出国交流学习项目,先后选派师生赴国(境)外研修、访学、攻读博士学位等 100 多人次。学校是安徽省地方应用型高水平大学立项建设单位、安徽省首批示范应用型本科高校、国家级大学生创新创业训练计划实施高校、安徽省普通高校首批大学生创新创业示范高校。学校获评为安徽省就业工作先进单位,连续 4 年获评为安徽省普通毕业生就业工作标兵单位,连续 4 次获评为安徽省文明单位。2015、2016、2017 年连续 3 年获安徽省委年度综合考核"优秀"等次。

党建工作扎实。学习教育活动扎实开展,深入学习贯彻党的十九大精神、全国教育工作大会精神,深入学习贯彻全国组织、宣传工作会议精神及马克思诞辰 200 周年大会精神等,深入开展改革开放 40 周年纪念活动,学习宣传弘扬改革开放精神,召开党委理论学习中心组(扩大)学习会 15 场,组织专题报告会、形势报告会,扎实开展"不忘初心、牢记使命"主题教育和"讲严立"专题警示教育,学习宣传教育活动持续推进。

思想政治工作成效明显,深入贯彻全国全省高校思想政治工作会议精神,严格落实意识形态责任制,大力实施"思想政治工作质量提升工程",推动

"三全育人"工作，文学与传媒学院获批省"三全育人"综合改革试点院系立项建设单位；深入开展社会主义核心价值观和"中国梦"主题教育活动。加强马克思主义学院建设，积极巩固"思想政治理论课教学质量年"活动成果，思想政治工作持续加强。加强新闻宣传工作，获"安徽2017年度影响力校园新媒体"奖。

基层党组织建设深入推进。成功召开第三次党代会，明确了学校未来一个时期的发展战略。组织开展了"党建质量年""支部建设年"活动，实施了"基层党组织标准化建设提升工程"等；新增基层党组织26个，新增党员电教远教示范点15个，组织基础建设明显夯实；制定"12345"验收清单，明确达标验收工作标准，校内党总支、党支部标准化建设达标率分别为94.74%、97.62%。创新"党建+"工作模式，实施党组织书记抓党建促发展突破项目，持续推进各级党组织书记抓党建述职评议考核全覆盖。开展基层党组织结对共建活动，抓好扶贫攻坚工作，完成定点帮扶、定向采购、脱贫攻坚第三方监测评估等任务，投入扶贫资金56万元，采购农产品345万元。

干部队伍建设不断加强。组织处级干部集中轮训和暑期干部综合能力提升培训，举办科级干部培训班和党务干部培训，干部教育培训全覆盖。发挥示范作用，评选表彰了14个先进基层党组织、33名优秀共产党员、党务工作者及十佳党支部书记；调整优化了部分处级领导岗位，后备干部队伍建设稳步推进。

全面从严治党扎实推进。深入贯彻落实党风廉政建设"两个责任"，召开全面从严治党工作会议，制定党风廉政建设和反腐败工作责任清单并督促抓好落实。深入贯彻中央八项规定及实施细则和省委省政府"三十条"精神，认真抓好巡视"回头看"督查反馈问题整改和经济责任审计整改各项工作，扎实开展"查漏洞、抓反弹、补短板"自查自纠、"小金库"等4+1个专项治理回头看整治工作。严格落实"三转"要求，积极践行监督执纪"四种形态"，驰而不息正风肃纪。加强廉政警示教育，开展第三届廉洁文化优秀作品展播等，建设优秀廉政文化。

打造和谐校园，扎实推进平安校园建设，加强人防、物防、技防建设及校园周边治安综合治理，召开4次安全稳定工作会议，开展应急疏散演练及安全主题宣传教育活动15场次，构建了较为完善的安全稳定工作体系。积极融入全国文明城市和全省卫生城市创建工作，大力进行环境综合整治，校容校貌得到较大改观。看望慰问离退休老同志、困难教职工等53人次、走访家庭经济困难学生127人次，组织900多名教职工参加体检。获2018年度省老干部信访工作先进单位。加强党委对统一战线工作的领导，调整学校统战工作领导小组，支持和鼓励民主党派人士发挥民主监督作用。开展精准资助、智慧资助，资助家庭经济困难学生10420人次、金额1944万余元；免除在校孤儿学生学费、住宿费6.9万元。学生资助工作获2017年度全省学生资助工作绩效评价"优秀"等次。开展形式多样的文体活动，学校获2018年省教科文卫体工会先进单位。

在教育教学上，全面推进审核评估工作，加强评估工作调度和督促检查，完成了自评报告的撰写、状态数据采集整理、评估支撑材料建设等工作，评估各阶段任务得到了有效落实。发布年度本科教学质量报告，完成教学质量常态监测工作，教学质量保障体系更加完善。调整优化专业结构，新增遥感科学与技术等3个本科专业。对24个本科专业进行评估，体育教育专业接受了省级专业评估。遴选"食品科学与工程"等7个校级新工科试点专业，10个项目获批省级新工科研究与实践项目。开展地方应用型高水平大学建设中期检查；承办安徽省应用型高校联盟第八届年会。开展"十三五"中期评估检查，发布"十三五"规划中期评估自评报告，规划执行情况总体良好。

人才培养，新生报到率达97.62%；2018届毕业生就业率为94.21%，其中，考取研究生378人，自主创业41人。深化"三位一体"应用型人才培养模式改革，面向全体学生开设"双创"类课程，编写校本教材。广泛开展创新创业、志愿服务、社会实践和科技文化活动，学生在各类学科技能竞赛中获省（厅）级以上奖项435余项，其中国家级122项。立项校级大学生科研项目108项，培养创业模拟实训学员480人。评定校级优秀学生奖学金获得者3655人次、金额296万元。建设安徽省心理健康教育示范中心，获批"安徽省心理健康教育普及工作先进单位"。

科学研究与社会服务。获批省厅级以上科研项目53项，到账经费427.5万元，其中安徽省重大科技专项项目1项、省重点研发项目1项、教育部产学研协同育人项目7项;签订横向项目协议41项,完成成果转化1项。新增市级科研平台2个,立项建设4个校级科研机构和2个校级创新团队,"矿井水资源化利用重点实验室"获批立项为省教育厅重点实验室,安徽省煤矿勘探工程技术研究中心年度绩效考核顺利通过,获奖补资金60万元。加强校地校企合作,与萧县人民政府、国盾量子公司等签订产学研合作协议;积极参与宿州市"四送一服"双千工程,开展了"博士园区行"活动;承办安徽省青少年科技创新大赛;深化产教融合,共建英语教育创新学院。稳步开展非学历继续教育,培训省级特岗教师、骨干教师1152人;开展行业培训和公益培训,培训2486人。开展远程化教学改革,实现学历继续教育远程化教学全覆盖。

继续实施"高层次人才工程"等5项工程,招聘第5批进站博士后研究人员2人,引进硕士以上51人,在职攻读博士学位26人;遴选学术技术带头人、后备人选及学术技术骨干24人。新增副高以上职称20人、中级职称27人。加强"双能型"教学团队建设,遴选"双能型"教学团队6个,认定"双能素质"教师25人,遴选"教师应用能力发展工作站"6个,参加实践锻炼103人。1人被评为"安徽省辅导员年度人物";评选"我心目中的好老师"10人、提名奖11人,杨杰老师当选"宿州好人""安徽好人",家庭当选为安徽省"最美家庭"。

发展有活力,推进规章制度废改立,全年建立健全各类制度57项,管理科学化水平进一步提升。深化人才管理与发展体制机制改革,成立党委教师工作部;使用周转池编制岗位开展职称评审和新进人员入编报批,制定了教师系列专业技术职务评审方案和评审办法,教师系列高级职称自主评审机制更加完善;完善绩效工资实施方案,出台处级领导班子和处级干部综合考核办法、教职工年度考核办法,形成有效的约束和激励机制。加强对外包食堂、物业等项目的监管,后勤服务保障能力不断提升。建立和完善校友工作制度体系,出台校友返校服务接待办法、校友捐赠管理办法等。

开放办学水平,成立国际教育学院,申报中外合作办学项目1项,通过省教育厅评审并上报教育部审批。10名教师因公出国(境)交流学习,4名学生赴韩国、美国高校交流学习。接待美国、俄罗斯、印尼等国(境)外来访团组51人次。引进国外优质教育资源,举办首届俄罗斯芭蕾舞艺术大师班。与印尼安徽商会等签署留学生招生合作协议。

做好文化传承与创新工作,大力传承和弘扬中华优秀传统文化和地方文化,建设皖北文化艺术馆,成立宿州文化研究所,编写孝文化校本教材,举办高雅艺术进校园等文化艺术活动,完成校园标识系统的征集工作;开展"深度阅读"等校园读书创作活动,获省高校图工委优秀组织奖4次。

充分利用资源,新增固定资产40927台/件,总值3525万元。加强资产管理,出台公共用房、周转房管理办法等,优化公共用房的资源配置;处置报废资产583万元。强化预算执行管理;开展"小金库"防治工作,完善预算管理暂行办法等内部控制度。发挥审计监督作用,完成了2017年预算执行与财务收支情况审计、53名内管干部经济责任审计及发现问题整改,开展离任干部经济责任审计、工会财务收支情况专项审计及各类基建工程跟踪审计。

办学条件大大改善,240亩新征地办结了不动产权证书,新增房产证建筑面积48278.15平方米。14号、15号学生公寓投入使用,一期道路管网工程、体育馆通过竣工验收,实习实训楼交付使用,完成实验室改造及各类零星维修改造项目。"智慧校园"稳步推进,完成数据中心服务器虚拟化扩容、扩建和各类信息系统的安全等级保护二级标准的测评工作,信息化支撑教学、科研、管理的能力进一步提升。新建第五书库,新增纸质图书4.8万册、电子数据库4个。加强节约型校园建设,获批2017—2018年国家级节约型公共机构示范单位、第三批省级节约型公共机构示范单位和宿州市创建安徽省节水型城市先进集体。

(胡梦晓)

【宿州职业技术学院】 宿州职业技术学院是一所以农科为特色、以教育和工科为主干、多学科多专业综合发展,培养高端技能型人才的综合性普通高职院校。学院规划占地1500亩,实际占地900多亩。在职教职工249人,其中教授10人、副教授80人,博士及在读博士10人,省级以上专业带头人、教学名师20人,教学科研创新团队2个。设有7系1部、1个高等成人教育学院、2个特有工种职业技能鉴定站、1个农业博士工作站、1个智慧农业研究院、1个农村改革与经济社会发展研究协同创新基地。《宿州教育学院学报》面向国际国内公开发行。开设46个专业（其中国家级特色专业2个、省级特色专业7个），全日制在校生近5000人，高等成人教育学员11000人，年短期培训学员4300人。学院为全国首批农业职业农民培训示范基地、农业部现代农业技术培训基地和农民专业合作社培训实训基地、安徽省中职骨干教师农林畜牧类培训基地、安徽省农民创业培训基地、安徽省首批现代青年农场主培养基地。

培养入党积极分子376人，92人参加入党积极分子培训，确定发展对象75名，共发展70名党员，研究批准34名预备党员按期转正。全院14个党支部进行按期换届。评选出4个先进基层党组织、5名优秀党务工作者和24名优秀共产党员。

扎实开展宿州市创建全国文明城市各项工作，积极争创省级文明校园。

牵头阜阳职业技术学院、阜阳幼儿师范高等专科学校开展职评工作，评出教授2人、副教授13人、讲师14人，助教7人，助理实验室1人。完成新进教师招聘工作，新招教师12人。开展国家级、省级骨干教师培训和双师素质培训工作，培训人员50余次，1名教师赴国外培训。

提升现代化教学手段，购置安装50套触控一体机设备。完成5个省级自然科学项目、6个省级人文社科项目、18个省级质量工程项目的申报和立项工作。对外语系、农艺系、机电系、中专部、教育学院进行资源优化配置。

完成早期教育、音乐教育、宠物诊疗与诊断技术、植物保护与检疫技术共4个新专业的申报工作以及电子商务2年制、会计电算化5年制等7个专业的备案工作。

各类招生实际到校2000人，超出既定目标数1个多百分点，高职总体报到率为89.81%，创学院高职报到率新高。学生就业率达到97.61%以上。

完成校区雨污分流工程。对新征300亩土地进行绿化，校园绿化覆盖率达到60%以上。添置雕塑、长廊等文化景点，提升校园品味。城市供电双回路工程和自来水工程顺利完成。完成人工湖硬化、美化、亮化工程。

出台《宿州职业技术学院奖励性绩效工资分配方案》，提高教职工工资水平，人均增加收入2万元。教职工小区房产证办理工作基本完成。

为萧县南海村、关庄村、穆集村捐款12.7万元；南海村74户、178人脱贫，贫困村“出列”目标初步实现。

安排200多名学生在宿州市高新区、经开区等地实习实训，引导学生在本地就业创业。开展现代青年农场主、新型职业农民等技术培训，累计培训4300多人。组织50多次、1200多名志愿者，为市委、市政府及相关职能部门举办的公益活动提供志愿服务。

（左　欣）

【安徽宿州技师学院】　安徽宿州技师学院是安徽省人民政府批准、宿州市人民政府主办、人力资源和社会保障序列的高等职业院校，国家重点技工院校、国家级高技能人才培训基地、安徽省鞋业人才培养基地、安徽省首批“工学一体”就业就学试点单位、市政府挂牌的“宿州鞋业学院”，是省政府支持皖北发展的重点工程。

学院坐落于经济技术开发区206国道东侧，环境优美，交通便捷，拥有现代化的教学和生活设施，开设智能制造、机电一体化、工业机器人、汽车维修、计算机应用、电子商务、幼儿教育、财会、护理等7大类20多个专业。校内建有智能制造中心、车辆工程中心、信息技术中心、焊接实训中心、工业机器人应用技术中心、创客空间、幼教实训室等25个实训中心（室），各类实训设备3600多台套，有学制教育学生6000多人，年各类培训5000多人，各类考试20000多人。

学院坚持高端引领、多元办学、内涵发展，强化校企合作，深化教学改革，大力推行“产教融合、工学结合”人才培养模式。学院坚持理论与实践相结合，着重训练和强化学生的动手能力，学生参加国家及省市技能大赛屡获殊荣。

学院向上对接天津职业技术师范大学、安庆师范大学、神州数码集团等高校和研究院所，向内对接园区、企业，实施学制教育与职工培训“双线”并进，与近百家国内外知名企业建立长期合作关系，毕业生就业率一直保持在98%以上，天津职业技术师范大学单独招生升学率多年来全省第1，2018年本科升学率达90%以上。

为推进技工大省建设，全面贯彻落实人才强市战略，安徽宿州技师学院以习近平新时代中国特色社会主义思想为指导，以立德树人为根本，以服务发展为宗旨，以促进就业为导向，以提高技能人才培养质量为核心，以高端引领，校企合作、多元办学、内涵发展为主线,以体制机制创新为突破,以特色办学为重点,深化教育教学改革,推进校企合作产教融合,适应新形势,展现新作为,谋求新发展,开启了精心打造高技能人才培养新高地的新征程。

学院着力构建多元开放办学新体系。以深化产教融合,强化校企合作,打造高技能人才培养基地,搭建专业(工种)教研、技术服务合作平台,创建职业训练院,共建技能大师工作室为抓手,充分发挥平台载体在促进教育链和产业链有机融合中的重要作用,积极探索通过购买服务、委托管理等方式,激发办学活力,增强发展动力,凝聚改革合力。在新技能系统培养、职业技能培训、工学一体、技能竞赛等方面重点突破,扩量提质,积极构建院企合作、院校合作、技术合作、多元开放的办学体系。

完善新技工一体化培养体系。学院积极探索本院毕业生"中、高级技工,预备技师、高级技师"一体化成长发展模式,积极开展"工学一体"就业就学和企业新型学徒制培养,招收企业职工等人员参加非全日制学习,推动学校招生与企业招工相衔接,发挥校企育人"双重主体"和学生学徒"双重身份"作用,探索学校、企业、学生三位融合一体化办学新模式。

学院充分发挥大师引领作用,建设"许启金技能大师工作室"等3个技能大师工作室,创设"许启金高技能人才班""宝马班""特色班",从班级组成、师资队伍、教学模式、班级文化等多方面打造适应现代产业工人队伍建设的培养模式,大力弘扬"工匠精神"和"劳模精神"。继续实施"工学一体"就业就学办学模式改革,选派专门人员深入各园区,调研企业需求,先后与30多家企业合作,招收"工学一体"学制教育学生1600多人,在全省名列前茅。"许启金高技能人才班"和"工学一体"办学经验在全省技工院校推广。

学院以立德树人为根本,以服务发展为宗旨,以促进就业为导向,适应经济发展新常态,深化产教融合、校企合作,坚持工学结合、知行合一,创新人才培养模式,以增强学生就业创业能力为核心,加强学生职业技能和职业精神等综合素质融合培养,全面提升技能人才培养质量。

学院实施人才系统培养质量提升工程,加强人才培养模式改革,围绕"中国制造2025"和宿州产业发展的需要,建立校企全面合作,产教深度融合机制,以新型企业学徒制、工学一体高技能人才系统培养为载体,充分发挥专业建设指导委员会的作用,主动针对企业的实际需求问题,探索以"工学一体"为主导,产教融合、教学做合一的人才培养模式,为高技能人才培养提供基础保障。

按照"专业对接产业、课程对接岗位、教材对接技能"的指导思想,以人社部关于"一体化"教学改革要求为抓手,以指导性课程教学大纲和职业资格鉴定标准为基础,深入企业学习与交流,以企业的新技术、新产品、新工艺、新材料等为切入点,提取典型工作任务,构建基于工作过程为导向的模块化课程体系,实施任务驱动、项目教学、案例教学、场景教学、模拟教学等教学方法,不断提高教学质量。

结合世赛、国赛、省赛和市级赛事承办等,进一步发挥学院公共技能训练平台,技能竞赛基地的功能,分工种、分专业组建竞赛指导、辅导团队和专业训练队,建立从入校开始,贯彻始终的学科、专业技能竞赛机制,完善竞赛考核奖惩机制。充分利用校企合作和技能大师工作室的优势,建立由专业带头人和技能大师共同组成的教练团队,将大赛与人才培养相结合,结合院级学科竞赛、职业技能竞赛,科学设计竞赛内容形式,实施全员竞赛、全过程竞赛、全学科竞赛机制,构建"以赛促教、以赛促学、以赛促建、以赛促管"的新机制,力争在全市技能竞赛全面领先,省级竞赛有位次,1~2个专业工种进入国赛或世赛。

打造培训品牌,整合政策资源和院内资源,围绕退役军人就业技能、安全生产、特种作业认证,在职高技能团队训练等,集中力量打造3~5个规模大,层次高的品牌培训项目,在市经济开发区、市高新技术产业园区和宿马现代产业园区建立职业训练院(职业培训中心),结合本市行业情况,各县区情况,以开放办学,设立分院,远程培训等形式,进一步扩大培训规模,实现规模质量的全面突破。

强化团队建设,学院强化团队建设,加强和改进教育教学管理,向管理要质量,以管理促发展。几年来,新增技师10人,新增高技工20人,双师型教师的比例提高到90%,培养省级专业带头人5名,省级教学名师2名,市级骨干教师、教学名师、专业带头人各5名;专业教师每年下企业实践1个月;每年培训教师100人次以上。同时,学院采取有效措施,进一步加强名牌教师、骨干教师、专业带头人队伍建设,通过重点培养、选优扶持、动态管理的办法,形成多层次、多渠道的人才培养格局,为优秀中青年人才脱颖而出创造有利环境。

学院将师德师风建设纳入教师考核，加强师德师风教育培训，建设教师教育培训基地，所有教师三年内全部参加市级以上培训。辅导员实行先培训后上岗制度，建立管理人员周学习制度。

学院健全班主任选聘机制，严格选聘条件，优化队伍结构。完善班主任考评激励机制，充分调动其工作积极性。树立学生第一的服务观念，提升学生处、团委、学生会、班主任等群体工作人员的服务水平，增强班主任的管理能力。积极修订完善班主任考核办法，简化考核程序，培育良好的班主任工作氛围。加大班主任培训力度，打造优秀班主任队伍，并发挥他们的传帮带作用。

数字化智能化管理，学院充分发挥智能化、数字化管理平台快速便捷的作用，加快基础设施的建设，升级管理系统，实现全院无死角，可视化、数字化管理，切实提升管理水平，服务高水平高技能人才培养。

素质培养，学院按照开放式办学、封闭式管理、系统化提升的整体思路，针对技工院校学生特点和职业素养的基本要求，实行教学区、实训区、生活区模块化管理，全面落实全员育人、全过程育人、全方位育人。

学院修订完善学院德育教育、辅导员管理、活动组织各项管理制度，充分发挥校内大师工作室，校外德育教育资源，发掘校外专业实习基地的职业素养、企业文化，职业文化的优势，加快校外德育教育基地建设，设立宿州技师学院大讲堂、技能大师讲堂、劳模讲堂，冠军讲堂、青春讲堂，技术之光讲堂等，深入开展职业道德教育活动，实现“引进来、走出去、管得住、培养好”。

学院充分发挥政治课德育教育主阵地，学生业余党校、团校、社团等作用，以创建阳光德育校为载体，全面加强学生德育工作。加强学生日常教育和管理，建立和完善课堂行为规范、安全行为规范、校园文明行为规范；加强学生心理咨询和心理健康指导，加强学生的学风建设，发挥体艺教师的专业指导作用，组建校篮球队、足球队、舞蹈队等，积极组织学生参加各级各类体育、文化、艺术竞赛，并与企业开展文艺会演、校企联赛等活动，促进校企交流。设立校园文体艺术节（每年固定举办），积极组织学生参加各级各类体育、文化、艺术竞赛，并与企业开展文艺会演、校企联赛等活动，促进校企交流。

学院进一步构建、提升学院山水文化、路文化、楼文化、系部文化、班级文化、实训中心文化和宿舍文化，将人才培养与先进的企业文化相融合，积极引入企业文化、职业文化、形成内涵丰富、外延清晰的专业文化，征集谱写校歌，设计校徽及学院 VI、VR 标识，培植文化元素，将学院师生自力自强，拼搏进取的精神内涵，全面融入文化环境载体之中，增强发展信心、凝聚发展智慧，展现积极向我的精神风貌，凸显文化育人功能。

创新创业教育，学院针对技工教育动手操作能力培养，职业素养培养的要求，充分利用学院省级创业基地的品牌优势和大师工作室人才优势，加强对学生创新创业教育和就业指导服务。建立学院学生“全员参与，梯次提升”的全员工创新创业培训制度，设立学生创业基金，积极参与技术研发服务工作，全面提升学生职业技能和素养，为毕业生高端就业打牢发展基础。

一流的办学质量需要一流的办学条件作保障。学院加强校内外实训基地建设，按照省级示范技师学院建设要求，重点加强汽车维修（新能源方向、汽车钣喷）、幼儿教育（保育员）、护理、电子商务、工业机器人等专业实训室建设。其中，汽车维修，智能制造、工业机器人等实训基地具有领先水平。同时，各专业建设两个以上，深度融合的校外实习基地。

大力推进信息化应用系统建设，加大信息化教学资源建设力度，着力建设智慧校园云平台，提升全院信息化应用能力水平，满足师生信息化，远程化学习要求。建成招生管理、学生管理、教务管理、资产管理、人事管理等系统，加强管理服务信息化系统建设。推广使用一卡通学生智能管理系统，增加学生考勤、图书借阅、实训室（实验室）使用、宿舍门禁、宿舍水电智能聚焦服务经济社会发展、服务就业创业、服务学生发展、服务民生，全面提升服务能力。

学院建成 50 口标准化理论考试考场，10 个功能化考试教室，1 个百人计算机考场。重点建设计算机考试基地、安全培训考试基地、职业技能鉴定考试基地，增强考试基地的信息化建设水平。

积极开展高级技师、技师、预备技师培养，采取行业，企业、社会专业机构多方参与，灵活多样的形式，开展高级技师，技师在职培养提升，全面扩大预备技师培养规模，在校生中高级工比例达到 60% 以上,充分体现技师学院高端培养的办学特色。

打造品牌专业,学院实施“双提升”工程,努力打造品牌专业,核心打造技师学院公共实训,竞赛集训,职业训练,中小型企业技术服务特色,提升技能人才培养层次,全面提升师生技能训练队的技能实力和水平,抢抓我国举办世界技能大赛机遇,提高师生在世赛及国家、省、市竞赛成绩,扩大影响,展现技能人才风采,实现高端引领。2018 年,2 名同学分获省人社厅焊接技能比赛第 1 名、第 3 名,1 名同学获人社部“技能雏鹰奖”;两名同学分获省信息技术技能竞赛二、三名;两人进入省集训队;学生报考天津职业技术师范大学本科达线率 90%,连续多年名列全省第 1。

【宿州工业学校】 2018 年 9 月,按照市政府和市教体局要求,学校两个校区(原宿州工业学校校区、原宿州一职高校区)整体搬迁到新校区(宿州大道与学府大道交叉口东南角)办学。学校在编教职工 247 人。其中,中、高级职称教师 198 人;“双师型”教师 107 人;省、市级专业带头人、教坛之星、学科带头人 42 人;在籍学生 3258 人。开设有智能制造类、互联网+创新创意设计类、物联网+现代服务业 3 大类专业群 16 个专业;建有数控、汽修、机电、通信与控制系统运维、计算机、3D 打印、电子商务、无人机、工业机器人等 26 个实训中心,实习工位 3200 个。

加强党建工作,学校组织全体党员干部和广大师生,深入学习十九大精神和习近平新时代中国特色社会主义思想以及省市一系列重要决策部署,始终坚持以习近平总书记系列重要讲话精神武装头脑,有机融入学校管理、教育教学和搬迁各项工作中,纳入学校教职工政治学习培训必修内容。印发了《宿州工业学校 2018 年党建工作计划》、《宿州工业学校关于进一步加强领导班子和支委学习的工作计划》,建立了领导班子成员会前 10 分钟党性教育制度,教育引导党员领导干部对照党章党规党纪,坚持“三严三实”,以“六聚焦六整肃”为主要内容,强化忠诚意识、严守纪律规矩、树立良好政德,做到“五个纯粹”。组织开展了以整治“庸、懒、散”为重点内容的“严肃工作纪律、整顿工作作风”专项整治活动。在党员领导干部中开展“讲忠诚、严纪律、立政德”专题警示教育活动,制定了实施方案,召开了专题警示教育民主生活会;开展了总支委员到六个支部讲党课活动;组织全体党员前往徐州淮海战役纪念馆,开展“瞻仰革命遗址、重温入党誓词”主题党日活动;组织党员观看《归雁》《邹碧华》等励志电影;组织党员干部观看《永远在路上》等专题教育片和警示教育片;组织科级干部参加了市教育工委组织的科级干部学习培训班,进一步激励广大党员干部新时代新担当新作为。

“七一”前夕,表彰了一批在教育、教学、管理、服务、招生等工作中,发挥共产党员先锋模范作用和支部战斗堡垒作用的优秀党员 25 人,优秀党务工作者 5 人,先进党支部 2 个。2018 年度,确定入党积极分子 1 人,发展党员 1 人,转正党员 2 人。

学校积极贯彻宿州市委市政府创建全国文明城市的相关工作精神,先后召开全体教职工动员会及多次创建全国文明城市工作推进会,部署争创全国文明城市相关工作。制定了《宿州工业学校争创全国文明城市暨未成年人思想道德建设先进城市工作的实施方案》《宿州工业学校争创宿州市第二届文明校园工作的实施方案》,成立了学校创建全国文明城市暨未成年人思想道德建设先进城市领导小组。加强对师生员工的宣传教育,坚持以社会主义核心价值观为引领,坚持立德树人宗旨,积极推进未成年人思想道德建设和文明校园创建工作。利用主题班团会、黑板报、LED 屏幕、展板等广泛宣传创城、创园的意义,宣传社会主义核心价值观和校园“文明校园创建六个好”,学习和了解《宿州市市民文明公约》《宿州文明二十条》等。

学校积极开展丰富多彩的文体活动,加强文明校园创建工作。组织 800 多名师生观看大型纪录片《厉害了,我的国》;为庆祝新中国成立 69 周年,学校举行了“迎国庆、铸师魂、致青春”首届校园歌手大奖赛活动;组织学生参加市委宣传部主办的宿州市首届“校园民谣歌唱会”、市关工委主办的“校园歌曲大合唱”演出以及开展了校园集体舞的排练与展评,并取得优异成绩。与市疾控中心联合开展了第 31 个世界无烟日系列主题宣传活动及拒吸第一支烟签名活动。同时,学校还组织师生开展了清明节祭扫烈士墓活动、“辉煌与梦想”征文活动、参加市教体局和市禁毒办组织的禁毒演讲比赛活动及“中国梦助学情”征文活动等。2018 年 5 月,学校被市文明委授予“宿州市教体系统未成年人思想道德建设工作先进单位”。

学校按照市教体局关于开展“铸师魂、守师道、立师表”师德师风建设活动的工作部署,制定了《宿州工业学校“铸师魂、守师道、立师表”师德师风建设活动工作方案》，印发了相关学习材料。通过召开全体教职工动员大会、组织开展教育学习，深入查摆问题、整改提升等几个阶段，扎实开展师德师风建设活动，与全体教职工签订了《师德师风建设承诺书》。通过活动的开展，使广大教师以争做“四有”好老师为目标，以立德为先、学为人师、行为世范为准则，进一步促进了教职工思想政治素质、职业道德水平和法纪观念的整体提升。

在2018年全市中职学校职业技能大赛中，学校有18个项目、45名学生在大赛中获奖。分别获6个一等奖，14个二等奖，16个三等奖。其中17名学生代表宿州市参加安徽省中职学校焊接技术、制冷与空调设备组装与调试等8个项目技能竞赛，获1个一等奖，2个二等奖，4个三等奖的好成绩，为宿州职教争得了荣誉。

在2018年全国中小学电脑制作比赛中，7位教师指导的8名学生获中职组国家奖项1个，省级一等奖3个、二等奖5个。

在2018年全国职业院校教学能力比赛中，计算机学科组教师郝蕾获得实训教学国赛三等奖，实现了全市在该项国赛中零的突破。

在第十四届全国中职“文明风采”竞赛活动省级复赛中，学校获特设项目一等奖1个、二等奖1个、三等奖1个；摄影类获一等奖1个、二等奖1个、三等1个；征文演讲类获二等奖1个，职业生涯规划类获三等奖1个，视频类获二等奖1个，才艺展示（非舞台类）获三等奖1个。

为加强专业建设，提升办学活力，学校在做好传统专业建设的同时，结合本地产业结构调整与升级，积极探索校企专业共建，合作育人办学模式。2018年度，与江苏瀚海教育集团合作办学，共建船舶轮机、船舶驾驶、旅游服务与管理、新能源汽车检测与维修等专业；与广东卓瑞科技教育股份有限公司合作，共建工业机器人专业；与神州智造教育科技（北京）有限公司合作，共建智能机器人安装运行与维护、VR/AR技术应用等专业；与北京商鲲教育集团合作，共建3D打印及激光技术应用、无人机操作与维护等专业。通过专业共建，合作育人，助推和引领学校互联网+创新创意设计类、物联网+现代服务业等专业群建设，提升了学校专业师资队伍水平。

结合学校搬入新校区后学生管理工作实际，2018年9月起，学校聘请16名退役士官，在学生管理中全面实行准军事化管理模式。准军事化管理的内容包括学生的出操出勤、内务卫生、容貌风纪、进出教室食堂列队、日常行为、大型活动等方面。通过准军事化管理方式，对学生进行严格要求、严格训练，并同思想政治工作、行政管理工作紧密结合起来，实现了学生管理工作的正规化、系统化，科学化。自试行以来，学生综合素质明显提升，早操质量不断提高，寝室管理水平明显提升，学生整理内务能力明显增强，就餐秩序、上课纪律、礼貌礼仪等诸多方面都有明显的改变，班风、学风等明显好转，校园里打架斗殴、欺凌事件几乎杜绝等。通过实行准军事化管理，在学生日常管理工作中形成了团结紧张、严肃活泼、令行禁止、整齐划一、行为规范、纪律严明的良好局面，使学生管理工作上了一个新的台阶。

学校积极联系市县区民政局、财政局，开展退役军人培训工作。经过积极宣传、周密组织安排，2018年度学校为退役士兵开办了计算机应用、汽车维修、挖掘机、无人机等11个工种培训班，培训学员800多人，并联系了省内外20多家企业来校开展招聘会，为培训退役士兵顺利就业提供了保障，受到市民政局、财政局、人社局等上级部门的高度评价。

学校积极服务地方经济发展，先后为康耐鞋业、金长城门窗等8家企业培训职工1268人，培训农村实用人才158人。

学校新校区位于宿州大道与学府大道交叉口东南角，规划占地446亩，建筑面积17.1万平方米。新校区一期约7万平方米的信息楼、汽修楼、二栋学生食堂、三栋学生宿舍及400米标准田径运动场等工程已投入使用。二期工程建设项目机械加工专业部大楼、综合技术专业部大楼、图文信息科技综合楼建筑面积近7万平方米，完成竣工验收。

【安徽省宿州逸夫师范学校】 安徽省宿州逸夫师范学校坐落于宿州市教育园区。学校创办于1952年，原名为安徽省宿县师范学校。1992年爱国人士邵逸夫先生捐资助学，学校更名为安徽省宿州逸夫师范学校。2002年，安徽省中师布局调整，学校保留办学，定位为幼儿师资培养学校。

学校主要开设五年制学前教育、音乐教育、美术教育，以及三年制幼儿教育等专业，主打“幼师”品牌，着力培养适应幼儿教育的教学和幼儿园管理人才,具有明显的专业特色。学校被省厅确定为省级示范学校、省级重点建设学校。是省教育厅授牌的皖北地区学前教育师资培训基地。2018 年,学校以省级中等职业学校质量提升工程为抓手,精心打造示范特色学校等七大质量提升工程项目建设,全部通过省级网评。

2018 年,学校开展“铸师魂、守师道、立师表”活动,强化“四个意识”“四个自信”教育,以治理“三乱”为抓手,加强师德师风建设,打造高素质师资队伍。大力推进“科研兴校”战略,“送出去,请进来”,强化校本培训,不断蓄积教学“活水”,保持幼师教育教学后劲。2018 年暑期,学校组织 50 名专业教师赴华师大,参加学前教育教师高级研修班培训学习。学校加大幼师教改力度,调整课程设置,构建适应学生实际、适应就业、适应考证升学、适应幼师特点的新的教学模式,知识与实际能力并重,垫厚知识基础,加强训练,注重实战,突出提升学生各项技能水平,促进学生全面发展,扎实推进素质教育,为学生终身发展服务,成效显著,毕业生深受用人单位欢迎。2018 年,大批毕业生被考编录用,成为在编幼儿教师,在中职招生严峻的形势下,学校的招生形势很好。

学校承办宿州市中小学和幼儿园教师资格考试面试工作;建立“育婴师”“保育员”国家职业资格培训考试基地;发挥技能大赛省级赛点功能,承办市级、省级技能大赛相关赛项;牵头成立了宿州市幼儿教育联盟,服务社会的能力逐渐增强,市教体局很满意。凡宿州市组织的文艺演出或艺术比赛,学校艺术团均应邀参加,且有出色表现,好评如潮;学校学生参加省市,乃至国家各项职业技能、艺术比赛、“文明风采”竞赛,教师参加技能大赛、信息化教学大赛、“三优”评选等均获好成绩,在省内外有较高声誉。学校先后荣获一至九届宿州市文明单位、安徽省第十届文明单位、宿州市第一届文明校园、安徽省语言文字规范化示范学校、全国职业学校德育先进单位等光荣称号。

学校坚持以服务地方经济社会发展为目标,充分利用学校幼师教育的品牌特色,发挥学校办学优势,拓宽和提高办学层次,全面提升学校办学质量。为宿州市及周边地区的幼儿教育事业提供师资保障。60 多年来,为社会培养输送了逾 2 万名优秀合格人才。

为适应学校发展,2012 年 5 月,安徽省宿州市人民政府决定,建设学校新校区。新校区位于宿州市职教园区,占地 430 亩,建筑面积约 14 万平方米,总投资约 3 亿元。新校区投入使用土地 350 亩,完成 1 号教学楼、1 号、2 号宿舍楼、食堂综合楼、艺术楼、图文信息楼、实训楼合计 8. 85 万平方米建设任务,投入建设资金 2. 2 亿元。2014 年学校整体迁入新校区,进入崭新发展时期。2018 年二期工程教师周转房、风雨操场、标准运动场等项目完成前期准备工作。

学校有全日制教学班 59 个,在校学生 3254 人,非全日制教学班 20 个,学生 2000 余人。有各类学科教师 117 人。其中高级讲师 31 人,讲师 40 人,“双师型”教师 86 人。专业教师中有省专业带头人 1 名、省教坛新星 2 名、市学科带头人 2 名,市级骨干教师和教学能手 8 名。

按照市委、市政府高起点建设、可持续发展,省内领先,富有特色的要求,在“十三五”期间,完成新校区建设和内涵提升任务,努力把学校建设成为集学前教育、综合艺术、社会服务为一体的省级特色示范学校,力争学校办学规模达到在校生 5000 人,年培训各类人数达 3500 人。

【宿城一中】 安徽省宿城第一中学是一所创建于 1906 年的百年老校,前身是由中国同盟会早期会员王雪渔先生创办的正谊中学堂,后成为皖北地区第一所近代中学。1953 年被确定为安徽省首批重点中学。1999 年被省政府命名为“安徽省示范高中”。主校区位于政务新区,占地 300 余亩,建筑面积 15 万平方米。校园内楼宇错落,绿树成荫,有池塘泛波,有小桥流水,环境优美,景色宜人,各项教育教学设施及生活设施完备。2018 年,设立宿城一中宿马学校,宿马学校位于宿马园区,学校用地 200 亩,建筑 9. 75 万平方米,建设宿舍 5 栋、教学楼 4 栋,还有实验楼、图书馆、报告厅、室内体育场、标准教学楼等,设计规模为 1800 人,办学规模为 12 轨 36 个教学班。宿马学校将充分发挥宿城一中的优质教育资源优势和品牌效应,创新办学体制和管理模式,有利于进一步完善宿马园区教育资源配套,加快人气集聚,促进经济社会持续健康发展。2018 年宿马校区开始招生,9 月 1 日如期开学。

宿城一中名师荟萃。专任教师中具有研究生学历 40 余人,占专任教师的 12%;中、高级教师占专任教师的 90%,其中正高级教师和特级教师 10

人；省级教坛新星6人，市级学科带头人11人，市级骨干教师13人。省级以上优秀教师、教坛新星和省优质课一等奖获得者42人，并先后有8名教师赴美、英进修学习。

学校以“美丽一中，幸福教育”的核心理念，努力实践“让学生享有教育的快乐，让教师享受教育的幸福，让社会享用教育的福祉，着力打造美丽一中”的办学思想，奋力追求“国际视野，家国情怀，国内名校”的办学目标。学校围绕建设“创新型、学术型新优质高中”的发展目标，通过树立重视学术、崇尚创新的价值取向，建设师生多元发展的平台，搭建师生自主选择、自主发展的舞台，创造自由呼吸的教育，培育“专业+专长”的教师，培养“全面发展+创新能力+学术素养”的适应未来的高素质学生。

举办“钱学森培菁班”。9月20日，宿城一中“钱学森培菁班”授牌仪式在翰文楼报告厅隆重举行，此次授牌经“钱学森姓名冠名和肖像使用管理委员会”和中国航天系统科学与工程研究院（航天十二院）批准，钱学森长子钱永刚亲自授牌。宿城一中在原来“培菁班”的基础上举办“钱学森培菁班”，意在弘扬钱学森崇高思想品质和精神风范，用钱学森科学报国、爱国奉献精神激励学生刻苦学习，用钱学森大成智慧教育思想引领、促进学校创新型、学术型特色高中建设，培养具有创新能力的杰出人才。

2018届高考，应届一本达线1132人，达线率为63.1%；本科达线1648人，达线率为91.86%。600分以上达331人，比2017年增加212人。

马屹诺、朱子涵、席浚源3名学生获得生物竞赛赛区一等奖，其中马屹诺获得全国银牌。杨光跃、刘家珺、韩艺林、许博非4人获得化学竞赛省一等奖，武悦获得物理竞赛省一等奖，魏浩然获得数学竞赛省一等奖，王子琛获得信息竞赛省一等奖，共有84人获得省级奖项。

2018年，在第25届全国青少年爱国主义读书教育活动中，荣获组织优秀奖；在第三十二届中国化学奥林匹克（初赛）组织中，作出突出贡献，中国化学会向宿城一中颁发表彰证书；中国陶行知研究会中学教育专业委员会授予宿城一中“行知式好学校”奖牌；东部战区政治工作部、安徽省高等学校招生委员会授予宿城一中“空军招飞工作先进单位”称号；被安徽省爱国卫生运动委员会评为“安徽省卫生先进单位”；荣获宿州市2018年度“一师一优课、一课一名师”活动优秀组织奖；荣获宿州市教体系统未成年人思想道德建设工作先进单位；被宿州市关心下一代工作委员会、宿州市教体局授予宿州市家长学校办学规范奖；2018年宿州市红十字青少年防灾避险知识竞赛中获得最佳组织奖。宁广辉教师被授予“安徽省特级教师”称号，享受特级教师津贴。2018年安徽省高中生物学优质课评选及观摩活动中，生物教师丁雨晴荣获一等奖，张玉宝老师在安徽省语文优质课大赛中荣获一等奖，刘影、程旭东两位老师获省级三等奖。在2018年“一师一优课、一课一名师”活动中，有18位老师获省级优课，71位老师获得市级优课。戴瑞老师被评为“一师一优课、一课一名师”先进个人。在安徽省2018年度基础教育信息化应用典型案例评审中，《创客教育促进学生思维发展的应用》获得二等奖。在2018年教育教学信息化大赛中，共有16人17件参赛作品获奖，其中，省三等奖2人，市一等奖3人。王海坤同学的“阳光校园·我们是好伙伴”征文被教育部关工委评为全国特等奖，另有16名同学的征文获全国一等奖，获得“优秀组织奖”。

2018年12月5日，举行宿州市学习宣传贯彻全国教育大会精神宣讲活动，宣讲活动全面、系统、深入解读全国教育大会精神，省学习宣传贯彻全国教育大会精神宣讲团成员、宿州市副市长马杰进行宣讲，市教体局局长朱守坤主持会议。12月4日，隆重举行2018年安徽省暨宿州市中学生18岁成人礼仪式，团省委书记孔涛出席活动并讲话，市委副书记、市委宣传部部长余向东致辞。

1月18日，俄罗斯伏尔加顿斯克市代表团一行5人到宿城一中考察教育信息化建设工作。5月17日，澳大利亚国际商会新西兰阿什伯顿市、宿州市教育交流合作推介会在宿城一中召开。澳大利亚国际商会新西兰阿什伯顿市代表团一行5人，就加强与宿州市教育领域合作进行深入沟通交流。

【宿州二中】 安徽省宿州市第二中学是安徽省示范高中，办学历史悠久，人文积淀丰厚。其前身为意大利人所办的崇真中学，始建于1940年。1952年由省人民政府拨款迁址重建，先后更名为宿城第二中学、宿县东方红中学、宿县第二中学、宿州市第二中学。1985年被确定为安徽省重点中学，1999年被评定为安徽省示范高中。先后被评为全国教育科研先进单位、全国体育传统学校、全国科技创新特色学校、全国科技发明示范基地,安徽省文明单位、安徽省未成年人思想道德建设示范校、安徽省家长学校示范校、安徽省教育系统先进单位、安徽省基础教育课程改革先进单位、宿州市理化生及艺术学科教科研基地校、宿州市学校安全综治工作先进单位等荣誉称号,是享有盛誉的皖北名校。

有101个高中班,在校学生6000多人,一线任课教师350人,其中正高级3人,在职特级教师6人,高级教师154人,江淮好名师4人,省市学科带头人和骨干教师32人。

学校有20多项教科研成果获得国家、省、市级奖励,师生获得国家发明专利28项,教师在国家级核心期刊发表学术论文400余篇。

学校校风纯正,学风优良,是享有盛誉的安徽名校。近年来,学校秉承"诚以正心、学以至真"的校训理念,构建了"以真育美、和求至善"的优良校风,为国家培养了大批优秀学子,受到了社会广泛赞誉。学校根据宿州市的招生形势,以及学校生源实际,相继开办珍珠班和卓越班等特色高中班。

近年来,学科竞赛、科技创新大赛及艺术比赛获奖近千人,为清华、北大等985学校输送一批优秀学子,连年本科达线人数稳居宿州市前列,多次荣获市政府嘉奖。根据市教育局数据分析,宿州二中2018年高考与当年高一录取分数相比,一本和本科多考人数大幅增加,实现了低进优出、低进高出的华丽转身,向全市人民交上的一份满意答卷。

读万卷书,行万里路,学校秉承知行合一教育思想,开展研学行活动,增长知识,丰富阅历,开阔视野。学校社团活动丰富多彩,培养了学生的能力。

【宿州电大】 抓好理论学习,2018年,主要学习党的十九大精神、全国教育大会精神和省委、市委决策部署。扎实推进"两学一做"学习教育常态化制度化,坚持把"两学一做"融入日常、抓在经常,制定学习计划,明确目标要求,以中心组学习、民主生活会、组织生活会等制度为主要抓手,校理论学习中心组集中学习15次,推动习近平新时代中国特色社会主义思想和党的十九大精神落地生根。严格落实党风廉政建设责任,签订党风廉政建设责任书,制定印发《宿州电大2018年党风廉政暨惩防体系建设主要工作任务》,把党风廉政建设各项任务落到实处。认真做好巡察反馈问题的整改工作。重视存在问题,制定整改措施,压实工作责任,整改工作取得扎实效果。

2018年春秋两季共招生5288人,开放教育在校生总人数达11000人,奥鹏学员1200人,宿州电大在籍生总人数12200人,位居全省市级分校前列。

全年完成公需课、专业课和转岗培训5474人次。承担全市干部在线教育服务支持工作,有注册学员12843人。学校被省继续教育学会评为省继续教育工作先进单位。启动老年教育,经省电大批准,2018年12月,安徽老年开放大学宿州市分校在电大校挂牌成立。

坚持每年春秋两次的教学检查制度,保证开放教育教学工作质量和任务的完成。积极组织学生和教师参加省校开展的各项教学活动和比赛,激发教师教学热情,提升学生学习兴趣。全年两次召开网上教学工作会议,分析工作中存在问题,提出具体整改措施。召开全市电大辅导员工作会议,规范学校辅导员管理工作。

2018年9月,学校搬至云集8号楼,新校舍功能齐全,设施完善,装备一流,为开展教学活动奠定良好基础。宿州终身学习网初步建设完成,平台共有411门课程,15680个媒体资源,为开展社区教育搭建平台,对宿州市开展学习型社会和终身教育建设奠定坚实基础。2018年荣获全省电大系统办学先进单位。

(戴　奇)

·体育·

【概况】 全市有省级全民健身苑45个,市级全民健身苑46个,社区体育俱乐部29个,示范晨晚练点214个,国家级全民健身广场3个,省级乡镇全民健身广场50个,乡镇(街道)多功能球类运动场63个,2000平方米的乡镇(街道)室外健身广场63个;各类体育社团组织171个,会员10.2万人。全国青少年校园篮球特色学校42所,全国青少年校园足球特色学校57所;省级青少年体育俱乐部16所、市级15所,省级体育传统项目学校8所、市级26所,市级青少年户外体育活动营地1所。省运会金牌总数全省第八,并获竞技体育贡献奖;王春雨夺得雅加达亚运会田径女子800米金牌。灵璧县教体局被省人社厅、省体育局评为全省体育系统先进集体,1名同志被省人社厅、省体育局评为全省体育系统先进工作者；11 家单位被省体育局评为 2014—2017 年度全省群众体育先进集体，10 名同志被评为先进个人。

【群众体育】 开展各类全民健身赛事活动 100 余项次，直接参与人数 20 万人，间接参与人数 80 万人，其中市级组织活动 20 多项，千人以上活动 10 项。办好 2018 宿州国际网球公开赛暨第七届宿州网球节、2018 宿州国际半程马拉松赛和砀山国际马术耐力赛、灵璧国际半程马拉松赛等国际性赛事，在合肥举办中国·宿州国际体育赛事新闻发布会。组织举办宿州市第二届全民健身运动会、纪念毛泽东“6. 10”题词 66 周年主题活动、宿州市第二届笼式足球联赛暨 2018 迷你世界杯笼式足球赛、宿州市首届“笼式足球”五人制职工联赛和安徽省“新宇杯”桥牌锦标赛、第五届太极拳华东 6 省市邀请赛和交流展示活动。组织参加省级各类赛事活动，荣获省运会群众体育部比赛、省首届智力运动会、省第二首届全民健身休闲大会各类奖项 100 多项次。加强体育社会组织建设，新审批社会组织 9 个。强化社会体育指导员年度培训，组织 54 人参加国家级和省一级社会体育指导员培训，完成二级社会体育指导员 200 名、三级社会体育指导员 400 名培训。做好国民体质监测测试工作，完成市级 1500 人次、县区各 800 人次的监测任务，其中埇桥区国民体质监测达标率 94. 58%。

【竞技体育】 提升在国际国内比赛中的贡献率，王春雨夺得 2018 年亚洲室内田径锦标赛冠军、雅加达亚运会田径女子 800 米金牌、全国田径冠军赛暨大奖赛决赛冠军；徐欣雨夺得 2018 年全国跆拳道青年锦标赛亚军；朱守李入选亚运会中国体育代表团名单，并以 53. 615 分的成绩摘得亚运会女子蹦床体操决赛铜牌。组织参加安徽省第十四届运动会，实现新突破，500 余名运动员，夺得赛场金牌 36. 5 枚、带入金牌 35. 475 枚，共计 71. 975 枚，金牌总数全省第八、较上届上升 3 个位次，综合成绩全省第九、较上届提升 4 个位次，并获竞技体育贡献奖和体育道德风尚奖。强化青少年体育组织建设，创建省级体育传统项目学校 8 所、市级 26 所，省级青少年体育俱乐部 16 所、市级 15 所。向省体校输送优秀运动员 29 人。推动青少年体育竞赛体系全覆盖，承办中国中学生跆拳道联赛（安徽分站赛）暨小学生训练营，分级举办市、县区、学校足球、篮球、乒乓球等中小学生联赛。深化足球改革发展，出台《市教体局等五部门关于加快发展校园足球的实施意见》。加强足球场地设施建设，有各类校园足球场 351 块，各类社会足球场 32 块。2018 年安徽省成人“笼式足球”争霸赛等省级足球赛事在宿州举办。

【体育经济】 大力发展体育产业，新增个体企业 26 家，全民健身设施建设总投资 2. 4 亿元（市县“五个一”、乡镇“三个一”、行政村“两个一”建设）。加强体育产业品牌建设，宿州市“笼式足球”培训基地被省体育局命名为省级“笼式足球”培训基地；与省共建梨都马术运动特色小镇，占地面积近 10 平方公里。利用皇藏峪景区（国家 AAAA 级旅游景区、国家森林公园）、灵璧磬云山国家地质公园、泗县石龙湖湿地风景区、砀山县万亩酥梨园和埇桥区五柳风景名胜区（省级风景名胜区）等风景区，开发登山、攀岩、垂钓、骑行、自驾游等运动和旅游项目。成功举办 2018 砀山国际马术耐力赛，该赛事是国际马联（FEI）二星级马术耐力赛，也是国内最高级别和最高规格的国际耐力赛事。砀山国际马术耐力赛、砀山梨花节国际半程马拉松赛被列入省体育局品牌名录库。做好体育彩票销售工作，销售体育彩票 5. 87 亿元，同比增幅 62%，其中即开型彩票销售 924 万，稳居全省第二位。销售竞彩彩票 4 亿元，同比增幅 111%。市场份额超过 50%，体育彩票人均销量 103. 7 元，实现良性增长。泗县销量突破亿元，实现宿州销量过亿元县区零突破。

【体育场地设施】 出台《宿州市公共体育设施补短板实施方案》，加强市级“五个一”体育设施建设，6000 座的市体育馆、全民健身中心、体育公园建成；40000 座的市体育场、1500 座的市游泳馆选址通过规委会同意。在建体育公园 2 个。推动县（区）“五个一”体育设施建设，灵璧县县全民健身中心、公共体育场建成；体育馆、新的全民健身中心（带游泳池）正在建设，完成主体部分；体育公园已选址。泗县公共体育场、全民健身中心、体育馆、室内游泳池、体育公园全部建成。萧县公共体育场、全民健身中心、标准游泳池、体育公园建成，5000 座的体育馆基本完工；15000 座的体育场完成主体部分。砀山县全民健身中心、公共体育场、体育公园建成。埇桥区全民健身中心、公共体育场、室外游泳池、体育公园建成。推进乡镇公共体育设施建设,56个乡镇“三个一”中的“二个一”112个项目完成建设。1139个行政村及新建社区公共体育设施建设达到全覆盖。

【其他工作】 做好教育体育法治工作,成功举办驻宿高校在校大学生禁毒辩论赛,4所高中被评为“安徽省禁毒教育示范学校”;制定《宿州市教育体育局关于在全市教育体育系统开展法制宣传教育的第七个五年规划》;建立法律顾问制度。加大教育体育信息宣传力度,与《拂晓报》和宿州广播电视台加强深度合作、开设专栏专版;在全省体育宣传会议上,受到省体育局表扬;参加国家体育总局和省体育局组织开展的好新闻评选活动,全省有8家单位被省体育局、省新闻工作者协会、省体育记者协会联合评为安徽体育好新闻评选优秀组织奖,市教体局位列优秀组织奖第一位;参加安徽省第十四届运动会好新闻评选活动,市教体局再次荣获优秀组织奖。做好人大建议和政协提案办理工作,办理市人大代表建议27件、市政协委员提案55件。

(李　成)

·科技·

【科技成果】 2018年度,宿州市共登记科技成果95项。

【高新技术产业】 2018年,全市高新技术产业增加值累计增长27.6%,增速全省第1。2018年宿州市高新技术企业保有量达到95家。

【科技计划实施】 2018年,获批立项省重大专项项目7项,获省财政资金支持860万元;获批立项其他创新政策项目5项,获省财政资金支持112.78万元。同时,紧紧围绕6大产业和其他战略性新兴产业发展部署创新链,2018年度市级科技计划项目立项41项,安排经费1170万元。其中,市级人才团队项目5项,市级众创空间项目5项,市级科技攻关计划项目21项,市级科技扶贫项目10项。出台《宿州市科技计划项目管理实施细则(暂行)》,建立健全科技计划项目检查督导、绩效评价和结题验收工作机制,逐步实现了项目监管和跟踪服务的制度化、常态化。

【创新平台建设】 2018年,全市新增省级农业科技园区1家,新增省级科技特派员工作站2家,新获批省级备案众创空间2家;新备案市级众创空间5家。到2018年底,宿州市有国家级农业科技园区1家,国家级工程技术研究中心1家;科技部备案星创天地3家;省级工程技术研究中心13家,省级备案院士工作站8家,省级产业技术创新战略联盟1家,省级备案众创空间6家,省级孵化器1家;市级科技孵化器1家,市级备案众创空间13家,基本实现了孵化平台的全覆盖。

【科技管理】 2018年,出台《宿州市科技计划项目管理实施细则(暂行)》和《宿州市专利资助办法(暂行)》,进一步完善科技创新政策体系。2017年,全市研发经费投入7.8亿元,较上年增长27.9%,排名全省第3位。加快创新人才引进,宿马园区楼慧强团队(安徽新熙盟生物科技有限公司)获2018年度省级高层次科技人才团队B类支持。全市有5个团队获批市级高层次科技人才团队。积极开展产学研合作,组织多人多次赴合肥、南京、北京、杭州、广州、深圳等地招才引智、招商引资,组织参加安徽省大院大所合作会议,分别与中国科技大学、中电科技集团38所等高校院所对接沟通,组织长江学者、博士等多位原创专家学者考察团到宿州高新区、宿州经开区、宿马园区实地考察,生物科技、智能光照、新能源电池等项目落户高新区,生态还原循环自净智慧农业研发等项目落户宿州国家级农业科技园区。积极组织企业“入院进校”,围绕企业存在的技术难题,搭建企业与高校院所产学研合作桥梁,2018年征集企业技术需求120项。以“四送一服”活动为契机,组织企业与高校成果转化对接会,会上现场发布技术需求47项,推介科技成果57项,对接成功现场签约项目17项。

·市农业科学院·

【科研成果再创佳绩】 1个品种通过审定,3个品种完成试验程序,待国家或省级审定;推荐小麦、大豆、玉米等62个新品系参加国家、省等各级试验;修订蔬菜栽培技术地方标准2项、集成栽培模式4套。

【项目立项稳步推进】 全年实施28个项目、76个课题。组织申报2019年度宿州国家农作物品种区域试验站（皖北站）建设等3个项目，项目合同资金约1500万元。顺利完成承担的农业部项目“黄淮海地区抗逆高产小麦育种研究宿州创新基地建设”的验收工作。

【交流合作长足进步】　承办现场会。9月21日，承办的中黄13——亿亩收获暨国家大豆良种攻关黄淮海现场会在宿州市召开，农业农村部党组副书记、副部长余欣荣，中国农业科学院党组书记张合成及农业农村部、中国农科院和全国部分高校、科研院所专家，相关种业企业、专业合作社等负责人300多人参加会议并进行学术交流、现场观摩，盖钧镒院士、万建民院士等专家学者作了专题报告，市委书记史翔出席会议并讲话，市长杨军，市委副书记余向东，市委常委、政法委书记、市委秘书长孟伟，副市长韩维礼等参加会议，有力提升了知名度。

加强与淮海经济区八个市科技交流合作。与徐州市农科院、商丘市农科院、济宁市农科院、淮北市濉溪县农科所进行小麦、玉米、大豆等作物抗粗缩病育种、关键技术创新与应用研究、品种资源创新等联合攻关。

成立淮海现代农业研究中心。5月29日，在市政府的主持下，与中国农业科学院作科所联合成立“淮海现代农业研究中心”签字及揭牌仪式在市政府举行，目的是把中国农科院的人才和智力等资源引到宿州，联合科技创新，携手打造宿州商品粮生产基地，建立国家优质、绿色商品粮生产保护区，带动粮食产业发展。

【积极开展科技服务】　4个国家级试验站在其所辖示范县建立示范基地20万余亩，示范推广新技术，确保成果尽快转化为生产力。先后对接服务埇桥区淮河粮食产业联合体等20余家产业联合体、专业合作社、种粮大户及贫困村提供技术指导，普及先进农业生产技术，提升农民素质，提高农业产业化经营水平。在农作物生长的关键时期，组织专家到生产一线实地调研，指导、解决农业生产中存在的问题，培训人员1500多人次。选派11名科技人员到安徽腾瑞现代农业科技发展有限公司等11个公司任科技特派员开展技术服务，为企业提建议、谋出路，助力乡村振兴战略实施。

【强化改革举措】　经市委深改组会议通过，起草并与市农委等五部门联合印发的《关于印发宿州市扩大种业人才发展和科研成果权益改革试点实施方案（试行）的通知》，成为激励全市科技工作者加强科技创新，鼓励科技工作者带着成果到企业兼职兼薪，做大做强宿州市种业规模的政策文件。该文件的印发，为全省提供了改革经验，得到省农委的高度认可。

（三　勖）

·防震减灾·

【概况】　2018年，宿州市震情形势复杂严峻，宿州市地震局在市委市政府坚强领导下，在省地震局正确指导下，市地震局深入学习习近平新时代中国特色社会主义思想和党的十九大精神，紧紧围绕地震监测预报、地震灾害预防、地震应急救援三大体系扎实开展各项工作，完成年度工作目标任务。

2018年，在全省政府目标考核中位列第一方阵；在全省防震减灾综合评比中宿州市取得第5名的成绩，荣获先进单位称号；在2018年度全省监测预报会商评比中取得第2名的好成绩。

【地震监测】　台网全覆盖。全市建成区域地震台站5个，泗县前兆综合台：测震1台套、形变4台套、钻孔应变1台套；萧县测震仪1台套，2018年增上前兆仪器1台套前兆观测仪器VP宽频带倾斜仪；砀山竖直摆钻孔倾斜仪1台套；直属符离台测震、强震各1台套；灵璧台RZB分量式钻孔应变仪1台套。宿州市区域台网涉及到测震、形变，共有12套仪器，在全省市级地震监测区域台网中手段较全，覆盖较广，完成“一县一前兆”的监测要求。

【监测中心数据】　运行中的市级地震监测中心具备接收各测震台的实时波形，下载各前兆台监测数据，实现全市监测数据共享和交换；具备指导各县地震台站提升观测技术和提高会商分析能力。市监测中心运转正常、各项制度健全、各类档案完备。各县区地震监测中心建设均已投入使用，具备资料下载，数据跟踪分析等功能。各地震台有专职监测人员值守，严格执行值班制度，各地震台运行经费纳入财政预算，市局根据情况下拨部分地震监测运行专项经费,保障地震监测仪器正常运转。

在建的综合性市地震监测中心"宿州市地震监测中心"位于市政府西北方向 1000 米,建筑面积 2000 平方米,纳入市重点建设工程统一调度。

【取得的成绩】 数据及时传输到省局台网中心并参加评比,2018 年度台站观测资料质量检查评比中,摆式倾斜仪泗县台获第一名。2018 年,宿州市泗县地震台数据传输到中国地震台网中心,供会商采用分析。

【加强监测台网管理】 台网运行率达 95% 以上。按照《地震监测管理条例》和《宿州市地震台网(站)运行管理与保护办法》严格执行地震专用仪器设备停测报批报备管理制度,2018 年度全市各台站未出现地震仪器设备停测事件。年初进行部署,年中进行检查,随时进行抽查,进一步加强对全市监测台网管理,重点做好各监测台站的运维保障工作,确保全市监测台网连续可靠运行,各台站前兆数据连续率超过 95%,多数达到 99% 以上。

【监测设施和观测环境】 继续加大对地震监测设施和观测环境的保护力度。按照《宿州市地震台网(站)运行管理与保护办法》文件规定,年初市防震减灾工作领导小组下发《关于进一步加强地震监测设施和观测环境保护的通知》,要求各级政府及相关部门贯彻落实。各地震台站都设立了"地震监测设施和监测环境保护公告牌"及"监测环境保护范围标志",建立健全监测设施和监测环境保护的各类档案,地震监测设施和监测环境得到有效保护,2018 年度辖区 4 个县未出现破坏监测设施或观测环境事件,市属台站受采石场影响已积极妥善解决。

【检测台异地重建】 宿州市地震台因宿州市埇桥区符顺联合采石厂生产作业影响,案发后已按法定程序责令采石场停止生产,消除数据产出影响。后经请示市政府和省地震局批准同意,宿州市地震台采取异地重建避让措施。新台站建设项目完成选址、立项、测图、编制选址论证报告以及土地征收补偿、社保补偿等一系列前期准备工作。

【地震群测群防体系建设】 加强"三网一员"培训管理,提高群测群防工作实效。全市配齐 112 个乡镇(街道)防震减灾助理员,配有市级宏观观测员 41 名。2018 年在总数不变的情况下,向省局申请取消 8 处,新增 8 处。2018 年度对重点宏观观测点实施远程监控,5 月,实现对灵璧宏观观测点(渔沟、新增的冯庙 2 处)的远程监控,便于及时发现宏观异常并核实。全市在区域范围内建立了"地震宏观测报网"和以乡镇、街道防震减灾助理员为主的地"地震灾情速报网""地震知识宣传网",对异常捕捉上报、灾情速报、防震减灾知识宣传、平息地震谣传等方面形成了较为完善的网络体系。市局每年 2 次对全市 41 个宏观点进行现场调研和考核,3 月,进行上半年的考核,并对存在的问题要求整改;10 月下旬组织下半年检查考核,考核后对符合要求能胜任工作的宏观员按照省市 1 : 1 落实宏观观测员补助经费。

【培训会议】 10 月 15—16 日市局组织 2018 年度全市防震减灾助理员及宏观观测员培训会议,邀请省局专家对发现上报宏观异常信息、地震科普知识宣传等作了系统的报告讲座。全市有 160 多名群测群防人员参加了培训,进一步提升群测群防工作人员的综合业务水平及整体工作能力。

【抗震设防工作】 健全震灾防御体系。宿州市市本级和各县级政府均将地震部门纳入同级城乡规划委员会,并进驻行政审批窗口开展工作。认真贯彻落实第五代《中国地震动参数区划图》(GB18306-2015),根据地震动参数区划图要求对建设工程提出抗震设防意见,确保建设工程达到抗震设防标准。开展农村工匠技术培训和乡镇防震减灾助理员培训,加强农村民居和乡村公共设施抗震设防指导和管理,提供技术服务。

【城市地震活动断层探测工作】 宿州市积极开展城市规划区活动断层探测工作。市政府主要领导和分管领导分别作出批示,要求地震、发改等部门积极做好立项等前期准备工作。市地震局多次赴合肥、蚌埠等市学习城市活断层探测工作经验,同时加强与省地震局、省物测队对接沟通,争取工作支持和业务指导,完成《宿州市城市活动断层探测及危险性评价项目建议书》。2018 年底完成立项。根据市政府文件要求,埇桥区、泗县、灵璧县、萧县城市活断层探测工作也在同步进行。

【完善防震减灾法律规章】 提请市人大、政协开展防震减灾"一法一条例"执法检查,监督政府法定职责落实全面贯彻防震减灾法律法规;根据省地震局及编办工作安排,建立统一的抗震设防行政许可事项目录清单,提升政务服务水平;继续做好"一网、一门、一次"审批服务工作,将建设工程抗震设防要求管理纳入并联审批程序,做好投资项目在线审批,全年办件百余件。

【示范点创建】 积极开展防震减灾科普示范学校、科普教育基地,综合减灾示范社区等示范点创建活动。宿州市建有省级地震安全示范社区2家,市级地震安全示范社区21家;国家级示范学校3所,省级示范学校2018年新增4所,共18所,市级示范学校78所;国家级的防震减灾科普教育基地1处、省级的防震减灾科普教育基地3处。

【地震应急工作】 健全地震应急救援体系。结合防震减灾工作实际,市防震减灾工作领导小组成员新增加了3家省、市级开发区和2家市直单位。全市防震减灾工作领导小组成员单位结合工作实际,均制定完善了相应的地震应急预案,进一步细化明确成员单位的职责责任。

【应急综合演练】 2018年市地震局先后在泗县、埇桥区芦岭镇开展了春季、秋季地震应急拉动;各县区也分别开展不同层次的应急拉动和疏散演练。10月23日,市政府召开2018年度全市地震应急演练桌面推演会议,46家市防震减灾工作领导小组成员单位参加会议,模拟地震提出应急处置意见,取得很好的效果。

【应急检查督查】 4月、9月,市政府两次组织对四县一区开展地震应急准备工作落实情况检查,并要求各县、区上报整改方案,将检查中存在的问题一一对照整改。

【妥善应对地震事件】 8月23日,安徽省淮北市杜集区与宿州市萧县孙圩子乡交界处发生的2.1级地震,局党组书记第一时间向市委市政府及省地震局上报震情,并部署做好地震应对工作,妥善处理地震事件,维护了社会的和谐稳定。

【应急避难场所建设】 2018年全市范围内认定15处Ⅲ类标准地震应急避难场所,新增5处Ⅱ类标准地震应急避难场所。2018年市政府以创建全国文明城市为契机,将Ⅱ类标准地震应急避难场所——三角洲公园,升级改造为Ⅰ类标准地震应急避难场所,相关规划建设正在进行中。

【科普宣传】 加强农村基层防震减灾宣传力度。不断创新方式方法,将宣传工作向农村地区延伸。2018年市地震局印发《关于印发<宿州市防震减灾科普宣教暨"农村科普强化年"活动工作方案>的通知》(宿震〔2018〕20号),深入推进防震减灾知识"六进"活动(进机关、进学校、进企业、进社区、进乡村、进家庭)。依托防震减灾科普教育基地,加强对社会公众的抗震避震知识宣传教育工作,强化地震科普知识宣传,全年接待社会公众8000余人次;通过举办防震减灾知识讲座,将防震减灾知识普及到学校、机关、医院等。

【创新宣传方式】 积极推广应用门户网站和"两微一端"等新媒体宣传地震工作。积极组织参加汶川地震10周年系列纪念活动,联合市教体局、市科协在市广播电视台举办宿州市防震减灾知识大赛,比赛决出初中组冠军队(宿城第一初级中学)和高中组冠军队(灵璧县渔沟中学),参加全省防震减灾知识大赛北区预赛。在预赛中,宿州市初中组代表队获得优秀奖,高中组代表队以第3名的成绩进入全省防震减灾知识大赛总决赛,获得高中组三等奖,取得了良好的宣传效果。

充分利用特殊时段(防灾减灾日、科技周、安全生产月宣传咨询日等)开展防震减灾宣传。全年开展20余次宣教活动;连续多年开展"平安中国"防灾宣导系列公益活动,在学校、社区、广场、机关单位、乡镇村居播放公益电影百余场,受众两万多人次,提高了社会公众的防震减灾意识。

【其他工作】 文明创建工作。按照市委、市政府及市创建办的要求,市地震局严肃对待,认真落实。按时按质报送文明城市创建周报表、每周工作简报、新闻稿等。制定《文明城市交通志愿执勤表》,定时定员路段执勤。按照相关要求做好文明城市交通志愿劝导工作。同时做好创建全国文明城市测评网上申报等一系列工作。市地震局对口包保埇桥街道东仙桥社区。这个社区是全市文明创建的难点之一。市地震局在人员少、力量弱的情况下，在邵郁市长的领导下，经过全局干部职工的辛苦努力，东仙桥社区的文明创建工作取得明显的阶段性成效，受到市领导和街道社区的高度肯定。地震局在没有专项经费及办公经费极度紧张的情况下，给予东仙桥社区1.5万元创城资金，并投资近6.5万元在东仙桥社区染坊巷处建设以防震减灾科普知识为主要内容的“文化科普长廊”，在全市最繁华的社区开展地震科普宣传工作。

·气象·

【概况】 2018年，宿州市气象局坚持以习近平新时代中国特色社会主义思想为指导，认真落实安徽省气象局党组和市委市政府各项重大决策部署，圆满完成各项任务，并先后获得“2017年度全市目标管理绩效考核优秀单位”“2017年度双拥工作优秀单位”“2017年度安全生产工作优秀单位”“2018年全国科普日优秀组织单位”“2018年度气象防灾减灾目标管理绩效考核全省并列第1名”等荣誉称号。

【气象监测与预报】 综合监测能力和质量稳步提升。业务可用性超过国家标准；完成5个国家骨干站的升级改造工作和全市区域自动站的通讯升级；完成5个国家站光电式数字日照计安装调试。

开展了皖北强对流天气协同试验，完成灵璧、宿州X波段双偏振天气雷达系统建设项目的可行性研究专家论证，并获省局立项批复。

气象预报预测及服务能力稳步提升。2018年全年共发布预警425次，服务短信564条，微博1300余条；制作报送各类决策气象服务专报67期；与环保部门就空气质量问题开展“会诊”，制作环境气象信息专报188期；接受新闻采访100余次，召开了春节期间天气、夏收夏种天气、国庆节天气、秋收秋种天气和秋冬季大气污染预警及人工干预大气情况等各类新闻发布会。

【防灾减灾】 一是人影作业能力建设进一步加强。年内新购人影地面播撒系统2套、城市区域自动站10套，火箭弹存储柜1台、火箭弹300发；全年共组织实施人工增雨消雹作业(56)个轮次，编制人工影响天气作业效果评估报告8份；组织全市21名人影作业人员参加火箭技能培训班；完成3县1区人影标准化县创建工作，并通过省人影办组织的验收；与安监局联合下文并开展人影安全专项检查。二是乡镇突发事件预警体系信息进一步完善。完成全市94个乡镇突发事件预警信息发布系统建设任务；召开气象信息员工作培训会议；实现乡镇标准化气象信息服务站全覆盖；完善了乡镇突发事件预警信息发布流程以及信息站、信息员和预警信息发布管理办法；明确了乡镇预警信息处置责任人。三是气象为农服务能力与水平进一步提升。稳步推进国家级气象为农服务示范基地建设，完成宿州市农科院综合实验楼规划的批前公示，即将启动基础建设；启动2018年安徽省生态农业气象监测网建设(省级配套部分)实施方案，引进了无人机监控设备，安装了高清实景传感器实时监控系统，新布设物联网设备一套；持续开展智慧农业气象APP推广工作，农业新型经营主体惠农气象注册用户覆盖率达70%以上；不断强化关键农时与农事季节气象服务，针对春播春管、夏收夏种、秋收秋种三个关键农时季节和农事季节遇到台风涝灾等恶劣天气，发布农业气象服务专刊22次；在农事关键期开展直通式服务、灾情和墒情调查33人次；持续开展关键农业气象服务技术指标持研发，继续开展中国气象局2017—2018、2018—2019年度冬小麦分期播种区域联合试验项目，开展小麦不同发育期渍害处理试验，修订了小麦不同生育期渍害指标；开展了砀山酥梨气候好产品品牌评价，建立了砀山酥梨气候品质评价技术方法。四是公共气象服务能力不断提升。制定了交通、环境气象服务业务规范和流程；将扶贫、林业、交通、民政、安监、旅游、国土、危化、建筑等11个行业部门27153名预警责任人信息录入国突系统；获得了2017年度中国气象频道新闻宣传先进单位；宿州选手在第五届“宝贝报天气全国选拔赛”中获得“优秀气象播报小能手”荣誉称号。五是气象体制改革和社会化管理持续深化。召开了宿州市防雷安全监管工作联席会议成员单位第三次会议；制定了《宿州市气象局行政执法全过程记录实施办法》，实现执法过程全面公开、全程留痕；开展双随机抽查3次，检查重点监管企业28家；开展防雷安全执法7次，联合安监局执法2次，共检查企业单位27家；梳理防雷重点监管单位270家，在拂晓报、政务公开网公布；完成了4县1区“互联网+政务服务”的信息录入，开展了网上办件服务，推动了综合窗口改革；完成了《全国防雷减灾综合服务管理平台》和《安徽省防雷安全监管系统》平台数据录入和应用工作；“放管服”改革不断深入，清理了所有行政审批事项中的“证明材料”，压缩删减了行政审批事项中的申请材料，压缩率高达56%；规范使用统一社会信用代码，推动社会信用体系建设。

【科普宣传】 以“3·23”世界气象日、“5·12”防灾减灾日、科技周、全国科普日等主题活动为载体开展科普宣传。通过抓住主题，提前策划，精心组织，认真安排部署，制定活动方案，成立领导小组，积极开展气象科普主题报告会、进校园、进社区、进乡村以及开放科普教育基地等一系列活动，通过网站、报纸、天气预报栏目、微博微信、气象短信等媒体，认真做好气象科普宣传工作。

【主要气候事件】 2018年初遭遇低温雨雪冰冻灾害，为近6年来首个弱冷冬；台风影响个数较多，“温比亚”带来的风雨造成较严重灾害；汛期降水偏多，日、小时雨量突破历史记录。

中黄13——亿亩收获暨国家大豆良种攻关黄准海现场会观摩现场

教育部校长高级研修班学员到二中调研

[责任编辑 何 露]

文化　旅游　传媒

·文化·

【概况】 在市委、市政府的坚强领导下,宿州市文化旅游局(广播电视新闻出版局)大力实施文化惠民工程,积极推进公共文化服务体系建设,不断丰富人民群众的精神文化生活,基本建成了覆盖市、县(区)、乡镇(街道)、村(社区)的四级公共文化服务网络。

【公共文化服务体系建设】 为了扎实推进市公共文化服务体系建设,实现公共文化普惠于民的目标,坚持完善顶层设计,先后出台《宿州市关于加快构建现代公共文化服务体系的实施意见》(宿办发〔2016〕34 号)《宿州市人民政府关于印发宿州市"十三五"推进基本公共服务均等化规划的通知》(宿政发〔2017〕12 号)《宿州市 2018 年农村文化建设专项补助实施办法》(宿文广新秘〔2018〕35 号)《宿州市 2018 年公共文化场馆开放实施办法》(宿文广新秘〔2018〕34 号)和《宿州市贫困地区基层公共文化服务脱贫行动计划实施方案》等文件,明确市公共文化服务体系建设的总体思路、主要任务、重点项目和保障措施,有力推动市公共文化服务体系高质量高水平发展。

【公共场馆建设】 2018 年,宿州市建成并投入使用的有 6 个公共图书馆、6 个公共文化馆、4 个博物馆、1 个美术馆、102 个乡镇综合文化站、125 个公共电子阅览室、1345 个农家书屋,基本建成了覆盖市、县(区)、乡镇(街道)、村(社区)的四级公共文化服务网络。2018 年以来,为全面贯彻落实《中共宿州市委　宿州市人民政府关于加强基层基本公共服务功能建设的实施意见》(宿发〔2018〕6 号)精神,大力提升市基层基本公共文化服务能力,围绕开好局、起好步、快推进的思路,宿州市文广新局大力推进文化"双基"建设,2018 年 11 月底建成乡镇综合性文化服务中心 76 个、街道综合性文化服务中心 10 个、村综合文化服务中心 724 个、社区综合文化服务中心 79 个,至此全市 70% 的村(社区)和 83% 乡镇(街道)拥有综合文化服务中心(2017 年以前分别占 9.2% 和 4.5%)。进一步保障广大人民群众享有基本公共文化权力,提升人民群众的获得感。

【图书服务一体化建设】 按照《关于 2016 年县域公共图书服务一体化建设的通知》(皖文公共〔2016〕27 号)和《安徽省县级文化馆总分馆制建设实施方案》(皖文办〔2018〕27 号)要求,为方便基层群众就近阅读、参与文化活动,实现县域内图书资料通借通还和优质公共文化资源共享,在完善图书馆总分馆和文化馆一体化建设基础之上,坚持以评促建、以评促管、以评促用的原则,扎实开展公共文化场馆评估定级工作。宿州市有市图书馆、市文化馆、泗县图书馆被评为国家一级馆,市博物馆被评为国家二级馆,砀山县、埇桥区图书馆被评为三级馆。另外砀山县新三馆(图书馆、博物馆、美术馆)于 9 月 28 日开馆正式投入使用,萧县、埇桥区、灵璧县等县区正大力推进文化馆和图书馆新馆建设,力争早日投入使用,进一步提升群众文化生活品质。

【公共文化服务发展】 为加快构建宿州市现代公共文化服务体系,促进基本公共文化服务标准化均等化发展，保障群众基本文化权益，根据安徽省财政厅安徽省文化厅关于印发《安徽省公共文化服务体系建设专项资金管理办法》（财教〔2016〕1578号）的通知精神，市局指导县区制作《乡镇综合文化站免费开放资金管理使用手册》，将中央、省级、市级财政资补助金按时落实到位。市图书馆、市文化馆每馆每年补助50万元，县图书馆、文化馆、美术馆每馆每年补助20万元，乡镇文化站（社区综合文化服务中心）每年补助10万元（2017年之前是5万元）用于向群众免费开放；农村文化建设专项补助每村每年1.2万元，用于基层文化信息共享工程建设（2000元）、农家书屋运行维护、图书更新（2000元）、送戏下乡（4400元）、农村电影放映活动（2400元）、体育健身活动（1200元）等方面。这些补助经费，有力保障公共文化服务设施发挥效能、普惠群众，提升了市城乡基层公共文化服务水平。

【人才队伍】 人才队伍是推动全市公共文化服务体系建设、促进公共文化事业繁荣发展的有力保证，公共文化服务人才资源是构建公共文化服务体系、实现文化大发展大繁荣的第一资源。近年来，按照国家和省有关文化人才队伍建设精神，结合本市实际，初步建立起一支由专业文化人才、政府购买服务岗位、群众文艺骨干、文化辅导员和文化志愿者组成的公共文化人才队伍，为文化强市建设提供了智力支撑和人才保障。

【举办培训班】 为了提升市公共文化人才队伍的理论和实践水平，紧密结合文化广电新闻出版人才特点，积极探索构建文化广电新闻出版人才培养新模式。宿州市文化旅游局（广播电视新闻出版局）针对管理人才和专业技术人才岗位的不同特点，每年定期举办1～2期基层文化干部教育培训和文化系统继续教育培训班，每班次参与培训人数在200人左右；市文化馆组织开展民间艺术团文艺骨干培训班、市图书馆组织开展农家书屋管理员培训班等。其中全市基层文化干部教育培训班和文化系统继续教育培训班由于反响良好、成绩突出，得到省厅的充分肯定，省厅连续两年为宿州市下拨专项培训经费共计40万元，为宿州市公共文化人才队伍建设提供了强有力的支撑。

【政府购买服务】 为了给群众提供更加优质舒心、便捷高效的公共文化服务，按照《安徽省人民政府办公厅关于政府向社会力量购买服务的实施意见》（皖政办〔2013〕46号）文件精神，为市文化艺术中心、市博物馆等公共文化场馆补充了图书管理员、讲解员等20余名政府购买服务工作人员。同时在全市范围内开展政府购买服务试点，选择120个行政村，为每村配备1名享受公共财政补贴的文化协管员。有效地缓解了市公共文化人才不足的压力。

【文化志愿者服务】 宿州市文化旅游局（广播电视新闻出版局）大力开展文化志愿服务活动，在全市选拔具有声乐、器乐、舞蹈、美术、书法等文艺专业知识和技能人才参与到乡村慰问演出、全民阅读、文化讲座、专业辅导培训基层群众文艺骨干和文艺爱好者、协助乡镇文化站做好各项农村文化工作等文化志愿服务工作。宿州市共有200余名文化志愿者登记在册，建立89个文化辅导点。宿州市泗县被国家文化部、省文化厅确立为“阳光工程”志愿者招募示范区，试点招募“阳光工程”志愿者21名，没人每月给予600元补助。志愿者深入基层、深入群众，开展形式多样的文化辅导活动，使宿州市基层公共文化发展更具特色。

【文化精品创作】 坚持以人民为中心的工作导向，坚持把社会效益放在首位，面向基层、服务群众，加强对市场需求和群众口味的调研，创造出一大批深受群众欢迎且市场反响良好的文艺作品。市演艺集团原创的话剧《石乡党魂——柯增华》《警魂永铸》，大型梆子戏廉政剧《平安是福》、扶贫剧《春风化雨》等作品先后进京汇报演出，在全省、全市巡演近600多场次。其中《石乡党魂——柯增华》受到时任省委书记张宝顺同志的高度赞扬，《平安是福》被省纪委纳入全省“三严三实”主题教育活动必看剧目并受到时任省委书记王学军的高度评价，《春风化雨》在今年8月16日在北京长安大戏院汇报演出，受到国务院扶贫办领导充分肯定和赞扬。坠子戏《少年闵子骞》《都是钱的事》，泗州戏《垓下绝唱》等在送戏下乡过程中演出约300场次，赢得群众的一致好评。市演艺集团结合喜迎新春佳节和全省文化惠民消费季活动，在市博物馆南广场、露天舞台、大剧院和新汴河景区广场等地开展文化惠民演出240余场次。创研室创作的坠子戏《套路》获得2018年国家艺术基金，参加全国基层院团进京展演,获第十四届华东六省一市小戏小品大赛金奖。大型七幕泗州戏《万家灯火》获得2016年安徽省委宣传部文化强省专项资金支持,并入选2018年省文化厅剧本孵化打磨大戏项目。近年来,各县区为基层群众创作提供了十余部原创戏曲作品,如埇桥区的《扶贫队长》、萧县的《情暖农家》等在送戏下乡过程中免费为群众演出,泗县成功推出《女人也是太阳》《扶贫部长》《安全为天》等一批泗州戏大戏及《镇长嫁女》《时苗留犊》《碰瓷奇遇》等一批小戏,极大地丰富基层群众的精神文化生活。

【创新文化活动形式】 宿州市文化旅游局(广播电视新闻出版局)大力推动群众文化活动的开展、创新活动方式,积极推进文化场馆构建“联盟化”合作模式,推动建立图书馆、博物馆讲座与展览联盟和文化馆活动联盟,打造市文化活动的全新品牌,让广大群众能够就近享受到优质的公共文化服务。上半年,全市文化馆(站)、图书馆、博物馆和市演艺集团成功举办各类大型文化活动100多场,举办群众性文化活动2000多场,参与群众159.7万人次。

【图书馆】 市图书馆坚持每周60小时、县区馆坚持每周56小时免费开放工作制度,保证图书外借、报刊阅览、少儿阅览、电子阅览、地方文献阅览、资料查询等服务窗口全日制开放,并开展公益性讲座、基层辅导以及流动服务等活动。2016年以来全市共接待进馆读者500万人次,日均接待读者近500人,持证读者达到1.8万人,书刊流通近328万册次,馆藏图书利用率进一步提高。为延伸各馆服务范围,加快“书香宿州”建设步伐,市图书馆开展了诸如“阅读伴我快乐成长”读书演讲比赛、4·23世界读书日“亲子共读”“我的快乐童年”亲子电子书创作大赛、“心手相牵,共享蓝天”关爱留守儿童、“童音诵古韵　经典有新声”经典美文诵读会等各类阅读推广活动460余场,参加读者达301000多人次。市图书馆年外借册次达到296万册次,举办展览、讲座、报告会等达到458次。市图书馆在市区和各县区建成市消防支队、市立医院等分馆18个,形成以市级图书馆为中心馆,各分馆覆盖全市的图书馆网群。各县区以县域公共图书服务一体化建设为契机,建成县级图书馆总馆5个,乡镇分馆105个,村服务点1204个,全面开展公共图书服务一体化图书配送借阅,不断完善全民阅读基础设施体系,提升公共文化服务效能,为读者提供更加便捷的服务。

【文化馆】 全市各级文化馆认真执行全年365天开放、每周56小时工作制度,以宣传党的方针政策、满足人民群众精神文化需求为主线,不断加大群众文化辅导培训力度,开展各类培训600余期,课程涵盖音乐、美术、舞蹈、戏剧、曲艺等多种艺术门类。近年来,市文化馆精心组织举办春节联欢晚会、新年音乐会、新春团拜会、“十五元宵七天乐幸福宿州大舞台”系列文艺演出、“你学作曲　我买单”系列讲座等各类活动200余场。各县区文化馆依托各种节庆日和地方艺术节(如埇桥马戏艺术节、泗州戏艺术节、砀山梨花旅游节、书画艺术节等),积极开展丰富多彩的文化活动1000多场。同时,为解决文化馆面积不大,影响群众文化活动开展等问题,县区文化馆突破活动场地限制,积极开拓馆外活动场地,把活动延伸拓展到乡村、社区,放大文化馆活动社会效应。

【博物馆】 市博物馆自2010年建成开放以来,在各级领导关心下,通过博物馆全体上下齐心协力,被评为国家二级博物馆、国家AAAA级旅游景区、第五届省级爱国主义教育基地、安徽省研学基地、第九届市级文明单位、安徽省文化体制改革先进单位。市博物馆平均每年开放310天以上、年接待观众20万人次、举办社会教育活动5次、临时展览615场。定时进行免费讲解,向散客免费提供自助语导器。他们结合自身实际,坚持公共文化服务职能,立足宿州本地深厚的文化底蕴,积极开展《于杰书画作品展》《宿州名人书画系列——闵祥德书画作品展》《写意百年——萧龙士书画艺术展》《墨香缘春——周洪科大写意作品展》《故园情——李艺宁书法作品展》《庆祝5·18——韩美林综合艺术特展》《吕士民漫画宿州巡回展》《纳西族东巴画艺术百年展》等十多个展览,极大地丰富了群众的文化生活。

【县区文化创新发展】 全市各县区积极开展各项文化创新活动,不断丰富群众文化生活。2018年上半年,萧县组织大鼓、扬琴、坠子和渔鼓艺人到乡镇集市演出,开展“我们的春晚,我们的故事”专场文艺演出等群众性文化活动210场；砀山县积极组织开展梨花节暨民俗文化节系列文化惠民活动120场，打造齐白石文化品牌，相继举办了央视国学频道走进砀山、纪念齐白石诞辰155周年齐氏后人传人书画展暨白石后人艺术馆开馆仪式等系列规格高、规模大、影响广的大型书画活动；埇桥区以重大节庆为抓手，文化馆和乡镇综合文化站结合地方实际，融入特色文化和民间艺术，开办“文化馆曲艺社书友会”，每周末固定在东仙桥广场演出，举办“2018幸福埇桥春晚”、宿州市首届乡村旅游节、曲艺艺术节、广场舞大赛等各类文化演出280余场次；灵璧县举办“元宵节”踩街、寻找灵璧好声音、纳凉晚会、虞姬文化节、捕鱼文化艺术节等活动130多场，开展了垓下遗址高层论坛、钟馗廉政文化研讨会、灵璧三元文化高层论坛、中国作家看灵璧、两淮地区宋文化研讨会等文化研究活动；泗县举办乡村春晚、唢呐大赛、古会展演等活动160余场。全市公共文化资源逐步向乡村社区倾斜，为基层群众提供更多更好的公共文化产品和服务。

·旅游·

【概况】 2018年，自全省旅游工作会议召开以来，宿州市按照省委、省政府的决策部署，认真贯彻落实《关于将旅游业培育成为重要支柱产业的意见》（皖发〔2017〕9号），顺应旅游发展新常态、围绕优质旅游工作，全力推进旅游强市“五个一批”工程，旅游业呈现规模扩大、档次提升、后劲增强的良好态势。宿州市文化和旅游局，认真开展省旅发委部署的各项工作，重点抓好全域旅游、“旅游+产业”融合、厕所革命、旅游项目建设、乡村旅游及旅游扶贫、旅游安全、诚信旅游、文明旅游、红色旅游等工作。宿州市各项旅游经济指标增幅排名全省前列，据测算2018年全年，宿州市实现旅游总收入179.71亿元，国内旅游人数2613.58万人次，入境旅游人数5.1万人次，各项指标平均增幅18%左右；增幅动态排名，位居全省前六。

【旅游资源】 至2018年底，宿州市共有国家AAAA级景区4家：宿州市博物馆、萧县皇藏峪国家森林公园、灵璧现代农业博览园、灵璧奇石文化园；国家AAA级景区11家：宿州野生动物园、埇桥区关湖音乐村、灵璧虞姬文化园、灵璧钟馗酒文化博物馆、灵璧天一园、萧县饮马泉山庄、萧县蔡洼淮海战役红色旅游景区、砀山天鹅洲风景区、泗县运河人家景区、泗县清水湾公园、泗县江上青烈士纪念园；世界文化遗产1处：隋唐大运河通济渠（泗县段）活态遗址；世界果林资源1处：吉尼斯认证世界最大百万亩连片果园（砀山梨园）。国家级旅游品牌3处：灵璧磬云山国家地质公园、宿州市新汴河国家水利风景区、泗县石龙湖国家湿地公园。全国红色旅游经典景区2处：萧县蔡洼淮海战役总前委会议暨华东野战军指挥部旧址、泗县皖东北革命历史纪念馆暨江上青烈士殉难地；国家级示范区2处：全国休闲农业和乡村旅游示范县（灵璧县）、国家全域旅游示范区创建单位（砀山县）。

宿州市辖4县1区，民俗风情、各具特色，如砀山县——梨花，萧县——书画，埇桥区——马戏，灵璧县——奇石，泗县——泗州戏等。

汉兴福地皇藏峪，为国家森林公园、国家AAAA级旅游景区，缘因汉高祖刘邦藏身避祸而得名。千年古刹瑞云寺，掩映于中国最大的古青檀树群落林间。天门山中天门寺，孔圣亦曾在此洗墨晒书。

世界文化遗产，隋唐大运河唯一现存的活态遗址，就在宿州泗县，28公里古河道，保留了通济渠的原始风貌。

世界梨都砀山，吉尼斯世界纪录——全球最大百万亩连片梨园，春来梨花胜雪，梨花节喜迎四海；秋时硕果飘香，采摘节恭候八方。百里黄河故道，湿地生态优美，泛舟水上、奔跑林间，心旷神怡。

灵璧磬云山上，摩崖石刻鬼斧神工，产出的天下第一奇石——灵璧石，一石千金，引无数石客痴迷。

埇桥五柳仙境，田园山水、风景秀美，是众多文人墨客醉心隐居之地。

新汴河国家水利风景区，碧水穿城似江南，南北两岸，遍览宿州两千年古朴庄重、源远流长的历史文化。

【景区景点建设】 宿州新汴河景区创AAAA，相关工作进展顺利；宿州野生动物园、泗县运河人家等景区点新创评国家AAA级旅游景区。萧县官桥镇、砀山县唐寨镇等5个乡镇获批省级优秀旅游乡镇；埇桥区关湖村、灵璧菠林村等10个村获批安徽省乡村旅游示范村;砀山县良梨镇、灵璧县渔沟镇争创省级旅游小镇;新增安徽省四星级农家乐6家、三星级农家乐9家。萧县皇藏峪国家森林公园、灵璧县虞姬文化园等6处景区点,获批安徽省研学旅行基地;南翔云集文化旅游特色街区,获批安徽省旅游特色街区。

【旅游市场监管】 2018年度,宿州市旅游安全及市场秩序运行良好。召开全市旅游安全工作会议,与各县区旅游局、AAAA级以上旅游景区、四星级以上旅游饭店、重点旅行社等签订旅游安全目标管理责任书。认真组织开展“利剑行动-1”“利剑行动-2”等专项行动,邀请市公安局、市交通局等联合执法,严厉打击“不合理低价游”等违法行为。法定节假日前,积极组织市消防支队、市工商局、市质监局等赴县区开展节前联合检查,为相关涉旅单位把脉,排查安全隐患、规范经营行为。组织宿州市旅游执法专题培训班及执法资格考试,积极打造旅游执法队伍、提高执法人员的业务水平。

【旅游公共服务】 积极组织开展文明旅游“六进”工作,先后赴灵璧县奇石文化园、宿州市环宇社区、宿州学院等单位进行文明旅游创建宣传。举办首届大美宿州导游大赛,评选出宿州市十佳导游员及优秀导游员。举办文明旅游随手拍摄影大赛,集中展出游客的文明行为与不文明行为。充分利用景区、酒店、旅行社、汽车站等处的LED显示屏、展架等,集中宣传社会主义核心价值观、文明旅游公益广告和“十大文明旅游提醒语”“宿州市文明旅游宣传口号”等宣传内容;各AAAA级景区积极设立“文明旅游学雷锋志愿服务站”,为到宿游客留下了美好的印象。2018年“5·19”中国旅游日宿州市主场活动上,发布“全域旅游　文明创城”倡议书,为宿州市各级旅游志愿者服务队伍授旗,进行文明引导和文明礼仪宣传,引起社会各界广泛关注。

【旅游营销推广与合作交流】 通过举办“砀山梨花旅游节”“砀山酥梨采摘节”“梨园马拉松赛”“马术系列活动”等节庆活动,实现到砀游客突破200万人次,旅游综合收入近10亿元。中央电视台《新闻联播》、第5频道和《人民日报》、新华网等媒体,对宿州市进行旅游宣传报道,大力提升宿州旅游的知名度和美誉度。新版宿州旅游形象宣传片拍摄完成,积极参加安徽省1+N旅游营销宣传计划,继续在央视投放宿州旅游形象广告。宿州旅游微信公众号运营良好,多种新媒体营销活动的开展,进一步扩大宿州旅游影响力。赴周边地市举办宿州市文化旅游招商推介会,全面展示宿州旅游景区点资源和潜力项目,取得良好成效。

【文创产品】 积极开发旅游文创产品,培育宿州市省级非遗,打造宿州特色旅游商品,包括砀山毛笔制作技艺、灵璧磬石制作技艺等。评选2018年度宿州市“十佳”特色旅游商品,推荐参加中国特色旅游商品大赛,斩获金奖1项、铜奖1项;推荐参加安徽省旅游文创设计大赛,荣获银奖1项、铜奖2项。积极打造文旅示范项目,参与编制大运河保护传承利用规划纲要,重点建设泗县大运河世界文化遗产保护利用工程,争取将宿州元素、宿州项目纳入国家、省相关专项规划。指导泗县运河人家争创国家AAAA级旅游景区,着力推动符离生态旅游大道沿线景区点建设,对接招商闵祠孝文化园、白居易文化园等文旅项目,相关景区点签约投资达12亿元。重点挖掘乡村文旅资源,支持各县区重点村,结合各自乡土文化、资源特色,打造A级旅游村,充分用好公共文化基础配套资金和旅游业发展专项资金,优化乡村风貌、开发乡村景点,开展旅游扶贫、助理乡村振兴。

【旅游政策】 认真落实《关于印发安徽省促进旅游强省“五个一批”建设工程的若干政策的通知》(皖旅改办〔2017〕6号)、《中共宿州市委宿州市人民政府关于将旅游业培育成为重要支柱产业的意见》(宿发〔2017〕33号)等政策意见,对旅游品牌创建、旅游景区提升、旅游公共服务设施、旅游商品等工作予以奖补。宿州市旅游局、宿州市财政局联合发布《宿州市旅游市场促销奖励办法(试行)》,引爆宿州旅游市场,加大目标客源市场开拓力度,努力把宿州打造为省际交汇区域重要的文化旅游目的地。新设计了宿州旅游手绘地图、折页、精品画册、手提袋、雨伞、充电宝等旅游宣传纪念品,与市电视台签订旅游宣传合作协议,利用相关媒体渠道大力推广宿州特色旅游资源和精品旅游线路(楚风汉韵风情游、梨乡果海生态游、历史文化研学游、经典战争溯源游等2日游线路)。

·广播电视·

【宣传工作】 督促指导全市广播电视系统认真学习贯彻宣传十九大和十九届二中、三中全会精神，指导全市广播电视系统紧紧围绕市委、市政府中心工作和重点工作，大力宣传宿州市2018年的发展战略、目标任务、重大举措、政策措施。圆满组织完成了全市广播电视新闻奖评奖工作，组织了28位评委对2017年度70余件作品进行了认真评审。在对外宣传方面，积极督促各县播出机构加强对外宣传，进一步做好向中央台供稿工作，全年宿州市在省台用稿800余件，在中央台用稿36件。

【民生工作】 结合"讲严立"教育实践活动，通过走访、调研、召开座谈会等方式，制定市2018年广播影视事业发展规划，明确了2018年宿州市广播影视工作的指导思想、发展目标和主要任务。扎实推进宿州市灵璧县(500户)、泗县(1000户)由村村通向户户通转型升级。加强管理。对户户通工程建设相关制度进行完善，实现规范化管理、程序化运作、制度化保障。加大协调力度。配套资金已全部到位，灵璧县已完成自行招标，泗县计划由省局统一招标。加大督查力度，坚持每半月一调度。顺利完成1500户任务，其中灵璧开通率100%，泗县开通率99.91%。加强对农村公益电影放映的监管力度。2018年，宿州市要求各县区早谋划、早部署、早落实、早完成，至11月底，共放映15579.83场农村公益电影，超额1131.83场次，完成比例达到107.83%，新片率达到60%以上，观众220万余人次。推进四县广播电视台制播能力建设。贯彻落实《"十三五"时期文化旅游提升工程实施方案》。针对贫困县县级广播电视播出机构制播能力建设，省财政厅、省发改委对宿州市萧县、砀山县、灵璧县、泗县追加中央基建投资预算指标800万(其中省财政160万元，地方财政40万元)，完成建设任务，并投入使用。

【城市数字影院】 宿州市有数字影院22家，实现了数字电影院线的城市全覆盖，票房收入近6000万元，观众近3700万人次。数字影院的快速发展将带动电影市场繁荣，进一步提升整个城市的文化品位，繁荣城市经济。

【卫星地面接收设施综合整治】 认真开展"打击黑广播"和"整治非法卫星电视地面接收设施"的专项行动，持续保持黑广播、非法卫星电视地面接收设施专项治理的高压态势。联合工商、公安等部门开展行动6次，处罚10多家非法销售卫星地面接收设施的商家，没收30余套卫星地面非法接收设施，拆除65套卫星地面接收设施。各县区出动执法人员共415人次，出动执法车辆158次，检查商家395家，查处非法销售商家17个，收缴销售非法卫星地面接收设施76套，拆除非法安装卫星地面接收设施165套，有效地控制卫星电视地面接收设施非法销售、安装的行为，为市广播电视健康发展和安全传输提供保证。

【广电传媒机构管理】 规范全市各播出机构广告播放秩序，加强全市广告播出监管，重点整治商业广告时长、影视剧插播广告等，年底组织广告播放管理先进单位评比活动；加强广告播放监听监看，及时发现和解决广告播放中存在的突出问题。规范全市卫星电视广播地面接收设施传播秩序，组织全系统开展4次集中专项整治行动，有效遏制非法销售、安装、使用卫星天线曼延的趋势；重点对全市宾馆、饭店、部分省属单位境外卫星广播电视地面接收用户超范围接收、传输问题进行检查，及时纠正超范围接收传输等严重问题。确保全市互联网视听节目服务健康有序，按照总局、省局统一安排，会同市有关部门加强对网络色情、低俗下流和其他有害视听节目的监控，加强同电信部门的协调督促违规网站进行整改，发现严重违规的实施强行关闭。规范涉案剧、境外剧的播出，严格节目制作经营许可的初审、境内外卫星电视接收设施审批审核和互联网视听节目许可、审核报批；加强新兴媒体管理和播出机构频率频道标识及台标管理。

【安全保障能力】 为保障安全播出，消除播出机构安全隐患，分别于5月、8月，市局领导带队，与县区执法队以及市电视台、安广网络宿州分公司工作人员，对全市广播电视系统安全大检查进行督查(含埇桥区15个乡镇的15个有线电视接收站即"小片网")，并组织对检查出的安全隐患进行逐条整改落实。圆满地完成了"元旦、春节""中非合作论坛"

“上海合作组织成员国理事会”“十一”等重要保障期广播电视安全优质播出任务。

【应急广播建设】 在广播“村村通”工程建设中，泗县多措并举，应急广播系统纳入全省7个试点县之一。全县有16个乡镇、174个行政村、2346个自然村的工程于2012年3月起建，当年10月底投入使用，总投资300余万元。2017年，全县应急广播系统共布置970个点，全部升级为4G网络，总投资约718.8280万元，完成任务并投入使用。萧县应急广播系统6月底招标完成，7月10日签订合同，中央项目资金470万元和县级配套资金850万元一起共同使用，总投资1320万元。已首付130万元，全部货物到齐付款395万元。县级机房建设10万元，监理费用10万元。县级前端平台已建成，23个乡镇平台也已建成。行政村平台建成80个，7个乡镇智能终端已安装完成800只，并于11月完成建设任务。砀山县应急广播于4月底完成18个镇、厂、园区，174个行政村建设，总投资680万元，建成1个县级平台、18个镇乡级平台和174个村级终端，覆盖率达到70%，由于资金问题还有部分自然村未建。灵璧县技术方案省局已批准实施，投资100多万元，安装40个行政村村级平台终端。埇桥区技术方案省局2月已通过审批，11月完成招标。

·新闻出版·

【概况】 管理全市新闻出版（版权）工作，研究制定新闻出版行业发展规划；负责对全市图书出版、报纸出版、期刊出版、音像出版、电子出版物出版和网络出版单位出版活动的监督管理工作；组织实施全市出版物及内部资料性出版物的审读工作；依法对报社记者站进行管理；指导全市新闻出版队伍培训和鉴定工作；指导全市内部资料性出版物的编辑出版工作；负责宿州市著作权（包括计算机软件著作权）的管理；监督管理涉外著作权贸易、涉外著作权合同登记、外国作品著作权认证工作；负责对著作权保护中介组织的监管。指导全市印刷质量监督工作；监督管理出版物印刷质量和条码使用；指导市印刷协会、书刊发行业协会的工作。

【“书香宿州”阅读活动】 举行第九届“书香宿州”启动仪式。4月22日下午，在市文化艺术中心举行第九届“书香宿州阅读季”启动仪式。启动仪式上，宿州市新华书店、宿州市邮政局分别向埇桥区符离镇沈圩村农家书屋、宿州市雪枫小学现场赠书，市妇联向获得2017年安徽省“我爱我家·同悦书香”亲子阅读活动“亲子阅读体验基地”的宿州市图书馆授牌，中国邮政集团公司宿州市分公司、市教体局为“红楼梦邮票”揭幕。参加此次活动的有机关干部、中小学生、市民共1000多人。启动仪式结束后，在宿州大剧院举办“‘4·23’和你一起读世界”朗诵会。

【青少年读书教育活动】 由文广新局牵头，宿州市青少年爱国主义读书教育活动组委会主办。以“时刻听党话　永远跟党走”为主题，在全市中小学生中开展征文比赛、讲故事比赛、演讲比赛和网上知识竞赛，从4月开始至7月结束。

【读书朗诵电视大奖赛】 9月7日上午，由中共宿州市委宣传部、宿州市文广新局（旅游局）联合举办的2018年读书朗诵电视大奖赛，来自市直和四县一区的16个代表队参加了比赛。评出一等奖1名，二等奖3名、三等奖6名、优秀组织奖6名。

【图书惠民月活动】 2018年9月15日至10月15日，市及各县新华书店带头精选一批优秀图书进行展示推介并打折销售；开展重点党政读物、绿色印刷图书、少儿图书等专项展销活动。对“图书惠民月”活动展销区内的图书一律8.5折以下销售，各承办书店紧随其后，积极响应，也开展了相应的活动。

【农村少年儿童阅读实践活动】 深入开展2018年“我的书屋·我的梦”农村少年儿童阅读实践活动。各县（区）充分利用农家书屋实施读书征文教育活动，积极开展以“徽乡悦读·伴我成长”为主题的读书征文活动，鼓励中小学生在阅读实践的基础上积极参与征文活动，在丰富青少年暑期生活的同时增加孩子们对家乡、对祖国的了解与热爱。据统计，全市省数字书屋网站共采用稿件173篇。

【软件正版化工作】 建立推进软件正版化领导小组或联席会议等领导机构，召开专题会议研究部署软件正版化工作。2018 年 5 月，调整了宿州市推进使用正版化软件工作联席会议。市推进使用正版软件工作联席会议办公室设在市文广新局（版权局）。

【联席会议】 8 月 23 日，宿州市召开软件正版化工作联席会议。市政府副秘书长盛长春出席会议，市文广新局（旅游局）党组书记局长张晓光、党组成员副局长陈洪荣、宿州市软件正版化联席会议成员单位参加会议，市国土资源局列席会议。市政府副秘书长盛长春出席会议并讲话，领导小组其他成员对软件正版化工作作了表态性发言。

【软件正版化督查检查】 为加大知识产权保护力度，鼓励和支持企业使用正版软件，建立企业知识产权保护制度，1 月 22 日下午，宿州局抽查部分企业软件正版化工作。检查组采用现场座谈，查阅授权文件、报表，实地抽查计算机等方式，共抽查了宿州市金海面粉有限责任公司、安徽润发面业有限公司、安徽东方果园生物科技有限公司等 3 家企业。从检查情况看，3 家企业基本上按要求预装了正版操作系统和办公软件，但软件正版化完成情况不理想，存在电脑多、操作系统和办公软件购买数量不足的现象，软件资产管理台账资料不全。

10 月 17 日上午，市文广新局（旅游局）、市审计局、市知识产权局、市文化市场综合执法支队等单位联合检查政府机关软件正版化工作。此次检查了市政府办公室、市人大机关、市政协机关、市水利局、市防空办 5 家单位。从检查的情况看，各被检查单位对软件正版化工作认识进一步提高，责任意识进一步强化，基础工作进一步推进，软件正版化工作成效明显。但在检查中也发现，个别计算机存在安装正版办公软件卸载的问题。

【软件正版化宣传、培训】 为贯彻落实党的十九大精神，加强版权宣传普及，庆祝第 18 个“4 · 26 世界知识产权日”，做好 2018 年“全国知识产权宣传周”的相关工作，从 4 月初起集中开展版权宣传活动，并将 2018 年 4 月 20—26 日作为重点宣传时段。宣传周主题“保护创作，推进运用”。宣传的重点是近年来开展各项专项整治行动取得的重大成效，查处的重大侵权盗版案件；政府和企业使用正版软件的最新进展和显著成果；各级版权部门为促进版权相关产业发展所出台的各项政策文件，在版权保护、管理和运用方面具有示范效应的行业企业，以及企业通过加强版权保护取得经济效益、社会效益的典型案例；宣传版权法律法规和基本知识，着重宣传版权作为核心资源对社会文化发展的促进作用，把版权宣传普及提升到建设以“尊重知识，尊重版权”为理念的版权文化层面，增强全社会版权保护意识。

【农家书屋建设】 及时调整充实农家书屋领导机构，明确专（兼）职人员负责。鉴于宿州市农家书屋工程领导小组部分成员工作变动，2018 年 3 月，宿州市调整“农家书屋”工程领导小组。成员单位新增了市商务局、市审计局、市工商局。领导小组下设办公室，办公室设在文广新局（旅游局）。

【农家书屋出版物更新】 通过招投标，市 1204 家农家书屋出版物配送基本完成，每个农家书屋配送总局的出版物不低于 70%，省局出版物不高于 30%，并足额落实 2000 元出版物更新专项资金。

【农家书屋数字化改造】 6 月 1 日，宿州市专门印发《关于安装数字书屋 APP 和徽乡悦读订阅号的通知》，要求各县（区）文广新局抓好落实，2018 年宿州市完成数字农家书屋 397 个。

［责任编辑 何 露］

卫生与计划生育

·卫生健康·

【概况】 2018年，在市委、市政府的正确领导下，市卫生计生委认真贯彻落实中央和省市委决策部署，按照市委、市政府“2+4+2”工作要求，围绕建设“健康宿州”，全面深化医药卫生体制改革，持续开展“四型”医院建设，强力推进医疗卫生服务体系“411”计划，启动实施卫生健康人才和专科建设“511”计划，扎实做好健康脱贫、公共卫生服务等工作，人民群众健康水平进一步提高。2018年，在全省率先实行妇幼保健机构“一类保障、二类管理”运行机制。评选了第一届10名“宿州名医”，10名“宿州天使”。泗县健康脱贫工作受到国家卫健委和国务院扶贫办通报表彰，泗县、萧县和埇桥区作为首批健康脱贫工程示范县受到安徽省卫生计生委奖励，在宿州市健康脱贫工作在全省三年攻坚行动会上作交流发言。4月，宿州市代表安徽省接受国务院医改办、国家卫生健康委、财政部等有关部门公立医院综合改革效果评价考核复核，得到了国家考评组充分肯定。9月，宿州市承办“鲁苏皖豫”4省联防联控合作机制会议暨突发公共卫生事件联合应急演练，受到国家应急办充分认可。

·卫生工作·

【医联体建设】 综合医改实现新突破。推进分级诊疗。持续深化全市“2+5”医联体和县域医共体建设。市立医院与安徽医科大学第一附属医院全面开展深度合作，全市建成7个紧密型县域医共体，实现县区全覆盖，全市县域内就诊率为80.92%，同比提高4.2个百分点。加强现代医院管理。出台《宿州市建立现代医院管理制度实施方案》，实施“创新型、活力型、平安型、满意型”四型医院建设，有力推进医院管理规范化、科学化。实施运行机制改革。市及各县区妇幼保健机构均实行“一类保障、二类管理”运行机制，在全省率先完成该项医改任务，有效激发了机构内生活力。在省卫健委卫生健康考核中，医改政策落实专项行动、公立医院药占比（不含中药饮片）、公立医院医疗费用同比增幅、新农合按病种付费执行率等医改指标位列全省第一。

【医疗卫生项目建设】 医疗卫生机构基础设施呈现新面貌。市本级医疗卫生项目稳步推进。市立医院新区门急诊大楼完成主体工程，内外科病房大楼启动建设；市中医院新区已完成选址和建筑设计。县级医疗卫生项目规模凸显。砀山县、泗县人民医院投入使用，泗县中医院投入使用，砀山、萧县、埇桥区、灵璧县中医院完成土建；泗县、萧县妇幼保健院投入使用；各县区精神卫生专科医院建设正在有序推进。乡镇医疗卫生项目取得较大成效。2018年，全市新建、改扩建乡镇卫生院20所，完成目标任务的263%，新建村卫生室264个，完成目标任务的245%，提前2年完成新建400个村卫生室的目标。“智慧医疗”项目稳步推进。宿州市全民健康信息平台项目“一方案两报告”通过市政府常务会；健康脱贫信息系统正式运行，实现了省市县三级健康信息平台的互联互通；投资400余万元的全市远程医疗信息系统即将正式运行。

【人才队伍建设】 卫生健康人才和专科建设取得新进展。启动实施卫生健康人才和专科建设“511”计划。2018 年,全市创建省级重点专科 10 个,引进全日制博士 2 名、硕士 57 名,培养正高职称学科带头人 6 名、副高职称人才 137 名,新增医师 307 名,新增护士 630 名。实施人才队伍建设“三大计划”。确定第一届 10 名“宿州名医”,10 名“宿州天使”,8 月 16 日,举办首届中国医师节暨“宿州名医”“宿州天使”表彰大会。高级专业技术资格理论考试通过人数历史最高。全市卫生系列高级职称资格理论考试通过人数创历史新高达 269 人。

【家庭医生签约服务】 基层公卫服务能力得到新加强。强力推进家庭医生签约服务。投入 598 万元,购买家庭医生签约服务车 250 辆,14 个乡镇卫生院积极争创省级示范点,全市常住人口签约率为 30.48%,有偿签约率为 14.04%。加强疾病预防控制和妇幼健康服务工作。全市城乡居民健康档案规范化电子建档率达 83.11%,全市国家免疫规划疫苗报告接种率保持在 95% 以上,传染病疫情报告及时率达 100%,突发公共卫生事件相关信息报告率 100%。2018 年,孕产妇死亡率、婴儿死亡率和 5 岁以下儿童死亡率与去年同比分别降低 64.7%、24.1% 和 19%。全市剖宫产率 28.23%,低于全省平均水平。妇幼健康信息系统 5 月正式上线运行,基层村卫生室做到 100% 全覆盖,妇幼健康服务满意度持续稳定在 85% 以上。积极做好爱国卫生和文明城市创建工作。举办第 30 个爱国卫生月、第九个爱国卫生法制宣传周启动仪式。集中开展城乡环境卫生整治活动,科学开展病媒生物防制,加强饮用水卫生监管,做好水源防护,有力保障了全市广大群众的饮水安全。积极争创省级卫生城市,建立创卫与创建“五统一、三分类”的工作融入机制,抽调 30 余人,组成 4 个督查组,每周督查,定期调度,收集资料,积极推进创卫工作。

【健康脱贫政策】 健康脱贫工作取得新成效。精细落实贫困人口综合医疗保障。全市健康脱贫工程保障贫困人口就诊 331.93 万人次,医药总费用 11.16 亿元,实际补偿比 96.83%,群众满意度达 99.81%。拓展实施“两类人群”保障政策。全市五个县区均出台对“2014 年、2015 年脱贫户”和“边缘户”的保障政策,宿州市是全省唯一所有县区均出台“两类人群”保障政策的市。持续开展免费送药上门服务。按照省委主要领导的指示,对贫困人口中行动不便或交通不便的有意愿接受上门送药服务的慢性病患者开展免费送药服务,全市对 8065 人开展送药上门服务。创新实施“三类人员”集中供养。对易肇事肇祸严重精神障碍贫困患者、失能五保老人、一级残疾贫困人口等“三类人员”实行集中救治与供养。2018 年,筛查易肇事肇祸严重精神障碍贫困患者 83 人,同意入院 62 人;筛查失能五保对象 1635 人,有意愿入住 441 人。筛查贫困一级残疾人同意入住卫生院 125 人。

【综合监管制度】 医疗服务综合监管取得新进展。建立健全监督体制。市、县区卫生健康(卫生计生)行政部门整合执法机构和职责,组建卫生健康(卫生计生)综合监督执法机构,逐步推行卫生健康监督员职位分级管理制度。加强全行业全过程监管。全面落实医疗服务综合监管“六项制度”,推行监督执法全过程记录,加强事中事后监管,监督执法结果及时向社会公开。推进医疗卫生机构和执业人员诚信体系建设,落实医疗卫生机构和医务人员不良执业行为记分制度。强化监管结果运用。监管结果与医疗卫生机构校验、等级评审等挂钩,与从业人员职称聘任、职务晋升等挂钩,推进综合监管结果统筹运用。在“安徽医疗服务综合监管平台”对全市 581 家医疗机构、8 名医务人员进行不良记分;不断监督行政处罚力度,立案处罚数得到很大提升。2018 年,宿州市立案查处 952 起。

【规范医疗行为】 医疗行业风气有了新改进。结合卫生健康系统行业特点,开展专项行动,着力规范采购、诊疗、服务、收费、医疗秩序、农合管理 6 个方面违规违纪行为,每季督查、病历点评、年终考核和责任追究。针对过度医疗问题,强化整改,运用健康脱贫信息系统监控,弹窗提示,临床路径管理执行率 69.8%,按病种付费执行率 57.03%。针对收红包、吃回扣等问题,严肃治理,处理 29 人。针对套(骗)取新农合基金等违法行为,严厉整治,2018 年共查处套骗取新农合资金 12 件,处理 10 余人,暂停 12 家医院新农合定点资格,对因三费超标、四个不合理等问题扣款 4466.59 万元(包括追回和罚款)。

·人口和计划生育工作·

【计划生育服务管理】 稳妥实施全面两孩政策。2018年,全市出生人口87248人,出生率12.69‰,政策符合率91.65%,生育水平较为稳定。全市出生一孩32781人、二孩44414人、多孩10053人,二孩出生占总出生比例为50.91%,符合生育预期。落实"一次登记、全程服务",建立健全限时办结、送证上门等"六项"便民制度,生育登记覆盖率90%以上。推进母婴室建设,总投资341.5万元,建成母婴室246个。积极创新卫生计生工作融合模式。在全面落实卫生计生机构整合两个"三位一体"工作模式的基础上,探索推行乡村卫生计生"4434"工作融合模式,加快计划生育工作转型。全市所有乡镇(街道)均建立卫生计生办、计划生育协会(与卫生计生宣传信息服务中心一个机构两个牌子),共配备工作人员874人;全市1330个村(居)配备2886名村级卫生计生专干。加强信息交流和统计管理。市卫生计生委、发展改革委、公安局、民政局、统计局五部门联合印发《关于加强人口基础信息共享工作的实施意见》(宿卫指导〔2018〕16号),建立定期信息交流制度。统计年度以来,全市共交流公安出生入户72777例,占同期出生量的91.06%;共交流公安迁入迁出30515例、婚姻登记信息53839例,切实提升全员人口信息质量。

【计划生育家庭扶助政策】 提标扩面兑现计生家庭待遇。2018年全市奖励扶助各类对象53.11万人,占全市总人口的8.12%,兑现各类资金11339.23万元。积极推动医养结合全面发展。实施"四个兜底"政策,提供医疗养老保障。明确"四个联系人",落实居家养老服务。签订"四个协议",保障老人合法权益。落实"四类保险",提高老人生活质量。落实性别比综合治理。2018年"两非"案件查处工作,按着"重质轻量、重罚重处"的要求,坚持求实的原则,全市共办理各类案件11件,吊销执业证书2件。

【流动人口计划生育服务管理】 流动人口基本情况。截至2018年12月31日,宿州市流出人口1090188人,其中跨省流出1056933人,已婚育龄妇女311097人;省内跨县流出33255人,已婚育龄妇女8269人。流入人口7429人,其中跨省流入882人,已婚育龄妇女247人;省内跨县流入6547人,已婚育龄妇女1737人。流动时间分布情况。流出3年以上656642人,占总量60.23%,1—3年151407人,占总量13.89%;6—12个月161894人,占总量14.85%;6个月以内120245人,占总量11.03%。流入3年以上的3522人,占总量47.41%;1—3年2160人,占总量29.08%;6—12个月918人,占总量12.36%;6个月以内829人,占总量11.16%。规范管理区域协作工作站。2018年,新建驻西安、驻苏州区域协作工作站2个,全市共有省级区域协作工作站1个,市级工作站7个,全部按省级"四位一体"的工作站模式进行建设。全市及各县新签区域协作协议书20余份。全年开展流动人口宣传服务和关怀关爱活动136次,为流动人口提供卫生保健、生殖健康、优生优育、法律政策咨询、发放避孕药具、免费健康检查等服务12000余人次。落实流动人口基本卫生计生服务均等化。认真开展流动人口动态监测调查。2018年确定灵璧县灵城镇为"国家流动人口动态监测样本点"。5月,举办市流动人口动态监测工作培训班,动态监测样本点区督导员、街道调查员20余人参加培训。按要求明确入户调查人员任务和责任,加强对调查工作的督导,圆满完成了动态监测调查任务。扎实开展"把健康带回家"关怀关爱专项行动。全市举办健康讲座285场,开展义诊咨询活动291场,向群众发放健康大礼包5230个,宣传资料20余万份。关爱留守儿童,为留守儿童撑起健康"保护伞"。成立留守儿童健康关爱领导小组,联合下发《关于组织开展"把健康带回家"流动人口卫生计生关怀关爱专项行动》的通知(宿卫流动〔2018〕2号),建立"留守儿童健康关爱驿站",组建关爱志愿者队伍和公益组织,为留守儿童提供心理辅导3万余人次、健康体检2.6万人次、疫苗补种290人,发放慰问金及慰问品20余万元。形成了关爱留守儿童长效机制,提升了留守儿童及家长的健康意识水平,促进了留守儿童身心健康、全面发展。

·医疗机构选介·

【市立医院】 宿州市立医院始建于1913年,经过百余年艰苦奋斗,砥砺奋进,医院现已发展成为宿州规模最大,综合技术实力最为雄厚的公立三级甲等综合医院。

医院为国家住院医生临床规范化培训基地、国家医师资格考试实践技能考试基地、国家综合医院中医药工作示范单位、国家脑卒中防治工程基地医院、国家爱婴医院、安徽医科大学附属宿州医院、上海长海医院宿州协作医院、安徽省立医院区域医疗中心网络医院、解放军总医院远程会诊和教学医院。

在学科建设方面,成功创建安徽省"十三五"优先发展临床重点专科 1 个(神经内科)、安徽省"十三五"临床重点特色专科 3 个(泌尿外科、消化内科、急诊科),"宿州名科"5 个(神经内科、消化内科、普外科、重症医学科、儿科)。在人才培养方面,医院高级职称卫生专业技术人员增加至近 200 人,其中,全国名老中医 1 人,安徽省"江淮名医"3 人,享受政府津贴专家 10 余人。医疗技术人才梯队中,拥有硕士和博士学历卫生技术人员已经达到 180 余人,涵盖各临床,医技学科。在科研教学方面,立项国家自然科学基金项目 2 项、省厅级科研课题 46 项,获省市级科技进步奖 10 余项,获省级技能操作比赛奖项 20 余项。在医疗装备方面,随着政府财政投入的持续加大,医院医学装备换代升级工作也进一步提速,形成总价值近 3 亿元的现代医学装备体系。

医院南区院本部总建筑面积 9.47 万平方米,编制床位 1000 张,实际开放床位 1854 张。在宿州市委,市政府和省市卫计委的全力支持下,占地近 400 亩,建筑面积达 44.52 万平方米,编制床位 2786 张的医院新区项目进入全速建设阶段,新区儿童病房楼和住院医师临床规范化培训基地楼竣工启用。

医院先后荣获全国百姓放心示范医院、国家级节约型公共机构示范单位、安徽省卫生系统先进单位、安徽省优质护理服务先进单位、安徽省院感管理先进单位和安徽省健康促进医院等系列荣誉称号。

【市中医院】 宿州市中医院始建于 1984 年,是集医疗、教学、科研为一体的国家二级甲等中医院,承担着全市的医疗、保健、康复任务。是安徽省中医学院教学医院、安徽省中医药高等专科学校非直属附属医院。获得市级文明单位、市消费者信得过单位、省级诚信单位等荣誉称号。

医院科室设置齐全,设有 20 个临床科室、10 个医技科室。现有职工 409 人,专业技术人员 367 人,其中高中级职称 100 余名,享有国务院特殊津贴 1 人,省名老中医 1 人,江淮名医 2 人。编制床位 450 张。医院占地面积 11000 平方米。拥有国家级重点肝病专科,省级重点专科肝病科、脑病科,市级重点学科心血管内科、妇科、针推科、骨伤科,市级重点专病盆腔炎。

【市第二人民医院】 宿州市第二人民医院,始建于 1966 年,是皖北地区成立最早、省内较有影响力、以治疗精神心理疾病为特色的专科医院,2018 年获得安徽省卫健委三级医院规划设置审批。是国家级住院医师规范化培训协同单位(精神科医师培训基地)、省精神专科护士临床实践基地、安徽淮海司法鉴定所审核登记机构、省精神医学科研联盟协作单位、省第一和第二精神卫生专科联盟成员单位、宿州市精神卫生专科联盟牵头单位、宿州市精神卫生质控中心挂靠单位、武汉市精神卫生中心协作单位。承担宿州市及周边地区精神疾病的治疗、预防、康复、严重精神障碍项目管理、司法鉴定、残疾评定、"三无"患者收治、健康脱贫"一站式"服务、突发事件心理危机干预、宿州市易肇事肇祸严重精神障碍贫困患者集中救治供养、精神科住院医师规范化培训和考核、宿州市基层医疗机构精神科转岗医师培训及考核、皖北卫生职业学院"精神病学"教学等工作。发挥公立医院的公益职能,开通"12351"心理热线,满足社会需要。

【皖北煤电集团总医院】 皖北煤电集团总医院(蚌埠医学院第三附属医院)是规模较大、集急救医疗、预防保健、科研教学为一体的现代化综合性国家三级甲等医院,淮北市、濉溪县职工医保、居民医保、新农合、矿区工伤以及宿州市职工医保、居民医保、新农合,离休干部、车祸伤、工伤、残疾人康复定点医院。是宿州市唯一一家经省卫计委批准开展试管婴儿技术的医疗机构,蚌埠医学院、安徽医科大学、皖南医学院、安徽中医学院临床教学医院。医院设置 21 个病区,2 个省级重点专科,6 个市级重点学科,5 个中心(创伤中心、胸痛中心、卒中中心、高危产妇中心、高危儿童中心)。开设 30 余个临床二、三级专科。

皖北煤电集团总医院于 1991 年建院,是皖北地区规模较大,集医疗、教学、科研、预防保健等为一体的三级甲等现代化综合性医院。医院编制床位1650张,员工2100余人,其中医护技人员1625人,占77.38%。

医院配有飞利浦EEP-CT,3.0T核磁共振、128层西门子螺旋CT、西门子大平板数字减影血管造影机(DSA)、美国GE磁共振、德国西门子ECT、日本岛津数字胃肠X线机、日本岛津直接数字X线成像系统(DR)、德国阿克法计算机X线成像系统(CR)、肿瘤系列放疗设备,大型高压氧舱、全套重症监护设备、体外循环机、超声刀、碎石机、系列腔镜,蛋白芯片肿瘤早期检测系统、大型全自动生化分析仪、美国GE全身彩超、心脏彩超、乳腺钼钯X光机、准分子激光近视治疗仪、白内障超声乳化治疗仪等,为医院临床诊疗工作提供了有力的支持和保证。

【中煤矿建总医院】 中煤矿建总医院位于安徽省宿州市建设北路12号,是一所集医疗、教学、科研、创伤急救、康复为一体的国家二级甲等综合性医院,是国家安监总局矿山医疗救护淮北分中心核心成员单位,安徽省职业病诊断和职业健康监护定点医疗机构,淮北市工伤医疗救治市级定点医院,市级新农合、各类医保定点和工伤、交通事故救治定点医院。医院始建于1972年,前身为国家煤炭工业部淮北煤矿基本建设局职工总医院,1978年医院更名为"淮北煤炭基地建设会战指挥部职工总医院",1985年更名为"淮北煤矿建设公司职工总医院",1994年更名为"中煤第三建设公司职工总医院",2012年5月改制后更名为"中煤矿建总医院"。

医院建筑总面积66702.92平方米。全院设27个临床科室,17个医技科室,下辖淮北特凿医院等五所分院,托管宿州学院东校区医院、淮北师范大学相山校区医院,开放床位1000张,承担着宿州市、淮北市近300万人口的医疗保健服务工作。

总医院有员工1156人,专业技术人员1113人,卫生类专业技术人员994人,"淮北名医"4人,具有高级职称的医护人员61人,中级职称235人,医疗专业技术人员占职工总数85.9%。拥有1个安徽省重点特色专科:ICU;4个市级重点学科:骨科、心血管内科、康复医学科、医学影像科;2个市级特色专科:微创外科、核医学科;1个研究所——创伤与关节置换研究所;1个职业病(矽肺)防治所。

医院拥有西门子3.0T和1.5T磁共振、西门子64排128层螺旋CT、数字减影血管造影(DSA)、钼铑双钯乳腺X射线机、高压氧舱、数字化全景口腔X光机、西门子DR、西门子彩超、贝克曼生化分析仪、数字胃肠X光机、柯达激光机、X光机移动C臂、血液透析机、数字胃肠镜、椎间孔镜、关节镜、腹腔镜、纤维喉镜、多功能呼吸机、麻醉机等高精尖大型医疗设备与检验仪器60余台,为准确有效诊治临床疑难杂症提供了可靠的平台和现代化技术支持。

医院先后荣获国家"爱婴医院",安徽省卫生系统"先进单位"、安徽省"价格诚信承诺单位",淮北市"诚信医院""优秀单位",宿州市"先进单位""消费者信得过单位"等荣誉。连续八届被宿州市委、市政府授予"文明单位"称号。

【市疾控中心】 宿州市疾控中心组建于2003年4月,是全市疾病预防控制、卫生检测检验、健康教育、预防技术咨询与服务的中心,同时承担全市疾病控制机构的业务指导、技术考核和专业人员培训职能。设传染病预防控制科、免疫预防科、性病艾滋病防治科、结核病防治科、地方病慢病防治科、消杀灭监测防控科、综合卫生科、健康教育科、预防医学门诊部、检验科、总务科、财务科、办公室13个科室。中心核定编制70人,实有58人。建有艾滋病确证实验室、理化实验室和微生物实验室等省级认证标准化实验室4000余平方米。2018年,中心坚持预防为主、防治结合、依法科学、分类指导的原则,不断深化医疗卫生体制改革,着力提升公共卫生服务能力,扎实推进疾病防控工作,各项工作稳步发展有序推进。

【卫生计生综合行政执法局】 宿州市卫生计生综合行政执法局是宿州市卫生健康委行使卫生计生执法职责的专门机构,有职工25人,设医疗机构监督科、环境卫生监督科、职业放射卫生监督科、学校卫生监督科、稽查科、行政许可科、办公室7个科室。主要职责是对辖区医疗机构和采供血机构、医疗执业人员、放射诊疗单位、公共场所、学校、消毒产品生产经营使用单位、集中式供水单位、涉及饮用水卫生安全产品的生产单位等开展卫生监督执法活动,并指导下一级卫生监督机构的工作。2018年开展严厉打击非法医疗美容,医疗卫生机构传染病防治分类监督综合评价、学校卫生与健康专项检查、夏季重点公共场所卫生监督专项行动、公共场所"五小行业"卫生专项整治等专项活动,全面完成公共、放射、传染病防治、学校、医疗卫生等专业“双随机”抽检任务和重点监督检查计划,食品安全企业标准备案工作也成效显著。全面加强卫生监督体系能力建设,夯实日常卫生计生监督工作基础,全面履行监管职责,推进卫生综合执法,加大执法力度,严肃查处违法案件。

【市中心血站】 宿州市中心血站成立于1997年,隶属于宿州市卫健委领导,是具有独立法人资格的公益性卫生事业单位。宿州市中心血站占地面积1万平方米,建筑面积4100平方米;有职工70人,其中卫生技术人员56人,高级职称3人,中级职称18人,初级职称35人;设置献血服务科、质管科、体采科、检验科、质控科、成分科、总务科、办公室、核算办、人事科10个科室,是集血液采集、检测、加工、储存为一体的采供血机构,担负着全市无偿献血宣传招募、临床供血及输血技术指导工作。实现血液自动化检测、自动化成分分离、采供血工作全过程信息化管理,在满足临床用血需求的基础上保障了血液的安全。宿州市无偿献血工作取得了可喜成绩,先后8次荣获“全国无偿献血先进城市”称号,血站多次获得全省卫生系统先进单位、宿州市文明单位等称号。

【医学检验中心】 宿州市医学检验中心成立于1977年,是宿州市卫健委下属的公益性全民卫生事业单位,是宿州市卫健委下属的具有独立法人资格的医学临床实验室检测机构,主要面向宿州市市县患者和医疗机构提供医学检测、医学诊断服务,是宿州市唯一的“第三方独立实验室”。宿州市医学检验中心按照卫生部二级医院标准设置的大型现代化医学独立实验室,拥有国内一流的检验设备和几十位具有丰富临床检验经验的专业技术人员。拥有大型进口全自动生化分析仪,全自动化学发光免疫分析仪,全自动PCR基因检测仪等先进的检验分析仪器。配有先进的LIS智能化信息管理系统,建立起高效率的工作平台,可提供微信查询结果服务。可为群众提供专业咨询,特设检验学科专业客服。“提高检验质量,提升服务能力”是中心的一贯宗旨,真诚为全市人民健康保驾护航。

【市紧急救援中心】 宿州市紧急救援中心(简称宿州120)是政府举办的从事院前急救和突发公共事件的紧急医疗指挥调度机构,于2014年建成并投入运行。建设类型为指挥型,核定单位事业编制20人(其中15名为政府购买服务岗位)。2018年纳入统一指挥调度的有市区5家急救网络医院(宿州市立医院及宿州市立医院汴北新园区、宿州市中医院、皖北煤电集团总医院、中煤矿建总医院、宿州市第一人民医院)和埇桥区急救中心直属的5个乡镇急救点(祁县、夹沟、永安、南八里,杨庄),纳入统一调度的救护车共有32辆,从事院前急救工作人员200余名。2018年急救中心共接打电话164178次,事件相关78353次,处置骚扰呼入21653次;全年平均摘机反应时间小于1秒,平均派车时间57秒;全网平均出车时间55秒,共出车38669次,急救患者33553名,其中处置突发大型交通事故、火灾、中毒、打架等群体事件9起救助55人次。全年急救服务满意度99.41%,调度员满意度99.99%。

【大事要事】 3月30—31日,市立医院接受国家医师资格考试实践技能考试基地评估验收。

4月12日,举办宿州市第30个爱国卫生月集中宣传活动,市政协副主席赵素华出席并讲话。

4月17日,省人大常委会副主任、省计生协会长梁卫国到宿调研计划生育协会工作。

4月25日,宿州市代表安徽省接受国务院医改办、国家卫生健康委、财政部等有关部门公立医院综合改革效果评价考核复核,得到了国家考评组充分肯定。

6月12日,国家卫健委联合国人口基金第八周期应对性别选择和治理出生人口性别比失衡项目青年骨干培训班暨现场观摩会在宿州市举办。

8月2日,省深化医药卫生体制改革督导组到宿,现场督查市立医院、埇桥区南关社区卫生服务中心、灵璧县人民医院、黄湾镇中心卫生院。

8月19日,举办首届中国医师节暨“宿州名医”“宿州天使”表彰大会。

8月20日,印发关于开展向曾翙翔同志学习活动的决定。

9月20日,宿州市承办“鲁苏皖豫”四省联防联控合作机制会议暨突发公共卫生事件联合应急演练,受到国家应急办充分认可。

9月21—22日,安徽省卫生计生委副主任杜昌智一行到宿,调研创建省级卫生城市工作。

9月26日,在银河广场举办宿州市第9个爱国卫生法制宣传周集中宣传活动，市政协副主席赵素华出席并讲话。

宿州市第9个爱国卫生法制宣传周集中宣传活动 （摄影　秦庆乐）

在灵璧县承办“苏鲁豫皖”4省突发急性传染病处置联合应急演练 （摄影　卢　颖）

［责任编辑　赵红萍］

社会民生

·民族与宗教·

【概况】 大力宣传贯彻习近平关于民族宗教工作的重要论述和新修订的宗教事务条例，着力拓展民族宗教理论学习的深度和广度。召开全市民族宗教工作领导小组暨市民委委员(扩大)会议，通报表扬2017年市民委委员单位帮扶项目工作先进单位。广泛深入开展民族团结进步教育和创建活动、宗教界践行和培育社会主义核心价值观活动以及“四进四有”活动、“和谐寺观教堂”创建活动。

(刘艳灵)

·民　政·

【概况】 市民政局领导班子认真学习贯彻习近平新时代中国特色社会主义思想、党的十九大精神和十九届二中、三中全会精神，牢固树立“四个意识”，增强“四个自信”，坚决做到“两个维护”，坚持“民政为民、民政爱民”，扎实推进工作开展，切实履行党风廉政建设责任，全面落实从严治党，突出重点、破解难点、打造亮点，狠抓各项工作落实，圆满完成各项工作任务。2018 年宿州市多项工作获得上级部门表彰，其中困难群众救助获得民政部、民政厅发文表彰，养老服务体系建设获省政府发文表彰，砀山县、灵璧县、萧县和泗县获得全省双拥模范城称号，市社会福利中心获得全国民政系统先进集体称号，宿州市民政局获得全省民政系统先进集体称号，市、县(区)5 名民政干部获得全省民政系统先进个人称号。

【脱贫攻坚】 稳步推进社保兜底和双基建设。

坚持“应保尽保”。全年累计保障农村低保对象254 万人次，发放低保金 7.4 亿元，人均月补差达到293 元。12 月份，全市保障农村低保对象 28 万人，其中扶贫对象数 17.3 万人，月保障面达到5.35%。对36 万户77 万人进行经济核对平台全息扫描识别和实地入户调查，将其中符合条件的纳入低保保障。

坚持“应补尽补”。向 8.26 万困难残疾人发放生活补贴 5847.24 万元。保障重度残疾人 7.3 万人，发放护理补贴 4736 万元。残疾人两项补贴均实现 100% 覆盖。

坚持“应助尽助”。全市直接救助医疗救助对象 29.6 万人次，支出医疗直接救助资金共计 1.3 亿元。全额资助 57.2 万名城乡低保对象、特困供养等困难群众参合参保，将 37.9 万名扶贫对象全部纳入了“351”保障范围。累计兜底保障扶贫对象 21.4 万人次，支出资金 1 亿元，有效遏制了困难家庭因病致贫、因病返贫。

坚持“应养尽养”。保障五保供养对象 3.2 万人，其中分散供养 2.6 万人，累计补助资金 2.1 亿元。引导生活不能自理特困供养人员集中入住敬老院、卫生院，全市共有生活不能自理特困供养人员 4339 人，其中集中供养 1952 人，集中供养率达到 45%。

坚持“应建尽建”。全市拥有养老床位 4.7 万张，每千名老人拥有养老床位 45.3 张，其中护理床位 1.9 万张，占所有养老床位比例为 40.2%，均超过省民政指导目标任务。

【养老】 构建多层次养老服务体系。

落实老年福利待遇。进一步完善高龄津贴制度,确保所有80岁以上老人享受待遇,向13.9万名高龄老人发放津贴3889万元。完善养老服务补贴制度,向3.2万名老人发放低收入老人养老服务补贴1275万元。

推进养老中心建设。各级财政累计投入建设资金1043万元建设三级养老服务中心,建设县级中心5个、街道中心4个、乡镇中心45个、社区站点71个、村级站点348个。所有中心全部挂牌,配备功能设施和工作人员。

提升养老院服务质量。开展养老机构信息系统数据录入工作,对照115项指标对养老机构进行逐一检查并将结果录入系统,指导养老机构尽快完成基础指标项目整改。开展宿州市养老服务人才“十百千”培训计划,出台养老服务从业人员学费补偿和入职奖补激励政策,组织310名养老机构从业人员参加培训。

【公共服务】 规范专项社会事务管理。推进地名公共服务建设。市财政投入1120万元对市主城区地名标志牌全面提档升级,制作道路地名标志牌4489块,桥梁地名标志牌700块,门楼牌3万个。基本完成新式T型二维码标志牌设置安装工作。编纂完成宿州市标准地名图、录、典和《宿州最美地名故事》,投入50万元制作地名文化微电影23部,其中《符离村——野火春风千年情》《鞭打芦花孝感天——闵祠村》两部微电影获国家级优秀奖。

做好流浪乞讨人员救助管理。建立了街面巡查协同机制,完善救助服务网络,在全市范围开展救助和托养机构全面排查整改,积极开展“寒冬送温暖”“夏季送清凉”“救助站开放日”等专项行动。全市救助流浪乞讨人员2983人次,累计使用资金732万元,救助信息录入率、DNA采集率、寻亲服务率均达到100%。

强化留守儿童关爱保护。登记留守儿童信息4.8万条,提前完成留守儿童督导员专干信息录入任务,儿童督导员221人,儿童保护专干1337人,实现乡镇全覆盖。建立市农村留守儿童关爱保护工作联席会议成员单位联系乡镇工作制度,落实了解决户口、控辍保学、提高家庭监护水平、强制报告等保护措施。

切实保障孤儿基本生活。提高供养标准,建立监护人劳务补贴制度。保障孤儿3293人,累计发放救助资金3257万元,发放劳务补贴202万元。对1815名孤儿进行全面体检,及时将病残疾孤儿送“明天计划”定点医疗机构进行救治。

开展殡葬领域突出问题专项整治。对照殡葬领域突出问题13个方面43项工作内容开展全面排查,确保殡葬领域突出问题专项整治行动取得实效。

稳步推进福利彩票发行管理。全市销售福利彩票40606万元,同比增加408万元,同比增幅1.01%。

【城乡社区治理】 推进社会治理制度建设。积极巩固“四有”标准示范社区项目建设成果。解决21个社区社区工作和公益性服务用房不达标问题,每百户居民拥有综合服务设施面积达30.28平方米。完成农村社区建设试点任务,5年来投入6163万元用于农村社区试点建设。全市农村社区建设试点乡镇全部建立社区综合服务中心,村级组织活动场所均达到300平方米以上。

完成村(居)民委员会换届选举。严肃“程序纪律”,精心组织谋划,拓宽用人视野,落实“四级联审”,依法依规平稳推进换届选举工作。配合市委组织部按时高标准完成换届选举任务,选举产生新一届村民委员会成员4176名、居委会成员994名,一大批素质高、本领强、作风正、群众满意的优秀人才进入村委会班子,达到预期目标。

【社会组织管理】 推进社工人才队伍建设。加强社会组织管理。建立健全日常监管机制,规范领导干部在社会组织中兼职行为,严格社会组织会费和服务项目收费行为,控制社会组织评比达标表彰活动。对市直61家不正常换届、不按期年检的社团办理注销手续,对70家社团实施行政撤销处罚。推进社会组织党建工作,成立市社会组织综合党委,设正科级专职副书记职数1名,综合党委直接领导和管理36家社会组织的党建工作。

加强志愿服务行政管理。截至2018年底,宿州市通过全国志愿服务系统注册登记的志愿者为11.6万人,注册率达18.45%,居全省第1,开通“宿州市社会组织公益服务信息网”,推进“互联网+志愿服务”模式，实现志愿服务管理信息化。

推进社会工作人才队伍建设。制定社会工作专业人才队伍建设“十三五”建设规划和2018年工作方案，出台政府购买社会工作服务的具体办法。对通过中级、助力社会工作者职业水平考试的宿州市考生一次性补助1200元、800元，对获得社会工作资格水平证书且在岗的社区专职工作者提高待遇。培育民间社会工作服务机构，实施社会工作服务机构牵手计划，帮扶宿州市社会工作机构提高服务能力和管理水平。

【防灾减灾救灾】 及时应对突发自然灾害。积极做好受灾群众救助。认真做好灾害应对和受灾群众救助，累计转移安置4.9万人，集中安置4600人，下拨受灾群众生活救助资金3830万元，紧急救助2.3万人。积极开展因灾倒损农房恢复重建工作，因灾倒损群众住房恢复重建工作在11月底提前完成，重建251户693间，维修加固889户2457间，投入恢复重建补助资金703万。

有效提升综合减灾能力。组织开展综合防灾减灾“十三五”规划中期评估工作，利用“5·12”防灾减灾日和“10·13”国际减灾日向约11万名群众宣传普及防灾减灾知识。建立灾害信息员数据库，录入信息员1546人。推进4个县中央预算内投资的救灾物资库建设，泗县库、砀山库、萧县库完成验收并投入使用，灵璧库通过竣工验收。

【优抚安置保障】 支持深化国防和军队改革。深化双拥工作。以创建双拥模范城（县）为载体，以基层双拥工作为重点，不断深化双拥工作，宿州市、泗县、灵璧县、砀山县、萧县再次表彰为省级双拥模范城（县），为2019年全国双拥模范城（县）打下坚实基础。推进双拥工作进基层，成立各级双拥组织，完善各级活动台账和工作制度，形成“上下一条线、左右连成片、层层有人抓、事事有人管”的双拥工作格局。

落实优抚安置政策。及时兑现优抚对象补助款，向1334优抚对象发放资金1731万元，走访慰问优抚对象870人，发放慰问金505万元。开展退役士兵技能培训，培训退役士兵1638人，规范技能培训实施程序，健全完善技能培训绩效评价体系，有效提高退役士兵参训的完成率和合格率。全市累计发放一次性经济补助金5200万元，自谋职业一次性经济补助金32万元，待安置期间生活补助费20万元。

【社会组织登记制度】 切实履行民政部门相关职责。发挥各党派人士统战作用。在民政工作推进过程中，市民政局局注重团结各党派人士，支持各党派人士基层组织开展调研，参政议政，发挥其积极作用，特别是主动与各党派人士的联系，开展交流活动，请他们参与行风评议的监督，并听取他们的意见建议，增进互相了解，多次邀请市政协领导指导民政加快养老服务业发展等重点工作。同时进一步拓展对口联系内容，邀请各党派人士参加市民政局的重大活动，集思广益，提高决策水平，接受民主监督，并认真采纳。进一步建立完善意见建议的反馈和通报制度，积极转变工作作风，认真听取和采取各党派人士的意见和建议，充分保障他们的民主权利。

加快社会组织健康发展。注重创新培育社会组织发展和管理方式，着力提升社会组织发展质量、激发社会组织活力，有力推进全市社会组织健康有序发展。全面落实社会组织直接登记制度，按规定领域全面实行直接登记。加快枢纽型社会组织培育发展步伐，成立社区枢纽型社会组织20个，实行5个县区全覆盖。加快孵化基地建设，通过“孵化”形式和规范运作，帮助一些未达到登记条件的社会组织解决基本办公设施、规范化建设服务等问题，培育其发展壮大，更好地参与到社会管理和建设。

·人力资源和社会保障·

【概况】 2018年，在市委、市政府的坚强领导下，市人社局坚持以人民为中心的思想，积极适应经济发展新常态，围绕“民生为本、人才优先”的工作主线，着力抓就业稳增收、抓保障惠民生、抓人才促发展、抓改革求作为、抓维权保和谐，出色地完成了各项工作任务。2018年，市人社局先后获得2017年度全市目标管理绩效考核优秀单位、2017年度全市综治工作（平安建设）考核先进单位、2017年度市直机关党建工作考核优秀单位、2017年双拥优秀单位、2017年度全市计划生育目标管理责任制考核特殊贡献单位、2017年度全市老干部信访工作先进单位、2018年度提案办理先进单位、2018年度全省电子商务职业技能竞赛优胜奖、2018年度全省首届家庭服务业职业技能竞赛团体二等奖等优异成绩,局领导班子在2017年度市直单位领导班子年度考核中被评为“好”等次,2名同志获省政府表彰为第二届全省就业工作先进个人。

【就业再就业工作】 2018年,全市城镇新增就业5.3万人,完成全年目标任务的170.97%;城镇登记失业率控制在2.6%,远低于4.5%的目标任务。积极搭建就业服务平台,加快建设返乡创业园等载体,就业创业服务质量进一步提升。开展“接您回家”活动,先后组织30多辆大巴车,接送2000余名外出务工人员返乡。认真履行牵头职责,坚决打赢脱贫攻坚任务,局长亲自挂帅,挂牌办公,制定落实《宿州市就业脱贫督查考核暂行办法》,坚持“月督查、月考核、月通报”,全市共帮扶15544名贫困劳动者实现就业,完成全年目标任务的210.2%,就业帮扶率100%。

【社会保障体系建设】 深入推进全民参保计划,全市城镇职工基本养老、失业、医疗、工伤和生育保险参保分别达30.06万人、20.68万人、32.8万人、25.7万人和20.1万人,分别完成全年目标任务的102.1%、100%、104%、100.8%和103%,城镇居民医保参保45.26万人;城乡居民养老保险当年缴费227.11万人,完成全年任务108.59%。加速推进机关事业养老保险制度改革,机关事业单位准备期清算工作在全省率先完成。继续实施社保缓费降率,为全市企业减负近7000万元。全面推开工伤保险省级统筹,继续实施同舟计划,城镇职工工伤保险制度进一步完善。扎实推进单病种付费方式改革,市立医院等三家医院正式启动按病种收费改革试点。建立巡查抽查长效机制,定点医疗机构服务逐步规范。全面推进跨省异地就医结算,全市城镇职工和居民跨省异地就医结算5029人次,基金支付比例达69.25%。社保基金运行安全稳健,组织开展社会保险经办机构内部控制专项检查,加大社保欺诈违法犯罪行为的事前预防、事中控制和事后联合打击力度,追回违规领取社保基金362.2万元。

【人才队伍建设】 2018年,全市招录公务员522名,2017年新招录公务员实现全员培训。落实技工大省建设政策,深入实施技能强市战略,大力开展“职业技能培训进万家”活动,全市脱贫培训、企业新录用人员培训和新技工系统培训分别为4067人、11987和1266人,完成全年目任务的159.4%、109%和105.5%,就业技能培训、企业职工岗位能力提升培训分别为0.88万人、1.62万人,分别完成全年目标任务的102.6%、115.7%。培养农村实用技能人才305人,选拔推荐省技术能手2人,开展职业技能鉴定2.29万人次。争取国家级公共实训基地1个、省级技能人才培养基地建设项目1个,全年培养高技能人才4634人。全市3名同志获得国务院津贴,1名同志获省政府津贴。8名同志被认定为2018年度安徽省战略性新兴产业技术领军人才。

【综合制度改革】 2018年,市人社局深化公务员管理制度改革,健全公务员培训机制,抓好公务员平时考核试点,强化考核结果运用。深化事业单位人事制度改革,完善事业单位岗位管理、人员聘用和公开招聘三项基本制度,建立岗位统筹管理和动态调控机制,全年全市招聘事业单位工作人员400余名。深化职称制度改革,细化各系列职称评审资格审核、评审工作程序,充分发挥各行业主管部门作用。及时调整市直机关事业单位遗属生活困难补助标准,市直机关事业单位死亡职工的遗属生活困难补助标准提高至每人每月560元,人均增资32元。建立阳光军转安置工作机制,28名计划分配的军转干部全部安置到各级党政机关、参公单位和政法系统,做到军转干部、部队和接收单位“三满意”。规范人事考试管理,加大技防、人防、物防,打造阳光诚信人事考试体系。

【和谐劳动关系建设】 坚持依法行政,妥善化解劳资纠纷,全市共受理劳动争议仲裁案件878件,结案率达97.6%。调解结案案件600件,调解率达70%。加大劳动保障监察执法力度,深入推行建筑领域农民工工资一卡通专用账户和打卡发放制度,开展“双随机一公开”执法检查和劳动用工执法检查专项行动,严厉打击拒不支付劳动报酬的违法犯罪行为,实施拖欠农民工工资“黑名单”管理和联合惩戒机制。2018年,处理拖欠农民工工资案件219件,金额9219万元,动用农民工工资保证金发放农民工工资1054万元。

【系统自身建设】 2018年,市人社局以习近平新时代中国特色社会主义思想为指导,全面贯彻落实党的十九大精神,扎实开展"讲严立"专题警示教育,推进"两学一做"学习教育常态化、制度化。

认真落实党建工作主体责任,层层签订党风廉政建设目标责任书,针对巡视、巡察反馈问题,深入开展以"查漏洞、抓反弹、补短板"为主要内容的"回头看"工作。强化党员管理,完成基层支部换届选举,基层党组织标准化建设扎实推进。加强窗口单位作风建设,组织开展全市人社系统行风、窗口作风专项整治活动。深入推进"互联网+人社"政务服务建设,"人社政务旗舰店"查询和办事功能全部开通,全市1000多个街道、社区、行政村开通养老保险待遇资格认证功能。社保卡"金保工程"二期稳步推进,全市累计持卡人数达到438万人,社保卡各项应用共开通102项。

(潘家林)

·居民生活·

2018年,宿州市全体居民人均可支配收入为18703元,同比增长10.0%,高于全省平均增速0.3个百分点,增速位居全省第5位。其中,城镇居民人均可支配收入为30100元,同比增长8.7%,与全省平均水平持平,增速位居全省第12位;农村居民人均可支配收入为11941元,同比增长10.0%,高出全省平均增速0.3个百分点,增速位居全省第4位。从居民收入构成来看,工资性收入、经营性收入、财产性收入和转移性收入四项均有不同程度增长,居民收入保持稳定增长态势。

2018年,宿州市居民消费价格总水平(CPI)同比上涨1.9%,比上年同期上涨0.6个百分点,低于全省0.1个百分点,全年处于温和上涨区间。其中,消费品价格上涨2.2%,服务项目价格上涨1.4%。

2018年,宿州工业生产者出厂价格(PPI)同比累计上涨2.8%,环比累计上涨0.9%;购进价格(IPI)同比累计上涨7.6%,环比累计上涨1.6%。

[责任编辑 王 敏]

园区建设

·宿州经济开发区·

【概况】 宿州经济技术开发区是2001年经安徽省人民政府批准成立的省级开发区。经开区规划建设面积30平方公里,行政管辖面积33平方公里,建成区面积25平方公里,辖1个办事处、5个社区,总人口约7万人。连续荣获“2016中国产业园区营商环境百强”“2017中国产业园区成长力百强”“2018中国园区创新力百强”等称号。

形成了生物医药首位产业,新材料新能源、高端装备制造主导产业的“1+2”产业结构。截至2018年底,规模以上工业企业49家,产值超亿元企业20家,战略性新兴产业企业15家,高新技术企业9家。

【经济社会发展概况】 2018年,在市委、市政府的坚强领导下,园区上下认真学习贯彻党的十九大精神和省委关于深入学习贯彻习近平新时代中国特色社会主义思想若干规定的精神,对标高质量发展要求,深入落实五大发展行动计划,按照“2+4+2”工作思路,大力实施“创新·项目·质量·环境·效能”提升工程,全力打好三大攻坚战,奋力推进改革发展,完成了全年各项目标任务。

原料药制造获批第三批省重大新兴产业工程,填补了园区在省重大新兴产业工程的空白;投资10亿元、建设面积22万平方米的宿州生物医药科技园开工建设,加快园区首位产业提档升级、发展壮大;经开区荣获“2018中国产业园区创新力百强”称号。新宇药业、安特食品、中粮生化、锦乔生物4个首位产业项目入围全市工业项目纳税十强。

【经济发展情况】 2018年,经开区实现财政收入9.82亿元;工业投资4.6亿元,增长1.7%;规上工业总产值66亿元,增长12.2%;规上工业增加值13.28亿元,增长6.7%;社会消费品零售总额15.34亿元,增长12.2%;利用外资3055万美元;进出口总额7221.6万美元,增长17.19%;战新产值25.83亿元,增长12%;高新技术企业产值18.33亿元,增长23.14%。招商引资到位资金58.1亿元。

【社会事业情况】 聚焦脱贫出列。帮扶蕲县镇大江村建设120KW光伏发电项目,并网发电,全年稳步收入10万元以上;对300平方米村民活动中心进行室内装修和功能完善;拨付帮扶资金44万元,用于扶贫项目及基础设施建设;“扶贫日”募集善款50余万元;创建扶智爱心书屋,捐助图书700余册。全体包保人员定期入户走访,宣传政策、打扫卫生、谈心做饭,做到既身入更心入,2018年顺利通过脱贫出列考核验收。

全力文明创建。全面掀起创建工作高潮,投入资金约3000万元,全方位实施主次干道绿化、亮化、美化工程,背街小巷基础设施更加完善,园区面貌焕然一新。成立了8支专业志愿者服务队,园区志愿者总人数达3000余名,开展各类志愿者活动380余场次,参加及受益人数4000余人,助力全市创建工作。

改善民生福祉。完成城镇新增就业3410人,城乡居民社会养老保险续保缴费9097人,累计培训各类技能人员650余人,办理被征地农民养老保险11387人,养老金发放率100%,追回企业拖欠职工工资和生活费用1241万元。实现计划生育奖扶政策覆盖率100%,农(居)民子女高考升学奖励政策覆盖率100%。全面完成创森任务。推进“平安园区”建设,重要时间节点和重大活动期间信访维稳举措有力有序。百丽富通、白马置业等历史遗留问题得到有效化解。聘请专业“安全管家”“环保管家”,为园区安全生产、环境保护工作保驾护航。

【园区规划建设】 突出规划引领,全面完成经开区中心区、生化医药园区及东部片区控制性详细规划编制和报批,实现园区控制性详细规划全覆盖。紧紧抓住宿州市城市总体规划修改机遇,对园区内涉及的规划问题进行全面梳理,通过总体规划修改,解决了当前和以后发展问题。中心区雨水、污水、排水完成专项规划编制,近期组织汇报、评审。加快园区基础设施建设,列入市城乡建设指挥部调度的11项重点工程,全年完成投资约7.54亿元,上报省住建厅的475套城镇保障性住房全部开工建设,完成房屋征收面积46.6万平方米。千亩苑安置区、宋刘安置区、水岸新城小区正在加快建设,化工园区消防站进行竣工验收前准备工作。生物医药科技园GMP厂房主体封顶3栋;东部标准化厂房主体封顶4栋。工业园区污水管网全部建成,实现雨污分流;供热管网通达用气企业;供水能力2.5万吨供水二厂基本建成,新建供水管网30公里。污水处理厂、自来水厂PPP项目有序推进。

【招商引资政策及成果】 坚持精准发力,招商引资成效显著。完善招商制度,选聘有经验、有渠道的专业人士为招商顾问并制定《招商顾问聘任办法》,提高招商精准性。加大招商力度,全年外出招商310余次,拜访企业650余家,开展“金秋招商大会战”活动,集中时间和精力,发起招商冲刺。围绕生物医药首位产业招商路线图,紧盯环渤海、长三角、珠三角三大生物医药产业集群区,抓牢产业链带动性强的龙头项目,走“大项目—产业链—产业集群—产业基地”发展之路,2018年新签约天奇药业等生物医药项目12个。设立“生化医药评审咨询专家库”,把环境保护、安全生产、科技含量、市场前景、亩均税收摆在重要位置,从源头上把准生物医药项目入口关。加大产学研对接转化力度,初步与中国药科大学基础药学临床医学院、中国科技大学生命科学院、安徽大学生命科学院、中科院合肥创新院等科研院所建立合作关系,用先进的科技成果嫁接、改造和提升园区的生物医药产业,培育发展新产业,提高园区企业的科技创新能力。创新招商方式,通过链式招商、平台招商、以商招商、零地招商等方式,全年签约天奇药业、北京远大洪雨防水新材料等项目28个,协议引资超50亿元。其中亿元以上项目18个。项目全部建成后,可新增产值超90亿元,税收8亿元以上。近期深圳手机产业链组团投资项目、中科弘力智能空调、香港伟崇生物等10余个优质项目即将签约。

坚持项目为王,项目建设质效并进。继续坚持“五包六帮”“四督四保”工作制度,实施现场调度与会议调度相结合,解决好谋划项目“最先一公里”、项目落地“最难一公里”、项目竣工“最后一公里”问题。谋划省亿元以上项目32个,总投资152.41亿元,2018年度计划投资16亿元,全年可完成18亿元,超额完成目标任务。获批融资授信13.7亿元,实现融资到位资金9.4亿元。主板目标企业新宇药业正在进一步优化材料,规范手续,计划2019年3月底再次申报;新三板挂牌目标企业大盘特种装备,计划与长江证券签订辅导协议,进行财务规范整理;将科技含量高的紫金新材料、雪龙纤维、达铭实业等企业纳入上海证券交易所科创板上市重点后备企业库。加快经营状况好、财务管理全、发展潜力大的规模以下企业培育力度,总投资3.2亿元的乐尔环保新材料、吴越精化等4个项目申报“四上”企业库。质量提升成效明显,新获4个(累计14个)安徽省名牌产品,新获1个(累计2个)苏浙皖赣沪四省一市名牌产品。持续挖潜增效,对“停慢退”企业进行全面摸排、分类施策,清理项目5个,腾出土地500余亩;通过新招项目盘活闲置厂房约2万平方米。全年新开工建设胜龙新材料、絮金环保等32个项目,竣工投产伊维特半导体气体、远泰精化等26个项目。

坚持主动服务,营商环境显著优化。加大已投产项目扶持力度,促进企业转型升级。新区融资担保公司为60家企业提供126笔帮助企业提供担保约6.82亿元,在保余额约4.5亿元,公司主体信用评级由2017年的BBB级升级为A级(A^-);新区建投集团公司主体信用评级由$2A^-$升级为2A。新区小贷公司立足园区面向全市,为小微企业提供过桥资金约8.37亿元、贷款资金约5485万元,有效扶持小微企业生产经营。积极开展企业防范和处置非法集资工作,化解不良贷款1996万元。主动靠前帮助解决企业融资难问题,兑现160余家企业税收优惠资金2.87亿元;农行金穗惠工贷1498万元、徽银专项贷5300万元支持企业发展。常态化推进“四送一服”双千工程,累计开展各类政策宣讲50余场次;印制涉企优惠政策汇编1000余册;各级党员干部调研企业280余家次,问题办结率100%。做好四经普工作,共清查录入有效单位2565家、个体户2495家,单位及个体户行业编码工作已基本结束,正在对清查单位进行审核修订,为下一步正式普查打好坚实基础。

【主要产业介绍】 经开区形成了生物医药首位产业,新材料新能源、高端装备制造主导产业的“1+2”产业结构。截至2018年底,规模以上工业企业49家,产值超亿元企业20家,战略性新兴产业企业15家,高新技术企业9家。

生物医药产业:生物医药产业园批准面积7.14平方公里,建设成为具有集中供中压蒸汽、管道燃气、污水集中处理及双回路供电的园区。安特食品、新宇药业、亿帆药业等50余个项目入驻园区,投资总额近百亿元。2016年9月,经开区生物医药战略性新兴产业集聚发展基地获批成为第一批市级战新产业集聚发展基地;2018年8月,总投资约10亿元,占地252亩、建筑面积约22万平方米的生物医药科技园开工建设,计划2019年8月底一期建成;2018年11月,原料药制造入选第三批省重大新兴产业工程。

新能源新材料产业:紫金科技、冠军瓷砖、首文软磁材料、伊维特电子气体等近20个项目已入驻,投资总额70余亿元,逐步形成以金属新材料、电子信息新材料、新能源电池等为核心的产业链和配套体系。

高端装备制造产业:重点做大做强高端装备机械、矿山机械、电工电器、金属制品等制造产业,目前已入驻大盘特种装备、电光防爆等企业40余家。

【园区大事】 1月,科立华化工、新宇药业、维多食品、华康医药等4个品牌获得2017年度“安徽省名牌产品”称号;宿州国际大酒店作为第七批安徽省服务标准化试点项目获批建设,是继国电宿州供电公司和宿州神龙汽车检测有限公司承担的省级服务业标准化试点项目高分通过验收后,第3个获批建设的省级服务业标准化试点项目;新宇药业股份有限公司、宿州中粮生物化学有限公司、安徽锦乔生物科技有限公司等3家经开区企业被评为2017年度宿州市工业十强纳税企业。

1月25日,宿州经济技术开发区荣获“宿州市创建安徽省节水型城市先进集体;社会事业局沈莉和王冬冬荣获宿州市创建安徽省节水型城市先进个人”的称号。

2月7日,国网安徽省电力有限公司宿州供电公司、宿州市神龙机动车检测有限公司荣获“安徽省服务业标准化试点评估示范(合格)单位名单”的称号。

4月8日,宿州经济技术开发区荣获“中国梦劳动美宿州篇章——学习贯彻习近平新时代中国特色社会主义思想和党的十九大精神”全市职工演讲比赛优秀集体的称号。

4月18日,宿州经济技术开发区荣获“2017年度深化改革考核先进单位”的称号。

7月22日,宿州经济技术开发区荣获“2018中国产业园区创新力百强”的称号。

8月1日,投资10亿元、建设面积22万平方米的宿州生物医药科技园开工建设,加快园区首位产业提档升级、发展壮大。

8月6日,宿州经济技术开发区荣获“2017年度双拥优秀单位”的称号。

8月14日,宿州经济技术开发区徐男男家庭荣获“安徽省五好家庭”的称号。

8月,经开区亿帆药业有限公司等7家企业荣获省级节水型企业(单位)称号。

8月20日,宿州经济技术开发区陈娟荣获“2018年安徽省最美家庭的称号”。

9月10日,宿州经济技术开发区获批正式加入“中国开发区协会”。

9月,新宇药业股份有限公司、达铭实业(宿州)股份有限公司、安徽中元化工集团有限公司、安徽江淮重工机械有限公司、宿州中粮生物化学有限公司5家企业的商标为2018—2021年安徽省著名商标。

10月11日,宿州经济技术开发区企业:中元化肥荣获“2017年度苏浙皖赣沪名牌产品100佳”的称号。

10月23日,宿州经济技术开发区荣获“2017年度全市计划生育工作先进园区”的称号。

10 月 30 日，宿州经济技术开发区妇工委荣获“全省妇联系统先进集体”的称号。

11 月，宿州经济技术开发区企业：达铭实业（宿州）股份有限公司的“智能穿戴心电检测仪项目”荣获 2018 年“创响中国”安徽省创新创业大赛二等奖。

11 月 14 日，“原料药制造重大新兴产业工程”成功入选安徽省发改委第三批省重大新兴产业工程，项目的获批填补了经开区在省重大新兴产业工程的空白。

11 月 14 日，安徽安特食品股份有限公司、安徽大盘特种装备车辆有限公司、安徽紫金新材料科技股份有限公司、宿州国际大酒店有限责任公司荣获“2018 年度安徽名牌项目”的称号。

12 月 20 日，2.5 万吨供水二厂建成供水，进入试运行供水阶段，新建供水管网 30 公里，结束了经开区化工园区无自来水的历史。

【荣誉】 宿州经开区获多项荣誉。

宿州经开区荣誉榜

荣誉获得者（单位或个人）	荣誉称号	授予单位
科立华化工、新宇药业、维多食品、华康医药	2017 年度“安徽省名牌产品”称号	安徽省名牌战略推进委员会办公室
国网安徽省电力有限公司宿州供电公司、宿州市神龙机动车检测有限公司	安徽省服务业标准化试点评估示范（合格）单位	安徽省质量监督局
宿州经济技术开发区	2018 中国产业园区创新力百强	《中国企业报》集团、中国企业十大新闻评选委员会
徐男男家庭	安徽省五好家庭	安徽省妇女联合会
陈娟家庭	2018 年安徽省最美家庭	安徽省妇女联合会
新宇药业股份有限公司、达铭实业（宿州）股份有限公司、安徽中元化工集团有限公司、安徽江淮重工机械有限公司、宿州中粮生物化学有限公司	2018 年～2021 年安徽省著名商标	安徽省著名商标评审委员会
中元化肥	2017 年度苏浙皖赣沪名牌产品 100 佳	江苏省质量技术监督局 安徽省质量技术监督局 浙江省质量技术监督局 江西省质量技术监督局 上海市质量技术监督局
宿州经济技术开发区妇工委	全省妇联系统先进集体	安徽省妇女联合会
达铭实业（宿州）股份有限公司“智能穿戴心电检测仪项目”	2018 年“创响中国”安徽省创新创业大赛二等奖	“创响中国”安徽省创新创业大赛组委会
安徽安特食品股份有限公司、安徽大盘特种装备车辆有限公司、安徽紫金新材料科技股份有限公司、宿州国际大酒店有限责任公司	2018 年度安徽名牌项目	安徽省名牌战略推进委员会
宿州经济技术开发区原料药制造产业	安徽省“三重一创”第三批省重大新兴产业工程	安徽省推进“三重一创”建设工作领导小组办公室

宿州生物医药科技园鸟瞰图

·宿州马鞍山现代产业园区·

【概况】 宿马现代产业园区,位于宿州市东部,是在省委、省政府振兴皖北的战略部署下,依托京沪高铁宿州东站规划建设的现代产业园区。2011年5月,宿马现代产业园区正式挂牌,2012年1月,经省人民政府批准成立,由马鞍山、宿州市合作共建,属安徽省纳入开发区管理的特别政策区,托管埇桥区东部新城行管会,共11个行政村,托管面积105平方公里。建成核心区面积15平方公里,有常驻人口7万多人,生产性和生活性配套基本齐全。

【经济总量】 宿州、马鞍山两市领导关怀备至,各项经济指标稳中有进有突破,园区狠抓招商引资增进量,强化项目服务促实效,集聚经济发展最大动能,开启了赶超进位的新局面。2018年全年财政收入完成5.9亿元,同比增长23%,规上工业增加值完成9亿元,同比增长18.8%。固定资产投资完成32.7亿元,同比增长23.1%,工业投资完成11.4亿元,同比增长32.6%。其中,工业投资工业总产值完成50.4亿元,同比增长19.8%。荣获了中国产业园区成长力百强、全市深化改革考核先进单位、工业经济"3111"工程先进单位等10余项荣誉称号。

【产业结构】 园区加快传统产业转型升级步伐,更加注重高质量投资、高水平产业、新型业态产业承接力度。积极抢抓大数据发展新机遇,高位建成智能终端产业园,用于承接从核心部件到品牌产品、从硬件生产到软件研发的全产业链条。启动并部分建成标准化厂房约30万平方米(投入使用约10万平方米),新落地建成智能终端产业园,入驻鑫华通、亚高斯、耀阳电子等11个项目(投产3家),主导产业转型升级取得实质性进展,总投资30多亿元。绿色食品和高端装备制造产业园新签约13个项目,启动建设16.9万平方米标准化厂房(食品和机械产业园)。龙头性项目有较大突破。年税收约3亿元的马钢皖北循环经济产业园成功落地,与绿地集团再度成功携手,绿地产业园项目成功签约。全年新签约项目61个,新开工项目39个,建成项目26个。

【招商引资】 龙头性项目有一定突破,年税收约3亿元的马钢皖北循环经济产业园成功落地。与上海绿地集团再度成功携手,打造绿地产业园项目,用于建设总部经济园、科技产业园、仓储物流园建设。2018年,园区新签约项目63个,其中,工业项目42个(用地项目13个,入驻标房项目29个)。亿元以上项目21个,协议引资近150亿元。

【项目建设】 总投资约30亿元的上海泰盛集团项目,预计9月份投产,新增12条后加工生产线,进入试运营阶段。昌隆食品机械、PE管生产、耿耿物流等项目顺利开工,驿品休闲、鑫达润电子科技等一批项目成功投产,正新食品(二期)、粮生宝(一期)等一批项目如期建成,得时呼叫中心、恩信科技等平台稳步运营,笃舜智能制造、鹿鹿食品等项目市场效应较好。

【城市建设】 12个重点城建项目完成投资21.5亿元。绿地城项目建设如火如荼,6400平方米展示中心投入使用,住宅和商业区拔地而起。宿城一中宿马学校9月份投入使用。中原航空职业学院主体工程全部建成,计划今年招生运营。3020套保障房序时推进。水、电、气、路网等基础设施逐步完善。"八化"环境整治提升行动成功助力文明创建。

【企业服务】 出台《宿马园区项目包保工作实施意见》《宿马园区"四送一服"双千工程实施意见》,制定全程代办制和全员分组包保服务制,从项目签约到投产全过程包保,重点解决项目融资、招工、土地等要素保障难题。在资金上,全年帮扶鹿鹿食品、驿品休闲等15家企业争取对上资金1435万元,园区产业基金帮扶新熙萌等18家企业解决3.4亿元融资难题，为20家中小企业担保28笔业务，在保余额1.89亿元。在基础要素上，保障泰盛集团等项目用地1980亩，帮助正新食品等企业解决招工1900多人，从严抓好企业安全生产和环境保护工作，企业满意度进一步提升。

【社会事业】 园区民生类支出4.37亿元，同比增长8.4%，占财政支出91.4%。精准脱贫扎实推进，年度脱贫任务序时完成，扶贫工作队伍配齐配强，扶贫走访序时开展，金融扶贫、产业扶贫等工作扎实推进，危房改造、光伏扶贫等工作高效落实。农村环境“三大革命”工作序时开展，信访维稳机制逐步建立健全，社会稳控工作常抓不懈，环保工作从严落实。

【园区建设】 全年，宿城一中宿马学校、中原航校、路网等12个重点城建项目，完成投资21.5亿元。城市配套逐步完善，绿地城住宅区拔地而起，2000多套住宅五次开盘均实现一小时内售罄，人气带动效应较为突出。仅用10个月建成宿城一中宿马学校，可容纳学生2500多人。皖北地区唯一一家航空学校中原航校项目，主体工程竣工，配套建设正在加快推进，预计上半年启动招生。17万平方米的绿色食品和机械装备制造产业园建设快速推进，1万余米路网建设进一步完善，“八化”环境整治提升行动成效显著。

【创新引领】 全年高新技术产业产值完成14.5亿元，同比增长27.3%；高新技术产值占规上工业产值比重为36.6%，新增国恩食品机械、顺和生物、瑞康生物等3家高新企业；园区投入研发经费3135.6万元，同比增长166.2%，新增各类发明授权22件。企业创新发展捷报频传，3D打印技术研究院被评为安徽省引才平台奖补对象；安徽体贴三维科技有限公司被评为宿州市高层次科技人才团队；安徽新熙盟生物科技有限公司楼慧强教授为引进高层次人才资助人选；宿马园区互联科技众创空间被评为2017年度市级众创空间；安徽至诚和信食品科技有限公司（高品质低温肉制品深加工创新团队）和安徽新熙盟生物科技有限公司（安徽新熙盟生物发酵产业创新团队）获评皖北产业创新团队。

2018宿州高铁经济发展高峰论坛在宿马园区举行

【文明创建】 园区成立精神文明创建指导委员会，制定园区文明创建“十项行动”实施方案、“八化”整治提升行动方案等制度，实行“2+3-5”报告、督查、调度机制，全年召开专题调度会26次，列支专项经费强化保障。通过网上和网下宣传相结合方式，持续营造浓厚创建氛围。高铁站前广场公共秩序更加规范有序，启动站前广场改造提升项目，补划、增划停车泊位166个，增设停车位100个，专门增加20名交通协管员，严肃查处黄牛等交通乱象，各志愿服务支队累计开展活动100余次。

宿马园区绿地科技产业园项目签约成功

【基层党建】 坚持“支部建在连上”思想，将机关党支部及时组建在业务部门内部，实现支部力量由4个升级为8个，进一步推动支部建设和业务能力“双提升”。非公党建取得新成效，2018年，园区3D打印技术研究院，荣获省组织部评选的宿州市唯一一家全省引才平台荣誉。加强党员教育管理，举办入党积极分子暨发展对象培训班、基层党建业务暨新任村“两委”干部培训班等专题学习活动。坚持基层党建月清单、月督导、季考核，持续提升基层党建工作质量和成效。

·高新区建设·

【概况】 宿州高新区于2013年2月经省政府批复成立,是安徽省云计算产业集聚发展基地,首期规划7.4平方公里,总体管辖28平方公里,致力于发展云计算、智能制造主导产业,培育半导体、石墨烯、量子通信等新兴产业。2018年完成"3111"工程产值161.5亿元、增幅26%,财政收入5.33亿元、增幅33%,固定资产投资38亿元、增幅17%,规上企业产值58亿元、增幅20%,招商到位内资49亿元、外资7218万美元。

高新区近年发展得到了中央、省市领导的高度认可,位列"2018中国园区成长力100强"全国第14位,跻身改革开放40年中国开发区竞争力"最具投资价值开发区"榜单,成功举办中国IT创新年会、华为云产业高峰论坛、第一届国际云安全大会等国际国内大会,叫响了宿州"中国云都"名片。

【招商引领】 坚持干净创业理念,专注于云计算、智能制造双首位产业,重视产业研究,促进集群集聚发展。通过建立招商小分队、召开招商推介会等方式,瞄准北京、上海、深圳等重点城市,开展产业精准招商,主动争取一线企业在宿州落地布局,积极承接沿海制造产业转移。与网易达成战略合作,与新浪、百度、京东、360、九次方、优刻得、银河水滴、熊猫直播等一线企业建立工作联系,月均接待来访企业30余批次。

【项目驱动】 坚持快乐工作理念,专注于服务民营企业发展,关注企业成长,推动新兴产业项目落地开花结果。大新专项目完成投资53.8亿元,新开工项目34个、新竣工项目29个、报省项目17个,全面完成全年目标任务;新增民营企业数239家、高新技术企业5家。亮新光电、全民直播、塔奇影视、灵显电子等项目完成装修,进入生产阶段;左右家私、美为食品、华光电子、鸿楷电子、光线传媒、瑞美药业等项目加快推进,即将投产达效。

【建设提速】 坚持优化配套服务,加快各类基础设施建设,推动独特产业本色、生态绿色底色、宜教宜医彩色、宜住宜乐特色"四色园区"加快建设。网易创新中心、工投云计算、新型标准化等厂房即将投入使用,众创空间、中欧工业产业园等产业园加速建设,四季花海、唐河景观带、河道综合整治等生态项目进场施工,美术馆、智慧村、九年一贯制学校、肿瘤医院等配套项目开工建设,邻里中心加速装修,安置房逐步交付,入园配套服务逐步完善。

【环保优先】 坚持环保优先原则,加大生态创建和环境保护力度,园区环境质量持续向好。严格项目准入,逐企建立环保档案,严格执行环保"三同时"制度,确保投产企业符合环保要求。扎实开展大气污染防治、水污染防治等各项整治工作,实施秸秆禁烧,不断加力工作举措,优化园区生态环境。对接市城管局汴北污水处理厂管网建设,实现污水全收集、全处理。

【云计算及其相关企业】 900余家云计算及其相关企业在高新区扎根发展,形成完善的云计算全产业链。"基础云"建成4万平方米数据机房,政务云、教育云等智慧城市业务全部迁上"宿州云端";"平台云"引进华为、金山数十家龙头企业,为入驻企业提供一站式云服务;"应用云"形成动漫渲染、手机游戏、生物医疗、电子商务、终端制造等特色板块。2018年完成基地全口径产值161.5亿元、增幅26%,财政收入5.33亿元、增幅33%。

全力建设宿州"三朵云"全产业链,率先发展"基础云",在建10万平方米、1.6万个机柜的IDC机房,建成4万平方米、布置机柜近5000个,具备承接华东地区大数据服务的能力。注重建设"平台云",华为、浪潮数十家龙头企业业务扎实开展,为入驻企业提供一站式云服务。全面开发"应用云",集聚新材超算、国信优易等数百家创新型企业蓬勃发展,形成10余个云计算应用特色板块。特别是招商落地企业多为知名民营实体,市场化程度高、创新能力强、发展潜力大,形成"政府引导、企业唱戏、市场化运营"良性发展机制。

【IDC机房建设】 自2012年开始,首批引进北京世纪互联公司。该公司在美国上市,在国内主营第三方数据机房,现有运营IDC机房50余个,除三大运营商外,在IDC市场占比28%,为BAT(百度、阿里、腾讯)提供服务,与微软有战略合作,在宿州布置机柜超1000个,为众多企业提供公有云服务。

宿州高新区与中国电信共同组建数据公司，共建2万平方米数据中心，布置机柜3000个，主要用户有华为公有云、华为荣耀手机云、浪潮云、金山云及宿州政务云、省气象云、江淮汽车云等不同类型云服务。

【应用型企业发展】 互联网企业正处于百花齐放的阶段，基于大数据处理分析和网络的快速发展，众多创新型企业不断涌现，宿州高新区集聚形成了动漫渲染，电子商务，生物基因，呼叫服务，手机游戏，网红经纪，电子竞技，大数据分析，智能制造，AR、VR，区块链，智慧城市及5G板块12个云计算应用特色板块，异彩纷呈。

［责任编辑　赵红萍］

县　区

·埇桥区·

【概况】 埇桥区位于安徽省北部，与苏鲁豫三省接壤，为宿州市唯一市辖区，也是全市政治、经济和文化中心，地处黄淮海经济区腹地，东邻陇海产业带、南邻皖江城市带承接产业转移示范区、西邻中原经济区、北邻徐州经济圈。享有“中国书法之乡”“中国马戏之乡”“中国烧鸡之乡”美誉，是“国家现代农业示范区”“国家农村综合改革实验区”。

埇桥区古称甬桥镇，历史悠久，但建区时间不长，系由县级宿州市演变而来。自唐宪宗元和四年(809年)置宿州起，即为历代州、县、区治所。民国元年(1912年)废宿州改为宿县。中华人民共和国成立后，宿县隶属安徽省宿县地区。1992年底，宿县和宿州市(县级)合并为宿州市(县级)。1998年12月6日，经国务院审批同意“撤销宿县地区和县级宿州市，设立地级宿州市和埇桥区”。

2018年末，全区总户籍人口191.82万人(包含金海开发区、宿马园区和高新区的大口径埇桥区数据)，其中：出生人口2.79万人，出生率为14.54‰，自然增长率为8.4‰。常住人口174.3万人，城镇化率42.74%。

【行政区划】 全区辖大营镇、永镇乡、蕲县镇、桃园镇、大泽乡镇、芦岭镇、大店镇、朱仙庄镇、西二铺乡、符离镇、灰古镇、蒿沟乡、苗庵乡、桃沟乡、时村镇、永安镇、支河乡、夹沟镇、曹村镇、杨庄乡、栏杆镇、解集乡、褚兰镇、顺河乡24个乡镇和三里湾街道、埇桥街道、北关街道、西关街道、南关街道、东关街道、道东街道、沱河街道、城东街道、三八街道、汴河街道、北杨寨行政管理区12个街道(行管区)，298个行政村、66个社区。

【位置面积】 埇桥区位于淮北平原，北纬33°20′～34°02′，东经116°59′～117°20′。东临宿州市灵璧县，南接蚌埠市固镇县、怀远县，西靠淮北市，北与江苏省徐州市接壤。地处苏、鲁、豫、皖四省交界区域，淮海经济区的中东部，东部沿海经济发达地区向西部内陆的过渡地带。辖境南北长91千米，东西宽44千米，土地面积2907平方千米，常用耕地面积14.2万公顷。交通便利，京沪铁路、合徐高速、206国道纵贯南北，5条省道穿境而过。

【山脉河流】 埇桥区北部和东北部，分布有岛状低山残丘，系淮阳山脉余脉。全区有大小387座山，以徐州为中心，呈扇状向东南和西南方向继续延伸75千米左右。高度一般在100～200米之间。其分布情况：黄山位于符离镇西部，黄山西部依次排列高皇山、蛇山、龟连山。符离镇的东北部依次排列灵鹫山、灵蛇山和灵寺山。符离镇正东部有马山，再向北有乾山，乾山西部是定陶山，再向西依次排列着三山、四山和离山。符离镇北部有力顶山。

八山、青山位于夹沟镇南部。青山南部是尖山。尖山东部是鹤山，偏东南部是二郎山。夹沟镇西部是芳岩山，再向西有孤山、唐山，以及镇疃寺林场附近诸山。夹沟镇北部有丰山，丰山西部是龟山。

曹村镇周围皆山。西南部有秦山、武里山。正南部有茭山。西北部有大山口、小山口、齐山。正北部有马弯山、桃山、庙山、瞻凤山、望山。东部有大黄山、鱼山、陈疃山、尚山、白虎山。

褚兰镇南部有桂山、东平山、广龙山、马山、夏幢山、墓山孜。东南部有九顶山、梅山。北部有鲁山、宝光山、湖山等。

栏杆镇偏北部有凤凰山。东北部有宣山、青铜山、蝙蝠山、大龙山、张山、香山。栏杆镇解集南部有黑风岭、塔山、贡山、藕塘山、巍山。栏杆正南部有孙寨山、柏山,柏山北部有孟寨山、石河山。

时村镇西北部有刁山、葛山。

埇桥区河流可分为3大水系:濉河水系,包括濉河支流和奎河支流;新汴河水系,包括其支流;淮河水系,包括浍河及其支流澥河等。境内河道主要有8条:澥河、浍河、沱河、新汴河、萧濉引河、濉河、奎河、萧濉新河。

流经全区的大小河流有20多条,河道总长400多千米。自南而北依次有:澥河、浍河、浍澥新河、运粮河、沱河、小黄河、新汴河、新河、唐河、濉河、萧濉引河、股河、双庆河、方河、欧河、新霞河、韩河、奎河、阎河、孤河、灌沟河、郎溪河、拖尾河等。在诸河流中,南部以浍河为主,浍河支流有澥河、浍澥新河、运粮河。中部以濉河、新汴河为主,濉河支流有西唐河(新河上源)、股河、双庆河、萧濉引河;新汴河支流有沱河、小黄河、新河、唐河。北部以奎河为主,其支流有方河、欧河、新霞河、韩河、阎河、孤山河、灌沟河、郎溪河、拖尾河。

【经济运行情况】 2018年,埇桥区地区生产总值(生产总值、各产业增加值和人均生产总值按小口径的当年价格计算,增长幅度按小口径可比价格计算)427.76亿元,按可比价格计算,增长9.0%。其中:第一产业增加值60.1亿元,增长3.3%;第二产业增加值161.6亿元,增长10.1%;第三产业增加值206亿元,增长10.3%。三次产业结构之比为14.0∶37.8∶48.2。人均生产总值25038.7元,比上年增加1726.64元。

全年财政总收入44.48亿元,比上年增长16.06%;地方财政收入25.61亿元,比上年增长14.44%,其中,税收收入17.4亿元,非税收入8.2亿元;财政支出82.9亿元,比上年增长20.72%。从重点支出项目看,教育支出增长10.3%,农林水事务支出增长30.4%,医疗卫生和计划生育支出增长17.08%,社会保障和就业支出增长77.04%。

全年城镇新增就业1.8万人,安置下岗失业人员再就业0.94万人,就业困难人员再就业0.06万人,转移农业劳动力1.62万人。年末城镇登记失业率3.5%。

全年居民消费价格(CPI)比上年上涨1.9%。其中,食品烟酒价格上涨2.2%,衣着价格上涨1.3%,医疗保健价格上涨2.5%。

农业(农业数据为小口径埇桥区数据,不包括开发区、宿马园区和高新区)方面:

2018年,埇桥区全年粮食播种面积21.9万公顷,比上年减少2.2%。其中,小麦面积13.78万公顷,减少2.1%;油料种植面积0.36万公顷,增长2.8%;棉花种植面积0.02万公顷,增长3.5%;蔬菜及食用菌种植面积1.9万公顷,增长5.5%。

全年粮食产量119.5万吨,比上年减少4%。其中,夏粮产量79.2万吨,减少5%;棉花产量0.02万吨,增长2.6%;油料产量1.7万吨,增长4.1%;蔬菜及食用菌产量80.7万吨,增长7%。

全年肉类总产量12.4万吨,增长6.9%;水产品产量1.4万吨,增长9.6%;禽蛋产量5.6万吨,增长7.7%。

全年农用化肥施用量(折纯)6.9万吨,下降1.4%。其中复合肥5.2万吨,下降1.8%。农村用电量4.4亿千瓦时,增长7.3%。

年末,全区农业机械总动力232.36万千瓦,增长1.82%,大中型拖拉机保有量0.92万台,减少27.42%,联合收割机保有量0.89万台,增长3.78%,拖拉机配套比1∶3.2,耕种收综合机械化水平达到90.2%。

全年耕地灌溉面积(灌溉面积相关数据为大口径数据,即包括市开发区、宿马园区、高新区的数据)123.02千公顷,新增耕地灌溉面积1.01千公顷;节水灌溉面积33.67千公顷,新增节水灌溉面积1.4千公顷。

工业和建筑业规模以上工业增加值(2011年国家统计制度改革,规模以上工业统计范围为年主营业务收入2000万元及以上的企业;固定资产投资统计范围为计划总投资500万元及以上项目和房地产)增长11.2%。规模工业总产值同比增长16.96%;产销率为99.53%。全年战略性新兴产业增长20.6%。农产品加工产值增长14.3%。

年末,全区规模以上工业企业372家,比上年新增18家。其中,农副食品加工业完成67.3亿元,同比增长9.6%;纺织服装业完成65.8亿元,同比增长12.7%;板材家具业完成107.3亿元,同比增长21.9%;医药化工业完成50.8亿元,同比增长

41.1%;新型建材业完成110.9亿元,同比增长16.3%;机械电子业完成11.8亿元,同比增长26.8%。

规模以上工业统计的主要产品产量中,小麦粉增长4.47%,酒精减少26.16%,人造板增长19.38%,水泥增长47.81%,服装增长8.4%,家具增长12.74%。

全年规模以上工业企业实现主营业务收入501.2亿元,增长2.6%;实现利润38.4亿元,增长27.5%。

全年建筑业总产值184.79亿元,增长20.52%。房屋建筑施工面积658.92万平方米,增长22.33%。

固定资产投资方面:全年固定资产投资(2011年国家统计制度改革,规模以上工业统计范围为年主营业务收入2000万元及以上的企业;固定资产投资统计范围为计划总投资500万元及以上项目和房地产)比上年增长12.0%。其中,城镇、农村固定资产比上年增长28.21%。全年工业投资比上年增长19.55%。

全年房地产开发投资减少0.15%。年末商品房销售面积减少20.06%。

国内贸易和对外经济方面:全年社会消费品零售总额136.96亿元,比上年增长13.1%。其中,限额以上消费品零售额58.73亿元,增长24.9%。分城乡看,城镇零售额60.38亿元,增长23.1%;乡村零售额76.58亿元,增长6.3%。

全区批发业商品销售额218.64亿元,同比增长11.5%;零售业商品销售额342.22亿元,同比增长16.2%;住宿业营业额1.72亿元,同比增长13.8%;餐饮业营业额22.48亿元,同比增长14.9%。

全年进出口总额1.7亿美元,比上年增长5.15%。其中,进口总额0.39亿美元,减少16.54%;出口总额1.3亿美元,增长13.91%。

全年实现招商引资到位资金219亿元,完成全年目标任务的103%;新增报省项目56个,新增到位资金91.76亿元。

交通、邮电和旅游方面:全社会公路货物运输量6160万吨,货物周转量1232182万吨,公路客运量419万人,旅客周转量16779万人。

年末移动电话用户133万户;互联网用户达到28万户(小口径埇桥区数据,不包括开发区、宿马园区和高新区)。

金融年末,全区金融机构人民币存款1086.11亿元,增长14.5%。金融机构贷款余额843.19亿元,增长17.2%。金融机构存贷比77.63%,比上年提高1.79个百分点。

教育、科学技术和文化方面:年末全区有普通中学75所,在校中学生81916人;小学252所,小学专任教师7556人,在校小学生158988人,其中:女生72651人。

高新技术企业19家,当年新增5家;全年专利申请1701件,其中发明专利申请931件。市级以上科技计划项目13个,省级以上工程技术研究中心2个。

全区有公共图书馆1个,图书馆藏书量11.73万册。群众艺术馆、文化馆1个。年末广播节目综合人口覆盖率99.81%;电视节目综合人口覆盖率99.81%。

卫生和社会服务(卫生及社会服务列示数据不包含开发区、高新区、宿马园区的统计数据)方面:2018年,全区拥有卫生机构730个。实有床位3240张。有卫生技术人员7636人。全区社区服务中心9个,社区服务中心覆盖率达100%。

人民生活和社会保障方面:全年城镇常住居民人均可支配收入33082元,增长8.9%。农村常住居民人均可支配收入12186元,增长10.0%。

全年参加城乡居民养老保险人数75.38万人(参保人数列示数据无特别说明的均为小口径数据)。其中,城镇居民参保1.3万人,农村居民参保74.08万人。城镇职工(养老保险)参保10.24万人,增长1.29%;城镇居民(医疗保险)参保22.19万人,增长6.4%。

环境、资源方面:2018年,埇桥区环境空气质量二级。城区空气质量优良率为57%。城市区域声环境等效声级均值和城市道路交通噪声等效声级均值分别为50.2分贝(A)和64.9分贝(A)。

全区当年造林面积1971.13公顷,四旁(零星)植树350万株。森林覆盖率达21.89%,林木绿化率达26.71%,活立木蓄积量达470.83万立方米。

【扶贫工作】 2018年,全区以脱贫攻坚统揽经济社会发展全局,以高质量退出统揽脱贫攻坚工作,持续深化“重补促”专项整改行动,实施脱贫攻坚春夏秋冬“四季”攻势和脱贫攻坚工作大排查、扶贫对象动态管理等工作，对照摘帽标准，全面加力加压，脱贫攻坚连战连捷，实现12个贫困村出列，9481户21728人脱贫，贫困发生率降至1.27%，全面完成年度脱贫攻坚目标。

实行区委书记、区长“双组长”负责制，建立脱贫摘帽“1+9+30”工作专班，即1个脱贫摘帽指挥部、9个脱贫摘帽专项指挥部、30个派驻乡镇指导推进工作组。春节过后召开区委农村工作暨脱贫摘帽千人动员大会；10月8日召开全区高质量脱贫摘帽誓师大会，会上，各乡镇、有关街道、行管区向区委、区政府递交了军令状。2018年，中共埇桥区委常委会先后14次、区政府常务会先后9次研究推进脱贫攻坚工作，召开区扶贫开发领导小组会议25次，安排部署脱贫攻坚工作。同时，提高目标绩效考核中脱贫攻坚工作权重，对承担脱贫攻坚19项工程的牵头区直部门考核权重提高至40%，对有扶贫开发任务的乡镇街道考核权重提高至70%，推进所有工作向脱贫攻坚聚焦。

坚持精准识别，按“应纳尽纳、应扶尽扶”原则，先后开展建档立卡贫困户动态调整和动态管理工作，走访、了解建档立卡贫困户及建档立卡以外的一般农户情况，全面掌握贫困发生情况，做到不留“死角”“盲区”，真正实现精准识别，不落一人。坚持精准施策，以致贫原因为依据，以脱贫成效为标准，以稳定脱贫为目标，分类找准脱贫路径，精准落实产业、就业、教育、医疗、住房、道路、安全饮水、小额贷款、电网改造、社保兜底等政策措施。坚持精准帮扶，全面落实“单位包村、干部包户”制度，74个贫困村由省、市、区直110个单位（其中省直单位8个、市直单位23个、区直单位79个）帮扶，252个非贫困村（社区）分别派驻了驻村扶贫工作队，实现有扶贫开发任务村（社区）工作队派驻全覆盖。坚持精准脱贫，在“户脱贫”方面，严格按照“一收入、两不愁、三保障”的标准，经过“两评议两公示一公告”程序予以脱贫；在“村出列”方面，经过村级申请、乡镇审核、区级核查、区级公示、区级审定公告、备案标注的程序实现出列。

埇桥区先后制订出台《关于坚决打赢脱贫攻坚战的实施意见》《关于打赢脱贫攻坚战三年行动的实施意见》等一系列配套政策措施，为全区脱贫攻坚形成合力，有效推进，奠定坚实基础。2018年，实施基础设施、产业、就业、教育、健康等扶贫项目4096个、资金25.35亿元；积极争取中央、省、市扶贫专项资金和统筹整合财政涉农资金等，全年投入扶贫领域资金27.77亿元。先后出台《埇桥区财政专项扶贫资金管理办法》《埇桥区统筹整合财政涉农资金使用管理办法》等文件，注重从投入保障、使用范围、监管责任、监管机制等四个方面入手，强化资金监管审计，提高扶贫资金的针对性和有效性；区扶贫局新配备副局长2名，同时从第6批选派干部和相关区直部门中择优选调11名同志到区扶贫局挂职；调整配备2034名自然村扶贫小组长，实现全覆盖。

在产业扶贫方面：特色种养业投入资金1.36亿元，实施86个到村项目资金0.21亿元，到户项目51857个资金1.15亿元，实现特色种养业扶贫项目贫困村全覆盖；304座光伏扶贫电站覆盖74个贫困村，惠及贫困户6960户，年增加村集体收益不低于5万元，贫困户年均增收3000元；电商扶贫培训建档立卡贫困人口1105人，建设21个电商扶贫驿站，带动贫困人口1957人；永镇乡关湖村、夹沟镇镇头村、栏杆镇石相村3个旅游扶贫村“八个一”建设（即：建设一个游客服务中心、旅游停车场、旅游公厕、旅游点、农家乐或乡村客栈，竖一个标识标牌，配备一个导游或讲解员，有一套导游词）全面完成，乡村旅游带动脱贫895人。

在就业脱贫方面：开展技能培训29期，培训贫困人口1294名；新建就业扶贫驿站7家，招募就业扶贫基地37家；开发养老互助、护林、护河、护路等公益性岗位，安置贫困群众4064人。

在教育扶贫方面：全年资助建档立卡学生31009人次，发放资助金2543.79万元；“雨露计划”资助3865人次，发放资助金765.05万元，教育扶贫资助实现全覆盖。

在健康脱贫方面：全面落实健康脱贫“351”“180”政策，贫困人口就医全部实行一站式结算，结算贫困人口124.25万人次，政府兜底10047.6万元，实际补偿比为96.94%。

在危房改造方面：实施危房改造7408户，拨付资金10315.2万元，其中建档立卡贫困户3264户，拨付资金5339.4万元。

在社保兜底方面：扎实开展农村低保制度与扶贫政策有效衔接，保障标准提高到每人每年6720元。截至2018年12月底，纳入农村低保的建档立卡扶贫对象20657户42542人，占比58.39%。

在小额信贷方面：累计投放扶贫小额贷款

23843.72万元,净增加19421.58万元,金融扶贫小额贷款余额达82378.07万元,贫困户获贷率36.65%。

在“双基”建设方面:建成农村畅通工程和自然村道路1586.763千米,实现每个自然村通2条不低于3.5米硬化道路;29处农村安全饮水工程全部完工,实现安全饮水全覆盖;103个村的202个电网升级改造项目全部完工;农村家庭宽带接入能力达到100%,所有行政村光纤通达全覆盖。基层基本公共服务功能建设8大领域19项指标,16项指标已高于全省平均水平,3项死亡率指标均低于全省上限值。

在环境治理方面:投入资金2.88亿元,完成55个美丽乡村中心村、21个乡镇政府驻地建成区污水处理设施建设,农村户厕改造竣工35231户。

在社会扶贫方面:积极引导和鼓励党政机关、企事业单位、社会团体和爱心人士助力脱贫攻坚,接收捐款、捐物2784.83万元。

加大典型宣传,坚持扶贫先扶志,积极选树、宣传扶贫脱贫先进典型,弘扬正能量,激发攻坚斗志。通过网站、杂志和微信公众号,大力宣传牺牲在扶贫一线干部曾翙翔先进事迹。同时组织开展“戏曲进乡村文化助脱贫”文艺巡演活动,丰富群众精神文化生活,激发脱贫内生动力。实施孝道扶贫,以“推行孝道新风,道德信贷授信”主题活动为契机,发放并签订赡养父母协议书20余万份;区红十字会开展“博爱在江淮孝赡埇桥行”活动,采取奖补的方式,鼓励子女积极履行赡养义务,大力弘扬事亲行孝的中华民族传统美德。

开展“重精准、补短板、促攻坚”专项行动和扶贫领域作风建设年活动,围绕“四个意识”不强、政策落实不及时、责任落实不到位等7个方面的问题和省2017年考核、年中督查反馈的问题,举一反三,全面开展排查。对梳理出的问题分别建立问题清单、整改清单、责任清单,全面推进整改。同时,对扶贫领域腐败和作风问题从严从快处理,坚决做到发现一起查处一起,并从严从快,发挥警示和震慑作用,干部作风得到切实转变。

【宣传思想文化工作】 2018年,全区宣传思想文化工作坚持以习近平新时代中国特色社会主义思想和中共十九大精神为指导,深入学习贯彻全国、全省和全市宣传思想工作会议精神,增强“四个意识”,坚定“四个自信”,全力打起“举旗帜、聚民心、育新人、兴文化、展形象”的使命任务,奋力开创埇桥宣传思想工作新局面。

以党委(党组)中心组学习为龙头,以加强政治理论学习为重点,以构建区、乡镇(街道)、村(社区)三级宣讲网络为抓手,推动理论武装走深、走实、走心。深入学习习近平新时代中国特色社会主义思想和中共十九大精神。印发专题学习计划及实施意见等文件和读本,坚持以上率下、以考促学,组织全区科级以上领导干部参加相关理论应知应会知识测试,扎实推动习近平新时代中国特色社会主义思想和中共十九大精神在埇桥落地生根。推进理论宣讲工作。综合运用宣讲团、新媒体、文艺活动等多种形式,扎实开展“将改革开放进行到底”、埇桥大讲堂、中共十九大精神等各类主题系列宣讲活动1900场次,惠及群众16万人次。开展曾翙翔先进事迹巡回报告会39场,加强先进典型示范教育。开展党委(党组)中心组理论学习。落实《中共宿州市埇桥区委理论学习中心组2018年度学习计划》,全年区委中心组开展理论学习21次、举办埇桥大讲堂8次、集中交流研讨7次,有力推动习近平新时代中国特色社会主义思想入脑入心。创新建设新时代文明实践站(所),聚焦谁来讲、在哪讲、讲什么、怎么讲、长期讲“五讲”问题,建立区、乡镇(街道)、村(社区)三级文明实践中心,建成新时代文明实践站(所)410个,不断扩大和提升新时代文明实践中心的影响力、渗透力。

围绕中共十九大、改革开放40周年、脱贫攻坚、文明创建、环境保护、经济建设、民生工程等重点工作,加大正面宣传力度;围绕全区经济社会发展亮点工作,在宿州广播电视台《埇桥新闻》栏目开辟“十九大精神在江淮”“聚焦脱贫攻坚”“环保在行动”“创建全国文明城市”“重点项目建设”等宣传专栏,加大武升锦、沈振东、曹磊、曾翙翔等正面典型报道。加强同中央和省市地方主要新闻媒体联系、沟通,截至2018年底,埇桥区在《人民日报》《光明日报》《农民日报》等中央媒体发稿45条,在安徽新闻联播、《安徽日报》等省级媒体发稿461条,在市级媒体发稿1307条,《农民日报》《安徽日报》《新安晚报》《拂晓报》刊发专版20期。加强和改进新闻发布工作,召开新闻发布会37场。搭建“看埇桥”手机APP,打造新型主流媒体。拟定融媒体建设实施方案,加速推进融媒体建设步伐。提高埇桥区官方微博微信活跃度和影响力，“埇桥发布”微博关注人数近2.2万人，2018年6月以来，安徽政务微博影响力排行榜县区分榜上稳居第1；“宿州埇桥发布”官方微信在安徽省人民政府发布的政务微信发布厅成员单位区级月排行榜位列前10。微信开通“听埇桥”专栏，总阅读量达3.5万余次。加强对重大事件、重要情况、重要社情民意中的倾向性苗头性问题的分析研判，上报《互联网舆情》141期，联系处置各类舆情1250余起。

通过政府引导、政策扶持、群众参与等方式，不断推动文化事业文化产业繁荣发展。全年组织、承办、协办大型文化活动50场次，书法、美术、摄影等展览活动9场次，完成“送戏进万村”演出336场，农村放映公益电影3903场，累计惠及观众达80万人次。推进基层综合文化服务中心建设，2018年完成36个乡镇（街道）综合文化服务中心、228个村级（社区）综合文化服务中心及42个贫困村文化广场的建设；埇桥区获评“安徽曲艺之乡”，栏杆镇小集村姜楼农家书屋被国家广电总局评为“全国示范农家书屋”。创作花鼓戏《姐妹易嫁》《三个闺蜜一台戏》，其中《三个闺蜜一台戏》已完成戏曲孵化项目初审，正在申报国家艺术基金。创作花鼓戏《瞬间永恒》、泗州戏《8·18暴风雨中的青春》、情景剧《扶贫壮歌》等文艺节目入村巡演。积极制定支持文化产业发展若干政策，加大规模以上文化企业培育力度。深入推进文化体制改革，13项改革任务稳步推进（11项年底完成，2项持续推进）。实施重点文化品牌打造工程，推进中华孝文化园、“埇桥区三馆一院项目”、栏杆镇石相村红色旅游等文化旅游项目建设。2018年上半年，全区规模以上文化企业实现营业收入6.19亿元，比上年同期增长19.3%，较全市增长率高1.5%。在第四次经济普查中，埇桥区初步认定的文化法人单位1427个，占全部单位比重6.49%；文化个体户5384个，占全部个体户比重6.86%，为今后五年文化产业发展打下良好基础。

以培育践行社会主义核心价值体系为主线，开展创建全国文明城市工作，提高市民文明素质和社会文明程度。开展关爱未成年人、移风易俗、“我的中国梦”系列主题实践活动等群众性精神文明创建活动，举办“我们的节日”“3·5学雷锋志愿服务月”“志愿服务助脱贫，移风易俗树新风”主题月等群众性精神文明创建活动2000场次、志愿服务近4000场次、道德讲堂500场次。2018年以来，全区有3人获评“安徽好人”、33人获评“宿州好人”、100人获评“埇桥好人”。武升锦、沈振东、曹磊3人获评“中国好人”，刘海歌、曾翙翔候选“中国好人榜”。表彰埇桥区第二届文明家庭300户、文明乡镇10个、文明村53个、“卫生清洁家庭”759户。扎实开展“扫黄打非”，制定出台相关文件，持续加大出版物市场、文化娱乐市场执法检查力度，集中销毁盗版音像、软件等10.6万余盘片，销毁盗版及非法书报刊6万余册张，销毁赌博机、非法游戏机和从“黑网吧”查收的有关设备143台套。推进全国文明城市创建工作，常态化开展考核督查30次。完善综合文化站、综合文化服务中心、新时代文明实践中心（站、所）的建设管理，持续推进街巷道路、公厕、老旧小区改造等项目建设。建成西关振兴、南关观园2个精品主题示范社区及永安大许、曹村桃山、夹沟五柳3个民俗村史馆。开展城市能级提升行动，完成9个老旧小区改造，11个菜市场提档升级，8条精品街巷、166条道路改造工作，113座公厕建成并投入使用。城区内累计清理垃圾杂物约23万吨，拆除违建近3000处12万平方米，城乡居民对创建全国文明城市的知晓率和满意度明显提升。

【埇桥特产】 埇桥山羊是宿州市埇桥区的特色畜牧产品，养殖历史悠久，主要分布在埇桥区的符离镇、夹沟镇、曹村镇、栏杆镇、褚兰镇、顺河乡。埇桥区处北温带，属半湿润季风气候，气候温和，日照充足，四季分明，常年平均气温14.5℃，年平均降水量为774毫米至895毫米，雨量适中。由于区境内植被保存完好，工业污染程度低，山丘谷地的草场上生长着各种优质牧草，丰富的饲料饲草资源为山羊的养殖提供了优越的环境和条件。埇桥山羊繁殖性能高，生长发育快，肌纤维细，硬度小，肉质细嫩，味道鲜美，膻味极小，营养价值高，其肉质蛋白质含量在22.6%以上，脂肪含量低于3%，胆固醇含量低，比猪肉低75%，比牛肉和绵羊肉低62%，含人体必需氨基酸15种以上，尤以谷氨酸含量高，达11.03%。

埇桥黑猪是安徽省特色农副产品，养殖历史悠久。生产地域范围为宿州市埇桥区大营镇、永镇乡、蕲县镇、桃园镇、北杨寨行管区、大泽乡镇、芦岭镇、大店镇、朱仙庄镇、西二铺乡、符离镇、灰古镇、蒿沟乡、苗庵乡、桃沟乡、时村镇、永安镇、支河乡、夹沟镇、曹村镇、杨庄乡、栏杆镇、谢集乡、褚兰镇、顺河乡,三里湾街道、埇桥街道、北关街道、西关街道、南关街道、东关街道、道东街道、沱河街道、城东街道、三八街道、汴河街道(北纬33°20′~34°02′,东经116°59′~117°20′范围内)。埇桥区位于安徽省最北端,黄淮平原南端,总面积2868平方公里。北温带半湿润季风气候,季风明显,四季分明,日照充足,气候温和,降雨适中。奎河、濉河、沱河、浍河等流经境内,水系支流繁多,水量充足,水质优良。土壤肥沃,土层深厚,富含有机质,适宜多种农作物生长。盛产小麦、玉米、豆类等农产品,为埇桥黑猪的养殖提供了丰富的精饲料,农户广泛种植山芋、萝卜、蔬菜等,作为养猪的青饲料。埇桥黑猪属肉脂兼用型猪,全身体毛黑色、体型中等较狭长,头轻面平嘴直长,额部有明显的横行皱纹、结构匀称、四肢健壮。具有繁殖力高、抗逆性和抗病性强、吃口泼辣、体质坚实、放牧性能良好、耐粗饲等优良特性,瘦肉率较高,肉质香而不腻。全区埇桥黑猪年出栏20万头左右,是远近闻名的产猪地区。苗猪、肥猪、种公母猪大量销往临县,远销河南、江苏等省。有效促进全区特色产业的发展、农业产业结构调整,显著增加农民的收入。

埇桥胡萝卜是宿州市埇桥区的特色农产品之一,种植历史悠久,种植面积5万亩,主要分布在埇桥区的三八乡、西二铺乡、顺河乡、汴河镇。埇桥区位于安徽省北部,淮北平原东北部,是全国无公害农产品生产基地。埇桥区属暖温带半湿润季风农业气候区,冬季干旱少雨、夏季多雨,四季分明,雨热同季的气候特征为农产品生长提供了良好的条件,当地的沙壤土土质和深厚的耕层土壤,尤其适合胡萝卜肉质根生长。埇桥胡萝卜块根长20厘米至30厘米,顶端、底部较细,略呈纺锤形,内外部均呈红色,心柱细,一般单个重150克至200克,最大可达300克。肉质细嫩、汁多、味正、口感好,可生食、熟食、加工兼用。产品畅销上海、广州、长沙、深圳等城市,深受广大消费者的喜爱。

埇桥西瓜是宿州市埇桥区的特色果品之一,种植历史悠久,主要分布在埇桥区的谢集乡、褚兰镇、栏杆镇、石村镇。埇桥区在西瓜种植上注重推广优良品种,全区20万亩西瓜优良品种率达80%以上,2018年每亩比普通品种可多收入2000元左右,西瓜生产成为埇桥区"强区富民、脱贫致富"的产业之一。埇桥区属暖温带半湿润季风农业气候区,具备南北过渡气候类型的特点。受冷暖气流的影响,冬季干旱少雨、夏季多雨,四季分明,昼夜温差较大,光照充足,气候适宜、土质好、水质优,种植的西瓜无公害,甜度高,在市场上销路很好。

埇桥萝卜是安徽省宿州市埇桥区的特产。"宿州市有一怪,萝卜当成水果卖",说的就是埇桥区所出产的萝卜。埇桥萝卜,久负盛名,以皮薄质脆、甘甜多汁、风味独特而著称。生产地域位于宿州市埇桥区大营镇、永镇乡、蕲县镇、桃园镇、北杨寨行管区、大泽乡镇、芦岭镇、大店镇、朱仙庄镇、西二铺乡、符离镇、灰古镇、蒿沟乡、苗庵乡、桃沟乡、时村镇、永安镇、支河乡、夹沟镇、曹村镇、杨庄乡、栏杆镇、谢集乡、褚兰镇、顺河乡,三里湾街道、埇桥街道、北关街道、西关街道、南关街道、东关街道、道东街道、沱河街道、城东街道、三八街道、汴河街道(北纬33°20′~34°02′,东经116°59′~117°20′范围内)。埇桥区位于安徽省最北端、黄淮平原南端,属于北温带半湿润季风气候,四季分明,日照充足。境内河流水系支流繁多,灌溉水量充足、水质优良。埇桥萝卜独特的品质与当地独特的土壤"夜潮沙"有着密不可分的关系,七成的土壤为沙壤,周位是河水环绕,得天独后的小环境,形成了透气好,回水快,白天表土被太阳晒干,晚上一回潮,地里能捏出水来。从颜色上分,有红、青两种,各具特色。红萝卜以质地甘脆、水分大、肉红质嫩而别具一格;青萝卜以内外皆青、甘甜爽口在市场上独领风骚。埇桥萝卜单只重1~2斤,高30厘米,形体微弯,露出地面大部,光和充分,含糖量高,造就了甜脆多汁的口感。同时埇桥萝卜也是滋补的好产品,营养价值高,具有通气、化痰、止咳之功用,可以延年益寿。地方上有谚语:"冬吃萝卜夏吃姜,不用医生开药方"。当地的人们与萝卜结下了浓厚的感情,经常将其作为珍贵礼品赠送给亲朋好友。多年以来,通过政策扶持和区农业部门的积极引导,不断提高组织化程度,推广先进种植技术,形成规模化生产、产业化经营,实现了埇桥萝卜种植持续多年高效益。2018年全区埇桥萝卜种植面积达8万多亩,产值实现16000万元左右,有效促进农村经济的发展、农业产业结构调整、农民的收入提高。

埇桥小麦是安徽省优质农产品,种植历史悠久,生产地域范围为宿州市埇桥区全境。埇桥区位于安徽省最北端、黄淮平原南端,属于北温带半湿润季风气候,四季分明,日照充足,年平均气温

14.4℃，年平均降水量为857.1毫米，无霜期210天。境内河流水系支流繁多，灌溉水量充足、水质优良，土壤肥沃，土层深厚而富含有机质。自然地理环境和生态条件，利于埇桥小麦的生长发育，形成了其独特品质：外观色泽鲜亮，籽粒饱满；蛋白质含量高，湿面筋含量高，淀粉含量高，脂肪含量低；粉色天然、洁白、出粉率高达72%左右。磨成面粉后加工的馒头、面条等食物甜香适口，营养丰富。埇桥区一直被誉为"皖北粮仓"，埇桥小麦更是主要口粮农作物，2017—2018年度种植小麦220万亩，总产102万吨。2016年以来，依托小麦绿色高产高效创建、品牌粮食生产等项目，坚持"创新、协调、绿色、开放、共享"的发展理念，突出良种、良法配套、农机农艺融合，大力推广测土配方施肥，推广农作物病虫害综合防治技术，为粮食丰产奠定了基础。

埇桥红薯是出产于宿州市埇桥区的特色农产品，种植历史有300余年。历史上由于农业生产水平低下，粮食产量低而不稳，靠天吃饭的当地农民喜植抗旱耐瘠、适应性广而高产的红薯。埇桥红薯块根除作主粮外，也是食品加工、淀粉和酒精制造工业的重要原料，根、茎、叶又是优良的饲料。生产地域位于宿州市埇桥区全境范围内。埇桥区位于安徽省最北端、黄淮平原南端，四季分明，气候温和，日照充足，水量适中，无霜期长。境内河流水系支流繁多，灌溉水量充足、水质优良。土壤以沙壤土为主，土壤肥沃，土层深厚而富含有机质，透气性好，耕性良好，保水保肥能力强，微量元素含量丰富，排灌方便。当地特定的自然地理环境和生态条件，以及优良品种的长期的培育推广，形成了埇桥红薯出粉率高、绵甜香糯、品质独特。埇桥红薯，结薯早而集中，无跑边，易收刨，所产薯块多而匀。地下块根外形呈圆形、椭圆形或纺锤形，表皮光洁，皮色呈紫红色，肉色淡黄色或乳白色，生食口感微甜、香脆，蒸煮后口感细软、无筋，绵甜香糯，出粉率高达22%左右。埇桥红薯也是一种营养齐全而丰富的天然滋补食品，富含蛋白质、维生素、氨基酸、磷、钙、钾等微量元素，具有增强人体抗病能力、提高免疫功能、延缓智力衰退和机体衰老的作用。作为重要的粮食作物和经济作物，埇桥红薯适应性广、产量高，具有很好的经济效益和推广前景。近年来，埇桥区充分发择资源优势，将埇桥红薯种植、加工、销售作为实施脱贫攻坚和乡村振兴战略的主导产业之一着力培育。各乡镇大力开展红薯优良品种、专用品种的引进、脱毒种苗培育等工作，加快发展红薯加工业。2018年，全区埇桥红薯种植面积11万多亩，生产红薯22万吨。形成集红薯健康种苗培育、新品种研发、规模种植、鲜薯销售、薯制品初加工、精深加工为一体的产业体系，红薯产业得到了稳步发展。

埇桥土豆是安徽省地方名优土特产，具有很长的种植历史。生产地域位于宿州市埇桥区大营镇、永镇乡、蕲县镇、桃园镇、北杨寨行管区、大泽乡镇、芦岭镇、大店镇、朱仙庄镇、西二铺乡、符离镇、灰古镇、蒿沟乡、苗庵乡、桃沟乡、时村镇、永安镇、支河乡、夹沟镇、曹村镇、杨庄乡、栏杆镇、谢集乡、褚兰镇、顺河乡，三里湾街道、埇桥街道、北关街道、西关街道、南关街道、东关街道、道东街道、沱河街道、城东街道、三八街道、汴河街道（北纬33°20′～34°02′，东经116°59′～117°20′范围内）。埇桥区位于安徽省最北端、黄淮平原南端，属于北温带半湿润季风气候，四季分明，日照充足，年平均气温14.4℃，年平均降水量为857.1毫米，无霜期210天。境内河流水系支流繁多，灌溉水量充足、水质优良。土壤肥沃，土层深厚而富含有机质，土壤结构适宜，理化性良好，排灌方便，自然地理环境和生态条件，利于埇桥土豆的生长发育，形成了其独特品质。埇桥土豆外形个大色亮，瓤呈淡黄色、质地甜脆，芽眼浅平、外形椭圆，便于洗涤。产量高，单个重250克以上的占亩产量的60%，单个150～250克的占亩产量的30%。淀粉含量高，占干物质约60%～80%，即为全薯的17%左右。营养丰富，含有2%左右的蛋白质，人体易消化吸收的氨基酸，还含有人体需要的多种维生素和矿物质。埇桥土豆性平味甘，药食两用，有益气健脾、消炎解毒的功效，还适用于治疗十二指肠溃疡，慢性胃痛、习惯性便秘和皮肤湿疹等症。埇桥区是菜用土豆产销的重要基地。多年来，通过政策和农业部门的积极引导，提高组织化程度，优化种植结构，推广先进适用技术，形成规模化生产、产业化经营，实现了种植持续多年高效益，当地群众积极性较高。2018年全区埇桥土豆种植面积10万多亩，总产2.5亿千克，收入突破2个亿。埇桥土豆经过土豆协会会员外销到南京、上海、广州、厦门、深圳等城市。有效促进农村经济的发展、农业产业结构调整、农民的收入提高。

埇桥芝麻油是安徽省著名地方特产，加工历史悠久。生产地域为安徽省宿州市埇桥区大营镇、永镇乡、蕲县镇、桃园镇、北杨寨行管区、大泽乡镇、芦岭镇、大店镇、朱仙庄镇、西二铺乡、符离镇、灰古镇、蒿沟乡、苗庵乡、桃沟乡、时村镇、永安镇、支河乡、夹沟镇、曹村镇、杨庄乡、栏杆镇、谢集乡、褚兰镇、顺河乡，三里湾街道、埇桥街道、北关街道、西关街道、南关街道、东关街道、道东街道、沱河街道、城东街道、三八街道、汴河街道（北纬33°20′～34°02′，东经116°59′～117°20′范围内）。埇桥区位于安徽省最北端、黄淮平原南端，属于北温带半湿润季风气候，四季分明，日照充足，年平均气温14.4℃，年平均降水量为857.1毫米，无霜期210天左右。境内河流水系支流繁多，灌溉水量充足、水质优良，土壤肥沃，土层深厚而富含有机质。所产芝麻籽粒大饱满，皮薄，嘴尖而小，籽粒呈白色，含油量高，是油用理想品种，为生产埇桥芝麻油提供了优质地产原料。埇桥芝麻油采用传统的小磨工艺制作，色如琥珀，橙黄微红，晶莹透明，浓香醇厚，经久不散。最大限度保留了芝麻的自然风味和特有的营养价值，且具有长期存放不变味、清晰透明、无沉淀的特点。埇桥芝麻油主要成分为人体必需的不饱和脂肪酸，占85%～90%，其中油酸和亚油酸的比例为1∶1。还含有丰富的维生素E和人体必需的钙、铁、锌、铜等矿物质，营养极为丰富。埇桥芝麻油在埇桥区形成了种植、加工、销售全产业链。芝麻种植采取“公司+基地+农户”的经营模式，以合同契约的形式，在芝麻种植、加工等各环节严格把关，由植物油生产加工企业统一加工，统一品牌，统一销售，带动周边农户共同致富，带动农村经济的发展，从整体上提升产品质量和品牌价值。2018年，埇桥芝麻油产量3000多吨，实现产值6000万元左右。

·砀山县·

【概况】 砀山县位于安徽省最北部，皖苏鲁豫4省7县（市）交界处，被誉为“世界梨都、水果之乡、马术名城”。全县辖13个镇、3个园区，面积1193平方公里，总人口100.2万。先后荣获国家级出口果蔬质量安全示范区、全国农业产业化示范基地、全国绿色食品原料生产基地、100个无公害农产品（水果）生产示范基地达标县、国家电子商务进农村综合示范县、国家有机产品认证示范创建区、国家农产品质量安全县创建单位、国家全域旅游创建单位、国家民族团结进步模范集体、安徽省首批农产品质量安全示范县等称号。

历史悠久，区位优越。秦设三十六郡，砀郡居其一。砀山是五代梁王朱温故里，又是近代画坛宗师齐白石祖籍；有明代大将薛显墓，有留下唐代诗仙李白足迹的宴嬉台，有远近闻名的清真寺。东临历史名城徐州，西接华夏古都商丘，陇海铁路、310国道、德上高速贯穿全境，大京九、京沪铁路、连霍高速等擦肩而过，郑徐高铁设砀山南站，距徐州观音机场1小时车程，距最近的出海口——连云港2个小时车程。

特色彰显，名片靓丽。砀山是水果之乡。拥有近百万亩连片生态果园，是吉尼斯纪录认定的世界最大连片果园产业区，是“砀山酥梨”原产地，水果生产十强县、酥梨生产国家农业标准化示范区、全国100个无公害农产品（水果）生产示范基地达标县、国家级出口果蔬质量安全示范区。砀山是生态名县。百里黄河故道横卧其间，森林覆盖率达70%以上，是全国首批33个国家级生态示范区、全省林业发展十强县，创造了黄淮海地区的生态奇迹。春天是花的海洋，秋天是果的世界，境内有“梨树王”“百年老梨树群”、黄河故道生态旅游观光带和万亩精品酥梨生态旅游观光园等自然景观。砀山县坚持以新发展理念引领全域旅游改革创新，探索形成“生态旅游+休闲运动”发展模式，依托一年一度的梨花节和采梨节，成功举办了国际马术一星级耐力赛、国内首次国际马术二星级耐力赛、梨园国际马拉松、“健康安徽”环江淮万人骑行等一系列大规模、高水平、有影响的赛事，砀山梨园国际马拉松赛升级为全马赛事，通过中国田径协会A类赛事认证，黄河故道马术赛道被中国马业协会誉为全国“十大黄金赛道”之首，生态红利持续释放。砀山是电商大县，拥有电商平台22家，电商企业1370家，电商品牌1500多个，网店和微商5万多家，农产品网络年销售额超40亿元，带动10多万人就业创业，激活了双创动能，带动了快递物流、彩印包装、创意设计等产业的协同发展，成为全国重要的物流快递集聚中心，荣获“2016中国十大农村电商合作探索奖”，是安徽省唯一获此殊荣的县。砀山是宜居之城，用好用活国家棚户区改造政策，强势推进征迁拆违，重点实施城建“八大工程”，科学编制三年棚改规划，通过全方位规划设计，大片区征迁改造，成规模开发建设，加速建成一批新地标、新商圈、新街区、新社区。特色小镇建设成绩斐然,良梨“酥梨小镇”入选全市唯一的首批省级特色小镇,“梨都马术运动小镇”入选全省体育特色小镇。汇源集团、科技食品、海升集团等全国水果加工十强知名企业坐落境内,初步形成了以水果加工产业链为纽带的“企业簇群”和“块状经济”,全县水果加工能力达到120万吨,罐头加工29.1万吨,饮料5.4万吨,年出口创汇超过1亿美元,奠定了全国水果加工第一大县的坚实基础。

【综合实力】 2018年,砀山县在习近平新时代中国特色社会主义思想指引下,在省市坚强领导下,认真践行新发展理念,坚持以脱贫摘帽统揽经济社会发展全局,聚焦“4+4”工作总思路,大力实施五大发展行动计划,全力推进“首位产业升级、城镇建设攻坚、数字果园创新、现代服务业提升”四大工程建设,持续抓好“脱贫攻坚、信访维稳、安全生产、环境保护”四项重点工作,纵深推进全面从严治党,奋力开创了创新型“五个砀山”建设新局面。2018年,全县实现地区生产总值204.11亿元,增长8.5%;固定资产投资增长19.5%;财政收入16.12亿元,增长16.1%;社会消费品零售总额65.82亿元,增长13.2%;城镇、农村常住居民人均可支配收入达29075元和12222元,分别增长8.7%、10.2%。全县经济社会发展持续保持良好势头。

【工业经济】 坚持首位产业首位扶持,以打造全国果蔬食品加工第一强县为目标,重点发展果醋、果胶等高附加值产品,年产2000吨的海升果胶项目,产能位居全球第六。深化“放管服”改革,大力促进民营经济健康发展,新增民营企业2100家。规上工业增加值53.16亿元,增长10.4%。深入实施“3111”工程,首位产业累计完成产值130.07亿元。列入省亿元以上重点项目75个,总投资723.65亿元,完成投资94.351亿元。持续壮大县果蔬食品生物科技产业集聚发展基地,9家战略性新兴产业完成产值15.43亿元,专精特新企业达15家,双林木业、红山粉业等16家企业在省股权交易中心成功挂牌。县经济开发区正式获批省级开发区,纳入中国开发区名录。持续加大招商引资力度,实际到位内资210.25亿元,实际利用外资完成25亿美元,新增报省亿元以上项目26个。

【城乡建设】 强力推进城镇建设攻坚工程,城乡面貌发生巨变。征迁总量破230万平方米,拆违达20.5万平方米,征迁经验成为学习典范。投资30亿元,实施重点工程35个。砀夏路、宴嬉路等大中修工程全面竣工。深入开展“十六城同创”,完成14处城区绿化提档升级,新增绿化10万平方米。城市框架逐步拉开,主城区面积达35平方公里,建成一批新地标、新商圈、新街区、新社区,城区人口达到35万人,城镇化率达43.12%。强力推进智慧城市建设,大力推进城市管理执法体制综合改革,城市管理执法水平能力明显提升。大力推进城市管理执法体制综合改革。深入推进农村环境“三大革命”,完成改厕3.5万户,13个镇政府驻地污水处理设施建设全面开工。强力推进省级特色小镇“酥梨小镇”建设,在安徽特色小镇影响力指数2018年度排行榜中,酥梨小镇位居第9位,获评省级旅游小镇创建单位。积极稳妥推进城乡建设用地增减挂钩工作,完成拆旧面积5000余亩。

【农业农村经济】 大力推进“数字果园”创新工程,积极创建国家农产品质量安全县和省级物联网建设示范县,建成53个物联网建设示范点,农产品质量安全快检体系实现全覆盖,入选“国家有机产品认证示范创建区”,砀山酥梨、砀山黄桃罐头荣获安徽农交会金奖,“砀山酥梨”被评为中国百强农产品区域公用品牌,区域品牌价值达190.64亿元,“砀山黄桃”获国家农产品地理标志登记保护,“梨树王”入选“中国最美古树”。积极创建全省现代生态农业产业化示范县。新型农业经营主体发展迅猛,新增农业产业化联合体8家,新注册农民专业合作社300家,新认证家庭农场200家。农村土地承包经营权确权登记颁证工作以优秀档次顺利通过省级核查。美丽乡村建设进一步提升,16个省级示范村建设全部通过省市考核验收。规上农产品加工企业完成加工产值189亿元。新增农业产业化联合体4家、省级农民专业合作社3家、省级家庭农场4家、“一村一品”示范村31个。“三变”改革试点工作全面完成。美丽乡村建设进一步提升,建成省级示范中心村2个,完成4个镇政府驻地建成区整治,李庄镇吴庙村、良梨镇侯楼村成为全市美丽乡村亮点。

【脱贫攻坚】 砀山县坚持以脱贫攻坚统揽经济社

会发展全局,围绕“1234+N”总体工作思路,用心用情,苦干实干,坚决打赢脱贫攻坚年度战役。实现1.96万人脱贫、15个贫困村出列,贫困发生率降至0.8%以下。2018年在全县60个贫困村和90个非贫困村均派驻驻村帮扶工作队,并与原单位脱钩驻村开展工作,选派180名机关事业单位工作人员到非贫困村任职,招聘197名扶贫专干充实到镇村,在全县1486个自然村配备1614名扶贫小组长,共有143家单位、10505名包保干部,实现了结对帮扶全覆盖实施产业扶贫到村项目300个,到户项目42774个,覆盖率100%。推广完善“四带一自”产业扶贫模式,20家龙头企业带动31373户贫困户参与发展特色种养业。深入推进就业扶贫,帮扶就业1072人。发放教育扶贫资助金950万元,资助学生14207人次。精准落实健康脱贫政策,42万人次贫困人口享受就医补偿2.1亿元。全面排查农村重点人群住房安全,完成危房改造7099户。光伏、冷库、电商驿站、小额信贷等扶贫工程充分发挥效益。深入开展脱贫攻坚四季攻势行动,强力推进“重补促”专项整改、“大排查大整改”等系列活动。农村基础设施逐步完善。投资8.7亿元,实施农村道路畅通工程和提升工程1236公里,实现自然村“组组通”;投资1.99亿元,新建规模水厂5处,实现贫困户、贫困村通水全覆盖;农村电网供电能力持续提升,自然村实现光纤网络全覆盖。农村基层基本公共服务8大领域19项指标全面高标准完成。社会各界关爱扶贫、助力扶贫蔚然成风,全年募集社会扶贫资金达3396万元。孝道扶贫深入开展,贫困户子女缴纳孝善资金近8000万元。开展“一个电商一个村,精准帮扶助脱贫”活动,98家电商企业与2318户贫困户完成结对帮扶。培育壮大食用菌产业,建成4个食用菌菌棒生产基地,出菇大棚165个,有效带动3200多名贫困群众实现稳定增收。坚持扶贫与扶志扶智相结合,成立残疾人电商协会,引领113名残疾贫困群众走上了电商创业、自主脱贫之路,身残志坚的电商扶贫典型李娟,先后荣获“2017年度全国脱贫攻坚奋进奖”“2018年全国五四青年奖章”“中国好人”等荣誉,受到中央政治局常委汪洋亲切接见和颁奖。

【商贸服务业】 强力推进现代服务业提升工程,新兴动能加速释放。全县电商产业势头持续强劲,拥有电商平台22家,电商企业1370家,电商品牌1500多个,网店和微商5万多家,农产品网络年销售额超40亿元,带动10多万人就业创业,激活了双创动能,带动了快递物流、彩印包装、创意设计等产业的协同发展,成为全国重要的物流快递集聚中心,被评为“全省电子商务进农村全覆盖工作先进县”“安徽省评价等次达到良好以上的示范县”,并多次在全国、全省会议上作经验介绍。在“改革开放四十年·2018中国电商扶贫行动”活动中,网络零售额和黄桃销售额在100个贫困县中均位居第1。电子商务集聚区获评省级现代服务业集聚示范园区。积极推进快递物流产业发展,成为第二批全国快递服务现代农业示范基地。积极抢抓国家全域旅游示范区创建试点机遇,以新发展理念引领全域旅游改革创新,依托独特生态资源优势,依托“梨花节”“采梨节”,大力实施“生态旅游+休闲运动”,成功举办了国际马术一星级、二星级耐力赛、梨园国际马拉松、骑行等一系列大规模、高水平、有影响的赛事,砀山梨园国际马拉松赛升级为全马赛事,通过中国田径协会A类赛事认证,黄河故道马术赛道被中国马业协会誉为全国“十大黄金赛道”之首,荣获中华民族大赛马·传统耐力赛最佳赛道奖和推动奖两项大奖,被《人民日报》、新华社、中央电视台、《安徽日报》等主流媒体多次宣传报道。2018年,全县共接待游客301.3万人次,全县旅游综合收入达到15.2亿元。

【改革开放】 全面推进深化改革,认真学习贯彻习近平总书记在庆祝改革开放40周年大会上的重要讲话精神,122项改革任务扎实推进,10项特色改革事项成效显著,呈现出“规定动作有质量、自选动作有特色”的良好态势。7项改革任务进入国家级综合改革试点,2项改革任务进入省级改革试点,“电商进农村”“电商扶贫”“生态旅游+休闲运动”经验做法在全国宣传推介,砀山县三佳利水果种植专业合作社多策并施带动脱贫案例成功入选农业农村部发布的产业扶贫十大机制创新典型。不断深化“放管服”改革,“双随机、一公开”监管模式全面推开,“四送一服”双千工程深入推进,持续创优“四最”营商环境。深入开展“减证便民”专项清理工作,申报材料精简比例达51.2%,企业开办时间压缩在3日内。加快“互联网+政务服务”一体化平台建设,网上可办事项达94%。社会信用体系建设加快推进,“信用砀山”开通运行,诚信“红黑”名单制度进一步完善。铁路职工家属区“三供一业”顺利移交。16家企业在省股权交易中心成功挂牌，壹度便利在全国中小企业股转系统挂牌。全县金融机构存款余额突破300亿元，贷款余额188亿元，新增存贷比达131%。教育、文化、卫生、司法、社会组织管理等改革积极稳妥推进。

【民生民计】 扎实推进民生实事。全年民生支出40.63亿元，占财政总支出86%。33项民生工程全面完成。城镇新增就业8716人，城镇登记失业率3%。社会救助体系不断完善，发放各类救助资金2亿元。全民医保体系持续完善，补助标准提高到人均490元。落实分级诊疗制度，建设医共体2个。积极推进医疗基础设施建设，海慈人民医院开工建设，新建乡镇卫生院2个、村卫生室31个。加快养老服务中心建设，建成镇级养老服务中心25家、村(社区)养老服务分中心109家，新增养老床位2879个。第四次全国经济普查、第三次全国国土调查、第二次全国污染源普查工作有序开展。粮食安全责任制全面落实，区域性食品检测检验中心主体完工，5处食品快速检测室投入使用，荣获“安徽省质量强县”称号。严格落实信访积案包案制度，信访量大幅下降，退伍军人安置政策全面兑现。积极开展“扫黑除恶”专项行动，违法犯罪行为得到有效遏制。扎实开展“七五普法”，法治环境进一步优化。应急管理走在全市前列。妇女儿童、青少年、老龄、残疾人、红十字、工会等事业取得进步，国防后备力量建设、双拥共建、外事侨务、民族宗教、防震减灾、人防、物价、对台、气象、档案、地方志等工作也取得了新成绩。

【文化建设】 积极培育文明风尚，积极开展“身边好人”评选活动，获评中国好人1人，安徽好人2人。李娟荣获2018全国“三八”红旗手、中国青年“五四”奖章、全国“最美志愿者”、2018年CCTV年度全国“慈善人物”等称号。文化事业繁荣发展，砀山县融媒体中心正式揭牌运行，齐白石美术馆、新图书馆、县博物馆免费开放。积极提升砀山文化影响力，被联合国电视中文台授予“文化名城”称号，成功举办砀山县美术馆开馆仪式暨全国书画名家作品展、央视国学频道走进砀山暨纪念齐白石逝世六十周年系列活动、张乾元书画展等大型书画活动，砀山四平调应邀参加国际非物质文化遗产节。全年教育类支出11.2亿元，新建、扩建幼儿园10所，第六中学主体完工，砀山中学、第一小学扩建工程全面启动。体育事业再创佳绩，省十四届运动会获11金12银17铜，县级金牌排名全省第八，全市第一。全民健身深入推广，建成村级体育健身场所167个，砀山梨园国际马拉松赛升级为全马赛事，通过中国田径协会A类赛事认证。

【生态建设】 全面落实环境保护“党政同责、一岗双责、失职追责”制度，中央环保督察反馈问题22个，完成整改20个，交办信访件22件，全部办结。全力打好蓝天、碧水、净土保卫战，坚决整治黑臭水体、城市扬尘、燃煤锅炉等污染问题。大力实施“碧水工程”，县镇村三级“河长制”全面落实，黑臭水体治理初见成效，经济开发区工业污水处理厂建成投运，环城河、顺堤河、利民河等河体治理工程加快推进，关闭搬迁禁养区规模养殖场175家，规范治理入河排污口26个，水环境质量明显改善，出境断面水质稳定达标。全面推行“河长制”“林长制”“湖长制”。秸秆禁烧工作连续7年实现“零火点”。全力打造增绿增效新亮点，区域生态空间不断优化。投资1.2亿元，完成废黄河高寨潭至杯屯段治理工程；投资1.5亿元，完成备用水源地一期工程建设。完成人工造林7950亩、森林抚育13万亩、创建森林长廊示范段5公里、创建省级森林村庄2个，成功创建“安徽省森林城市”，“国家级园林县城”通过省级初验。耕地保护水平进一步提升，建成高标准农田4万亩，新增耕地3684亩。大力实施“蓝天工程”，取缔整治“散乱污”企业274家，拆除非法搅拌站16个，城区餐饮企业安装油烟净化装置394套。

【党的建设】 全面推进党的政治建设。始终坚持把党的政治建设摆在首位，严明政治纪律和政治规矩，引导全县干部树牢“四个意识”、坚定“两个维护”。扎实开展“讲严立”专题警示教育，使全县干部在警示教育中受到警醒。全面推进党的思想建设。深入学习贯彻习近平新时代中国特色社会主义思想和党的十九大精神，实现全县村级及以上党员干部轮训全覆盖。从严落实意识形态工作责任制，健全意识形态定期分析研判机制。强化阵地管理，加大外宣力度，主流思想舆论不断壮大，《人民日报》、中央电视台先后19次对砀山进行报道。全面推进党的组织建设。加强各级领导班子和干部队伍建设,调整干部12批,提拔重用25人,交流50人,调整充实155名干部进入优秀年轻干部库,提醒、函询、诫勉54人次。积极做好统战工作。全面推进党的作风建设。从严落实中央八项规定精神和省市实施细则,组织开展监督检查117次,查处违反规定精神问题25起,党纪政务(纪)处分30人。贯彻落实“三查三问”部署,抓好形式主义、官僚主义大排查大整改工作。从严查处群众身边不正之风,部署开展扶贫领域专项治理,开展督查18次,发现问题线索94条,党纪政务(纪)处分64人。加大对涉黑涉恶腐败和“保护伞”问题的查处打击力度,发现问题线索10条。全面推进党的纪律建设和反腐败工作。加强对干部的日常教育和监督管理,运用监督执纪“四种形态”处理问题895人次,第一种形态占比55.4%,第二种形态占比37.4%。持续加大案件查处力度,受理信访举报442件次,处置问题线索794件,立案405件,党纪政务处分398人次,使用“留置”措施3人,移送检察机关6人。全力做好中央脱贫攻坚专项巡视和省市委巡视巡察反馈问题整改。省委第三巡视组巡视砀山反馈的56项整改任务,完成55项,1项正在持续推进,交办的629件信访件全部办结。部署开展县委两轮常规巡察和一轮环保专项巡察,发现问题388个,移交问题线索37件。

【砀山名企】 *安徽砀山海升果业有限责任公司* 安徽砀山海升果业有限责任公司企业是由国家级农业产业化龙头重点企业、香港主板上市公司——陕西海升果业出资控股在砀山县设立的果蔬汁加工企业。该公司在砀投资有三个项目:一是浓缩果汁加工项目。2007年投资4.6亿元建成,占地450亩,设计年生产能力5万吨浓缩汁,是国内外工艺最先进、加工规模最大的浓缩果汁加工项目,主要产品浓缩苹果(梨)清汁、浓缩红薯清汁、胡萝卜浆汁等产品,90%以上产品自营出口,年实现销售收入3亿元。2018年纳税额1426万元,产值1.2亿元。二是胡萝卜鲜食与加工项目。2014年投资1.25亿元占地30亩,建成全国唯一一条胡萝卜鲜食加工生产线,年产胡萝卜汁1.5万吨,水果胡萝卜0.8万吨,满产实现年销售6亿元。主要产品为水果胡萝卜、浓缩胡萝卜汁等。三是果胶生产加工项目。2014年投资2.3亿元建设一条以高科技生物技术为基础的天然苹果果胶生产线,年产苹果果胶2000吨,占地110亩,年产量在全球排名第六,预计可实现年销售收入2亿元,利税4000万元。2018年实现税收650万元,产值8400万元。

安徽宿州科技食品有限公司 安徽宿州科技食品有限公司是2003年在砀山投资兴建的以加工果蔬罐头、饮料、软包装罐头等农产品深加工企业,公司占地面积183亩,建筑面积6.9万多平方米,总资产21585万元,固定资产4901万元,公司拥有8条先进的果蔬罐头生产线,年均员工2300多人,年生产各类果蔬罐头7万多吨,果蔬罐头生产量、出口量、销售额均全省第1,其中黄桃罐头生产量中国第一。2018年公司完成销售收入2.14亿元,上缴税收1036万元,出口创汇2300多万美元,其中自营出口2000多万美元。随着企业的发展,先后取得了农业产业化国家重点龙头企业、安徽省农产品出口示范基地、安徽省质量奖、安徽省名牌产品、安徽省出口名牌产品、中国罐头十强企业、中国罐头工业协会副理事长单位、安徽省皖北果蔬加工业商会会长单位,中国农业银行安徽分行AA级授信企业、进出口检验检疫局A级企业、海关实施A类管理企业等荣誉称号。公司先后荣获国家自营进出口权、QS、ISO9001:2008、ISO22000、BRC、IFS、KOSHER、EUREPGAP等多项国际质量体系认证,公司主要生产“科技”牌212~4500克多品种、多规格的软包装、瓶装、铁罐和易拉罐包装的黄桃、梨、苹果、芦笋、蘑菇、草莓、桔子、葡萄、枇杷、杏子、椰果、菠萝、什锦、杨梅等品种的果蔬罐头及果汁饮料,产品出口日本、美国、加拿大及欧盟等国,与百胜集团、喜之郎、亲亲等企业成为公司的贸易伙伴,公司在国内20多个省、市地区都有销售网络,全面进入家乐福、沃尔玛、欧尚、大润发、易初莲花、联华、苏果等超市,该公司现发展成为安徽省及淮海经济区果蔬罐头加工行业的领头羊。

公司拥有技术人员260人,其中高级职称3人、中级职称185人、初级职称72人,技术力量雄厚。与安徽农业大学合作成立“食品加工新技术”联合研究所,与安徽农科院建立技术依托关系,实行产、学、研和政府的有效结合;2016、2017两年来共安排研究开发费用3510万元用于科技合作与研究;承担省、市、国家级研究和攻关项目1项,共申报专利近7项,与安徽农科院合作开展了“砀山酥梨、黄桃系列产品关键技术研究与产业化”技术的攻关。

公司紧紧围绕促进农村一二三产业融合发展,

以增加农民收入为主题，以“六个益”的和谐发展的为宏伟蓝图，以农民利益为核心，将农民利益、地方效益、职工利益、企业效益、国家利益和社会效益紧密结合，创建和谐发展的新型现代农业产业化龙头企业的经营模式。

【砀山名校】 **砀山中学** 安徽省砀山中学始创于1930年，其前身是苏鲁豫边疆中学。我党早期领导人王若飞亲自拟写了《建校宣言》，明确提出了：“广招英才而育之，以隆其德，以广其智，以健其体”的办学宗旨。薪火相传，弦歌不辍。1960年被确定为省重点中学，1999年首批通过省示范性高中验收。学校先后被评为“全国教育战线先进集体”“安徽省教书育人先进单位”“安徽省文明单位”以及省、市、县学校管理先进单位等，被誉为皖北的教育明珠，人才的摇篮。

学校占地287亩，校园布局合理，功能区位分明：花架画廊，错落有致；亭台雕塑，交相辉映；小桥流水，别具意趣。设计新颖、风格多样的现代化建筑群鳞次栉比、气势恢宏。第一、第二教学楼宽敞明亮，可容纳120个班、7000多名学生同时上课；古香古色的沐春园侧，6幢学生公寓楼整洁舒适，可供5000多名学生住宿；杨柳依依的小桥流水边，学生食堂环境优雅，可容纳4200人同时就餐。实验楼设备先进，实验室堪称一流；西廷馆大气磅礴，逸夫楼、艺术楼、校史馆一应俱全；图书馆藏书21万册，报刊415种；运动场建有标准的足球场、篮球场和400米塑胶跑道。

学校有86个教学班，5000多名学生；教职工333人，其中正高级教师1人，特级教师3人，高级教师129人，一级教师133人，已获得硕士学位的19人，市级学科带头人9人、市级骨干教师23人，还拥有一批在省、市、县有影响的模范教师、优秀教师。在教科研方面也有新的突破，有9个课题在国家和省教科所立项，其中2个课题顺利通过专家鉴定。砀山中学数学、英语、生物3个学科被确定为宿州市学科教科研基地。

2018年高考，在高考报名人数减少的情况下，学校本科及一本上线人数均大幅度攀升；高三(26)班阚开放同学以683分的成绩，勇夺县理科状元，被清华大学录取；高三(27)班高若君同学以647分成绩位居全县文科第1名，被复旦大学录取；高三(23)班王振国同学被空军航空大学录取为飞行员，高复班孟祥博同学被海军航空大学录取为飞行员；200多位同学被复旦大学、上海交大、浙大、南大、中科大等985、211名校录取，受到社会各界一致好评。

砀山县第二初级中学 砀山县第二初级中学前身为1935年9月徐州教会在砀山创办的类思小学(男部)和圣约翰．伯尔各满小学(女部)。1951年9月，政府接管后更名为皖北区砀山第二初级中学，后几经易名易址。1978年8月，学校开始招收高中班，更名为砀山第二中学。成为皖北地区颇具影响力的一所完全中学。2015年8月，高中迁入新校区，高初中实现分离，老校区独立举办初中，学校恢复使用“砀山县第二初级中学”的校名。

学校占地面积33000平方米，建筑面积36630平方米。学校现有50个教学班，在校学生2500多人，教职工180人，其中高级教师35人，中级教师125人，市级骨干教师9人，市级学科带头人5人，获得省级优质课1人，市级优质课8人，市级师德师风先进个人1人，发表省级论文4人，市级论文10余人。有多名教师辅导的学生在县、市级的各种演讲比赛、中华经典朗读比赛、知识竞赛中获得奖励。

学校自2015年8月高、初中分离以来，在校长张满勇的带领下，坚持“尊重学生天性、遵循教育规律、办最规范最优质的教育”这一办学理念。着眼于“质量提升、精细管理、文化引领”三大重心，实现了学校跨越式发展。两年多来，学校先后获得“义务教育均衡发展县创建工作先进单位一等奖”“全县学校管理工作先进单位”“宿州市第一届文明校园”“宿州市平安校园”“宿州市健康学校”“全国青少年篮球特色项目学校”“安徽省智慧校园实验学校”等荣誉称号。

【砀山名镇】 **砀山县良梨镇** 良梨镇位于砀山城东15公里处，黄河故道南岸，南邻李庄镇，北靠园艺场，东邻唐寨镇，西接砀城镇。被评为“电子商务进农村全覆盖工作示范镇”“宿州市生态文化旅游试验基地”“安徽省优秀旅游乡镇”“宿州市第三批平安乡镇”。公路网纵横交错，四通八达，310国道横贯镇域南部，陇海铁路擦肩而过，交通极为便利。区域面积45平方公里，镇辖7个行政村。全镇耕地面积5.39万亩(全部为果园)，其中梨树(包含酥梨、早熟梨等)种植面积占70%，桃树、苹果树及其他杂果占30%，良梨镇土质多为故黄河冲积的沙土或沙壤土，适宜果树生长，生产水果品质上乘。

"酥梨小镇"建设全面展开。2017年获得安徽省第一批省级特色小镇、2018年获得第二批省级旅游小镇"砀山县酥梨小镇",良梨镇围绕资源优势,发展"大农业+大旅游"格局,规划建设"一轴一带四区"(一轴:文家河生态景观轴、一带:河岸休闲观光带、四区:梨树王核心风景区、特色民宿体验区、酥梨生态观光种植区、文化休闲体验区)空间格局。结合美丽乡村建设,先后实施了省级美丽乡村崔庄中心村、侯楼中心村和魏寨中心村项目;提升梨树王景区规格,在景区内铺设了木栈道,制作安装旅游导向标识牌、电子显示屏,建设了观景台、斗鸡(羊)场,引入景区观光车,在景区梨树下种植二月兰共计217亩等,梨树王景区正在积极创建国家AAAA旅游景区;同时为改善小镇交通拥堵,投资建设了文家河入口生态停车场、魏寨生态停车场、良梨镇环镇路停车场、梨树王停车场,在文家河口、梨树王景区建设游客服务中心,不断提高旅游接待承载能力;实施了文家河治理工程,共疏浚河道4.7公里、清除芦苇、杂草等12万平方米;建设完成了酥梨小镇客厅;投资建设了梨花庄园主题酒店、梨树王酒文化庄园(后厨)、侯楼民宿,同时建设了皖北故居农耕文化馆、小镇入口等项目;中国梨博物馆、文家河景观带、梨花岛、侯楼生态古街、崔庄闸改造升级等项目正在规划实施。

【砀山名村(社区)】 古城社区　开发区古城社区于2009年由毛油坊、阚油坊、毛李庄3个行政村合并而成,隶属砀山经济开发区,管辖范围西至宴嬉路,东至惠民社区,南至310国道,北至生态大道。总户数2006户,总人口8830人,总面积3平方公里,经济来源以就业和自主创业为主。社区党总支有5个支部、14个居民组,249名党员。辖区内有3个安置小区,8个商住区。有汇源食品有限公司、皇冠食品有限公司、安徽省宴嬉台酒业集团有限公司等48家中小型企业,是开发区"产城一体"发展成果典型代表。

古城社区"城市生活e站"于2013年建成正式对外开放,高标准设置了e智空间、老年活动中心、老年书法室、日间照料室、儿童乐园、文体活动室、道德讲堂、健康生活指导室等丰富服务功能区,组建并培养了一批具有专业特长、热心服务的专业化社区志愿者服务人员。社区以城市生活e站为依托,致力于全面提升社区服务整体水平,创新社区管理方式,探索社区服务模式,不断促进与居民的有效沟通,百姓的幸福指数逐年提升。

良梨镇侯楼中心村　侯楼中心村位于砀山县良梨镇东部,北依黄河故道,东靠文家河,西临"梨树王"景区,交通便利,区位优越。侯楼中心村以文家河、梨花观赏路线和"梨树王"景区为依托,大力发展乡村游和生态游。村庄以徽派建筑为主格调,具有汉式建筑风貌;以梨花旅游节和酥梨采摘节活动为契机,全力打造以"游黄河故道,赏万顷梨花;品梨乡文化,享农家风情"为主题的美好乡村示范村,游客们吃农家饭、品农家菜、购农家物、享农家乐,推进产业多元化,农民收入多样化。

侯楼中心村在建设过程中,结合省级特色酥梨小镇建设,贯彻落实乡村振兴战略,深入挖掘皖北特色民俗文化,高标准推进各项内容的建设,助力村庄融入景区、留住心中乡愁,美丽乡村建设成效明显,成为了远近闻名的皖北特色民俗村。本着修旧如旧的原则,侯楼中心村借着全域旅游的东风在全县率先建设了皖北农耕文化展览馆,将农村文明史融入到美丽乡村建设中。在展示大厅,收集而来的传统农耕用品用具,包括犁、耙、织布机等传统农具,集中展现了木工记忆、铁匠记忆、编织记忆,充分展示了农业发展历程、农民生活演变、农耕文明进程。每天,都有附近群众以及慕名而来的游客到此感受根植于泥土的简朴气息,传承着祖辈恪守的美好精神。结合村民传统生活实际,以农耕生产生活实物展示为主,既扮靓了中心村建设的"颜值"档次和百姓的居住气质,又增加了中心村民俗文化的游览内涵。侯楼中心村还立足实际,在保持原有建筑风格的基础上,植根皖北民俗文化,并依托自然优势,大力融入乡村生态旅游,创新修建了儿童乐园巷、梨花诗巷、源远巷、乡愁巷等风格迥异的观光巷道,环境由"脏乱差"变身"洁净美",百姓的幸福指数也得到显著改善。2018年全村农民人均纯收入达到12000元。

砀城镇土山社区　山社区地处县政务中心,东至科技路,西至芒砀北路,南至利民河,北至砀郡路。土山名称由来已久,据县志考证,北土山,建于明朝永乐七年(1409)前,堆土而成。是砀山历史的名胜古迹之一。山底周围面积约有10亩,山顶面积2亩有余,山高约两丈半,从下到上约有50层石阶。土山建成后,又过了一年的时间,复在山顶上建造了一个高约两丈的亭阁,内有螺旋梯。阁内敬奉西方神准提佛，准提佛像为青铜制造，重约数吨，即千手千眼佛，故称千佛阁，又叫准提阁（即歇马厅）。清乾隆五十九年（1764），砀山安阳书院由县城内迁往这里，改称北山书院。民国时期，砀山县曾在此设立过甲种师范讲习所和砀山体育馆。1930年中国共产党人又在此创办苏鲁豫边疆中学，传播马列主义、培养革命的火种。1938年，砀山沦陷后，千佛阁内准提佛铜像被日本抢掠走，解放战争时期，北土山建筑群又遭到当地国民党毁灭性破坏，新中国成立后，建窑取土，北土山逐渐消失。北土山成为砀城镇的一个自然村名。

土山社区在原土山村的基础上于2016年6月改为城市社区。原土山村下辖土山、贡元、吕元、朱元4个自然村，原住居民3866人。由于城市建设的需要，原土山村全部征迁完毕。社区总人口约24960人，下辖金利小区、帝景水岸、帝景公馆、帝景首府、华庭苑5个小区，社区党群服务中心位于金利小区北大门，建筑面积约2000平方，一楼设便民服务大厅、便民超市、社区医疗室；二楼设有图书室、阅览室、健康体验馆等；三楼设有党群活动室、健身室、舞蹈室等。社区现有（两委）干部6人，其中女性2人，干部平均年龄40岁。社区党总支下辖土山、贡元两个党支部，党员96人。

近年来，土山社区在各级领导的关怀和干部群众的共同努力下，坚持以人为本、服务居民的方针，充分发挥基层党组织的战斗堡垒作用，先后获得“先进基层党组织”“全国综合减灾示范社区”、市“无传销社区”、省“书香社区”“全市社区侨务工作示范单位”“宿州市安全社区”“省社区侨务工作示范单位”“省级儿童之家示范点”“全省妇联系统先进集体”“砀山县诗教先进单位”荣誉称号。

砀城镇南城民族社区 砀城镇南城民族社区坐落在砀城南大门，东起东升南路，西至健康路，南至陇海铁路，北至二环路，是砀山县回族群众最为集中的地区。

根据砀山县志记载，砀山县的回族是明朝永乐十五年（1417）从山西洪洞县迁徙而来，七苏八马十六许共计31户定居于此并繁衍至今。社区总人口9756人（其中回族群众4700人），总户数3306户，辖区面积1平方公里，下辖6个管理小区。

社区有固定资产800万元，办公服务用房800平方米，实行公职化管理、一站式办公、窗口化服务，建有党员活动室、市民学校、老年活动中心、警务室、民事调解中心、图书室、电子阅览室等为民、帮民、助民的各类组织。

多年来，社区工作在砀山县委、县政府的高度重视下，以“致力维护民族团结、倾力打造和谐社区”为主题，全面贯彻党的民族政策，使社区民族团结进步事业进一步巩固。

全体社区干部谨记“以人为本、诚信待人、倾心相助、尽心办事、真心为民”的服务宗旨，积极开展社区共建活动，使社区内广大少数民族群众切实得到“老有所养、幼有所抚、残有所助、孤有所靠、难有所帮、贫有所济”的良好服务。曾先后被评为全国和谐社区建设“示范单位”、综合减灾“示范社区”；安徽省民族团结进步“示范社区”、学雷锋志愿服务“十佳社区”、家庭教育工作“示范社区”；宿州市先进基层党组织、文明单位、首届“先进社区”、第二届“文明社区”、安全生产“示范社区”、人口和计划生育工作“示范社区”“科普示范社区”等光荣称号。

美丽乡村——光明村 光明村地处唐寨镇西北部，黄河故道南岸，文家河横贯村境，是著名的水果和旅游专业村。该村有16个村民小组，总人口5684人，全村国土面积6500亩，其中果园面积3762亩。农民收入主要以酥梨种植和旅游收入为主，2017年居民人均可支配收入10128元。

光明村拥有数千棵百年以上古梨树，是砀山酥梨的发源地和核心产区。砀山梨花旅游观赏区之一的“乾隆御植园”——百年梨树群，就位于该村中部。御植园内有树身分5枝，像老佛爷之手的玉佛手树，有相依为命的夫妻树，有像情人热恋中的情侣树，有威严刚劲的大将军、二将军树和像兄弟俩团结齐心的兄弟树。千年古树皂角树，被纳入宿州市重点树木保护名录。光明村民俗底蕴厚重，有国家非物质文化遗产唢呐艺术和四平调，有梨园赛马、斗鸡、斗羊等各种类型民俗活动。光明村年接待游客量2万人次，旅游收入200万元。

近年来，光明村投资1000多万元，对景区及村内基础设施进行了改造提升，水泥道路实现“户户通”，建成标准化游客服务中心1处，安徽省四星级农家乐1处。积极推进农村环境综合治理，村容村貌显著提升。按照农业现代化先行区建设的总体要求，以产业领路，积极发展现代农业。通过加大招商力度，大力发展三产服务业及电子商务。为实现农业增效、农民增收、农村繁荣，探索一条现代农业持续发展之路。光明村现已成为集生态旅游、休闲观光、商务度假为一体的旅游景区。

据传,1762年乾隆皇帝下江南时路过此地,亲手栽下几棵梨树,并为一些树命名,后来人们便把这片梨园称为乾隆御植园。该园有300多年历史。百岁以上老梨树数千棵,是砀山古梨树园集中区,是砀山重要的梨花旅游观赏区之一。到了每棵古树前,人们可以施展丰富的想象力,品味大自然造就的奇特魅力。梨花开放期间,举办的梨园旗袍秀,美人灵动,在梨花的衬托下,带着久远的古典气息,承载着深厚的文化底蕴,给游客带来一场典雅古朴的视觉享受。更有四平调展演、唢呐演奏、梨乡书画写生、音乐帐篷露营盛会等文化盛宴,使游客徜徉在花的海洋。黄河故道南岸举行的梨园赛马、斗羊斗鸡等精彩活动,可为游客增添全新的游玩体验。定国寺、"酥梨王"、僧王庙、李卫碑等历史景点更可让游客追寻古人的踪迹,再现丰富多彩的历史。

光明村作为砀山酥梨的发源地和核心产区,市场知晓度和美誉度极高。"芒砀春来风物华,万顷梨花化雪飞",每年4月,万亩梨园含烟带雨,大量游客前来观光。9月,梨果飘香,吸引四方宾客来光明采摘酥梨。光明村气候宜人,四季分明,土特产丰富。被历代中医称为"果中甘露子、药中圣醍醐"的酥梨,用酥梨熬制的梨膏,纯手工制作的黄桃罐头,"喝梨汁长大"的香菇、木耳,被称为菌中之王的姬松茸,由农家土鸡蛋加工而成的皮蛋等极具本地特色,吸引大量游客纷纷采购。众多乡村农家乐和民宿民居可为游客提供食宿保障,真正让游客走进光明,回归自然,体验农村生产生活。光明村年接待游客量2万人次,旅游收入200万元。

·萧　县·

【概况】 萧县地处安徽省最北部,东临徐州,南接淮北,东和北部与江苏省徐州市铜山区、泉山区、丰县接壤,西与砀山县和河南省永城市毗邻,南同淮北市交界,东南与宿州市埇桥区相连。具有良好的交通及区位优势。萧县春秋时为萧国,秦时置县,古称"文献之邦",是中国汉文化、孝善文化、陶瓷文化、伏羊文化的重要发源地。获得中国书画艺术之乡、中国葡萄之乡、中国羊肉美食之乡、中国改革创新试点县、中国防腐蚀业第一县、全国科普示范县、中国面粉加工强县、全国电子商务进农村综合示范县、全国县域经济投资潜力百强县、中国辣椒制种第一县、安徽省优秀旅游城市、安徽省级文明县城、省级园林县城、省级森林城市等荣誉。县境南北长60.4公里,东西跨距56公里,辖5个乡、18个镇和1个经济开发区,全县面积1885平方公里。2018年末,全县家庭总户数415276户,总人口1395576人,其中,回、藏等29个少数民族占0.1%;城镇人口265084人,乡村人口1130692人。

2018年,在市委、市政府和县委、县政府的坚强领导下,全县上下深入学习贯彻习近平新时代中国特色社会主义思想和党的十九大精神,开拓创新、苦干实干,较好完成了县十七届人大二次会议确定的目标任务,在深入推进五大发展行动计划和"四创"萧县建设、坚定向全省第一方阵冲刺的道路上迈出了坚实步伐。当年,全县地区生产总值290.8亿元,增长9%;财政收入28.17亿元,增长20.4%;固定资产投资增长17%;社会消费品零售总额111.2亿元,增长13%;城镇和农村常住居民人均可支配收入为28463元和11873元,分别增长8.8%和10.1%。主要经济指标全市领先,全县经济稳中有进、稳中向好,目标考核连续3年全市第1,入选全国县域经济投资潜力百强县。

【脱贫攻坚成效显著】 在精准推进上下实功。扎实推进"重补促"专项整改和脱贫攻坚大排查,全面掀起春夏秋冬四季攻势。深入开展"面对面说扶贫""六个一"系列帮扶活动,成立"1+9+23"工作专门班子,不断凝聚脱贫攻坚强大合力。脱贫攻坚成效考核全省第十,县域结对帮扶工作全省第1。全县30个贫困村出列、12984户24032人脱贫。"萧县物质与精神脱贫同步推进"获评全国民生示范工程。在精准施策上出实招。全年投入脱贫攻坚资金36.1亿元。脱贫攻坚"十大工程"取得实效,发放教育资助金2051万元,资助贫困学生3.1万人次。投入健康扶贫资金3.32亿元,救治患病贫困群众10万人次,获评首批省健康脱贫工程示范县。为7356户四类重点人群和边缘户改造危房。为贫困家庭提供就业岗位1.98万个。实施产业扶贫到村项目92个、到户项目2.7万个,惠及87个贫困村和3.1万户贫困家庭。建成扶贫工厂147个,带动贫困人口就业1164人。"三有一网"点位扶贫实现全覆盖,带动贫困户2152户。建成光伏扶贫电站26

个,1700 户贫困家庭受益。发放扶贫小额信贷 3.36 亿元,助力 6827 户贫困户脱贫。发放政策兜底资金 3.25 亿元,惠及困难家庭 14.28 万户。投入 2.8 亿元完成农村饮水安全巩固提升工程。在长效机制上用实劲。坚持扶贫与扶智、扶志相结合,组织贫困人员参加致富带头人、技能、农技和电商培训 4.19 万人次,举办脱贫攻坚业务培训 106 场、培训 2.9 万人次。选派 23 名科级干部挂任乡镇扶贫专职副书记,选派 518 名干部到非贫困村驻村帮扶;选派科技特派员 135 名,实现贫困村全覆盖。203 家企业与 175 个非贫困村结对帮扶。深入开展脱贫攻坚作风建设年活动,项目资金管理不断规范,涉贫信访总量持续减少,群众满意度不断提升。

【生态保护力度空前】 投资 1.7 亿元生态修复非煤矿山 88 个,治理面积 644.2 万平方米。“林长制”“河长制”全面落实,林业“双增行动”高标准实施,完成人工造林 1.3 万亩,森林经营 9.7 万亩;投资 2.46 亿元治理洪碱河、萧濉新河等 5 条河道。凤山生态修复工程全面完成。秸秆禁烧连续 5 年“零火点”。PM 2.5 优于皖北平均水平,空气质量持续向好。查处各类环境违法案件 135 件。整治“散乱污”企业 416 家。依法拆除砖瓦窑场 35 座。中央、省环境保护督察转办信访件整改完成 99.2%。全县禁养区内 385 家养殖场全部拆除,关停非禁养区规模养殖场 39 家。城区范围内全面禁止燃放烟花爆竹,高污染燃料禁燃区完成划定,餐饮业油烟专项整治初显成效。全县 35 蒸吨以下工业燃煤锅炉和 10 蒸吨以下燃煤小锅炉整治工作稳步推进。龙河清淤截污工程全面完成,水质明显改善。划定饮用水水源地保护区 100 处。查处跨省倾倒固废案件 4 起。

【工业经济稳中向好】 规模以上工业增加值比上年增长 11%。首位产业完成产值 200 亿元。69 个技改项目完成投资 78.5 亿元。26 家战略性新兴产业产值增长 20%。盘活“僵尸企业”14 家,节约集约用地 790 亩。县经济开发区综合考核全省 14 位。创建国家级开发区正式启动,园区整合全面完成。获评省“制造业发展增速 10 快县”。重点项目推进工作全省 13 位。104 个“610”工程项目完成投资 121 亿元。89 个省“大新专”项目完成投资 95 亿元。华永产业园、博安科技、喆氏智能等一批重大项目落户萧县,格派新能源、兴达新材料等项目强力推进,锆孚海洋设备、广泓环保、磐盛新材料等项目建成投产。

【现代农业提质增效】 农产品加工产值 150 亿元,比 2017 年增长 2.9%,其中超亿元企业 25 家。培育市级以上龙头企业 105 家,现代农业产业化联合体 58 个、家庭农场 1825 个、农民专业合作社 1874 个。永久基本农田划定通过国家审核,建设高标准农田 11.5 万亩,流转土地 76.54 万亩。新增“三品一标”25 个,其中绿色食品 5 个、无公害农产品 19 个,“萧县葡萄”获批国家地理标志保护产品。

【第三产业蓬勃发展】 2018 年,萧县社会消费品零售总额 111.2 亿元,比上年增长 13.2%。其中线上消费品零售总额 41.6 亿元,增长 22.2%;外贸进出口完成 6351.4 万元,同比增长 62%;电子商务网销额 21.5 亿元,其中农产品网销额 8.5 亿元。萧县自 2017 年 8 月实施电子商务进农村综合示范项目以来,至 2018 年底,建成县级电商公共服务中心 1 个(面积 2500 平方米)、县级物流分拣中心 1 个,整合全县物流快递单量 40% 以上,村级电商服务点 260 个,村级物流配送点 260 个,实现 100% 全覆盖。旅游事业发展取得新突破,皇藏峪获授省研学旅行实践基地;蔡洼景区入选长三角区域旅游系统党性教育基地和省党员干部党史教育基地。1 镇 2 村入选省优秀旅游乡镇、示范村;1 镇 4 村上榜省第六批千年古镇、古村落。金融服务再获新成效,发放续贷过桥资金 4.67 亿元,新型政银担在保余额 12.28 亿元,18 家企业农业板成功挂牌。

【城乡建设展新颜】 县城新区建设如火如荼。40 个项目完成投资 32 亿元,项目数量和投入资金创历史新高。总投资 5 亿元的岱湖公园建成开园,总投资 12 亿元的文体综合项目“六馆一中心”主体封顶。新区 20 条主次干道竣工通车,“六纵六横一环”路网格局基本形成。圣泉安居小区、芦屯嘉苑小区、生活污水处理厂全面完工,6 条地下综合管廊项目前期工作圆满结束,圣泉水墨小镇完成概念规划编制。凤城新区“三年大变化”实现完美蝶变,“生态效应”“文化效应”“高铁效应”日益凸显。老城改造再焕活力。魏楼、龙河等区域完成房屋征收 460 万平方米,开工建设安置房 8000 套。投入 2.6

亿元实施城区黑臭水体治理。打通“断头路”5条，建成街头游园8座，新建、改造公厕15座。龙霄公园完成改造，龙河艺术空间建成开放，停车场建设纳入县城专项规划。投资4.5亿元绿化提升246万平方米，创建国家园林县城通过省级初验。养护道路6.2万平方米，改造门头1.2万平方米，城区主次干道得到有效整治，市容市貌持续改善。乡村振兴持续发力。22个乡镇总体规划全面完成。投入1.27亿元完成11个省级中心村和13个乡镇镇区整治。“三清四拆”成效显著，拆除破旧危房67.93万平方米，整治村庄1656个。农村环境“三大革命”深入开展，完成改厕3.2万户，2378座公厕和23座乡镇污水处理厂加快实施进度。完成空心村治理7300亩，新增耕地3700亩。移风易俗持续推进，乡风文明日益提升。城乡路网日臻完善。道路交通重点工程完成投资25.9亿元，为历年之最。投入9.7亿元硬化自然村道路1318公里，投入1.5亿元完成农村公路畅通工程241.5公里。县城东、西两大出口市政道路、新庄至310国道等6条道路建成通车。观音机场候机楼落户萧县，萧徐省际公交、萧县火车站运营在即。

【文化事业成绩斐然】 全县建成以县文化资源共享中心为主导，下设23个乡镇基层服务中心，以及275个村级基层服务点的三级文化服务网络。投资3850万元建设225个村级文化广场舞台，并对18个乡镇文化站进行了提升改造，配备电子图书阅读机、电脑、乐器、电视机、投影仪、体育活动器材等。投资180万元，建设12个农民文化乐园。进一步加强农家书屋建设。2018年底，建成农家书屋275个，配套添置图书45.5万册。开展送戏下乡活动。全年送戏下乡345场，创作排演四台宣传主旋律的现代戏《人民的好公仆——陈德领》《风雨守候》等，创作排演《鞭打芦花》《接官亭前》《双凤还巢》等多台具有地方文化特色的历史剧。送公益性电影下乡3175场，保证每月每村至少放一场电影，有效地丰富了人民群众的文化生活。考古发掘及文物保护又有新成果，金寨考古发现大汶口至龙山文化遗址。龙城、丁里、红庙、程蒋山申报并被被批准为千年古镇、古村落。2018年10月，萧县成功举办中国汉画学会十六届年会及汉画像石拓片晋京展。文化艺术人才队伍进一步壮大。新增中国书协会员2人，中国美术家学会会员资格7人。刘套镇获评中国民间文化艺术之乡。

【改革开放深入推进】 深化改革取得新成效。全年，120项改革任务稳步推进。国地税征管体制改革、23个农村“三变”试点改革和集体资产清产核资任务全面完成。深化商事制度改革，全面落实“多证合一”，新增企业2725家。深化“放管服”改革，着力开展“四送一服”双千工程活动，加快创优“四最”营商环境，累计减免企业税负2.9亿元，精简申报材料3135项，1419项业务“最多跑一次”，610项业务“一次不用跑，全程网上办”，尽最大努力让群众“进一扇门，办所有事”。开放发展释放新活力。完成进出口总额5500万美元，增长40.5%；实际利用外资1亿美元，增长7.7%。积极参加国际徽商大会、世界制造业大会和国际进口博览会。张江萧县高科技园创建沪皖合作示范园区被列入长三角地区合作要点。健全招商引资决策执行机构，建立萧籍在外有影响力人才库，高位推进优质项目引进。全年共签约工业项目85个，总投资222.5亿元。创新驱动积聚新动能。深入开展省级创新型县创建工作，设立科技创新专项资金。建成高新技术企业13家，产值增速超30%。发明专利申请280件，授权40件。企业研发投入1亿元。获批省科技重大项目3项。张江萧县高科技园先后与6所高校建立创新创业实践基地、搭建产学研平台，被认定为省级科技企业孵化器和省级小微企业创业基地。首次引进党政储备人才19名。鎏彩建材实验室落成并引入4位博士。与中关村云计算产业联盟等5家产业协会签订战略合作协议，牵手中关村海淀创业园合作共建萧县分园。

【民生保障持续强化】 加大民生工程投入。2018年，全县支出59.6亿元用于民生领域，占财政总支出87.5%。33项民生工程投入23亿元。社会救助能力进一步提升，农村低保保障面提至5.21%，保障标准和农村五保供养标准分别提高12.5%和12.1%，全年累计发放救助金3.1亿元、优抚补助金5300万元。城乡1901所养老服务站、253所儿童之家和10个乡镇的公益性公墓如期建成。新建、改建、整修村卫生室230所。摇号分配公租房518套。抗灾减灾取得阶段性胜利。集聚各方力量全力应对萧县百年一遇的洪涝灾害，累计投入抗灾救灾资金8438万元，转移安置群众10.6万人。迅速出台灾后重建和恢复生产生活政策意见。及时开展垃圾清运、环境消毒和水浸房屋排查,实现大灾之后无大疫、无次生灾害。水毁房屋全部按期完成修缮重建,确保受灾群众平安温暖过冬。积极构建防洪安全保障体系,完善修订相关预案、规划。县乡村组四级应急广播工程建成使用,全力保障人民群众生命财产安全。教育、体育、卫生等社会事业取得全面进步。全县公办初中招生首次采用摇号方式,有效促进教育公平。巩固全县义务教育成果,保持均衡发展。全面加强"控辍保学"工作力度,建立"688"控辍机制,抓牢"八项"措施落实,确保无一例因贫辍学现象发生。全县群众体育蓬勃发展,围绕"我运动,我健康"主题,开展20次全民健身运动,全县城乡经常参加锻炼人数达到48万人。体育设施建设取得很大进步,总投资4.28亿元的凤北体育场、馆正在有序推进,预计2019年建成投入使用。2018年,有2个乡镇建成1000平方米以上的室内全民健身中心;有12个乡镇建成700平方米多功能球类运动场;还有12个乡镇建成2000平方米全面健身广场,208个行政村实施了"一场两台"。萧县有5所中小学获评"全国青少年校园足球特色学校"。省残运会上获5金3银,取得历史性突破。2018年,萧县农村合作医疗参保人数109.5万人,参合率111.2%,圆满完成参保任务。建档立卡贫困人口实现了大病保险"一站式"结束,萧县被省卫健委授予"安徽省健康脱贫示范县"称号。食品药品监管不断加强,农产品安全快速检测体系建设全面完成,获评省农产品质量安全县、"中国好粮油"行动计划示范县。龙城镇城西社区"全国为侨公共服务体系示范单位"正式揭牌。深入开展"安全生产攻坚行动",持续推进重点行业、重点领域专项整治,排查整改隐患1983处。社会信用体系建设加快推进,行政村实现法律服务全覆盖。扫黑除恶专项行动成效明显,打掉黑恶势力7个。获评省双拥模范县。审计、供销、对台等工作受到省级表彰,防震减灾工作连续6年全国先进。

【名镇名村】 *龙城镇* 安徽省民政厅、地方志研究院等五部门于2018年12月批准萧县龙城镇为安徽省第六批"千年古镇"。龙城镇位于萧县腹地,是萧县人民政府驻地,全县政治、经济、文化中心,也是中国书画艺术之乡、"龙城画派"发源地和核心。东、南部与江苏省徐州市和安徽省淮北市、萧县白土镇、永堌镇、丁里镇接壤,西、北部分别与杜楼镇、圣泉乡相连。全镇面积125平方公里,辖16个社区、7个行政村,人口14.2792万人,其中农业人口29188人。2018年该镇地区生产总值122.5亿元,财政收入3.77亿元,城乡居民人均可支配收入16707元。

龙城镇东、北、西三面环山(龙山、姬村大小彭山、凤凰山、老虎山、岱山、明山、帽山等),南面邻水(龙湖、岱湖、王典西湖、黑龙潭及月亮湾、梅山、老猫窝等8个水库),境内有徐郑高铁(萧县北站)、符夹铁路(萧县站)、连霍高速及S101、S202、S301 3条省道穿境而过,16条县道通往各乡镇。境内有大彭古国遗址、孔启、圣泉寺、古桃花洞、二子书声洞、黑龙潭、帽山(汉刘德、刘向故里)、古箕谷、华佗庙、帽山寺、东岳庙、郑恕墓等古遗址。龙城古城在凤凰山北古汴水之滨,春秋时由邑升萧子国,秦时置县。因黄河历次决口淹没,县城经三次迁徙而定今治。城东有龙山、龙河、龙湖。龙城历史文化底蕴悠久而丰厚。龙城镇境内的帽山和祖庄于1958年和1980年先后发现汉代钱范,以及后来发现汉墓群中的大量汉画像石,说明两汉时期这里的经济、文化已十分发达和繁荣。

龙城历来人文荟萃、文化昌盛,众多文人雅士著称于世。有世居于帽山(同孝山、同孝里)的汉代刘向、刘歆父子是国内外公认的经学家、目录学家;继春秋左传及孔学,闵子骞、颛孙子张、颜子柳"春秋三贤",共成"文献之邦"美誉;南朝刘义庆《世说新语》,开启中国古代志人小说之先河;唐代骆宾王咏唱萧城孝感泉之《灵泉颂》,脍炙人口;宋代窦沔父子名士建筑拱翠堂引来苏轼、曾巩、晁补之、陈师道等诗文大家莅萧、歌萧;明代以降,"龙城画派"异军突起。萧县书画肇始于天赐"水墨岩",发轫于春秋("宋画"即萧画),兴盛于汉,继起于南朝刘宋,得益于苏轼拱翠堂献艺《枯木怪石图》,以龙城为艺术核心,以"龙城画派"为旗帜,复兴于明清,继盛于民国,隆盛于近几十年,以至萧县被文化部首批命名为"中国书画艺术之乡"。大师级艺术家代不乏人。南朝有刘裕父、子、孙几代皇帝书家,明清有王国辅、王之麟子孙三代、刘云巢等,民国以来有萧龙士、刘开渠、王子云等。另外,从龙城走出的著名人士段广瀛、段书云、刘云昭,还有著名表演艺术家刘世龙、葛香亭等。

龙城镇随着县域经济、文化的大发展,特别是近年文明县城、卫生城市和园林城市的创建,镇区面貌空前改观,生态、绿色、靓丽、卫生、文明有序的新貌呈现在人们面前。特别是凤山森林公园、龙山公园、岱湖公园、凤北植物园、龙湖公园、龙河公园(含艺术空间)、龙霄公园、梅山生态园、桃花洞景区等大中型园林和遍布城内外社区的10多个街头公园,以及山坡、道路及街区绿化面积的扩增,为市民营造了绿色、温馨、舒适的人居环境。自2017年起,全镇建成区绿化面积1033.05万平方米,绿地率达35.5%,人均公园绿地14平方米。

张口村 省级美丽乡村张口行政村地属杨楼镇,坐落在黄淮平原的黄河故道上。陇海铁路、310国道穿境而过,交通便利。土壤肥沃,物产丰美,人杰地灵。由董楼、华祖庙、张口、程庄、胡庄、彭新庄、吕里、小马路、张连庄等9个自然村组成。该村以种植、养殖为主。其中种植业以小麦、玉米种植为主,部分村民种植蔬菜、梨树、桃树但未形成规模化,主要是自食自销。为改善村内环境,改善村民生活习惯设了保洁员、环境督查员等公益性岗位,对生活垃圾进行定期清理和园林修缮,极大地改善了全村的人居生活环境。新建村级文化活动广场1000平方米,"效骞"(以该村老革命,原河南省政协主席彭笑千,字效骞命名的)广场1000平方米。杨楼镇文化站为张口村配备各类图书1400册,成立图书室、电子阅览室。投资40万元建成粮食烘干机一台,投资70万元建成旅游扶贫项目——以38棵200多年树龄的老柿子树为中心,又新植柿子树的"柿柿如意园",以吕里村千年古槐为中心新建村民俗馆。

孟村 省级美丽乡村孟村,位于萧县皇藏山区,属官桥镇吴集行政村。孟村历史悠久,民风淳朴。前有雾猪泉、和尚泉、黑龙泉、竹林泉、珍珠泉等大小泉,汇成绕村碧水,千多年历史的青翠竹园,后靠连绵青山,风景秀丽,山水如画。该村是个有着传奇色彩的美丽山村。单单雾猪泉就有许多美丽传说和历史记载。该泉为温泉。传说当年一人赶一窝母猪小猪经此时正值酷夏,人猪至此不肯前行,歇息之间,几头母猪拱泥寻食,拱出一眼流泉,泉出雾起,人、猪瞬间不见。此后每当雾浓或风雨飘摇之日,透过雨雾,时闻龙吟或见数龙喷云吐雾。最为著名的是苏轼任徐州知府时,曾因天旱至此"祈雪",留下《祈雪雾猪泉》诗文名篇。此外,孟村千年古刹"竹林寺"更有神奇美丽的诸多传说。其中之一是说东晋时刘裕青年时代一次路过此处在庙廊歇息,被该寺几和尚惊叫声喊醒,刘问何事,难道不能在此休息一下吗?众和尚齐说看见刘裕身上数条金龙缠绕,为此惊呼才惊醒了酣睡的刘裕(刘裕当时家居西边十数里的绥舆里村)。另外还有唐宋以来"八仙"的许多传说。

孟村在美丽乡村建设之初,县美丽办和镇领导就对该村提供指导、建议,并多次实地考察,结合该村历史现状,投入巨资,做了很多切合实际情况、深得群众好评的项目。村南游园原为分到各户的河滩地,考虑到村民没有活动娱乐场所,经过给村民做工作,村民均表示无偿把土地提供给集体使用。游园建成后,鸟语花香,环境优美,成为村南一景。村西游园原来是四队牛场以及多户村民的宅基地,无人居住,破败不堪,拆除破旧危房后村民把此地块提供给村集体,用于建设停车场和游园,美化了环境,解决了村西村民停车、休闲等问题。村北山坝有原来清淤出的废石,村两委开动脑筋,变废为宝,只用了极低费用就运回村当作景观石,节省了开支,取得了极佳观赏效果。类似的例子还有很多,例如修复损毁的"跃进英雄碑",改良"闸板房",修复老井,恢复老石桥,新建5座便民桥,其中还有一座独具古典色彩的木质廊桥,都用较少费用取得了良效。孟村还保护、利用集体资产近百亩古竹园,本着保护与开发相结合的原则,开发传统手工竹编工艺,既让村民有优美的休闲环境,又不破坏竹园原有风貌。孟村还利用"三清四拆"中拆出的废石对村内河道进行护坡,对损毁水沟进行重新修砌,变废为宝,减少了开支。他们还利用村内的旧石槽、旧门楣、旧石雕、石磨点缀公园,让儿童了解传统事物和本村历史文化。2018年,孟村整合扶贫工厂项目,对老大桥以下的下湾河道进行整理清淤,整理后,河岸整齐,河面水波荡漾,可泳可钓,焕然一新。

【名企简介】 **张江萧县高科技园** 2015年初,萧县县委、县政府先行先试,落实宿州市政府与国家自主创新示范区——上海张江高新区战略合作,筹建张江萧县高科技园区。11月获上海张江高新区揭牌"上海张江久有萧县高新技术产业示范基地",也是张江高新区首次与县级合作共建。2017年4月,国务院对萧县创新发展给予2项通报表扬(萧县推广政府和社会资本合作PPP模式成效明显和落实重大政策措施成效明显、创造典型经验做法)，合作共建及基地建设是其中重要内容。5 月，作为全省招商引资现场会观摩点，创新发展受到省级肯定。2018 年园区进入快速发展期，形成产业生态圈，获批省级众创空间、省级科技孵化器(宿州市首家)、省级小微企业创业基地以及宿州市高新技术产业示范试验基地。2018 年 7 月，“支持张江萧县高科技园区创建沪皖合作示范区”被列入长三角地区合作近期工作要点。园区占地约 202.3 亩，将原政务新区按第四代产业融合社区标准改扩建，总面积约 10.5 万平方米，包括 1 栋高端研发楼，8 栋标准孵化单元楼，“龙之心”综合商业服务中心和书画创意中心。园区集科技研发、企业孵化、综合管理、服务于一体，以 PPP 模式引入社会资本参与园区建设运营，2018 年基础设施建设竣工，人才公寓、园区食堂、物业服务均投入运营。

张江萧县高科技园区创办以来，不断强化引商引资方式，落实招商引资的优惠政策，吸引省内外客户来萧投资兴业，先后引入一大批高科技企业落户。如商务部进出口百强华永集团、民营 500 强无锡兴达集团、湖南潇湘电影集团、行业领先的新能源正极材料格派项目、佳宠宠物制造基地项目、绿元素植物胶项目、喆氏智能辅具项目等优质项目落地。为此，省政府办公厅以政务信息形式专题发布《设立产业引导基金促进新兴产业落地——萧县创新新兴产业招商培育模式取得实效》介绍其经验做法，并被认定为可复制改革经验，被安徽省县域经济振兴发展专题培训班和商务厅培训班选为招商经济专题教学案例进行培训分享。

园区积极开展四送一服双千工程，为企业落户营造发展营商环境，取得良好成效。2018 年，围绕信息技术、新能源新材料、医疗器械、文化创意产业入驻企业达到 38 家，其中股权注资企业 17 家，完成股权注资 6.88 亿元。产业集聚效应开始凸显，越来越多的企业受“张江”名片吸引，不需要基金注资引导而主动落户园区，就好比“栽下梧桐树，引来金凤凰”。

园区积极与宿州学院等周边高校落实战略合作，搭建产学研平台、实验室转化中心，筹建院士工作站，开展多项创新创业实践活动，为人才就业、产学研交流提供有利基础。2018 年，园区选送 8 个项目参加第三届“中国创翼”创业创新大赛，7 个项目市级获奖(其中老孙头药物艺术布鞋和安科迪获市级一等奖)；4 个项目省级获奖，其中安科迪“超高清阵列监控摄像机”斩获创业组一等奖，伊美特超低压反渗透膜项目(创新组二等奖)，并与省内其他项目一起参加全国大赛(全省 7 个项目)。至 2018 年底，入园企业拥有知识产权 78 项，获批二类医疗器械许可证 4 件、澳大利亚 TGA 认证 1 件；1 家企业获高新技术企业，6 家正在申报高新企业；吸引柔性和全职创新创业人才 44 名，其中高层次人才 36 名(硕士 15 名、博士 15 名、副高级职称人才 3 名、外籍专家 3 名)，成功引入绿元素钠微研究中心章华教授实验室和安徽省重点实验室低温共烧省级实验室成果转化中心。

部分入园企业在发展的同时，还有效带动扶贫帮扶工作。园区每年定期举办农民工返乡招聘会，企业积极提供就业机会。2018 年 8 月特大水灾过后，久有基金联合投资企业和龙城画派一起举行义捐 40 万元，安徽尤泰克 2018 年底对园区对接帮扶的石林乡陶楼村进行大规模实物捐赠。

安徽锆孚海洋工程科技有限公司　安徽锆孚海洋工程科技有限公司成立于 2009 年 12 月。2016 年 12 月 22 日完成注册地址由上海迁移到萧县，公司名称由上海锆孚海洋工程科技有限公司变更为安徽锆孚海洋工程科技有限公司。注册资本 3000 万元，主要股东为南通宝瀚企业管理中心(有限合伙)。公司业务覆盖范围广，包含了海洋工程特种装备设计制造、高端内装设计制造、自动化控制设计以及海洋工程设计、技术咨询等配套业务。公司注重自主知识产权的保护，拥有注册商标 1 项，实用新型专利 6 项。集团拥有知识产权 56 项，其中发明 3 项，实用新型 29 项，软件著作权 14 项，外观 10 项。正在申请中的各类知识产权有 12 项。安徽锆孚旗下子公司包括：江苏海湾电气科技有限公司、南通科硕海洋装备科技有限公司、西伯瀚(上海)海洋装备科技有限公司、南京仁德电子产品研发有限公司、舟山宝瑞海洋工程有限公司、烟台锆孚海洋工程科技有限公司。2018 年销售收入 3.4 亿元，利润 0.81 亿元，新增知识产权 50 余项，并完成高新技术企业、知识产权贯标企业等认定。

光大城乡再生能源(萧县)有限公司　该企业是中国光大集团公司全资子公司，为萧县重点招商引资项目，是国内第二家农林生物质及生活垃圾发电一体化项目。项目建设中总结了国内第一家同类产业的经验，并充分吸取国内外单一用农林生物质发电和单一用垃圾发电的长处,以实现建设更成熟、资源更节约、经济和环保效益更显著。

该企业位于萧县丁里镇202省道与淮北市接壤处,总投资为8.26亿元。该项目有1×400t/d+1×9MW汽轮发电机组2组、1×130t/d+1×30MW汽轮发电机组2组。项目全部建成后,年处理农村废弃物50万吨,生活垃圾30万吨,年发电量5亿千瓦时,一期2017年投产,2018年销售收入1.73亿元,利润3484万元。

【名校简介】 安徽省萧城一中 萧城一中始建于1942年。2005年4月,该校被省教育厅批准为安徽省示范高中、学校坐落于龙城镇青年路51号,偎依巍巍凤凰山,俯瞰悠悠古龙城。学校占地130余亩,校内樱花吐蕊,牡丹竞放,紫荆簇簇,月季飘香,绿树掩映,藤蔓绕廊,现代化建筑鳞次栉比,假山围廊相得益彰。春风熏凤山,桃李满枝桠。濡染古萧深厚文化的萧城一中曾连续四年摘取萧县文科高考状元桂冠,涌现出的社会学家、民进中央副主席邓伟志、艺坛巨擘萧龙士、郑正、冯雨郇等社会名流,培养出曲华(北京大学)、吴鹏(北京大学)、袁启朋(清华大学)、刘玉梅(奥运会铜牌得主)等数以百计的优秀毕业生。学校名师荟萃,才俊辈出。该校有10个教研组,348名教师。其中,省级优秀教师5人,市级优秀教师24人,高级教师79人,一级教师112人,承担国家级、省级教育教学课题研究工作的教师10多人,市学科带头人、骨干教师26人,赴约旦国援教教师1人。新一届领导班子2016年上任以来,制定"振兴三步走"发展战略,确立"精神+实干"工作理念,举全校之力攻坚克难,严抓细管,校园环境进一步优化,教学秩序稳中向好,学生人数不断增加,社会声誉大幅度提升,"美丽和谐、儒风艺韵"的新一中正持续呈现蓬勃发展的新态势。在推行"德智体美劳"全面发展培养目标的进程中,励精图治的一中人将乘势而上,尽锐出战,敢以实干为常态,常以发展为标记,风正一帆悬,扬帆再启航,创造更新更大的辉煌。

萧县师范学校附属小学 萧县师范学校附属小学是一所局属小学。学校办学条件优良,治学环境优雅。学校占地20余亩,现有43个教学班,2700多名学生。积60余年的办学经验,学校形成了"乐学、善思、合作、探究"的学风,"博学、严谨、敬业、爱生"的教风和"团结、勤奋、求实、创新"的优良校风。学校确定了"为学生一生幸福奠定坚实基础"的办学理念和"夯实基础,注重特色,全面育人"的办学目标,并由此实施"文化立校""科研兴校"两大战略,走特色办学之路。学校师资力量雄厚,名师荟萃。118位专职教师中本科学历43人,小学高级教师53人。近几年,武鹤、孙剑锋等20余位教师先后分别获"市级文明行业创建先进个人""宿州好人"、市县级优秀教师、宿州最美教师、"优秀教育工作者""师德标兵""宿州市学科带头人"等称号。武鹤荣获县"十佳校长"称号,张业荣获"教学改革十佳标兵"称号。该校有15位教师的教育教学论文荣获国家级一、二等奖,有5位教师的教学论文荣获省级一、二等奖,有12位教师的课例荣获国家级一、二等奖,有15位教师的课例荣获省级一、二等奖等。学校大力推进新课程改革,坚持走"科研强师,科研促教,科研兴校"之路。构建教育科研网络,组织教师学习教育理论,创新集体备课模式,并致力于文化立校与特色兴校的完美统一,以文化创特色,以特色强文化。创建书香校园、文化校园,让学生在浓郁的人文环境中思想得到熏陶和升华,心灵得到净化。建立家庭、班级、学校三级图书网,让学生无论在家,还是在学校都能沐浴在书香里,浸润在文化中。学校坚持"以人为本,以质量为核心,以特色求发展"的办学理念,形成了鲜明的办学特色——写字教学,取得显著成绩。每天安排20分钟写字小课,配以旋律优美的古筝名曲,让学生进入书法境界,学生参加省、市、县举办的写字大赛有50多人次获奖。学校安全工作常抓不懈,每月举行一次"消防安全和防震减灾"演练活动。该校以推进素质教育为宗旨,将创新精神和实践能力、审美能力的培养贯穿于学校艺术教育全过程。学校先后荣获"全国教育科研先进单位""全国青少年文明礼仪示范学校""安徽省未成年人思想道德建设示范学校""安徽省语言文字规范化示范学校""安徽省家教名校""安徽省示范家长学校""宿州市爱国主义读书活动示范学校""宿州市创建文明行为行业工作先进单位""宿州市第九届文明单位""宿州市爱国主义教育示范学校""宿州市第一届文明校园"等荣誉称号。

【萧县特产】 萧县紫菀,是出产于安徽省萧县的地道药材,分布于萧县龙城镇、青龙镇、王寨镇、永堌镇、赵庄镇、张庄寨镇、刘套镇、杨楼镇、闫集镇、黄口镇、祖楼镇、杜楼镇、大屯镇、丁里镇、官桥镇、白土镇、新庄镇、马井镇、圣泉乡、酒店乡、孙圩孜乡、庄里乡、石林乡。萧县紫菀属菊科，多年生草本，属中华传统中药材。以根入药，以根长、色紫红、质柔韧者为佳。性微温、味苦，可内服煎汤，可入丸、散，功能温肺下气，化痰止咳，主治咳嗽气喘、痰中带血等症。萧县位于安徽省北部，主属黄淮冲积平原。暖温带季风气候，四季分明，光照充足，雨量适中，雨热同期。境内灌溉水源充足，水质优良，土壤疏松肥沃，土层深厚。自然地理条件和生态环境利于萧县紫菀自然生长要求，形成了其独特品质。基于萧县紫菀特有的经济价值和广阔的市场前景，近年来，萧县非常重视传统地道药材萧县紫菀的种植与销售，不断加强与国内知名药企的联系，积极寻求紫菀种植的技术支持，确保产品收购协议顺利实现。同时充分发挥农村专业合作社的组织作用，加强紫菀产前、产中、产后的管理，产业得到大力发展，带动周边村民创收，开拓了萧县中药材产业的新方向。2018 年，全县种植面积达到 4500 亩，实现销售收入近 2000 万元。

·灵 璧·

【概况】 灵璧县位于黄淮海平原，安徽省东北部，地跨北纬 33°17′ ~117°44′，县境面积 2124 平方千米。地势西北向东南倾斜（坡降比为 1∶7300 至 1∶10000）海拔 27 米 ~18.5 米。南北长 82.5 千米，东西宽 36.5 千米。县境南北呈狭长玉带状。东接泗县，南接南沱河，与蚌埠市五河、固镇两县相连，西与宿州市埇桥区为邻，北与江苏徐州市睢宁县、铜山区接壤。县政府驻灵城镇距省会合肥市公路里程 220 千米。2018 年县辖 13 个镇 6 个乡和 1 个省级灵璧经济开发区。全县共 290 个村民委员会 20 个社区，3026 个自然庄，31.7 万户，总人口 128.8 万，其中男 67.4 万人，女 61.4 万人。境内主要山峰有 54 座，其中海拔 100 米以上 24 座，最高峰海拔 189.7 米，山体总面积 28.2 万亩。温和气候，具备植物生长、动物生长存在良好条件。植物资源的类有 6 个门，28 个科，300 余种，动物资源有 5 门，9 个纲，80 余种。

【经济发展】 2018 年，全县实现地区生产总值 222.7 亿元，增幅 7.7%；社会消费零售总额 65 亿元，增幅 12.6%；固定资产投资增幅 15.2%；城镇和农村居民可支配收入分别达到 27225 元、11974 元，分别增长 8.3% 和 9.8%；金融机构存款余额 299.2 亿元，增幅 7.1%，金融机构贷款余额 159.62 亿元，增幅 32%。全面新增民营企业 2489 家，个体工商户 6558 户，全年引进 5000 万元以上项目 140 个，实施重大工程和重点项目 75 个，完成投资 65 亿元。儒特研磨、PVC 手套、成达生物质、海纳百川轴承等一批重点项目建成投产。新增规上企业 12 家，占新产业企业 10 家。认定高新技术企业 16 家，工业用电量和工业税收分别增长 15% 和 7%。现代农业产业化联合体 52 家。农产品加工产值 190 亿元，粮食产业值 58 亿元。

灵璧是全国平安建设先进县、全国休闲农业和乡村旅游示范县、全国基层政务公开标准化规范化试点县、国家电子商务进农村示范县、全国义务教育发展基本均衡县、中国好粮油行动示范县、安徽省综治模范县、安徽省双拥模范县、安徽省文明县城、安徽省园林县城。灵璧历史悠久，文化底蕴深厚，是中国民间艺术之乡、“万应之神”钟馗的故里，享有“奇石虞姬钟馗画，一奇一美一神，灵璧三宝甲天下”之美誉。灵璧区位优越，交通便捷，距京沪高铁 20 公里、徐州观音机场 60 公里、连云港 200 公里，自古就有苏鲁豫皖“四省通衢”之称。灵璧环境优美，境内新汴河、凤凰山以及奇石文化园、虞姬文化园、钟馗文化园、磬云山国家地质公园、现代农业博览园等国家 AAA 级、AAAA 级景区交相辉映，山水园林城、文化旅游城的特色日益彰显。

【基础设施建设加快】 2018 年实施城乡建设“双百工程”25 项重点工程和 15 项重点工程以及 15 项“555”工程，全年累计完成投资 41 亿元。“县档案馆、县广电技术中心和老干部活动中心、城西地表水厂、汴水文化园、鹿虎山公墓”启动建设。灵璧中学、东北小学、第六中学顺利施工。建设北路建成通车，建设南路跨河贯通，滨河路磬山南路开工建设，钟灵大道东延，三山路项目开始实施。开工建设钟灵毓秀、金色名郡。19 号二期安置房项目 7 个，开工面积 108.5 万平方米。2018 年交付安置房 4500 套。征收地块 25 个，征收面积 28.7 万平方米。依去拆除违章建筑 1.53 万平方米。10 个乡镇污水处理厂已试水运行。完成户厕改造 12300 套。

城乡生活垃圾保洁市场化运作全覆盖。大路、韦集等8个乡镇获评市级文明乡镇,完成虞姬、向阳等9个乡镇建成区和韦集垓下村。冯庙、大陈村等12个示范村加快推进。实现补充耕地指标交易2300亩,交易金额1.47亿元。完成农村道路工程2409千米。实施水利薄弱环节治理项目27.6千米。农田水利"最后一公里"建设项目9.91万亩。

【社会事业】 深入实施33项民生工程。2018年完成民生支出22.2亿元,增长13.8%。坚持优先发展教育,优化重组城区初中教育资源、南关小学,实验学校扩建项目投入使用。民办幼儿园规范化进一步加强,中考、高考取得历史性突破。全民健身运动蓬勃发展,成功举办国际马拉松赛事。第二届职工运动会,基层公共文化服务体系建设日臻完善,改造提升乡镇文化服务中心16个。建成村级综合文化服务中心260个。举办"送戏进万村"313场次,送电影下乡"3612"场次,"村乡送广播"覆盖率99.7%,新增城镇实名制就业6190人,农村劳动力转移就业1.35万人,失业人员再就业率达50%以上,就业家庭保持动态清零。县医院有序搬迁,中医院加速推进。2所乡镇卫生院开工建设。91个标准化村卫生室投入使用,皖苏鲁豫卫生应急联合演练在灵璧县成功举办。养老、医疗、工伤、失业、生育保险覆盖面不断扩大,城乡低保、特困人员供养标准进一步提高。全面建设好、管理好、养护好,运营好农村公路。2018年全县投入15亿元,修铺农村道路2409千米,建设城区公交站台260座,新增城乡公交班线11条,农村公交班线5条。获批全省"第三批城乡道路客运一体化示范县"。灵璧火车站开通进京去沪列车,生产安全事故起数、死忙人数实现"双下降"较大以上生产安全事故"零发生"。连续6年获评省级双拥模范县,扎实开展法治灵璧、平安灵璧建设、强大推进"扫黑除恶"专项斗争,打掉黑社会性质犯罪组织1个,铲除恶势力犯罪集团8个,团体11个,刑事拘留涉黑涉恶犯罪嫌疑人160人。城乡电子档案馆系统完善,社会治安防控体系建设得到加强,群众安全感、满意度大幅提升。

【环境保护】 2018年开展对环境问题"大排查、大整改"集中攻坚行动,闵庄垃圾站治理变成生态公园,打击非法盗采11个,修复矿山8个。加大"散乱污"企业治理落实建筑工地周边100%围栏,物料堆放100%覆盖。出入车辆100%冲洗,施工现场地石100%硬化、拆迁工地100%湿地作业。渣土车辆100%运输。关闭手续不全搅拌站18个,拆除非法搅拌站56个,全县整治凤河、团结沟,界河等城区河道8条,完成截污229处。检测疏通治河管道38.2千米,确定三级河长588人。湖长24人,林长503人。实环境监察"网格化"监管,明确三级网格长370人,新增选林10000亩。森林覆盖率突破21%。秸秆综合利用率大幅提升,春秋两季秸秆禁烧实现零火点。空气质量优良天数66%,比2017年提高22.5个百分点。国模养殖企业治污设施建成运行比例达97.8%,建成风电项目1个,生物质发电项目1个,新能源商业电站10个,热电稳产项目开工建设,淘汰落后产能企业10家,创建省级生态乡镇8个,生态村24个。

【脱贫攻坚】 紧紧围绕"1234+N"工作思路,积极开展"不忘初心帮穷亲,牢记使命为人民"主题实践活动,压实"双包一联"责任,深入实施脱贫攻坚"十大工程"落实产业到户项目27950个,5316名贫困劳动者实现家门口就业,19981名贫困学生享受教育扶贫政策。49.3万人次获得医疗扶贫补助。6.64万贫困人口免费签约家庭卫生服务。5.07万贫困群众纳入社会保障兜底。全国金融扶贫培训班和全国产业扶贫保险工作会议在我县成功举办,推广"一自三合"扶贫小额信贷模式,深入开展农村垃圾突击清理,清理农村积存垃圾123.5万立方米,全面推进危房摸底,免费鉴定房屋28万户,实现农村危房鉴定全覆盖,拆除农村危房118万平方米,维修改造11896户,大力开展精神脱贫,完成基层公共服务8大领域19项指标和519个功能配置项目建设,33个贫困村,15494个贫困群众达到脱贫标准,贫困发生率降至1.22%,顺利通过省第三方监测评估。

【党建工作】 扎实开展"讲政治、严纪律、立政德"专题警示教育,建立"三查三问"常态化机制,政治建设不断加强。扎实推进基层组织建设,基层党组织标准化规范化建设达标率达81.2%,村"两委"换届圆满完成,乡村振兴"马庄模式"得到省市肯定,皖北地区党员电教工作观摩交流会在灵璧县召开。非公党建、"党建+"、党建"集中巡诊月"、选派帮扶干部等做法先后被中组部《中国组织人事报》和共产党员网、人民网刊发推广。注重在脱贫攻坚、项目建设等一线发现、使用、培养干部,鼓励干部担当创业。从严推进巡视整改,按照“加强领导、牵头负责、突出重点、标本兼治”的整改思路,逐一查找症结,全力整改落实,做法和成效受到省委巡视办肯定。党风廉政教育广泛开展,“灵璧清风”宣讲团获评全省基层理论宣讲工作先进集体。深入开展党风廉政建设和反腐败斗争,压实“两个责任”,扎实推进监察体制改革、纪检监察机构改革、派驻监督体制机制改革,持续整治群众身边的腐败和形式主义、官僚主义问题,构建了不敢腐、不能腐、不想腐的有效机制。

全国金融扶贫现场会在灵璧县召开。2018 年 7 月 9 日,全国金融扶贫培训班(现场会)在灵璧县举办。国务院扶贫办副主任洪云天、副省长张曙光出席会议。全国 28 个省(区、市)扶贫办(局)分管负责人、16 个省辖市扶贫办负责人、9 个深度贫困县政府负责人以及全省各金融机构负责人等 200 余人参加会议。各地参加培训的领导先后到灵璧县冯庙镇大陈村绿康缘蛋鸡养殖场、大路乡陈场村金融扶贫服务室、大路乡大路村水果种植点、大庙乡沟涯村竹制品加工点等进行现场观摩,对灵璧县金融扶贫“一自三合”模式给予高度评价。

扶贫开发,推进“十大工程”。

一是产业扶贫受益面扩大。分两批实施产业到户项目 28066 个,总资金 9485 万,到户项目覆盖率 95.3%。完成 70 个贫困村主导产业达标认定、9500 户达标任务。光伏项目总投资 3.54 亿元,主要建设 50.003 兆瓦贫困村村级光伏电站,全部并网发电。23 个电商扶贫示范网点通过市级验收,超额完成全年建设任务。全面完成 9 个国家级乡村旅游扶贫重点村“八个一”项目建设和 4 座旅游厕所奖补,总投资 287 万元。

二是就业扶贫渠道不断拓宽。全年建成并认定就业扶贫驿站 11 家,吸纳 262 名贫困劳动者实现驿站就业,发放就业奖补资金 43.48 万元。招募就业扶贫基地 20 家,吸纳 124 名贫困劳动者实现基地就业,发放就业奖补资金 23.04 万元。贫困劳动者就业帮扶率动态保持 100%。组织 830 名贫困劳动者免费参加技能脱贫培训,发放各类补贴资金 105 万元,完成全年任务的 166%。全面完成帮扶就业任务后,按照省市部署,开发扶贫公益岗 4166 个,引导 3736 名无法转移就业的贫困劳动者在家门口实现就业。

三是教育扶贫全面覆盖。发放国开行大学生生源地贷款 6774 人,资金 5236.94 万元。发放 2018 年度春秋两学期从学前教育到大学各类学生补助 35613 人次,补助资金 2929.86 万元。其中学前、义务、高中、中职学生补助 31515 人次,发放资金 2315.16 万元;雨露计划及在校本科生补助 4098 人次,发放资金 614.7 万元。

四是健康脱贫扎实推进。以安徽省健康脱贫“保、治、防、提、创”五项工作要求为核心,全面落实“三保障一兜底一补充”“非贫困人口医疗补充保险办法”“做实做细贫困人口家庭医生签约服务”等一系列政策。2018 年度,共保障贫困人口就医 59.43 万人次,总费用 2.19 亿元,政府兜底资金为 3871.31 万元,个人自付 1105.02 万元。

五是住房安全明显改善。2018 完成危房改造项目 3733 户,拨付资金 6196.2 万元。采取修缮、加固、拆除等多种方式,切实消除农村破危房屋,保障群众住房安全。

六是易地扶贫搬迁提前完成。易地扶贫搬迁列入十三五规划,共涉及 4 个乡镇 131 户 500 人,2016 年已全部完工,所有搬迁户已顺利入住。

七是社保兜底保障更加有力。实现农村低保动态管理、分类施保、做到“应保尽保、应退尽退”。全县低保对象累计保障 48 万余人次,支出近 1.5 亿元。全县临时救助累计保障 682 人次,支出救助资金 315.8 万元。全县医疗救助累计保障 170799 人次,支出医疗救助资金 4211.95 万元。

八是金融扶贫实现新突破。截至 2018 年 12 月 31 日,全县 2018 年度累计投放扶贫小额信贷 6067 户、2.76 亿元,其中年度新增扶贫小额贷款 1.67 亿元,完成省定指导性目标任务的 101%,贫困户获贷率提高到 44%。

九是基础设施建设任务超额完成。2018 年共修建 2409.6 公里农村道路。8 处安全饮水工程全面完工。2018 年农村电网改造工程方面,完成投资 1.1 亿元,共实施 148 个农村电网改造项目;其中扶贫项目投资 3367.47 万元,共 54 个项目。项目实施后,实现了动力电村村通,全县供电能力、供电质量明显提升。农村信息化工程方面,实现全县 73 个贫困村光纤入村率 100%,全县贫困地区义务教育学校和普通高中的宽带接入覆盖率 100%,行政村村部、农家书屋、卫生室宽带接入覆盖率 100%。

十是社会扶贫精准发力。开展资金捐助、项目认捐和结对帮扶工作,注重发挥好“百企帮百村”帮带示范作用。2018 年“10. 17”扶贫日活动期间,社会各界共认领贫困村扶贫项目 52 个,认捐项目金额达 1633. 74 万元。各级帮扶单位、县直各部门以及有关企事业单位捐赠资金 80. 9653 万元。南陵县结对帮扶资金 1050 万元项目已全部实施完毕,为 33 个出列贫困村年均增收 3 万元以上。

【荣誉】 灵璧检察院获评 2017 度“全国检察文化建设示范院”(全市唯一)。

4 月 25 日,灵璧县落实事中事后监管工作被省政府发文表彰。

4 月 25 日,灵璧县推广政府和社会资本合作模式工作被省政府发文表彰。

7 月 24 日,灵璧一中被教育部评为 2018 年中小学国防教育示范学校。

7 月 25 日,韦集镇丁李村被评为第七批“全国民主法治示范村”

8 月 5 日,灵璧县 2017 年度县级财政管理绩效综合评价得分进入全国前 200 名。

11 月 7 日,灵璧县以 93 分的高分成功获批国家级公共机构节能示范单位。

11 月 16 日,灵璧县检察院党组成员、副检察长赵晓峰被评为“全国模范检察官”“全国模范检察官”是检察干警个人在系统内所能获得的最高荣誉。表彰全国共授予 44 名检察干警该项荣誉称号,安徽省在职检察干警仅赵晓峰 1 人。

【大事要事】 6 月 22 日,在全国政协系统党的建设工作座谈会上,灵璧县政协作为全省唯一县级政协代表,结合社情民意恳谈会工作经验,作了汇报发言。

6 月 29 日,在全国基层政务公开标准化规范化试点工作推进会上,灵璧县作为全省唯一市县代表作经验介绍发言。

7 月 9 日,全国金融扶贫培训班上在灵璧县召开,灵璧县作经验交流发言。

7 月 10 日,全国深度贫困地区产业扶贫保险工作会议在灵璧县召开,灵璧县作经验交流发言。

7 月 18 日,在杭州召开的习近平总书记关于加强和改进人民政协工作的重要思想学习研讨情况沪苏浙皖四省市政协片区座谈会上,灵璧县作为安徽省唯一县级代表作经验交流发言。

·泗　县·

【概况】 泗县,隶属于安徽省宿州市,位于淮北平原东部。地处苏皖两省交界地带,东邻泗洪,西接灵璧,南连五河、固镇,北至东北与睢宁、宿迁毗邻。总面积 1787 平方千米。截至 2018 年,泗县辖 12 个镇,3 个乡,1 个开发区,1 个省级南北合作共建产业园(泗县当涂现代产业园)。区位优越,交通便捷,343、104 国道和 303、329 省道穿境而过,泗许高速、徐明高速全线贯通,宿淮铁路客货运全面开通运营。

【县域经济】 2018 年,泗县生产总值 208. 94 亿元,同比增长 8. 5%;财政收入 16. 11 亿元,增长 16. 1%;固定资产投资年均增长 19%;社会消费品零售总额 52. 78 亿元,增长 13. 3%;城镇常住居民人均可支配收入 27217 元,增长 8. 7%;农村常住居民人均可支配收入 11455 元,增长 10. 2%。现代服务业快速提升,实现服务业增加值 95. 12 亿元,增长 12. 1%。电子商务交易额 28. 17 亿元,增长 45%。全县金融机构存款余额 261. 14 亿元,增长 22. 4%,增幅全市第一;金融机构贷款余额 163. 16 亿元,增长 41. 7%,增幅全市第 2。泗县连续两年荣登全国中小城市投资潜力百强县。

【工业】 坚持创新驱动,工业实现扩量提质。新增规模以上工业企业 28 家,全县规模以上工业企业增加值 36. 5 亿元,增长 8. 8%;首位产业产值 150 亿元,增长 20. 5%;工业固定资产投资增长 30%,位居全市前列。18 个重点技改项目完成投资 9. 69 亿元,增长 30%。战略性新兴产业新增 4 家,总数达 20 家;高新技术企业新增 4 家,总数达 16 家。新增授权专利 187 件,万人发明专利拥有量继续保持全市领先。获批国家科技型中小企业认定 15 家,完成省科技成果登记 23 项,位居全市第一。泗县金皖泵业荣获国家级知识产权优势企业,泗州拖拉机制造公司生产的轮式拖拉机、泗县邓氏机械制造公司生产的智能化免耕施肥播种机被认定为“安徽工业精品”。泗县新林进出口贸易集团荣登 2018 年安徽省进出口企业百强。

【农村经济】 农村经济稳步发展,全县农业总产值

83.67亿元,粮食总产87.5万吨。全县省、市级农业产业化龙头企业新增13家,总数104家;现代农业产业化联合体新增9个,总数56个;家庭农场1407家;农民专业合作社1990个。泗县绿瀛农业薄壳山核桃基地被国家林业局确定为生产示范基地。“三品一标”农产品认证新增7个,总数达39个,农产品加工业产值增长20.6%。“大路口山芋”获得农产品地理标志认证。泗县农产品质量安全县通过国家验收。荣获“中国好粮油”行动示范县、全国主要农作物生产全程机械化示范县。

【园区建设】 园区建设成效显著,泗涂现代产业园在全省南北合作共建县域园区目标考核中获得第一名,县经济开发区被认定为第三批省知识产权示范培育园区。落实“四督四保”工作机制,项目建设加快推进,省调度的88个重点项目进展顺利,县调度的118个重点项目完成序时进度。豆智智能装备、能泰高科环保、瀚格汽车零部件等项目竣工投产,农机装备产业园、运河中央公园、物流运输产业园等项目加速推进,多金国际汽车城、北京新发地农产品批发市场暨冷链物流园、泗涂现代产业园标准化厂房等项目进展顺利。

【脱贫攻坚】 2018年全县投入扶贫资金4.4亿元,全面发起以“1+6+3”为主要内容的脱贫攻坚“春夏秋冬”四季攻势,开展“重精准、补短板、促攻坚”“七个不落、一个不少”“五级书记”遍访贫困对象等专项行动。全面推广“四带一自”产业扶贫、“三有一网”点位扶贫、“三业一岗”就业扶贫模式,创新开展“金融+产业+保险”金融扶贫模式,到村产业项目实现全覆盖,发放特色种养业奖补资金1387万元,投放扶贫小额贷款1.98亿元、发放贫困村和贫困户光伏发电收益6029万元,各类经营主体带动贫困户2.1万户。全面落实健康脱贫“351”“190”政策,综合医保补偿比高达98.8%,泗县健康扶贫工作受到国家卫健委和国务院扶贫办联合表彰。加强教育保障,实现贫困家庭学生资助全覆盖。加大农村危房改造和破旧房屋整治力度,全面开展农村危房“清零”行动,完成农村危房改造7162户,拆除破危房屋2.1万处,修缮加固房屋9.7万处,拆除重建房屋1933处。积极推动“孝道扶贫”,2099户独居老人被子女接回家中居住。自来水入户率贫困村达到100%、非贫困村达到95.4%。农村基本实现水泥路“村村通、组组通、户户通”。积极开展社会扶贫,扶贫日活动筹集社会善款4000多万元、社会各界捐赠“爱心超市”款物417万元。

【生态环境】 2018年扎实开展大气污染防治行动,PM 2.5由80.9微克/立方米降至51.3微克/立方米,秸秆禁烧继续保持零火点,全年空气优良天数达到282天。开展“洁净泗州”行动,城区全面禁放烟花爆竹,关停拆除燃煤锅炉60个,完成清洁能源替代223个,取缔关闭“散乱污”企业141家、整顿规范24家。扎实推进水污染治理,建立县、乡、村三级河长体系,全县国有河道水质明显改善,饮用水源地和生态保护红线区域内违法建设全部整改,完成石龙湖清淤工程,城市黑臭水体治理工程基本完工,建成开发区工业污水处理厂,14个乡镇政府驻地污水处理厂投入运行。开展土壤污染治理与修复。全面落实“二十条”,深入开展“清废行动”,全面排查整治禁养区内养殖场,全县畜禽粪污综合利用率达88%。

【城乡建设】 城乡建设坚持协调发展。“555”工程加快推进,完成征迁300万平方米,征迁整理净地1000亩,PPP融资5亿元。城乡重点工程建设进展顺利,104国道一级公路和303省道徐明高速出入口连接线改建工程建成通车,地表水厂建成运营,北部新城路网、朱桥菜市场等工程竣工,新汴河航道整治、合新高铁、通用机场等项目顺利推进。大力推进“两治三改”,拆除违法建设7000多平方米;棚户区改造开工建设安置房11518套,开工总量居全市第一;完成汴光花园老旧小区改造;城区道路“白改黑”改造20余条;铺设污水管网10.5公里;疏通排水管网50多公里;完成5个垃圾中转站、7个标准化水冲式公厕;4个停车场建设。大力发展城市公共交通,建成公交站台220个,开通公交线路6条,被省交通运输厅纳入第三批优先发展城市公共交通示范城市。古运河、新濉河、新汴河、石梁河城区段景观带建设基本完成,南柳公园建成使用,城区新增绿化面积50万平方米,提升改造绿化面积20万平方米,绿化覆盖率达40.3%,人均公园绿地面积达9平方米。完成成片造林1.75万亩,创建省级森林城镇1个、省级森林村庄6个。积极创建全省“四好农村路”示范县,建成农村公路畅通工程429公里、村组道路2104公里。

【美丽乡村】 持续抓好美丽乡村建设整县推进试点工作，高标准完成2017年度7个乡镇政府驻地建成区及5个省级中心村建设，基本完成2018年5个省级中心村、4个市县自主建设中心村、27个永久性居住点工程类项目建设，荣获全省美丽乡村建设先进县称号，居皖北片区第一名。泗城镇荣获“中国生态魅力镇”，彭铺村获得“中国十大最美乡村”和“全国百佳乡村旅游目的地”荣誉称号。以“三清四拆”为抓手，深入开展农村环境“三大革命”，农村垃圾治理实现全覆盖、常态化，改造户用厕所3万户，建成农村公厕1200多个，位居全市第一、全省先进，成功列入全省农村人居环境整治三年行动示范县，形成了可复制、可推广的“泗县样板”。加大土地整治力度，新增耕地5290亩，建成高标准农田10.2万亩。城乡建设用地增减挂项目完成拆迁1.5万亩，复垦1.3万亩，完成交易12.5亿元。

【改革创新】 聚焦打造“四最”营商环境，持续深化“放管服”改革，优化清单制度建设体系，扎实推进“一门、一网、一次”改革，县、乡、村三级政务服务体系基本建立，网上政务服务平台建设在全市领先。深化商事制度改革，市场准入门槛进一步降低，新增企业1181户，同比增长21%。推进“四送一服”双千工程常态化，坚决整治“两难两多一长”，办结上级交办和企业反映问题531个，实体经济和人民群众满意度达95%以上。13家企业在省股权托管交易中心挂牌。深化国资国企改革，县政府平台公司实行市场化运作。税收征管体制改革顺利完成，盐业体制改革稳步推进。深化农村综合改革，完成187个村（社区）清产核资工作，农村“三变”改革全省先试，首批试点的19个村共盘活闲置资产1.2亿元，村集体经济收入增长300多万元，农民人均增收1800元。稳步推进供销合作社综合改革，建设融生产合作、供销合作、信用合作“三位一体”的农村综合服务体系，新建村级供销社8个、村级综合服务社30个。大力发展养老服务业，坚持公办民营、民办公助相结合，探索“县为龙头、乡镇主体、村为补充”集中供养护理模式，建成县乡“三合一”中心17所、村级“五合一”中心19所。对外开放进一步扩大，泗涂现代产业园获批全市首家县级公共保税仓库；招商引资完成年度任务的104.8%；利用外资1.03亿美元，增长20.1%；外贸进出口总额1.74亿美元，增长69%。

【民生工程】 2018年全年财政民生支出49.65亿元，占财政总支出的86.6%。33项民生工程较好实施，民生保障力度持续加大。深化教育改革，落实教师待遇，推进义务教育均衡发展。完成16所学校“全面改造”、9所学校新建、9所学校改扩建，办学条件进一步改善。中高考成绩再上新台阶，重点高校本科上线率明显提升。县妇幼保健院新院、人民医院新院、中医院新院、第二人民医院投入使用，15所乡镇卫生院改造提升工程顺利推进，60个村标准化卫生室加快建设，医疗卫生服务能力和水平进一步提高。大力推进“全民参保计划”，统筹城乡社会保障，全县参加社会保险75.92万人。城乡居民基本医疗保险参保率、基本养老保险参保率分别达107.1%、98.1%。2018年新增城镇就业人数7473人，组织各类就业创业技能培训3062人，城镇登记失业率3.52%。

【公共文化】 公共文化建设步伐加快，县图书馆被评为国家一级馆，建成文化广场204个、镇村综合文化服务中心157个，泗县被评为省级公共文化服务体系示范区创建优秀地区，入选全国2018年“书香城市”。成功举办首届乡村旅游文化节、首届农民丰收节、中央电视台7频道《美丽乡村快乐行·走进泗县》等文艺演出，极大丰富了城乡群众的文化生活。泗州戏《刘胡兰》《戏韵新花》进京展演；泗州戏《镇长嫁女》获第九届全国小戏小品曲艺大展铜奖，泗县被评为2018—2020年度安徽民间文化艺术之乡；运河人家景区被评为国家AAA级景区。泗县开展“泗县好人”评选活动，获评中国好人2人、安徽好人4人、宿州好人24人。

（卢艳春）

［责任编辑　赵红萍］

荣　誉　榜

先进集体和个人荣誉榜

荣誉获得者（单位或个人）	荣誉称号	授予单位	时间
宿州市	2018—2020年创建周期全国文明城市提名城市	中央文明办	2018年2月
宿州市	推广政府和社会资本合作（PPP）模式工作有力、社会资本参与度较高的市	国务院办公厅	2018年4月
宿州市司法局	首次国家统一法律职业资格考试工作表现突出单位	司法部	2018年12月
宿州市总工会	全国工会系统先进集体	国家人力资源和社会保障部、全国总工会	
中共宿州市委组织部	全国脱贫攻坚奖组织创新奖	国务院扶贫开发领导小组	2018年10月
贫困地区乡镇年轻公务员队伍状况研究	一等奖	中共中央组织部	2018年9月
宿州市红十字会	2018年度中国红十字会总会报刊宣传先进集体三等奖	中国红十字总会	2018年9月
宿州市国土资源局	2017年度市级国土资源政务信息网上公开检查全国第23名	国土资源部	2018年3月
新河供电所	国网公司五星级乡镇供电所	国家电网公司	2018年12月
农工党宿州市委	“2018年度《前进论坛》发行工作先进单位”	农工党中央	2018年7月
宿州公交公司	全国新能源公交高效运营企业	交通运输部“我的公交我的城”活动组委会	2018年5月
萧县邮政分公司	全国邮政系统先进集体	中国邮政集团公司	2018年

续表2

荣誉获得者(单位或个人)	荣誉称号	授予单位	时间
萧县邮政分公司王寨支局	全国模范职工小家	全国总工会	2018年
埇桥邮政营业局苗安支局	“全国邮政示范职工小家”	中国邮政集团公司	2018年
埇桥区曹村镇团委	全国五四红旗团委(团支部)	共青团中央	2018年5月
宿州市交通运输局	全省爱国拥军模范单位	中共安徽省委、安徽省人民政府、安徽省军区	2018年3月
武升锦、闫秀芹、沈振东、赵贤军、刘师衡、袁　杰、雷　丽、王连学、高成顶、曹　磊、曾翙翔	中国好人	中央文明办	2018年
李　娟	全国志愿服务“四个100”先进典型	中宣部、中央文明办等15家单位	
李　娟	中国青年五四奖章	共青团中央、全国青联	2018年5月
樊濮庆	全国优秀共青团员	共青团中央	2018年5月
李　军	首次国家统一法律职业资格考试工作表现突出个人	司法部	2018年12月
赵　猛	全国五一劳动奖章	中华全国总工会	2018年5月
张欠欠	全国交通运输系统精神文明先进个人	交通运输部	2018年11月
尤计富	2016—2017年度全国“安康杯”竞赛先进个人	中华全国总工会、中华人民共和国应急管理部	2018年5月
雷　鸣	安全生产监管监察先进个人	国家安全监管总局、国家煤矿安监局	2018年1月
张洪静	全国煤炭工业先进工作者	人力资源社会保障部、中国煤炭工业协会	2018年5月

[责任编辑　赵红萍]

文件选辑

宿州市饮用水水源地保护条例

（2018年8月29日宿州市第五届人民代表大会常务委员会第六次会议通过
2018年9月29日安徽省第十三届人民代表大会常务委员会第五次会议批准）

第一章　总　则

第一条　为了加强饮用水水源地保护，保障饮用水安全，根据《中华人民共和国水法》《中华人民共和国水污染防治法》和有关法律、行政法规，结合本市实际，制定本条例。

第二条　本条例适用于本市行政区域内集中式饮用水水源地的确定、保护和监督管理活动。

本条例所称集中式饮用水水源地，是指提供居民生活及公共服务用水，且供水人口在一千人以上的取水工程的水源地域，包括饮用水地表水源地和饮用水地下水源地。

分散式饮用水水源地的保护，依照有关法律、法规和规章执行。

第三条　市、县（区）人民政府应当加强利用地表水，严格保护地下水，逐年提高饮用水水源中地表水的比例；因地制宜发展集中式供水，减少分散式供水；推进节水型社会建设，加强对中水的利用。

第四条　饮用水水源地保护应当遵循科学规划、保护优先、综合治理、确保安全的原则。

第五条　市、县（区）、乡镇人民政府是本行政区域内饮用水水源地保护的责任主体。

市、县（区）人民政府应当将饮用水水源地保护纳入国民经济和社会发展规划、土地利用总体规划、城乡规划、环境保护规划和水资源综合规划，保障饮用水水源地保护所需资金，按照财政收入增幅逐年增加资金投入。

市、县（区）人民政府设立的园区、街道办事处应当做好本辖区内饮用水水源地的保护工作，配合有关部门做好饮用水水源地保护的有关监督管理工作。

第六条　市、县（区）人民政府水行政主管部门负责本行政区域内饮用水水资源的统一监督管理和饮用水水源地确定的具体工作。

市、县（区）人民政府环境保护主管部门负责本行政区域内饮用水水源环境保护工作的统一监督管理和饮用水水源保护区划定的具体工作。

市、县（区）人民政府国土资源、城市管理、交通运输、城乡规划、住房和城乡建设、公安、农业（畜牧）、林业、卫生等部门，按照各自职责，做好饮用水水源地保护的有关工作。

第七条　饮用水地表水源地保护纳入本市各级河长（湖长）管理职责。各级河长（湖长）应当分级分段组织领导本行政区域内河流、湖库等饮用水地表水源地的保护工作。

第八条　市、县（区）人民政府在每年向本级人民代表大会或者常务委员会报告环境状况和环境保护目标完成情况时，应当报告饮用水水源地的保护情况。

第九条 各级人民政府、街道办事处、村(居)民委员会应当开展饮用水水源地保护宣传活动。

本市报纸、广播、电视及新兴媒体应当加强对饮用水水源地保护的宣传，发布一定比例的饮用水水源地保护公益广告。

第十条 各级人民政府应当建立饮用水水源地保护举报制度，公布举报电话、信箱和电子邮箱地址，及时受理举报并依法调查处理。调查处理的情况应当向举报的单位和个人通报。

任何单位和个人均有保护饮用水水源地的义务，有权对污染、损害饮用水水源的行为进行举报；对市、县(区)人民政府和有关部门、机构及其工作人员在饮用水水源地保护工作中违反本条例规定的行为，有权向各级人民政府和监察委员会进行举报。

第二章 饮用水水源地的确定

第十一条 市、县(区)人民政府水行政主管部门应当会同有关部门，对本行政区域内水资源数量、质量、生态环境、地下水富水地段、允许开采量等情况进行综合科学考察和调查评价，加强对南水北调、淮水北调等外调水资源和新汴河、朱仙庄-芦岭塌陷区等河流、湖库的地表水资源的调查评价。

第十二条 市、县(区)人民政府应当根据本行政区域经济社会发展需要和水资源状况，遵循优先保障城乡居民饮用水的原则，在水资源综合规划中对饮用水水源地及相关工程建设等进行统筹规划。

符合条件的河流、湖库优先作为饮用水水源地进行规划和保护。

第十三条 市人民政府应当建立健全新汴河流域生态环境保护协调机制，制定新汴河生态环境保护方案，实施水源涵养、湿地建设、流域污染源治理等项目，逐步建设新汴河地表水源地。

市人民政府应当加快支河地下水源地和朱仙庄-芦岭塌陷区等水源地的勘查与建设。

市、县(区)人民政府应当加强对本行政区域内中型以上河流和湖库的综合治理，为新的水源地建设提供保障。

第十四条 饮用水水源地应当充分考虑水资源调查评价结果、环境承载能力和经济社会发展需要等因素，按照国家有关标准、规范确定。

第十五条 市、县(区)人民政府水行政主管部门应当会同环境保护、国土资源、城市管理、城乡规划、住房和城乡建设等有关部门，根据本市水资源综合规划、水功能区划和有关技术规范提出确定集中式饮用水水源地的意见，报本级人民政府批准。

本市行政区域内跨县(区)的集中式饮用水水源地，由县(区)人民政府协商后提出意见，报市人民政府批准。跨市的集中式饮用水水源地，按照有关规定报批。

第十六条 市、县(区)人民政府应当确定备用饮用水水源地，保障应急供水。

第十七条 已确定的集中式饮用水水源地，因公共利益需要确需调整的或者不符合国家有关标准、规范，不能保障供水安全的，市、县(区)人民政府应当按照本条例的规定确定新的水源地，对原有水源地予以调整或者关闭。

第十八条 市、县(区)人民政府应当建立重要集中式饮用水水源地名录，并向社会公布。

重要集中式饮用水水源地名录应当载明水源地名称、水源地范围、供水规模、水源类型和水质保护标准。饮用水地表水源地还应当载明所在的水功能区名称、范围和面积。

市、县(区)行政区域内的集中式饮用水水源地，符合全国、省重要饮用水水源地标准的，按照全国、省重要饮用水水源地名录制度的要求上报并实施保护措施。

第十九条 集中式饮用水水源地应当设立明显标志，标明水源地规划范围。

第三章 饮用水水源地的保护

第二十条 市、县(区)人民政府环境保护主管部门应当根据管理权限和饮用水水源地各自特点，按照“一个水源地一套方案”的原则，制定本行政区域内集中式饮用水水源地保护方案，报本级人民政府批准。

市、县(区)人民政府环境保护主管部门应当按照国家《饮用水水源保护区划分技术规范》提出集中式饮用水水源保护区划定方案，本级人民政府同意后报省人民政府批准并向社会公告。

饮用水地表水源保护区应当按照不同水域的特点，并考虑当地具体条件划定；饮用水地下水源保护区应当区分孔隙水、基岩裂隙水、岩溶水等不同类型，根据饮用水水源地所处的地理位置、水文地质条件、供水的数量、开采方式和污染源的分布等划定。

第二十一条 集中式饮用水水源保护区以取水口（井）为中心划定，分为一级保护区和二级保护区。必要时，应当在保护区外围划定一定的区域作为准保护区。

第二十二条 各级人民政府应当在集中式饮用水水源保护区的边界设立明确的地理界标和明显的警示标志。地理界标或者警示标志应当标明保护区的四至范围，保护责任人和应急联系电话。

集中式饮用水水源一级保护区周边生活生产活动频繁的区域，应当设置隔离防护设施。

任何单位和个人不得损毁、擅自移动集中式饮用水水源保护区地理界标、警示标志和隔离防护设施。

第二十三条 在集中式饮用水地表水源准保护区内，禁止下列行为：

（一）新建、扩建对水体污染严重的建设项目；

（二）改建增加排污量的建设项目；

（三）设置易溶性、有毒有害废弃物暂存和转运站；

（四）施用高毒、高残留农药；

（五）破坏水源涵养林、水土保持林以及与水源保护相关的植被；

（六）向水域倾倒工业废渣、生活垃圾、农作物秸秆和其他废弃物；

（七）使用电力、炸药、毒药和其他化学物品捕捞；

（八）法律、法规禁止的其他行为。

第二十四条 在集中式饮用水地表水源二级保护区内，除遵守本条例第二十三条的规定外，还禁止下列行为：

（一）设置排污口；

（二）新建、改建、扩建排放污染物的建设项目；

（三）堆放化工原料、危险化学品、矿物油类以及有毒有害矿产品；

（四）从事规模化畜禽养殖；

（五）丢弃及掩埋动物尸体；

（六）从事经营性取土和采石（砂）等活动；

（七）设立装卸垃圾、油类和有毒物品的码头。

第二十五条 在集中式饮用水地表水源一级保护区内，除遵守本条例第二十三条、第二十四条的规定外，还禁止下列行为：

（一）新建、改建、扩建与供水设施和保护水源无关的建设项目；

（二）堆放工业废渣、生活垃圾、农作物秸秆和其他废弃物；

（三）从事网箱养殖、畜禽养殖、施用化肥农药的种植以及旅游、游泳、垂钓等可能污染饮用水水源的行为；

（四）停靠与保护水源无关的机动船舶。

第二十六条 在集中式饮用水地下水源准保护区内，除遵守本条例第二十三条第一项至第五项的规定外，还禁止下列行为：

（一）利用渗井、渗坑、裂隙和溶洞排放、倾倒含有毒污染物的废水、含病原体的污水和其他废弃物；

（二）利用透水层孔隙、裂隙、溶洞和废弃矿坑储存油类、放射性物质、有毒有害化工物品、农药等；

（三）法律、法规禁止的其他行为。

第二十七条 在集中式饮用水地下水源二级保护区内，除遵守本条例第二十四条第一项至第六项、第二十六条的规定外，还禁止利用未经净化的污水灌溉农田。

第二十八条 在集中式饮用水地下水源一级保护区内，除遵守本条例第二十五条第一项至第三项、第二十六条、第二十七条的规定外，还禁止下列行为：

（一）修建、铺设输送污水的渠道、管道和输油管道；

（二）建立墓地。

第二十九条 对集中式饮用水水源准保护区内已建成的对水体污染严重的建设项目，由市、县（区）人民政府制定方案，采取措施，逐步将其搬出。

对集中式饮用水水源二级保护区内已建成的排放污染物的建设项目，由市、县（区）人民政府责令拆除或者关闭。

对集中式饮用水水源一级保护区内已建成的与供水设施和保护水源无关的建设项目，由市、县（区）人民政府责令拆除或者关闭。

第三十条 因保护饮用水水源地，使公民、法人或者其他组织的合法权益受到损害的，应当依法予以补偿。

第三十一条 市、县（区）人民政府应当建立健全饮用水水源生态保护补偿机制。具体补偿方式、范围、对象和标准，由市、县（区）人民政府制定。

第三十二条 市、县(区)人民政府应当整合饮用水水源水质监测资源,建立监测预警预测系统、信息共享机制和信息公布制度。

市、县(区)人民政府水行政主管部门应当加强对饮用水水源水量的监测,合理调配水资源。

市、县(区)人民政府环境保护主管部门应当加强饮用水水源实时监测能力建设,定期向社会公布水质状况,发现饮用水水源水质未达到国家标准时,应当及时向市、县(区)人民政府报告,并向卫生等部门和可能受到影响的供水单位通报。

饮用水供水单位应当加强对取水口(井)的水质监测,发现异常情况立即采取有效措施,并及时向市、县(区)人民政府应急机构和水行政、环境保护、卫生等部门报告。

第三十三条 市、县(区)人民政府环境保护、水行政、住房和城乡建设等部门或者河流、湖库的管理单位应当按照各自职责对集中式饮用水水源保护区进行巡查,发现影响饮用水水源安全的行为,应当及时制止并依法处理,或者转交有关主管部门处理。

第三十四条 市、县(区)人民政府应当组织编制本地饮用水水源地污染事故应急预案。

对造成或者可能造成饮用水水源地污染的突发事件,所在地人民政府应当立即启动相应的应急预案,采取有效措施,做好应急供水准备。

第四章 法律责任

第三十五条 违反本条例二十二条第三款规定,损毁或者擅自移动集中式饮用水水源保护区地理界标、警示标志和隔离防护设施的,由市、县(区)人民政府确定的部门责令停止违法行为,限期恢复原状;情节严重的,处二千元以上一万元以下的罚款。

第三十六条 违反本条例第二十三条第五项规定,在集中式饮用水水源保护区和准保护区内破坏水源涵养林、水土保持林以及与水源保护相关的植被的,由市、县(区)人民政府林业主管部门责令停止违法行为,补种毁坏株数一倍以上三倍以下的树木,可以处毁坏林木和植被价值一倍以上五倍以下的罚款。

第三十七条 违反本条例第二十三条第六项和第二十五条第二项规定,在集中式饮用水地表水源保护区和准保护区内向水域倾倒工业废渣、生活垃圾、农作物秸秆和其他废弃物的,或者在集中式饮用水水源一级保护区内堆放工业废渣、生活垃圾、农作物秸秆和其他废弃物的,由市、县(区)人民政府环境保护主管部门责令停止违法行为,限期采取治理措施,消除污染,处二万元以上二十万元以下的罚款;逾期不采取治理措施的,环境保护主管部门可以指定有治理能力的单位代为治理,所需费用由违法行为人承担。

第三十八条 违反本条例第二十三条第七项规定,在集中式饮用水地表水源保护区和准保护区内使用电力、炸药、毒药和其他化学物品捕捞的,由市、县(区)人民政府农业主管部门没收违法所得,处一万元以上五万元以下的罚款;情节严重的,并处没收渔具,吊销捕捞许可证。

第三十九条 违反本条例第二十四条第五项规定,在集中式饮用水水源保护区内丢弃及掩埋动物尸体的,由动物卫生监督机构责令无害化处理,所需处理费用由违法行为人承担,可以处五百元以上三千元以下的罚款。

第四十条 违反本条例第二十五条第三项规定,在集中式饮用水水源一级保护区内从事网箱养殖、畜禽养殖、施用化肥农药的种植以及组织进行旅游、垂钓等可能污染饮用水水源的活动的,由市、县(区)人民政府环境保护主管部门责令停止违法行为,处二万元以上十万元以下的罚款。个人在集中式饮用水水源一级保护区内游泳、垂钓或者从事其他可能污染饮用水水源的行为的,由市、县(区)人民政府环境保护主管部门责令停止违法行为,可以处五百元以下的罚款。

第四十一条 市、县(区)人民政府和有关部门、机构及其工作人员,在饮用水水源地保护工作中违反本条例规定,有下列行为之一的,对直接负责的主管人员和其他直接责任人员依法给予处分,并对单位负责人进行问责;涉嫌犯罪的,依法移交有关机关处理:

(一)违反本条例第十一条、第十二条规定,未对本行政区域内水资源进行综合科学考察和调查评价或者未在水资源综合规划中对饮用水水源地及相关工程建设等进行统筹规划的;

(二)未按照本条例规定确定集中式饮用水水源地和公布重要集中式饮用水水源地名录的;

(三)违反本条例第二十条、第二十一条规定,未制定本行政区域内集中式饮用水水源地保护方案，未划定集中式饮用水水源保护区和准保护区的；

（四）违反本条例第三十二条、第三十三条规定，未开展饮用水水源水质监测、饮用水水源保护巡查的，或者发现异常情况未采取有效措施的；

（五）未按照本条例第三十四条规定编制饮用水水源地污染事故应急预案，或者未按照规定处置造成和可能造成饮用水水源地污染的突发事件，造成严重后果的；

（六）对违反本条例行为的举报未受理或者受理后未依法调查处理的；

（七）其他滥用职权、玩忽职守、徇私舞弊的。

第五章　附　则

第四十二条　有关饮用水水源地保护的行为及其法律责任，本条例未作规定，其他法律、法规已有规定的，从其规定。

第四十三条　本条例所称分散式饮用水水源地，是指供水人口不足一千人的饮用水水源地，根据供水方式可分为联村、联片、单村、联户、单户等形式。

第四十四条　本条例自 2019 年 1 月 1 日起施行。

宿州市人民政府关于印发
宿州市土地储备管理实施办法的通知

各县、区人民政府,市政府各部门、各直属单位:

《宿州市土地储备管理实施办法》已经2018年1月19日市政府第1次常务会议审议通过,现印发给你们,请认真遵照执行。

2018年1月29日

宿州市土地储备管理实施办法

一、总体要求

(一)为贯彻党的十九大精神,落实加强自然资源资产管理和防范风险要求,进一步规范土地储备管理,增强政府对城市统一建设用地市场的调控和保障能力,促进资源高效配置和合理利用,根据《国务院关于加强国有土地资产管理的通知》(国发〔2001〕15号)、《国务院关于促进节约集约用地的通知》(国发〔2008〕3号)、《国务院关于加强地方政府性债务管理的意见》(国发〔2014〕43号)、《国务院办公厅关于规范国有土地使用权出让收支管理的通知》(国办发〔2006〕100号)、《国土资源部财政部人民银行中国银行业监督管理委员会关于印发〈土地储备管理办法〉的通知》(国土资规〔2017〕17号),制定本办法。

(二)本市市辖区范围内土地储备及其管理,适用本办法。

(三)本办法所称土地储备是指市国土资源主管部门为调控土地市场促进土地资源合理利用,依法取得土地,组织前期开发、储存以备供应的行为。

(四)市土地管理委员会负责土地储备工作的组织、领导、协调和监督,研究制定土地储备的有关政策,审议土地储备计划、土地供应计划和其他重要事项。

市国土资源局负责土地储备管理工作,市财政局负责土地储备资金及形成资产的监督,市土地储备发展中心在市国土资源局领导下,负责土地储备的具体实施工作。

市发展改革委、住房城乡建设委、城乡规划局、审计局、房管局、法制办,人民银行宿州市中心支行,埇桥区政府等单位按照各自职责,协同做好土地储备的相关工作。

(五)土地储备实行统一规划、统一收储、统一开发、统一供应、统一管理。

(六)市国土资源局、财政局及人民银行宿州市中心支行的相关分支机构和市土地储备发展中心应及时将土地储备与供应数量、储备资金收支、筹资数量等进行单位间信息交换。

二、计划与管理

(七)市土地储备发展中心根据城市建设发展和土地市场调控需要,结合当地社会发展规划、土地储备三年滚动计划、年度土地供应计划、地方政府债务限额等因素,于每年第三季度会同相关部门合理制定年度土地储备计划。年度土地储备计划内容包括:

1. 上年度末储备土地结转情况;
2. 年度新增储备土地计划;
3. 年度储备土地前期开发计划;
4. 年度储备土地供应计划;
5. 年度储备土地临时管护计划;
6. 年度土地储备资金需求总量。

年度土地储备计划由市国土资源局组织实施。

（八）市土地储备发展中心依据土地储备计划编制项目实施方案，市国土资源局审核后经市土地管理委员会审议，报市政府批准，作为办理相关审批手续的依据。

（九）项目实施方案包括：

1. 土地的权属情况；

2. 征地补偿费用、安置补偿费用、收购补偿费用、前期开发整理费用、财务费用等储备支出；

3. 储备地块资金计划安排；

4. 土地供应预测收入；

5. 其他需要说明的事项。

三、范围与实施程序

（十）下列土地可以纳入土地储备范围：

1. 依法收回的国有土地；

2. 收购的国有土地；

3. 行使优先购买权取得的土地；

4. 已办理农用地转用、土地征收批准手续并完成征收的土地；

5. 其他依法取得的土地。

（十一）纳入储备的土地必须是产权清晰的土地。相关土地纳入储备前，市土地储备发展中心应对土地取得方式及程序的合规性、经济补偿（政府无偿收回的除外）、土地权利（包括用益物权和担保物权）等情况进行核查，对取得方式及程序不合规、补偿不到位、土地权属不清晰、未办理不动产登记手续、应注销而未注销原不动产登记手续、已设立土地权利未依法解除的，不得纳入储备。

（十二）依法无偿收回的国有建设用地，由市国土资源局依法办理注销不动产登记手续后，纳入土地储备。

（十三）因实施城市规划进行旧城区改建需要调整使用土地的，应由市国土资源局报经市土地管理委员会审议、市政府批准后，委托埇桥区政府或市管园区管委会依法对土地使用权人给予补偿，收回土地使用权，并由市国土资源局依法办理不动产注销登记手续后，纳入土地储备。

（十四）以有偿收回、收购方式储备土地的，按下列程序办理：

1. 确定地块。市土地储备发展中心根据本办法的规定，确定拟收回、收购的地块。

2. 权属核查。市土地储备发展中心对拟收回、收购土地的权属、面积、四至范围、土地用途以及建筑物、其他附着物的权属、面积等情况进行实地调查和核实。

3. 征询意见。市土地储备发展中心根据实地调查的情况，向住房城乡建设委、城乡规划局、房管局等部门征询意见。

4. 费用测算。市土地储备发展中心根据权属调查、地籍测量、土地和房产及相关资产评估结果和本办法规定的土地收回、收购储备补偿标准，测算土地补偿费用。

5. 方案报批。市土地储备发展中心拟定国有建设用地使用权收回、收购方案，经市国土资源局审核后，提请市土地管理委员会审议同意后，报市政府批准。

6. 下达土地使用权收回通知、签订收购合同。国有建设用地使用权收回方案批准后，由市国土资源局向土地使用权人下达土地使用权收回通知；国有建设用地使用权收购方案批准后，由市土地储备发展中心与土地使用权人签订国有建设用地使用权收购合同。

7. 实施补偿。以有偿方式收回土地使用权的，市土地储备发展中心应当自土地使用权收回通知下达30日内，根据土地交付情况，将补偿费用支付给土地使用权人或者与其签订土地使用权补偿协议；收购土地使用权的，市土地储备发展中心应当根据国有建设用地使用权收购合同约定的金额、期限和方式，向土地使用权人支付土地收购费用。

8. 注销登记。对无偿收回的土地使用权，在下达土地使用权收回通知的同时，办理不动产注销登记手续；对有偿收回的土地使用权，在市土地储备发展中心将补偿费用全额支付给土地使用权人或者与土地使用权人签订土地使用权补偿协议后，办理不动产注销登记手续；对收购的土地使用权，土地使用权人在收到土地收购的定金或者约定费用后15日内，应当依法申请办理不动产注销登记手续，逾期不申请的，由市国土资源局报请市政府同意后依法办理不动产注销登记手续。

9. 交付土地。根据有关法律、法规、规章的规定和合同约定的期限和方式，原土地使用权人向市土地储备发展中心或其委托的部门交付土地以及地上、地下建筑物和其他附着物。

（十五）对收储土地房地产及相关资产价格评估选取的评估机构要采取摇号方式确定，重要地块选定三家以上评估机构取算术平均值确定评估价格。市审计部门对拟确定的评估价格进行审计并出具审计报告,由市国土资源局召集相关部门议定土地收储价格方案,提交市土地管理委员会确认后上报市政府批准实施。

(十六)土地使用权人申报土地使用权转让价格比标定地价低20%以上的,由市土地储备发展中心提出收购意见,经市土地管理委员会审议,并报市政府批准后,按照申报价格依法予以收购。市政府行使优先购买权取得的土地,按本办法十四条第8项收购土地使用权的有关规定办理不动产注销登记后,纳入土地储备。

(十七)已办理农用地转用、土地征收批准手续并完成征收的土地,由市国土资源局依法办理不动产注销土地登记手续后,纳入土地储备。土地征收的补偿标准和程序按照土地管理有关法律、法规、规章和市政府的有关规定办理。

(十八)涉及连片统一收储的土地,经市政府批准,由市土地储备发展中心委托埇桥区政府或市管园区管委会依据本办法规定的补偿标准组织统一收储。

四、入库储备标准

(十九)储备土地必须符合土地利用总体规划和城乡规划。存在污染、文物遗存、矿产压覆、洪涝隐患、地质灾害风险等情况的土地,在按照有关规定由相关单位完成核查、评估和治理之前,不得入库储备。

(二十)储备土地入库前,土地储备机构应向不动产登记机构申请办理登记手续。储备土地登记的使用权类型统一确定为“其他(政府储备)”,登记的用途应符合相关法律法规的规定。

五、开发与利用

(二十一)对储备的土地,由市土地储备发展中心进行前期开发、保护、管理、临时利用及为储备土地实施前期开发等活动。

(二十二)市土地储备发展中心应组织开展对储备土地进行必要的前期开发,为市政府供应“净地”提供有效保障。前期开发需要合作、协作的,应当通过公开、公平、公正的方式,选择合作、协作单位;前期开发涉及征迁补偿安置的,可以由市土地储备发展中心依法委托埇桥区政府或市管园区管委会组织实施;前期开发涉及道路、供水、供电、供气、排水、通信、照明、绿化、土地平整等基础设施建设的,应当按照有关规定,引入市场机制,通过公开招标方式选择工程实施单位。

(二十三)在储备土地未供应前,市土地储备发展中心可将储备土地连同地上建(构)筑物,通过出租、临时使用等方式加以利用。储备土地临时利用的期限不得超过两年,且不能影响土地供应。

储备土地的临时利用,应报经市国土资源局同意。其中,需临时搭建建(构)筑物的,应当先经市城乡规划局同意;设立抵押权的,应先征得抵押权人的书面同意。

临时利用的收益,全部上缴财政,实行“收支两条线”管理。

(二十四)市土地储备发展中心对纳入储备的土地采取自行管护、委托管护、临时利用等方式进行管护;对侵害储备土地权利的行为要做到早发现、早制止、早处理。对储备土地的管护,可以由土地储备机构的内设机构负责,也可由土地储备机构按照相关规定选择管护单位。

六、土地供应

(二十五)储备土地完成前期开发整理后,纳入市土地供应计划,规划部门出具规划设计条件后,由市国土资源局统一组织供地。供应已发证的储备土地之前,应收回并注销其不动产权证书及不动产登记证明,并在不动产登记簿中予以注销。

(二十六)土地供应后,市财政按土地入库价款的5‰计提业务费,由市国土资源局统筹安排。

七、资金管理

(二十七)市土地储备发展中心应于每年第三季度根据年度土地储备计划,编制下一年度土地储备资金收支预算,经市国土资源局审核后,报市财政局审定。其中,属于政府采购范围的,应当按规定编制政府采购预算,严格执行政府采购有关规定。

(二十八)市土地储备发展中心必须按规定用途使用土地储备资金,不得挪用。市土地储备发展中心所需的日常经费,纳入政府预算,与土地储备资金实行分账核算,不得相互混用。

土地储备工作中发生的地籍调查、土地登记、地价评估以及管护围栏、围墙等建设的支出,经市财政局批准,列入土地储备资金使用范围。土地储备资金预算执行中,需市财政局核拨资金的,市土地储备发展中心应提出用款申请,经市国土资源局审核后,报市财政局审批。市土地储备发展中心应于每年年终,按规定编制土地储备资金收支决算,由市财政局审核并上报市政府批准。

（二十九）市土地储备发展中心申请土地储备资金规模，应当与年度土地储备计划、土地储备资金项目预算相衔接，并报经市财政局批准。

（三十）收储土地所发生的费用应当按照宗地核算，纳入宗地成本，其中属于成片开发的储备土地，先按照成本概算核定拨付，待片区成本核定后，再按照片区进行宗地成本决算。经成本核算后，收储的宗地或成片开发的土地，在土地出让时，出让底价不得低于该宗土地收储成本和计提的土地收益基金总和。涉及政府保障房项目及经营性基础设施用地的，报经市政府批准后实施。

（三十一）土地出让金缴清后，市土地储备发展中心应当在7个工作日内向市财政局报送经市政府批准的宗地成本预决算，市财政局应当在7个工作日内将宗地成本拨付市土地储备发展中心。

（三十二）市财政局、审计局、国土资源局等部门应当加强对土地储备资金使用情况、市土地储备发展中心执行会计核算制度的监督检查，确保土地储备资金专款专用，提高储备资金管理效率。

八、监管责任

（三十三）在纳入储备的土地上，未取得规划许可进行建设的，由规划管理部门依法查处，从事其他违法行为的，由有关部门按照职责依法予以处罚。

（三十四）市国土资源局、财政局应按照职责分工，互相配合，保证土地储备工作顺利开展。

市财政部门负责审核土地储备资金收支预决算，监督管理资金支付和收缴及土地储备专项债券发行、还本付息工作。

九、其他要求

（三十五）城市规划区以外的土地储备计划，可由市国土资源局授权埇桥区国土资源局负责拟定和实施。

（三十六）各县可以参照本办法，结合本县实际，制定实施办法。

（三十七）本办法由市国土资源局负责解释。

（三十八）本办法自发布之日起实施，有效期5年。《宿州市人民政府关于印发〈土地储备管理实施办法〉的通知》（宿政发〔2014〕8号）同时废止。

宿州市人民政府办公室关于印发数字宿州地理空间框架建设与使用管理办法(试行)的通知

各县、区人民政府,市政府各部门、各直属单位:

《数字宿州地理空间框架建设与使用管理办法(试行)》已经市政府2018年7月26日第9次常务会议审议通过,现印发给你们,请遵照执行。

2018年7月31日

数字宿州地理空间框架建设与使用管理办法(试行)

第一章　总则

第一条　为加强数字宿州建设,实现地理信息资源共建共享,提升城市管理水平,避免重复建设,根据《中华人民共和国测绘法》、《中华人民共和国保守国家秘密法》、《中华人民共和国测绘成果管理条例》、《地理空间框架基本规定》和其它相关法律法规,结合宿州实际,制定本办法。

第二条　数字城市地理空间框架是地理信息数据及其采集、加工、交换、服务所涉及的政策、法规、标准、技术、设施、机制和人力资源的总称,由基础地理信息数据体系、公共服务体系、政策法规与标准体系、组织运行体系等构成。

第三条　数字宿州地理空间框架由市政府统一组织建设,是全市权威的、唯一的地理信息资源共享平台。市政府各部门、企事业单位和社会公众根据权限共享使用。

第四条　数字宿州地理空间框架的建设、管理、维护与应用服务,适用本办法。

第二章　职责分工

第五条　市政府成立宿州市数字城市建设工作领导小组(以下简称领导小组),由市政府分管国土资源工作的副市长任组长,成员单位包括市发展改革委、市民政局、市财政局、市住房城乡建设委、市交通运输局、市环保局、市农委、市水利局、市卫生计生委、市城管局、市经济和信息化委、市公安局、市城乡规划局、市国土资源局、市保密局等单位。领导小组下设办公室,设在市国土资源局。

第六条　领导小组负责数字宿州地理空间框架建设和应用的总体协调工作。其主要职责:

(一)负责市政府各部门间的协调工作,及时解决建设应用过程中存在的问题,确保框架建设应用顺利实施。

(二)拟订地理空间信息共建共享政策措施和相关制度,建立健全地理信息资源共建共享机制。

第七条　市国土资源局负责数字宿州地理空间框架的总体设计、组织实施与推广应用工作。其主要职责:

(一)负责框架建设的总体设计、组织实施及相关标准规范的编制和审定,负责组织评审与验收工作。

(二)负责基础地理信息数据的采集、汇交、管理与更新维护,将数据提交给国务院测绘地理信息行政主管部门授权的部门进行保密处理,形成公共基础地理信息数据。

(三)负责公共基础地理信息数据的管理,审查使用公共基础地理信息数据以及接入地理信息公共平台的申请。

(四)负责数字宿州地理信息公共平台的建设

与管理。

第八条 市国土资源局指定宿州市国土资源信息中心作为平台的运维机构，具体负责公共平台的日常管理和运行、维护工作，提供公共平台接入和数据应用等技术服务。其主要职责：

(一)负责全市地理信息公共平台接入的实施、运行维护与用户培训指导工作。

(二)负责全市公共基础地理信息数据的注册与发布、更新与维护工作，并提供共享服务。

(三)负责全市公共专题地理信息数据的注册与发布，并提供共享服务。

(四)负责全市公众地理信息数据的注册与发布，并提供共享服务。

(五)在发布地理信息数据前依法进行保密审查。

第九条 市政府各部门、各企事业单位负责提供本单位公共专题地理信息数据集。其主要职责：

(一)负责本单位公共专题地理信息数据的采集、更新、汇交。

(二)对本单位的公共专题地理信息数据设定共享权限。

(三)对提供的地理信息数据进行保密审查。

第十条 市财政局将数字宿州基础数据更新、系统日常维护和推广应用所需资金纳入年度财政预算，保障数字宿州平台正常运行，避免重复投入、重复建设。具体经费由市国土资源局根据工作需要按年度向财政部门申请。

第十一条 市保密局负责数字宿州保密工作的指导与监督，确保框架建设符合国家保密规定和要求。

第三章 框架建设

第十二条 数字宿州地理空间框架建设应严格遵照国家数字城市地理空间框架建设标准体系，市国土资源局要结合宿州实际，制订完善各项标准和技术规范。

第十三条 数字宿州地理空间框架数据集建设。

数字宿州地理空间框架数据集，分4个层次建设。分别为基础地理信息数据集、公共基础地理信息数据集、公共专题地理信息数据集和公众地理信息数据集。

(一)基础地理信息数据集由市国土资源局负责建设。包括定位基础、居民地及设施、交通、水系、境界、地貌与植被和影像、地名、兴趣点等数据，是地理空间框架的数据基础。该数据为涉密数据，运行于涉密网络。

(二)公共基础地理信息数据集由市国土资源局负责建设。基础地理信息数据经过保密处理形成公共基础地理数据子集，该数据为非涉密数据，运行于政务网络。

(三)公共专题地理信息数据集，是数字宿州应用系统业务数据的总称，由各应用单位分别建设。该数据为非涉密数据，运行于政务网络。

(四)公众地理信息数据集是通过对公共基础地理信息数据集和公共专题地理信息数据中的敏感信息处理之后形成的数据。由市国土资源局负责建设，相应部门对涉及本部门有关业务予以积极配合。该数据为非涉密数据，运行于互联网。

第十四条 数字宿州地理空间框架数据库采取集中建库和分布建库并存模式。基础地理信息数据库由市国土资源局集中建库管理，专题数据库由各应用单位分别建库，定期向市国土资源局汇交。

第十五条 数字宿州地理信息公共平台建设。

(一)数字宿州地理信息公共平台，是依托数字宿州地理空间框架数据，通过在线方式满足市政府各部门、企事业单位和社会公众对空间定位、查询分析的基本需求，具备个性化应用的二次开发接口和可扩展空间，实现应用服务功能的数据、软件及其支撑环境的总称。

(二)数字宿州地理信息公共平台由市国土资源局按照地理空间框架的统一标准与要求进行建设，并在涉密网、政务网及互联网中分别部署，实现全市地理信息资源的共享与利用。

(三)全市所有共享的地理信息数据均纳入公共平台进行统一发布、共享、交换与管理。市政府其他部门、事业单位不得进行类似平台的重复建设。

第四章 数据更新

第十六条 市政府各部门、企事业单位应按照地理空间框架标准体系规范，做好共享数据的采集、更新与汇交等工作。地理信息数据的采集工作应由相应资质的单位实施，数据的更新须保证数据的准确性与现势性。数据更新和运行维护经费纳入本级财政预算。

第十七条 基础地理信息数据集的更新与

管理。

(一)市国土资源局应根据国家、省有关规定和全市发展需要,统筹规划基础地理信息数据采集更新工作,及时编制年度采集和更新计划。

(二)市国土资源局按照地理空间框架相关技术规范,统一更新基础地理信息数据集。

第十八条 公共基础地理信息数据集的更新与管理。

(一)全市基础地理信息数据统一由市国土资源局交国务院测绘地理信息行政主管部门授权的部门进行保密处理,形成公共基础地理信息数据集。

(二)公共基础地理信息数据的更新由市国土资源局负责,按照地理空间框架相关技术规范和数据更新频度要求,统一进行数据更新和共享。

第十九条 公共专题地理信息数据集的更新与管理。

(一)市政府各部门、企事业单位按照“权威数据来自权威部门、权威部门负责更新维护”原则进行数据采集和更新,形成本部门、本单位的专题地理信息数据集,并定期向市国土资源局汇交。

(二)市国土资源局委托国务院测绘地理信息行政主管部门授权的部门进行专题地理信息数据集空间位置的保密处理,形成公共专题地理信息数据集。

第二十条 公众地理信息数据集的更新与管理。

公众地理信息数据集由市国土资源局负责更新,相应部门给予配合,更新周期与公共基础地理信息数据集和公共专题地理信息数据集保持同步。

第五章 成果共享

第二十一条 市政府各部门、企事业单位应按照共建共享原则,及时发布、共享、交换符合保密要求和发布条件的信息数据。

第二十二条 市国土资源局会同领导小组成员单位,根据全市社会经济发展情况,以及公共管理与公共服务的需求,及时对全市地理信息数据共享目录进行调整。

第二十三条 市政府各部门、企事业单位提供共享的地理信息数据应当合法、准确、规范。市国土资源局定期对共享数据的质量进行监督检查。对检查发现的问题,相关部门和单位应及时修正。

第二十四条 市国土资源局应通过数字宿州地理信息公共平台公布地理信息数据共享目录、用户权限及共享途径等事项,供需求者了解、查询。

第二十五条 市政府各部门、企事业单位、社会公众可通过公共服务平台,以涉密网、政务网或互联网等网络,在权限范围内在线共享相应的地理信息数据。

第二十六条 以下地理信息数据不得在政务网或互联网等非涉密网络中运行使用。

(一)未经国务院测绘地理信息行政主管部门授权的部门进行保密处理的重要基础地理信息数据。

(二)空间位置未经国务院测绘地理信息行政主管部门授权的部门进行保密处理、业务内容未经数据提供单位保密处理的专题地理信息数据。

(三)未对敏感信息进行处理的公众地理信息数据。

第二十七条 基础地理信息数据通过离线拷贝或部署在涉密网上的公共平台提供共享使用,应用单位应确保使用环境与政务网、互联网等非涉密网络物理隔离。

第二十八条 公共基础地理信息数据和公共专题地理信息数据,通过部署在政务网上的公共平台提供给市政府各部门和承担部分社会管理事务的企事业单位共享使用,并按照不同的用户权限,进行完全共享和部分共享,不可下载保存。

第二十九条 公共基础地理信息数据和公共专题地理信息数据用户权限,由市国土资源局会同数据提供部门共同审核确定,并明确数据的提供方式和使用权限。

第三十条 公众地理信息数据通过部署在互联网上公共平台提供给社会公众使用。鼓励公众基于公众地理信息数据开发应用系统,促进信息消费、信息惠民。

第六章 监督管理

第三十一条 市国土资源局应当会同领导小组其它成员单位建立完善地理信息数据共享与交换的长效运行机制,加强对公共平台运维部门的管理和监督,确保公共平台稳定、安全、有效运行。

第三十二条 市国土资源局应当会同市领导小组各部门定期对全市地理信息数据共享与交换情况进行检查、评估,督促、指导相关部门和单位做好地理信息数据共享与交换工作。

第三十三条 有下列情形之一的，责令改正，依法应当追究责任的，由有权机关依法处理：

（一）未按规定的时间和范围提供、发布地理信息数据，影响共享的；

（二）未按规定周期采集、更新专题地理信息数据的；

（三）未使用国家规定的定位基准或者未执行国家、省、市规定的标准采集、更新和发布地理信息数据的。

第三十四条 市政府各部门、企事业单位以及个人使用、提供、发布地理信息数据以及其他有关数据应当遵守法律、法规、规章和本办法相关规定。相关部门应当加强监督检查，发现违法违规行为的应当依法查处。

第七章 附则

第三十五条 本办法自印发之日起施行。

宿州市人民政府办公室关于印发宿州市建筑渣土处置管理办法的通知

各县、区人民政府,市政府各部门、各直属单位:

《宿州市建筑渣土处置管理办法》已经2018年8月23日市政府第11次常务会议审议通过,现印发给你们,请遵照执行。

2018年8月29日

宿州市建筑渣土处置管理办法

第一条 为维护城市市容环境卫生,加强对建筑垃圾、工程渣土及各种散体物的管理,根据《中华人民共和国固体废物污染环境防治法》《城市市容和环境卫生管理条例》《安徽省城市市容和环境卫生管理条例》《安徽省大气污染防治条例》和《城市建筑垃圾管理规定》(建设部令第139号)等有关法律、法规、规章的规定,结合本市实际,制定本办法。

第二条 本办法适用于市城市规划区内建筑垃圾、工程渣土及各种散体物的倾倒、运输、中转、回填、消纳、利用等处置和管理工作。

第三条 本办法所称建筑渣土,是指建设或施工单位新建、改建、扩建和拆除各类建筑物、构筑物、管网以及居民装饰装修房屋过程中产生的弃土、弃料、余泥、余渣及其他废弃物(以下统称渣土)。

第四条 渣土处置实行减量化、资源化、无害化和“谁产生、谁承担处置责任”的原则。

第五条 市城管局是本市渣土管理的行政主管部门,负责对市管区域新建、改建、扩建工地及房屋装璜渣土运输审批、渣土运输公司监管及渣土抛撒路面等违法行为的处罚。市住建部门负责对建筑工地冲洗平台建设及其运行、渣土扬尘、渣土覆盖等监管;市公安部门负责对未按规定时段、线路行使的渣土运输车辆的查处,对行驶中超速、闯红灯等违章行为的查处,对渣土运输车辆的年审,并配合相关部门对渣土运输管理执法,对不服从管理的违规行为及暴力抗法行为进行惩处;市交通部门负责对超载超限的渣土运输车辆进行监管;市房管部门负责对棚改、安置工程工地冲洗平台建设及其运行监管,协助相关部门做好棚改、安置工地的渣土堆放、清运等监管工作;市环保部门负责建设项目环评中应有建筑施工扬尘防治的内容,对渣土运输及堆放场所实施统一环境监测监督。

埇桥区政府及其有关部门负责对所辖拆迁工地的渣土进行处置审批;负责对拆迁工地冲洗平台建设、使用情况及降尘拆除作业情况进行全面监管;负责对拆迁工地渣土的清运等工作;负责建设拆迁渣土处置场;在拆迁渣土处置场建成运行前,负责设置临时拆迁渣土存放场所。

宿州经开区管委会、市高新发区管委会、宿马园区管委会全面负责辖区内的建筑工地和拆迁工地冲洗平台建设、渣土清运的审批与监管等工作,并负责对辖区违反渣土管理行为进行查处。

国土、财政、发改(物价)、工商、规划等有关部门应当按照各自职责,共同做好渣土管理工作。

第六条 任何单位和个人有权向相关管理部门举报并制止违反本办法的行为。

第七条 建筑垃圾中转站、建筑垃圾处置场(包括专用场地和因工程需要回填建筑垃圾的场地)的建设应当纳入城市市容环境卫生事业发展规划。

第八条 各类建筑工程、规划开发用地需要回填渣土的，应向市城管局提出申请，由市城管局统一安排调度。

第九条 处置建筑垃圾的单位，应当向城市人民政府市容环境卫生主管部门提出申请，获得城市建筑垃圾处置核准后，方可处置。

第十条 建设、施工单位，应在工程开工前至少10个工作日内向市城管局等相关审批部门申报渣土处置计划，办理渣土处置核准手续，签订环境卫生保洁责任书。申报时应提供下列资料：

（一）书面申请并填写《建筑垃圾渣土处置核准申请表》。申请内容应包括工程项目名称、建设单位、施工单位及渣土承运单位基本情况，渣土消纳场地和处置工期，渣土处置量等；

（二）建设工程规划许可证或政府房屋征收公告；

（三）建设单位与施工单位的建设工程施工合同，与运输单位签订的运输合同；

（四）建设工程渣土环境卫生管理制度。

市城管局等审批部门应当自受理申请后的6个工作日内做出是否核准的决定。予以核准的，颁发渣土处置核准文件；不予核准的，应当告知申请人并说明理由。

第十一条 渣土承运单位应在承运渣土前3日内，向市城管局等渣土管理机构办理渣土准运手续，并提供下列资料：

（一）书面申请（包括建筑垃圾运输的时间、路线和处置地点名称）；

（二）运输单位道路运输经营许可证、车辆行驶证；

（三）渣土处置核准文件；

（四）建筑垃圾消纳场的接收证明；

（五）消纳场的场地平面图、进场路线图；

（六）具备条件的，渣土消纳场地应提供建有车辆出入冲洗平台相关资料。

市城管局等渣土管理机构应当自受理申请后3个工作日内完成准运手续办理。准运的，颁发渣土准运证；不准运的，应当告知申请人并说明理由。

第十二条 居民因装饰、建造、维修等产生的渣土，应当按照物业管理单位、社区居民委员会或环卫部门指定的地点统一堆放；物业管理单位或社区居民委员会负责统一清运到渣土管理机构指定的建筑垃圾中转点或处置场所。

第十三条 物业管理单位或社区居民委员会、街道办事处和环卫部门应在各自管辖区域内设置必要的建筑垃圾中转点，以方便市民投放。建筑垃圾中转点的设置应报市城管局备案并向社会公示。

第十四条 渣土处置实行收费制度，具体收费按照市价格主管部门核定标准执行。

第十五条 建设和施工单位应当遵守下列规定：

（一）应当使用有《渣土处置运输准运证》的车辆从事运输作业；

（二）施工现场应当按照规定设置施工围墙（围挡）、硬质路面、车辆冲洗平台和冲洗设备、污水处理排放系统、降尘设备等临时环卫设施，并配备专人进行清扫保洁和管理，未经批准，不得占用道路施工、堆放材料；

（三）应当与运输单位签订防止车辆运输泄漏、遗撒协议书，并负责对运输单位和运输车辆进行督促检查；

（四）应当指定专人负责运输车辆的管理，制定责任制度并组织实施。运输车辆需证照齐全，车容整洁，车辆号牌清晰，外观无破损、变形，档板严密，运输车辆要有密封装置，使用苫布密闭的，苫布应无破损，苫盖严密，逐步推行使用机械式全密闭运输车辆。

第十六条 渣土运输单位应当遵守下列规定：

（一）运输车辆在从事渣土运输时，必须随车携带《渣土处置运输准运证》《车辆行驶证》，并接受城管、公安交警、交通部门的管理、检查；

（二）渣土运输车辆应安装GPS定位系统，在车体上标有举报电话和渣土运输公司及负责人的名称、电话号码，并保持电话号码、车牌清晰。

（三）运输车辆必须按市城管局和公安交警部门批准的运输线路和时间运输，并按市城管局指定的场地倾倒；

（四）运输车辆运输流体、散体货物，在驶出施工现场前，应密封、包扎、苫盖，并将车厢槽帮、车轮清洗干净，保证在运输线路中不泄漏、不遗撒、不带泥上路。

第十七条 对渣土运输单位的运输车辆实行“六统一”管理制度。即：车身统一印制监督电话和企业主要负责人姓名，统一喷涂放大的车牌号，统一设置顶灯，统一车体颜色，统一安装GPS定位系统,统一密闭标准。

第十八条 任何单位和个人不得占用道路堆放渣土,确需临时占用道路堆放的,应当依法取得市城管局行政许可并采取覆盖等防污染措施。占道期满后,应当立即清除渣土、恢复原状。

第十九条 市城管部门成立专门的渣土管理机构,负责对建筑渣土从产生、运输到处置的全过程监管,并建设统一的建筑渣土调配平台。

第二十条 市城管部门牵头建立固定与机动相结合的联合执法机制,从城管、公安交警、交通、环保等执法部门抽调人员,在城区设置多个固定检查点,组建相应的检查组进行常态化执法。

第二十一条 违反本办法,有下列行为之一的,由市城管局依据有关规定,除责令限期改正、警告外,并按照下列规定处以罚款:

(一)将建筑垃圾混入生活垃圾或者将危险废弃物混入建筑垃圾的,单位处以3000元以下罚款,个人处以200元以下罚款;

(二)擅自设立处置场受纳渣土的,单位处以5000元以上1万元以下的罚款,个人处以3000元以下罚款;

(三)建筑垃圾储运消纳场受纳工业垃圾、生活垃圾和有毒有害垃圾的,处以5000元以上1万元以下的罚款;

(四)施工单位未及时清运工程施工过程中产生的渣土,造成环境污染的,处以5000元以上5万元以下的罚款;

(五)施工单位将渣土交给个人或未经核准从事渣土运输的单位处置的,处以1万元以上10万元以下的罚款;

(六)处置渣土的单位在运输渣土过程中沿途丢弃、遗撒渣土的,处以5000元以上5万元以下的罚款;

(七)未经核准擅自处置渣土或处置渣土超出核准范围的,对施工单位处以1万元以上10万元以下的罚款,对建设单位、运输单位处5000元以上3万元以下的罚款;

(八)涂改、倒卖、出租、出借或者以其他形式非法转让城市建筑垃圾处置核准文件的,处以5000元以上2万元以下的罚款;

(九)随意倾倒、抛撒或者堆放渣土的,对单位处以5000元以上5万元以下的罚款,对个人处以200元以下的罚款。

第二十二条 建立实施限制市场准入制度。渣土运输单位一年内被行政处罚3次及以上的,一年内不予核准其渣土运输准运申请;情节严重的,可以将该单位及其责任人纳入联合惩戒名单,并依规进行惩戒。

第二十三条 对侮辱、殴打渣土管理人员或者阻挠其执行公务的,由公安机关依照《中华人民共和国治安管理处罚法》规定进行处罚,构成犯罪的,依法追究其刑事责任。

第二十四条 从事渣土管理的行政执法人员,执行公务时应当佩戴标志,出示证件,公正执法。滥用职权、徇私舞弊、玩忽职守的,视情节轻重按有关规定处理。

第二十五条 本办法由市城管局负责解释。

第二十六条 各县渣土处置管理参照本办法执行。

第二十七条 本办法自发布之日起施行。《宿州市人民政府关于印发宿州市建筑垃圾和工程渣土处置管理暂行办法的通知》(宿政发〔2011〕36号)同时废止。

中共宿州市委宿州市人民政府关于全面加强生态环境保护坚决打好污染防治攻坚战的实施意见

（2018 年 12 月 27 日）

为深入贯彻习近平生态文明思想，全面贯彻党的十九大精神，决胜全面建成小康社会，全面加强生态环境保护，坚决打好污染防治攻坚战，全面建设现代化五大发展美好宿州，根据《中共中央　国务院关于全面加强生态环境保护坚决打好污染防治攻坚战的意见》（中发〔2018〕17 号）、《中共安徽省委　安徽省人民政府关于全面加强生态环境保护坚决打好污染防治攻坚战的实施意见》（皖发〔2018〕23 号）精神，结合宿州实际，提出以下实施意见。

一、深入贯彻习近平生态文明思想

党的十八大以来，习近平总书记传承中华民族传统文化、顺应时代潮流和人民意愿，站在坚持和发展中国特色社会主义、实现中华民族伟大复兴中国梦的战略高度，深刻回答了为什么建设生态文明、建设什么样的生态文明、怎样建设生态文明等重大理论和实践问题，系统形成了习近平生态文明思想，指导推动生态文明建设和生态环境保护取得历史性成就、发生历史性变革。

各级党委、政府要深刻认识和把握习近平生态文明思想的重大意义和科学内涵，坚持生态兴则文明兴，建设生态文明是关系中华民族永续发展的根本大计，功在当代、利在千秋，关系人民福祉，关乎民族未来；坚持人与自然和谐共生的基本方略，尊重自然、顺应自然、保护自然，像保护眼睛一样保护生态环境，像对待生命一样对待生态环境，推动形成人与自然和谐发展现代化建设新格局，还自然以宁静、和谐、美丽；坚持绿水青山就是金山银山的发展理念，平衡和处理好发展与保护的关系，推动形成绿色发展方式和生活方式，坚定不移走生产发展、生活富裕、生态良好的文明发展道路；坚持良好生态环境是最普惠的民生福祉，重点解决损害群众健康的突出环境问题，提供更多优质生态产品；坚持山水林田湖草是生命共同体的系统思想，构建生态环境治理体系，着力扩大环境容量和生态空间，全方位、全地域、全过程开展生态环境保护；坚持用最严格制度最严密法治保护生态环境，构建产权清晰、多元参与、激励约束并重、系统完整的生态文明制度体系，让制度成为刚性约束和不可触碰的高压线；坚持建设美丽中国全民行动，加强生态文明宣传教育，牢固树立生态文明价值观念和行为准则，把建设美丽中国化为全民自觉行动；坚持共谋全球生态文明建设，推动全球生态环境治理，建设清洁美丽世界。

习近平生态文明思想为推进美丽中国建设、实现人与自然和谐共生的现代化提供了方向指引和根本遵循。各级党委、政府必须以习近平生态文明思想武装头脑、指导实践、推动工作，切实增强“四个意识”，树立正确政绩观，全面落实党中央、国务院及省委、省政府关于生态环境保护工作的各项决策部署，坚决打好污染防治攻坚战，不断提升生态文明建设水平。

二、深刻认识我市生态环境保护面临的形势

全市生态环境保护取得积极成效。市委、市政府坚持以习近平新时代中国特色社会主义思想为指导，认真贯彻落实党的十九大和十九届二中、三中全会精神，深入贯彻习近平总书记视察安徽重要讲话精神，牢固树立和践行“绿水青山就是金山银山”理念，将生态环境保护工作摆在重要战略位置，坚决扛起生态文明建设的政治责任，坚持走生态优先绿色发展之路，深入实施大气、水、土壤污染防治行动计划，强力推进中央、省、华东督察局环境保护督察反馈问题整改，生态文明建设迈出坚实步伐。在经济持续稳定增长、工业化和城镇化不断加快的背景下，全市主要污染物排放总量持续削减，环境质量总体保持稳定，局部领域有所好转，未发生重特大突发环境事件，环境安全形势总体稳定。

生态环境保护仍面临困难和挑战。一些地方和部门对生态环境保护认识不到位，责任落实不到位；经济社会发展同生态环境保护的矛盾仍然突出,产业结构偏重、能源结构偏煤、交通运输结构不优、农业污染点多面广量大;能源资源承载压力日益增大,环境质量持续改善的基础比较脆弱;生态文明体制机制不够完善,生态环境治理体系尚未健全;环境监管能力与需求不适应,生态环境保护资金投入不足;新老环境问题交织,环境污染问题集中显现,重污染天气、黑臭水体、垃圾围城、生态环境损害、固体废物非法转移倾倒等时有发生,生态环境质量改善与人民群众的期盼有较大差距。这些问题成为重要的民生之患、民心之痛,成为经济社会可持续发展的瓶颈制约,成为全面建成小康社会和建设现代化五大发展美好宿州的明显短板。

进入新时代,解决人民日益增长的美好生活需要和不平衡不充分的发展之间的矛盾对生态环境保护提出新要求。当前,生态文明建设正处于压力叠加、负重前行的关键期,已进入提供更多优质生态产品以满足人民日益增长的优美生态环境需要的攻坚期,也到了有条件有能力解决突出生态环境问题的窗口期。必须加大力度、加快治理、加紧攻坚,打好标志性的重大战役,为人民创造良好生产生活环境,努力开创美好家园建设新局面。

三、全面加强党对生态环境保护的领导

加强生态环境保护、坚决打好污染防治攻坚战是党和国家的重大决策部署,各级党委和政府要强化对生态文明建设和生态环境保护的总体设计和组织领导,统筹协调处理重大问题,指导、推动、督促各地各部门落实党中央、国务院及省市重大政策措施。

(一)落实党政主体责任。落实领导干部生态文明建设责任制,严格实行党政同责、一岗双责。各级党委和政府必须坚决扛起生态文明建设和生态环境保护的政治责任,对本行政区域的生态环境保护工作及生态环境质量负总责,主要负责人是本行政区域生态环境保护第一责任人,至少每季度研究1次生态环境保护工作,其他有关领导成员在职责范围内承担相应责任。修订完善《宿州市生态环境保护工作职责(试行)》,抓紧出台市直相关部门生态环境保护责任清单。各地要制定责任清单,把任务分解落实到有关部门。各相关部门要履行好生态环境保护职责,制定生态环境保护年度工作计划和措施。各地各部门要严格落实习近平总书记提出的管发展、管生产、管行业必须管环保的要求,健全领导体制和工作推进机制,坚决落实党中央、国务院及省市委决策部署,落实情况每年向市委、市政府报告。

健全环境保护督察机制。市委、市政府将全面加强生态环境保护坚决打好污染防治攻坚战作为环境保护督察的重要内容。完善市级环境保护督察体系,加强市级环境保护督察机构建设。落实环境保护督察工作规定,以解决突出生态环境问题、改善生态环境质量、推动高质量发展为重点,夯实生态文明建设和生态环境保护政治责任,推动环境保护督察向纵深发展。完善督查、交办、巡查、约谈、专项督察机制,开展重点区域、重点领域、重点行业专项督察。

(二)强化考核问责。制定对各县(区)党委、人大、政府以及市直有关部门污染防治攻坚战成效考核实施细则,对生态环境保护地方法规立法执法情况、年度生态环境保护工作目标任务完成情况、生态环境质量状况、资金投入使用情况、公众满意程度等相关方面开展考核。各地参照制定考核具体措施。开展领导干部自然资源资产离任审计。考核结果作为领导班子和领导干部综合考核评价、奖惩任免的重要依据。

严格责任追究。对各县(区)党委和政府以及市直有关部门贯彻落实省市委决策部署不坚决不彻底、生态文明建设和生态环境保护责任制执行不到位、污染防治攻坚任务完成严重滞后、区域生态环境问题突出的,约谈主要负责人,同时责成其向市委、市政府作出深刻检查。对年度目标任务未完成、考核不合格的县(区),党政主要负责人和相关领导班子成员不得评优评先。对在生态环境方面造成严重破坏负有责任的干部,不得提拔使用或者转任重要职务。对不顾生态环境盲目决策、违法违规审批开发利用规划和建设项目的,对造成生态环境质量恶化、生态严重破坏的,对生态环境事件多发高发、应对不力、群众反映强烈的,对生态环境保护责任没有落实、推诿扯皮、没有完成工作任务的,依纪依法严格问责、终身追责。

(三)加强统筹调度。各级环境保护委员会负责污染防治攻坚战的统一协调指挥,环境保护委员会办公室加强污染防治攻坚战的调度、督办、通报、考核,定期向同级党委、政府报告工作进展情况。各级党委和政府、市直有关部门要及时研究制定污染防治攻坚战行动方案并组织实施,承担各自职责范围内的工作。

四、总体目标和基本原则

(一)总体目标。到2020年,生态环境质量总体改善,主要污染物排放总量大幅减少,环境风险得到有效管控,生态环境保护水平同全面建成小康社会目标相适应。

具体指标:细颗粒物(PM2.5)浓度较2015年下降18%以上,空气质量优良天数比率达到国家考核要求;全市地表水Ⅰ—Ⅲ类水体比例达到40%及以上,基本消除劣Ⅴ类水体,基本消除市建成区黑臭水体,市级集中式饮用水水源水质达到或优于Ⅲ类比例高于95%,县级集中式饮用水水源水质达到或优于Ⅲ类比例高于92%,地下水质量考核点位水质级别保持稳定;全市二氧化硫、氮氧化物排放量分别比2015年减少12.1%、11%,化学需氧量、氨氮排放量分别比2015年减少9.9%、11%;煤炭消费总量较2015年下降5%左右;受污染耕地安全利用率达到94%左右,污染地块安全利用率达到90%以上;生态保护红线面积占比达到6.51%;森林覆盖率达到30%以上。

通过加快构建生态文明体系,确保到2035年节约资源和保护生态环境的空间格局、产业结构、生产方式、生活方式总体形成,生态环境质量实现根本好转,美好宿州建设目标基本实现。到本世纪中叶,生态文明全面提升,实现生态环境领域治理体系和治理能力现代化。

(二)基本原则

——坚持保护优先。落实生态保护红线、环境质量底线、资源利用上线硬约束,深化供给侧结构性改革,推动形成绿色发展方式和生活方式,坚定不移走生产发展、生活富裕、生态良好的文明发展道路。

——强化问题导向。以改善生态环境质量为核心,针对流域、区域、行业特点,聚焦问题、分类施策、精准发力,不断取得新成效,让人民群众有更多获得感。

——突出改革创新。深化生态环境保护体制机制改革,统筹兼顾、系统谋划,强化协调、整合力量,区域协作、条块结合,严格环境标准,完善经济政策,增强科技支撑和能力保障,提升生态环境治理的系统性、整体性、协同性。

——注重依法监管。完善生态环境保护法规规章制度体系,健全生态环境保护行政执法和刑事司法衔接机制,依法严惩重罚生态环境违法犯罪行为。

——推进全民共治。政府、企业、公众各尽其责、共同发力,政府积极发挥主导作用,企业主动承担环境治理主体责任,公众自觉践行绿色生活。

五、推动形成绿色发展方式和生活方式

坚持节约优先,加强源头管控。转变发展方式,培育壮大新兴产业,推动传统产业智能化、清洁化改造,加快发展节能环保产业,全面节约能源资源,协同推动经济高质量发展和生态环境高水平保护。

(一)促进经济绿色低碳循环发展。开展重点区域、重点流域、重点行业和产业布局规划环评,调整优化不符合生态环境功能定位的产业布局、规模和结构,严格控制环境风险项目。对省级以上开发区开展集中整治,限期实施全面达标改造。禁止新建化工园区,加大现有化工园区整治力度,加快城市建成区和重点流域等环境敏感区的重污染企业和危险化学品企业搬迁改造,2018年年底前,将制定的专项计划并向社会公开。促进传统产业优化升级、构建绿色产业链体系。继续化解过剩产能,严禁钢铁、水泥、电解铝、平板玻璃等行业新增产能,对确有必要新建的必须实施等量或减量置换。严格执行污染排放标准,加大钢铁等重点行业落后产能淘汰力度。构建市场导向的绿色技术创新体系,强化产品全生命周期绿色管理。大力发展节能环保产业、清洁生产产业、清洁能源产业,加强科技创新引领,着力引导绿色消费,大力提高节能、环保、资源循环利用等绿色产业技术装备水平,培育发展一批骨干企业。大力发展节能和环境服务业,推行合同能源管理、合同节水管理,积极探索区域环境托管服务等新模式。鼓励新业态发展和模式创新。在能源、冶金、建材、有色、化工、电镀、造纸、印染、农副食品加工等行业,全面推进清洁生产改造或清洁化改造。

(二)推进能源资源全面节约。强化能源和水资源消耗、建设用地等总量和强度双控行动,实行最严格的耕地保护、节约用地和水资源管理制度。推进资源节约和循环利用,加强节能技术改造,大幅降低重点行业和企业能耗、物耗,推行生产者责任延伸制度,实现生产系统和生活系统循环链接。到2020年,全市能源消费总量控制在774.6万吨标准煤以内,万元GDP能耗比2015年下降14%。实施节水行动,完善水价形成机制,推进节水型社会和节水型城市建设，到2020年，全市用水总量控制在11.48亿立方米以内，万元GDP用水量比2015年下降30%。鼓励新建建筑采用绿色建材，提高新建绿色建筑比例。大力发展装配式建筑，到2020年装配式建筑产业链基本形成。积极参与全国碳排放权交易市场建设。

（三）引导公众绿色生活。加强生态环境保护宣传教育，努力形成“政府主导、部门协作、全媒融合、多极组合、矩阵呼应、立体推动”的生态环境保护宣传新格局；大力开展生态文明和环境文化建设，多渠道推进生态文明体制改革的舆论和意识形态供给和支撑能力，积极构建与三大污染防治攻坚战相匹配的宣传工作机制，形成常态坚持、长效支撑、长足推动的宣传工作态势，营造人人关心、支持、参与生态环境保护工作的良好社会氛围；深入开展绿色家庭、绿色学校、绿色社区、绿色商场、绿色企业、绿色园区、绿色酒店等创建行动，夯实绿色行动社会化细胞工程；以深化生态文明体制改革为契机，综合运用市场、经济、行政、法制等措施，加快形成绿色消费，绿色出行，绿色居住，节水节电等低碳生活新体系、新风尚，实现绿色生活全民化、常态化；大力发展绿色交通，推进国家公交都市、省级公交示范城市建设，提高城乡公交覆盖率和城市公交分担率；加快新能源公交汽车发展和推广，提升简约适度、绿色低碳的生活方式的服务和供给水平。

六、坚决打赢蓝天保卫战

编制实施打赢蓝天保卫战三年作战计划，调整优化产业结构、能源结构、运输结构、用地结构，强化区域联防联控和重污染天气应对，进一步明显降低PM2.5浓度，明显减少重污染天数，明显改善大气环境质量，明显增强人民的蓝天幸福感。

（一）加强工业企业大气污染综合治理。全面整治“散乱污”企业及集群，实行拉网式排查和清单式、台账式、网格化管理，分类实施关停取缔、整合搬迁、整改提升等措施，2019年年底前完成。坚决关停用地、工商手续不全并难以通过改造达标的企业，限期治理可以达标改造的企业，逾期依法一律关停。强化工业企业无组织排放管理，推进挥发性有机物排放综合整治，开展大气氨排放控制试点。到2020年，挥发性有机物排放总量比2015年下降10%以上。加大建材等产能压减力度，实施大气污染物特别排放限值。加快推进排放高、污染重的煤电机组淘汰力度。到2018年年底，具备改造条件的燃煤电厂基本完成超低排放改造，并逐步扩大改造范围；2019年，不具备改造条件的高污染燃煤电厂逐步关停。大力推进石化、工业涂装、汽车维修等重点行业挥发性有机物综合整治，严格执行有机溶剂产品有害物质限量标准。

（二）大力推进散煤治理和煤炭消费减量替代。增加清洁能源使用，拓宽清洁能源消纳渠道，落实可再生能源发电全额保障性收购政策。推动清洁低碳能源优先上网。加快重点输电通道建设。因地制宜、加快实施冬季清洁取暖五年规划。鼓励余热、浅层地热能等清洁能源取暖。加强煤层气（煤矿瓦斯）综合利用，实施生物天然气工程。到2020年，煤炭消费总量较2015年下降5%左右；2018年基本淘汰每小时35蒸吨以下燃煤锅炉，每小时35蒸吨至65蒸吨燃煤锅炉全部执行特别排放限值，每小时65蒸吨以上燃煤锅炉全部实施节能和超低排放改造。推广清洁高效燃煤锅炉。

（三）打好柴油货车污染治理攻坚战。以开展柴油货车超标排放专项整治为抓手，统筹开展油、路、车治理和机动车船污染防治。严厉打击销售不达标车辆、排放检验机构检测弄虚作假等违法行为。加快淘汰老旧车，鼓励清洁能源车辆、船舶的推广使用。建设“天地车人”一体化的机动车排放监控系统，完善机动车遥感监测网络。推进电力等重点工业企业和工业园区货物由公路运输转向铁路运输。显著提高重点区域大宗货物铁路水路货运比例。提前实施机动车国六排放标准，严格实施船舶和非道路移动机械大气排放标准。鼓励淘汰老旧船舶、工程机械和农业机械。2019年1月1日起，供应符合国六标准的车用汽油和车用柴油。尽快实现车用柴油、普通柴油和部分船舶用油标准并轨。内河和江海直达船舶必须使用硫含量不大于10毫克/千克的柴油。严厉打击生产、销售和使用非标车（船）用燃料行为，彻底清除黑加油站点。

（四）强化国土绿化和扬尘管控。积极推进露天矿山综合整治，加快环境修复和绿化。开展大规模国土绿化行动，进一步增加林草覆盖率。在城市功能疏解、更新和调整中，将腾退空间优先用于留白增绿。严格落实城市道路和城市范围内施工工地等扬尘管控。制定完善城市扬尘污染防治相关制度，在县级以上城市全面推行建筑工地扬尘污染防治网格化管理。城市拆迁工地要做到工地周边围挡、物料堆放覆盖、土方开挖湿法作业、路面硬化、出入车辆清洗、渣土车辆密闭运输“六个百分之百”。城市以外的其他建设工地，要严格落实环境影响评价要求，以及生态环境部门提出的其他施工扬尘管控措施。5000 平方米及以上土石方建筑工地全部安装在线监测和视频监控，并与住房城乡建设部门联网。加强各类搅拌站污染整治，推进标准化建设。加强工业原料堆场扬尘污染防治。深化道路扬尘污染整治。

（五）抓好城市油烟管控。制定餐饮业油烟排放标准，推广高效油烟净化设施，重点整治烧烤和露天餐饮油烟污染，全面推行使用无烟烧烤炉具。

（六）有效应对重污染天气。强化重点区域联防联控联治，统一预警分级标准、信息发布、应急响应，提前采取应急减排措施，实施区域应急联动，有效降低污染程度。完善应急预案，明确政府、部门及企业的应急责任，科学确定重污染期间管控措施和污染源减排清单。指导公众做好重污染天气健康防护。推进预测预报预警体系建设。采暖季节，对建材、化工等重点行业企业实施错峰生产。重污染期间，对电力、化工等涉及大宗原材料及产品运输的重点企业实施错峰运输；强化城市建设施工工地扬尘管控措施，加强道路机扫。依法严禁秸秆露天焚烧，全面推进综合利用。到 2020 年，城市重污染天数比 2015 年减少 25% 。

七、着力打好碧水保卫战

深入实施水污染防治行动计划，重点做好“五治”，即治理城镇污染、治理农业农村污染、治理水源地污染、治理工业污染、治理船舶港口污染。扎实推进河长制湖长制，坚持污染减排和生态扩容两手发力，加快工业、农业、生活污染源整治，加快修复水生态系统，保障饮用水安全，消除城市黑臭水体，减少污染严重水体和不达标水体。

（一）打好水源地保护攻坚战。划定集中式饮用水水源保护区，推进规范化建设，2018 年年底前，市级完成饮用水源地规范化建设，各县（区）完成应急水源或备用水源建设。深化地下水污染防治。2018 年年底前，完成县级及以上城市水源保护区内的违法违规问题全面排查和整治。加强水源水、出厂水、管网水、末梢水的全过程管理。定期监（检）测、评估集中式饮用水水源、供水单位供水和用户水龙头水质状况，县级及以上城市至少每季度向社会公开一次。实施农村饮水安全巩固提升工程，加强农村供水设施的维护管理、水源保护和水质检测。完善地表水水源地预警监测自动站建设和运行管理，强化饮用水水源保护区环境应急管理。

（二）打好城市黑臭水体治理攻坚战。实施宿州市主城区污水治理三年攻坚行动，加快补齐城镇污水收集和处理设施短板，到 2020 年底，污水管网覆盖率达 99% 以上，小区及独立排水户雨污分流及错接、混接整治率达 95% 以上，污水集中处理率达 98% 以上，管网病害消除率达 95% 以上，再生水资源化利用率达 50% 以上，污泥无害化处置率达 90% 以上，城区污水处理厂进水浓度达到规定数值水浓度，主城区黑臭水体基本消除，泵站及污水处理厂运行能力显著提升，地下管网安全智慧监测系统高效运行，管网运行长效机制基本健全，《宿州市城市排水与污水处理办法》出台实施，水环境治理综合执法进一步加强，群众满意度进一步提升。加强城市初期雨水收集处理设施建设，有效减少城市面源污染。建立黑臭水体治理和管护长效机制，确保治理效果稳定不反弹。协调推进城乡黑臭水体治理，大力推进县城黑臭水体排查治理。

（三）打好河流综合治理攻坚战。以沱河、唐河、北沱河、新濉河、新汴河、浍河等河流干流为重点，推动河流综合整治。全面整治入河污染源，规范入河排污口设置，全部清理非法设置的入河排污口。认真落实河长制。强化跨界河流上下游、左右岸污染联防联控制度，加强闸坝调控，科学调度。加快沿河乡镇污水处理厂及配套管网建设，2019 年 6 月底前全市 89 个乡镇基本建成污水处理厂，2019 年底实现稳定运行。沿沱河、唐河、北沱河两侧 500 米内所有养殖场进行全面清理。加强排污许可管理，建立入河入湖固定污染源清单。

（四）打好农业农村污染治理攻坚战。以建设美丽宜居村庄为导向，持续开展农村人居环境整治行动，一体化推进农村垃圾、污水、厕所专项整治“三大革命”，实现全市行政村环境整治全覆盖。到 2020 年，农村人居环境明显改善，村庄环境基本干净整洁有序，人居环境质量全面提升，管护长效机制初步建立；力争实现 90% 左右的村庄生活垃圾得到治理，卫生厕所普及率达到 85% 左右，生活污水乱排乱放得到管控。减少化肥农药使用量，严格执行化肥农药等农业投入品质量标准，严格控制高毒高风险农药使用，推进有机肥替代化肥、病虫害绿色防控替代化学防治和废弃农膜回收，完善废旧地膜和包装废弃物等回收处理制度。到 2020 年，化肥农药使用量实现零增长。严格执行禁养区规定,因地制宜建设生态畜牧养殖小区,积极引导散养户向养殖小区集中,加快畜禽养殖污染治理,坚持种植和养殖相结合,就地就近消纳利用畜禽养殖废弃物。合理布局水产养殖空间,深入推进水产健康养殖,开展重点江河湖库及重点近岸海域破坏生态环境的养殖方式综合整治。到2020年,全市畜禽粪污综合利用率达到80%以上,规模养殖场粪污处理设施装备配套率达到95%以上。加快推进农作物秸秆肥料化、饲料化、能源化、基料化、原料化综合利用,到2020年,农作物秸秆综合利用率达到90%以上。启动实施农村黑臭水体排查治理,2018年年底前基本完成全市县城及农村黑臭水体排查摸底工作,各地针对排查摸底情况,加快实施治理。

八、扎实推进净土保卫战

全面实施土壤污染防治行动计划,突出重点区域、行业和污染物,有效管控农用地和城市建设用地土壤环境风险。

(一)强化土壤污染管控和修复。推进土壤污染状况详查,2018年年底前,完成农用地土壤污染状况详查;2020年年底前,完成重点行业企业用地土壤污染状况调查。加强耕地土壤环境分类管理。严格管控重度污染耕地,严禁在重度污染耕地种植食用农产品。实施耕地土壤环境治理保护重大工程,开展重点地区涉重金属行业排查和整治。2020年年底前,编制完成耕地土壤环境质量分类清单。建立建设用地土壤污染风险管控和修复名录,列入名录且未完成治理修复的地块不得作为住宅、公共管理与公共服务用地。建立污染地块联动监管机制,将建设用地土壤环境管理要求纳入用地规划和供地管理,严格控制用地准入,强化暂不开发污染地块的风险管控。严格土壤污染重点行业企业搬迁改造过程中拆除活动的环境监管。

(二)加快推进垃圾分类处理。到2020年,实现市区和县城生活垃圾处理能力全覆盖,基本完成非正规垃圾堆放点整治,市区基本实现生活垃圾无害化处理,县城生活垃圾无害化处理率达到95%。推进垃圾资源化利用,严格按照环保标准积极发展垃圾焚烧发电。推进农村垃圾就地分类、资源化利用和处理,建立农村有机废弃物收集、转化、利用网络体系。

(三)强化固体废物污染防治。全面禁止洋垃圾入境,严厉打击走私,力争2020年年底前基本实现固体废物零进口。申报“无废城市”试点,推动固体废物资源化利用。调查、评估重点工业行业危险废物产生、贮存、利用、处置情况。完善危险废物经营许可、转移等管理制度,建立信息化监管体系,提升危险废物处理处置能力,实施全过程监管。严厉打击危险废物非法跨界转移、倾倒等违法犯罪活动。深入开展长江(安徽)经济带固体废物大排查活动,按照“控源头、奖举报、查输运、堵落地、严打击、重追责”的总体要求,健全固体废物污染防控长效机制。落实国家相关要求,严格限制高风险化学品生产、使用、进出口,并逐步淘汰、替代。

九、加快生态环境保护与修复

坚持自然恢复为主,统筹开展生态保护与修复,全面划定并严守生态保护红线,提升生态系统质量和稳定性。

(一)划定并严守生态保护红线。认真落实《安徽省生态保护红线》,确立生态保护红线的优先地位,强化生态保护红线刚性约束。2019年6月底前,基本完成全市生态保护红线勘界定标;2020年年底前,建立全市生态保护红线制度,全市生态安全格局更加完善。建立健全生态保护红线管控和激励措施,建设生态保护红线监管平台,开展生态保护红线监测预警与评估考核,定期发布生态保护红线状况信息,实现一条红线管控重要生态空间,确保生态功能不降低、面积不减少、性质不改变。

(二)实施生态环境保护与修复。以生物多样性保护区、水源涵养区等为重点,加强重要生态功能区保护与恢复,实施野生动植物保护救护工程,构建生态廊道和生物多样性保护网络。制定实施全市生态系统保护和修复方案,推进山水林田湖草生态保护修复试点,全面保护天然林,推进水土流失综合治理,强化湿地保护和恢复。推动耕地森林河流湖泊全面休养生息。加大废弃矿山生态修复力度。坚决查处生态破坏行为,2018年年底前,各级政府全面排查违法违规挤占生态空间、破坏自然遗迹等行为,制定治理和修复计划并向社会公开。

(三)加强自然保护地体系建设与监管。积极探索以国家公园为主体的自然保护地体系建设。持续开展自然保护地大检查和“绿盾”自然保护区监督检查专项行动,严肃查处违法违规行为,建立问题台账,限期进行整治修复,严格实行整改销号制度,确保整改工作落实。依法依规解决自然保护地内的矿业权合理退出问题。开展国家级自然保护地评估工作，推动土地、林地确权，严格用途管制，对开发建设等各类活动及其影响实施严格的监督管理。

十、改革完善生态环境治理体系

推进生态环境保护管理体制改革，完善生态环境管理制度，加快构建生态环境治理体系，健全保障举措，增强系统性和完整性，全面提升治理能力。

（一）完善生态环境监管体系。按照中央、省有关改革要求，整合分散的生态环境保护职责，强化生态保护修复和污染防治统一监管，建立健全生态环境保护领导和管理体制、激励约束并举的制度体系、政府企业公众共治体系。规范和加强生态环境监测机构建设，推进综合执法队伍特别是基层队伍的能力建设。健全河长制、湖长制、林长制，强化网格化生态环境监管体系，落实属地监管责任。完善农村环境治理体制。健全区域流域生态环境管理体制，推进跨地区环保机构试点，加快组建流域环境监管执法机构。加快建立独立权威高效的生态环境监测体系，构建天地一体化的生态环境监测网络，完善生态环境质量预报预警和质控体系，推进生态环境质量监测事权适度上收。加快确定生态保护红线、环境质量底线、资源利用上线，制定生态环境准入清单，在地方立法、政策制定、规划编制、执法监管中不得变通突破、降低标准，不符合不衔接不适应的于2020年年底前完成调整。实施生态环境统一监管。推行生态环境损害赔偿制度。编制生态环境保护规划，开展生态环境状况评估，建立生态环境保护综合监控平台。

严格生态环境质量管理。生态环境质量只能更好、不能变坏。生态环境质量达标地区要保持稳定并持续改善；生态环境质量不达标的县级政府，要于2018年年底前制定实施限期达标规划，向上级政府备案并向社会公开。按照国家部署，加快推行排污许可制度，对固定污染源实施全过程管理和多污染物协同控制，按行业、地区、时限核发排污许可证，强化证后监管和处罚，全面落实企业治污主体责任。实施入河污染源排放、排污口排放和水体水质联动管理。2020年，将排污许可证制度建设成为固定源环境管理核心制度，实现"一证式"管理。健全环保信用评价、信息强制性披露、严惩重罚等制度。依法推进企业环境信用信息公开。研究出台企业环境信用与绿色信贷衔接办法。建立跨部门联合奖惩机制。完善核安全工作协调机制，强化对核安全工作的统筹。

（二）全面推进生态补偿机制。落实《关于全面推广新安江流域生态补偿机制试点经验的意见》，坚持"权责统一、合理补偿，政府主导、统筹兼顾，多措并举、综合施策，重点推动、全面推广"的原则，建立上下游横向生态补偿机制，实现森林、湿地、水流、耕地、空气等重点领域和禁止开发区域、重点生态功能区等重要区域生态保护补偿全覆盖。全面推广地表水断面生态补偿，促进各地进一步落实本行政区域水环境质量管理责任，出台《宿州市环境空气质量生态补偿暂行办法》，全面推行全市环境空气质量生态补偿机制。

（三）健全生态环境保护经济政策体系。逐步建立常态化、稳定的财政资金投入机制，各级财政要切实加大生态环境保护投入力度，资金投入向污染防治攻坚战倾斜，坚持投入同攻坚任务相匹配。根据国家统一安排，落实省级绿色发展基金政策。加强项目储备，加快环境治理项目建设，积极争取中央资金。国有资本要加大对污染防治的投入。积极落实居民取暖用气用电定价机制和补贴政策。积极实施助力绿色产业发展的价格、财税、投资等政策。大力发展绿色信贷、绿色债券等金融产品。落实有利于资源节约和生态环境保护的价格政策和相关税收优惠政策。落实国家对从事污染防治的第三方企业比照高新技术企业实行所得税优惠政策和"散乱污"企业综合治理激励政策。推动环境污染责任保险发展，在环境高风险领域实行环境污染强制责任保险制度。推进社会化生态环境治理和保护。积极引导社会资本参与生态环境治理和保护，促进污染防治市场良性有序发展。采用直接投资、投资补助、运营补贴等方式，规范支持政府和社会资本合作项目；对政府实施的环境绩效合同服务项目，公共财政支付水平同治理绩效挂钩。鼓励通过政府购买服务方式实施生态环境治理和保护。

（四）健全生态环境保护法治体系。依靠法治保护生态环境，大力开展生态环境保护领域法制宣传教育，增强全社会生态环境保护法治意识。加快建立绿色生产消费的地方性法规、规章和政策导向。加快固体废物污染防治、自然保护区管理等领域地方性法规、规章的制定和修订。加强生态环境保护行政执法和刑事司法衔接，建立生态环境保护综合执法机关、公安机关、检察机关、审判机关、司法行政机关信息共享、案情通报、案件移送制度,完善生态环境保护领域民事、行政公益诉讼制度,加大生态环境违法犯罪行为的制裁和惩处力度。加强涉生态环境保护领域的司法力量建设。整合组建生态环境保护综合执法队伍,统一实行生态环境保护执法,推进执法规范化建设,将各级生态环境保护综合执法机构列入政府行政执法机构序列,统一着装、统一标识、统一证件、统一保障执法用车和装备。

(五)强化生态环境保护能力保障体系。增强科技支撑,开展大气污染成因与治理、水体污染控制与治理、土壤污染防治等重点领域及区域性、流域性生态环境问题研究。推动生态环境保护科技创新,加大污染防治先进适用技术推广力度,加快成果转化与应用。完成全市第二次全国污染源普查。开展重点区域、流域、行业环境与健康调查,建立风险监测网络及风险评估体系。健全跨部门、跨区域环境应急协调联动机制,建立统一的环境应急预案电子备案系统。建设市级政府环境应急物资储备库,企业环境应急装备和储备物资应纳入储备体系。落实全面从严治党要求,建设规范化、标准化、专业化的生态环境保护人才队伍,打造政治强、本领高、作风硬、敢担当,特别能吃苦、特别能战斗、特别能奉献的生态环境保护铁军。按市、县、乡不同层级工作职责配备相应工作力量,保障履职需要,确保同生态环境保护任务相匹配。

(六)构建生态环境保护社会行动体系。把生态环境保护纳入国民教育体系和党政领导干部培训体系,推进生态环境教育设施和场所建设,培育普及生态文化。公共机构尤其是党政机关带头使用节能环保产品,推行绿色办公,创建节约型机关。健全生态环境新闻发布机制,充分发挥各类媒体作用。要依托党报、广播电视台、政府网站及新媒体平台,曝光突出环境问题,报道整改进展情况。建立政府、企业环境社会风险预防与化解机制。完善环境信息公开制度,加强重特大突发环境事件信息公开,对涉及群众切身利益的重大项目及时主动公开。2018 年年底前,重点排污单位全部安装自动在线监控设备并同生态环境主管部门联网,依法公开排污信息。2020 年年底前,符合条件的环保设施和城市污水、垃圾处理设施面向社会开放,接受公众参观。强化排污者主体责任,企业应严格守法,规范自身环境行为,落实资金投入、物资保障、生态环境保护措施和应急处置主体责任。实施工业污染源全面达标排放计划。推动环保社会组织和志愿者队伍规范健康发展,引导环保社会组织依法开展公益诉讼等活动。按照国家有关规定表彰对保护和改善生态环境有显著成绩的单位和个人。完善公众监督、举报反馈机制,保护举报人的合法权益,完善有奖举报制度,鼓励公众对环境违法行为进行监督,形成群防群治、齐抓共管的良好氛围。

宿州市人民政府关于统筹推进县域内城乡义务教育一体化改革发展的实施意见

（2018 年 6 月 12 日）

各县、区人民政府，市政府各部门、各直属单位：

义务教育是必须保障的公益性事业，是必须优先发展的基本公共事业，是脱贫攻坚的基础性事业。统筹推进县域内城乡义务教育一体化发展，对缩小城乡教育差距，促进教育公平具有重要意义。为贯彻落实《国务院关于统筹推进县域内城乡义务教育一体化改革发展的若干意见》（国发〔2016〕40号）和《安徽省人民政府关于统筹推进县域内城乡义务教育一体化改革发展的实施意见》（皖政〔2017〕37 号），现就统筹推进我市县域内城乡义务教育一体化改革发展提出如下实施意见。

一、总体要求

（一）指导思想。坚持以习近平新时代中国特色社会主义思想为指引，全国贯彻党的十九大精神，按照中央、省决策部署，切实加强党对教育工作的领导，加强学校党的建设，落实立德树人的根本任务。按照优先发展、统筹规划，深化改革、创新机制，提高质量、公平共享，分类指导、有序推进的原则，加强学校布局和建设管理，完善城乡义务教育经费保障机制，统筹城乡教育资源配置，推进城镇义务教育公共服务常住人口全覆盖，促进乡村小学和教学点规范教学、提高质量，着力解决“乡村弱”和“城镇挤”问题，逐步缩小县域内城乡教育差距，为加快建设现代化五大发展美好宿州和全面建成小康社会奠定坚实基础。

（二）工作目标。到 2020 年，实现城乡义务教育学校建设标准、教师编制标准、生均公用经费基准定额、基本装备配置标准的统一，“两免一补”政策城乡全覆盖；城乡学校布局更加合理，学校标准化建设水平显著提升，功能更加完善，班额基本达到规定要求，乡村小规模学校（含教学点）达到相应要求，乡镇寄宿制学校基本满足需要；城乡师资配置基本均衡，乡村教师待遇稳步提高、岗位吸引力大幅增强，乡村教育质量明显提升，教育脱贫任务全面完成。义务教育普及水平进一步巩固提高，九年义务教育巩固率达到 95%。县域义务教育均衡发展和城乡基本公共教育服务均等化基本实现。

二、主要措施

（一）同步建设城镇学校。各地要依据新型城镇化建设规划，预测学龄人口变化趋势，按照中小学建设标准，编制城镇义务教育学校布局规划。要预留足够的义务教育学校用地，纳入城镇规划并严格实施，不得随意变更，确保城镇学校建设用地。实行教育用地联审联批制度，依法落实城镇新建居住区配套标准化学校建设，新建配套学校建设方案，相关部门应征得同级教育行政部门同意。老城区改造配套学校建设不足和未达到配建学校标准的小规模居住区，当地政府应统筹新建或改扩建配套学校，确保足够的学位供给，满足学生就近入学需要。县区政府要实施“交钥匙”工程，确保配套学校建设与住宅建设首期项目同步规划、同步建设、同步交付使用。

（二）不断提高乡村教育水平。各地要结合美丽乡村建设规划，建设好镇、中心村义务教育学校。同时，防止片面强调学校规模，过度撤并农村学校，继续办好必要乡村小规模学校和教学点。对确需撤并的小规模学校，县级政府要采取提供午餐、校车、增加寄宿设施等措施，妥善解决学生就学困难。实施并完善中小学校土地确权登记发证工作，综合利用闲置校园校舍，优先用于教育事业。切实提高教育资源使用效益，避免出现“边建设、边闲置”现象。推动城乡教师交流，城镇学校和优质学校教师每学年到乡村学校交流轮岗的比例不低于符合交流轮岗条件教师总数的 10%，其中校级以上骨干教师不低于交流轮岗教师总数的 20%。继续实施农村教师特岗计划，面向贫困县每年公开招聘不少于 150 名特岗教师，到农村义务教育学校任教。落实定向培养乡村教师计划，从 2017 起每年培养 150 名左右全科型乡村教师，毕业后由生源地县级教育等部门按定向培养协议占编分配到指定的乡村学校任教,任教服务期不少于6年。加强乡村教师培训,提高乡村教师政治素质、业务能力和师德水平。组建城乡学校联盟,促进城乡学校、教师协同发展。利用在线课堂等信息技术,促进城乡学校共享优质资源,保证村小、教学点开足开齐国家课程方案规定的课程。在品德教育、学科教学和综合实践活动中加强对学生的思想品德教育和爱国主义教育。开展专题教育、地方课程和学校课程整合,进一步增强课程的基础性、适宜性和教学吸引力。示范高中招生到校指标分配向乡村初中倾斜,引导学生就近入学,保证乡村学生共享优质高中教育资源。

(三)实施义务教育学校标准化建设提升工程。完善义务教育学校办学基本标准,明确义务教育学校师资队伍、器材装备、学校管理、教学质量等方面要求,提高义务教育水平。各县区要逐校分析办学条件、师资队伍和教学管理状况,建立新一轮义务教育学校标准化建设台账和规划,有序推进义务教育公办学校标准化建设提升工程。创新管理机制,县级人民政府要采用政府购买服务等方式,为农村寄宿制学校提供工勤和生活管理等辅助服务。逐步提高寄宿制学校、规模较小学校公用经费补助水平。各县区要在已通过国家义务教育均衡发展认定的基础上,积极探索提升义务教育均衡发展范围、层次的有效途径,推动全市义务教育由基本均衡走向优质均衡。

(四)控制和消除义务教育大班额。各县区人民政府要结合本地实际制定控制和消除大班额专项实施方案,明确工作任务和时间表、路线图,2018年基本消除56人以上大班额,到2020年义务教育学校班额基本达到标准班额要求。要以消除城镇学校和中心校大班额、控制起始年级班额为重点,统筹义务教育学校建设项目,统筹教师资源调配,加快消除大班额。实施学校联盟或集团化办学,统筹学区划分,合理分流生源。县级人民政府要建立消除大班额工作机制,督促有关部门采取“一校一策”的办法,编制消除大班额工作台账,对大班额学校实行销号管理。

(五)统筹城乡师资配置。统一城乡学校教职工编制标准,开展新一轮中小学核编工作,对农村学校实行倾斜,按照生师比和班师比相结合的方式核定乡村小规模学校和教学点教职工编制。建立城乡义务教育学校教职工编制统筹配置机制和跨区域调整机制,实行“省管总量、市管调剂、县管使用”的动态管理办法,盘活编制存量,提高使用效益。市人力资源社会保障部门和教育部门要研究确定县域统一的义务教育学校岗位结构比例,完善职称评聘政策,推动县域内同学段学校岗位结构协调并向乡村学校适当倾斜,实现教学点中级岗位全覆盖,吸引优秀教师向农村流动。县级教育行政部门在核定的教职工编制总额和岗位总量内,按照班额、生源等情况,充分考虑乡村小规模学校、寄宿制学校和城镇学校的实际需要,统筹分配各校教职工编制和岗位数量,并向同级机构编制部门、人力资源社会保障部门、财政部门备案。完善义务教育教师“以县为主”管理体制,全面推进中小学教师“无校籍管理”和“县管校聘”改革,按照教师职业特点和岗位要求,完善中小学教师招聘“省考、县管、校聘”办法,统筹调配编内教师资源,着力解决乡村教师结构性缺员和城镇师资不足问题。严禁在有合格教师来源的情况下“有编不补”、长期聘用编外教师,严禁任何部门和单位以任何理由、任何形式挤占挪用义务教育教职工编制,严禁各种形式“吃空饷”。积极鼓励和引导乡村志愿支教活动。

(六)改革乡村教师待遇保障机制。各县区要实行乡村教师收入分配倾斜政策,全面实施乡镇工作补贴制度,按照越往基层、越往艰苦地区补助水平越高的原则,使乡村教师实际工资收入水平不低于同职级县镇教师工资收入水平。健全长效联动机制,核定义务教育学校绩效工资总量时统筹考虑当地公务员实际收入水平,确保县域内义务教育教师平均工资收入水平不低于当地公务员的平均工资收入水平。建立乡村教师荣誉制度,大力宣传优秀乡村教师先进事迹,使广大乡村教师有更多的获得感。健全乡村教师职业发展保障机制,适度提高乡村学校中级、高级教师岗位比例。完善符合乡村教师特点的职称评审办法,落实中小学教师职称评聘结合政策,确保乡村教师职称即评即聘。将符合条件的乡村学校教师纳入当地政府住房保障体系,继续做好边远艰苦地区乡村教师周转宿舍建设。

(七)完善义务教育治理体系。落实“以县为主”的义务教育管理体制,制定县域内城乡义务教育一体化改革发展监测评估标准,建立督导评估机制。推进学校章程建设,县区教育部门要建立章程编制与核准工作机制,探索学区中心校、办学集团联合制定章程。学校要以章程为统领,完善校内权力运行机制和重大事项决策机制,健全内部治理结构，落实校长负责制，校长对学校教育教学和行政工作全面负责。发挥学校党组织的政治核心作用，全面加强思想政治教育。完善教代会（或教职工大会）、家长委员会等制度，加强民主管理和监督。健全校长和班主任工作激励机制，积极推进中小学校长职级制改革，建立健全校长职级津贴制度；坚持绩效工资分配向班主任倾斜，县区教育部门要结合当地实际制定各学科教师标准课时，班主任工作量按当地教师标准课时工作量一半计算。发挥示范性综合实践基地、校外活动中心、乡村少年宫等校外教育场所的作用，构建校内外教育相互衔接的育人机制。探索建立学生意外伤害援助机制和涉校涉生矛盾纠纷调解仲裁机制，维护学校正常教育教学秩序和师生合法权益，推动平安校园建设。

（八）提升义务教育巩固率。县级人民政府要建立控辍保学部门协调机制，将控辍保学作为义务教育长期工作，坚持不懈抓好落实，确保义务教育巩固率稳定提升。要依法落实县级教育行政部门、乡镇人民政府、村（居）委会、学校和适龄儿童父母或其他监护人控辍保学责任。县级教育行政部门要依托中小学生学籍信息管理系统建立控辍保学动态监测机制，及时掌握学生辍学动态，主动协调乡镇人民政府及其他相关部门共同做好辍学学生复学工作。义务教育学校要落实辍学学生劝返、登记和报告制度，劝返无效的，应书面报告县级教育行政部门和乡镇人民政府，由其依法采取措施劝返复学。村（居）委会要协助政府做好控辍保学工作。在实施“一补”政策的基础上，加大对家庭经济困难学生的社会救助和教育资助力度，优先将建档立卡贫困户家庭学生纳入资助范围。深入实施农村义务教育学生营养改善计划地方试点工作，提高膳食质量，改善学生营养状况。针对农村残疾儿童实际，进一步规范随班就读、送教上门等服务方式，做到“一人一案”，切实保障农村残疾儿童平等接受义务教育权利。完善学生资助政策，继续扩大面向贫困地区定向招生专项计划招生人数，畅通绿色升学通道，增强贫困家庭学生升学信心。

（九）落实随迁子女就学政策。以流入地政府管理为主，以全日制公办学校为主，将随迁子女教育全部纳入流入地教育发展规划，所需经费纳入财政保障范围。建立以居住证为主要依据的随迁子女入学政策，随迁子女在居住地就近、免试接受义务教育。以中小学生学籍信息管理系统数据为基础，推动“两免一补”资金和生均公用经费基准定额资金随学生流动可携带。流入地不得以任何理由和任何名义向随迁子女及其家长收取有别于本地学生的费用。随迁子女与城区学生混合编班、统一管理，可以自愿选择在流入地参加升学考试，与当地户籍学生享有同等录取条件，促进随迁子女融入学校和社区。

（十）加强留守儿童关爱保护。落实县、乡人民政府属地责任，建立包保责任制，建立家庭、政府、学校尽职尽责，社会力量积极参与的农村留守儿童关爱保护工作体系，促进农村留守儿童健康成长。建立信息台账制度，实行一人一档案，分类动态管理。建立评估帮扶制度，在调查评估的基础上，有针对性地加强关爱服务和救助保护，帮助解决实际困难，依法处置各种侵害留守儿童合法权益的违法行为，确保留守儿童人身安全。教育部门要加强心理健康教育，做好法治宣传和安全教育，了解留守儿童生活情况和思想动态，及时与监护人沟通。发挥群团组织服务优势，支持托管服务机构建设，动员和凝聚社会力量参与，多方位开展关爱留守儿童工作。坚持标本兼治，为农民工家庭提供更多帮助，引导扶持农民工返乡创业就业，逐步减少农村留守儿童数量。

三、组织保障

（一）加强党的领导。各地要认真落实党委全面从严治党主体责任，进一步加强新形势下党对城乡义务教育一体化改革发展工作的领导。要认真贯彻《中共中央组织部中共教育部党组关于加强中小学党的建设工作的意见》（中组发〔2016〕17 号）精神，全面贯彻党的教育方针，坚持社会主义办学方向，落实立德树人的根本任务。要高度重视义务教育学校党建工作，建立健全党委统一领导、教育部门具体负责、有关方面齐抓共管的学校党建工作领导体制，全面加强学校党组织建设，实现党组织全覆盖，选优配强党组织书记，严格党组织生活，注重从优秀教师中发展党员，加强党员教育管理，充分发挥学校党组织的战斗堡垒和党员教师的先锋模范作用，确保中小学校党的建设各项任务落地见效。

（二）落实政府责任。各级政府必须牢固树立并切实贯彻创新、协调、绿色、开放、共享的发展理念，把义务教育城乡一体化改革纳入城镇发展规划，摆在突出位置，破解发展难题，厚植发展优势。

建立完善考核机制,把推进县域内城乡义务教育一体化改革发展列入市政府目标管理绩效考核和县级党政领导班子教育工作考核体系,县区政府也要将此项工作纳入对有关单位和部门的年度工作考核。健全部门协调机制,及时研究义务教育城乡一体化改革的重大政策措施问题,解决好人民群众普遍关心的热点问题,确保各项措施落实和改革目标实现。

(三)明确部门职责。各级教育部门要加强同有关部门的协调沟通,制定推进县域内城乡义务教育一体化改革发展措施,积极推动各项措施落实到位。发展改革部门在编制相关规划时,要统筹考虑义务教育学校布局,在安排重大项目和资金投入时优先支持义务教育学校建设,优先安排学校资源不足的区域建设义务教育学校。财政部门和教育部门要积极实施、完善城乡统一、重在农村的义务教育经费保障机制。公安部门要加强居住证管理,建立随迁子女登记制度,及时向同级教育行政部门通报有关信息。民政部门要将符合条件的特殊困难留守儿童和家庭经济困难儿童纳入社会救助政策保障范围,落实兜底保障职责。人力资源社会保障部门和机构编制部门要为推动实现统筹分配城乡学校教职工编制和岗位提供政策支持。人力资源社会保障部门要加强监督检查,依法督促落实职工带薪年休假制度,支持外出务工父母定期回乡看望留守儿童。国土部门要依法切实保障学校建设用地,适应义务教育发展需求。城乡规划部门制定控制性详细规划涉及中小学用地的,应当征求同级教育行政部门意见。未按照规划配套建设学校的,不得发放建设工程规划核实合格书,不得办理竣工验收备案。

(四)加强督导检查。各级政府要加强对本地区落实有关义务教育工作情况的专项检查,定期向同级人民代表大会或其常务委员会报告义务教育工作情况。各级教育督导部门要开展县域内城乡义务教育一体化改革发展主要措施落实和工作目标完成情况的专项督导检查,对工作开展不力,政策措施落实不到位的限期整改,督导结果和整改情况及时公告并纳入对教育工作考核内容。对因工作落实不到位,造成不良社会影响的部门和有关责任人,严肃问责。

(五)做好政策宣传。各地要围绕县域内城乡义务教育一体化改革,综合开展新型城镇化规划、美丽乡村建设、脱贫攻坚、户籍制度改革、居住证制度等相关政策的宣传解读,在全社会营造关心支持义务教育工作的良好氛围。要认真总结成功做法和典型经验,及时宣传推广,促进各地相互借鉴,使义务教育改革发展更好地服务于建设现代化五大发展美好宿州。

宿州市人民政府办公室关于强化学校体育促进学生身心健康全面发展的实施意见

（2018 年 8 月 20 日）

各县、区人民政府，市政府各部门、各直属单位：

为贯彻落实《国务院办公厅关于强化学校体育促进学生身心健康全面发展的意见》（国办发〔2016〕27 号）和《安徽省人民政府办公厅关于强化学校体育促进学生身心健康全面发展的实施意见》（皖政办〔2016〕33 号）等文件精神，建立健全强化学校体育体制机制，进一步推动学校体育改革发展，促进学生身心健康，经市政府同意，结合我市实际情况，提出如下实施意见：

一、总体要求

（一）指导思想。

坚持以习近平新时代中国特色社会主义思想为指导，全面贯彻党的十九大精神，坚持党的教育方针，遵循教育和体育规律，牢固树立"健康第一"理念，以"天天锻炼、健康成长、终身受益"为目标，坚持课堂教学与课外活动相衔接，坚持培养兴趣与提高技能相促进，坚持群体活动与运动竞赛相协调，坚持全面推进与分类指导相结合，改革创新体制机制，全面提升体育教育质量，健全学生人格品质，切实发挥体育在培育和践行社会主义核心价值观、推进素质教育中的综合作用，培养德智体美全面发展的社会主义建设者和接班人。

（二）工作目标。

——到 2020 年，学校体育办学条件总体达到国家标准，体育课时和锻炼时间切实保证，教学、训练与竞赛体系基本完备，体育教学质量明显提高。

——学生体育锻炼习惯基本养成，运动技能和体质健康水平明显提升，规则意识、合作精神和意志品质显著增强。

——政府主导、部门协作、社会参与的学校体育推进机制进一步完善，基本形成体系健全、制度完善、充满活力、注重实效的学校体育发展格局。

二、深化教学改革，强化体育课和课外锻炼

（三）完善体育课程。

以培养学生兴趣、养成锻炼习惯、掌握运动技能、增强学生体质为主线，建立大中小学体育课程衔接体系。各中小学校要按照国家课程方案和课程标准开足开好体育课程，严禁削减、挤占体育课时间。有条件的地方可为中小学增加体育课时，并积极做好校本课程的开发，增强课程的多样性和针对性。高等学校要为学生开好体育必修课或选修课。科学安排课程内容，在学生掌握基本运动技能的基础上，根据学校自身情况，开展运动项目教学，提高学生专项运动能力。大力推动足球、篮球、排球等集体项目，积极推进田径、游泳、体操等基础项目，广泛开展乒乓球、羽毛球、武术、手球等优势项目。进一步挖掘整理民族民间体育，充实和丰富体育课程内容。

（四）提高教学水平。

体育教学要加强健康知识教育，注重运动技能学习，落实课程标准，科学安排运动负荷，重视实践练习。研究制定运动项目教学指南，让学生熟练掌握一至两项运动技能，逐步形成"一校一品"、"一校多品"教学模式，努力提高体育教学质量。关注学生体育能力和体质水平差异，做到区别对待、因材施教、快乐参与。研究推广适合不同类型残疾学生的体育教学资源，提高特殊教育学校和对残疾学生的体育教学质量，保证每个学生接受体育教育的权利。支持高等学校牵头组建运动项目教学联盟，为中小学开展教改试点提供专业支撑。充分利用现代信息技术手段和安徽基础教育资源应用平台，开发和创新体育教学资源，促进信息技术和体育教学深度融合，不断增强教学吸引力。

（五）强化课外锻炼。

健全学生体育锻炼制度，学校要将学生在校内开展的课外体育活动纳入教学计划，列入作息时间安排，与体育课教学内容相衔接，切实保证学生每天一小时校园体育活动落到实处。幼儿园要遵循幼儿年龄特点和身心发展规律，开展丰富多彩的体育活动。中小学校要组织学生开展大课间体育活动,寄宿制学校要坚持每天出早操。高等学校要通过多种形式组织学生积极参加课外体育锻炼。职业学校要遵循职业教育规律和学生身心发展规律,加强对学生身体素质的培养,在学生顶岗实习期间,要注意安排学生的体育锻炼时间。鼓励学生积极参加校外全民健身运动,中小学校要合理安排家庭"体育作业",家长要支持学生参加社会体育活动,社区要为学生体育活动创造便利条件,逐步形成家庭、学校、社区联动,共同指导学生体育锻炼的机制。组织开展学校体育工作示范校创建活动,定期开展阳光体育系列活动和"走下网络、走出宿舍、走向操场"主题群众性课外体育锻炼活动,坚持每年开展学生冬季长跑等群体性活动,形成覆盖校内外的学生课外体育锻炼体系。

三、注重教体结合,完善训练和竞赛体系

(六)开展课余训练。

面向全体学生,广泛开展普及性体育活动,有序开展课余训练和运动竞赛,积极培养后备人才,全面提高学生体育素养。学校应通过组建运动队、代表队、俱乐部和兴趣小组等形式,积极开展课余体育训练,为有体育特长的学生提供成才路径。要根据学生年龄特点和运动训练规律,科学安排训练计划,妥善处理好文化课学习和训练的关系,全面提高学生身体素质,打好专项运动能力基础,不断提高课余运动训练水平。要加强青少年运动员文化教育,切实保障义务教育阶段运动员就近入学。加强体育传统项目学校、体育专项特色学校、校园足球特色学校和青少年体育俱乐部建设,优化布局结构,强化考核管理,完善激励机制,充分发挥引领示范作用。

(七)完善竞赛体系。

建设常态化的校园体育竞赛机制,设置学生喜闻乐见、易于参与的竞技性、健身性和民族性、地域性体育项目,广泛开展小型多样的班级、年级、院系和校际间体育比赛。学校每年至少举办一次综合性运动会或体育节,通过丰富多彩的校园体育竞赛,吸引广大学生积极参加体育锻炼。制定学校体育课余训练与竞赛管理办法,完善和规范学生体育竞赛体制,构建"谁主办、谁负责",分级管理、赛制稳定、相互衔接、制度配套的市、县区、校三级体育竞赛体系。积极整合各类赛事资源,打造具有地方特色的体育品牌赛事和活动。定期举办全市大、中、小学生各类单项体育比赛,建立完善全市校园足球竞赛体系,县区每年要举办3项以上中小学生体育比赛。完善竞赛选拔机制,畅通学生运动员进入各级专业运动队、代表队的渠道。

(八)鼓励学生参加运动会。

各县区中小学校、中等职业学校、高等学校要按要求积极参加省运会、市运会等大型综合性运动会。鼓励学校参加教育、体育等部门举办的各类体育比赛。对在各类运动会中取得突出成绩的学生,学校应给带训老师和参赛运动员适当奖励。鼓励有条件的高等学校、中等职业学校、中学试办市运动队。高等学校要为学生运动员制定弹性学制政策,建立个性化教学计划和补课机制,对学生运动员参加全国、全省比赛取得优异成绩的,可计入学分。

四、增强基础能力,提升学校体育保障水平

(九)加强体育教学研究。

各级教学研究机构要加强体育教学研究,重点研究各学段体育教学规律及大中小学体育课程衔接问题。加强普通高等学校体育学科建设,鼓励高等学校开展跨学科、跨学校体育理论和实践研究。师范类高校要与地方教育部门和中小学校建立稳定联系,深入研究中小学体育教学规律,为中小学体育教学及改革提供智力支撑和理论保障,提高学校体育科学化水平。

(十)加强体育教师队伍建设。

加强师德建设,增强广大体育教师特别是乡村体育教师的职业荣誉感,坚定长期致力于体育教育事业的理想与信心。办好高等教育体育教育专业,培养合格体育教师。实行城乡统一的中小学教职工编制标准,按标准配齐体育教师和体育教研人员。完善中小学校体育教师补充机制,在新任中小学教师招聘、"特岗计划"教师招聘中,优先招聘体育教师。落实定向培养乡村全科教师计划,为贫困地区乡村学校培养合格体育教师,探索退役优秀运动员进入教师队伍的机制。鼓励优秀教练员、退役运动员、社会体育指导员、有体育特长的志愿人员兼任体育教师。实施体育教师全员培训,着力培养一大批体育骨干教师和体育名师等领军人才。加大对中小学体育教师特别是乡村体育专兼职教师、特殊教育体育教师培训力度。实行县域内义务教育学校教师轮岗交流制度,通过采取定期交流、跨校走教、学校联盟、结对帮扶等多种方式,促进体育教师均衡配置。科学合理确定体育教师工作量,把组织开展课外活动、学生体质健康测试、课余训练、比赛等纳入教学工作量。保障体育教师在职称(职务)评聘、福利待遇、评优表彰、晋级晋升等方面与其他学科教师同等待遇。

(十一)推进体育设施建设。

各地要按照学校建设标准、设计规范,充分利用多种资金渠道,加大对学校体育设施建设的支持力度。把学校体育设施列为义务教育学校标准化建设的重要内容,通过实施全面改善贫困地区义务教育薄弱学校基本办学条件、普通高中办学条件改善等工程,以保基本、兜底线为原则,建设好学校体育场地设施,配好体育器材,为体育教师配备必要的教学装备。各级教体部门要加强与相关部门沟通对接,尽量将全民健身路径等公共体育设施安排在中小学校或周边。进一步完善制度,积极推动公共体育场馆设施为学校体育提供服务,向学生免费或优惠开放,推动有条件的学校体育场馆设施在课后、节假日对本校师生和公众有序开放,充分利用青少年活动中心、少年宫、户外营地等资源开展体育活动。各级政府要将学校体育设施向社会开放工作纳入当地公共服务体系,将学校体育设施的建设、维修、管理资金列入本级政府财政预算,对向社会开放体育场馆的学校体育设施正常运行、维护和购买公众责任险给予经费补助。各级体育部门每年从体育彩票公益金中划拨专项资金用于帮助开放学校添置和更新体育器材。

(十二)完善经费投入机制。

各级政府要切实加大学校体育经费投入力度,在安排中央、省级财政转移支付资金和本级财力时要对学校体育给予倾斜。利用现有渠道,将学校体育场地设施建设、体育活动经费纳入本级财政预算和基本建设投资计划,并加大投入力度。优先支持农村贫困地区学校体育工作。各级教育部门应根据需求将学校体育工作经费纳入年度预算,督促各级各类学校保障体育工作的经费需求。鼓励和引导社会资金支持发展学校体育,多渠道增加学校体育投入。

(十三)健全风险管理机制。

健全学校体育运动伤害风险防范机制,保障学校体育工作健康有序开展。学校要编制体育运动风险防控应急预案。加强对学生的安全教育,培养学生安全意识和自我保护能力,提高学生的伤害应急处置和救护能力。加强校长、教师及有关管理人员培训,提高学校体育从业人员运动风险管理意识和能力。学校应当根据体育器材设施及场地的安全风险进行分类管理,定期开展检查,有安全风险的应当设立明显警示标志和安全提示。完善校方责任险,探索建立涵盖体育意外伤害的学生综合保险机制。鼓励各级政府试点推行学生体育安全事故第三方调解办法。

(十四)整合各方资源支持学校体育。

完善政策措施,采取政府购买体育服务等方式,逐步建立社会力量支持学校体育发展的长效机制,引导技术、人才等资源服务学校体育教学、训练和竞赛等活动。鼓励专业运动队、职业体育俱乐部定期组织教练员、运动员深入学校指导开展有关体育活动。支持学校与科研院所、社会团体、企业等开展广泛合作,提升学校体育工作水平。加强与港澳台学校之间体育交流互动和青少年体育活动的合作。积极引进国外优质体育教育资源,认真做好我市大中小学优秀体育教师赴国外培训工作,提高我市学校体育教育教学工作的国际交流合作水平。

五、加强评价监测,促进学校体育健康发展

(十五)完善考试评价办法。

构建课内外相结合、各学段相衔接的学校体育考核评价体系,完善和规范体育运动项目考核、学业水平考试,发挥体育考试的导向作用。体育课程考核要突出过程管理,从学生出勤、课堂表现、健康知识、运动技能、体质健康、课外锻炼、参与活动情况等方面进行全面评价。中小学要把学生参加体育活动情况、学生体质健康状况和运动技能等级纳入初中、高中学业水平考试,纳入学生综合素质评价体系,充分利用中小学综合素质评价管理系统做好学生身心健康写实记录和评价工作。逐步增加初中毕业体育考试成绩在学生综合素质评价和中考成绩中的权重。学校体育测试要充分考虑残疾学生的特殊情况,体现人文关怀。

(十六)加强体育教学质量监测。

明确体育课程学业质量要求,落实学生运动项目技能等级评定标准和高等学校体育类专业教学质量国家标准,促进学校体育教学质量稳步提升。建立中小学体育课程实施情况监测制度,定期开展体育课程质量监测。建立健全学生体质健康档案,严格执行《国家学生体质健康标准》,将其实施情况作为构建学校体育评价机制的重要基础和考核各级政府学校体育工作的重要依据,确保测试数据真实性、完整性和有效性。发挥安徽省中小学课程管理系统实时监测、及时诊断的作用,把监测的作用落到实处,适时对体育课开展情况进行公示。

六、组织实施

(十七)加强组织领导。

各地要把学校体育工作纳入经济社会发展规划,加强统筹协调,落实管理责任,要结合当地实际,研究制定加强学校体育工作的具体实施方案,切实抓紧抓好。进一步完善青少年体育工作联席会议制度,强化有关部门和单位工作职责,落实好深化学校体育改革的各项任务。

(十八)强化考核激励。

各地要把学校体育工作列入政府目标管理绩效考核指标、教育体育行政部门和学校负责人业绩考核评价指标。按照有关规定,对成绩突出的单位、部门、学校和个人进行表彰。各级教育督导机构要健全目标考核机制,坚持督政与督学相结合,研究制定和实施学校体育工作督导检查办法,将学校体育工作纳入县级党政领导干部履行教育职责督导考核指标体系,加强绩效评估和行政问责。建立学校体育工作专项督导制度,定期联合有关部门开展学校体育工作专项督导,建立约谈有关主管负责人的机制,并将督导检查结果向社会公告。对学生体质健康水平持续三年下降的地区和学校,在教育工作评估中实行"一票否决"。

(十九)营造良好环境。

通过多种途径,充分利用报刊、广播、电视及网络等手段,加强学校体育工作宣传力度,总结交流典型经验和有效做法,传播科学的教育观、人才观和健康观,营造全社会关心、重视和支持学校体育的良好氛围。

中共宿州市委宿州市人民政府关于大力推进“四好农村路”建设的实施意见

（2018 年 11 月 6 日）

根据《中共安徽省委　安徽省人民政府关于大力推进“四好农村路”建设的实施意见》（皖发〔2018〕17 号）精神，为认真贯彻落实党的十九大精神和习近平总书记关于“四好农村路”建设重要指示批示精神，加快推进农村公路建、管、护、运营协调可持续发展，结合我市实际，制定如下实施意见。

一、指导思想

全面贯彻党的十九大精神，深入贯彻习近平新时代中国特色社会主义思想，聚焦高质量发展的根本要求，聚焦乡村振兴和脱贫攻坚重点任务，进一步补齐农村特别是贫困村发展短板，着力优化农村路网布局，着力提升农村公路管养水平，着力提速城乡交通运输一体化进程，切实把农村公路建好、管好、护好、运营好，为加快推进农业农村现代化、决胜全面建成小康社会、全面建设现代化五大发展美好宿州提供坚实的交通运输基础保障。

二、基本原则

（一）坚持政府主导、多方参与。充分发挥各级政府及有关部门的主导作用，切实履行政策引导、资金投入、监督考核等工作职责。积极构建多方参与平台，鼓励和动员帮扶单位、企业、社会各界参与和支持“四好农村路”建设。

（二）坚持民生优先、因地制宜。把“四好农村路”建设作为我市民生工程重点抓紧抓实抓好，围绕打通断头路，连接经济路、产业路、循环路，促进沿线群众脱贫致富，带动乡村旅游壮大发展，不断提升农民群众出行幸福感、获得感。支持各地因地制宜、稳步推进，鼓励有条件的县区先行一步、提标扩面。

（三）坚持统筹实施、协调推进。建立市、县、乡、村四级统筹联动机制，推动各项工作部署落地生根、开花结果。在全面推进“四好农村路”建设的基础上，围绕全市脱贫攻坚年度任务，对标贫困县退出标准，推动区域间、城乡间、乡村间农村公路建设协调发展。

（四）坚持量力而行、尽力而为。一切从实际出发，立足当前，着眼长远，脚踏实地，根据经济发展和财力状况，着眼于脱贫攻坚和群众生产生活需要，积极稳妥推进“四好农村路”建设，进一步提高保障和改善民生水平。

（五）坚持管理创新、安全至上。加强农村公路建设现代化管理，创新责任化、网格化、市场化、专业化、标准化的农村公路管护新体制，注重提升农村公路综合服务能力和安全保障水平，服务农民群众畅通、安全、绿色出行。

三、工作目标

（一）“建好”农村公路。完善县、乡、村三级公路网络体系，重点解决自然村通硬化路，到 2019 年底，全市实现村民组通硬化路。每个乡镇建成 1 条连接国省干线或县城的三级及以上公路，1 条连通相邻乡镇最短捷连通路面宽度 5 米以上公路；原则上每个建制村及较大自然村通 1 条路面宽度不低于 4.5 米的硬化路，特殊区域特殊路段不低于 3.5 米；每个自然村内有 1 条宽度不低于 3.5 米的硬化主干道，每个自然村通 1 条不低于 3.5 米的进出主干道。农村公路网络体系、通行能力和安全保障水平全面提升。

（二）“管好”农村公路。到 2018 年底，县、乡、村三级农村公路路长制管理体系构建率 100%；县、乡两级路长办公室机构设置率 100%；县级农村公路路长制规章制度制定率 100%。到 2020 年底，乡村道路专管员覆盖率 100%；爱路护路的乡规民约、村规民约制定率 100%；基本消除农村公路沿线“脏乱差”现象，实现农村公路“畅安舒美”目标。

（三）“护好”农村公路。到 2020 年，农村公路列养率达到 100%，优、良、中等路总比例达到 85%，力争达到 90%，县乡公路年均大中修比例达到 7%，实现小修保养常态化。县级人民政府将行使农村公路行政管理职能所需经费纳入本级财政预算。

（四）“运营好”农村公路。到 2020 年，全市城乡道路客运一体化发展水平全部达到4A级及以上。全市所有具备通车条件的乡镇和建制村客车通达率100%。县城20公里范围内的城乡客运公交化运行率达到50%以上。基本建成覆盖县、乡、村三级的农村物流网络体系,每县区至少建设1个农村物流中心,全市每个乡镇建设1个乡镇综合运输服务站,每个建制村建设1个综合服务点。

四、主要任务

(一)深入实施农村公路扩面延伸工程。

一是推进农村公路网化升级。在全面完成5807公里农村道路畅通工程建设任务的基础上,自2018年起,用2年时间在全市实施7953公里农村公路扩面延伸工程,重点解决自然村通硬化路问题,进一步补齐一批"末梢路",打通一批"循环路",建设一批"产业路",打造一批"旅游路",全市实现村民组通硬化路。同时,根据全省实施林长制改革的需要,统筹推进具有社会公共服务属性的国有林场道路建设。鼓励有条件的县区根据当地经济社会发展实际,适当提高建设标准、扩大建设规模。(责任单位:各县区人民政府,市交通运输局、市扶贫局、市财政局、市发展改革委〈物价局〉、市林业局)

二是补齐行蓄洪区农村公路短板。以完善路网体系,加大覆盖广度和深度、提高公路建设标准为重点,大力推进行蓄洪区自然村(庄台)道路硬化路和撤退道路的建设,重点解决行蓄洪区路网体系不完善、建设标准不高、路面硬化率偏低等问题。同时加强重点路段公路安全生命防护工程建设,提高公路通达通畅和安全保障水平,满足行蓄洪区运用时的撤退要求,加快补齐行蓄洪区交通基础设施短板。(责任单位:埇桥区人民政府、灵璧县人民政府,市交通运输局、市扶贫局、市发展改革委〈物价局〉、市水利局、市财政局)

三是提升农村公路保障服务能力。加大农村公路安防工程、"安全五小工程"(安装一排警示桩、一块标志牌、一排减速带、一面凸透镜、一盏爆闪灯)实施力度,2020年底前,基本完成乡道及以上行政等级公路安全隐患治理,加快入库村道安防工程实施进度;继续实施农村公路危桥改造,实现入库农村公路危桥总数逐年下降。农村公路扩面延伸工程实施时必须同步建设防护、排水、交通安全等必要的附属设施,新改建的通客车农村公路同步建设候车亭或公交站点,做到同时设计、同时施工、同时验收交付使用。(责任单位:各县区人民政府,市交通运输局、市公安局、市财政局)

(二)大力开展农村公路路长制推行工程。

一是构建三级路长制体系。大力推行农村公路"路长制",全面构建由县区政府主要同志任路长的县、乡、村三级路长体系,设立县、乡两级路长办公室,统筹交通、发改、财政、公安、国土、环保、安监、农业、扶贫、水利、林业、工商、旅游等部门职责,协调解决农村公路管理中的重点难点问题,不断提升农村公路管理服务水平。(责任单位:各县区人民政府,市交通运输局、市发展改革委〈物价局〉、市公安局、市国土资源局、市环保局、市安监局、市扶贫局、市水利局、市林业局、市文广新局〈旅游局〉、市工商局、市财政局)

二是夯实分级路长责任。实行路长负责制,明确各级路长、路长办公室及成员单位责任,构建"责权明确、分工明确、奖惩明确"的分级路长责任体系。建立路长制公开公示制度,做到责任落实到位、督促考核到位。加强农村公路路产路权管理保护,依法划定公路建筑控制区范围。加大农村公路联合执法监管力度,及时排查整改交通安全隐患,治理农村公路超限超载,严厉打击侵占公路用地、偷盗损毁公路附属设施以及在公路建筑控制区内私搭乱建等非法行为。(责任单位:各县区人民政府,市交通运输局、市发展改革委〈物价局〉、市公安局、市国土资源局、市环保局、市安监局、市扶贫局、市水利局、市林业局、市文广新局〈旅游局〉、市工商局、市财政局)

三是推广乡村道路专管员制度。按"县统筹、乡管理、村监督"的模式,建立健全乡村道路专管员管理体系。县区人民政府从上级补助及财政安排的农村公路预算资金中,通过政府购买服务的方式招募专职乡村道路专管员,原则上每名乡村道路专管员负责30-50公里乡村道路。乡村道路专管员可优先选用有公路建设养护经验的企业改制分流人员、建档立卡贫困人口等本地户籍人员。(责任单位:各县区人民政府,市交通运输局,市财政局,市扶贫局)

(三)全面实施养护水平提升工程。

一是提高农村公路养护补助资金标准。农村公路养护工程省级补助标准从每年县道7000元/公里、乡道3500元/公里、村道1000元/公里("7351"补助标准),提高到县道15000元/公里、乡道7000

元/公里、村道2000元/公里("1572"补助标准),省级补助资金标准提高部分的分配与养护成效挂钩。在省级提高农村公路养护工程补助资金标准的基础上,市、县财政合计筹集养护资金不得低于每年县道10000元/公里、乡道5000元/公里、村道1000元/公里。市财政给予适当补助。各县区养护资金实际已高于上述标准的不得降低,不足部分由县区人民政府统筹解决。(责任单位:各县区人民政府,市交通运输局、市财政局、市发展改革委〈物价局〉)

二是推进农村公路养护市场化专业化标准化。鼓励县区人民政府采取政府购买服务等方式加强农村公路养护。放宽农村公路养护市场准入门槛,建立公开、透明、法治的良性市场竞争机制,吸引社会资源主动参与,积极培育农村公路养护龙头企业。推行零星小修与日常保养划片区捆绑招标,积极探索农村公路"建养一体化"模式。加强技术指导,规范养护单位现场作业,推广工艺成熟、低成本、操作简单的标准化养护技术应用,提升农村公路养护实施水平。(责任单位:各县区人民政府,市交通运输局、市发展改革委〈物价局〉、市财政局)

三是加强农村公路灾毁应急保障工作。建立健全交通、公安、气象、消防等多部门参与的农村公路应急联动机制,提高协同处置能力,依法简化重大道路灾毁修复、重建工程项目前期程序,探索推行重大救灾装备租赁模式。推进农村公路灾毁保险工作,采取"省级统一招标、县级自愿参保,县乡村受益"的方式,省级分担国家级贫困县、省级贫困县和一般县保费的60%、50%和30%,其余部分由县级自筹。农村公路灾毁保险可与现行普通公路灾毁保通修复补助政策叠加支持。(责任单位:各县区人民政府,市交通运输局、市财政局、市民政局、市发展改革委〈物价局〉、市保险行业协会)

四是开展农村公路品质示范路创建。坚持"因地制宜、经济适用、绿色生态、创新驱动"原则,充分利用旧路资源,强化公路养护资源集约节约利用;加强质量监管,延长公路使用寿命,降低运营养护成本;积极构建农村公路沿线和谐生态,加强公路两侧造林绿化和原生植被保护。积极服务美丽乡村建设,加大"三大革命"、"三线三边"环境整治力度。加快实现"市有示范县、县有示范乡镇和示范路"的示范目标。(责任单位:各县区人民政府,市交通运输局、市委宣传部、市发展改革委〈物价局〉、市公安局、市环保局、市住建委、市林业局)

(四)协调推进农村运输通达工程。

一是加快农村综合站场建设。聚焦农村综合运输网络节点不畅问题,补齐农村综合站场建设短板,加快推进县区中心、乡级服务站、村级服务点三级站场设施体系全覆盖,着力解决农村停车、运输、农产品配送、采购、仓储、小件快递和邮政快递等困难。加快完善农村客运站场布局,推动路、站、运同步发展。鼓励客运站与城市公交站点的开放共享,方便群众换乘。(责任单位:各县区人民政府,市交通运输局、市发展改革委〈物价局〉、市商务局、市国土资源局、市财政局、市供销社、市邮政管理局)

二是推进农村客运深度拓展。统筹编制县级城乡道路客运一体化发展规划,推动城市公交、农村客运融合发展。因地制宜推进建制村通客车工作,确保到2020年具备通车条件的建制村通客车率达到100%。优化城乡客运运输组织,鼓励和引导城乡道路客运经营主体实施公交化改造、公司化运营。加大交通运输支持乡村旅游发展力度,积极拓展"运游一体"服务。强化农村客运安全管理,建立交通运输、公安、安监等部门参与的农村客运班线通行条件联审核机制。继续组织开展"城乡道路客运一体化示范县"创建工作。(责任单位:各县区人民政府,市交通运输局、市发展改革委〈物价局〉、市公安局、市财政局、市安监局、市文广新局〈旅游局〉)

三是健全农村货运物流体系。交通运输主管部门要会同农业、商务、供销、邮政等多部门联合编制农村物流三级网络节点体系发展规划,完善区域农村快递物流网络与干线物流网络的衔接配送体系,加快农村物流节点建设,加强农村物流资源整合,强化农村物流人才培训,服务农副产品进城、农资和农村消费品下乡,全面提升农村物流服务能力和水平。(责任单位:各县区人民政府,市交通运输局、市发展改革委〈物价局〉、市农委、市商务局、市供销社、市邮政管理局)

四是服务农村电商融合发展。推进农村电商全覆盖,支持物流、邮政和快递企业将业务延伸至农村地区,推进乡村物流快递配送网点开放服务、整合配送;加强交通运输、商贸流通、供销、邮政等部门和单位及电商、快递企业对农村物流服务网络和设施等共享衔接,鼓励多站合一、服务同网;加强农产品产地集配和冷链等设施建设。(责任单位:各县区人民政府,市邮政管理局、市商务局、市交通

运输局、市发展改革委(物价局)、市供销社)

五、保障措施

(一)强化组织领导。成立宿州市推进"四好农村路"建设领导小组,由市委、市政府主要负责同志任组长,市政府有关分管负责同志任副组长,市直有关单位负责同志为成员,办公室设在市交通运输局。各县区党委、政府要成立相应组织机构,形成齐抓共管的工作合力,县区人民政府要切实履行"四好农村路"建设的主体责任,细化建设目标,分解工作任务,强化工作责任,落实资金、机构、人员等各项保障措施。市交通运输局要做好行业指导、考核管理和经验推广工作。市政府有关部门要切实加强协调配合、监督服务,确保"四好农村路"建设各项目标顺利实现,让百姓看到实效,得到实惠。

(二)加大资金投入。各级财政要加强统筹,加大对"四好农村路"的资金投入。除省级补助资金外,市财政给予适当补助,统筹用于扩面延伸工程建设、养护资金配套、示范创建、灾毁应急、灾害防治、管养考核、绩效评价和服务平台等方面,充分发挥上级补助资金的引导和激励作用。市、县区人民政府要将实行农村公路行政管理职能所需经费纳入本级财政预算,提高农村公路管护水平标准,加大农村运输支持力度。建立健全资金管理考核制度,严格按照国家和省市有关政策规定,安排和使用各类专项资金,原则上实行财务公开、分级负责、分级监管,确保专款专用。县区人民政府在确保工程建设标准、质量、进度符合要求,资金规范使用的前提下,按程序报批后,可统筹安排各类资金统一推进"四好农村路"建设。

(三)开展示范创建。积极组织开展国家和省级"四好农村路"示范县创建工作,到2020年,全市确保创建省级示范县3个,争取创建国家级示范县1个,充分发挥以点带面、示范引领作用。通过省级示范县创建考核后,市财政给予适当补助,并作为申报国家级示范县的依据。

(四)加强监督考核。根据省委、省政府部署,市政府自2018年起,将"四好农村路"建设整体纳入对县区政府年度目标考核体系,签订目标责任书,严格实施考核。重点监督考核责任落实、建设质量、工作效率、资金到位等情况,强化考核结果运用。县区政府要加强对乡镇政府、村民委员会的督导,充分发挥基层政府和组织在农村公路发展中的作用。

(五)突出务实求效。各地要以"三严三实"的作风推进"四好农村路"建设,发扬求真务实作风,出实招、下实功、办实事,力戒官僚主义、形式主义,坚决杜绝不切实际、贪大求全、好高骛远的形象工作、面子工程、政绩工程,力求我市"四好农村路"建设取得实效,把民生工程打造成"民心工程"。

(六)强化宣传引导。各地各有关单位要高度重视"四好农村路"建设的新闻宣传和舆论引导,积极主动做好政策解读,分阶段、有重点地宣传全市农村公路发展成绩,大力宣传"四好农村路"建设的好经验、好做法以及涌现出的先进典型,引导群众支持、参与"四好农村路"建设。要注重解决好农民群众反映的突出问题,维护好农民群众的合法权益,增强农村群众交通安全意识和护路意识,营造全社会关心支持"四好农村路"建设的良好舆论氛围,为农村公路发展创造良好环境。

(七)创新管理思路。鼓励有条件各地各有关部门建设"四好农村路"综合管理服务平台,将"建好、管好、护好、运营好"业务扩展到移动终端的方式,摆脱时间和空间的限制,通过关联内网系统,实现精确、快捷、高效、可视化、全方位覆盖的数据管理模式,提升管理效率、提高管理水平,达到管理创新与方式的多样化。

宿州市人民政府办公室关于印发宿州市分散供养失能五保老人和建档立卡贫困户中的一级残疾人集中入住供养工作实施方案的通知

各县、区人民政府，市政府各部门、各直属单位：

《宿州市分散供养失能五保老人和建档立卡贫困户中的一级残疾人集中入住供养工作实施方案》已经2018年5月9日市政府第五次常务会议审议通过，现印发给你们，请结合实际，认真贯彻实施。

宿州市人民政府办公室

2018年5月22日

宿州市分散供养失能五保老人和建档立卡贫困户中的一级残疾人集中入住供养工作实施方案

为更好地保障分散供养失能五保老人和建档立卡贫困户中家庭无能力照料的一级残疾人的基本生活，进一步提高集中供养水平和保障能力，打好打赢脱贫攻坚战，结合我市实际，制定本实施方案：

一、总体要求

有效解决农村分散供养失能五保老人和建档立卡贫困户中的一级残疾人生活无人照料或亲友没有能力照料的问题，将有意愿入住乡镇卫生院或乡镇敬老院集中供养的农村分散供养失能五保老人和建档立卡贫困户中的一级残疾人实行集中供养。

二、建立集中供养机制

（一）集中供养机构。

各县区要因地制宜，选择有条件的乡镇卫生院、乡镇敬老院作为分散供养失能五保老人和建档立卡贫困户中的一级残疾人集中入住供养的承接机构，并为供养对象提供生活照料、康复护理、精神慰藉等全方位服务。

（二）集中供养对象。

1. 符合《安徽省特困人员认定办法》第二十二条、第二十三条规定的农村分散供养失能五保老人，根据个人意愿，可选择入住乡镇卫生院或乡镇敬老院集中供养。

2. 符合残疾等级评定标准，且为建档立卡贫困户中家庭无能力照料的一级残疾人，根据个人意愿可入住乡镇卫生院集中供养。

3. 原有乡镇敬老院集中供养的失能五保老人，原则上仍在敬老院供养。敬老院床位在150张以上，或入住人员超过50人的，由乡镇卫生院在乡镇敬老院设立卫生室，派驻医护人员，为集中供养对象及时提供医疗救助服务。

各县区人民政府负责组织实施在本辖区范围内开展农村分散供养失能五保老人和建档立卡贫困户中的一级残疾人的筛查、甄别和认定工作，确保让真正需要照顾护理的失能五保老人和建档立卡贫困户中的一级残疾人实现集中供养。

（三）集中供养内容。

乡镇卫生院、乡镇敬老院为集中供养对象提供以下服务：

1. 开展健康体检。入住时进行全面体检，建立健康档案,纳入健康管理。健康体检中出现的异常情况及时报乡镇人民政府并告知其监护人。

2. 提供护理照料。建设或改造适合居住条件的住房,配备冷暖设备,确保安全舒适。根据功能需要,乡镇卫生院可按护工人员与供养人员1∶2的比例向社会公开招聘,月工资标准原则上不低于3000元,签订用工协议,配备责任心强且具有护理能力的护工人员,为入住人员提供优质规范化服务。

3. 提供医疗服务。入住人员患病时,由乡镇卫生院及时予以治疗,按政策规定享受新农合补偿和医疗救助政策;属于建档立卡贫困户人口,享受贫困人口综合医疗保障政策。

4. 提供符合食品卫生要求,适合供养人员需求的膳食。

5. 按规定为供养人员提供服装、被褥等日常生活用品。

(四)入住乡镇卫生院的程序。

乡镇人民政府、村(居)民委员会应当及时了解掌握辖区内村(居)民的生活情况,发现符合入住乡镇卫生院集中供养条件的,应当告知其相关政策。对无民事行为能力等无法自主申请的,应当由其监护人主动帮助其申请。符合乡镇卫生院集中供养条件的分散供养失能五保老人和建档立卡贫困户中的一级残疾人,乡镇卫生院不得拒绝接收。

1. 入住申请。由本人或监护人申请、经乡镇人民政府甄别批准,必须由本人或监护人与供养机构签订供养协议,明确相关责任和义务。供养人员入住乡镇卫生院后,村(居)民委员会应积极配合供养机构做好管理服务工作。

2. 审批时限。乡镇人民政府应在接到申请和有关材料之日起5个工作日内作出审批意见,在审批之日起2个工作日内报县区卫生计生、民政和残联部门备案。

乡镇卫生院要建立健全供养人员档案,档案内容包括申请书、健康检查资料、身份证(户口簿)复印件、照片及亲友联系人等与供养人员有关的资料,长期保存,并做好供养人员个人档案信息保密工作。

(五)入住乡镇敬老院的程序。

1. 入住申请。五保对象本人向乡镇人民政府(街道办事处)提出书面或口头申请。提出口头申请时,乡镇人民政府(街道办事处)应安排专人负责记录五保对象的口头申请,并再向五保对象宣读后确认其意愿。因智力残疾等原因无法表达意愿的,由村(居)民委员会或其他村(居)民代为提出申请。

2. 审批时限。乡镇人民政府(街道办事处)根据五保对象申请和本地农村五保供养服务机构供养能力,统筹安排入住。审批时间一般不应超过5个工作日。乡镇人民政府(街道办事处)做出同意安排五保对象集中供养的申请后,应于2个工作日内向县区民政部门备案。

(六)供养人员出院管理。

1. 供养人员要求出院的,由本人提出申请,供养机构通知监护人办理相关手续离开供养机构,并报县区卫生计生、民政和残联部门备案。

2. 出院的供养人员,由其户口所在地的村(居)民委员会带回原居住地,妥善安排生活。由供养人员亲戚或亲友领养或监护的,乡镇人民政府、村(居)民委员会、领养人和供养人员要签订四方协议,由领养人或监护人供养。

三、强化供养保障

(一)供养功能改造完善。

各县区扶贫、卫生计生、民政和残联部门联合指导乡镇卫生院进行功能改造,符合入住条件的乡镇卫生院改造不低于5个房间,为失能五保老人和建档立卡贫困户中的一级残疾人提供设备齐全、整洁舒适的入住环境。功能改造费用由县区财政据实拨付。县区民政部门要指导乡镇敬老院进一步提升集中供养功能

(二)供养标准及拨付。

入住乡镇卫生院集中供养的失能五保老人和建档立卡贫困户中的一级残疾人,财政补助标准每人每年36000元。按照入住对象的不同类别,扣除各县区的财政补助标准、基础养老金和各类政策性补贴后,剩下部分由市、县(区)两级财政按照4∶6比例进行分摊。财政补助经费从集中供养人员入住之日起计算,按实际入住天数核算费用,由县区财政部门按月拨付至乡镇卫生院账户。入住乡镇敬老院集中供养的失能五保老人,按民政部门的相关规定及时拨付费用。

(三)医疗费用及拨付。

入住人员发生的医疗费用,经医疗保障政策补偿后,个人自付部分由县区财政承担。

(四)建立协调机制。

各县区扶贫、卫生计生、民政、残联和财政部门应建立定期沟通协调制度,及时解决失能五保老人

和建档立卡贫困户中的一级残疾人入住乡镇卫生院、敬老院问题，积极创新管理模式，提高供养服务质量和水平。

四、保障措施

（一）加强组织领导。

市政府成立以分管负责人为组长，扶贫、卫生计生、民政、残联、财政等部门负责人及各县区政府分管负责人为成员的工作领导小组，抓好工作落实。各县区政府要成立相应的领导小组，加强工作推进。

（二）明确责任分工。

市直有关部门要认真履责，加强协调配合，建立定期沟通协调制度，及时解决工作推进中遇到的问题。市扶贫开发领导小组办公室负责总体协调、组织推进和监督检查工作。卫生计生部门负责入住乡镇卫生院集中供养人员的集中救助和供养日常管理工作。民政部门负责失能五保老人的筛选认定、提供人员相关信息和政策宣传工作。残联部门负责建档立卡贫困户中的一级残疾人的筛选认定、提供人员相关信息和政策宣传工作。财政部门负责集中供养对象的救治保养和定点卫生院功能改造的经费保障工作。

（三）加强工作统筹。

各县区要把分散供养失能五保老人和建档立卡贫困户中的一级残疾人集中供养工作和基层基础公共服务建设统筹起来，尽可能实现一次投入，多个指标提升。加大工作力度，把卫生院和农村敬老院部分床位改造成护理型养老床位，既解决失能五保老人和困难残疾人集中供养问题，又有效填补养老床位和护理型床位的空缺。在推进“三级养老中心”建设时，要充分发挥卫生院和敬老院的作用。

（四）加强监督考评。

建立健全失能五保老人和建档立卡贫困户中的一级残疾人集中入住供养工作评估机制，将有意愿集中供养比例、定点供养机构功能改造和县区保障经费拨付等情况纳入脱贫攻坚和民生工程考核指标体系。各县区务必于 2018 年 5 月底前启动此项工作，市扶贫、卫生计生、民政、残联及财政部门将跟进督查落实情况，市政府定期组织考核、评估、跟踪监测，通报反馈工作进展情况。

中共宿州市委办公室　宿州市人民政府办公室印发《关于推进城市安全发展的实施意见》的通知

各县、区委,各县、区人民政府,市直各单位:

《关于推进城市安全发展的实施意见》已经市委、市政府同意,现印发给你们,请结合实际认真贯彻落实。

中共宿州市委办公室
宿州市人民政府办公室
2018年12月5日

关于推进城市安全发展的实施意见

为深入贯彻落实《中共中央办公厅　国务院办公厅印发〈关于推进城市安全发展的意见〉的通知》(中办发〔2018〕1号)《中共安徽省委　安徽省人民政府关于推进安全生产领域改革发展的实施意见》(皖发〔2017〕31号)和《中共安徽省委办公厅　安徽省人民政府办公厅印发〈关于推进城市安全发展的实施意见〉的通知》(皖办发〔2018〕40号)精神,强化城市运行安全保障,有效防范事故发生,结合我市实际,现就推进城市安全发展提出如下实施意见。

一、总体要求

(一)指导思想。以习近平新时代中国特色社会主义思想为指导,全面贯彻落实党的十九大精神,深入贯彻落实习近平总书记视察安徽重要讲话精神,紧紧围绕统筹推进"五位一体"总体布局和协调推进"四个全面"战略布局,牢固树立安全发展理念,弘扬生命至上、安全第一的思想,强化安全红线意识,以推进"铸安"行动常态化实效化和风险管控"六项机制"制度化规范化为总抓手,推进安全生产领域改革发展,切实把安全发展作为城市现代文明的重要标志,落实完善城市运行管理及相关方面的安全生产责任制,健全公共安全体系,打造共建共治共享的城市安全社会治理格局,促进建立以安全生产为基础的综合性、全方位、系统化的城市安全发展体系,全面提高城市安全保障水平,有效防范和坚决遏制较大以上安全事故发生,为人民群众营造安居乐业、幸福安康的生产生活环境,为建设现代化五大发展美好宿州营造良好稳定的安全生产环境。

(二)基本原则。

——坚持生命至上、安全第一。牢固树立以人民为中心的发展思想,始终坚守发展决不能以牺牲安全为代价这条不可逾越的红线,严格落实地方各级党委和政府的领导责任、部门监管责任、企业主体责任,加强社会监督,强化城市安全生产防范措施落实,为人民群众提供更有保障、更可持续的安全感。

——坚持立足长效、依法治理。严格执行安全生产、职业健康法律法规和标准,增强安全生产法治意识,健全安全监管机制,规范执法行为,严格执法措施,全面提升城市安全生产法治化水平,加快建立城市安全治理长效机制。

——坚持系统建设、过程管控。健全公共安全体系,加强城市规划、设计、建设、运行等各个环节的安全管理，充分运用科技和信息化手段，加快推进安全风险管控和隐患排查治理双重预防体系建设，强化系统性安全防范制度措施落实，严密防范各类事故发生。

——坚持统筹推动、综合施策。充分调动社会各方面的积极性，优化配置城市管理资源，加强安全生产综合治理，切实将城市安全发展建立在人民群众安全意识不断增强、从业人员安全技能素质显著提高、生产经营单位和区域安全保障水平持续改进的基础上，有效解决影响城市安全的突出矛盾和问题。

（三）总体目标。争创省安全发展示范城市，到2020年，将埇桥区建设成为与全面建成小康社会目标相适应的安全发展示范区，萧县、砀山、灵璧、泗县争创安全发展示范县；到2035年，全市所有县区安全发展体系更加完善，安全文明程度显著提升，建成与基本实现社会主义现代化相适应的安全发展城市。

二、加强城市安全源头治理

（四）科学制定规划。将安全发展理念落实到城市经济社会发展总体规划、城市规划、城市综合防灾减灾规划等专项规划编制中。在城市规划建设管理、土地利用以及能源供应等方面体现安全发展要求。加强建设项目实施前的评估论证工作，严格高危项目审批管理。以安全为前提，完善居民生活区、商业区、工业园区、高新技术产业开发区等各类开发区以及其他功能区的空间布局。（责任单位：市城乡规划局、市住建委、市城管局、市商务局、市国土资源局、市发改委（物价局）、市交通运输局、市安监局、市民政局、市人防办、市地震局、市气象局、市文广新局（旅游局）、市消防支队等）

（五）严格执行安全法规和标准。严格执行国家有关城市高层建筑、大型综合体、隧道桥梁、管线管廊、道路交通、燃气工程、排水防涝、垃圾填埋场、渣土受纳场、电力设施及电梯、大型游乐设施等的安全法规和技术标准。加强安全运行状态监测预警体系建设，健全和完善相应的安全监管制度和规范。（责任单位：市安监局、市住建委、市城管局、市商务局、市交通运输局、市公安局、市质监局、市发改委（物价局）、市法制办等）

（六）加强基础设施安全管理。有序推进城市地下管网依据规划采取综合管廊模式进行建设，实施地下综合管廊质量终身责任制和标牌制度。科学编制综合管廊建设规划，在城市新区、各类园区、成片开发区域的新建道路同步规划建设地下综合管廊，老城区要结合旧城改造、道路更新和河道治理地下空间开发等工程，统筹安排地下综合管廊建设。加强城市交通、供水、排水防涝、供热、供气和污水、污泥、垃圾处理等基础设施建设、运营过程中的安全监督管理，严格落实安全防范措施。强化与市政设施配套的安全设施建设，及时进行更换和升级改造。加强消防站点、水源等消防安全设施建设和维护，完善建成区的消防站、消防装备、市政消防栓等基础设施建设。科学规划设置交通安全设施，优化城市路网和交通组织，完善行人过街安全设施建设。加强城市棚户区、城中村和危房改造过程中的安全监督管理，严格治理城市建成区违法建设。（责任单位：市住建委、市城管局、市交通运输局、市发改委（物价局）、市城乡规划局、市安监局、市质监局、市公安局、市人防办、市地震局、市房管局、市经信委等）

（七）加快重点产业安全改造升级。制定中心城区安全生产禁止和限制类产业目录，完善高危行业企业退城入园、搬迁改造和退出转产扶持奖励政策。治理整顿安全生产条件落后的生产经营单位，经整改仍不具备安全生产条件的，依法实施关闭。加强煤矿塌（沉）陷区的治理与修复，督促辖区内各煤矿企业加大塌（沉）陷区安全监测监控力度。加快推进城镇人口密集区不符合安全生产和卫生防护距离要求的危险化学品生产、储存企业就地改造达标、搬迁进入规范化工园区或依法关闭退出。鼓励、引导企业集聚发展安全产业，改造提升传统行业工艺技术和安全装备水平。结合企业管理创新，大力推进企业安全生产标准化建设，不断提升安全生产管理水平。（责任单位：市经信委、市发改委（物价局）、市安监局、市国土资源局、市住建委等）

三、健全城市安全防控机制

（八）强化安全风险管控。健全城市安全风险分级管控体系，定期对城市安全风险进行全面辨识和评估，组织重点区域、行业的安全评估工作，建立城市安全风险管控信息平台，绘制“红、橙、黄、蓝”四色等级安全风险空间分布图。编制城市安全风险白皮书，及时更新发布。全面构建安全生产风险查找、研判、预警、防范、处置和责任等“六项机制”。研究制定重大安全风险“一票否决”的具体情形和管理办法。明确风险管控的责任部门和单位、管控及应急处置措施，完善重大安全风险联防联控机制，提高重大安全风险预警和防控能力。加大对车站、地下空间、公园景区、商场超市、大型城市综合体等重点人员密集场所、安全风险较高的大型群众性活动风险评估和监测力度，科学评定风险等级，建立大客流监测预警和应急管控处置机制。(责任单位：市城管局、市公安局、市安监局、市住建委、市交通运输局、市商务局、市发改委(物价局)、市经信委等)

(九)深化隐患排查治理。制定城市安全隐患排查治理规范，健全隐患排查治理体系，以高危行业为重点提升重大事故隐患排查能力。进一步完善城市重大危险源辨识、申报、登记、监管制度，建立城市重大危险源动态管理平台与数据库，对重大危险源和隐患进行监测预警，加快提升在线安全监控能力。进一步强化隐患排查治理工作，监督各类生产经营单位和场所落实隐患排查治理制度。完善隐患排查治理的标准规范以及实施细则，落实分级分类监管措施，严格实施重大事故隐患挂牌督办。督促企业建立隐患自查自改评价制度，建立健全隐患排查治理制度、重大隐患治理情况向负有安全生产监督管理职责的部门和企业职代会“双报告”制度，实行隐患自查自改自报闭环管理。建立完善企业事故隐患数据库，定期分析、评估隐患治理效果，不断完善隐患治理工作机制。加强工程作业实施前的风险评估，制定风险控制和防范措施，推进工程作业标准化建设，强化检维修作业、临时用电作业、盲板抽堵作业、高空作业、吊装作业、断路作业、动土作业、立体交叉作业、有限空间作业、焊接与热切割作业以及塔吊、脚手架在使用和拆装过程中的安全管理，严禁违章违规行为，防范事故发生。强化老旧城区、易燃易爆单位、人员密集场所、高层建筑、大型综合体建筑、批发集贸市场、物流仓储区域等火灾隐患排查。督促整改私拉乱接、超负荷用电、线路短路、线路老化和影响消防车辆通行的障碍物等问题。加强广告牌、灯箱和楼房外墙附着物管理，严防倒塌和坠落事故。加强城市隧道、桥梁、易积水路段等道路交通安全隐患点段排查治理。对于城市道路交通中的重大安全隐患点段，加强巡检观察和监测检测，保障道路安全通行条件。把安全社区建设作为保障社区长治久安的重要民生工作，推行高层建筑消防安全经理人或楼长制度，建立自我管理机制。明确电梯使用单位安全责任，加强电梯隐患治理，推动老旧电梯更新改造工作。建设电梯运行状态远程监测和应急救援平台，实现问题可查、责任可追，建立健全响应迅速、统一协调的电梯运行应急救援体系。加强对油、气、煤等易燃易爆场所雷电灾害隐患排查。加强地震风险普查及防控，强化城市活动断层探测。(责任单位：市安监局、市公安局、市城管局、市住建委、市质监局、市发改委(物价局)、市交通运输局、市气象局、市人防办、市地震局等)

(十)提升应急管理和救援能力。完善统一指挥、专常兼备、反应灵敏、上下联动、平战结合的应急管理体制，健全城市安全生产应急救援管理体系，加快推进建立城市应急救援信息共享机制，积极推进应急广播体系建设，实现应急救援信息互联互通。统筹建设应急救援和协同指挥平台，健全多部门协同预警发布和响应处置机制，提升防灾减灾救灾能力，形成高效联动合力，提高城市突发安全事故的救援处置水平。推进预案数字化工作，建立应急预案动态调整管理制度，实现各级政府预案与部门预案、企业预案、社区预案之间的联动和衔接，定期开展应急预案培训和演练。建设区域化应急救援资源共享及联合处置机制，加强区域化、专业化、职业化的危险化学品、煤矿等应急救援基地和行业救援队伍建设。探索建立应急救援队伍社会化建设与运行模式，鼓励和支持有条件的社会救援力量参与应急救援，建立完善日常应急救援技术服务制度和社会化应急救援网格体系。完善应急救援联动机制，强化应急状态下交通管制、警戒、疏散等防范措施。健全完善应急救援财政支持保障、社会化服务补偿、“生命通道”保障、应急装备物资征用等制度，加强应急物资装备的实物储备、市场储备和生产能力储备，强化应急救援实训演练。建立应急现场危害识别、监测与评估机制，规范事故现场救援管理程序，持续改进应急现场救援处置工作。鼓励有条件的单位研制开发适用高层建筑等条件下的应急救援装备设施，加强安全使用培训。强化有限空间作业和现场应急处置技能。根据城市人口分布和规模，充分利用公园、广场、校园等宽阔地带，健全完善应急避难场所。(责任单位：市安监局、市城管局、市住建委、市公安局、市经信委、市交通运输局、市教体局、市商务局、市文广新局(旅游局)、市民政局、市人防办、市地震局、市气象局、市财政局等)

四、提升城市安全监管效能

(十一)落实安全生产责任。按照“党政同责、一岗双责、齐抓共管、失职追责”的要求,全面落实《地方党政领导干部安全生产责任制规定》,健全安全生产责任体系。全面落实各级党委和政府安全生产工作领导责任、党政主要负责人第一责任人的责任。各级党委和政府要把城市安全发展列入重要议事日程,及时研究推进城市安全发展重点工作。按照“管行业必须管安全、管业务必须管安全、管生产经营必须管安全”和“谁主管谁负责”的原则,落实相关部门安全生产和职业健康工作职责,形成监管边界清晰、分工明确、失职可追的责任体系。严格落实各类生产经营单位安全生产与职业健康主体责任,建立生产安全风险警示和预防应急公告制度,加强全员全过程全方位安全管理。(责任单位:市安监局等)

(十二)完善安全监管体制。加强负有安全生产监督管理职责部门之间的工作衔接,明确执法职责监管范围,推动安全生产领域内综合执法,提高城市安全监管执法实效。合理调整执法队伍种类和结构,充实专业监管人员,强化安全生产基层执法力量。科学划分各类开发区、工业园区、风景旅游区等各类功能区的类型和规模,明确相应的安全生产监督管理机构,落实安全监督检查责任。推进实施联合执法,解决影响人民群众生产生活安全的“城市病”,提高城市管理的效率和水平。完善放管服工作机制,强化事中事后监管,提高安全监管实效。(责任单位:市编办、市安监局、市城管局、市住建委、市公安局、市经信委、市交通运输局、市质监局、市工商局、市食药监局、市教体局、市商务局、市文广新局(旅游局)、市发改委(物价局)等)

(十三)增强监管执法能力。完善各级负有安全监管职责的部门执法工作条件,建立与经济发展、企业数量等相适应的安全监管执法力量配备、工作经费和条件保障机制。加强安全生产监管执法机构规范化、标准化、信息化建设,充分运用移动执法终端、电子案卷等手段提高执法效能,改善现场执法、调查取证、应急处置等监管执法装备,实施执法全过程记录。建立健全城市安全相关监管部门之间信息通报、协同调查和联动执法机制。实行派驻执法、跨区域执法或委托执法等方式,加强街道(乡镇)和各类功能区安全生产执法工作。严格监管执法人员资格管理,按照安全生产监管执法人员录用标准选拔专业人才。加强安全监管执法教育培训,强化法治思维和法治手段,通过组织开展公开裁定、现场模拟执法、编制运用行政处罚和行政强制指导性案例等方式,提高安全监管执法人员业务素质能力。建立完善安全生产行政执法和刑事司法衔接制度。定期开展执法效果评估,强化执法措施落实。(责任单位:市安监局、市发改委(物价局)、市公安局、市住建委、市城管局、市经信委、市交通运输局、市质监局、市工商局、市食药监局、市编办、市人社局、市财政局、市法制办等)

(十四)严格规范监管执法。完善执法人员岗位责任制和考核机制,科学制定、合理实施年度执法计划、现场执法检查方案,完善执法程序规定,依法严格查处各类违法违规行为。建立重大执法决定法制审核制度,严格执法程序,加强现场精准执法,加强监管执法制度化、标准化、信息化建设。依法依规严格执行停产停业、停止施工、停止使用相关设施或设备,停止供电、停止供应民用爆炸物品,查封、扣押、取缔和上限处罚等执法决定。对推诿或消极执行、拒绝执行停止供电、停止供应民用爆炸物品的有关职能部门和单位,下发执法决定的部门可将有关情况提交行业主管部门或监察机关作出处理。严格执法信息公开制度,加强执法监督和巡查考核,对负有安全生产监督管理职责的部门未依法采取相应执法措施或降低执法标准的责任人实施问责。严肃事故调查处理,健全事故调查处理挂牌督办、典型事故提级调查、跨地区协同调查和工作督导机制,建立事故暴露问题整改督办和责任追究执行情况跟踪督办制度。(责任单位:市安监局、市法制办、市监委、市公安局、市住建委、市城管局、市经信委、市发改委(物价局)等)

五、强化城市安全保障能力

(十五)健全社会化服务体系。健全政府购买安全生产服务,完善指导目录。引导和支持具有安全技术、管理和人才优势的高等学校、科研院所、行业协会、企业等开展城市安全社会化服务工作。大力实施安全生产责任保险,突出事故预防功能。加快推进安全信用体系建设,健全失信惩戒和守信激励机制,在经营、投融资、政府采购、工程招投标、国有土地出让、授予荣誉、出入境、资质审核、资金支持等方面依法予以支持、限制或禁止。将生产经营过程中极易导致生产安全事故的违法行为纳入安全生产领域严重失信联合惩戒“黑名单”管理。完

善城市社区安全网格化工作体系，强化末梢管理。（责任单位：市安监局、市发改委（物价局）、市财政局、宿州银监分局等）

（十六）强化安全科技创新和应用。加大城市安全运行设施资金投入，依托科研机构，加快科研成果工程化、产业化，积极推广先进的城市安全评估、监测与预警技术，提高城市安全运行监测和综合防控能力。加强城市安全监管信息化建设，建立完善安全生产监管与市场监管、应急保障、环境保护、治安防控、消防安全、道路交通、信用管理部门的公共数据资源开放共享机制，加快实现城市安全管理的系统化、智能化。深入推进城市生命线工程建设，建立集数据采集、管理、更新、分析于一体的城市地下管网地理信息系统，建设城市生命线工程安全运行监测系统，实现重大安全事件及时预警和快速响应。积极研发和推广应用先进的风险防控、灾害防治、预测预警、监测监控、个体防护、应急处置、工程抗震等安全技术和产品。建立城市安全智库、知识库、案例库，加强专业人才培养、专家队伍建设，健全辅助决策机制。升级城市放射性废物库安全保卫设施。（责任单位：市安监局、市发改委（物价局）、市公安局、市科技局、市经信委、市环保局、市交通运输局、市城乡规划局、市工商局、市人防办、市地震局等）

（十七）提升市民安全素质和技能。建立完善安全生产和职业健康相关法律法规、标准的查询、解读、公众互动交流信息平台。鼓励社会单位建立在线教育服务平台，面向社会公众开展安全生产有关法律法规、标准规范、安全知识和技能的宣传培训。坚持谁执法谁普法的原则，加大普法力度，加强警示教育，推进安全生产社会化宣传，强化全民安全意识和法治意识。实施全民安全素质工程，推进安全知识进企业、进机关、进学校、进社区、进农村、进家庭、进公共场所。推广普及安全生产事故预防、避险、自救、互救和应急处置以及职业病危害防治知识，增强社会公众安全意识、防灾减灾及避险能力。推进安全文化示范企业、安全社区等创建活动，培育、塑造富有吸引力、影响力的城市安全活动品牌。鼓励建设具有城市特色的安全文化教育体验基地、场馆，引导社会资本打造安全文化产业。积极推进把安全文化元素融入公园、街道、社区，营造关爱生命、关注安全的浓厚社会氛围。（责任单位：市安监局、市委宣传部、市文明办、市司法局、市交通运输局、市教体局、市商务局、市文广新局（旅游局）、市农委等）

六、加强统筹推动

（十八）强化组织领导。城市安全发展工作由市安委会统一组织，市安委办牵头组织实施，各有关部门在职责范围内负责具体工作。各县区党委和政府要切实加强领导，完善保障措施，扎实推进本地城市安全发展工作，不断提高城市安全发展水平。（责任单位：市安监局等）

（十九）强化协同联动。把城市安全发展纳入安全生产工作巡查和考核的重要内容，充分发挥有关部门和单位的职能作用，加强规律性研究，形成工作合力。鼓励引导社会化服务机构、公益组织和志愿者参与推进城市安全发展，完善信息公开、举报奖励等制度，维护人民群众对城市安全发展的知情权、参与权、监督权。（责任单位：市安监局等）

（二十）强化示范引领。各县区要统筹推动本地城市安全发展工作，落实安全发展示范城市评价与管理办法及评价细则，组织开展安全发展示范城市相关工作。以埇桥区为试点，积极开展“安全发展示范地区”创建活动，示范地区要充分发挥示范引领作用，带动全市消除城市化进程中的安全隐患问题，推进全市城市安全发展。（责任单位：市安监局等）

［责任编辑　王　敏］